현대중소기업경제론

이 경 의

지식산업사

현대중소기업경제론

초판 1쇄 인쇄   2002. 9. 9
초판 1쇄 발행   2002. 9. 16

지은이   이경의
펴낸이   김경희
펴낸곳   (주)지식산업사
        서울시 종로구 통의동 35-18
        전화(02)734-1978(대) 팩스(02)720-7900
        홈페이지 www.jisik.co.kr
        e-mail   jsp@jisik.co.kr
                  jisikco@chollian.net
        등록번호 1-363
        등록날짜 1969. 5. 8

책값   **30,000원**

ⓒ 이경의, 2002
ISBN 89-423-3050-9 93320

이 책을 읽고 지은이에게 문의하고자 하는 이는
지식산업사 e-mail로 연락 바랍니다.

현대중소기업경제론

머 리 말

　　중소기업 문제를 경제학적으로 해석할 수 있는 이론체계를 정리, 정립하는 것은 필자의 오랜 과제였다. 중소기업 문제에 관심을 가져온 지 어언 40년 가까운 세월이 지났지만, 未開拓 영역에 도전하는 것이 淺學非才한 필자로서는 쉬운 일이 아니었다.

　　지난 1996년에 《중소기업의 이론과 정책》을 펴낸 뒤 이 작업을 하려 하였으나, 모진 병마에 시달려야 했다. 이를 운명으로 받아들이고 모든 것을 접어야 하였으나 이 일에 대한 미련과 욕구만은 떨쳐버릴 수 없었다. 중소기업 문제의 중요성에 비추어 누군가는 해내야 한다는 사명감 때문이었을까?

　　중소기업 문제는 복잡하고 다원적이다. 이를 경제학적으로 체계 있게 해명하려면 경제학의 여러 분야를 이해해야 한다. 산업조직론, 경제사, 경제학사, 경제발전론 등과, 특히 정치경제학에 대해서도 상당한 수준의 이론적 이해가 필요하다. 다행히도 필자는 대학에서 이들 분야를 강의할 수 있었고, 그것이 이 책을 집필하는 데 큰 힘이 되었다.

　　무릇, 미개척 영역에 도전하여 새로운 학문적 성과를 얻는다는 것은 결코 쉬운 일이 아니다. 여기에는 더 많은 각고의 노력이 있어야 하고, 철저한 이론적 검증이 뒤따라야 한다는 것을 필자는 잘 알고 있다. 그럼에도 필자는 원래 의도했던 수준에 미치지 못하고, 충분하지도 않은 미완성 상태에서, 아쉽지만 글을 마무리하게 되었다. 그것은 무엇보다도 필자의 능력 부족이 주된 원인이라고 생각한다. 거기에 필자에게는 제도적으로, 대학에서 연구생활을 마감해야 하는 시점이 다가오고 있고, 또한 건강상의 제약이 겹치면서 이 책의 간행을 서두르게 되었다. 이 점에 대하여 관심 있는 독자의 넓은 이해를 바란다.

그러나 이러한 시도가 중소기업 문제를 경제학적으로 해석하는 데 의미 있는 방향을 제시한다면 필자는 그것으로 만족한다. 그리고 앞으로 뜻있는 학도가 이 분야 연구를 정진, 더욱 발전시켜 성숙된 성과를 이룩하길 기대한다. 이에 필자는 미흡하지만, 연구한 흔적을 남기고 이것이 이 분야에 관심 있는 연구자에게 조금이라도 도움을 주기를 바라는 마음에서 가급적 상세하게 각주를 붙여 설명하였다.

중소기업 이론은 큰 흐름으로 보아, 중소기업 소멸론에서 잔존론으로, 그리고 적극적 존립론으로 전개되었다. 그것은 자본주의 발전과정에서 중소기업의 역할이 점차 능동적으로 인식되었기 때문이다. 흔히 중소기업은 자본축적의 기반이 되고, 자원의 효율적 배분에 크게 기여한다고 알려져 있다. 그러나 오늘날 중소기업의 위치와 역할은 이러한 포괄적 수준의 해석에 그치는 것이 아니다. 산업사회에서 활력 있는 다수와 경쟁적 시장의 주체, 그리고 창조의 모체로 그 역할이 강조되고 있다.

특히 산업구조가 중화학공업 중심에서, 지식·정보집약 산업 중심으로 전개되는 단계에서 중소기업의 역할은 특별한 의미를 지닌다. 지식·정보 집약적인 새로운 혁신적 중소기업, 즉 벤처 비즈니스의 형성과 그것이 지니는 산업사회에서의 역할을 말한다. 이 책에서는 여기에 대한 이론적 해석과 정책적 의의를 주의 깊게 다루었다.

이 책은 5부, 서장을 포함하여 22장으로 이루어져 있다.

첫째, 1장부터 3장까지, 3장으로 이루어져 있는 1부에는 중소기업 문제를 이해하는 데 필요한 기초적인 개념과 이론의 틀이 정리되어 있다.

둘째, 2부는 4장부터 9장까지의 6장을 포함하고 있는데, 여기서는 주요 중소기업에 관한 '이론의 학설사적 전개'를 서술하였다. 즉 이론의 수직적 전개라고 할 수 있다.

셋째, 10장부터 14장까지의 5장으로 이루어져 있는 3부에서는 역시 '이론의 전개'를 다루고 있다. 여기서는 오늘날 중소기업 문제 해석에 도움을 줄 수 있는 이론체계를 주제별로 연구, 정리하여 수록하였다. 즉 수평적 이론전개라고 할 수 있다.

넷째, 중소기업의 문제와 정책을 서술한 4부는 15장에서 17장까지의 3장으로 이루어져 있다. 여기서는 중소기업 문제의 성격을 자본주의 발전단계별로 살펴보았으며, 또한 그것을 국제적으로 비교 분석하였다. 그리고 중소기업 정책을 경제 정책과 관련시켜 이론적으로 해석하였다.

다섯째, 18장에서 21장까지의 4장으로 구성된 5부에서는 한국중소기업 문제와 정책의 전개과정을 경제사적 시각에서 집중적으로 다루었다. 특히 해방 이후 1990년대에 전개된 중소기업 정책을 경제구조의 변천과정에 따라 시대순으로 정리, 해석하였다. 그리고 중소기업 지원체제와 주요 정책 및 관련법의 체계도 수록하였다.

이러한 체계 때문에 이 책 가운데 일부에 중복되는 부분이 있다. 예컨대 1부의 기

초적 이해와 2부 및 3부의 이론 전개, 그리고 4부의 문제와 정책의 서술 사이에 중복
된 부분이 그것이다. 또한 주제별 연구와 기타 부문 사이에도 그러한 부분이 일부 포
함되어 있다. 이에 독자의 혼선을 피하고 이해에 편리함을 준다는 의도에서 이들 가
운데 주요부분을 각주에 표시하였다.

　이 책은 원래 중소기업 문제를 경제학적으로 해석할 수 있는 이론체계를 정리하
고 정립하기 위한 것이지만, 동시에 대학 강단의 중소기업에 대한 강의에 도움을 주
려는 의도도 담겨 있다. 이 책이 대학에서 중소기업의 경제학적 강의에 도움을 줄 수
있기를 바란다. 다만 대학 교재로서 학부 강의 수준을 넘어서는 내용이 일부 포함되
어 있지만 이 부문은 대학원 과정의 강의에서 소화할 수 있지 않을까 하는 것이 필자
의 생각이다.

　그리고 이 책에는 쟁점이 될만한 필자의 견해도 상당부분 포함되어 있다. 여기
에 대해서는 관심 있는 연구자들이 더욱 진전된 논의로, 더 정연하게 정리하기를 기
대한다.

　중소기업 문제에 대한 전반적인 학문적 연구는 중소기업의 현실적 중요성에 비추
어보면 그렇게 활발한 편은 아니다. 더구나 경제학적으로 이를 접근하는 것은 더욱
그러하며, 경제학계나 연구자들의 충분한 관심에서도 벗어나 있는 것이 오늘날의 현
실이다. 이처럼 주목받지 못하고 인기 없는 이 분야의 저서 출판을, 출판계의 어려운
사정에도 불구하고, 연이어 흔쾌히 맡아주신 지식산업사 金京熙 사장의 각별한 배려
와 변함 없는 友情에 깊은 감사를 드린다.

2002년 9월 1일
청파동 연구실에서
李敬儀 씀

차 례

제2장 중소기업 이해의 기초 (I)

제3장 중소기업 이해의 기초 (II)

제2부 중소기업 이론의 전개 (I)

제4장 자본주의 전개와 중소기업 이론

제5장 마셜의 産業 認識과 中小企業 理論

제6장 홉슨의 중소기업 이론

제7장 능률적 규모와 適正規模論

제8장 대규모 경제의 법칙과 中小企業 非合理性 理論

제9장 불완전 경쟁 이론과 중소기업 문제

제3부 중소기업이론의 전개 (II)

제10장 산업의 지식집약화와 중소기업

제11장 이중구조론과 중소기업의 近代化

제12장 중소기업 문제의 정치경제학적 해석

제13장 중소기업 존립문제의 재검토

제14장 小零細企業 문제의 새로운 인식

제4부 중소기업 문제와 정책

제15장 중소기업 문제의 성격과 그 역사적 전개

제16장 중소기업 문제의 국제적 비교

제17장 경제 정책과 중소기업 정책

제5부 한국중소기업 문제와 정책의 전개

제18장 후진자본주의와 한국중소기업 문제의 전개

제19장 援助經濟와 중소기업 정책(1945~1960년)

표·그림차례

서장 – 중소기업 연구와 경제학 이론

제1절 중소기업 연구와 경제학

사회학이나 정치학에서도 중소기업에 대한 연구가 이루어진다. 중산층 또는 중간계급으로서 중소기업, 그리고 정치적 안정, 발전과 중소기업의 관련성을 분석하려는 것이 그것이다. 그러나 더 적극적이고 체계적으로 중소기업을 연구하는 학문분야는 경영학과 경제학이다. 중소기업이라는 개별경제단위(경영단위)는 독립과학으로서 경영학의 이론적 실천적 연구대상이 될 뿐만 아니라, 전체경제인 국민경제의 세포로서 경제성장의 원동력이기 때문에 경제학에서도 적극적으로 연구하고 있다.

인간의 경제활동에 대한 연구에서는 사회전체의 경제, 즉 국민경제에 관한 연구와 그러한 전체경제의 실체적 경제단위인 개별경제에 관한 연구가 동시에 이루어져야 한다. 그리고 두 분야의 상호관련에 대한 상세한 이해도 필요하다. 국민경제를 연구하는 학문으로서 경제학이 발달하면서도 개별경제의 경영을 연구하는 경영학이 성립한 이유가 여기에 있다. 중소기업 연구에서도 이 두 분야는 서로 독립적 영역을 가지면서 연관을 맺고 발전할 수밖에 없다.

개별경제인 중소기업경영은 전체경제와는 달리, 독자적으로 경영자의 의사와 정책에 따라 영위하는 단위경제이다. 그러나 개별경제는 국민경제를 실제로 움직이고 있는 기초경제단위이기 때문에 국민경제의 발전과 안정은 이러한 개별경영의 성장 여하에 크게 영향을 받는다. 개별경제인 중소기업의 경영을 연구대상으로 하는 경영학적 접근은 비교적 활발하고 체계적으로 이루어지고 있는 것이 현실이다. 이에 반해 중소기업에 대한 경제학적 연구는 상대적으로 소극적인 수준에 머물러 있다.

대부분의 경제학 이론의 흐름이 그러하듯이 경제학적 중소기업 연구도 크게 두 가지 방향으로 이어져가고 있다. 하나는 근대경제학적 연구이고, 다른 하나는 정치경제학적 연구이다. 이 두 가지 흐름은 같은 경제학의 범주이면서도 그 연구방법과 내용이 아주 다르다는 점을 우리는 잘 알고 있다.

초기의 근대경제학은 물질적 부와 복지문제의 연구라는 물질주의적 정의(materialistic definition)로 규정되었다. 스미스(A. Smith)는 국부의 원인과 성격을 연

16

구하는 것이 경제학의 주요 과제라고 보았고, 마셜(A. Marshall)은 복지의 물질적 요건을 획득하고 사용하는 데 가장 밀접하게 관련되는 개인적 사회적 활동을 연구하는 학문이 경제학이라고 보았다. 그 뒤 경제학은 목적과 선택적 용도를 가지고 있는 희소수단과의 관계에서 이루어지는 인간행위를 연구하는 학문으로 정의되었다.

이를 희소성 정의(scarcity definition)라고도 한다. 근대경제학의 근간이 되는 정의인데,[1] 좀더 풀어서 설명하면 다음과 같다.

현실적으로 가장 기본적 경제문제는 모든 사회구성원들이 가지고 있는 무한한 물질적 욕구를 유한한 자원으로 어떻게 만족시킬 것인지에 대한 문제이다. 이는 사회구성원들의 물질적 욕구에 견주어 이들의 욕구를 충족시킬 수 있는 자원이 희소하다는 사실에 연유하고 있다. 따라서 경제학은 자원의 희소성 때문에 일어나는 모든 경제문제들에서 어떻게 선택하며, 또 어떻게 결정해야만 주어진 자원으로 사회구성원(즉 경제주체)들의 무한한 물질적 욕구를 최대한으로 충족시킬 수 있는지를 다루는 학문이라고 할 수 있다. 따라서 경제학의 근본과제는 사회구성원들의 복지증진을 위하여 희소한 자원을 효율적으로 공정하게 배분할 수 있는 기본 방향과 정책대안을 제시하는 것이라고 할 수 있다.[2]

한편 정치경제학은 생산과 분배를 지배하는 사회적 법칙을 연구하는 학문으로 규정하는데, 오늘날에는 마르크스경제학이 주된 흐름이 되고 있다. 정치경제학에서 경제 그 자체는 인간 개개인의 의사와는 관계없이 변화하기 때문에 거기에는 각자의 의사와 상관없는 어떤 법칙이 존재하고 그 법칙이 경제라는 현상을 움직여 가는데, 이것을 밝히는 법칙이 바로 경제학이라고 정의하고 있다.

그런데 정치경제학은 생산의 기술적 측면(이것은 자연과학과 기술과학의 주제이다)보다는 사회적 측면을 연구한다. 즉 물질적 생산만을 연구하는 것이 아니라 생산에 관계한 사람들 사이의 사회적 관계와 분배 교환 소비관계를 포함하는 생산의 사회적 체계를 연구하는 학문이 정체경제학이다. 정치경제학은 이를 통하여 근대사회의 경제운동법칙을 밝히고 자본주의 발전의 근본법칙을 분석하려는 것인데, 이것을 주로 자본주의적 축적의 일반법칙 및 잉여가치의 법칙으로 설명하고 있다.

중소기업에 대한 경제학적 이론도 위에 설명한 두 가지 경제학 전개의 틀 속에서 형성 발전해왔다. 근대경제학적 중소기업 이론은 마셜의 《經濟學原理》[3]에서 출발점을 찾는데, 그는 초기에는 小企業(small business)의 잔존이 경제적 합리성의 기준에

---

1) 全哲煥, 《經濟學原論》, 지식산업사, 1993, p.41.

2) 林陽澤, 《經濟學原論》, 博英社, 1991, pp.11~12.

3) A. Marshall, *Principles of Economics*, Macmillan & Co, 1st ed. 1890, 8th ed. 1920, Rep. 1959.

비추어 문제가 있음을 지적하였다. 그러나 그 뒤 수많은 소기업의 현실적 잔존, 즉 '이론과 현실이 괴리'를 인식하고 소기업의 잔존 이유를 설명한다. 반면에 정치경제학적 중소기업 이론은 마르크스의 《자본론》[4]에서 시작된다. 그는 자본주의적 축적의 일반적 법칙(the general law of capitalist accumulation)에 따라 大資本이 小資本을 구축하면서 자본을 축적하는 모습을 밝히고 있다.

이를 기점으로 경제학적인 중소기업 이론의 연구가 이루어졌다. 근대경제학은 경제적 합리성과 자원배분의 효율성, 그리고 복지향상과 근대화 실현 등의 근본원리에 비추어, 국민경제학 관점에서 중소기업의 과제를 지속적으로 연구하였다. 한편 정치경제학은 초기 산업자본주의 단계에서는 대자본과 소자본의 관계를, 나아가 독점자본주의 단계에서는 독점자본의 자본축적 기반으로 중소기업이 어떻게 작용하는지 등을 중점적으로 연구하였다.

제2절 政治經濟學的 분석과 近代經濟學的 접근

중소기업 문제는 자본주의 발전과정에서 형성되는 構造的 모순이며 産業構造上의 모순으로 규정된다. 더 적극적으로는, 국민경제에서 중소기업의 位置와 役割을 밝히는 가운데 중소기업 문제가 올바로 인식될 수 있다고 보고 있다. 포괄적으로는 경쟁·도태의 측면에서 잔존·이용의 측면으로 전개되었고, 점차 그 적극적 역할이 강조되고 있는 것이 오늘날 중소기업 문제의 특성이다.

이러한 중소기업 문제를 올바르게 해석하기 위해서는 근대경제학적 접근만으로는 충분치 않으며, 구조론적 접근과 나아가 정치경제학적 분석이 필요하다. 이념적 지향은 논외로 하더라도, 중소기업 문제가 안고 있는 실체적 요인까지 이해하는 데는 정치경제학적 분석이 필요하다. 그 바탕 위에서 중소기업 문제의 이해와 그것의 완화, 해소 그리고 중소기업의 역할에 대한 근대경제학적 접근이 이루어질 때, 경제학적 중소기업 문제의 해석은 더욱 생동감 있고 정확하게 전개될 수 있을 것이다.

일찍이 마르크스(K. Marx)는 봉건적 생산양식에서 자본주의적 생산양식으로 이행하는 두 가지 길(two fold)을 제시하였다.[5] 하나는 생산자가 상인 및 자본가가 되는

---

4) K. Marx, *Das Kapital*, 1867 ; *Capital, A Critique of Political Economy, The Process of Capitalistic Production*, trans. from the third edition by Samuel Moore and Edward Aveling, ed., by F. Engels, New York, International Publishers, 1967, 8th ed. 1977.

5) K. Marx, *Capital*, Vol. III, New York, International Publishers, 1977, p.334.

18

길이다. 봉건제도 안에서 생성된 생산자가 농촌 및 도시공업의 전근대적 요인에 대립하면서 이를 압도하고 자본주의의 길을 개척하는 방향이다. 이것을 마르크스는 진정한 혁명적 길(the really revolutionising path)이라고 하였다. 이에 대하여 다른 하나는 봉건제도 아래에서 지배적이었던 상인이 직접 생산을 지배하면서 생산자가 되는 방향이다. 이 길은 낡은 생산양식을 적극적으로 변혁하지 않고 오히려 이를 온존·유지하면서 그 바탕 위에서 자본제화를 추구하는 것이다. 이것이 바로 자본주의 전개의 개량적 길이다.

전자, 즉 진정한 혁명적 길로 자본주의가 전개된 경제에서는 자본주의적 경제법칙이 비교적 순수하게 작용되고 낡은 봉건적 제도가 잔존해도 그것은 미미한 정도에 그쳤다. 그러나 후자, 즉 개량적 길로 전개된 자본주의 경제에서는 여러 전기적 관계가 다분히 남아 있었다. 상인 등의 전기적 자본이 낡은 생산양식을 기초로 수공업, 가내공업 등에 대량 잔존하였고, 농민층의 분해도 철저하게 이루어지지 못하였다. 이런 봉건적 요소가 많이 남아 있는 상태에서 여러 선진자본주의 나라의 경쟁압력을 받으면서 자본주의의 길을 전개하였다. 제국경제의 외압을 받으면서 국민경제 안에 일정한 정도의 산업구조의 왜곡성을 포함하는, 이른바 後進資本主義가 전개되었다.[6]

소생산자형의 선진자본주의는 전기적 요소를 철저히 극복하고 밑에서부터 근대화를 추진하면서 자립적 국민경제를 형성하였다. 이에 비해 지주·상인형의 후진자본주의는 전기적 요소를 온존한 채 위에서부터 근대화를 추구하였지만 국민경제의 독자적 구조를 형성하지 못하였고, 그 결과 일정한 정도의 구조적 불균형과 문제점을 지니게 되었다.

후진자본주의 전개과정에서 형성, 정착된 이러한 구조적 문제의 해석과 이해는 근대경제학적 접근만으로는 충분하지 않다. 구조론적 인식과 정치경제학적 분석을 통하여 그 실체를 파악하고, 그에 대하여 근대경제학적으로 접근하고 또 대안을 제시해야 한다.

근대경제학은 1870년대 한계혁명을 기점으로 전개되었다. '보이지 않은 손'의 합리성과 효율성, 그 자동조절성 그리고 한계생산력설을 기본원리로 하는 근대경제학은 기능주의적 접근으로 균형을 추구하는 것이 주된 목표이다. 그러나 자본주의가 독점자본주의 단계로 이행하면서 근대경제학의 기본원리 가운데 '보이지 않은 손'의 자동조절성이 작용하지 않게 되었다. 이를 간파하고 새로운 패러다임의 경제학, 즉 국민소득이론에 바탕을 둔 거시경제학을 전개한 것이 케인스(J. M. Keynes)다.[7] 케인스 경

---

6) 大塚久雄, 《後進資本主義の展開過程》, アジア經濟研究所, 1973, p.9.

7) J. M. Keynes, *The General Theory of Employment, Interest and Money*, Macmillan, 1936,

제학은 바로 '보이지 않은 손'의 고장난 자동조절성에 대한 처방이었다.

그런데, 기능주의적 신고전학파의 기본원리가 현실적 적합성을 지니지 못하게 된 것은 다름 아닌 구조적 요인 때문이었다. 자본주의가 독점자본주의로 전환, 정착하면서 경쟁의 원리가 제한되고 가격기구의 작용을 마비시키는, 독점력의 행사라는 구조적 문제가 생겨났다. 이것을 인식하고 처방하는 데는 자본주의 변화의 실체적 요인에 대한 구조주의적 접근이 필요하였고, 그것을 바탕으로 근대경제학적으로 접근한 것이 케인스 경제학이라고 볼 수 있다.

기능주의(functionalism)와 능률(efficiency)은 그것의 기반이 되는 구조(structure)와 실체(subsistence)에 대한 철저한 분석을 통해서만 더욱 충분히 이해할 수 있다.

중소기업 문제는 구조적 특성을 지니고 있다. 이것의 해석에는 구조론적 접근이 필요하며, 중소기업 문제에 대한 정치경제학적 분석은 구조론적 인식을 더 철저하게 할 수 있는 기초를 제공해준다. 중소기업 문제에 대한 근대경제학적 접근은 이를 바탕으로 하여 성공적으로 이루어질 수 있다.

특히, 개량적인 길로 자본주의가 전개된 후진자본주의, 그리고 식민지 지배를 경험했던 개발도상 경제에서 구조적 문제는 더욱 심각하고 중소기업 문제의 성격도 또한 그러하다. 예컨대, 일본 등 뒤늦게 자본주의화와 경제개발을 시작한 나라에서 중소기업 문제를 이중구조문제로 규정한 것은 바로 중소기업 문제에 대한 구조론적 인식을 반영하는 것이다. 일본자본주의 전개의 특수성의 문제로 규정하는 등 이에 대한 정치경제학적 분석은 이중구조의 실체적 요인과 특성을 파악하는 데 크게 기여하였다. 그리고 그것은 이중구조문제에 대한 근대경제학적 이해와 처방을 제시하는 기반이 된 것으로 볼 수 있다.

오늘날 중소기업을 활력 있는 다수 또는 지식정보집약 사회에서 창조의 모체와 경쟁적 시장의 적극적 담당주체로 보는 것은 산업조직론적 중소기업 문제의 인식이며, 근대경제학적 접근의 방향인데, 이것이 주된 흐름이 되고 있다. 그러나 이론의 흐름에서 보면, 거기에는 초기의 구조론적 인식이나 정치경제학적 분석이라는 학설사적 배경이 있음을 간과할 수 없다. 또한 중소기업 문제의 기본적 특성과 구조적 모순이라는 실체적 측면은 오늘날에도 도외시할 수 없다.

Rep. 1936.

제3절 중소기업 연구의 基本視角

결국 중소기업 연구는 경제의 성장과 발전의 기본이 되는 자본축적과 자원의 효율적 배분에 중소기업이 어떠한 역할을 하고 또 그 문제점이 무엇인지를 해명하는 것을 주요 과제로 하여 이루어졌다. 그런데 중소기업에 대한 경제학적 연구가 전개되는 과정에서, 중소기업 문제를 관찰 분석하는 데는 기본적으로 몇 가지 시각이 복합적으로 상호작용하고 있음을 알 수 있다.

첫째, 競爭의 시각과 協力의 시각이다. 경제는 경쟁으로 발전하고 효율성을 높일 수 있지만, 협력을 통해서도 경쟁력을 제고할 수 있다. 자본주의 경제에서 경쟁은 자원의 효율적 배분을 실현하는 기초조건이며, 협력은 경제활동의 능률성을 높이는 유력한 길이다.

일찍이 A. 스미스는 《道德情操論》[8]에서, 同感(sympathy)에 기초를 둔 개인의 自由放任的 이익 추구가 사회경제의 발전을 가져온다는 자본주의경제의 행동규범을 제시하였다. 즉 자유경쟁이 '보이지 않는 손'의 예정조화적 작용으로 경제의 효율성과 합리성을 실현한다는 점을 지적한 것인데, 이는 스미스 이래 자본주의 경제의 기본원리이다.

한편 A. 스미스는 《國富論》[9]의 앞부분에서 노동의 생산물인 富의 창출을 극대화하기 위한 방안으로 分業과 協業을 들고 있다. 즉 경쟁의 효율성과 함께, 協力의 생산력 증대 기능을 지적한 것이다.

그런데 자본주의가 독점자본 단계를 넘어선 현대자본주의에서 경쟁적 시장기능은 크게 제약받고 있으며 경쟁의 효율성도 제한받고 있다. 중소기업의 경쟁적 성격은 경직된 시장기능을 활성화하고 경제사회를 쇄신하는 기능을 한다. 또한 중소기업이 다른 경제단위, 특히 대기업과 맺는 상호보완적 협력관계는 자본축적의 기반을 제공하면서, 경제의 생산력을 확충하고 생산성을 높이는 유력한 방안이 된다.

그러나 지나친 경쟁은 과당경쟁을 유발하고, 기업 사이의 협조가 지나치면 독점과 지배종속의 문제를 일으킨다. 이 두 가지 측면은 오히려 자원의 효율적 배분과 생산력 향상을 억제하는 부정적 작용을 하기 때문에 적정한 경쟁과 협동이 필요하다.

---

8) A. Smith, *The Theory of Moral Sentiment*, 1759, ed., by D. D. Rapall & A. L. Macfie, Clarendon Press, 1979, Chap. 1.

9) A. Smith, *A Inquiry into the Nature and Causes of The Wealth of Nations*, 1776, ed., by Edwin Cannon, New York, the Modern Library, 1965, Chap. I.

즉 '경쟁과 협력'의 두 가지 시각은 중소기업 문제 연구의 기본방향이다.

둘째, 생산력적 시각과 생산관계적 시각이다. 이는 본래 마르크스경제학적 개념이지만 사회과학 전체, 특히 중소기업의 경제학적 연구에서는 기본적 관점이 되고 있다. 전자는 노동과 생산수단이 결합하면서 나타나는 양자의 협동관계와 상호보완관계를 강조한 것으로서 물적 특성을 반영한다. 이에 반해 후자는 자본과 노동 또는 자본과 자본의 관계를 지배종속의 관계 또는 착취 대립의 관계로 보고, 생산과정에서 잉여가치를 중심으로 관련된 자본가와 노동자 등의 대립 갈등을 반영하며, 인적 관계의 특성을 나타낸다.[10]

결국, 생산력적 관점은 사용가치 중심의 시각이고, 생산관계적 관점은 잉여가치 중심의 시각이다. 중소기업 연구에서 이 두 가지 시각은 상호의존관계 또는 대립관계라는 일방적 특성의 강조가 아니라 두 시각의 통일, 즉 상호의존성 속의 대립관계 또는 대립관계 속의 상호의존성의 실현이라는 방향으로 발전하고 있다. 이 두 관점이 중소기업 연구에서 중요한 의미를 지니는 것은 중소기업이 두 가지 측면, 즉 경영단위로서뿐만 아니라 자본단위로서의 성격도 가지고 있기 때문이다. 이때 경영단위의 특성을 강조하면 생산력적 시각이, 자본단위의 성격을 강조하면 생산관계적 시각이 전면에 떠올랐다.

셋째, 일반성의 시각과 특수성의 시각이다. 이는 본래 사회과학 연구 전반의 문제로 제기되고 있는 것이다. 이것이 중소기업 연구와 관련을 갖게 된 것은 일본에서 자본주의 논쟁이 전개되고 이중구조가 중소기업 문제의 핵심으로 등장하면서부터이다. 자본주의 발전법칙의 관련형태를 파악하면서 자본주의 발전의 일반법칙이 어느 국민경제에 어떻게 관철되는지를 보는 것과, 그 국민경제의 특수성 분석에서부터 발전법칙이 일반적 관철형태를 이끌어내는 방법의 차이에서 양자의 이질성을 논의하였던 것이다.

일반성과 특수성이라는 명제의 본래 의미를 떠나, 각 국민경제에서 중소기업 문제는 자본주의 발전과정에서 나타나는 일반적 성격을 지니면서도 각 국민경제의 특수성을 반영하고 있다는 것을 알 수 있다. 경제의 발전단계에 따라 각 국민경제는 독특한 내용의 중소기업 문제를 형성하지만, 또 일정한 발전단계에 이르면 공통된 성격을 지니는 경향을 보인다. 이에 따라 중소기업 이론과 정책은 공통성을 지니면서도 서로 다른 측면을 갖고 전개되어 왔다.

---

10) 마르크스는 상품의 생산과정(가치창출과정)에서 전개되는 생산관계적 모순(인간적 관계의 모순)이 은폐되고, 생산력적 측면(물질적 관계)만이 신뢰 숭배되는 현상을 상품의 物神的 성격(commodity fetishism)이라고 지적한 바 있다.

 이와 같은 시각을 바탕으로 경제학의 본래 영역에서 중소기업 연구는 이루어졌다. 근대경제학에서는 마셜 이후, 정치경제학에서는 마르크스 이후 다양한 중소기업 연구와 이론이 나왔다. 그러나 전체적으로 경제학적 중소기업 이론은 체계적으로 정립되지 못하였고 경영학적 연구와 비교해 봐도 활발하지 못하다. 이를 극복하기 위해서는 지금까지 근대경제학과 정치경제학 영역에서 전개된 중소기업 이론을 포괄해서 중소기업에 관한 기본적 이해의 바탕과 이론적 체계를 정리하는 것이 우선 필요하다. 즉 중소기업 연구의 기본이 되는 개념과 이해의 틀(fundamental frame of conception and understanding)을 마련하고 이론체계를 분석적으로 정리하는 것은 새로운 연구의 방향을 찾는 길이 될 것이다.

제1부 중소기업 이해의 기초

제1장 중소기업의 위치와 역할

제1절 중소기업의 범위 : 상대성과 가변성

1. 중소기업의 개념

'중소기업이란 무엇인가'라는 문제는 중소기업 연구에서 알파(α)와 오메가(ω)란 말이 있다. 이것은 중소기업의 개념을 규정하는 것이 중소기업 연구의 가장 기초적 문제이면서도 처음부터 끝까지 어려운 과제라는 것을 의미한다.

중소기업이란 한마디로, 극히 다양한 요소와 서로 다른 질적 특성을 갖는 각종 '중소규모'사업자를 총칭하는 개념이다. 그것은 '동질적 일체'가 아니고 '이질다원적 기업군'이다. 그러한 중소기업에서 공통되는 하나의 요소는 '대기업이 아니라는 점'이다.[1]

중소기업 개념의 이런 특징은 그것의 형성과정에서 알 수 있다.

경제사적으로 대기업이 최초로 등장한 산업자본주의 초기에 압도적으로 다수의 기업은 소규모였으며 '중소기업'이라는 인식은 존재하지 않았다. 수공업이라는 전통적 경영에 대하여 '소공업' 또는 '소경영'이라는 표현이 일반적이었다.

대기업이 본격적으로 등장하는 시기에 총체적으로 규모가 큰 기업이 늘어나면서 '중기업'이 나타났다. 그러나 '중소기업'이라는 표현이 일반화된 것은 아니었다. '중공업'이라는 인식이 형성되었지만 '중공업'의 독자성이 강조된 것은 아니고, '소공업'에 대한 '대중공업'이라는 측면이 강했다.

대기업의 규모가 확대되고 경제력이 집중되면서 대기업과 중소기업 사이에 단층이 생겨났고 대기업에 대한 '중소기업'이라는 인식이 형성되었다. 이것은 경제사적으로는 독점자본주의가 전개되는 시기였다. 그 뒤 양자 사이에 '중견기업'이라는 계층도 형성되기 시작하였다.[2]

그렇다면 왜 중소기업이라는 인식이 형성되고 그것을 구분할 필요가 생겨났는가? 현실 산업사회는 여러 규모의 기업으로 이루어져 있다. 대기업을 비롯하여 중견기업, 중기업, 소기업 그리고 영세경영도 존재한다. 이처럼 다양한 규모의 기업 가운

---

1) 巽 信晴·佐藤芳雄 編,《新中小企業論を學ぶ》(新版), 有斐閣, 2000. 3, p.4.

2) 일본에서 中堅企業의 존재가 본격적으로 별도의 계층으로 인식되어 이론화된 것은 1960년대 초에 中村秀一郎에 의해서였다.

데 중소기업이라는 영역을 독자적으로 구분할 필요성을 살펴보면 다음과 같다.

중소기업의 개념과 그에 대한 인식은 대기업의 전개에 따라 형성되었다. 따라서 중소기업 개념은 상대적이며, 대기업과 경쟁적 관계에 있다는 점에서는 대기업의 대립개념이기도 하다. 그리고 중소기업은 대기업에 대한 이질성과 독자성을 갖고 있다는 점으로 인식되었다. 중소기업은 대기업과 다른 경제적 경영적 특성을 지니고 있고, '중소규모'라는 점에서 대기업과 다른 문제를 안고 있다. 반대로 대기업과 다른 중소기업의 장점도 있다. 산업사회 전체에 기여하는 역할도 대기업과 중소기업은 다르고 정치적 성격도 차이가 있다. 이런 점을 좀더 설명하기로 한다.

첫째, 오늘날 산업사회의 중심은 대기업이며 중소기업은 그 지배 아래에 있다는 것이 일반적 인식이다. 대기업과 중소기업 사이에는 큰 격차가 있고 중소기업은 많은 어려움에 처해 있다. 사회적 불공정, 경쟁의 불공정, 대기업의 지배와 수탈이 중소기업 문제의 본질이 되는 등 '대기업에 대한 중소기업 문제'가 제기되고 있다.

둘째, 오늘날 경제사회에는 다수의 중소기업이 존재하여 경제와 산업을 뒷받침하고 있다.(양적 중요성) 그것의 존재 양식과 역할은 사회적 경제적 안정에 중요한 문제이며(질적 중요성) 나아가 사회계층으로서의 중소기업 문제(사회적 중요성)도 제기되고 있다.

셋째, 중소기업은 독립적으로 창업하고 스스로 기업을 시작하는 것이 보통이다. 국민에게 경제적 희망과 꿈(dream)을 실현시켜 주는 수단이며 중소기업의 왕성한 신규창업과 그 활동은 산업사회를 활성화한다. 즉 자유기업체제의 기반을 지탱하는 데 중요한 역할을 한다. 대기업 체제가 안고 있는 큰 문제를 중소기업의 자유롭고 활발한 창업과 활동으로 개선할 수 있다. 중소기업이 성장기업의 苗床(양성기반)의 역할을 하기도 한다.

중소기업이 안고 있는 대기업과의 이질적인 문제점을 해소하고, 중소기업만의 장점과 역할을 제고하기 위하여 중소기업이의 범위와 규모를 구분해볼 필요가 있다.

2. 규모 구분의 상대성과 그 기준

중소기업은 그 용어상의 개념규정만으로 충분히 이해할 수 있는 것은 아니다. 여러 가지 질적 양적 기준에 따라 그 범위를 구분할 필요가 있다. 또한 그것을 넘어서 중소기업의 질적 특성과 역할을 이해할 수 있어야 한다. 나아가 자본주의 발전과정에서 형성된 구조적 문제로서 '중소기업 문제'를 해명해야 한다. 여기서는 먼저 중소기업의 양적 범위의 규정에 대하여 설명하기로 한다.

중소기업의 범위 규정은 다음과 같은 점에서 상대적이다.

첫째, 중소기업의 개념은 그것이 대기업의 발달과 전개에 따라 형성되었다는 점에서 상대적이다. 대기업과의 상대적 관계에 따라서 '중소규모'가 문제되고 대기업이 발전하면서 중소기업을 의식하기 시작하였다. 그리고 대기업의 발전과 규모확대에 따라서 중소기업의 규모의 상한이 높아져 왔다.

둘째, 중소기업의 범위는 산업과 업종에 따라 다르다는 점에서 상대적이다. 자본과 노동의 집약도가 다름에 따라 중소기업의 범위는 변화한다. 資本集約的 업종에서는 중소기업의 양적 범위(종업원 기준)는 낮게 규정되는 반면, 노동 집약적 업종에서는 높게 책정된다.

셋째, 시대에 따라 중소기업의 범위는 변하였다. 시대의 변천에 따라 경제가 발전하면서 대기업의 규모가 늘어나는 경향이 있고 이에 맞추어 중소기업의 상한은 상승하는 경향을 보였다.

한편 중소기업을 구분하는 기준으로는 量的 지표와 質的 지표를 들 수 있다.

첫째, 양적 지표는 종업원 수, 자본금액, 매출액, 자산액, 시장점유율 등을 활용한다. 이들 지표는 병행 또는 선택적으로 채택되는데 그것은 객관적이라는 장점이 있다.

둘째, 질적 지표는 경영의 특징을 나타내는 지표이다. 독립성, 소유와 경영의 분리 여부, 경영자의 노동과정의 참가, 가족경영, 경영자가 종업원 전체를 장악하는지 여부 등을 제시한다.

그러나 양적 지표가 중소규모라도 대기업의 계열회사 등은 중소기업에서 제외하기도 한다. 그리고 양적 지표와 질적 지표를 병행하여 중소기업을 구분하는 경우도 있다. 사회학적 관점에서는 중소기업을 중산층 또는 중산계층(Mittelstand)이라고 하여 다른 계층과 구분하기도 하는데, 독일의 경우가 그러하다.

규모를 측정하는 지표가 정해지면 다음에는 중소기업 범위의 上限과 下限을 정하는 문제가 제기된다.[3] 먼저 상한은 중소기업과 대기업을 구분하는 경계인데, 이것을 명확하게 정하는 것은 쉽지 않다. 경계란 흔히 線으로 생각할 수 있는데 여기서는 선이라기보다는 구역(zone)으로 생각하는 것이 옳다. 더구나 기업규모가 다양해지면서

---

3) 중소기업의 상한과 하한을 선정하는 문제는 일찍이 마셜(A. Marshall)에서 그 기원을 찾아볼 수 있다. 그는 소기업(small business)에 자본재 기업을 포함하였기 때문에 그 하한은 수공업과 가내공업임을 알 수 있다. 그 상한은 대표적 기업의 개념규정에서 알 수 있다. 즉, 마셜의 소기업은 수공업과 가내공업을 하한으로 하고 대표적 기업을 상한으로 한다. 마셜은 대표적 기업이 업종별로 다를 수 있다고 하였고, 총생산량의 증가와 경제진보에 따라 그 규모가 커질 수 있다고 지적하였다. 즉, 소기업 상한은 절대적이 아니며 업종별 또는 시간의 경과와 경제상황에 따라 변화될 수 있는 상대적 개념으로 보았음을 알 수 있다.

대기업과 중소기업의 중간에 중견기업이 형성되었다. 따라서 대기업과 중견기업, 또는 中堅企業과 중소기업 사이의 경계를 확정하는 문제가 상한 설정의 문제가 된다.

중견기업을 중소기업과 다른, 별도 범주의 기업규모로 보는 견해에서는 후자가 상한 설정의 문제가 된다. 그러나 '중소기업' 인식 형성의 歷史性(대기업의 상대적, 대립적 개념)에 비추어보면 중견기업도 중소기업의 범위에 포함된다고 보아야 한다. 따라서 전자가 주된 상한 설정의 문제이다. 중소기업의 상한 설정은 현실적으로는 정책 대상으로 중소기업 문제를 해결하려는 중소기업 정책의 목적에 따라 달라진다.

중소기업의 하한은 중소기업을 가내노동과 구분하는 경계인데, 여기서는 독립성과 기업성을 문제삼는다. 독립성을 지닌 경영체라 하더라도 그것이 '기업성'을 가지고 있느냐가 문제가 된다. 왜냐하면 독립성이 확인되더라도 기업 이전의 성격을 가지면 기업이라고 볼 수 없기 때문이다.

여기서 영세경영의 평가 문제가 제기된다. 가족중심의 영세경영이라도 기업으로서 경제 계산을 하고 독립성을 지닐 때에는 중소기업으로 볼 수 있다. 생업적 자영업 등 영세경영을 중소기업에 포함하는 것은 이것을 구분하는 정책적 목적에 따라 정하는 것이 현실적인 양적 기준이다.[4]

3. 小企業에서 中小規模企業으로

우리나라와 일본 등에서는 중소기업이라는 용어를 일반적으로 사용하고 있다. 그러나 미국과 영국 등에서는 소기업(small business)이라는 용어가 더 널리 쓰인다. 더러 中小規模企業(中小企業 : small and medium-sized business)라는 용어를 사용하지만 그것은 예외일 뿐이다. 그 표기 방법도 여러 가지이다.[5] 경제의 성장 발전과 함께 그 내용과 범위도 변화하였고, 또 중소규모 기업으로까지 문제의식의 범위가 확대되었다.

산업자본주의 형성기에 나타났던 소기업 도태·소멸론에서의 소기업은 手工業과 家內工業이었고 부분적으로 소규모 매뉴팩처를 포함하였지만, 원칙적으로 자본재적 소공업은 여기에 들어가지 않았다.

---

4) 淸成忠南, 田中利見, 港 徹雄 共著, 《中小企業論》, 有斐閣, 1998. 1, pp.1~3.

5) 예컨대, Small Business(A. Marshall과 J. Steindl). 그밖에 Small Firms(Bolton Report), Small Concern(M. Dobb), Small Enterprise(E. Staley and R. Morse) 또는 Small Unit, Small Establishment 등을 들 수 있다. 그리고 Small Industry(Staley & Morse) 또는 Small-Scale Industry(Summers, 1932)라고 표기되기도 하는데 이것은 小工業이라는, 산업적 개념을 나타낸 것으로 볼 수 있다. 우리나라에서도 중소기업을 Small and Medium Industry로 표현한 바 있다.

19세기말 이후, 소기업 잔존론에서 말하는 소기업에는 자본재적 소기업도 상당히 포함되면서, 소기업의 상한이 점차 확대되었다. 마셜이 논의의 대상으로 하였던 소기업에는 자본재적 소기업이 포함되어 있었다. 즉, 19세기말 이후에는 수공업과 가내공업이라는 의미의 소기업이 아니고 자본재적 소기업을 포함하는 것으로 소기업의 범위가 확대되었다. 이것이 점차 '대규모에 대한 소규모'라는 의미의 소기업 문제의 대상이 되었다.

1910년경 미국에서는 연간 생산액 5천 달러를 소기업의 상한으로 제시하였고,[6] 1920년 경 영국에서는 종업원 수 100명을 소기업의 상한으로 보는 등[7] 대규모 대비 소규모라는 의미의 소기업의 상한이 점차 확대되었다. 카프란(A. D, H Kaplan)과 필립스(J. D. Phillips)는 1930년 이후 미국에서 소기업의 상한이 종업원 수 250인까지 확대되는 과정을 설명하였다.[8]

그리고 소기업 문제에 관한 논의에서 '중소규모기업'이라는 용어를 사용함으로써 소기업 문제의 대상 범위가 中企業까지 확대되는 경향을 보였다. 이런 소기업 범위의 상승 확대 경향은 소기업 개념이 대기업에 대한 상대적 개념이라는 데서 비롯한다. 경제성장과 함께 대기업 규모가 커지면서 소기업과 상대적 대응 개념인 대기업의 상한이 확대되었고 여기에 맞추어 소기업의 상한도 점차 확대되었다.

그런데 경제력이 집중되면서 대기업의 상한 확대가 빨라졌지만, 소기업의 상한 확대는 이를 따르지 못하였고 여기에 中企業이라는 개념이 형성되었다. 즉 경제적 집중과 대기업의 거대화가 촉진된 결과 소기업에 대한 문제의식이 중기업에까지 확대되어, 小와 中을 결합한 중소규모기업(중소기업)이라는 개념을 사용한 것으로 볼 수 있다. 이는 독점자본의 형성이라는 자본운동의 질적 전환이 계기가 되었다.

'중소규모기업'이라는 용어는 1909년에 홉슨(J. A. Hobson)이 사용하였다. 그는 소기업의 잔존만이 아닌 중소규모기업(small and middling business 또는 business of moderate or small size)의 잔존을 지적하였다.[9] 그러나 홉슨은 어디까지나 소기업 잔존문제를 대상으로 하여 논의하였고 중기업은 포함하지 않았으며 중소규모기업은 오히려 예외적인 것으로 다루었다.

---

6) I. H. Haney, *Business Organization and Combination*, New York, 1913, pp.17~19.

7) A. L. Bowley, "The Suvival of Small Business", *Economica*, No. 2, 1922, pp.113~115.

8) A. D. H. Kaplan, *Small Business : Its Place and Problems*, 1948, Chap. 2 ; J. D. Phillips, *Little Business in the American Economy*, 1958, Chap. 2.

9) J. A. Hobson, *Industrial System*, 1909, New and Revised ed. 1910, Rep. of Economic Classics, New York, 1969, p.183. 여기서 그는 거대기업(monster business)이 지배적 지위를 차지하는 산업에서도 中小規模企業이 잔존함을 지적하였다.

1941년에 〈TNEC 보고서〉는 '대·중·소기업의 능률비교'(Relative Efficiency of Large, Medium - sized and Small Business)라는 제목으로 분석하는 가운데 이미 소기업의 상한을 종업원 수 250명까지 확대하였다. 그러나 소와 중을 결합한 중소규모기업에 대한 의식과 분석은 명확히 하지 않았다.[10] 이점은 플로렌스(D. S. Florence)에서도 마찬가지였다.[11] 스타인들(J. Steindl)은 오히려 중기업을 대기업과 결합, 소기업과 대치시키고 있다.[12] 그 뒤 1950년대 후반 리돌(H. F. Lydal)이 중기업과 소기업을 결합한 '중소규모기업'(small and medium sized manufacturing firms)으로서의 문제를 확립하였다.

이러한 경향은 경제력이 집중되면서 미국이나 영국에서도 점차 나타나고 있다. 즉 경제성장과 경제력 집중에 따라 중소기업의 상한은 점차 확대되고 중소기업 문제의 대상범위도 확대되었다.

미국의 경우, 〈TNEC 보고서〉는 중규모의 상한을 종업원 수 500명까지로 정하였다. 그 뒤 1953년에 재정, 1958년에 개정된 미국의 〈중소기업법〉(Small Business Act)의 기준에 따라 책정된 소기업의 상한은, 업종별로 500명에서 1500명까지 확대되었다.[13] 우리나라의 경우에도 마찬가지이다.

제2절 정책대상으로서 중소기업의 범위

1. 우리나라 중소기업의 범위

중소기업의 개념규정은 현실에서는 정책대상으로서 중소기업의 범위를 정하는 것으로 구체화된다. 중소기업 정책은 중소기업 문제를 완화, 해소하는 것을 목적으로 한다. 중소기업 정책의 대상인 중소기업은 그 목적과 과제에 따라 범위가 정해진다.

중소기업 문제는 경제의 발달단계와 국민경제의 특수성에 따라 다를 수 있다. 따

---

10) Temporary National Economic Committee, *Monograph* 13.

11) P. S. Florence, *The Logic of British and American Industry*, London, 1953, Chap. 1과 Chap. 4 참조.

12) J. Steindl, *Small and Big Business*, 米田淸貴·加藤城一 譯, 《小企業と大企業 — 企業規模の經濟的諸問題》, 嚴松堂, 1969, pp.69~74.

13) H. F. Lydal, "The Impact of the Credit Squeeze on small and Medium-Sized Manufacturing Firms", *The Economic Journal*, Sep. 1957 ; 瀧澤菊太郎, 〈中小企業問題の國際的歷史的分析〉, 山中篤太郎, 《經濟成長と中小企業》, 春秋社, 1963, pp.65~69 참조.

라서 그것의 해소 완화 방안인 중소기업 정책의 대상과 과제도 반드시 그 내용이 동일한 것은 아니다. 결국 중소기업의 범위는 나라마다 중소기업 정책의 목표에 따라 다르게 규정된다.

중소기업 범위는 법률로 정하는 것이 보통이며 규모 구분의 지표 선택도 다양하다. 명확한 범위 규정이 필요하기 때문에 질적 기준보다 양적 기준이 선택되는 것이 일반적이다. 그러나 미국처럼 〈중소기업법〉에 '독립성과 시장에서 지배적이 아닐 것' 등 질적인 기준을 정하고, 정책 목표에 따라 구체적 시행과정에 양적 지표를 사용하여 중소기업의 범위를 탄력적으로 규정하는 경우도 있다.

異質多元的 요소를 포함하고 있는 중소기업의 범위는 실정법에서 여러 가지 양적 기준을 가지고 대기업과 그 범위를 구분하고 있는데, 우리나라에서는 〈中小企業基本法〉과 그 시행령에서 이를 정하고 있다.([표 1-1], [표 1-2], [표 1-3] 참고)

〈중소기업기본법〉은 1966년 12월 6일에 법률 제1840호로 제정 공포되었으며, 그 뒤 1976년 12월 31일, 1978년 12월 5일, 1982년 12월 31일, 1995년 1월 5일(전문 개정) 등 네 차례에 걸쳐, 특히 중소기업자의 범위에 대한 규정을 고쳤다. 이것은 경제발전과 기업규모의 확대 등 변화한 경제 여건을 반영한 것이었다. 또한 정책대상으로서 중소기업의 범위를 경제 상황에 따라 신축적으로 대응시킴으로서 정책효과를 높이려는 목적도 있었다. 그 동안의 중소기업 범위의 개정 과정과 특징을 보면 다음과 같다.

첫째, 〈중소기업기본법〉은 중소기업의 산업별 범위를 광업, 제조업뿐만 아니라 운수업·상업·건설업 등 전 산업을 망라하고 있다. 초기의 〈중소기업은행법〉(1961년 제정)에서는 금융지원대상으로서 중소기업의 산업별 범위를 광공업에 제한했었다.

둘째, 1982년 12월 31일의 개정 이전에는 종업원 수와 자산액 가운데 택일하여 중소기업자의 범위를 규정하도록 함으로써 일본과 비슷하였다. 그러나 이러한 획일적 중소기업 범위의 규정은 중소기업부문 안에서 여러 업종의 서로 다른 특성을 반영하지 못하는 문제점을 지니고 있다.

셋째, 그동안 중소기업자 범위는 확대되는 방향으로 개정되어 왔다. 이것은 국제 경쟁력의 강화를 위하여 量産體制를 지향하면서 발전한 中堅規模 중소기업의 지원체제를 강화하기 위한 것이었다. 그러나 이것이 다른 한편에서는 경쟁력이 취약하여 그 개발육성이 필요한 小零細企業에 대한 지원을 상대적으로 약화시켰다. 그 결과 정책의 혜택을 받는 중견규모 중소기업과 그렇지 못한 소영세기업 사이에 발전의 단층을 만들고 나아가 중소기업 안에서 二重構造의 문제를 일으켰다.

[표 1-1] 중소기업자의 범위(1982. 12. 31 이전)

업 종	기 준		비 고 ① 중소기업기본법 제2조 ② 개정(1976. 12. 17)이전의 범위
	종업원	자산총액(자본금)	
광 업	300명 이하거나	5억원 이하	200명 이하거나 5천만 원 이하
제 조 업	〃	〃	〃
운 수 업	〃	〃	〃
건 설 업	50명 이하거나	〃	—
상업서비스업	20명 이하거나	5천만 원 이하	20명 이하거나 1천만 원 이하
(소 매 업)	〃	5천만 원 이하	—
(도 매 업)	〃	2억 원 이하	

[표 1-2] 중소기업자의 범위(1982. 12. 31 이후)

업 종	소기업자	중기업자
공업 기타 제조업, 광업 또는 운송업을 주된 사업으로 경영하는 것	상시 사용하는 종업원 수가 20명 이하인 자	상시 사용하는 종업원 수가 21명 이상 300명 이하인 자
건설업을 주된 사업으로 경영하는 것	상시 사용하는 종업원 수가 20명 이하인 자	상시 사용하는 종업원 수가 21명 이상 300명 이하인 자
상업 기타 서비스업을 주된 사업으로 경영하는 것	상시 사용하는 종업원 수가 5명 이하인 자	상시 사용하는 종업원 수가 6명 이상 20명 이하인 자

　　넷째, 이러한 점을 반영하여, 1982년 12월 31일의 3차 개정에서는 중소기업 중 사업체 수에서 다수를 차지하면서도 정책적 지원대상에서 소외되고 있던 小企業에 대한 육성시책을 강구하도록 중소기업자의 범위를 小企業者와 中企業者로 구분하여 규정하였다. 그리고 중소기업의 범위규정의 기준으로 적용하던 종업원 수와 자산총액 가운데 실제로 자산기준을 거의 적용하지 않은 점을 반영하여 從業員數 基準으로 바꾸었다.

[표 1-3] 중소기업자의 범위(1995. 7. 1 이후)

	소기업자	중기업자
공업 기타 제조업 광업 또는 운송업	상시 사용하는 종업원 수가 50명 이하인 자	상시 사용하는 종업원 수가 51명 이상 300명 이하인 자
건설업	상시 사용하는 종업원 수가 30명 이하인 자	상시 사용하는 종업원 수가 31명 이상 300명 이하인 자
상업 기타 서비스업	상시 사용하는 종업원 수가 10명 이하인 자	상시 사용하는 종업원 수가 10명 이상 20명 이하인 자

자료 : 〈중소기업기본법시행령〉 제2조

다섯째, 또한 3차 개정(1982. 12. 31)에서는 업종의 특성과 자산규모 등을 고려하여 대통령령으로 중소기업자의 구분기준을 달리 정할 수 있도록 규정함으로써 획일적 규정에서 오는 硬直性을 벗어나 정책의 탄력적 운영이 가능해졌다. 이것은 日本的 규정에서 벗어나 美國的 규정에 접근하는 것이었지만, 결국 중소기업자의 범위를 확대하는 결과를 가져왔다.(주요국의 중소기업 범위 참조)

여섯째, 4차 개정(1995. 1. 5)에서는 중소기업자의 범위를 대통령령(시행령)이 정하는 기준에 따르도록 하여 중소기업자의 범위규정에 더욱 신축성을 주었다. 중소기업자의 범위는 업종의 특성과 상시근로자 수, 자산규모, 매출액 등을 참작하여 시행령에서 정하도록 하고, 여기에 '그 소유 및 경영의 실질적인 독립성'이라는 기준을 더하여 이것이 시행령에 반영하도록 기본법이 규정하였다.(제2조)

① 시행령은 상시근로자 수 기준으로 중소기업자의 범위를 정하되([표 1-3]) 예외적으로, 勞動集約的 업종을 150여 개로 늘려 업종에 따라 종업원 수 1000명까지 그 범위의 상한을 확대하였다.

② 종업원 수 기준에 따라 중소기업자 범위에 들어가더라도 자산규모가 일정한 수준 이상이 되어 외형상 중소기업으로 보기 어려운 資本集約的 업종 30여 개를 정하는 등 범위 규정의 특례범위를 확대하였다.

③ 기본법이 정한 '그 소유 및 경영의 실질적인 독립성의 기준'을 〈독점규제 및 공정거래에 관한 법률〉 제14조 1항의 규정으로 대규모기업 집단에 속하는 회사로 통지 받은 회사가 아닐 것으로 정하였다.(1997. 12. 27일 개정 시행령 제2조)

④ 소기업의 범위를 상향조정하였다.(예컨대 제조업의 경우 20명에서 50명으로, 기본법 2조, [표 1-3])

일곱째, 현재 〈중소기업기본법〉에는 零細企業에 대한 규정이 없다. 종업원 수의 하한이 없기 때문에 소기업자에 포함되는 것으로 해석할 수도 있으나, 현실적인 경제 통계(광공업통계조사 등)에서 종업원 수 5명 이상을 중소기업으로 정하고 있는 점을 고려하면 결국 종업원 수 4명 이하를 영세기업으로 볼 수 있다. 한편 이 법을 제정할 당시에는 상시 종업원 수 5명 이하를 영세기업으로 규정했었다.(제9조)

2. 주요국의 중소기업 범위[14]

[표 1-4] 미국의 중소기업 범위

업 종	구 분	비 고
제조업	(1) 중소기업의 일반적 포괄적 정의는 〈중소기업법〉(Small Business Act of 1953) 제3조에 정의되어 있음. ① 독립하여 소유·경영되며 ② 그 영업분야에서 지배적인 것이 아닐 것 (2) 상세한 정의는 종업원 수와 매출액 기준에 따라 중소기업청 장관이 정함. 이 규정에 기초하여 미국의 중소기업은 표준 산업분류(SIC)의 4단위 분류마다 종업원 수 또는 매출액을 기준으로 상세히 정의되어 있음. (3) 제조업의 경우는 업종마다 500명 미만(342개 업종), 750명 미만(56개 업종), 1,000명 미만(58개 업종), 1,500명 미만(3개 업종) 등의 범위가 정해져 있음.(98년 1월 현재 기준)	영세기업(Very Small)은 종업원 수 20명 미만 소기업(Small)은 종업원 수 20~99명 이하 중기업(Medium-Sized)은 종업원 수 100~499명 이하
광업	연간매출액 350달러 또는 종업원 수 500명 이하	
건설업	연간매출액 700만~1,700만 달러	
도매업	종업원 수 100명 이하	
소매업	연간매출액 350만~1,350만 달러	
서비스업	연간매출액 350만~1,450만 달러	

자료 : Code of Federal Regulation's Small Business.

[표 1-5] 일본의 중소기업 범위

제조업, 기타	종업원 수 300명 이하 또는 자본금 3억엔 이하	소규모 기업은 종업원 수 20명 이하
도매업	종업원 수 100명 이하 또는 자본금 1억엔 이하	
소매업	종업원 수 50명 이하 또는 자본금 5천만엔 이하	소규모 기업은 종업원 수 5명 이하
서비스업	종업원 수 100명 이하 또는 자본금 5천만엔 이하	

자료 : 일본 〈중소기업기본법〉

[표 1-6] 대만의 중소기업 범위

제조업, 건설업	납입자본금 6,000만 NT$ 이하 또는 고용인 200명 이하	
광업, 토사채취업	납입자본금 6,000만 NT$ 이하 또는 고용인 200명 이하	1995년 9월 개정
상업, 운수업, 기타 서비스업	납입자본금 8,000만 NT$ 이하 또는 고용인 50명 이하	

자료 : 대만경제연구

---

14) 중소기업은행 조사협력부, 《주요국의 중소기업 관련 통계》, 2001. 3 참고.

[표 1-7] 영국의 중소기업 범위

제조업	종업원 수 200명 이하	① 1972년 Bolton Report의 기준에 의함 ② 통상산업부기준 ◦영세기업 : 종업원 수 0~9명 ◦소기업 : 종업원 수 0~49명 (영세기업포함) ◦중기업 : 종업원 수 50~249명 ◦대기업 : 종업원 수 250명 이상
광업	종업원 수 25명 이하	
건설업	종업원 수 25명 이하	
도매	연간매출액 147만 파운드 이하	
소매업, 서비스업	연간매출액 36.8만 파운드 이하	
자동차매매업	연간매출액 73.5만 파운드 이하	

자료 : 〈Bolton Report〉등

[표 1-8] 유럽연합(EU)의 중소기업 범위

전산업	종업원 수 250인 미만	중소기업 정책은 유럽위원회 제23총국에서 담당 영세기업은 종업원 수 0~9명, 소기업은 1049명 이하, 중기업은 50~249명 이하임
	연매출액 4,000만 ECU 이하	
	총자산 2,700만 ECU 이하	
	대기업의 참여자본 25퍼센트 미만 기업	

자료 : OECD, 《Globalization and Small and Medium Enterprises》, Vol. I , 〈Synthesis Report〉, 1997.

제3절 중소기업의 특성과 역할

1. 중소기업의 특성

1) 일반적 특성

일반적으로 지적할 수 있는 중소기업의 특성은 다음과 같다.

첫째, 중소기업은 異質多元的 기업군이다. 매우 다양한 요소와 질적 특성을 지닌 각종의 중소규모 사업자를 가리키는 것이 중소기업이다. 이것은 동질적 일체가 아니며 이질 다원적 성격을 지닌다. 기업의 양적 규모면에서도 영세경영, 소기업, 중기업, 나아가 중견기업에 이르기까지 다양한 규모의 기업을 포함하고 있다. 이들은 근대화된 것과 전근대적 특성을 지닌 기업으로 이루어져 있고, 周邊企業이나 벤처 비즈니스라는 영역도 포함한다.

異質性의 근거는 ① 업종과 그 형태, ② 기업규모, ③ 기업의 역사(연역), ④ 입지하는 장소와 시장의 범위, ⑤ 경영자의 자질과 기업가정신 등 다양하다. 이 때문에 어느 기업, 어느 측면에 주목하느냐에 따라 다양한 중소기업 이론을 제기할 수 있다.

둘째, 存立分野가 넓다. 중소기업은 대기업과 관련되는 분야뿐만 아니라, 생산재와 소비재의 생산·판매·수송·서비스업 등 국민경제의 넓은 분야에서 높은 비중을 차지하며 존립한다. 그리하여 대기업을 보완하거나 또는 대기업이 담당하지 않은 분야에서 중요한 역할을 한다. 이들은 반드시 低賃金에 의존하는 것만은 아니며 適正規模로 활동하는 영역도 많이 있다.

셋째, 自由競爭이 그 존립의 일반적 법칙이다. 대기업이 활동하는 산업 분야에서는 강력한 獨寡占的 市場支配와 價格의 硬直性을 볼 수 있지만, 중소기업의 비율이 높은 분야에서는 일반적으로 자유경쟁을 통한 가격이 형성되어 건전한 시장 메커니즘이 작동한다. 스타인들(J. Stendl)이 지적하는 것과 같은 不完全競爭市場 또는 不況카르텔과 합리화카르텔이 중소기업 분야에 없는 것은 아니다.

그러나 중소기업 존립분야는 대체로 진입장벽이 낮아 중소기업 사이에 과도한 경쟁(excessive competition)이 일어나기도 한다. 한편 중소기업은 원재료 및 제품시장을 지배하고 있는 대기업과 外注 下請關係 및 금융거래관계를 맺으면서 존립하기도 한다. 이때 대기업의 독과점의 영향이 중소기업 분야에 過當競爭을 일으키면서 자유경쟁 현상이 더욱 촉진된다.

넷째, 중소기업은 대기업에 從屬되는 경향이 있고, 따라서 대기업과 不等價交換이 일어나기 쉽다. 중소기업은 독립하여 존립하기도 하지만 많은 기업이 商社나 모기업과 下請系列關係를 통하여 지배를 받는다. 이러한 大資本에의 종속관계는 대기업과 중소기업 사이의 대등한 거래를 어렵게 하고 부등가 교환을 강요한다. 독점자본주의 단계에서는 이것이 독점기업과 중소기업 사이의 문제가 된다.

다섯째, 시장에서 限界收益企業으로 존립하기 때문에 경기변동의 영향을 크게 받고, 多産多死의 경향을 갖는다. 중소기업은 그 기업규모가 작아서 자유경쟁 시장에서는 한계수익기업이 되고, 대기업이 지배적인 산업분야에서뿐만 아니라 중소기업의 비중이 높은 분야에서도 피라미드 구조의 저변에 있다. 그리하여 경기의 확장국면에서는 新規參入者의 증가 때문에 위협을 받고, 경기의 수축국면에서는 정리 도태되지 않을 수 없어 경기변동의 緩衝帶(buffer) 역할을 담당하게 된다. 그 결과 소규모 중소기업일수록 그 出生率과 死亡率이 높은 다산다사의 경향을 띤다.

여섯째, 중소기업은 대기업에 고용되지 않는 노동력을 저임금으로 활용한다. 그리하여 중소기업은 독점기업이나 대기업이 수많은 중소기업의 저임금 노동을 우회적으로 수탈하여 資本蓄積을 꾀하는 도구로 전락한다. 중소기업은 중년 및 노년 노동자, 부녀자, 계절노동자, 농촌부업자 등 대기업이 고용하기에는 質的으로 적합하지 않은 노동과 수많은 미숙련 遊休勞動까지도 흡수 고용한다. 특히 중소기업은 투하자본당

고용량과 부가가치가 크기 때문에 노동력이 풍부하고 자본축적의 수준이 낮은 개발도상국에서 그 역할이 높이 평가받는다.

일곱째, 중소기업은 地域經濟와 깊은 관련을 맺고 있으며, 자본주의 사회에서 中産層으로서 사회의 안정세력이 되고 있다. 일반적으로 자본주의 사회는 자본가와 노동자의 계급적 대립이 첨예화되어 사회적 안정이 결여되기 쉽고 산업 및 지역 사이에 융화가 파괴되기 쉽다. 중소기업은 지역적 産地를 이루어 지역의 노동력을 고용하고 금융 원재료 제품시장의 여러 측면에서 地域性이 강하다. 또 경영자와 노동자가 가까이 접촉하기 때문에 인간적 친밀성이 높고, 폭넓은 중산층의 경제적 기초를 형성하여 사회의 안정세력으로서 기여한다.[15]

2) 産業組織論的 특성

중소기업은 대기업과 함께 산업조직을 구성하는 중요한 요소이며, 그 특성이 다른 두 부문이 상호 작용하여 경제성과에 큰 영향을 준다.

중소기업 개념은 상대적 개념이며 대기업과의 상대적 관계에서 정해지는 개념이다. 그러나 중소기업은 대기업의 완전한 축소형태가 아니며, 대기업과 다른 독자적인 경영상의 특성과 역할, 그리고 고유한 문제를 갖고 있다. 따라서 중소기업 연구의 독자성이 확립되는데, 이것은 임상의학에서 小兒科가 독립된 연구분야가 되는 것과 마찬가지로 비유된다.

그런데, 흔히 중소기업은 대기업에 견주어 수익률이나 임금수준 등 경영지표로 볼 때 큰 격차가 있으며 이질 다원적 존재라는 平均槪念으로 그 특성이 논의된다. 그러나 대기업과 격차가 존재하는 것의 實像을 파악하려면 중소기업의 여러 특성을 검토할 필요가 있다.

첫째, 중소기업은 대기업에 견주어 非組織的 의사결정의 역할이 상대적으로 크다. 중소기업은 所有經營者의 의사결정이 비조직적 메커니즘 속에서 이루어지는 특성을 지닌다. 대기업과 같이 관료화된 여러 단계의 계층조직이 아니라, 기업가의 강력한 지도력이 크게 작용할 가능성이 높은 것이 중소기업의 특징이다. 대체로 '소유와 경영의 분리'가 대기업보다 진전되어 있지 않다. 所有經營者는 더 큰 위험부담(risk taking)과 재량권을 확보하고 있다. 그 결과 중소기업의 경영활동은 대기업보다 비교적 신속하고 유연하며 경영자와 종업원 사이에 인간적 접촉의 기회가 많다. 중소기업 경영자는 높은 기업가 능력을 발휘하여, 환경변화에 더욱 신속히 적응하고 나아가 새로운 산업

---

15) 上田宗次郎 著, 《現代資本主義と中小企業經營》, 新評論, 1974, pp.21〜23.

구조 변혁의 담당자가 되기도 한다.

신속하고 유연한 기업활동이라는 중소기업의 경영특성은 대기업 중심의 경제제도가 지배적인 선진경제에서 그 기동성과 활력 저하에서 오는 경직성을 쇄신하는 기능(regenerative function)을 한다. 대기업이 경제의 動脈이라면 중소기업은 毛細血管으로 비유할 수 있다. 중소기업의 활발한 창업과 활력은 동맥경화증에 걸린 국민경제를 활성화하는 불가결의 요소가 될 수 있다.

둘째, 중소기업은 시장점유율이 낮고 끊임없는 시장경쟁을 해야 한다. 중소기업은 치열한 가격, 비가격경쟁을 거쳐 선별 도태되고, 그 경제사회의 수요에 정확히 대응하면서 기업의 존립기반을 확보한다. 즉 시장의 경쟁 메커니즘을 적절하게 실현하는 것이 중소기업이다.

대기업 등 독과점 거대기업은 높은 시장점유율을 갖고 경쟁을 제한하면서 시장구조에 영향력을 발휘한다. 이에 견주어 중소기업은 낮은 시장점유율, 높은 시장 경쟁 속에서 활동하기 때문에 경쟁의 담당자로서 중요한 역할을 한다. 미국에서 중소기업을 '해당 업종에서 지배적인 시장점유를 지니지 않은 것'이라고 규정한 것은 이를 잘 말해준다. 그 결과 경쟁 제한적인 대기업부문에 대하여 대항력(countervailing power)을 발휘하는 경쟁기능이 중소기업의 특성이 된다.

셋째, 중소기업이 갖고 있는 경영자원은 대기업에 견주어 제한적이다. 중소기업부문의 경영자원의 상대적 희소는 대기업과의 관계를 규정하는 중요한 요인이 된다. 대기업과 중소기업 사이의 경영자원 부존격차, 그리고 그것이 기업경영에 주는 영향은 나라마다 경제상황에 따라 다르다. 대체로 급속한 경제발전과정을 거친 나라에서는 기업규모 사이에 경영자원 부존격차가 크고 그 영향도 크다. 이를 정리하면 다음과 같다.

① 대기업부문과 직접 경합하지 않는 제품의 시장분야에서 중소기업은 상대적으로 희소한 자원을 이 분야의 제품생산에 한정하여 투입하고 이를 가지고 존립한다. 이 시장에 특화한 중소기업은 독자적 기술로 제품을 고도로 差別化하면서 자립적 경영을 할 수가 있다. 이 분야에서 중소기업과 대기업은 서로 영향을 주지 않는 共生關係를 유지한다.

② 중소기업이 제한된 경영자원으로 존립할 수 있는 다른 방법은 외부의 자원을 활용하는 것이다. 가장 일반적 형태는 상대적으로 풍부한 경영자원을 보유하고 있는 대기업과 下請生産關係를 형성하여 대기업의 생산기술과 제품판매 능력을 이용, 공생관계를 이루는 것이다. 급속한 경제발전을 하는 경제일수록 이 방법이 일반화되어 대기업과 중소기업 사이에 강한 결합관계를 이루지만, 동시에 중소

기업이 대기업에 종속되는 문제도 발생한다.

중소기업이 대기업과 비교하여 지니는 세 가지 특징, 즉 의사결정과 기업활동에서의 차이, 시장경쟁에서 영향력의 차이, 경영자원의 부존 상황의 차이는 여러 나라의 산업조직의 특징을 규정하고 국민경제의 경제성과를 결정하는 중요한 요인이 된다.[16]

2. 중소기업의 역할

1) 선진경제와 개발도상 경제에서의 역할

일찍이 마셜은 소기업이 경제활동과 산업진보의 원천으로서 중요한 역할을 한다는 점을 지적하였다. 영국 산업의 대부분이 성장하는 소기업에 의존하고 있으며, 그들이 산업에 제공하는 힘과 탄력성(energy and elasticity)은 전 국가에 걸쳐 일어나고 있다고 마셜은 말하였다.[17]

이러한 중소기업은 오늘날 '활력 있는 다수'로, 산업에 활력을 넣는 것으로 평가받고 있다. 미국에서는 일찍이 70년대에 소기업을 '활력 있는 다수'(The Vital Majority)로 규정하였고,[18] 영국에서는 중소기업의 苗床기능(seedbed function)과 신진대사기능(쇄신기능)을 강조하였다.[19] 일본에서도 80년대에 와서 특징은 좀 차이가 있지만, 중소기업을 활력 있는 다수로 규정하였고,[20] 90년대에는 경쟁적 시장의 담당자로서 창조성과 활력의 모체로 규정하였다.[21] 우리나라에서는 90년대에 역시 '활력 있는 다수'로 중소 벤처기업을 육성하는 것을 중소기업 정책의 기본방향으로 삼았다.[22]

산업발전의 원동력이며 산업에 에너지와 활력을 넣어주는 중소기업의 역할을 일반적으로 나타낼 때, 先進經濟의 경우, 영국의 〈볼튼 보고서(Bolton Report)〉는 다음과 같이 설명한다.[23]

① 중소기업은 기업심과 독립심이 풍부한 사람에게 創業의 기회를 제공한다. 그들은 대기업에 고용되기를 좋아하지 않거나 적합하지 않지만, 경제에 활력을 주어서 크게 공헌한다.(2장)

---

16) 淸成忠南·田中利見·港 徹雄 著, 앞의 책, pp.35~38.
17) A. Marshall, *Industry and Trade*, 1923, pp.249, 581.
18) U. S. Small Business Adminstration, The Vital Majority, ed., by Deane Carson, 1973.
19) J. E. Bolton, *Small Firms*, Her Majesty's Office, 1972. 이 책의 제16장 3절 2항 참조.
20) 日本中小企業廳, 《中小企業の再發見》, 通商産業調査會, 1980.
21) 日本中小企業廳 編, 《90年代の中小企業ビジョン－創造の母体として中小企業》, 1990.
22) 대한민국정부, 《국민과 함께 내일을 연다》, 한가람 출판사, 1998.
23) J. E. Bolton, 앞의 책, pp.83~84.

② 생산 및 판로의 적정규모가 작은 산업에서 중소기업은 가장 효율적인 기업 형태
  이므로 많은 상공업이 중소기업으로 구성된다.(3장)

③ 중소기업은 소비자에게 제공하는 재화와 용역을 매우 다양하게 해준다. 왜냐하
  면 대기업이 개업하기에는 별로 가치가 없거나 경제성이 없는 소규모 분야에서
  도 중소기업은 번창할 수 있기 때문이다.(3장)

④ 대기업보다 낮은 원가로 생산하여 대기업에 부분품이나 반제품의 전문적 공급자
  의 역할을 하는 중소기업이 많다.

⑤ 집중화된 경제에서도 중소기업은 현실적·잠재적 競爭을 촉진하며, 독점적 이익
  과 독점에서 발생하는 비효율을 저지하는 역할을 한다. 그리하여 경제 전체의 효
  율적 운영에 기여한다.(3장)

⑥ 중소기업은 연구 개발 투자가 적지만, 생산기술뿐만 아니라 서비스에도 중요한
  혁신의 원천이 된다.(5장)

⑦ 중소기업은 전체로서 새로운 산업, 바꾸어 말하면 혁신을 위한 전통적인 성장기
  반이 된다.(4장)

⑧ 중소기업은 기업가적 재능을 갖는 자에게 기회를 제공하고, 지배적인 대기업에
  도전하고 자극을 줌으로써 대기업을 육성하는 묘상(seedbed ; 양성기반)을 마련
  해 준다.(3장)

  한편 開發途上國에서 중소기업의 역할을 강조한 내용은 다음과 같다.[24]

① 중소기업은 우리가 바라는 재화의 생산을 위하여 자원을 효율적으로 사용하도록
  하여 경제적 효율성을 가질 수 있다.

② 중소기업과 대기업의 관련성은 산업제도의 효율성을 높인다.

③ 중소기업은 기업가적 재능과 경영능력의 묘상(nursery) 기능을 함으로써 기업가
  와 경영자를 개발해준다.

④ 중소기업은 인적 자본뿐 아니라 물적 자본을 형성하는 등 자본형성에 기여한다.

⑤ 중소기업은 자본절약적(capital saving)이고 노동 집약적(labor intensive)인 생
  산방법을 지니고 있어서 자본의 절약과 그 효율성을 높인다.

⑥ 중소기업은 고용기회를 제공하는 잠재력을 가지고 있다.

⑦ 중소기업은 산업의 지리적 분산을 성취하도록 하여 산업발전의 지역적 확산을
  기하도록 한다.

---

24) E. Staley and R. Morse, *Modern Small Industry for Developing Countries*, New York,
  McGraw-Hill, 1965, pp.230~248.

⑧ 중소기업은 더욱 밀접한 개인적 관계를 통하여 산업에서 노동과 사회관계를 개선한다.

⑨ 중소기업은 민족기업(national enterprise)의 성격을 갖는다.

선진경제나 개발도상경제에서 다 같이 중소기업이 국민경제에 중요한 역할을 한다고 인식하는 점은 동일하다. 그리고 중소기업의 역할과 기능은 선진경제와 후진경제 사이에 약간의 차이가 있지만 공통된 점이 많다.

2) 중소기업 역할의 정리

중소기업의 역할은 그 중요성에 비추어 다양한 내용을 제시할 수 있으나 그것을 집약하여 정리하면 다음과 같다.

(1) 대기업과의 관련 : 하청·계열기업으로서의 기능

경제는 競爭으로만 발전하거나 효율성을 유지하는 것은 아니며, 協力이 경쟁력을 높이는 유력한 수단이 되기도 한다. 대기업과 중소기업의 상호보완적 관계는 이를 반영한다. 중소기업과 대기업은 생산 및 판매 면에서 관련을 맺는다. 중소기업은 모기업인 대기업의 하청기업 내지 계열판매업자가 되는 경우가 많다. 하청 및 유통계열은 단순한 분업관계만이 아니고, 장기계속거래와 밀접한 제휴로 안정적 판로를 확보하지만, 동시에 그로 말미암아 종속되기도 한다.

제조업의 경우 모기업은 ① 자본절약, ② 하청기업의 저임금 이용, ③ 경기변동의 쿠션(cushion)으로 활용하는 등의 이유로 하청기업을 이용한다. 그러나 하청기업의 기술수준이 높아지면서 하청기업의 전문기술을 이용하려는 측면이 강해졌다.

하청 제도가 하청기업의 종속과 그에 따른 경영불안정 저임금 등 낮은 노동조건의 창출 등을 가져온다는 비판적 견해가 있다, 그러나 하청 제도는, 특히 기계공업 등에서는 국제경쟁력을 높이는 요인이라는 긍정적 논의와 함께 準垂直的 統合 등으로 규정되고 있다.

하청 제도는 ① 모기업과 하청기업의 장기계속거래에 따른 경영안정과 신뢰관계의 형성, ② 설비투자의 중복방지, ③ 설계 개발단계부터 서로 밀접한 제휴와 정보의 공유로 경제적 효율을 높일 수 있다는 등의 장점을 갖기도 한다. 결국 준수직적 통합으로서 하청 제도는 산업체제의 효율성을 높일 수 있다.

(2) 산업발전에 공헌

중소기업은 새로운 산업의 苗床이며 기술혁신의 담당자, 그리고 수출산업에서의 기여 등으로 산업발전에 기여한다.

첫째, 지식집약·연구개발형 중소기업인 벤처 비즈니스의 역할을 들 수 있다. 1970 년대 이후 선진경제는 침체된 경제에 활력을 넣기 위하여 기술혁신과 새로운 산업을 진흥하려고 노력하였다. 여기에 적합한 기업유형이 바로 지식집약 연구개발형의 중소 기업인 벤처 비즈니스였다.

둘째, 국민경제의 발전과 산업구조의 전환이라는 과제를 제시하고 있다. 이것은 新産業의 담당자 그리고 그 苗床으로서 중소기업의 역할을 통해 해결할 수 있다. 새 로운 산업은 산업 및 시장 규모가 작고 대기업에게는 매력이 없지만 소기업에게는 매 력 있는 분야이다. 여기에는 강력한 기업가정신이 요구된다. 이러한 지식집약형, 연구 개발형 신산업의 묘상기능을 하는 것이 중소기업이다.

구체적으로 묘상기능은 다음과 같다.

① 지식 정보집약형 중소기업의 기술진보와 혁신의 양성기반
② 기업가적 재능과 경영능력 등 人的 能力을 배양하는 기반
③ 새로운 산업(혁신적 중소기업)의 담당자인 기업가와 경영자를 양성해주는 기반
④ 새로운 산업과 대기업의 양성기반
⑤ 창조성과 왕성한 활력을 길러 산업구조를 변혁시키고 경제사회를 진보 발전시키 는 원천이며 기반이 되는 기능 등이다.

셋째, 국민경제가 국제화되면서 중소기업은 국제화의 담당자로서 인식받기 시작 하였다. 수출의 직접 담당자로 수출진흥에 기여할 수 있기 때문이다. 특히 경제개발이 輸出主導型으로 이루어지는 개발도상경제에서 중소기업의 수출 증대가 경제발전에서 하는 역할은 매우 크다. 또한 중소기업은 직접투자의 형태로 해외에 직접 진출하기도 한다. 그리고 대기업과 하청계열관계를 맺어 산업 효율과 국제경쟁력을 높임으로서 외화획득에도 기여한다.

(3) 국민생활과 지역경제에 공헌

중소기업은 多品種·小量生産의 소비재와 서비스의 공급 및 고용의 흡수 창출 기 능, 그리고 지역경제와 지역사회의 중추적 기능을 한다.

첫째, 소비 면에서의 역할이다. 중소기업은 소득수준이 올라가면서 수요의 다양 화, 고급화, 다품종 소량화, 그리고 그 수명이 짧아진 제품의 수요에 대응하여 재화와 서비스를 생산 판매한다. 대규모 경제와 대량생산을 기본으로 하는 대기업은 이러한 변화에 기민하게 대응하기 어렵고 여기에는 중소기업이 적합하다.

둘째, 중소기업은 고용흡수와 그 창출에 중요한 역할을 한다. 노동 집약적 생산방

식이 특성인 중소기업은 인구과잉과 구조적 실업의 경제 여건을 지닌 개발도상경제
에서뿐만 아니라, 실업율이 상대적으로 높은 선진경제에서도 실업해소라는 정책과제
에 적극적으로 기여한다. 특히 공업화를 추진하는 개발도상경제에서 근대적 대기업은
자본 집약적 기업이어서 고용효과가 높지 않다. 이에 비해 중소기업은 노동 집약적이
기 때문에 미숙련 노동 등의 흡수에 크게 공헌한다.

　　셋째, 중소기업은 주민의 생활기반인 지역경제와 지역사회에서 큰 역할을 한다.
중소기업은 單一事業體 중심이어서 지역성이 강하여 지역의 노동력과 자본을 이용하
고 지역에 소득을 발생시킨다. 그리고 지역주민이 이용하는 재화와 서비스를 공급하
여 지역의 후생증진에 공헌한다.

⑷ 市場 活性化 및 경제사회의 쇄신역할

　　중소기업에게는 시장경제를 활성화하고, 나아가 경제발전을 이끄는 기능을 기대
할 수 있다. 대기업체제는 독점과 과점적 시장구조를 전개하면서 경쟁배제적 경향을
갖기 때문에 경제사회를 경직화시키고 정체시킨다. 독점의 폐해를 시정하고 경제를
건전하게 발전시키려면 자유경쟁의 담당자인 중소기업의 역할이 중요할 수밖에 없다.
'경쟁의 담당자로서 중소기업'의 역할을 높이면 시장이 활성화된다.[25]

　　경쟁을 촉진하는 담당자이며, 기업가 정신의 보유자인 중소기업은 시장과 산업조
직을 활성화하는 기능을 한다. 이를 통하여 중소기업은 資源의 效率的 配分에 기여한
다. 즉 중소기업은 경쟁의 촉진시켜 경제의 발전과 효율성을 높이는 역할을 한다. 구
체적으로 중소기업의 신진대사 또는 경제사회의 쇄신기능을 설명하면 다음과 같다.

　　① 높은 도산율과 높은 신설율 속에서 신구기업이 교체되는 사회적 대류 현상이 진
　　　행되면서 새로운 기업이 진입한다.

　　② 중소기업은 경쟁적 성격으로 경쟁적 시장경제의 적극적 담당자가 되며, 독과점
　　　적 시장구조의 경직성을 개선하고 시장기능을 활성화하면서, 지배적 대기업에
　　　자극을 주고 도전하는 가운데 경제의 노화현상을 막는다.

　　③ 지식 정보 집약적인 새로운 혁신형 중소기업(벤처 비즈니스)은 기술개발과 혁신
　　　의 원천으로 새로운 요소를 산업사회에 투입한다. 즉 창조성과 활력의 母体이며
　　　혁신의 기수로서 새로운 에너지를 공급한다.

　　④ 중소기업은 새로운 산업과 성장하는 기업 및 대기업의 양성기반이며, '활력 있는
　　　다수'인 중소기업은 경제사회를 쇄신하는 기능을 담당한다.

---

25) 藤田敬三·竹內正己 編,《中小企業論》(第4版), 有斐閣, 1999. 4, pp.38~45 참조.

(5) 자본축적과 경제자립의 기초

첫째, 중소기업은 資本蓄積의 기반으로서도 적극적 역할을 한다. 중소기업이 자본축적의 기반으로 적극적으로 기여하는 것은 '위로부터'의 자본제화와 산업구조의 고도화를 추진하는 국민경제에서 공통된 특징이다. 중화학 공업화가 심화되고 독점자본의 자본축적 기반이 다양해지면서 중소기업은 그 자본축적의 기반이 된다. 계층적 축적의 지배구조 속에서 노동 집약적이며 저임금 기반을 그 존립근거로 하는 중소기업은 독점자본과 국민경제의 자본축적의 기반이며 경제발전의 원동력이 된다. 특히 급속한 공업화를 정책 주도적으로 추진하는 개발도상경제에서 중소기업은 부족한 자본으로 경제개발을 추진하는 역할을 한다.

둘째, 개발도상국에서 중소기업의 민족기업으로 역할을 강조하는 것은 그것이 경제 자립의 기초가 되기 때문이다. 특히, 식민지 지배를 경험한 후진경제에서는 생산력의 근대화와 함께 경제구조의 자립화를 이루는 것이 그 주요한 정책과제이다. 중소기업은 시장관련이나 원자재 측면에서 국내 생산력 기반에 깊은 분업관계를 갖고 있다. 이런 특징은 중소기업을 민족기업 또는 민족자본적 성향의 기업으로 규정하게 한다. 그런 의미에서 중소기업은 경제구조의 자립을 실현하는 기반이 될 수 있다.

제4절 중소기업의 비중과 구조[26]

1. 중소기업의 높은 비중

한국 중소기업은 먼저 국민경제에서 차지하는 비중이 매우 높다는 것이 특징이다. 1999년을 기준으로 조사한 결과([표 1-9])에 따르면 중소기업은 사업체 수에서 절대적으로 높은 비중을 차지하고 있을 뿐만 아니라 종업원 구성에서도 높은 비중을 차지하고 있다. 종업원 규모 1~4명의 영세기업을 포함한 통계로 보아 전 산업에서, 종업원 구성의 86. 5퍼센트, 제조업에서는 74. 3퍼센트의 비중을 중소기업이 차지하고 있다.

이런 가운데서도 소영세규모 중소기업이 상대적으로 높은 비중을 차지하고 있다. 즉 전체적으로 중소기업의 비중이 높을 뿐만 아니라 소영세기업이 무시 못할 위치에 있는 것을 확인할 수 있다. 이처럼 중소영세기업의 비중이 높고, 그로 말미암아 중소

---

26) 여기에 인용된 자료는 중소기업은행 조사협력부, 《주요국의 중소기업관련통계》(2001. 3)를 주로 참조한 것임.

기업의 역할이 크다는 점은 중소기업 문제의 인식 대상이 된다. 높은 비중을 차지하는 중소 영세기업을 경제자원으로 활용하는 것은 경제발전의 지름길이기 때문이다. 이와 같은 긍정적 작용은 자본축적과 고용증대 등 여러 측면에서 이루어진다.

[표 1-9] 사업체·종업원 구성 - 규모별 (종업원 수 : 명, 구성비 : 퍼센트)

| 규모(명) | 전 산업(A) | | | | 제조업(B) | | | |
| | 사업체 | | 종업원 | | 사업체 | | 종업원 | |
	사업체 수	구성비	종업원 수	구성비	사업체 수	구성비	종업원 수	구성비
1~4	2,538,389	86.7	4,509,493	34.9	202,437	68.1	430,128	13.6
5~9	217,784	7.4	1,365,910	10.6	43,823	14.7	284,720	9.0
10~19	90,692	3.1	1,212,185	9.4	25,445	8.6	340,699	10.7
20~49	54,151	1.8	1,618,792	12.5	16,976	5.7	512,563	16.2
50~99	16,157	0.6	1,091,670	8.4	5,142	1.7	351,236	11.1
100~299	7,767	0.3	1,256,803	9.7	2,725	0.9	436,919	13.8
중소기업	-	-	-	-	296,548	99.7	2356. 265	74.3
300~499	1,182	0.0	449,950	3.5	432	0.1	163,677	5.2
500~999	808	0.0	552,188	4.3	256	0.1	177,238	5.6
1000이상	400	0.0	863,298	5.7	180	0.1	472,849	14.9
대기업	-	-	-	13.5	868	0.3	813,764	25.7
합계	2,927,330	100.0	12,920,289	100.0	297,416	100.0	3,170,029	100.0
제조업의 비중(B/A)					10.2		24.5	

자료 : 통계청, 《1999년 기준 사업체기초 통계조사보고서》, 2000. 10

그러나 이런 높은 비중의 중소기업이 전근대적인 정체상태로 남아있는 한 그 역할은 한계가 있을 뿐만 아니라 오히려 국민경제의 근대화와 고도화에 제약요인이 될 수 있다는 부정적 측면이 있다. 이에 전근대적, 정체적 중소기업의 근대화와 개발의 문제가 대두된다.

높은 비중의 중소기업이 지니는 두 가지 측면, 즉 긍정적 작용과 부정적 측면은 중소기업 문제의 핵심이 되고 있다. 긍정적 역할을 제고하면서 부정적 측면을 완화, 해소하는 二重의 중소기업 문제의식이 형성되는 것이다. 이것은 중소기업을 적극적인 정책대상으로 만드는 이유이며 높은 비중이 가져오는 중소기업 문제의 특징이기도 하다.

한편 중소기업비중을 국제적으로 비교한 것이 [표 1-10]의 내용이다. 여기서 우리는 한국과 일본 대만 독일은 미국과 영국에 비해서 상대적으로 중소기업의 비중이 높으며, 반대로 미국과 영국에서는 중소기업의 비중이 상대적으로 낮다는 사실을 알 수 있다. 한국 일본 등 전자는 중소기업의 비중이 높기 때문에 그 중요성을 인식하는 것이 문제가 되는 반면, 미국 등 후자는 중소기업의 비중이 낮기 때문에 그 역할을 제고하는 것이 문제가 되고 있다.

[표 1-10] 중소기업의 국제비교

	사업체 수(개)			종사자 수(천명)		
	전체	중소기업		전체	중소기업	
			비중(퍼센트)			비중(퍼센트)
한국(1999)	91,156	90,449	99.2	2,508	1,830	73.0
일본(1998)	373,713	370,154	99.0	9,838	7,130	72.5
대만(1998)	148,990	145,281	97.5	2,611	2,089	80.0
미국(1997)	393,840	345,703	87.8	18,633	7,277	38.4
영국(1998)	332,070	329,540	99.2	4,334	2,149	49.6
독일(1995)	825,469	822,968	99.7	11,194	7,643	68.3

설명 : 1. 중소제조업을 대상으로 하였음.
　　　 2. 한국 중소기업은 종사자 수 5~299명 이하의 사업체를 대상으로 하였음.
　　　 3. 일본 중소기업은 종사자 수 4~300명 미만의 사업체를 대상으로 하였음.
　　　 4. 대만 중소기업은 납입자본금 6,000만 NT달러 이하 또는 종사자 200명 미만의 사업체를 대상으로
　　　　 하였음.
　　　 5. 미국 중소기업은 종사자 수 500명 미만인 사업체를 대상으로 하였음.
　　　 6. 영국 중소기업은 종사자 수 250명 미만인 사업체를 대상으로 하였음.
　　　 7. 독일 중소기업은 종업원 수 499명 이하 또는 연간매출액이 1억 DM 이하인 사업체를 대상으로
　　　　 하였음.

전자의 국가에서는 가용경제자원의 활용과 전근대성의 탈피가 중소기업 문제의 대상임에 반해, 후자의 국가에서는 비중이 낮은 데서 오는 중소기업 역할의 감소가 문제였다. 즉, 산업조직과 시장기능을 활성화하기 위해 중소기업의 역할을 높이는 것이 낮은 비중의 중소기업을 중요한 것으로 인식하게 만들었다.

중소기업의 비중이 높은 국가에서나 낮은 국가에서 다 같이 중소기업을 중요하게 인식하고 있다. 그러나 전자에서는 構造論的 인식이 주된 흐름이었음에 대하여, 후자에서는 産業組織論적 인식이 지배적이었던 것이 지금까지의 추세였다. 전자의 국가에서도 점차 경제구조가 고도화되면서 후자의 흐름으로 바뀌는 경향에 있다.

2. 중소기업의 구조 변동

1) 구조 변동과 소영세기업의 증가

한국 중소기업은 대체로 높은 비중을 유지하면서도 그 내용은 경제개발 과정에서 기복을 보였다. 1960년대 이후 정부주도 경제개발이 대기업 중심으로 진행되면서 초기의 높았던 비중이 점차 감소하는 추세를 보였다. 60년대 말에서 70년대에 중화학공업의 개발이 진행되면서 상대적으로 낮은 비중을 지속하였다. 규모의 경제와 양산체제를 지향하면서 대기업이 크게 발달한 결과였다.

그러나, 이러한 중소기업의 상대적 침체 경향은 80년대 중반 이후 반전되었고, 중소기업의 비중은 점차 높아지는 경향을 보였다. ([표 1-11])중화학 공업이 성숙하고 조립가공업이 발달하면서 하청계열관계가 확대된 것이 중소기업의 존립 영역을 넓힌 것이다. 거기에 수요의 다양화와 다품종 소량생산 체제가 진전되면서 중소기업의 존립기반이 늘어난 것도 그 원인이다.

정책적으로는 1980년대에 들어와서 〈중소기업기본법〉을 개정하여 소기업의 범위를 별도로 규정, 소영세규모 기업에 대한 지원체제의 법적 기초를 마련하였다.(1982. 12. 31) 여기에 발전 가능성이 높은 신규창업 사업체 등 유망 중소기업을 발굴, 지원하는 정책도 시행되었다.(1983) 또한 〈중소기업창업지원법〉을 제정하였다.(1986) 산업사회의 변화와 함께 이러한 정책적 뒷받침이 중소영세기업의 활발한 창업과 그 비중 증가에 긍정적 작용을 한 것으로 보인다.

한편 기업규모별 비중의 추이에서는 다음과 같은 특징이 발견된다. 1980년대 중반까지는 대기업의 비중이 늘어나면서 전반적인 기업규모 증대와 동시에 중소기업의 上層分化 현상이 뚜렷하였다. 그러나 1980년대 중반 이후에는 소영세기업의 비중, 특히 영세 규모기업의 비중이 눈에 띄게 증가하는 추세를 보였다. ([표 1-12]) 이것이 80년대 중반 이후 중소기업 비중 증가의 특징을 설명해 주고 있었다.

경제가 고도로 성장하고 산업구조가 고도화되면서 여러 분야에서 많은 소영세기업이 신설 증가하는 현상에 대하여 두 가지 견해가 있다.

첫째, 소영세기업의 현저한 증가는 이전과 마찬가지로 저임금 노동에 의존하는 전근대적 기업의 증가이며, 이전보다 큰 대기업과 중소기업 사이의 임금 및 부가가치 생산성의 격차를 나타내는 二重構造의 확대 강화라는 견해이다.[27]

둘째, 노동력 부족에 수반하여 고임금 경제로 이행하는 과정에서 이중구조가 해소된 것은 아니지만, 소영세기업의 증가를 지금까지와 같은 특성으로만 설명할 수는 없다는 것이다. 즉 새로운 특성의 소영세기업이 신설 창업된다는 것이다. 새로 창업하는 많은 기업은 높은 생산성을 실현하고 높은 임금을 지불하는 기업이며 저생산성, 저임금을 기반으로 하는 소영세기업과는 전혀 다른 특성의 기업이라는 견해이다.

신규 창업 경영자는 25~35세의 청년층이며 10년 남짓의 職歷을 지니고 있다. 그들은 높은 전문능력과, 소득 동기보다 업무를 통한 자기의 전문능력 발휘, 주체적인

---

27) 카우츠키(K. Kautsky)는 수정자본주의 논쟁에서 자본의 집중에 따라 발생한 새로운 소경영은 대기업 노동력의 예비군으로서 과잉 노동자를 저장하는 기능을 하는 '노동자적 소경영'이며, '자본으로서 소경영'이 아니라고 지적하였다.

독립의 길을 선택하는 것을 공통의 특성으로 하고 있다. 이 같은 새로운 유형의 기업은 대도시에서 다수 발생하고 있다.[28]

[표 1-11] 중소기업 비중 추이 - 제조업

연 도	사업체 수	종업원 수	부가가치
1963	98.7	66.4	52.8
1967	98.2	58.8	39.3
1970	97.1	49.0	28.5
1975	96.2	45.7	31.7
1980	96.6	49.6	35.2
1985	97.5	56.1	37.6
1990	98.3	61.7	44.3
1995	99.0	68.9	46.3
1999	99.2	73.0	48.3

설명 : ① 1963~1974년은 중소기업을 종업원 수 5~200명 미만의 사업체로 하였음.
　　　 ② 1975년 이후는 중소기업을 종업원 수 5~300명 미만의 사업체로 하였음.
자료 : ① 1963~68년, 한국산업은행,《광공업 통계조사 보고서》각 연도 자료
　　　 ② 1969년 이후, 통계청,《광공업 통계조사 보고서》각 연도 자료
　　　　 통계청,《산업 총 조사 보고서》각 연도 자료

[표 1-12] 규모별 비중추이 - 제조업(단위 : 퍼센트)

규모(명)	사업체 수					종업원 수					부가가치액				
	1960	1979	1985	1992	1999	1960	1979	1985	1992	1999	1960	1979	1985	1992	1999
5~9	55.4	37.9	32.0	36.3	46.9	14.3	3.6	3.9	6.5	10.9	12.9	1.9	1.5	3.0	4.3
10~19	25.9	21.4	25.9	28.6	26.3	16.6	4.5	6.4	10.3	12.8	15.7	2.6	3.0	5.4	6.1
20~49	13.2	20.2	23.0	22.8	17.9	22.3	9.7	13.1	18.6	19.7	18.4	6.2	7.2	11.5	10.8
50~99	3.1	9.0	9.7	7.0	5.2	11.4	9.6	12.3	12.9	13.1	9.9	7.4	8.2	9.9	9.6
100~199	1.5	5.8	5.1	3.0	2.2	11.4	12.3	12.8	11.1	11.0	9.4	10.4	10.3	10.9	10.4
200~299	0.7	2.2	1.7	0.9	0.6	10.7	8.1	7.6	6.4	5.4	15.8	7.2	7.3	6.9	7.1
300~499	0.2	1.5	1.1	0.6	0.4	13.2	8.9	7.6	6.2	5.4	17.7	9.9	9.1	7.5	7.4
500 이상	100.0	2.0	1.4	0.8	0.4	100.0	43.5	36.2	27.9	21.7	100.0	54.4	53.1	44.9	43.3
계	99.1	100.0	100.0	100.0	100.0	76.1	100.0	100.0	100.0	100.0	66.5	100.0	100.0	100.0	100.0
중소기업		96.5	97.5	98.6	99.2		52.4	56.2	65.9	72.9		35.7	37.8	47.6	48.3
		(94.3)	(95.8)	(97.7)			(39.5)	(48.6)	(59.5)			(38.5)	(30.5)	(40.6)	
대기업	0.9	3.5	2.5	1.4	0.8	23.9	47.6	43.8	34.1	27.1	33.5	64.3	62.2	52.4	51.7

설명 : ① 괄호 안 숫자는 종업원 규모 200명 이하를 기준으로 할 때의 비율임.
　　　 ② 1960년의 중소기업범위는 종업원 규모 200명 이하, 1979년과 1985년의 것은 300명 이하가 기준인데 이는 실정법상 범위의 확대에 기인함.
자료 : 산업은행 및 경제기획원, 통계청,《광공업통계조사보고서》

---

28) 內藤英憲·池田光男 著,《現代の中小企業》, 中小企業リサ - チセンタ, 1994, p.157.

2) 혁신형 중소기업의 출현과 벤처기업

우리나라의 소영세기업 증가의 구조적 특성을 이상의 두 가지 견해 가운데 어느 하나로 택하여 설명할 수는 없다. 그러나 산업구조가 고도화하고 중화학공업화가 점차 성숙하면서 소영세기업을 포함한 전반적 중소기업의 존립영역이 다양화하고, 늘어나면서 그 비중이 증가 추세를 보였다는 점을 지적할 수는 있다.

이러한 소영세기업의 증가추세는 일방적인 방향으로만 진행되는 것이 아니라 그 안에서 지속적인 구조변화를 수반하면서 진행된다. 중소기업이 경제환경의 변화에 적응력이 강하다는 것은 新設率이 높으면서도 倒産率도 높다는 이른바 多産多死를 그 특징으로 한다는 것을 말한다. 그렇기 때문에 산업화가 급격히 진행되고 그 구조가 확대되는 구조 변동기에는 다음과 같은 특징이 나타난다.[29]

① 중소기업수(특히 개인기업)의 현저한 증가

② 중소기업 교체의 확대(사회적 회전율·사회적 대류 현상의 증가)

③ 중소기업 경영자의 세대 교체 진전

④ 중소기업 규모의 격차 확대

⑤ 새로운 유형의 高生産性 기업의 증가와 성장 등

경제가 동태적으로 발전하는 과정에서 구조 변동이나 기술변화와 수요변화에 적응하지 못하는 중소영세기업은 도태하고 새로운 형태의 중소기업이 늘어나며, 新舊중소기업의 교체와 함께 기업의 세대교체도 진행된다는 것이 일본경제를 대상으로 한 실증적 연구의 결과였다. 그리고 이를 토대로 1970년대 초에 일본에서는 벤처 비즈니스의 출현을 실증적, 이론적으로 검증 정리하였다.

1980년대 중반 이후 우리나라에 나타난 중소기업 구조변화에 대해 충분하고 철저한 실증적, 이론적 연구가 진행되지는 못하였다. 그러나 1980년대 중반에 중소기업은행이 실시한 통계조사는 신규 진입 중소기업자의 성격을 다음과 같이 지적하고 있다.

① 창업시 나이는 70퍼센트 이상이 청년층(30대)이다.

② 신규진입 중소기업자의 70퍼센트는 대학졸업 이상의 높은 학력 소유자이다.

③ 신구진입 중소기업자의 주류는 잠재 실업자나 정년 퇴직자가 아니고 대기업 또는 중소기업의 종업원으로서 경험을 쌓은 사람들이다.

한편 이들의 창업동기는 이상실현과 능력발휘, 그리고 삶의 보람의 추구와 경제적 독립이 주된 것이었다. 미래지향적이며 적극적인 참여, 능력 발휘형의 기업가형이 지배적이며 소득동기와 이윤동기는 크게 작용하지 않는 것으로 나타났다. 이러한 실

---

29) 淸成忠南, 《日本中小企業の構造變動》, 新評論, 1972, pp.230~231.

증적 조사 결과에 대하여 다음과 같이 해석하였다.[30]

① 대도시에서 새로이 창업하는 중소기업자는 비교적 학력이 높은 청년층이며, 그
들은 오랜 경험을 토대로 이상을 실현하거나 능력을 발휘하고자 창업한다.

② 이런 청년기업가들은 새로운 시대 및 경험감각을 지니고 전문기능이나 전문지
식을 활용해서 높은 생산성을 이룩한다.

③ 경제환경 또는 존립조건의 변동에 적극적으로 적응할 수 있는 것으로 생각되며,
그들이 경영하는 기업은 대체로 근대적 체질을 갖추고 있다.

④ 이상실현 및 능력발휘형의 창업이 주류를 이루고 있어 중소기업이 청년들에게
이상실현과 능력발휘의 장을 제공하는 것으로 볼 수 있다. 그러한 중소기업은 장
래의 기업가를 양성하는 학교로서 역할을 한다.

⑤ 독립경영을 지향하는 중소기업의 활발한 진입은 중소기업의 근대화와 경제 전
체의 활력을 증가시킨다.[31]

신규로 창업한 새로운 기업유형은 혁신적 중소기업 유형의 단초적 형태였다. 그
뒤 혁신적 기업유형은 점차 늘어났고, 드디어 '벤처企業'이라고 부르게 되었다. 1999년
현재 벤처기업의 사업체 수는 4,117개(제조업 3102개), 종업원 수는 156,377명(제조업
128,376명)에 이르고 있어[32] 이들은 산업 전반에서 중요한 역할을 하고 있다.

이러한 현실을 반영하여 1997년에는 〈벤처企業육성에관한特別措置法〉이 제청되
었다. 이 법은 기존 기업을 벤처기업으로 전환하는 것과 함께 벤처기업의 창업 촉진을
목적으로 하고 있고, 나아가 이것을 산업 구조전환과 경쟁력 제고로 연결시키고 있다.

한편 '국민의 정부' 경제 청사진은 중소기업 정책의 기본방향을 '활력 있는 다수·
중소 벤처기업육성'으로 정하였다.[33] 이제 혁신적 중소기업은 정책의 핵심적 대상이
되고 있다.

3) 임금 및 생산성 격차와 구조적 문제

대기업은 국민경제에서 動脈이라면 중소영세기업은 毛細血管에 비유할 수 있다.
이러한 중소영세기업의 활발한 창업과 그 수 및 비중의 증가는 경제의 노화를 방지하
는 신진대사의 촉진기능을 한다. 특히 신규 창업기업의 진취적 성향은 산업조직의 활
성화에 기여한다. 이러한 기능 때문에 1986년 후반에 〈중소기업창업지원법〉이 제정

---

30) 중소기업은행 조사부, 《中小企業創業實態調査》, 1985.
31) 趙觀行 著, 《現代中小企業論》(全訂版), 에코노미아, 1987, pp35~39 참조.
32) 통계청, 《1999 기업체통계보고서》, 2000. 12.
33) 대한민국 정부, 《국민과 함께 내일을 연다》, DJnomics, 한가람출판사, p.270.

되었고 그 뒤 지속적인 개정을 통해서 창업한 중소기업의 확장, 발전을 꾀하였다.

이러한 긍정적 측면에도 불구하고 중소기업의 구조 변동 과정에서 대기업과 중소기업 사이의 隔差는 오히려 확대되는 추세를 보였다.([표 1-13]) 일본에서는 중소기업 근대화 정책을 시행한 뒤 이중구조의 지표인 임금 및 생산성 격차가 점차 해소되면서, 오늘날 이중구조 문제가 본격적인 중소기업 문제 논의의 대상에서 사라지고 있다.

[표 1-13] 대기업과 중소기업 사이의 임금 및 생산성 격차 - 제조업(대기업=100. 0) (단위 : 퍼센트)

연도	임금수준	부가가치 생산성
1980	-	55.0
1985	75.0	47.2
1988	78.1	-
1990	66.1	49.3
1993	65.9	45.7
1995	64.1	38.9
1997	63.6	38.4
1999	59.2	34.7

설명 : 중소기업은 종업원 수 5~299명 이하의 사업체임.

자료 : 통계청, 《광공업통계조사보고서》 각 연도 자료

[표 1-14] 일본의 기업 규모별 급여 격차 - 제조업(500명 이상=100. 0) (단위 : 퍼센트)

종업원 규모 연도	5~29	30~99	100~499
1991	56.2	63.7	78.2
1993	56.5	63.3	78.4
1995	55.8	61.9	79.7
1999	54.3	60.1	76.5

자료 : ① 일본 노동성, 《매월 근로통계조사》, 각 월 자료

② 일본 중소기업청, 《中小企業白書》(平成 2), 2000.

그러나 우리나라에서는 대기업과 중소기업 사이의 임금 격차 및 생산성 격차가 더욱 심화되고 있다. 특히 중소기업의 생산성은 대기업의 30퍼센트 선에 그치고 있으며, 오히려 이중구조의 심화현상을 보이고 있다.

결국 중소기업의 구조 변동과정에서, 量的으로는 소영세기업이 늘어나서 지위가 상대적으로 상승하였고, 창업의 활성화로 산업조직에 活力을 증가시켰다. 반면 質的으로는 기업규모 간 격차문제가 해소되지 않은 채 構造的 문제를 남겨두고 있다.

앞에서 밝힌 소영세기업 증가에 대한 두 가지 견해 중 우리나라에서는 후자(새로운 기업유형의 창출)의 측면만 나타난 것이 아니라, 전자(저임금 노동에 의존하는 전근대적 기업의 증가와 이중구조의 확대 심화)의 측면인 구조적 문제가 동시에 나타나

는 이중적 특성을 보였다.

3. 중소기업 제품의 수출과 그 역할

이러한 구조적 변동의 특징을 지니면서 발달한 우리나라 중소기업은 그동안 국민경제 발전에 매우 중요한 역할을 하였다. 이 가운데 중소기업 제품 수출을 살펴보면 다음과 같다.

중소기업 수출은 지속적으로 총수출의 30퍼센트에서 40퍼센트 선을 유지하였다.([표 1-15]) 양적 지표로도 중요성이 인정되지만, 중소기업제품 수출은 그 이상의 경제개발 효과를 갖는 것이었다.

국내 생산력 기반에 분업관계를 갖기보다는 외국의 원재료를 수입하여 그것을 가공하여 수출할 때 그것을 加工輸出體制라고 한다. 가공수출체제에서는 수출산업이 국내의 다른 산업에 주는 파급효과가 높지 않고 그 결과 외화가득률도 높지 않다.

[표 1-15] 중소기업 수출 추이 (단위 : 백만 달러)

연도	총수출	중소기업	중소기업 수출비중(퍼센트)
1965	181	42	23.0
1970	1004	323	32.2
1975	5427	1872	34.5
1980	17,505	5624	32.1
1985	30,283	8,414	27.8
1987	47,281	17,812	37.7
1990	65,016	27,382	42.1
1993	82,236	35,169	42.8
1995	125,057	49,474	39.6
1997	136,164	56,910	41.8
2000	172,268	63,509	36.9

설명 : 중소기업 수출은 〈중소기업기본법〉 제2조에 따른 중소기업으로서 수출면장상 화주 기준임.
자료 : 중소기업협동조합중앙회, 《연도별 중소기업현황》

수출주도형 경제개발이 성공하기 위해서는 수출부문의 신장율이 높으면서도

① 고용 및 개인소득에 대한 수출부문의 직접적 효과가 클 것

② 수출의 신장이 생산성 향상과 새로운 기능의 배양에 큰 습득효과(learning effect)를 가질 것

③ 수출부문에 필요한 물자로 수입품보다 국내생산 투입물을 더욱 많이 공급할 것

④ 수출부문과 관련 있는 외부 경제성 및 연관성이 더욱 광범위할 것

⑤ 국내에 남는 수출수익이 더 안정적일 것 등[34]

여러 조건이 충족되어야 한다. 그래야만 수출산업은 경제개발에 크게 기여하고 경제개발을 주도할 수 있다.

수출 중소기업은 노동 집약적이며 외국산 부분품 및 원재료의 사용 비율이 대기업보다 낮은 반면 외화가득률은 더욱 높다. 이런 점에서 수출 중소기업은 위에 제시한 조건을 대기업보다 비교적 많이 충족시킬 수 있어서 경제개발에 큰 역할을 하였다.

또한 수출 중소기업은 수출구조의 개선에도 기여하였다. 우리나라 수출구조는 몇 가지 품목에 집중되어 있는 취약성을 지니고 있다. 그런데 중소기업제품의 수출은 그 품목이 비교적 다양하다. 그 결과 소수의 전략적 품목에 집중되어 있는 수출구조를 개선하여 안정적 수출기반을 구축하는 데 큰 역할을 하였다.

---

34) Gerald M. Meier, "Conditions of Export-led Development", *Leading Issues in Economic Development*, 3rd ed., Oxford Univ. Press, 1976, pp.717~723.

제2장 중소기업 이해의 기초 (I)

제1절 기본개념의 정리

1. 소영세기업·중견기업

1) 중소기업의 계층과 소영세기업[1]

중소기업은 대기업에 대한 상대적 개념인데, 실제로는 양적 규모로 측정하는 것이 일반적이다. 이는 규모의 경제학으로서 중소기업론이 추구하는 모형적 개념이기도 하다. 그러나 중소기업 범위에는 이외에 소영세기업(또는 영세기업), 中堅企業, 周邊企業, 벤처 비즈니스, 나아가 中産層, 民族資本 등 양적 개념만으로 해명할 수 없는 여러 가지 새로운 개념이 제기되고 있다. 이러한 여러 개념을 해명하는 것도 중소기업 연구의 중요한 과제이다.

중소기업은 여러 영역, 여러 규모, 여러 계층으로 이루어져 있다. 특히 중소기업은 독점적 대기업을 중심으로 하는 再生産構造 속에서 다음과 같은 이질 다원적 계층의 성격을 포함하고 있다.[2]

첫째, 자본가적 성격의 중소기업이다.

① 종업원 규모 100~300명 등 비교적 많은 노동자를 고용하는 중기업(중자본가)

② 30~50명 등 비교적 적은 수의 노동자를 고용하는 소기업(소자본가)

③ 소자본가로서 10~20명 등의 노동자를 고용하지만, 스스로도 생산과 판매활동을 하는 기업, 기업가

이들은 노동자로부터 얻은 剩餘價値로 이윤을 증대하고 그 이윤으로 자본을 축적한다.

둘째, 단순소상품 생산자적 성격의 영세기업이다.

④ 2~3명 등의 적은 노동자를 고용하지만, 스스로도 생산 판매 등의 '노동'을 하는 소생산자, 소상인(소영업자)으로서 기본적으로 자본주의적인 아닌 단순상품 생산자

---

1) 더 상세한 설명은 제14장 참조.
2) 上林貞治郎 編, 《中小零細企業論》, 森山書店, 1977, pp.34~36.

⑤ 스스로의 노동 및 가족노동만으로 생산 판매의 '노동'만을 하는 소생산자, 소상인(전형적인 소영업자)으로서 단순상품 생산자. 이들은 자본가가 아니고 개인 경영의 근로자, 또는 적은 수의 임금노동자를 고용하는 근로자의 성격을 갖는다.

셋째, 半勞動者 또는 사실상의 임금노동자로서 영세경영이다.

⑥ 자가노동에만 의존하는 가내공업자, 하청공업자로서 선대제 상인 또는 모공장의 지배 아래 있는 생산자이다. 이들은 금융, 원재료 나아가 생산도구와 시설 등 생산 수단의 지원을 받는데, 그 결과 종속성이 형성된다.

⑦ 가내노동자이지만 임가공을 주로 하기 때문에 제품시장에서 분리되어 자택에서 작업하는, 실제적으로 임금노동자이며 下請하는 자도 포함하는데, 그 독립성이 상실된다.

이들은 半自營, 반노동자 또는 사실상의 노동자로서 독립자영의 소영업자(소자본가)와 순수한 임금노동자의 중간적 존재인데, 대부분 노동자에 가까운 특성을 지닌다.

이렇게 중소기업은 여러 계층으로 이루어져 있다. 여기서 중기업과 소기업은 자본가 또는 자본가적 기업이라는 공통적 성격을 갖고 있다. 그럼에도 소기업을 중기업에서 분리, 이를 영세기업과 묶어 '소영세기업'이라고 한다. 소영세기업은 양적 규모의 계층으로 보면 소기업이하의 기업계층, 즉 소기업과 영세기업을 합한 계층이다.

먼저, 그 공통점은 다음과 같다. 즉 영세기업에서 소기업으로의 상승, 소기업에서 영세기업으로 하강은 흔히 있는 현상이다. 중기업에 견주어 소영세기업은 확대재생산이 한정되어 있고 독립성이 약하며, 기업의 개인적 성격이 강하고, 경제계산이 성립해도 본래의 의미대로 이루어지지 않는다는 것이다.[3]

또한, 다음과 같은 공통된 특성을 가지고 있다.

첫째, 대기업을 정점으로 하는 계층적 축적구조 속에서 경제적 모순을 전가받는 가장 낮은 계층이다. 중기업 등 상위 계층은 경제적 모순을 소기업과 영세기업 등 하위계층에 다시 떠넘길 수 있지만, 소영세기업은 스스로 전가된 모순을 흡수할 수밖에 없는 위치에 있다.

둘째, 계층적 축적구조 속에서는 하층 기업에 경제적 모순이 더욱 증폭, 전가되기 때문에 소영세기업은 더욱 높은 강도의 부담을 떠안는다. 이들 가운데는 노동 집약적이며 가내노동을 중심으로 하는 생업적 소영세경영의 비율도 높으며, 주로 낮은 임금기반이 그 존립의 기초가 된다.

셋째, 그 결과 경영의 불안정이 심하다는 것을 그 특징으로 한다. 계층분화와 신

---

3) 淸成忠南, 《現代日本の小零細企業》(發展と倒産のメカニズム), 文雅堂銀行研究社, 1967, p.14.

구기업의 교체 등 사회적 대류현상이 심한 계층이다. 도산율과 신설율이 상대적으로 높고 진입장벽도 비교적 낮다.

넷째, 산업구조가 지식집약화하면서 혁신적인 새로운 기업 유형의 진입이 높은 계층이다. 그 결과 독과점 구조가 가져오는 경제의 경직성을 쇄신하고, 시장의 활성화를 촉구하면서 산업구조의 전환에 기여하는 계층 또한 소영세기업이다.

이 같은 공통점이 있는 소영세기업 가운데 소기업과 영세기업을 구분하기는 현실적으로 쉽지 않다. 그러나 그 질적 특성의 차이는 다음과 같이 설명할 수 있다. 영세기업은 가족노동을 중심으로 하여 생산 판매 서비스에 종사하는 '기업 이전의 경영'으로, 자본과 노동의 분화과정에서 중간적 존재이다. 즉 생업(가내노동)과 기업의 중간적 존재가 영세기업이며, 오히려 '영세경영'이라는 표현이 더욱 적절하다. 이에 비해 소기업은 '자본에 의한 경제계산의 구조를 갖는 소규모의 기업'으로 규정할 수 있다.[4]

이러한 소영세기업은 경제구조가 고도화하면서 그 내부에 격심한 기업의 교체가 이루어지고 동태적으로 그 수가 급속히 늘어나고 있다. 다양하게 새로 진입하는 소영세기업 가운데 지식집약, 연구개발형의 혁신적인 새로운 기업유형으로서 중요한 유형으로, 다음과 같은 일곱 가지를 제시할 수 있다.[5]

① 자동기계도입, 고품질제품 양산형
② 독창적 제품 개발생산형
③ 고가공도 제품의 다품종소량생산형
④ 시스템 조립자(system organizer)형
⑤ 정보제공형
⑥ 전문설계형
⑦ 고성능기계 간수보전(maintenance) 전문형

2) 중견기업

(1) 개념의 형성배경과 그 특징

중소기업의 기초개념을 이해하기 위해서는 소영세기업 이외에도 중견기업이라는 개념을 알 필요가 있다. 이는 처음에 독점자본론에 기초한 중소기업 문제인식의 경직성에 대한 반성에서 출발하여 형성되었다. 중소기업을 독점기업에 대한 비독점기업으로 규정하고 있는데 이는 너무 도식적이며, 비독점기업에는 중소기업과, 중소기업 이

---

4) 國民金融公庫 調査部, 《日本の小零細企業》, 東洋經濟新報社, 1966, p.1.
5) 淸成忠男, 《日本中小企業の構造變動》, 新評論, 1972, p.271.

외의 비독점기업(비독점 대기업이라고도 한다)이 존속할 수 있다는 점을 비독점 부문의 범위에 대한 자본운동 법칙으로 검증하고 있다. 즉 중소기업이 독점자본에 수탈당하는 기업층이지만 비독점기업이 반드시 중소기업은 아니라는 것이다.

현대자본주의에서도 특정부문에는 독점의 경쟁자이면서, 독점의 수탈을 다른 자본층에 떠넘기는 자본가층이 있다. 이러한 기업계층은 산업구조의 전환기에 새로운 성장부문에서 새로운 기술과 시장조건을 갖고 성장한다. 생산력의 발전에 대응하는 최소필요 자본량을 배경으로, 다시 분화되어 독점자본에 흡수되기도 하지만 중소기업 상층으로 전환하기도 한다. 따라서 비독점기업 안에서 중소기업 상층은 그 범위가 확대되는 경향이 있다.[6] 이는 실제로 법률상, 행정상, 금융지원상 비독점기업내 중소기업 범위가 확대되는 경향을 말한다.

이러한 인식은 독점과 비독점의 관념적 도식적 구분을 비판하고, 독점자본주의 동태적 구조파악을 위하여 비독점 부문의 내부구성을 동태적으로 분석함으로써, 비독점 대기업을 적극적으로 규정하고 중소기업의 상한확정에 대한 문제를 제기했다는 점에 의의가 있다. 그런데 구체적으로 전개된 중견기업이론은 그 내용이 전혀 다른 경영론적 기조가 되었다.

즉, 생산력의 급격한 발전은 대규모생산의 발전을 촉진하고 생산의 전문화를 촉진하면서 특정분야를 전문화하고, 시장점유율을 확대하여 스스로 진입장벽을 형성하였다. 이는 주체적 행동으로 유지할 수 있는 기업을 출현시켰다[7]는 것이다. 이러한 기업을 중견기업이라고 하고, 그 특징을 다음과 같이 규정하였다.

① 중견기업은 거대기업 또는 이에 준하는 대기업의 계열회사가 아니고, 자본적으로는 물론 기업의 근본방침에 결정권을 갖고 있다는 의미에서 獨立會社이며, 단순히 중소규모를 넘는 기업이 아니다.

② 중견기업은 증권시장을 통하여 사회적 자본조달이 가능한 규모에 이른 기업이며, 따라서 시장 상장의 유무는 이를 중소기업과 구분하는 기준이 된다.

③ 중견기업은 사회적 자본을 주식형태로 동원하는 데는 아직 제약(고율 배당의 필요성)이 있고, 개인 동족회사의 성격을 갖는다는 점에서 대기업과 구분된다. 따라서 규모확대와 함께 동족회사의 결함을 없애기 위해 社外 중역제의 도입, 경영과 소유의 분리 진행, 전문시스템, 연구기관의 설치, 근대적 경영관리조직의 정비를 추구한다는 점에서 질적으로 중소기업과 다르다.

---

6) 中村秀一郎, 《日本の中小企業問題》, 合同出版社, 1961, pp.72~73. 그런데 《1957年度 日本經濟白書》는 '중규모경영의 근대화'를 주장한 바 있다.
7) 中村秀一郎, 《中堅企業論》, 東洋經濟新報社, 1968, p.111.

④ 중소기업과 다른 시장조건을 확보하고 있다. 그 제품은 독자기술과 설계고안에 따른 것이 많다. 필요한 경우에는 양산에 성공하여 각 부문에서 높은 생산 집중도와 시장점유율을 차지하여 독점적 성격을 갖는 것도 많다. 특정구입자에 의존하지 않으면서 대기업의 구입 독점력에 대항력을 갖고, 총자본 이익률도 높은 기업이 많다.[8]

기업규모가 확대되고 다양화되면서 대기업과 중소기업의 중간에 중견규모기업이라는 영역이 형성되었는데, 이 중견기업은 그 특징에서 알 수 있듯이 독점적 대기업이나 중소기업과 다른 별도의 기업범위이다. 그러나 중소기업 또는 중소기업 문제 형성의 역사성에 비추어 보면 중견기업도 '대기업에 대한 중소기업' 범위에 포함된다고 보는 것이 일반적이다.

(2) 지식집약화와 중견기업

이러한 기업유형은 고도산업사회에 적극적 존재 의의를 갖고 사회적 경제적 진보와 모순되지 않는 새로운 혁신형의 기업유형이다. 지식집약형 산업구조로 전환을 촉진하는 담당자로서 새로운 산업조직에서 적극적 존재이유를 가지고 그 역할을 하기 때문이다. 중견기업을 중소기업 범위에 포함시키는 견해를 갖고 있는 이들은, 이와 같은 기업유형의 발전을 조장하는 범위로 확대해야 한다는 혁신적 중소기업 정책론을 주장하였다. 특히, 일본에서는 1970년대에 와서 중견기업의 기업유형이 성장요인의 다원화와 더불어 다양화되었다는 실증적 연구결과가 제시되었다.[9] 그 유형은 다음과 같다.

① 研究開發 集約型 企業이다. 이것은 독창적 연구개발 협력을 기초로 하여 발전하는 기업으로서 개발성과를 제품화하여 판매하지만,(hardware) 연구성과 자체를 판매하는 경우도 있다.(software)

② 디자인 개발적 기업이다. 디자인 개발력을 기초로 하여 발전하는 기업이며 제품의 실질적 차별화를 기초로 한다.

③ 多産業展開型 기업이다. 특정분야의 기업으로 60년대에는 성장하였지만, 70년대에는 주요부문에서 적극적으로 벗어나는 경향을 보이면서 성장하는 기업이다.

④ 多種·多量 生産型 기업이다. 단순히 대량생산과는 다른 다종·다량 생산을 개발하여 성장하는 기업이며 제조기술 면에서도 독특한 노하우를 갖는다.

⑤ 국제적 전개형 기업이다. 제품개발 생산, 판매 등 모든 면에서 국제분업에 의존하여 성장하는 기업인데, 독자적 상품성격과 품질 성능이 이를 뒷받침한다.

---

8) 위의 책, pp.12~13.

9) 中村秀一郞,《新中堅企業論》, 東洋經濟新報社, 1990, pp.452~453.

⑥ 산업시스템화 시대의 선구자인 시스템 조립형의 기업이다. 여러 방면의 기술을 시스템화하여 신제품을 창조하는 기업유형으로서 소프트웨어적 특징을 갖는 기업이다.

중견기업의 이런 성격은 지식집약형 산업구조로 이행하면서 형성된 것으로 새로운 산업구조와 새로운 산업조직 속에서 중견기업의 독자적 위치가 확대된다는 것이다.

2. 中産層·중소기업·民衆

1) 중산층·중간계급·중소기업[10]

⑴ 중산층과 중간계급의 개념

사회학적 시각에서 중소기업을 中産階級 또는 中産層으로 보고 이를 다른 계층과 구분하기도 하는데 독일 등의 사례가 그것이다. 우리나라에서는 1966년에 전개된 中産層論爭에서 이와 관련된 개념이 분명해졌다.

'중산층논쟁'에서는 원래 경제개발 내지 근대화과정에서 중산층의 육성론과 소외론에 초점을 맞췄지만 논쟁의 진전에 따라 그 대상인 중산층의 개념과 성격이 분명하게 정리되었다. 이것은 개념의 모호성에 따른 논쟁의 낭비성을 제거하는 데 도움을 주었을 뿐만 아니라, 중소기업에 관련된 몇 가지 명확치 않은 개념들, 즉 中産層·中間階級·中小企業등의 개념을 확실하게 하였다. 이 논쟁에서 정리된 개념을 여기에 소개하면 다음과 같다.

① 중산층은 자기 자본을 가지고 독립경영을 하는 獨立自營業者層을 의미한다.

② 중산층은 임금노동자를 고용하지 않거나 또는 고용할지라도 소수의 임금노동자만을 고용하는 자영업자이다. 따라서 그들의 소득은 자기 또는 가족원의 임금과 자영업자로서 취득한 이윤의 합계로서 이루어진다.

③ 현실 경제사회에서 중산층은 수공업자, 중소상공인, 중소광공업자, 독립자영농 등을 포함한다.(그러나 독립자영농은 특수문제로 취급하여 중산층 문제에서 제거하는 것이 상례이다)

그러므로 우리가 중산층이라고 말할 때는 이것을 중간계급과는 마땅히 구분하여야 한다. 中間階級이라는 개념은 사회의 계급구조에서 최상층 계급과 최하층계급 사이에 위치하는 인간집단을 총괄적으로 일컫는 말이다. 예컨대 자본주의 아래에서 대자본과 노동자를 제외한 나머지, 그 중간에 존재하는 여러 집단은 모두 중간계급이다.

---

10) '중산층논쟁'에 관한 설명은 제18장 3절 4항 참조.

그러므로 중간계급에는 수공업자, 중소상인, 중소광공업자 등의 중산충뿐만 아니라, 이 외에 공무원·회사원·技師·교원·지식인 등 화이트칼라도 동시에 포함한다.

초기자본주의 시대에는 거대지주, 대상인, 대금융업자를 상충계급으로 하고 그 중간에 위치하는 중간계급으로는 주로 수공업자, 중소상인, 중소광업자 등이 대부분이었다. 물론 이 시대에도 관료, 사무원, 교원, 지식인 등이 없었던 것은 아니었지만, 그 수가 극히 적었으므로 중간계급과 중산층은 대체로 일치하였다. 이러한 점에서 수공업자, 중소상인, 중소광공업자 등의 중산층을 구중간계급(old middle class)이라고 부르기도 한다.

그러나 자본주의가 더욱 발전하여 독점단계에 들어서면 중산층과 중간계급은 일치하지 않게 된다. 자본의 집적과 집중으로 종래의 중산층은 양극 분해를 일으켜 소수는 대자본으로 발전하고 다수는 몰락하여 봉급생활자로 바뀌었다. 뿐만 아니라 사회적 생산력과 사회적 부는 급속히 늘어난 반면에 그 소유는 극소수의 대자본에만 집중되어, 대자본은 이 부를 관리하고 대자본의 운용을 보조하는 방대한 봉급생활자층을 고용하게 되었다. 또한 과학기술과 인류문명의 발전은 정신노동에 종사하는 방대한 知識人層을 성장시켰다.

그 결과 공무원, 회사원, 기사, 교원, 지식인 등의 화이트 칼라인 봉급생활자층이 비대화되었으며, 이러한 집단이 중간계급의 주요부분을 차지하게 되었다. 즉, 독점자본 단계에서는 대자본을 한편으로 하고 노동자를 다른 한편으로 하여, 그 사이에 중간계급으로서는 다양한 봉급생활자가 그 주요 구성부문이 되고, 오히려 중산층(수공업자, 중소상인, 중소광공업자)이 부차적 구성부문이 되었다. 이와 같이 독점자본 시대의 중간계급은 초기자본주의 시대의 중간계급과는 그 질적 구성내용이 현저하게 다르다. 이 독점자본시대의 중간계급을 초기자본주의 시대의 그것과 구분하기 위해 특히, 신중간계급(new middle class)이라고 부르기도 한다.

⑵ 중산층과 중간계급의 구분

오늘날 중산층과 중간계급은 엄밀히 구분하지 않으면 안 된다. 중산층은 중간계급의 일부임이 틀림없지만 중간계급이 반드시 중산층은 아니다. 또한 양자의 사회적 역할도 현저히 다르다. 우리가 오늘날 한국의 중산층을 말할 때에는 현재 우리나라의 수공업자, 중소상인, 중소광업자(및 독립자영농)를 의미하는 것이다. 한편 한국의 중간계급은 말할 때에는 공무원, 회사원, 기사, 교원, 지식인과 기타 화이트칼라 등의 광범위한 봉급생활자층과 중산층을 포괄적으로 말하는 것이다. 따라서 중산층과 중간계급(또는 중간층)을 동일시해서 모두 중산층으로 간주하는 것은 개념상 혼란을 가져올 수 있다.

　다음으로 중산층을 개인이나 가계가 취득하는 가처분소득을 계층화하여 중위소득 계층을 중산층이라고 말하는 경우가 있다. 중산층의 소득은 국민소득분배에서 중간 위치를 차지하는 것이 보통이기 때문에 이러한 견해가 타당한 것처럼 보인다. 그러나 이것은 극히 통속적인 개념규정이다. 중산층이란 양적으로 층화된 개념이 아니며, 논자에 따라 마음대로 층화할 수 있는 관념상의 주관적 계층도 아니다. 예컨대, 중산층을 소득을 가지고 양적으로 층화하여, A라는 학자는 소득 1만원에서 5만원, B라는 학자는 2만원에서 5만원의 계층을 중산층이라고 한다면, 소득 1만원을 얻은 갑이라는 사람은 A가 볼 때는 중산층이 되었다가 B가 볼 때는 하층계급(최저소득계층)이 될 것이다.

　실제로 이러한 일은 있을 수 없다. 중산층은 더 質的으로 규정된 개념의 계층이며 역사적으로 형성된 實在的 계층이다. 어떠한 사정으로 수공업자의 소득이 노동자의 소득보다 적다고 해서 수공업자가 중산층이 아닌 경우는 절대로 일어나지 않는다. 또 기사나 대학교수의 소득이 중소광공업자의 소득과 같더라도 그들은 봉급생활자요 중간계급의 일원이지 중산층이 되는 것이 아니다. 중산층을 소득규모에 따라 양적으로 재량해버리는 것은 문제를 모호하게 안개 속에 묻어버리며 논의를 한 걸음도 더 진전하지 못하게 할 뿐만 아니라, 客觀的 實在(objective reality)인 중산층을 논자의 재량에 따라 얼마든지 임의로 조절할 수 있는 주관적 비실재적 계층으로 관념 속에서 소멸시켜 버린다. 이러한 개념규정은 매우 무분별하고 비과학적인 개념규정이라고 하지 않을 수 없다.

(3) 중산층과 중소기업

　중산층을 中小企業과 동일시하는 견해가 있다. 중소기업의 개념 속에 수공업자와 중소상인을 포함시킨다면 이 개념은 정당하다. 그러나 현재[〈중소기업 기본법〉이 제정(1966. 12. 6) 되기 이전], 우리나라에서 중소기업이라고 할 때는 중소광공업만을 의미하며 중소상인과 수공업을 제외하는 것이 일반적이었다.[11] 또한 중산층을 중소기업과 동일시하는 이들도 중소기업을 중소광공업으로 생각하고 논의를 전개하였다. 이러한 좁은 개념의 중소기업은 중산층의 일부이지 그 전부가 아니다. 그런데, 중산층 가운데는 중소기업뿐만 아니라 중소상인 수공업자(때로는 독립자영농)까지도 포함된다.

---

11) 중산층논쟁 당시 중소기업 범위의 규정은 대체로 그러했다.[예컨대 제정 당시(1961. 7)의 〈중소기업은행법〉과 〈중소기업협동조합법〉(1961. 12) 등] 그러나 〈중소기업 기본법〉이 제정(1966. 12)된 이후 중소기업은 중소상인과 나아가 수공업자까지 그 범위를 포괄하고 있다. 여기서 중소광공업으로 중소기업범위를 한정한 것은 '中小産業資本'의 역할을 강조하기 위한 것으로 보인다.

따라서 중소기업을 좁은 의미로 이해하는 경우, 중산층과 중소기업을 동일시하는 것은 일면적으로 파악한 개념에 불과하다.

그렇다면 한국의 중산층문제는 구체적으로 어떤 계층의 문제인가? 그것은 엄밀한 의미에서 한국의 수공업자·중소상인·중소광업자의 문제이며, 근대화 및 자본의 기능과 관련지어보면 자립적 중소산업자본인 중소광공업자의 문제이다.[12]

여기서 중산층 논쟁에서 논의된 중산층·중간계층·중소기업의 개념을 요약하면 다음과 같다.

경제학에서 규정하는 중산층은 독립적인 생산수단을 소유하는 것을 주요 특징으로 하는 중소기업을 말한다. 그러나 사회학에서는 경제학에서 말하는 중산층을 구중간계급이라고 말하고, 오늘날 흔히들 말하는 중산층을 나타내는 개념으로는 新中間階級이라는 용어를 사용하고 있다.

위에서 보았듯이 신중간계급은 경제 면에서 독립적인 생산수단을 갖고 생산활동에 참가하는 중소기업만을 말하는 것이 아니다. 생산이라는 경제활동의 특수한 분야에서의 기능과는 상관없이, 통속적으로는 소득의 많고 적음을 기준으로 하여 상하양극을 뺀 중간소득층을 의미한다.[13] 우리가 '통속적으로 사용하는 중산층'은 이러한 개념에 속하며 정치권에서 중산층의 정당이라고 할 때 중산층 개념도 바로 통속적인 용어로서의 개념에 해당된다고 볼 수 있다.

그러나 이러한 개념은 통속적인 의미를 지닐 뿐 사회학에서 규정하는 정확한 신중간계급의 개념이 아니라는 점은 이미 지적하였다.

경제학에서 규정하는 중산층 또는 중소기업이라는 개념은 본래 質的인 측면을 강조한다. 그러나 현실적으로, 특히 정책을 운용하면서 중소기업의 개념은 量的 기준으로 그 범주를 규정하고 있다. 미국 등에서의 중소기업 범주규정을 원칙으로 질적인 성격을 갖고 있으나[14] 그 정책대상을 정하는 단계에서는 역시 양적 기준에 따르고 있다. 그리고 우리나라나 일본 대만 등도 종업원 수, 자본금, 자산액, 매출액 등 양적 기준을 가지고 법에 따라 중소기업의 개념을 정하고 있다.[15] 또한 업종의 범위도 초기의

---

12) 愼鏞廈, 〈韓國近代化와 中産層의 改編〉, 《政經研究》 1996년 4월호(통권15호), pp.106~109.

13) 林鍾哲, 〈中産層의 沒落, 그 必然性〉, 위의 책, pp.150.

14) 예컨대 미국은 중소기업의 양적 범위를 중소기업청의 중소기업규모표준(Size Standards)으로 정하고 있다. 그러나 〈中小企業法〉(Small Business Act, 1953년 제정)은 중소기업을 "독립적으로 소유 경영되는 기업임과 동시에, 해당 산업분야에서 지배적이지 않는 기업"으로 정의하여 질적으로 규정하고 있다.

15) 우리나라의 〈중소기업기본법〉 제2조(중소기업자의 기준), 일본의 〈중소기업기본법〉 제2조, 대만의 〈중소기업발전조례〉 제2조 등, 각종 중소기업의 범위에 대한 상세한 내용은 제1장 제1, 2절 및 梁炫奉, 〈主要國의 中小企業 範圍運用實態 및 示唆点〉, 《기은조사》, 1998년 9·10월호, pp.12~

중소광공업에서 점차 운수업, 상업, 건설업, 서비스업 등으로 확대되고 있으며 중소기업자의 범위도 확대 규정되고 있다.[16]

2) 중산층, 民衆, 중소기업

(1) 민중의 개념과 성격

다음에는, 중산층 논의와 관련하여 사회학에서 제기하고 있는 중산층과 민중의 관련성에 대하여 그 개념을 정리해보자. 먼저, 민중의 논의에서는 세 가지의 민중 개념을 발견할 수 있다.

첫째, 경제적 변수에 따르는 것이다. 경제적 기능에서 민중은 공업에 종사하건 농업에 또는 다른 직업에 종사하건 생활을 위해 무엇인가 노동을 하는 사람들이라고 이야기할 수 있다. 사회적 정치적으로 지난날이나 지금이나 평민·서민으로 불리우고, 그 위치가 억압된 계급, 하층계급, 빈곤으로 억압받고 있는 사람들이라고 할 수 있다.[17]

즉 자본주의전개과정에서 어느 계급이 구조적으로 가장 열악한 위치에 있는지를 밝힘으로서 민중의 실체를 알 수 있다고 보았다. 그래서 생산노동자, 도시빈민, 농민 등이 민중의 범주에 포함된다고 본다.

둘째, 민중을 지배와 피지배의 관계에서 본 견해인데, 이 관계를 다시 정치적, 경제적, 문화적 수준으로 나누고 있다. 정치적 통치수단으로부터 소외된 집단, 경제적 생산수단으로부터 소외된 집단, 문화적 수단으로부터 소외된 집단 등이 민중에 통합된다는 것이다.[18]

셋째, 민중은 원래 정치적 수준에서 형성된다는 점에 착안하여, 특히 정치적 모순과 이것의 극복을 중요시하는 입장을 갖고, 이를 둘러싼 실천의 양상을 복합적으로 규명하는 관점에서 규정한다. 따라서 어느 정도 깨어있는 정치의식과 상징을 공유하는 집단으로 이루어진다는 것이다. 이 개념의 특징은, 민중은 '~부터의 소외'라는 소극적 부정적 측면만을 갖는 것이 아니라, '~을 향한 갈증과 열망'이라는 적극적인 측면을 갖는다는 것이다.[19]

---

39 참조.

16) 우리나라의 〈중소기업은행법〉 및 〈중소기업협동조합법〉의 개정내용과 〈중소기업기본법〉(1966. 12)의 1976년과 1978년의 그 범주 확대개정이 그 사례임, 그러나 1982년과 1995년의 범위개정에서는 질적인 성격을 부가하여 적용하고 있음.

17) 朴玄埰, 《民族經濟論》(朴玄埰評論選), 한길사, 1978, p.17.

18) 韓完相, 《民衆社會學》, 종로서적, 1984, pp.66~67.

19) 한상진, 《民衆의 사회과학적 認識》, 文學과 知性社, 1987, pp.27~28.

(2) '中民理論'과 중산층의 진보적 성격

전통적 개념의 중산층은, 경제적으로는 상대적으로 혜택을 받은 계층으로 보아 '중산층의 보수적 성격'을 규정한다. 이러한 특성에 비추어 경제적 박탈이나 소외의 대상으로 규정한 민중이라는 개념은 중산층의 개념과 양립할 수 없다. 그러나 민중에게는 나라의 주인이라는 의식과 이에 상응하는 실천능력을 지닌 참여의 주체라는 특성이 있다.[20]

중산층은 관료적 권위주의 속에서 상류층과의 관계에서 강한 상대적 박탈감을 갖고 있으며, 어느 집단보다도 교육수준이 높고 의식의 개화도 빨리 이루어지고 있어, 정치적·경제적·사회적 혁신에 대해 강한 불만과 왕성한 개혁 욕구를 지니는 면이 있다. 즉 중산층의 상대적 박탈감이 노동자의 그것보다 더욱 심각한 것일 수도 있다.[21] 이렇게 볼 때 보수적인 면과 진보적인 면을 지니고 있는 중산층의 모순적 성격 또는 양면성을 알 수 있다. 사회구조의 중간에 있으면서 보수적인 중산층과 급진적인 민중이, 상대적 박탈감과 개혁욕구 속에서, 귀속의식을 동시에 발전시켜 나가면서, 그것을 함께 하는 계층이 '中民'인데, 이들은 온건한 진보성을 지닌다. 민중 또는 중산층적 조건에 民의 의식이 접목한 집단을 '중민'이라고 규정한다. 흔히 민중을 급진적 진보세력에, 순수한 중산층을 보수세력에 포함시키지만, 의식 면에서 일부 민중과 일부 중산층의 同質性을 규정할 수 있는데, 바로 온건한 진보성이 그것이다. 결국 '중민'에 포함되는 일부 중소기업은 상대적 박탈감과 개혁욕구를 지향하는 온건한 진보성과 실천성의 주체로 규정할 수 있다.[22]

'중민'이란 중산층이면서도 민중이란 뜻도 있지만, 민중의 중심이라는 뜻도 있으며, 사회의 중심에 위치한 민중이라는 뜻도 갖는다. 이들의 의식은 순수한 중산층과도 다르고, 급진적 지향이 강한 민중과도 다르다. 그러면서도 민중과 더불어 변혁을 추진해 나가는 세력이다.

1950년대 일본은 중소기업 문제에 민족자본론적 시각에서 실천론적 성격을 부여한 적이 있다. 이것은 관점은 다르지만, 앞서 살펴본 中民理論에서 중산층의 진보성과 실천성을 지적한 점에 비유할 수 있다.

우리사회에는 이른바 종속자본주의적 발전이 가져온 일련의 모순이 있는 것이 분명하지만, 이에 못지않게 권위주의의 모순, 분단의 모순이 심각하다고 보았다. 이때

---

20) 19세기 말, 외세의 침략으로 정치적 위기의식이 높아질 때 反封建·反外勢의 기초가 된 것이 民衆思想이었다는 주장이 있다.(李萬烈,《韓國近代歷史學의 理解》, 文學과 知性社, 1981, pp.28~31)

21) 한상진,《民衆의 사회과학적 인식》, p.107.

22) 한상진,《중민이론의 탐색》, 文學과 知性社, 1991, pp.65~66, 92, 93.

민중을 넓은 의미의 통합개념으로 보고 사회변혁의 추진세력으로 설정한다. 단순한 경제적 박탈의 대상으로 고정되어 있는 것이 아니라 이 시대의 주요모순을 극복하는 새로운 민주국가·민족국가·통일국가의 건설에 참여하고 이를 이끌어 가는 주체로 개념을 규정하고 있다. 그러면서 중산층은 이중성을 지니고 있지만, 우리 사회에서는 개혁을 추구하는 측면에 있으며, 따라서 중산층과 민중을 대립적인 개념으로 이해하는 것을 거부한다. 즉 중산층이 民衆聯合 또는 權力聯合의 동맹세력으로 남아있게 될 가능성을 제시한 것이다.[23]

'중민이론'에서는 중산층에 대한 진보적 실천적 성격을 규정한다. 이것은 民族資本論이 중소기업의 비독점성과 비매판성 등 진보성을 인식하고 노동자계급과 연합해서 국민경제의 종속성을 벗어나는 실천적 주체가 될 수 있다고 보는 점과 상통한다.

제2절 산업구조와 중소기업

1. 경공업·중화학공업과 중소기업

1) 산업구조의 개념과 그 변동

산업구조는 국민경제의 생산력 기반을 형성하는 것이고 중소기업은 산업구조의 주요부문을 차지한다. 산업구조는 1차 산업에서 2차 산업으로, 다시 3차 산업으로 그 비중이 높아지는 경향을 보이며, 또한 경공업에서 중화학공업으로 그 구조가 고도화된다는 일반적 경험법칙이 제시되고 있다. 중화학공업이 성숙한 뒤, 脫工業化사회에서는 고가공도산업, 지식집약산업 및 시스템산업화의 전개로 변동추이를 보이고 있다. 이러한 산업구조의 변동과정에서 중소기업의 위치를 이해할 필요가 있다.

산업구조는 크게 두 가지 측면에서 규정할 수 있다.

첫째, 산업의 부문별 구성과 같은 의미로 사용한다. 산업구조의 고도화 등의 경우에서와 같이 그것이 공업화 또는 중화학공업화와 관련지어 쓰이는데, 이 때는 생산력적 관점에서 규정한 것이다.

둘째, 산업구조를 한 나라 국민경제의 기초가 되는 여러 생산부문의 결합으로 보되, 이것을 여러 종류의 '특수한 生産關係'의 종합물로 규정한다. 이때 산업구조는 자본이 그것을 통하여 운동하는 구조로 보는 것이다.

---

23) 위의 책, p.63.

산업구조발전론에서 산업을 1차, 2차, 3차 산업의 세 부문으로 구분하거나 산업구조의 변동을 2차 산업, 특히 공업구조 내부에서 소비재공업과 투자재공업의 두 부문으로 나누어 그 경험적 법칙을 설명하는 산업구조는 바로 전자에 해당하는 개념이다. 클라크(C. Clark)가 산업구조의 변화에 대한 경험법칙을 정립한 것도 이 개념에 바탕을 둔 것이었다. 그는 세계 각국의 통계자료를 이용하여 각국 산업구조의 역사적 발전경향을 비교한 결과, 경제진보에 따라 1차, 2차, 3차 산업 사이에는 명백히 法則性을 갖는 변화가 있다는 사실을 밝혔다.[24]

50개국의 센서스 보고에 따르면 각국에서 勞動人口의 산업별 구성비율을 작성하여 국제비교한 결과 다소의 예외는 있지만, 1인당 국민소득이 높은 나라일수록 1차 산업의 취업자 비율이 낮고 소득수준이 낮은 나라일수록 그 비율이 높은 경향이 있다. 즉 경제진보에 따라 노동인구가 농업에서 제조업으로, 다시 제조업에서 상업 및 서비스업으로 이동하는 법칙적 경향이 나타난다는 것이다.[25]

산업구조의 변동은 산업 전반의 구성비 변화뿐만 아니라, 2차 산업, 특히 공업 내부에서도 구성이 변화된다는 점을 인정하여, 공업화과정에 들어선 경제의 공업화단계에 따른 구조변화에 관한 경험법칙이 제시되었는데, 호프만(W. G Hoffman)의 산업구조발전법칙이 그것이다. 이때 산업구조도 첫 번째 개념으로 사용된 것이다. 그는 공업을 消費財産業(최종적으로 소비에 충당되는 재화를 생산하는 산업)과 資本財産業(생산수단을 생산하는 산업, 따라서 정확히는 투자재산업)의 두 가지로 구분하였다. 그리고 공업화과정에서 대체로 소비재산업이 변화 발전하지만 곧이어 자본재산업이 급속히 발전하여 결국에는 절대액에서 소비재산업보다 커진다는 것이다. 따라서 자본재산업의 순생산액(부가가치액)에 대한 소비재산업의 순생산액 비율이 연속적으로 낮아지는 일반적 경향을 갖는다는 것이다. 즉 공업화가 진행되면서 자본재산업의 순생산액 비율이 소비재산업의 순생산액 비율(이를 호프만 비율이라고 한다)보다 점차 높아지게 된다.[26]

우리는 클라크나 호프만이 제시한 경험법칙의 결과를 경제가 발전하면서 산업구조가 고도화되는 것으로 해석한다. 특히 공업부문에서 '호프만 비율'이 높아지는 것, 즉 자본재산업의 비율이 높아지는 것을 공업구조의 고도화라고 표현하고 특히 이것을 重化學工業化와 동일시하는 경향이 있다. 다시 말하면 호프만의 경험법칙을 중화

---

24) Colin Clark, *The Conditions of Economic Progress*, 3rd ed. Chap. 9.
25) 이러한 법칙성은 뒤에 쿠즈네츠(Simon Kuznets)와 채너리(Hollis B. Chenery)가 비판 부정한 바 있다.
26) 이 법칙성은 쿠즈네츠와 체네리가 타당성을 검증하였다.

학공업화의 경험법칙과 동일시하고 있는데, 여기에는 지적해야 할 문제가 있다.

호프만이 본래 의도한 소비재산업과 자본재산업이라는 부문개념은 최종용도별, 즉 경제적 용도별 기준(economic use approach)에 따른 것이었는데, 실제 계측에서 사용한 개념은 구체적 업종별 분류, 다시 말해 산업별 산출량 기준(industrial output approach)에 따른 것이었다. 따라서 실제 계측에서 사용한 개념은 관행적으로 흔히 쓰고 있는 경공업과 중화학공업의 구분에 가까울 뿐, 본래의 구분개념인 '최종용도별' 기준과는 다른 것이다. 즉 그가 자본재로 분류한 업종의 생산물에는 투자재에 쓰여지는 생산수단만이 아니고, 소비에 공헌하는 耐久消費財가 많이 포함되어 있는 것이다. 따라서 흔히 사용되는 호프만 법칙은 경제적 용도별로 구분한 두 부문 분할의 경험법칙이라기보다는 중화학공업화의 경험법칙이라고 보아야 할 것이다.

중화학공업화를 산업구조의 고도화로 보고 경제 발전이 가져오는 바람직한 경향으로 우리는 생각한다. 이것은 본래 호프만의 최종용도별 구분개념에 따르면 자본재산업의 비중이 높아지는 것을 의미한다는 점에서 공업구조의 선진화를 나타내는 기준으로 볼 수 있다. 자본재산업 또는 중화학공업은 흔히 자본 집약적인 생산방법을 택하고 있으며, 소비재산업 또는 경공업은 노동 집약적 방법으로 생산하는 산업으로 이해하고 있다.

따라서 산업구조의 고도화 또는 중화학공업화는 자본집약도가 높은 산업의 비중이 커지는 것을 말한다고 볼 수 있다. 자본주의가 발전하면서 자본장비도 또는 자본집약도가 높아진다는 지적은 일찍이 자본의 有機的 構成의 고도화 개념에서도 찾아 볼 수 있다. 즉 자본가는 생산성을 높이기 위하여 가변자본보다 불변자본의 비중을 높여서 자본의 유기적 구성(organic composition of capital)을 고도화시킨다는 것이다.[27]

2) 산업구조의 고도화와 중소기업

중화학공업과 경공업이라는 산업의 부문개념에 따를 때 중소기업은 경공업의 성격을 갖는다고 볼 수 있는데, 그것은 중소기업의 생산방법이 대체로 노동 집약적이기 때문이다. 이에 비해 대기업은 자본 집약적이어서 중화학공업적 특성을 지닌다. 이런 구분에 따르면 공업구조의 고도화과정에서는 중화학공업화율이 높아지기 때문에 결국 중소기업은 산업구조에서 차지하는 비율이 낮아진다. 그러나 현실적으로 반드시

---

27) K. Marx, *Capital, A Critique of Political Economy*, Vol. I, New York, International Publishers, 1967, p.612.

이러한 결과가 나타나는 것은 아니다.

자본이 부족하고 상대적으로 노동이 풍부한 조건에서 경제발전을 효율적으로 추진하기 위해서는 대기업과 중소기업이 상호보완적으로 균형 있게 성장할 수 있도록 산업구조를 개편할 필요가 있다. 특히 공업부문에서는 고도의 생산성 증대가 필요한 부문(중화학공업)과 고용흡수가 높은 부문(경공업)으로 구분하여, 원칙적으로 전자는 대기업이 후자는 중소기업이 이를 담당하도록 생산을 구조적으로 분화하고, 이를 통해 대기업이 부당하게 중소기업 영역을 침범하는 일이 없도록 규제할 필요가 있다는 주장이 제기되기도 하였다. 그렇게 함으로써 중화학공업과 경공업, 대기업과 중소기업이 균형 있게 발전하는 산업구조를 전개하여 산업능률과 나아가 국민경제의 효율적 운영을 기하자는 것이다.

산업구조가 고도화되면서 중화학 공업화율이 높아지는 경향이 뚜렷하지만 그렇다고 중소기업의 영역이 그만큼 줄어드는 것은 아니다. 중소기업은 대체로 노동 집약적인 경공업적 특성을 지니지만, 경제용도별 기준이나 산업별 산출량 기준으로 볼 때 중화학공업에 속하는 중소기업도 많다. 그리고 그 비중은 경제가 진보하면서 더욱 높아지는 경향을 보이고 있다. 중화학공업화가 이루어지면서 가공산업과 조립산업이 발달하고 중소기업 존립분야가 형성 확대된다. 중소기업은 그것에 부분품을 공급하는 관련 중소기업, 즉 하청계열기업으로의 발전을 필연적으로 수반하기 때문이다.

또, 경제의 발전에 따라 소득수준이 높아지고 수요패턴이 변화하면서 종래의 낡은 중소기업이 새로운 중소기업으로 교체된다. 산업구조의 고도화와 함께 중소기업 부문에 활발한 社會的 對流現象이 나타나지만, 중소기업은 그 과정에서 안정적 존립영역을 확보하고 전체적으로는 지속적으로 발전한다. 따라서 산업구조의 고도화에 관한 경험법칙을 너무 도식적으로 해석하는 것은 산업체제의 효율성 제고를 위해서나 실제적인 산업현실의 측면에서 바람직하지 않다.

2. 산업구조의 지식집약화와 중소기업[28]

1) 지식의 역할과 산업의 고가공도화·지식집약화

일찍이 마셜은 知識(knowledge)과 관련하여 그것의 결정적인 중요성을 알았다. 지식은 생산의 가장 강력한 엔진(most powerful engine of production)인데, 그것은 자연을 극복하여 우리의 욕망을 채워준다. 그런데 조직(organization)은 지식을 돕는다[29]고 하였다. 즉 인간이 자연에 대한 지배력을 발휘하는 데 가장 강력한 힘은 지식인데, 이 지식이라는 기동력을 최대한으로 높여주고 구체화해 주는 것이 조직이라고 본 것이다.[30]

지식의 중요성은 산업구조가 중화학공업이 성숙하는 단계에 이르면서 새로운 의미를 갖게 되었다. 산업구조의 고도화는 통상적으로 산업구조의 중화학공업화를 의미하는데, 이러한 중화학공업화 중심의 산업구조 논의에 비판적 시각을 제시한 것이 산업구조의 '高加工度化' 또는 '知識集約化'이다. 이때 지식집약화는 가공도로 본 산업구조의 근대화 모형인 고가공도화의 後行的 개념으로 형성된 것이라고 지적되고 있다.

고가공도화 모형은, 고가공도화의 방향을

① 物材 면에서는, 素材化에서 가공화 그리고 조립화로 그 중심이 변화하고

② 욕구수준의 고도화에 따라, 需要의 대상이 물적 재화에서 서비스와 情報로 이행하며

③ 기술의 진전에 따라, 산업활동의 중심이 단순히 소재를 산출하는 것(粗形)에서 그것을 가공하고 集積하는 것으로 전개된다고 보았다.

이 모형에서는 산업을 소재산업과 가공산업(그리고 조립산업)으로 나누고, 소득수준이 높은 나라일수록 소재산업에 견주어 가공산업 또는 조립산업의 비중이 높아진다고 보았다. 그래서 고가공도화에 의해 부가가치를 높이는 방법으로

① 육체노동을 중심으로 한 에너지 소비적 성격에서 과학기술의 성과에 바탕을 둔 知的노동과 정보 소비적 성격으로

② 원재료 과소비 경향에서 원재료를 적게 소비하는 경향으로

③ 단일상품 수요에 바탕을 둔 생산체제에서 시스템 수요에 바탕을 둔 생산체제로의 전환을 들고 있다.[31]

---

28) 더 상세한 설명은 제10장 1절 및 2절 참조.

29) A. Marshall, *Principles of Economics*, London, Macmillan, 8th ed. 1920, Rep. 1959, p.115.

30) 그러면서 그는 서술적이기는 하지만 그의 産業組織에 관한 이론을 전개하였다.

31) 篠原三代平, 〈高加工度産業化〉, 篠原三代平·馬場正雄 編, 《現代産業論 I》(産業構造論), 日本經

2) 지식집약화와 중소기업

지식집약화란 산업활동에서 知的 행동의 集約度를 높이는 것을 말한다. 그런데, 지적 행동은 연구개발, 디자인, 전문적 판단, 각종 경영능력 등 고도의 경험지식의 뒷받침을 받는 기능의 발휘 등을 포함하여, 넓은 경제활동에 인간의 지적 능력의 행사를 지향하는 지적 행동의 집약도를 높이는 지적 집약화이다. 보통 지식집약화란 경제활동 및 기업경영에 가능한 한 지혜를 사용하고 두뇌를 사용하는 방향으로 이행하는 것을 말한다.[32]

이렇게 볼 때 지식집약화는 결국 고가공도산업화를 의미하는 것이며, 지식집약산업은 고가공도산업의 다른 표현에 불과하다.[33] 그런데 지식 집약적 산업의 등장은 중화학공업화의 과정에서 균질적 제품을 대량생산하여 비용 삭감의 이익을 추구하는데 한계가 있다는 인식에 그 근원이 있다. 따라서 이러한 산업유형은 적어도 기업활동의 규모에서 보면, 중소규모에 적정한 분야를 제공하고, 현실적으로 이러한 움직임이 중소기업에서 나타나고 있다.[34]

한편, 산업구조 고도화의 새로운 방향에서 제시된 《知識集約型産業構造》에서는 지식집약형 산업으로 ① 연구개발집약산업, ② 고도조립산업, ③ 패션(fashion)형 산업, ④ 지식산업의 네 가지를 들고 있다.

이러한 지식집약화를 중화학공업이 성숙한 단계에서 중소기업이 지향하는 방향이라고 볼 때, 기업경영의 방향은 다음의 세 가지로 요약할 수 있다.[35]

첫째, 수요의 다양화, 개성화, 고급화와 이에 수반하는 상품수명의 단축화 경향에 적응하기 위하여 마케팅 노력을 포함하여 시장의 동향에 민감할 것

둘째, 변화하는 시장동향에 적합한 상품을, 좋은 자연환경과 노동환경을 확보하는 데 맞추어 개발하고 공급하기 위하여 연구와 기술개발에 중점을 둘 것

셋째, 앞으로의 상품개발은 소재, 제조과정, 제조기술 등에서 점차 시스템화의 방향으로 나아갈 것이기 때문에 다른 산업부문과 상품분야의 연구와 기술개발의 동향에 민감할 것 등이다.

그리고, 산업의 지식집약화와 이 같은 기업경영 흐름에 적응한 기업유형이 바로 벤처 비즈니스(벤처기업)라는 것이다. 중화학공업이 성숙하여 산업구도가 脫工業化 시

濟新聞社, 1975, p.226.

32) 日本中小企業廳 編,《70年代の中小企業象》(中小企業政策審議會意見具申の內容と解說), 通商調
　　 査會, 1972, p.61.

33) 篠原三代平, 앞의 글, pp.227~228.

34) 日本中小企業廳,《70年代の中小企業像》, p.59.

35) 위의 책, p.61.

대에 접어들면서 종래에 중화학공업 또는 경공업 중심의 硬性산업(hard industry)보다
는, 지식·정보 집약적(knowledge·information intensive)인 軟性산업(soft industry)으
로 중심이 이동하면서 기업형태도 새로운 모습을 보인다는 것이다.

　이상에서 설명한 내용을 도식적으로 표시하면 다음과 같다.

(1) 산업구조의 고도화(노동력 구성기준) : C. Clark

　　① 1차 산업 → 2차 산업 → 3차 산업 ┐
　　② 농업 → 공업 → 서비스 산업 　　　┘ 공업화(산업혁명) : 1760~1830

(2) 공업구도의 고도화(부가가치 구성기준) : W. Hoffman

　　① 소비재 공업 → 자본재공업 ┐
　　② 경공업 → 중화학공업 　　　┘ 중화학 공업화 : 1870년대 이후

(3) 고가공도 산업화(가공도 기준) : 篠原三代平

　　① 저가공도산업 → 고가공도산업(지식집약화)
　　② 재료산업 → 가공산업 → 조립산업
　　　(중화학공업의 진전·성숙 → 산업의 고가공도화)

(4) 산업구조의 탈공업화(투입요소·산출물의 특성·조직화 기준) : 20세기 후반, 특히 1970년
대 이후

　　① 생산과정의 유사성이라는 '산업단위' → 산업의 기능과 활동의 형태 중심의 산업
　　　개념
　　② 硬性산업(hard industry) → 軟性산업(soft industry)
　　③ 지식집약산업·지식정보산업·서비스산업·시스템산업화(지식기반산업화)
　　　(중화학공업의 성숙 → 지식집약화·탈공업화)

(5) 요소집약도·산업 및 기업유형

　　① 요소집약도 : 노동 집약적 → 자본 집약적 → 지식·정보 집약적
　　[자본의 역할 → 지식(노동)의 역할]
　　② 산업유형 : 경공업 → 중화학공업 → 지식·정보산업(탈공업화)
　　③ 중심 기업유형 : 중소기업 → 대기업 → 중소기업(벤처 비즈니스 : 대기업시대 및
　　　대량·대규모 생산의 한계)

제3절 중소기업의 産業組織論적 이해 (I)

1. 적정규모 기업·경쟁기업·중소기업

1) 산업조직과 시장의 효율성

중소기업은 원재료 구입, 제품의 판매 등 경영활동을 하면서 시장에 참여하는 중소기업 상호간 또는 대기업과 현실적 잠재적으로 경쟁하고, 상호보완적 또는 代替的 관계를 맺는다. 여기서 중소기업의 산업조직상의 문제가 일어나고 중소기업에 대한 산업조직 이론에 따른 이해가 필요해진다.

근대경제학은 희소한 자원을 효율적으로, 공정하게 배분하여 사회구성원의 후생을 증진하는 기본 방향과 정책안을 제시하는 것을 기본 과제로 한다. 이때 자원의 최적배분은 자본주의 경제에서는 시장이 경쟁적으로 형성되어 가격기구가 원활하게 작용하는 가운데 이루어질 수 있다. 산업조직론은 시장에서 가격기구의 자원 배분기능을, 그것의 경쟁요인 또는 제약조건에 관련하여 이를 구체적으로 연구함으로써 자원을 최적배분 하도록 시장의 효율성을 실현하는 것을 주된 과제로 한다.

우리는 산업조직(industrial organization)을 산업구조(industrial structure)와 견주어 논의하는데, 양자는 그 의미가 차이가 있다는 것을 알아야 한다. 산업구조는 흔히 산업간 구성비로 표현한다. 이는 '산업간'에 자원배분의 상태와 그 특징을 표현하는 것이다. 즉, 산업구조의 중화학공업화란 어느 나라의 산업간에 자원배분이 중화학공업이라는 산업집단에 치우친 상태를 의미하는 것이다.

이에 대하여 산업조직은 '산업 내부'에서 판매자 (기업)사이에 맺는 시장적 관계이다. 시장은 판매자와 구매자로 이루어져 있는데, 시장에서 경쟁적 관계에 있는 판매자집단(기업집단)을 산업(industry)이라고 한다. 따라서 산업조직에는 완전 경쟁, 불완전 경쟁, 과점, 독점 등의 유형이 있다. 산업조직은 산업 내부에서 기업간 자원의 배분상태와 그 특징을 포괄적으로 표현하는 것이기도 하다. 예컨대, 寡占이라는 산업조직상의 개념은 어느 산업에서 자원배분이 소수기업에 집중되어 있는 상태를 의미한다.

이것은 마셜이 산업조직의 형태로 들고 있는 것 가운데 두 번째 개념, 즉 '동일산업 안에서 기업 사이의 조직'을 의미하는 것으로 오늘날 흔히(주로 미국에서) 논의되는 산업조직의 개념이다.

희소한 자원의 최적배분이라는 과제는 산업 사이에는 적절한 산업구조, 또 기업 사이에는 효율적 산업조직을 실현함으로써 이루어지고, 이는 국민경제의 기본과제가 되고 있다. 그런데 자본주의적 시장경제에서는 이것이 시장에서 교환과 거래를 통하여 이루어지기 때문에 시장에서 가격기구의 자원배분기능을 높이는 것은 자원의 최적배분과 후생증진이라는 국민경제적 과제를 실현하는 것이 된다. 이때 산업조직론은 기업들의 자원배분이 최적으로 이루어지도록 가격기능이 원활한 시장구조를 구성하기 위해 이론적으로 연구하는 것이다.

2) 적정규모 기업과 산업능률[36]

산업조직의 연구가 반드시 '산업 내부'에서 기업 사이에 맺어지는 관계의 분석에 한정되는 것은 아니다. 시장에 참여하여 시장능률을 높이고 산업체제의 효율성을 높이는 것을 능률적 기업규모의 분석에서 구하기도 하는데 適正規模論이 바로 그것이다.

산업조직의 중요성은 일찍이 마셜(A. Marshall)이 《경제학 원리》에서 제시했다. 마셜은 토지, 노동, 자본과 함께 산업의 조직(organization of industry)을 생산요인으로 검토하였다. 그는 산업을 유기체로 파악하고 그 출생·성장·쇠퇴의 과정으로 설명하였는데, 오늘날의 산업조직론에 비하면 극히 서술적 수준에 불과하였다. 마셜은 해당 산업의 여러 특질을 갖춘 기업, 즉 산업의 축소판인 代表的 企業(representative firm) 개념을 중심으로 생산비와 여러 요인을 분석하였다.

산업의 有機的 成長過程에서 산업조직을 개선하여 이루는 대규모생산의 유리성(規模의 經濟)을 중요시하게 되면서 규모의 경제가 가져올 '수확체증과 경쟁적 균형의 양립의 문제'라는 '마셜의 문제'에 부딪쳤다. 이것을 없애기 위하여 그는 기업가 능력의 쇠퇴와 시장확대의 곤란 등을 지적하였다. 그 결과 장기적인 산업발전 또는 경제진보는 기업규모의 확대에서 생기는 내부경제보다 주로 산업규모의 전반적 확대에서 오는 외부경제에서 비롯되는 것으로 보았다.

'마셜의 문제'는 그 뒤 스라파(P. Sraffa)[37]를 거쳐 로빈슨(J. Robinson)[38]의 불완전경쟁의 개념에 이르지만, 마셜의 전통을 주로 이어받은 것은 로빈슨(E. A. G. Robinson)[39]이었다. 그는 산업효율을 높이기 위해 기업규모의 구조를 결정하는 요인을 분석하고 기업이 능률을 높이도록 하는 규모에 대한 연구가 필요하다면서 이를 기

---

36) 적정규모론에 대한 상세한 설명은 제7장 2절 참조.
37) P. Sraffa, "The Law of Returns under Competitive Conditions", *The Economic Journal*, Vol. 36, 1926, pp.535~550 ; *Readings in Price Theory*, AEA Series, 6th Impression, 1970, pp.180~197.
38) J. Robinson, *The Economics of Imperfect Competition*, Macmillan, 1933.
39) E. A. G. Robinson, *The Structure of Competitive Industry*, James Nisbet, 1931, Rep. 1964.

업의 적정규모(optimum size)라고 하였다. 이러한 기업규모를 강조하는 산업조직에 대한 연구는 영국 산업조직이론의 주된 흐름이기도 하다. 시장에 참여하여 시장능률을 높이고 후생을 늘리는 기능을 기업규모의 분석에서 구한 것이다. 즉, 마셜이 산업조직의 형태로 들고 있는 네 가지 가운데, 첫 번째인 '개별기업의 조직'을 그 중심 연구과제로 삼았다.

로빈슨은 적정규모 기업을 현존의 기술과 조직능력의 조건에서, 장기적으로 지불해야 할 모든 비용이 포함된 경우, 단위당 평균생산비가 최저가 되는 규모로 가동하는 기업이라고 하였다. 시장의 완전성을 전제로 한 이 기업규모는 산업효율을 높이기 위한 기업규모를 연구하려고 들여온 개념이다. 즉, 그는 산업조직의 효율성을 높이기 위하여 산업조직 가운데 기업 내적인 측면과 개별기업의 능률성에 중점을 두었다. 그리고 중소기업이 업종별 특성에 따라 적정규모 기업으로 존립할 수 있다는 이론적 근거를 체계화한 것이다.

기업규모를 강조하면서 개별기업의 합리성을 추구하던 영국의 산업조직론의 전통은 중소기업 연구에도 그대로 반영되었다. 대규모 경제의 유리성(규모의 경제)에도 불구하고 중소기업이 존립하는 이유의 분석에서 출발한 마셜의 중소기업에 대한 설명은, 그 뒤 '능률적 규모'를 거쳐 '적정규모 기업'의 연구에 이르러 개별기업의 효율성을 추구하는 중소기업 이론을 형성하였다.

3) 경쟁기업과 시장구조의 활성화

한편, 미국에서는 체임벌린(E. H. Chamberlin)을 기점으로 산업조직론이 전개되었다. 그는 종래 추상적 개념적이었던 시장을, 구체적 현실적으로 기업이 활동하는 장으로 취급하면서 독점적 요소를 축으로 하는 시장형태를 분류하고 각 시장형태에 따른 가격 메커니즘과 그 작용을 이론적으로 연구하였다.[40] 그 뒤 기업이 활동하는 장으로써 시장의 형태를 집중적으로 연구하는 산업조직론은 미국 산업조직 연구의 주된 흐름이 되었다.

가능한 한 자원을 최적배분 할 수 있는 경쟁적 시장구조가 되도록 하는 산업조직을 연구하는 것이 핵심적 과제이다. 여기에는 두 가지 방향이 있다. 먼저 독점을 규제하여 경쟁적 시장구조를 실현하는 것이다. 독과점적 시장구조가 가격기능을 왜곡해서 시장경제를 경직시킨다고 보고 독과점을 규제하고 시장에 경쟁적 요인을 주입하는 것이다. 여기에서 중소기업이 지니는 경쟁적 특성이 주목의 대상이 된다. 비록 중소기

---

40) E. H. Chamberlin, *The Theory of Monopolistc Competition*, Havard Univ. Press. 1933.

업이 개별기업단위로서는 비효율적이라고 하더라도 그 정책대상으로서의 당위성이 인정된다는 것이다. 중소기업이 지니는 시장에서의 경쟁적 성격이라는 기업 외적, 시장적 특성과 역할이 강조되어 산업조직론적 현실적 요구가 중소기업 문제로서 인식된 것이다.[41]

중소기업은 보통 시장점유율이 낮고 끊임없는 시장경쟁 속에서 가격, 비가격 경쟁을 거쳐 선별도태하고 존립기반을 확보한다. 대기업 등 과점적 거대기업은 시장경쟁을 제한하고 영향력을 발휘하지만 중소기업은 낮은 시장점유율과 치열한 경쟁 속에서 시장경쟁의 중요한 담당자가 된다. 해당 업종에서 지배적 시장점유를 갖지 않는 중소기업은 과점적 대기업에 대항하여 경쟁기능을 갖는다.

다른 한편으로, 과당경쟁적 시장구조도 시장구조의 효율성에 미루어 문제가 된다.

과당경쟁(excessive competition)은 특히, 원자상적 시장구조를 형성하는 중소 영세기업(small and little business)의 시장적 특성이며 이것을 규제하는 것도 시장효율을 높이기 위한 과제이다. 이 경우 중소기업은 과당경쟁 기업이 되어 시장에서 경쟁을 제한받고 나아가 중소기업 합병의 문제가 제기되기도 한다.[42]

2. 주변기업·중핵기업·중소기업

1) 中核企業과 周邊企業

한 나라의 산업조직이 중핵기업(center firm)과 주변기업(periphery firm) 이라는 기업조직으로 이루어져 있다고 보고, 이를 이중구조경제(the dual economy)로 규정한 견해에서 우리는 중소기업을 산업조직론적으로 이해할 수 있다.

미국 산업구조에 대한 동태적 분석을 시도하면서 중핵기업을 경제발전의 새로운 주체로 보고, 이에 대비하여 주변기업을 설명하였는데, 그 내용에서 우리는 선진 미국 경제의 산업조직 속에서 중소기업의 특성을 알 수 있다.

먼저, 중핵기업에 대해서는 다음과 같이 설명하고 있다.

① 중핵기업은 종업원 수, 총자산, 연간매상고 등에서 큰 경제규모를 가진다.

---

41) 미국에서 중소기업을 活力있는 多數(the vital majority)로 인식하는 것이나, 영국에서 〈볼톤 보고서〉가 중소기업의 苗床기능 및 신진대사 기능을 인식한 것 또는, 일본에서 80년에 와서 중소기업을 활력 있는 다수로 보는 것 등이 그것이다.

42) 李敬儀, 〈企業合倂과 獨占〉, 《서울 經濟新聞》, 經濟敎室, 1970. 6. 29~7. 17, 특히 개발도상국에서는 정책적으로 중소기업 합병을 추진하기도 한다. 또한 선진국에서도 시장구조가 중소 기업 사이의 과도하고 파멸적 경쟁 때문에 양호한 성과로부터 이탈하는 유형이 지적되고 있다.(J. S. Bain, *Industrial Organization*, John Wiley & Sons, 1967, pp.469~470)

② 중핵기업은 수직적 통합(소유 내지 비공식의 통제를 통하여), 다른 지역 진출(국내 및 국제), 제품 다각화, 경영 면에서 분권화된다.

③ 중핵기업은 경영·기술 면에서 우수한 인재와 풍부한 재무자원을 가지고 있다.

④ 중핵기업의 자금유통은 특히 호황기에 매우 원활하고, 그래서 신용 면에서 우량회사로 평가받고 있다.

⑤ 중핵기업의 경영은 단기적 계획과 장기적 계획이 결합되어 있다. 단기적 고려사항은 경영계층의 낮은 수준에서 취급하지만, 장기계획은 최고 경영자의 업무이다. 이러한 중핵기업이 모여서 中核經濟를 이룬다.

이에 비해, 주변기업은 다음과 같이 설명할 수 있다.

① 주변기업은 비교적 소규모이다.

② 주변기업은 수직적 통합을 이루지 못하고, 하나의 중핵기업 내지 일군의 중핵 기업의 衛星에 지나지 않는다.

③ 주변기업은 국제적으로는 물론 국내적으로도 많은 지역에 진출하지 않는다.

④ 전형적인 주변기업은 관련제품이 적은 분야만을 생산한다.

⑤ 주변기업의 경영은 集權化되어 있고, 많은 경우 한 사람이 중심이 되어 운영하고 있다.

⑥ 기간산업의 위치에 있는 경우라도, 주변기업은 결국 중요성을 갖지 못한다.

⑦ 주변기업의 경영자는 최고 집행부를 제외하면 중핵기업의 같은 지위에 있는 사람에 견주어 그 능력이 떨어진다.

⑧ 재무 면의 제약이 주변기업의 큰 문제인데, 주변기업의 자금유통은 중핵기업에 견주어 상당히 소규모이다. 또한 신용도가 낮고 차입금의 이자도 높다.

⑨ 주변기업의 경영은 단기적 문제에 중점을 두고 장기적 계획은 소홀히 하는 경향이 있다.

⑩ 주변기업은 비교적 집중도가 낮고 그 영역이 좁은 시장에서 존립 활동하고 있다. 그래서 주변기업의 생산능력이 어느 수준을 넘으면 평균비용은 장기적으로 보아 필연적으로 올라간다.[43]

2) 주변기업의 존립유형과 중소기업

특히 중소기업의 성격을 갖는 주변기업을 중핵기업과 관련시켜 위성기업, 전업기

---

43) Robert T. Averitt, *The Dual Economy, The Dynamics of American Industry Structure*, New York, Norton & Co., 1968, pp.1~2 ; 外山廣司 譯, 《中核企業－經濟發展の新しい主體》, ダイヤモンド社, 1969, pp.4~5.

엽 및 자유로운 전문기업으로 분류하고 다음과 같이 설명하고 있다.

(1) 위성기업(satellite : 대기업관련기업)
　① 위성기업은 원재료관계 위성기업과 배급관계 위성기업으로 나뉜다.
　② 원재료관계 위성기업은 중핵기업의 생산요소 시장에 존립하면서, 중핵기업에 물
　　적 생산요소를 공급한다.
　③ 배급관계 위성기업은 제품시장에 존립하면서, 중핵기업의 산출물을 최종 구입자
　　에게 유통시킨다.
　④ 원재료관계 위성기업은 통상 중핵기업에 근접하여 존립하는 것이 입지상 우위를
　　차지하게 된다.
　⑤ 그러나 원재료관계 위성기업의 주요생산품은 중핵기업에게는 소규모의 투입물
　　이며, 이 위성기업의 경제규모는 중핵기업에 견주어 소규모이다.
　⑥ 정부와의 계약에서는 전형적으로 중핵기업이 주 계약자가 되고, 이것이 위성기
　　업에 다시 下請되는 형태를 갖는다.
　　위성기업은 운영상 중핵기업의 활동에 통합되어 있지만 회사의 직접적 계층으로
부터는 분리되어 있는데, 중핵기업이 이러한 조직을 갖는 것은 위성기업을 직접 소유
하는 것보다 다음과 같은 장점이 있기 때문이다.
　① 사업 위험의 일부 이전
　② 운영의 유연성
　③ 불경기에 과잉생산능력을 싼값으로 유지
　④ 자본절약으로 자금을 유용하게 사용하고, 이익이 있는 다른 용도에 투자 가능
　⑤ 反트러스트法에서 벗어나는 편의
　⑥ 주변기업의 소유자 및 종업원의 부가급부(fringe benefit)문제에서 벗어남
　⑦ '대기업이 소기업을 도와준다'는 것을 보임으로써 좋은 공중관계 유지
　　그리고 배급관계 위성기업은 그 지역사회와 관계없는 다른 대규모회사와 달리 유
리한 지역사회관계를 유지한다.
　　많은 제조업의 위성기업은 부동적 위성이어서 단일의 중핵기업에 의존하지 않고
하나가 아닌 몇 개의 기간산업의 매출에 의존하고 있다. 전속적 위성기업은 계약·전
통·인적인 유대와 기타 방법으로 주로 단일의 중핵기업에 의존하지만, 경우에 따라
여러 중핵기업과 관련되기도 한다. 위성기업의 제품의 수요는 중핵기업의 제품수요에
서 나오지만, 위성기업은 중핵기업의 시장에서는 분리되어 있다. 위성기업은 특정 중
핵기업에서 자금원조를 받는데, 그 자금원조를 통하여 중핵기업이 위성기업을 지배하

고 영향력을 행사하기도 한다. 그리하여 중핵기업은 위성기업의 중요한 의사 결정력을 장악하고, 지배의 정도에 따라 위성기업은 중핵기업에 종속한다.

이상의 설명은 중소기업 문제에서 母企業과 下請企業(受給企業)의 관계를 설명한 것이다.

⑵ 專業企業(the loyal opposition, 경쟁적 대립기업 : 대기업과 병존기업)

그 기반이 되는 산업에서 중핵기업과 경쟁하면서 존립하지만, 비지배적 기업으로 이루어져 있으며, 다음과 같은 특징을 갖는다.

① 생산요소 공급원을 대폭적으로 지방에 의존한다.

② 기술적으로 비교적 뒤떨어진 설비를 가진다.

③ 지배기업보다 통합의 정도가 낮다.

④ 외국과 거래하는 산업에서도, 전업기업은 외국과의 거래에 참가하지 않거나 참가해도 낮은 비중을 차지하는 데 그친다.

⑤ 판매촉진이 중요한 경우에도 전업기업은 한정된 시장만을 대상으로 활동한다. 전국시장과 지역시장은 대량 광고에 의존해야 하기 때문이다.

⑥ 전업기업은 전형적으로는, 단일의 공장을 갖거나 단일 내지 소수의 제품계열만을 갖는다.

⑦ 전업기업은 중핵기업보다 수명이 짧고, 중핵기업에 매수되어 그 수명을 다하는 경우가 많다.

⑧ 전업기업은 대체로 중핵기업에 가격결정권을 양도한다.

⑨ 그러나 전업기업은 중핵기업에 충실하지 않기도 하고, 가격의 안정을 혼란시키는 장본인이 되기도 한다.

⑩ 비가격경쟁이 영향을 미치는 영역에서도 전업기업은 가격경쟁을 지속적으로 주도하게 된다.

⑪ 전업기업은 전체적으로, 중핵기업보다 이윤율이 낮다.

⑶ 자유로운 專門企業(free agents, 대기업과 비경쟁적 독립기업)

자유로운 전문기업은 공식·비공식으로 중핵기업과 관계가 없는 기업을 포괄하는, 남은 범주를 말한다.

① 이들 기업들은 거의 모두 원재료 처리 - 완성품제조 - 판매로 이어지는 주된 경제적 흐름의 외곽영역에서 운영되고 제품의 비율도 크지 않다.

② 시장이 제한되어 있기 때문에 공장이 규모의 경제를 누리는 데 제약을 받지만,

또한 그 이유 때문에 기업이 존재한다.

③ 제품은 하나 내지 소수의 독특한 품목을 전문적으로 생산하는 경우가 많다.

④ 비연속생산에 의존하는 인쇄업과 같은 업종이 자유로운 전업기업의 분야로 적절하다.

⑤ 이들 기업은 거의 전부가 소규모이고, 이 때문에 점차 유동적으로 변해가는 전국시장에서는 많은 불리함을 겪게 된다.[44]

이상 세 가지로 나눈 주변기업의 유형에서 우리는 중소기업의 유형별 특징을 어느 정도 이해할 수 있다.

제4절 중소기업의 産業組織論적 이해 (II)

1. 하청·계열화와 중소기업[45]

1) 하청·계열화와 準垂直的 統合

기업 사이의 관련관계의 한 가지 형태인 下請·系列化는 중소기업을 산업조직으로 이해할 수 있는 중요한 내용이다. 중소기업은 그 생산활동을 하면서 여러 가지 형태로 다른 기업과 관계를 맺는데 하청·계열화도 그 가운데 한 가지다. 그리고 건전한 하청계열관계를 발전시키는 것은 산업체제 몇 산업조직의 효율성을 높이고, 나아가 국민경제의 생산력을 늘리는 데 크게 기여한다. 경제는 경쟁으로만 발전하거나 효율성을 유지하는 것이 아니며, 상호보완적 협력이 경쟁력을 높이는 유력한 수단이 되기도 하기 때문이다.

기업은 생산활동을 하면서 기업 내부적으로 또는 기업 외적으로 규모의 경제성을 실현하기 위하여 노력한다. 일찍이 마셜은 이것을 統合化(integration)와 分化(differentiation)의 경향에 따른 外部經濟(external economy)와 內部經濟(internal economy)로 표현한 바 있다.[46] 경제가 발달하고 산업구조가 고도화되면서 기업의 경

---

44) Robert T. Averitt, 위의 책, 外山廣司 譯, pp.63~66, 위 번역서, pp.89~92.

45) 하청·계열화에 대한 이론적 고찰은 제13장 4절 및 5절 참조.

46) 여기서 분화는 산업내부에서 분업과 전문 기술, 지식 및 기계의 발달과 같은 형태로 나타나고, 기능의 세분화가 증가된 것(increased subdivision of function)을 말하며, 통합화는 사회간접자본 등의 발달로 산업기구(industrial organism)의 분화된 제 분야간에 관련성이 견고해지고 밀접해지는 것을 말한다.(A. Marshall, *Principles*, p.201)

제성 제고를 위한 노력은 기업 내부의 기술개발, 전문성 증진과 함께 기업 외적 관계, 즉 기업 사이의 분업을 촉진하는 경향으로 나타난다. 특히 組立工業이 발달하면서 이러한 경향은 심화된다. 대기업과 중소기업, 또는 중소기업 상호간의 관계가 더욱 긴밀하게 맺어지면서, 상호의존적인 산업체제가 발전하게 된다.

이때 기업은 생산활동에 필요한 물품을 자기 기업체 내부에서 생산할 것인지(make), 또는 기업 외부에서 조달할 것인지(buy)를 결정하는 것이 경영의 효율성 제고를 위하여 매우 중요한 과제가 된다. 전자의 경우를 흔히 수직적 통합(vertical integration)이라고 하고, 후자를 사회적 분업(social division of labor)이라고 한다. 생산활동에 필요한 제품을 내부에서 생산하는 경우 즉, 수직적 統合(內製)은 어느 기업이 같은 산업 내의 후방 또는 전방관련 부문을 직접적으로 소유함으로써 통합하는 것이고, 이로써 기업은 이들 부문에 대한 직접적인 통제를 하게 된다.

이에 대하여, 외부에서 購買하는 경우 즉, 사회적 분업은 독립기업이 시장을 매개로 하여 관계를 맺든지, 또는 수직적 통합과 사회적 분업의 중간분야를 갖게 되는데, 후자를 準垂直的 統合(quasi-vertical integration)이라고도 한다.[47]

준수직적 통합은 시장 가운데 모기업의 조정 정책의 대상영역이며 그 조정 및 통제의 정도의 폭도 광범위한데, 바로 하청·계열화 분야가 그것으로 산업조직론의 중요한 연구대상이 되고 있다.

2) 하청계열제도의 개념과 그 성격

하청 제도(subcontracting system)는 해당 기업보다 자본금이 큰 기업 또는 종업원 수가 많은 기업(母企業이라고 한다)에서 위탁을 받아

① 이들 모기업의 제품에 사용되는 제품, 부문품, 원재료 등을 제조하거나

② 이들 모기업이 제품 제조를 위하여 사용하는 설비, 기구, 공구 등을 제조 또는 수리하는 것을 말한다.

③ 따라서 하청은 해당 기업이 일반적으로 시장에서 판매하고 있는 제품을 다른 기업이 일반 유통과정을 통하여 구입하는 경우를 포함하지 않으며

④ 모기업이 해당 기업에 직접 주문하고, 그때 규격, 품질, 성능, 형상, 디자인 등을 지정하는 행위가 필요하다.

⑤ 엄밀한 의미에서 하청 제도는 모기업과 하청기업의 생산공정상의 관계를 말한다.

한편, 계열화(articulation)는 모기업과 하청기업의 관계가 더욱 긴밀해지는 경우

---

47) 中村 精, 《中小企業と大企業》(日本の産業發展と準垂直的統合), 東洋經濟新報社, 1983, p.8.

를 말하며 구체적으로 출자, 융자, 중역파견 등이 이루어지는 경우가 이에 해당한다.[48]

하청계열화는 부품 또는 제품의 생산 가공에 관련하여 우위기업(모기업)과 열위기업(하청·계열기업) 사이의 거래형태이기 때문에, 서로 지배·종속관계를 수반하는 것이 보통이다.[49] 기업이 물품을 외부에서 조달할 때(넓은 의미의 사회적 분업), 시장을 통하여 구매하든지(사회적 분업 중) 다른 기업에 발주하더라도(外注) 대기업과 전문기업간, 대기업 상호간 또는 중소기업 상호간에 이루어지는 거래의 경우에는 지배종속이 아닌 '대등한 거래관계'가 이루어질 수 있다.

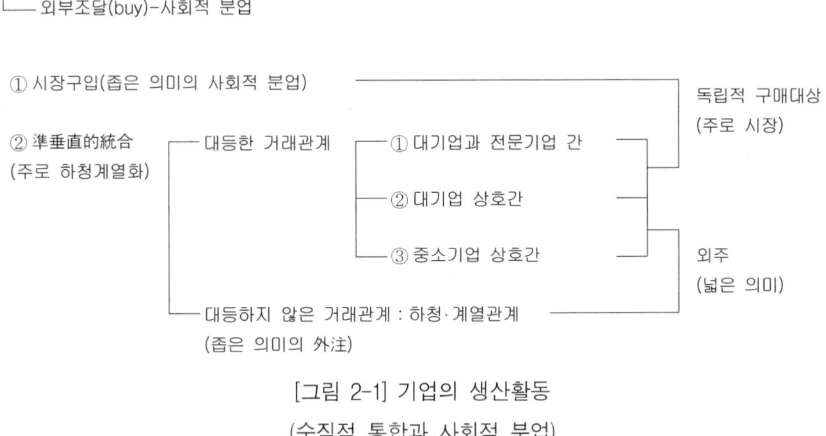

[그림 2-1] 기업의 생산활동
(수직적 통합과 사회적 분업)

기업이 생산활동에 필요한 물품을 다른 기업에 발주하는 것을 흔히 外注라고 하는데(넓은 의미), 이 가운데 하청계열관계에 있는 기업에 위탁하는 것으로 한정하여

---

48) 위의 책, pp.28, 50.

49) 하청계열제의 성격에 대해서는 일본에서 논쟁이 있었다. 특히, 하청제 논쟁에서는 이를 생산공정에서의 有機的 결합이라는 견해(小宮山琢二)와 상업자본적 工業支配(藤田敬三)라는 견해가 대립되었다. 전자에서는 모기업이 하청기업을 지배하되, 수직적 통합에 준하는 정보파악과 지도 연락을 통하여 기술진보, 생산성 및 품질향상, 비용절감을 하는 등의 방법으로 생산력을 증감한다고 보았는데, 이는 바로 수직적 통합의 장점을 말하는 것이다. 또한 하청 제도에서는 하청기업 간의 경쟁과 모기업이 제품을 자체생산(內製化)한다는 위협을 통해 조달제품의 가격을 절하하는 것도 가능한데, 후자는 하청 제도의 이러한 측면을 지적하고 있다. 하청 제도는 조직의 유연성, 규모의 경제성, 자본절약, 임금격차의 이용 등 사회적 분업의 장점도 가지고 있다. 결국 하청 제도를 統合과 市場의 중간 영역에 속하는 準統合으로 보거나(J. Houssiaux), 수직적 통합과 사회적 분업의 중간영역으로 보는 입장에서는, 하청 제도가 수직적 통합과 사회적 분업의 장점을 지닌 효율적 제도라는 것이다. 이는 산업조직론적 관점에서 본 하청 제도에 대한 긍정적 평가이기도 하다.(中村精, 위의 책, pp.49, 52. 하청논쟁의 자세한 내용은 제13장 4절을 참조할 것)

이를 外注라고 하는 견해도 있다.(좁은 의미) 이에 대하여, 독립적인 구매대상(주로 시장)에서 조달하는 경우를 購買라고 하여 이를 外注와 구별하기도 한다.

그러나 외주는 다른 기업에 발주한다는 포괄적 의미를 지니기 때문에 여기에는 일부 독립적 구매대상도 포함하는 것으로 보아야 할 것이다. 따라서 외주가 모두 지배종속관계를 그 특성으로 한다고 보기는 어렵고, 외주 가운데 상호보완적인 대등한 거래관계가 형성되는 경우도 포함한다고 볼 수 있다.

외주를 좁은 의미로 해석하는 입장에서는 어떤 기업이 필요한 물품을 자기 기업에서 생산하지 않고, 외부에서 조달할 때 이를 다른 기업에 위탁하되, 위탁대상을 자기의 지배 또는 계열화관계에 있는 外注·下請加工業體로 할 것인지, 아니면 독립적인 구매대상기업(주로 시장구입)으로 할 것인지를 정한다고 본다. 전자를 외주·하청가공(subcontracting)이라고 하고, 후자를 購買(purchasing)라고 구분하기도 한다. 이때 외주·하청가공은 모기업체와 수탁 기업체 사이에 지배·종속적인 하청제의 특징을 지니는 데 반해, 구매의 경우 상호의존적인 보완관계가 형성되어 독립성이 유지된다.

일본 기계공업에서는 전자(외주 하청가공)의 개념이 지배적인데 비해, 미국의 경우에는 후자(구매)가 지배적이라고 보고 있다. 이것은 미국에서는 기업활동에 필요한 물품을 시장거래를 매개로 하여 이루어지는 시장구입의 비중이 높고, 따라서 대등한 거래조건으로 독립적 기업 사이에 이루어지는 데 비해, 일본에서는 지배종속의 관계를 갖는 하청계열업체로부터 주로 조달하기 때문이다.[50]

3) 하청계열관계의 변화와 그 역할

한편, 산업구조가 고도화되어 중화학공업화가 진전되면 생산우회도가 심화되고, 조립가공산업이 발달하면서 하청계열관계의 분업을 양적으로 확대시키고 질적으로 변화시켜, 하청계열관계에 변화를 가져온다는 주장이 있다.[51]

첫째, 그것은 사회적 분업의존체제가 확립되기 때문이다. 조립가공산업의 확대는 산업 간 분업체제를 심화시키고, 하청기업에 의존도를 높인다.

둘째, 하청계열기업이 전문화되고 거래처가 확대된다. 사회적 분업체제의 확립은 단위부품 및 반제품 생산에서 하청기업의 생산력이 발전하도록 한다. 조립기술의 축적과 신종기계설비의 보급은 하청기업의 노동수단을 발전시키고 제품의 선택, 마케팅 능력 등의 경영자원을 축적토록 한다.

---

50) 佐藤芳雄 編, 《低成長期における外注·下請管理》, 中央經濟社, 1980, pp.136~137, 157.
51) 清成忠男, 《現代中小企業の新展開》, 日本經濟新聞社, 1972, pp.128~137.

셋째, 거래가격의 형성조건을 변화시킨다. 대기업의 수요독점과 하청기업들의 경쟁이라는 종래의 하청계열관계의 특징이 중화학공업의 진전에 따라 점차 변화한다. 독과점적 모기업의 수요독점상태가 약화되고 전문기업이 형성되면서 하청기업들의 경쟁상태도 완화됨으로써, 거래가격 조건은 하청기업에 유리한 방향으로 달라진다. 즉 전문화의 진전은 모기업과 하청기업 사이의 상호관계를 대등하게 하는 계기가 되고, 따라서 가격형성 조건도 하청기업에 유리하게 전개된다.

한편 우리나라의 〈중소기업의 사업영역보호 및 기업의 협력증진에 관한 법률〉(1995. 1. 5 법률 제 4898호)은 하청계열관계에 대하여 다음과 같이 규정하고 있다. 계열화라 함은 제조업자·가공업자·판매업자 또는 수리업자가 물품·부품·반제품·부속품 및 원료(이하 물품)의 제조·가공 또는 수리(이하 제조)를 중소기업자에게 위탁하고, 이를 위탁받은 중소기업자가 전문적으로 물품 등을 제조하는 상호분업적 협력관계를 이루는 형태를 말한다. 우리나라의 법에는 하청을 계열관계에 포함하여 규정하고 있다.

이 법이 정한 계열화 규정에 따라 이루어지는 위탁 및 수탁행위를 受·委託去來라고 하고 있다. 그리고 위탁을 하는 자를 委託企業體라 하고 위탁받은 자를 受給企業體라고 하고 있다.[52] 모기업과 수급기업 사이의 계열화를 촉진하여 분업에 따른 상호이익을 늘리고, 아울러 都給代金의 지급지연 등을 막아, 중소기업을 보호하고 국민경제의 균형 있는 발전에 기여하는 것이 이 법 제정의 목적이다.(제1조)

한편, 기업들의 분업의 효율성, 다시 말해 하청계열제도의 경제적 역할을 설명하면 다음과 같다.

첫째, 대기업과 중소기업 간의 공존체제를 확립한다. 대기업과 중소기업이 각자 자기의 영역을 확보하여 상호보완관계를 유지함으로써, 전문화 및 표준화에 따라 질적 양적 생산을 가능케 하고, 대기업과 중소기업의 균형 있는 발전과 나아가 국제경쟁력을 배양한다.

둘째, 규모의 경제를 이루도록 한다. 하청계열화는 능률적인 생산단위 및 경영단위에 입각한 사회적 분업을 실현시켜 효율성을 높인다.

셋째, 전문화를 진전시킨다. 대기업인 모기업과 중소기업인 수급기업이 상호보완적 분업체제를 이룸으로써, 수급기업은 제한된 몇 개의 품목을 전문적으로 생산하고 모기업은 이를 조립하여 완성품을 생산한다.

---

52) 〈중소기업의 사업영역보호 및 기업 간 협력증진에 관한 법률〉(1995. 1. 5. 법률 제4898호), 제2조 3, 4, 5, 6항. 개정되기 이전의 〈중소기업계열화촉진법〉에서는 위탁 및 수탁행위(즉 하청계열관계)를 포괄하여 都給去來라고 하였다.

넷째, 기술수준을 높인다. 모기업은 부분품의 생산을 수급기업에 전담시켜서 수급기업이 그 품질향상을 위한 실험 연구 검사 및 신제품의 개발에 전념할 수 있도록 하기 때문에 기술혁신을 이룰 수 있다.

다섯째, 자금부담을 줄일 수 있다. 모기업이 수급기업의 기초시설을 활용할 수 있기 때문에 설비투자자금의 부담이 줄어들고, 국민경제 전체로도 가용시설을 활용하는 이득을 가져온다. 또한 노임부담의 경감으로 자금부담을 줄일 수 있는데, 이것은 대기업이 중소기업과 규모별 임금격차를 활용함을 뜻한다.

여섯째, 산업구조의 합리화에 기여한다. 하청계열화는 국민경제적으로 보아 생산의 분업화와 우회화로 산업의 최적 상관관계를 구성하며 이에 따라 합리적 산업구조를 구축한다.

이러한 역할을 하는 하청계열제도는 자본 집약적 선진기술을 들여와 노동 집약적으로 변형한 것으로 보는 견해도 있다.[53] 그리고 정치경제학적 시각에서는, 독점자본이 초과이윤의 원천을 확보하기 위한 의도와 필요성 때문에 대자본과 소자본 사이에 작용하는 일종의 근대적 선대제도(modern putting-out system)라는 지적도 있다.[54] 또한 모기업과 하청계열 기업이 맺는 관계의 성격에 대해서는 생산력적 시각과 생산관계적 시각의 두 가지 측면에 따라 달리 규정될 수도 있다.

2. 벤처 비즈니스와 산업조직의 변화[55]

1) 벤처 비즈니스의 개념과 그 형성배경

벤처 비즈니스(ベンチヤ‥ビジネス, venture business)라는 용어는 구미에서 여러 가지 이름으로 쓰던[56] 知識集約型 新企業을, 70년대 초 일본에서 정의하면서 사용

---

53) 朴喜範, 〈近代化와 中産層〉, 《서울 經濟新聞》, 1966년 4월 15일부터 25일까지 연재.

54) M. Dobb, *Studies in the Development of Capitalism*, Routledge & Paul Kegan, 2nd ed. 1963, p.347.

55) 상세한 설명은 제10장 3절 및 4절 참조.

56) small technology firm, small technology based firm, small business ventures, new research-based enterprise, new venture, small and high technology business, start-up business 등. 그밖에 창조적 기술지식 집약형 중소기업, 연구개발형 중소기업, 기술집약형 중소기업, 하이테크기업 등으로 불리우고 있다는 것이다.(趙觀行, 《現代中小企業論》, 에코노미아, 1995, p.158) 여기에서는 벤처 비즈니스란 용어는 일본에서 정의한 것이기 때문에 영문으로 venture business로 적거나 모험기업으로 표시하는 것은 잘못이라고 지적하고 있다. 그러나 반드시 그럴 필요는 없다고 본다. 이 개념은 일본에서 만들어진 영어이지만 개념을 제기한 사람들도 영문표기를 쓰고 있다.(清成忠南·中村秀一郎·平尾光司 著, 《ベンチヤ´‥ビジネス》(新版), 日本經濟新聞社, 1973. 5, p.9) 한편 우리나라는 '벤처기업'이라는 용어를 사용하고 있다.

하기 시작하였다. 법률상 행정상의 정의와는 관계없이 새 시대의 기업유형의 이상형으로 제시된 것이었다.[57] 중화학공업이 성숙하면서 새로운 유형의 중소기업이 많이 나타났고, 그 가운데 지식 집약적 혁신기업을 벤처 비즈니스라고 정의했다.

즉, 벤처 비즈니스는 신기술을 기업화하고, 새로운 마케팅 기법과 새로운 경영형태를 전개하는 현대적 혁신기업이다. 이것은 자본주의 역사에 나타났던 일반적인 혁신기업이 아니고, 고도로 지식 집약적인 현대적 비즈니스로서 혁신기업이며, 단순한 투기적 기업이 아니다.

이러한 벤처 비즈니스는 중화학공업화가 성숙해서 산업구조가 지식 정보 집약적으로 전환되면서 나타나기 시작하였다. 知的인 활동의 집약도가 높은 산업(지식집약산업)을 중핵으로 하여, 이것을 뒷받침하는 기반산업 및 기타 산업에서도 가급적 지식집약도를 높이는 산업구조를 지식집약형 산업구조라고 정의한다. 이때 지적 활동은 연구개발, 디자인, 전문적 판단, 각종의 매니지먼트 외에 고도의 경험 지식의 뒷받침을 받는 기능의 발휘 등을 포함하여 많은 경제활동에서 인간의 지적 능력을 행사하는 것을 말한다.[58]

① 연구개발집약산업, ② 고도의 조립산업, ③ 패션형 산업, ④ 지식산업 등 지식집약형 산업은 기업활동의 규모 면에서 중소규모에 적정한 분야를 제공하는데 거기에 적합한 기업유형이 벤처 비즈니스이다.

중화학공업화가 성숙하면서 지식 정보집약형 산업구조의 형성이 벤처 비즈니스를 등장하게 하였는데, 그 이유는 구체적으로 다음과 같다.

먼저, 수요 면에서 변화가 커졌다. 경제발전에 따라 1인당 소득이 높아지고 수요는 다양화된다. 또한 수요의 질적 변화가 눈에 띄게 나타나고 그 변화의 속도도 빠르다. 일반적인 대량생산공업은 성장의 굴절을 맞게 되고 시장의 세분화 경향이 현저하다. 새로운 산업은 대부분 중소기업에 적합한 다품종 소량생산 분야가 많다.

다음, 공급 면에서 기술의 변화가 크게 일어났다. 기본적 기술혁신은 큰 진전이 없는 가운데서도, 이미 개발된 기술을 이용하는 새로운 전개가 가속적으로 진행된다. 중화학공업화에서 이루어진 전문화를 전제로 이것의 다양한 통합화가 가능하기 때문이다. 점차 다양해지는 수요에 복수의 고도기술을 결합하여 대응하게 된다. 이에 따라 연성기술(soft technology)에 대한 사회적 수요도 확대된다.

이러한 수요·공급 면에서의 격변으로 기업경영은 모험성이 늘어나고 이것을 극

---

57) 中村秀一郎·清成忠南·太田一郎　編, 《中小企業の知識集約化戰略》(大企業に勝つ第三の經營ビジ
　　ョン), 日本經營出版會, 1973, p.28.
58) 위의 책, p.10.

복하려는 기업가의 사업기회는 확대된다. 변동에 도전하고 적극적으로 모험성에 도전하는 것은 높은 이윤을 기대하도록 한다. 안정성을 지향하는 대기업은 변동에 빨리 적응하지 못하고, 오히려 중소기업의 새로운 參入이 활발해지면서 새로운 혁신기업, 즉 벤처 비즈니스가 등장한다.

특히, 수요동향의 파악과 연구개발에는 중소기업이 대기업보다 유리하고, 질적으로 급속히 변화하는 시장의 정보에도 중소기업이 신속히 대응한다. 연구개발과 디자인개발도 결국 조직보다는 개인의 창의력에 의존하기 때문이다.

2) 벤처 비즈니스의 특징과 진출분야

첫째, 지식집약형 산업구조에 새롭게 등장하는 기업, 즉 벤처 비즈니스의 經營者의 특징은 다음과 같다.

① 경영자 자신이 고도의 전문능력과 사업을 조직하는 능력을 갖추고 모험성을 가지고 도전하는 기업가정신을 지닌 기업가이다.

② 일반적으로 높은 학력의 소유자이다.

③ 대기업에서 뛰쳐나와 離職(spin off)한 자가 많다.

④ 비교적 젊다.

⑤ 새로운 기업과 산업사회관을 갖고 있다.

둘째, 벤처 비즈니스의 經營的 특징은 다음과 같다.

① 독자적 기업특성을 지닌 독자적 전문기업이다.

② 市場指向的이다.

③ 고도로 지식 집약적(특히 연구개발 집약적 내지 디자인 개발 집약적)이다.

④ 인적 경영자원이 축적되어 있다.

⑤ 동태적 조직을 갖고 있다.

⑥ 시스템적 발상을 지니고 있다.

결국, 벤처 비즈니스 또는 벤처기업은 다음과 같이 집약하여 설명될 수 있다. 1970년대 초(1971) 일본에서 제기된 개념이다. 歐美에서 여러 가지 이름으로 쓰이고 있는 지식집약형의 새로운 기업, 즉 연구개발형, 디자인개발형의 신기업이다. 기존 기업으로는 충족시킬 수 없는 새로운 수요와 새로운 사업기회를 포착하는 신기업이다.

셋째, 기존의 기업과 차이점을 들면 다음과 같다.
① 경영자 자신이 고도의 전문능력을 갖는다
② 경영자는 재능 있는 인재를 끌어모으기에 충분한 매력이 있는 사업을 조직하여
　 참여할 능력을 갖는다.
③ 경영자는 모험에 도전하는 개척적 기업가 정신을 갖는다.
④ 따라서 이 가운데는 고수익 기업과 고성장 기업이 많다.
⑤ 경영자의 동기도 단순한 利潤動機만으로는 설명할 수 없으며, 독립성의 추구 등
　 다양한 성취동기를 포함한다.

　넷째, 이상에서 살펴본 경영자 및 경영적 특징과 기존기업과의 차이점을 고려하
여 정리하면 벤처기업의 특징은 다음과 같다.
① 시장의 급속한 변화에 신속하고 능동적으로 대처하는 기업이며, 모험성(risk,
　 venture)을 지닌 기업이다.
② 소득수준이 높아지면서 소비자 요구가 다양화, 고급화되고 이것이 시장에 반영
　 되면서 수요패턴이 급격히 변화하는데, 이러한 급격한 변화를 미리 예측하고 디
　 자인(design)하면서 대응하는 기업이다.
③ 미래를 전망하고 패션(fashion)을 예측, 대응하는 기업이다
④ 급변하는 정보화 사회, 미완성의 미지의 세계에 적응하고 개척하는 기업이다.
⑤ 전문지식 및 전문기술과 창의성을 갖고 대응하는 기업이다.
⑥ 주로, 지식 정보 집약적 방법으로 대응하는 기업이다.
⑦ 산업구조가 중화학 공업의 성숙－脫工業化(post-industrialization), 정보·지식
　 집약화 사회로 전환되면서 그 산물로 전개된 기업이다.
⑧ 혁신적 기업(innovator)이다.

　다섯째, 이러한 벤처 비즈니스의 진출분야로는 구체적으로
① 연구개발산업
② 마케팅 산업
③ 디자인 개발산업
④ 정보산업
⑤ 환경개발산업 등이 있다.

3) 시스템화와 벤처 비즈니스, 그리고 산업조직의 변화

벤처 비즈니스가 가져오는 산업조직의 변화를 이해하려면 산업의 시스템(system)화를 설명할 필요가 있다.

첫째, 기존기업은 특정제품의 생산에 전문화하여 그에 대응하는 시장구조 안에서 기능하였다. 그러나 시스템 산업은 새로운 사회적 수요에 맞추어, 복합적 기능을 사회적 분업에 의존하여, 전문적 능력을 유기적으로 결합, 이를 충족하는 산업이다. 따라서 기존산업이 종적 산업이라면 시스템 산업은 횡적 산업의 성격을 갖는다.

둘째, 기존산업으로 충족할 수 없는 새로운 수요와 새로운 사업계획에는 많은 산업에서 많은 기업이 동원되는데, 이들은 고도의 연구개발 집약성을 특징으로 한다. 이들이 유기적으로 결합하여 전개하는 사회적 분업은 기업결합의 형태를 변화시키고, 산업조직을 다원화 수평화한다.

셋째, 시스템산업화에 동원되는 小시스템(sub-system)에는 고도의 기술이 필요하고, 또한 이들은 독자 목표를 가지고 있으며, 서로 다른 산업과 시스템에도 다면적으로 참가한다. 따라서 특정기업집단의 구조 안에 그 활동이 제한되고 종속되는 것이 아니다.

넷째, 오히려 이들 시스템 사이에는 심한 경쟁이 전개될 가능성이 높고, 그 결과 시스템화는 독과점 체제에 대항력으로 작용하여 시장을 활성화한다.

즉, 산업의 시스템화는 기존의 산업단위 중심에서 벗어나, 여러 산업 또는 여러 시스템에 걸친 횡적 기능을 전제로 한 개념이다. 이러한 산업의 시스템화 또는 시스템 산업화는 탈공업화 사회에서 본격적으로 전개된 현상인데, 벤처 비즈니스가 중심이 되어 일어나는 '시스템적 결합'은 다음과 같은 성격을 갖는다.

① 복수의 전문기능을 하는 전문기업 간의 결합이며, 이들은 여러 산업부문에 걸쳐 전개된다.

② 각자의 독자적 기능을 갖고 결합하기 때문에 독립기업의 입장을 견지한다.

③ 자본적 결합이 아닌 전문능력을 매개로 한 결합이다. 따라서 통합이 아니며 離合集散이 가능한 결합이다.

④ 유기적 결합이지만 가벼운 결합이다.

⑤ 피라미드적인 수직적 결합이 아니며, 가벼운 수평적 기업관계를 형성하는 결합이다.

벤처 비즈니스는 이러한 시스템 산업화의 시스템 조직자(system organizer) 또는 小시스템 역할을 한다. 그 결과 기존의 산업조직에 충격을 주면서 이를 변화시킨다. 이를 구체적으로 살펴보면 다음과 같다.

첫째, 벤처 비즈니스는 새로운 기업 관계를 형성한다. 외부경제 의존형의 기업관계를 전개하는데 여기서는 참가기업이 전문기능과 주체성을 갖고 대응하여 결합한다. 새로운 사회적 요구의 발생에 대응하여 복수의 전문기업이 각각 독자의 기능을 갖고 유기적으로 결합한다. 기능의 수평적 내지 수직적 통합과는 달리, 프로젝트에 맞추어 이합·집산하는 기업들의 가벼운 결합인 것이다. 따라서 대기업을 정점으로 하는 피라미드형 결합이 아닌 가벼운 수평적 기업관계이다.

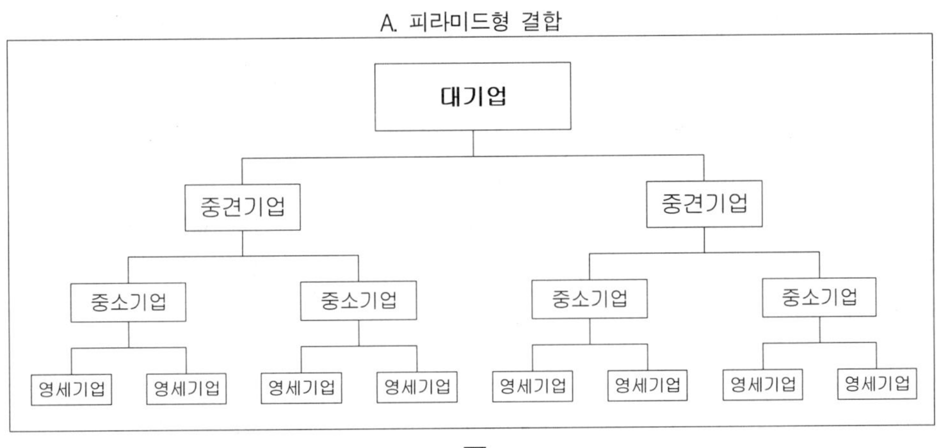

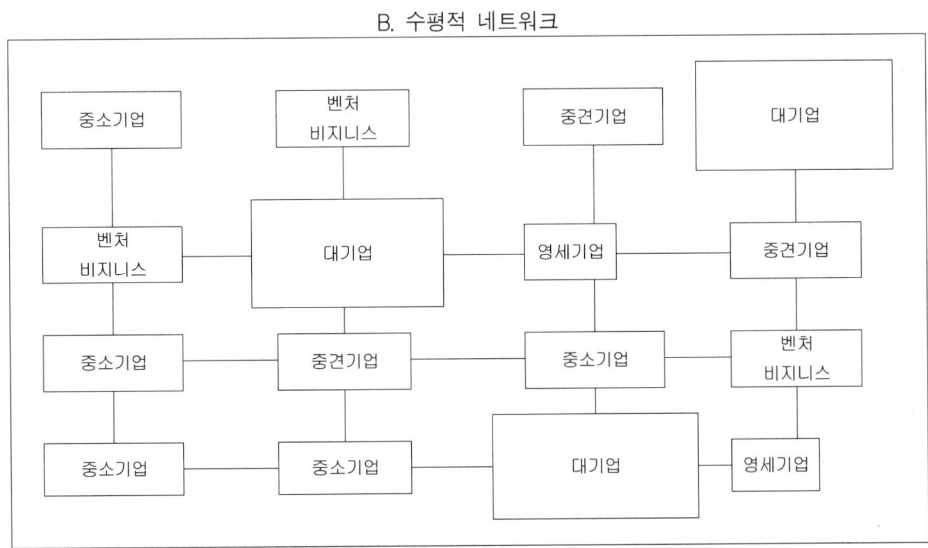

[그림 2-2] 변화하는 산업조직

자료 : 中村秀一郎·淸成忠南·太田一郎 編,《中小企業の知識集約化戰略》, p.22.

둘째, 전문기업이 여러 산업으로 전개되어 산업조직이 복잡하게 교차한다.

셋째, 시스템에 참가하기 때문에 각 기업은 언제나 심한 경쟁에서 이기지 않으면 안 된다. 자본적 결합이 아닌 전문능력을 매개로 하는 결합이기 때문에 능력본위이다.

넷째, 시스템 사이에는 심한 경쟁이 벌어진다. 격심한 차별화 경쟁 속에서 고품질의 대체재를 개발하고 이를 적정한 가격으로 공급해야 하기 때문에, 경쟁적 상황은 심각하다. 독과점 구조에서와 같은 자본중심의 결합으로는 경쟁력이 뒤질 수밖에 없다.

다섯째, 벤처 비즈니스의 활동은 사회적으로 '승수효과'를 가져온다. 벤처 비즈니스의 개발성과는 기존기업의 생산체제에 활력을 넣고, 수요에서 사회적 요구에 따르기 때문에 종래 결여되었던 軟性기능을 보완해준다.[59]

한편 우리나라의 〈벤처기업육성에 관한 특별조치법〉(1997년 8월에 제정된 2007년 12월 31일까지의 限時法)은 벤처기업의 범위를 다음과 같이 규정하고 있다. 즉, 〈중소기업기본법〉 2조의 규정에서 정한 중소기업으로 ① 벤처 캐피탈[60] 투자기업, ② 연구개발 투자기업, ③ 특허기술 개발기업, ④ 신기술 개발기업 및 그 기업으로 전환 중이거나 창업 중인 기업 등이다.

---

59) 淸成忠南, 〈ペンチヤ-·ヒジネス論〉, 越後和典 編, 《産業組織論》, 有斐閣, 1973, pp.235~243.
60) 벤처 비즈니스에 투자하고, 경영 노하우를 제공하고, 그 성장과 주식공개를 가능하도록 함으로써 높은 위험부담을 갖는 동시에 자본이득(capital gain)을 얻는 것을 목적으로 하는 투자회사를 말함.

제3장 중소기업 이해의 기초 (II)

제1절 중소기업의 動態的 이해

1. 小企業成長 連續論[1]

1) 소기업 성장과 생물학적 설명

중소기업을 동태적으로 이해하려는 단서는 일찍이 마셜이 발견하였다. 마셜은 산업에서 대기업에 의한 소기업 도태 구축, 소기업의 대기업으로의 성장, 대기업과 소기업 사이의 상호관계, 대기업의 생물적 수명의 한계에 따른 쇠망 등 여러 요인이 유기적으로 작용하면서, 장기적으로 산업은 성장하고 동태적 균형을 이룬다고 생각하였다.

산업이 이러한 유기적 성장을 하고 동태적 균형을 이루는 데 소기업이 경제활동의 원천으로서 중요한 역할을 한다는 점을 마셜은 지적하였다. 즉, 영국 산업의 대부분이 성장하는 소기업(small growing business)에 의존하고 있으며 그들이 산업에 제공하는 힘과 탄력성(energy and elasticity)은 전 국가에 걸쳐 발생하고 있다고 규정하였다.[2] 소기업이 이처럼 경제발전에 활력을 주고 산업발전의 원동력이라고 보는 마셜의 견해는 그의 《小企業成長論》 또는 《소기업 연속성장론》에 그대로 반영되었는데 그 내용은 다음과 같다.

첫째, 마셜은 이것을 그의 생물학적 유추로 설명하고 있다. 그는 産業을 森林에, 企業을 樹木에 비유하여 설명하였다. 산림(forest) 가운데 젊은 수목(trees)이 年長의 경쟁자가 억압하는 그늘을 뚫고, 고투하면서 성장하는 교훈에 비유하여 소기업 성장론을 시사하고 있다. 많은 수목이 도중에 쇠잔하고 소수만이 살아남아 성장한다. 이들은 성장하고 키가 커지면서 넓은 영역의 빛과 공기를 얻는다. 그래서 마침내 그들이 인근의 수목 위로 솟아나게 된다면서 기업의 성장을 수목의 성장에 비유하였다.

마셜은 이 성장의 법칙이 보편적이지는 않지만 많은 산업분야에서 유지되고 있다

---

1) 상세한 설명은 제5장 제4절 참조.
2) A. Marshall, *Industry and Trade, A Study of Industrial Technique and Business Organization, and Their Influence on the Conditions of Various Classes and Nations*, London, Macmillan, 1923, p.581.

고 보았다.[3]

둘째, 이러한 소기업 성장을 이루는 상향운동의 출발점을 노동자로 보고 다음과 같이 말하였다.

① 노동자가 그의 경영능력을 충분히 발휘할 수 있는 지위로 성장하는 데 따르는 어려움은 소요자금을 획득하는 것처럼 보인다. 그러나 자금은 큰 어려움이 아니며, 실질적인 어려움은 많은 주위사람들에게 그가 경영에 자질이 있는 사람이라는 사실을 믿게 하는 것이다.

② 노동자가 기업가로 성장하는 데 더 큰 장애는 경영이 더 복잡해진다는 것인데, 이것도 교육을 급속하게 개선하면 해소할 수 있다고 보았다.

이처럼 마셜은 노동자가 기업가로 성장하는 데 중요한 것은 자금이 아니라 기업가로서의 능력이라고 보았다. 그래서 보통의 노동자는 그가 능력을 지니면 職工長·支配人으로 上昇, 고용주가 될 수 있다고 보았으며, 그 결과 아래로부터의 수많은 상향운동이 일어난다고 하였다.

셋째, 이러한 상향운동에 따라 독립기업의 長이 된 사람은 그 능력에 따라 기업을 성장시킬 수 있다고 보았다. 榮枯盛衰에도 불구하고 유능한 기업가는 장기적으로 능력에 따라 그의 자본이 성장하게 되고 경영능력이 클수록 기업을 더욱 신속하게 성장시킨다는 것이다.[4]

즉, 유능한 기업가는 그의 자본을 신속히 성장시키고 더 많은 자본을 차입하도록 신용을 높인다. 그리고 더 많은 종업원을 채용하여 그들 상호간에 신뢰성을 높일뿐만 아니라 적재적소에 배치하여 작업능률을 높인다. 이러한 熟練의 경제 외에 기업의 성장과 함께 이루어지는 機械의 경제와 大量去來의 경제로 기업은 계속해서 성장한다. 성공은 신용을, 그리고 신용은 다시 성공을 가져오면서 기업은 계속 성장한다는 것이다. 이러한 성장과정은 기업가의 정력과 기업심, 창의력과 조직력이 최대로, 그리고 새롭게 유지되고 경영에 불가피한 모험이 이례적으로 손실을 가져오지 않는 한 계속된다고 보았다.[5]

경영능력을 가진 노동자는 자금을 결합하여 소기업가가 되고 소기업가는 다시 대기업가로, 동시에 소기업은 대기업으로 계속 上向的 성장을 할 수 있다는 것이 마셜의 견해였다. 이때 기본이 되는 것은 기업가가 자금을 지휘하는 경영능력인데, 이것은

---

3) A. Marshall, *Principles of Economics*, Macmillan, 1st ed., 1890, 8th ed. 1920, Rep. 1959, p.263.
   E. A. G. Robinson은 이를 Marshall's famous simile이라고 표현하고 있다.
4) 위의 책, p.260.
5) 위의 책, pp.262~263.

과밀한 산업에서 양호한 기회를 제공하는 산업으로 쉽게 수평이동하고, 산업 안에서는 유능한 사람은 상위 직책으로 성장하는 등 쉽게 수직이동도 하기 때문에, 근대 영국에서 경영능력은 수요에 순응하는 것이 일반적 법칙이라고 보았다.[6] 이처럼 마셜은 경영능력, 즉 기업가의 공급이 彈力的임을 시사하고 있다.

2) 소기업 성장의 범위제한

그런데 내부경제와 외부경제를 통하여 기업은 영원히 성장할 것처럼 보이지만 사실은 그렇지 못하다는 것 또한 마셜의 생각이었다. 그는 그것을 수목에 비유하여 다음과 같이 설명하고 있다.

하나의 수목은 활기 있게 장기간 성장하며 다른 수목보다 더 큰 규모로 자라지만, 얼마 안 가서 나이(age)가 그들에게 모든 것을 말해 줄 것이다. 더 큰 수목은 경쟁자보다 빛과 공기에 쉽게 접근하겠지만 점차로 활력을 잃는다. 그래서 그 지위를 젊음과 활력을 지닌 다른 수목에게 넘겨준다. 이와 같이 자연은 그 창설자의 수명과 그들의 재능이 활력을 유지하는 분야를 제한함으로써 私企業에 압력을 준다. 그리고 이런 법칙은 巨大株式會社(더러는 침체하지만 쉽게 쇠멸하지 않는)가 발전한 뒤에도, 일반적은 아니지만, 많은 산업에서 아직도 유지되고 있다고 마셜은 말하고 있다.[7]

마셜의 '소기업 성장 연속론', 즉 소기업의 상향적 성장에 대한 마셜의 생각은 경제사회의 변화 속에서 조금씩 그 내용이 달라졌다.

① 마셜은 출발점을 노동자로 보고 이들이 고용주로 성장하는 데 따르는 조건으로 기업자금의 증가에 따르는 원활한 개업자금의 공급과 개인적 능력이라는 두 가지를 들었다. 그럼에도 창설된 소기업은 삼림과 수목의 비유에서 보듯이 점차 대기업으로 성장한다고 보았다.

② 마셜은 《經濟學原理》 초판(1890)이후 상승운동의 제약조건으로 기업의 번잡성(complexity)을 들었다.

③ 《經濟學原理》 제5판 이후에는 '巨大株式會社의 최근의 발달 전에는'이라는 조건을 덧붙였다. 그래서 오늘날에는 이 원칙은 결코 보편적이지는 않지만, 많은 산업에서 여전히 지속되고 있다고 말하였다.

④ 〈산업과 무역〉(1919)에서는 이 운동이 이루어지는 분야가 한정되었다. 즉 소기업에 적합한 사업분야로서 기계가 완비되고 조직도 완전하여 더 이상의 개선의

---

6) 위의 책, p.261.

7) 위의 책, p.263. 이른바 《生物的 壽命論》에 따라 개인적 기업능력이 쇠퇴하여 기업 성장이 한계에 이른다는 것을 말하고 있다.

여지가 없다고 생각될 때 새롭게 얻은 힘을 좀더 넓은 분야로 돌리게 된다. 그래서 소기업자는 대생산자의 대열에 참여할 수 있게 된다.[8]

⑤ 독점이 지배하는 시장에서 소기업의 상승운동은 그것이 적합한 산업분야에서 표준화 생산이 이것을 지지하는 경우에만 가능하다고 하여 극히 그 범위를 한정하고 있다. 즉 적합한 산업분야에서 소기업이 활동할 수 있는 여지가 남아 있는 경우에는 그러한 경향(상승운동을 저해하는 경향)은 상대적으로 적을 수 있다. 이러한 목적(소기업이 남아 있도록 하는)을 위하여 중요한 수단은 조립업무에서의 협동인데, 특히 표준화는 소기업가가 시장에서 활동할 수 있도록 해준다고 지적하였다.[9] 이처럼 소기업의 상승운동은 소기업의 성장이 적합한 분야, 즉 표준화 생산과 조립업무에 적용할 수 있는 분야에서만 대기업까지 성장이 지속될 수 있다고 하여 그 범위를 제한하였다.

⑥ 생산측면의 이러한 제한과 함께 마셜은 생산이 급속히 늘어나도 판매(시장수요)는 거기에 따라가지 못한다는 점도 지적하였다.

이처럼 마셜은 19세기 말 이후 거대주식회사 등 독점적 대기업이 발달하면서 소기업 상승운동의 내용을 점차 수정하고 그 범위를 제한하였다. 그러나 소기업의 상승운동에 대하여 그는 이 원칙이 보편적이지는 않지만 많은 산업에서 아직도 지속되고 있다고 보았다.

2. 小企業成長 斷層論[10]

그 뒤 로빈슨(E. A. G. Robinson)은 자금차입 등 재무적 요인이 대기업보다 소기업에 상대적으로 불리하게 작용한다고 지적하여 자금조달의 측면에서 소기업 성장의 어려움을 설명하였다. 그러나 이것은 성장의 일반적 저해조건은 아니고, 오래된 산업에서만 이루어지는 것으로 보았다.[11] 또한 로빈슨은 능률증대의 비연속성을 설명하면서 최악기업(pessimum firm)의 개념을 들여왔다. 즉 소규모성에서 오는 기술적 불이익과, 개인이 통제하기에는 너무 대규모인데서 오는 관리상의 불이익이 결합된 기업규모가 介在的 規模로서 존재하는 산업에서, 기업의 성장문제는 성장을 계속하는 소

---

8) A. Marshall, *Industry*, p.247.

9) 위의 책, p.594. 마셜은 개별기업(수목)은 상승과 소멸을 계속하는 가운데, 전체적으로 산업(삼림)은 성장, 발전한다고 보았다.

10) 더 상세한 설명은 제8장 3절 및 4절 참조.

11) E. A. G. Robinson, *The Structure of Competitive Industry*, London, James Nisbet, 1964, pp.56~57.

기업이 임계점을 통과할 수 있는 힘이나 세(strength or momentum)를 지녔는지에 달려 있다고 지적하였다.[12]

이처럼 기업의 성장에는 자금차입의 어려움과 규모 확대에 따른 비용이 필요하고, 또한 능률 확대의 불연속성이 있기 때문에 기업성장과 규모확대가 불가능한 경우가 있다고 보았다.[13] 이러한 기업 성장의 저해요인에 대한 분석에도 불구하고, 로빈슨이 '소기업 성장 연속론'을 전면적으로 부인한 것은 아니었다.

그 내용을 수정하고 저해요인을 제시하기는 했지만, 마셜 이후 로빈슨까지 긍정적으로 이어져온 '소기업 성장 연속론'(즉 '소기업 성장론')을 슈타인들(J. Steindl)이 전면적으로 부인한다.즉 오늘날의 대기업은 소기업이 따를 수 없는 독점적 대기업이기 때문에 소기업과 대기업 사이에는 그 성장이 연속할 수 없는 단층이 있다고 하여 슈타인들은 이른바 '小企業成長 斷層論'을 주장하였다. 그는 마셜의 주장이 완전히 비현실적이라고 하면서, 다음과 같이 비판하였다.

첫째, 오늘날 존재하는 기업들은 규모 격차가 대단히 크다. 미국의 주식회사를 보면 전체 회사 수의 약 반을 차지하는, 자산액 5만 달러 이하의 회사집단에서부터 자산액 5천만 달러 이상의 유명한 600개 회사에 이르기까지 규모에 큰 차이가 있다. 따라서 주식회사가 소규모층에서 발전하여 대규모의 회사에 이르기까지는 그 자산액이 수천 배가 되지 않으면 안 된다. 더구나 소기업의 사망률이 높은 것을 감안하면 소기업이 성장하여 대기업이 된다는 것은 거의 불가능하다.[14]

둘째, 마셜의 가정과는 반대로 소기업가의 자금차입에는 엄격한 제한이 있다. 기업의 부채부담을 제한하는 것은 채권자이다. 미국의 은행이 융자를 거절하는 주된 이유는 자기자금에 대한 차입자금의 비중이 높다는 것이다. 또 차입금이 늘어나면 기업위험이 커지므로 차입금의 비율을 일정한 한도에서 그치도록 해야 한다는 것이 '위험증대의 원리'이다. 그런데 차입금의 곤란은 기업의 규모가 늘어날수록 줄어들고 있어서 소기업가는 그만큼 차입이 어렵다.[15]

셋째, 소기업은 대기업보다 손실이 빈번하고 많으며 사실상 그 사망률이 대기업보다 높다. 이윤을 올리지 못하는 회사의 비율은 회사의 규모증대에 따라 감소하며, 또한

---

12) 위의 책, pp.105~106.
13) 이것은 소기업이 대규모기업으로 성장하는 데 斷層의 가능성이 있음을 지적한 것으로서, 뒤에 슈타인들의 본격적인 분석대상이 된다.
14) J. Steindl, *Small and Big Business-Economic Problems of the Size of Firms*, Oxford, Basil Blackwell, 1947. 米田清貴, 加藤誠一 譯, 《小企業と大企業》(企業規模の經濟的 諸問題), 嚴松堂, 1969, pp.11~12.
15) 위의 책, pp.13~14.

미국 제조회사에 대한 통계에 따르면 기업규모가 커지면서 사망률이 감소하였다.[16]

넷째, 기업규모의 상향운동은 인정할 수 없다. 오히려 대부분의 소기업은 성장할 수 있는 충분한 시간을 얻기 전에 쇠퇴한다는 것이 현실적인 가정이다. 이러한 많은 소기업의 쇠퇴는 새로운 기업의 창출로 보완되고 대체된다. 동시에 소기업가의 공급도 탄력적이다. 이에 반해 대기업가의 공급은 비탄력적이다. 만약 대기업이 소기업의 성장으로 이루어진다고 하더라도 그것은 매우 완만한 것이다. 대기업은 새 주식회사를 설립하거나 합병으로 공급할 수 있는데, 주식회사의 설립은 부의 집중을 전제로 해야 하고 합병은 그 관련회사가 그 산업에서 과점적 상태에 있는 기업에 속할 때 이루어질 수 있는 것이므로 대기업의 공급은 비탄력적일 수밖에 없다.[17]

다섯째, '마셜의 문제'이다. 마셜은 대규모 경제가 개인적인 능력의 쇠퇴 때문에 독점적인 지배에 이르지 않는다고 보았지만, 사실 현재 경제제도 아래에서 독점적 지배를 받고 있는 부분은 매우 크다. 시장은 독점 또는 과점적 상태에 있으며 이런 상태에서는 가격지도력(price leadership)이 있는 대기업이 가격을 결정하면 다른 기업은 여기에 순응할 수밖에 없다. 이로서 독점적 지배가 형성되는데 이는 대규모 경제가 효과적이기 때문이다.[18]

여섯째, 소기업은 자본시장에서 자금을 차입할 때 상대적으로 많은 비용을 부담해야 한다. '借入比率의 원리'가 그것인데, 소기업이 장기자본시장을 이용하는 경우 금지적 비용(a prohibitive cost)을 지불해야 한다는 것이다.[19] 예를 들어 장기자본시장에서 소기업이 증권을 발행하는 경우 상대적으로 대기업보다 높은 비용을 부담해야 하기 때문에 자본차입에서 소기업이 불리하다.

이상과 같은 논리로 슈타인들은 마셜의 '소기업 성장론'을 비판하고 "소기업 성장단층론"을 주장하였다. 그런데 그 배경에는 대규모 경제의 능률성과 소기업 또는 소규모생산의 비능률성을 전제로 하고 있다. 슈타인들은, 소기업이 이용할 수 있는 여러 가지 기술적 이익은 대기업도 소규모 투자 등으로 얻을 수 있지만, 장기적으로 보면 소기업이 대기업보다 높은 이윤율을 얻는다는 것은 어려운 일이라고 보았다.[20] 그러면서도 그는 대규모 경제가 유리하지만 소기업이 존립하는 이유를 설명하고 있다.[21]

한편, 마셜의 '소기업 성장론'과 슈타인들의 비판을 일본산업을 대상으로 실증적

---

16) 위의 책, pp.14~18.
17) 위의 책, pp.19~21.
18) 위의 책, pp.21~23.
19) 위의 책, pp.44~46.
20) 위의 책, pp.24~27.
21) 그 상세한 내용은 위의 책, pp.123~129 및 이 책의 제8장 4절을 참조할 것.

으로 연구한 결과, 성장률이 급속한 산업에서는 중소기업이 대기업까지 성장한 예가 많지만, 성장률이 낮은 분야에서는 중소기업이 대기업까지 성장한 예가 적었다.[22]

3. 사회적 대류현상과 新舊기업의 교체

1) 신구기업의 교체와 사회적 대류현상

마셜의 '소기업 성장론'과 그에 대한 슈타인들의 비판, 즉 "소기업 성장 단층론"은 개별기업의 상향적 운동에 대한 주장과 비판 등 微視的 動態的 분석이었다. 이에 반해 중소기업을 전체로 그 움직임을 본 巨視的 동태적 분석의 견해가 있는데, 그것이 '社會的對流現象論'이다. 중소기업은 출생과 사망, 즉 신설과 도산이 많다는 것을 그 특징으로 하되 전체적으로는 꾸준히 성장하는 기업집단이라고 보고 이러한 문제를 다룬 견해가 바로 그것이다.

경제의 성장과 발전과 함께, 특히 고도성장과정에서는 수요와 기술 면에 큰 변화와 다양화가 이루어지고, 산업구조의 고도화에 따라 지식집약화와 시스템화가 진행된다. 그런 가운데 새로운 기업유형이 전개되는가 하면 낡은 기업이 도태되는 신구기업의 급속한 교체가 이루어진다. 이에 따라 중소기업은 생성과 발전, 도태와 정체도 끊임없이, 그리고 뚜렷하게 진행되는 동태적 경향을 보인다. 즉, 많은 중소기업이 생성 발전하면서도 다른 한편에서는 많은 중소기업이 소멸 도태하는 경향을 볼 수 있다.

중소기업의 이 같은 동태적 현상을 구조적으로 파악하고 경제사적으로 이해하여 통일적으로 설명하려는 견해가 이른바 '사회적 대류현상론'이다. 특히 이 견해는 자본주의의 역사적 발전과정에서 중소기업이 어떻게 존립하고 발전하면서 순환되는지를 설명하려는 관점을 지니고 있다. 즉, 경제의 성장 발전과정에서 중소기업의 생성, 소멸과 존립 발전의 법칙을 제시한다.

이 견해는 고도성장과정에서 중소기업의 다산다사 현상을 사회적 대류현상으로 해석한다. 장기적으로 중소기업은 끊임없이 발생·발전·분해·소멸을 반복하면서 하나의 계층을 형성하되, 계층 전체로서는 확대 재생산되고 있다. 산업적 중산자층의 성립기, 매뉴팩처기, 산업혁명을 기점으로 하는 산업자본주의 단계, 독점자본 단계를 거쳐, 현대자본주의라는 역사의 흐름을 통하여 중소기업은 일관되게 다산다사 현상 속에서 사회적 대류현상을 반복하며 존립 전개되고 있다.

---

22) 瀧澤菊太郎, 《高度成長と企業成長》, 東洋經濟新報社, 1973.

2) 사회적 대류현상의 경제사적 전개[23]

이러한 중소기업의 다산다사와 사회적 대류현상은 경제발전단계에 따라 서로 다른 특징을 나타내고 있다는 것이 이 견해의 특징이다.

① 자본주의 성립기(本源的 蓄積期)에는 다음과 같은 특징이 있었다. 우선 사회적 대류라고 할 수 있는 현상이 있었다. 다시 말하면 중산적 생산자층이라는 모태에서 양극분해를 일으켜 끊임없이 산업자본가와 임금노동자가 발생한다. 산업자본가로 올라선 사람도 그대로 영속하는 것은 아니고, 또한 임금노동자도 아직은 어느 정도까지 독립소생산자로 재생할 수 있는 가능성이 남아있다. 즉, 양극분해의 결과는 사회적으로 고정된 것이 아니며, 끊임없이 재분해가 반복되는 가운데 총체적으로는 중산적 생산자층의 양극분해가 진행된다.

② 중산적 생산자층의 양극분해를 나타내는 이러한 현상이 사회적 대류현상으로 규정되었거니와, 산업혁명기에는 이것이 더욱 발전하여 진행되었다. 이 단계에서 근대적 대경영은 아직 존재하지 않았고, 성립한 매뉴팩처도 대개 한 세대에 그쳤으며, 2~3대까지 지속하지 못하여 기업의 계속성이 이루어지지 않았다.[24]

③ 본격적인 산업자본주의 단계에서도 사회적 대류현상은 계속 이루어졌다. 이를 의식한 것이 마셜이었고 그는 19세기 말 영국경제를 대상으로 '소기업 성장론'을 주장하였지만, 동시에 生物學的 壽命論, 즉 기업가 능력의 쇠퇴를 지적하였다. 결국 마셜 시대에도 소기업가의 신규 창업과 상승운동이 활발하였고, 그런 가운데 신구기업의 교체가 뚜렷하여 소기업의 발생·상승·하강·교체현상이 지속되었음을 알 수 있다.

④ 독점자본 단계에서도 중소기업의 수는 줄어들기보다는 오히려 늘어나는 현상을 보였는데, 이런 증가경향은 심한 기업교체 속에서 이루어졌다. 마르크스경제학에서 베른슈타인(E. Bernstein)과 카우츠키(K. Kautsky) 사이의 修正資本主義 論爭에서 나타난 소기업의 구축과 존속에 대한 견해는 초기 독점자본 단계에서의 이런 현상을 말해주고 있다.[25]

---

23) 경제사적 배경은 제15장 2절 참조.

24) 大塚久雄, 《大塚久雄 著作集》 第4卷 《資本主義 社會の形成》, 岩波書店, 1969, pp.241~242. 중산적 생산자층은 독립자영농민층(yeomanry)과 小匠人(small master)으로 구성되었다. 전자는 봉건적 해체기(주로 15세기 후반~16세기 초)에 나타난 농민층으로서 자유경작농민을 말한다. 후자는 길드(guild)의 규제를 피하여 농촌에 이주한 職人으로서 半農半工의 생산자층이다. 이들은 농촌공업(모직물공업)경영의 주체였고, 양극분해 뒤에는 산업자본화의 기반이었다. 즉 여기서 지적한 사회적 대류현상은 본원적 축적기의 현상이었다.

25) 논쟁의 주요내용은 이 책의 제12장 4절 1항 참조.

⑤ 독점구조가 정착되어 자본주의의 장기정체와 공황, 실업이 확대되는 국면에서도 중소기업의 사회적 대류현상은 새로운 특징을 지니면서 이루어졌다. 이 시기에 슈타인들은 소기업 비합리성론에 근거하여 '소기업 성장론'을 비판, '소기업 성장 단층론'을 주장하여 소기업의 상향운동을 완전히 비현실적이라고 설명하였다. 아래에서 위로의 폭넓은 이동은 불가능할 뿐만 아니라, 대부분의 소기업은 성장하기 위한 충분한 시간을 얻기도 전에 사멸한다는 것이다. 그러나 이러한 수많은 사멸은 이에 상응한 새로운 기업의 진입으로 보충된다. 극히 높은 기업의 교체가 있고 이에 따라 소기업가의 공급은 탄력적이지만, 반대로 대기업가의 공급은 비탄력적이라고 슈타인들은 지적하였다.[26] 이것은 당시 발전한 과점적 대기업의 존재가 중소기업의 상승을 억압하여 하강시키면서 이들과 새롭게 신설되는 잠재실업적 중소기업들이 서로 기업교체를 하는 사회적 대류현상이 일어난 것을 반영한다. 경제가 정체하고 노동력이 과잉된 상태에서 중소기업분야에 과다경쟁이 일어나면서 중소기업의 사멸율(rate of mortality)이 높아지고 동시에 이것을 보충하는 신규진입이 이루어지는 기업교체가 활발하게 진행된 것이다. 일단 도산한 기업도 상당수가 다시 진입하는 등 노동력 과잉과 저성장 경제에서의 전형적 기업교체가 이루어진 것이다.

⑥ 고도성장이 이루어지고 완전고용 정책으로 노동력이 부족한 경제에서 중소기업은 새로운 유형으로 바뀌면서 사회적 대류현상을 확대한다. 경제의 동태적 발전과 그에 따른 구조변화에 적응하는 과정에서 기업교체가 이루어진다. 기술진보와 소득수준의 향상을 반영하여 수요가 다양해지고 유동화하면서 사회적 분업이 늘어나고, 그것이 새로운 중소기업분야를 만들어 중소기업의 신규진입이 늘어난다. 이러한 분야는 대기업의 지배가 확립되지 않은 경우가 많고 이윤율도 높으며 자본축적도 뚜렷하다.

한편 사양화되는 분야, 대기업으로 이행하는 분야, 그리고 중소기업 분야이지만 기존의 기술이 진부한 경우에는 기업소멸이 대량으로 일어난다. 경제의 구조변화가 심할수록 다산다사의 현상이 확대되고 사회적 대류현상은 뚜렷하게 진행된다.

3) 현대자본주의에서 사회적 대류현상의 인식

따라서 현대자본주의에서의 중소기업 문제는 중소기업 소멸론과 함께 새로운 중소기업의 형성과 발전을 통일적으로 이해하는 관점에서 인식할 필요가 있다. 경제성

---

26) J. Steindl, 앞의 책, 米田淸貴·加藤誠一 譯, 앞의 책, p.19.

장은 대기업에 의한 중소기업의 구축을 일의적으로 촉진하는 것이 아니고 오히려 새로운 중소기업분야를 창출한다. 이 경우 寡占的 대기업의 지배가 일방적으로 강화되는 것만은 아니다. 경제성장률이 높을수록 중소기업의 수는 증가하지만, 내부에서 새로운 중소기업과 낡은 중소기업의 격렬한 교체가 진행되면서, 전체적인 중소기업의 수는 증가한다.

이때 새로 들어오는 중소기업은 새로운 기술과 경영감각을 지닌 젊은 층이며, 소멸하는 중소기업의 중심은 노년층이어서 이러한 신구기업의 교체는 경영자의 세대교체를 수반한다. 결국 현대의 동태적 경제(the modern dynamic economy)는 생산과 유통과정에서 차별화하려는 확산적이고 지속적인 힘(pervasive and persistent forces)을 움직이게 하고, 그것은 계속해서 중소기업을 위한 새로운 기회를 만든다.

진보한 기술이 경제에 침투하면서 생산성과 생활수준을 높이고, 생산물 시장과 서비스 시장을 확대시킨다. 기술이 발전하고 시장이 늘어날수록 전문화의 기회(the opportunities of specialization)는 늘어난다.[27]

이때 성장하는 시장과 변화하는 기술은 한층 더 전문화된 경제를 위하여 새로운 기회를 창출하며, 생산은 새로운 세대의 소기업에 분할된다.[28] 시장과 변화하는 기술의 상호작용은 경제자원과 거대기업에 경제력이 집중됨에도 불구하고, 대량생산과 대량유통경제의 틈새(interstices)에서 소기업을 위한 기회를 창출한다.[29]

생산 유통 및 마케팅 기술이 발달하는 반면에, 시장이 계속해서 성장하는 한, 통합과 차별화(integrating and differentiating) 요인의 상호작용은 소기업을 위한 기회를 계속해서 창출한다고 기대할 수 있다. 통합 요인은 중규모와 대규모 기업의 소기업 침식을 더욱 일으키지만, 차별화 요인은 소기업이 경쟁할 수 있을 뿐만 아니라, 전문화로부터 일어나는 규모의 외부경제(external economies of scale)가 서로 보강할 수 있는 틈새가 있는 시장(interstitial markets)을 계속 제공한다.[30]

그리하여 동태적으로 경제발전을 하는 가운데 끊임없이 기업교체가 진전된다. 경제가 고도성장하고 산업화가 급속히 진행될수록 기업의 교체와 사회적 대류현상은 더욱 활발해지면서 중소기업의 수도 늘어난다. 특히 사회적 대류현상의 상향이동이 활발해지면서 소기업이 중기업으로, 나아가 대기업으로 성장하는 기업도 생겨난다는

---

27) Edward D. Hollander and Others, *The Future of Small Business*, New York, Fredrick A. Prager, 1967, p.1.
28) 위의 책, p.2.
29) 위의 책, p.3.
30) 위의 책, p.4.

것이다.[31]

개별기업의 측면에서는 기업의 교체가 꾸준히 이루어지지만, 전체적으로 중소기업분야가 언제나 존속할 뿐만 아니라 고도성장과정에서는 오히려 그것이 상향 확대되는 경향을 보인다는 것이 '사회적 대류현상론'의 설명이다. 새로운 기술이 등장하면서 뒤떨어진 기술을 지닌 중소기업은 도태되지만, 산업구조가 고도화되면서 새로운 기술을 적극적으로 받아들이는 단계에서는 이것을 받아들인 새로운 유형의 중소기업이 늘어나는 경향을 보이면서, 새로운 중소기업분야가 만들어진다는 것을 역사적 경험으로 알 수 있다.

제2절 중소기업의 經濟發展論적 이해

1. 근대화와 중소기업 : 이중구조론[32]

1) 日本에서의 논의

⑴ 《經濟白書》의 지적과 경제발전론적 이해

경제의 고도성장기였던 1950년대 후반 이후 일본에서 논의되었던 이중구조론은 중소기업 문제를 경제발전의 관점에서 이해하는 중요한 이론적 계기를 마련하였다. 여기에는 중소영세기업 부문 등을 前近代部門으로 보고, 대기업을 近代部門으로 규정하면서, 중소기업부문을 근대화시켜 이중구조를 시정하는 것이 국민경제를 고도성장시키도록 하는 방안이라는 정책인식이 담겨 있다. 특히 중소기업의 지위 기능 규모별 격차 등의 문제를 국민경제 구조의 메커니즘 속에서 통합적으로 이해하고 중소기업 문제를 국민경제의 구조적 문제로 파악하려는 구조론적 시각이 이중구조론에 제시되어 있다.

1957년 (昭和 32년) 《經濟白書》가 일본에서 이중구조를 구체적으로 지적한 뒤 그

---

31) 淸成忠南, 《日本中小企業の構造變動》, 新評論, 1972, pp.26~32, 여기서는 마셜의 소기업 성장론을 시인하는 견해를 제시하였다. 淸成忠南은 사회적 대류현상을 반복하면서, 노동자가 소기업가로, 소기업가가 대기업가로 폭넓게 이동하고 기업교체가 이루어진다는 마셜의 견해가 오늘날 상당히 타당성을 지니고 있다고 보았다.(같은 글, p.3) 또 부분적이기는 하지만 고도성장과정에서 성장률이 급속한 산업에서는 중소기업이 대기업까지 성장한 예가 있다는 실증적 연구도 있다.(瀧澤菊太郎, 앞의 책) 우리나라도 이와 비슷한 연구보고가 있다.(중소기업은행 조사부, 《企業規模移動調査》, 1972)

32) 상세한 설명은 제11장 및 제16장 5절 참조.

에 대한 분석과 논쟁이 이어졌고, 이중구조의 존재에 대해 지적하고 그 해소문제를 제기하면서 전근대부문인 중소기업부문을 특별히 고려할 것을 주장한 것은 구조 정책으로서 중소기업 정책, 즉 중소기업 문제를 구조론적으로 인식하는 원천이 되었다. 《經濟白書》는 경제의 이중구조 가운데 먼저 고용구조의 특수성을 지적하였는데 그 내용은 다음과 같다.

첫째, 가족노동의 비중이 크다.

둘째, 기업규모별 임금격차가 매우 크다.

셋째, 농업과 중소기업의 취업인구가 높은 비중을 차지하는 것도 특유의 현상이다.

특히, 일본경제는 고용구조에서 한편에는 근대적 대기업, 다른 한편에는 전근대적 노사관계를 갖고 있는 소기업과, 가내경영을 하는 영세경영과 농업이 양극에 대립하고, 중간의 비중이 현저히 낮다. 대기업을 정점으로 하는 근대적 부문에는 세계의 어떤 선진국에도 뒤지지 않은 선진적 설비가 설치되어 있다. 이러한 근대부문은 자본에 대한 노동의 필요량이 한정되어 있고 노동조합의 작용도 강하다. 여기서 고용하지 못하는 노동력은 자본이 부족한 농업과 소기업이 흡수하지 않으면 안 된다. 노동력이 싼 임금에 낮은 생산력을 지닌 곳으로 흡수된다. 극히 생산력이 낮고 노동 집약적인 생산방법을 갖는 부문이 근대부문과 공존하는 것이다. 말하자면 한 나라 안에 선진국과 후진국의 이중구조가 존재하는 것과 같다.

넷째, 노동시장도 이중구조적 봉쇄성을 지니고 있다.

다섯째, 이중구조는 무역에서도 나타난다.

이와 같은 경제의 불균형적 발전은 소득수준의 격차를 늘리고, 나아가 사회적 긴장을 높인다는 것이다.[33] 《經濟白書》가 경제의 이중구조 내용으로 고용구조의 이중성, 생산성 격차, 임금 격차, 노동시장의 이중성, 무역구조의 이중성, 그리고 이중구조에 따른 사회적 긴장 등을 제기하면서 뒤에 이중구조에 대한 논의의 계기를 마련하였다. 특히 이중구조 형성요인의 하나로 저임금 노동력을 들고 있는 것은 중요한 의미를 갖는다.

원래 경제발전 이론에서 '이중구조론'은 루이스(A. Lewis)가 주장했다.[34] 루이스는 농업과 공업(전근대 부문과 근대부문) 사이의 문제를 이중구조로 파악하였고, 이때 자본축적과 근대화(공업화)의 계기를 준 것은 잠재실업(disguised unemployment)이다. 즉, 생존수준의 낮은 임금으로 무제한하게 공업부문에 공급될 수 있는 농업부문

---

33) 日本經濟企劃廳 編, 《昭和32年度 經濟白書―速すぎた擴大とその反省》, 至誠堂, 1957, pp.33~36.
34) W. A. Lewis, "Economic Development with Unlimited Supply of Labor", *The Manchester School,* May, 1954.

의 노동력이 잠재실업이고, 전근대적 구조의 기반이 되는 농업부분의 잠재실업이 자본축적과 근대부문 발전의 원동력이 되는 것이다.

이와 같은 루이스의 이론체계가 일본의 이중구조론과 관련을 맺고 있다는 실증적 자료를 발견하기는 어렵다. 그런데 일본경제의 이중구조가 일본자본주의 형성의 특수성에서 비롯한 것이기는 하지만, 근대화부문(독점, 대기업)이 전근대 부문(중소영세기업과 농업)을 자본축적의 기반으로 하여 발전하였고 그것이 저임금 노동력을 원천으로 하고 있다면 그 착상의 연관성을 짐작해볼 수 있다.

⑵ 이중구조 해소와 중소기업 근대화

한편, 《經濟白書》에서 제시한 이중구조의 해결방안은 중소기업 문제를 경제의 이중구조에 관련하여 종합적으로 인식하고 그에 따른 정책적 인식의 내용을 살핀다. 이중구조를 해소하고 높은 경제성장을 지속하면서 안정된 번영을 누리는 것이, 일본의 고용 문제(고용의 이중구조)를 선진국과 공동의 기반 위에 올려놓으면서, 완전고용을 이루는 길이라고 《經濟白書》는 보고 있다. 이때 어느 부분을 근대화해 높은 성장률과 고용흡수를 이룰 것인지에 대해서는 두 가지 방향을 제시하였다.

하나는, 대기업을 정점으로 근대부문을 급속하게 성장시키고 그것을 기관차로 하여 전근대부문을 견인하는 방향이다. 다른 하나는, 전근대부문 자체를 근대화하여 생산성을 높이는 방법이다.

그런데 일본처럼 농업과 중소기업의 비중이 높은 나라에서 첫째 방법만으로는 오히려 이중구조의 격차를 크게 하고 고용의 흡수도 충분히 이룰 수 없다고 보았다. 특히 이중구조의 하층에 있는 농업부문에서 소영세기업으로 노동인구가 옮겨감으로서 상층과 하층의 비중이 변화하지 않는 당시 일본 경제구조 속에서는, 경제성장 정책에서 전근대부문을 특별히 고려해야 이중구조를 해소할 수 있을 것으로 보았다.[35]

이런 생각은 일본의 〈국민소득배증계획〉과 〈중소기업기본법〉에서 정책의 기본방향으로 반영되었고 이중구조를 벗어나기 위한 중소기업 근대화 정책의 원천이 되었다. 따라서 중소기업 정책은 고도성장 정책의 보완 정책으로 의미를 지니는 것이었다.

전근대 부문에 대한 특별한 고려를 강조하면서 《經濟白書》가 제시한 제2의 기본방향은 중규모 경영의 근대화였다.[36] 이후 10년 동안 영세규모의 경영까지 대상을 포함하여 이중구조를 해소할 수는 없었으며, 따라서 중규모 제조업의 생산력을 높이는 방안을 마련하는 것이 필요하다는 것이었다.

---

35) 日本經濟企劃廳 編, 앞의 책, pp.38~39.
36) 위의 책, pp.39~41.

그 이유로는 ① 수출에서의 역할, ② 대기업과의 상호보완관계, ③ 높은 자본효율, ④ 높은 고용흡수력 등을 들고 있다.

(3) 일본경제의 이중구조적 특징

이러한 《經濟白書》의 이중구조에 대한 분석 후 학계에서 논의된 내용은 다양하다. 그 성격에 대하여 이중구조가 아닌 '一重構造論'[37]이 제기되기도 하였고, '傾斜構造論'[38]이 제기되기도 하였다.

또한 일본경제의 이중구조적 특성은 후진국 일반의 그것과 차이가 있음을 강조하는 견해도 있었다. 일본경제의 이중구조는 대기업, 중기업, 소기업이 각각 경제에서 큰 비중을 차지하면서 그들 사이에 연속적 소득격차를 보이고 있으며, 근대산업의 발전과 전근대적 산업의 잔존이 극단적 모습으로 대치하고 있다는 것이다. 이것은 대기업부문이 아직도 적고, 중소기업이 압도적인 후진국 일반의 '二元的 構造'와는 차이가 있다고 보았다.

즉, 근대부문인 대기업이 개발되지 않은 후진국과는 달리 일본경제는 이미 근대화가 진행되어 그 결과로서 나타난 구조적 특징이 이중구조라고 보았기 때문에, 임금격차와 소득 격차는 이원적이기보다는 連續的 傾斜的으로 나타났다고 보았다. 정체상태에 있는 후진경제의 이중구조가 아니라 근대화과정에 들어와 고도성장을 추구하는 경제의 구조를 대상으로 한 것이 일본경제의 이중구조라는 것이다.[39] 이는 이중구조를 일본 경제의 성장과 발전이라는 의미, 즉 경제성장 과정에서의 역할이라는 관점에서 파악한 것이다.

그러면서 지적한 이중구조의 현상은 ① 규모별 임금격차, ② 취업구조에서의 소규모 집중, ③ 방대한 잠재실업자의 존재, ④ 寡占과 자본집중이 있다.[40]

또한 이중구조의 형성요인으로는 ① 노동시장의 측면, ② 생산물 시장의 역할, ③ 자본과 융자집중에 따른 이중구조 형성 등 세 가지를 들고 있다.[41]

일본에서 이렇게 논의한 이중구조 문제는 고도성장과정에서 형성된 隔差問題를 인식하면서 출발한 것이었고, 일본자본주의 형성의 특수성을 반영하는 것이었다. 이중구조의 저변으로 규정된 중소영세기업의 근대화를 추진하여 이중구조를 해소하는

---

37) 小林良正, 〈日本經濟の二重構造について〉, 《經濟セミナ》, 1960년 2월호, pp.3~5.

38) 大川一司, 〈過剰就業と傾斜構造〉, 《經濟の進步と安定》, 1958, p.9.

39) 篠原三代平, 《日本經濟の成長と循環》, 創文社, 1966, p.20.

40) 篠原三代平, 〈日本經濟の二重構造〉, 篠原三代平 編, 《産業構造－日本經濟の分析 8》, 春秋社, 1966, pp.82~99.

41) 篠原三代平, 《産業構造論》, 筑摩書房, 1970, pp.65~73.

것은 산업구조를 재편성하고 그 고도화를 이루면서, 다시 고도성장을 지속하는 정책적 방향을 말해주었다. 이것이 일본 중소기업 정책의 근간이 되고 있는 〈중소기업기본법〉(1963년 제정)으로 입법화, 구체화되었다.

2) 한국에서의 논의와 특징[42]

우리나라에서 이중구조문제에 대하여 정책적으로나 학술적으로 활발한 논의가 있었던 것은 아니다.[43] 그러나 중소기업 정책의 골격을 이루고 있는 〈중소기업기본법〉(1966년 제정)은 중소기업 근대화를 그 기본방향으로 하고 있고, 또 전체 틀은 일본의 〈중소기업기본법〉과 비슷하다. 또한 60년대 이후 고도성장과정에서 정책의 기본방향이 된 '조국근대화'라는 명제가 당연히 중소기업 부문에서도 근대화로 반영되었다.

중소기업이 근대화의 주체적 역할을 한다는 주장은 이미 1966년의 '중산층논쟁'에서 적극적으로 제기되었고 그것은 근대화 과정에서 '자본의 기능'까지 포괄한 견해였다.[44] 근대화 과정에서의 자본의 기능까지 고려한 근대화의 방향에 비추어보면, 이중구조론이나 〈중소기업기본법〉에서 정한 중소기업 근대화의 방향에 대해서는 비판의 여지가 있다고 하겠다. 한편, 70년대 중반에 나왔던 한국이중구조의 특징을 정리하여 설명하면 다음과 같다.

일본에서 중소기업 근대화 정책의 근간이 되었던 이중구조문제는 고도성장과정에서 나온 격차문제였다. 그 성격은 정체상태에 있는 후진경제의 이중구조가 아니라, 근대화과정에 들어가서 고도성장을 추구하는 경제 구조를 대상으로 하는 연속적·경사적 구조였다. 일본 이중구조의 현상적인 여러 특징이나 그 성격은 한국경제의 경우에도 비슷하다. 그러나 다음과 같은 점에서 한국의 이중구조는 일본의 그것과 차이가 있다.

첫째, 산업구조 면에서 다른 특성을 갖고 있다. 막대한 규모의 外資를 도입, 정부

---

42) 제18장 4절에서도 설명함.

43) 소규모기업과 대기업 사이의 '二極集中型' 구조라든가 격차문제 등 이중구조적 시각은, 일찍이 시행되지는 못했지만, 1959년에 작성한 〈경제개발 3개년계획(안)〉에서 제기한 바가 있다.(이 책의 제19장 3절 참조) 그리고 1976년 《經濟白書》에서 산업구조의 불균형성과 더불어 대기업과 중소기업의 발전격차로 기업구조가 이중적으로 형성되었음을 또한 지적하였다. 그러나 이는 일본의 이중구조문제에 대한 진단이나 처방과는 다른 시각에서 이루어 진 것이었다. 또한 이에 대한 활발한 논의가 있었던 것도 아니다.[제18장 각주48) 참조]

44) 특히 愼鏞廈, 〈韓國近代化와 中産層의 改編〉, 《政經研究》, 1966년 4月, 통권 15호, pp.109~112 참조. 중산층 논쟁에 대해서는 제17장 4절 4 및 이경의, 〈中産層論爭과 중소기업 문제〉, 《경제경영논집》 제29집, 숙명여대, 참조.

의 정책적 지원 아래 형성된 경공업 중심의 공업구조는 전반적으로 원자재와 시설재를 수입에 의존하는 가공수출체제와 결부됨으로써 공업부문이 서로 유기적 연관관계를 갖지 못한 약점을 지니고 있다. 즉 경제의 고도성장과정이 가공형 산업구조에 바탕을 두고 있기 때문에 생산재산업과 소비재산업, 수출산업과 내수산업 등이 각각 유기적 관련 아래 상승적으로 성장하는 구조적 탄력성이 부족하다는 것이다.[45]

둘째, 산업구조상의 관련성 결여와 함께 기업구조 면에서는 대기업과 중소기업이 뚜렷한 발전격차를 보이면서 기업구조를 이중적으로 형성했다는 것이다. 특히 산업의 이중구조 심화현상은 대기업과 중소기업 및 근대적 기업과 전근대적 기업 사이의 상호보완적 생산관계를 없앰으로써, 자원의 비효율적 사용과 전후방 연관효과 및 외부경제의 소멸을 불러왔다는 것이다.[46] 즉 이중구조가 대기업(근대적 부문)과 중소기업(전근대적 부문) 사이의 발전 격차 문제뿐만 아니라 상호보완적 관련성의 결여라는 특징을 보이고 있다는 것이다.

셋째, 공업부문 또는 기업규모 사이에 발전 격차와 관련성 결여라는 이중구조의 특성이 자본축적 면에서는 외국자본 도입과, 이를 뒷받침하는 재정 금융상의 정책적 지원에 그 원인이 있다는 점이다. 50년대까지의 원조물자의 가공, 60년대 이후 차관자금에 의존하는 경제성장은 경제구조를 대외의존적 가공형으로 만들었다. 그 결과 원자재와 시설재를 주로 외국에서 수입하여 가공하는 대외지향적 체계가 중심이 되는 분업체계가 되었다.

넷째, 그런 가운데 외국자본에 주로 의존하는 대기업과, 민족자본 또는 민족자본적 성향의 중소기업 사이에는 상호보완적 관련성이 깊어질 수 없었고, 대외분업 지향적 대기업과 대내분업 지향적 중소기업은 오히려 경쟁적 대립관계가 되었다. 즉 자본의 기능 면에서 외국자본 또는 예속자본적 성격의 독점대기업과, 민족자본 또는 민족자본적 성향의 중소기업 사이에 이중구조라는 특성이 나타났다.

다섯째, 원자재와 시설재를 주로 수입에 의존하는 가공형 공업구조 아래에서 대기업과 중소기업의 연관관계는 부진할 수밖에 없었다. 예컨대 우리나라의 하청계열관계는 일본에 견주어 그 진전이 낮은 정도에 그쳤다.

여섯째, 대기업과 중소기업은 그 존립양식에 차이가 있다는 점을 지적하기도 하였다. 한국의 중소기업은 그 설립 과정에서부터 자본, 경영면에서 대기업에 대한 종속관계에 그 존립기반이 있는 것이 아니라, 독자적인 존립양식을 갖추고 있으며, 이 점에서 일본의 중소기업과는 차이점이 있다고 보았다. 따라서 한국의 중소기업 정책이 일본의

---

45) 경제기획원, 《경제백서》(1976년판), pp.442, 446.
46) 위의 책, pp.446~447.

것을 기계적으로 모방하는 방식은 적합하지 않다는 점을 70년대 중반에 지적하였다.[47]

이는 자생적으로 생겨나 육성 발전된 중소기업의 존립기반을 외국자본을 도입한 이식 대기업이 잠식하여 서로 경쟁 대립관계가 형성되는 모습을 지적한 것이다. 특히 후자는 선진국과 관련을 맺고 국제분업에 치중하는 경향을 갖고 있었다.

결국, 일본에서의 이중구조는 하청계열관계의 뚜렷한 진전에서 볼 수 있듯이 대기업과 중소기업 사이에 지배종속관계와 상호의존관계 속의 이중구조라는 성격을 지녔다고 볼 수 있다. 이러한 이중구조를 바탕으로 고도성장과정의 자본축적이 이루어지고 있다는 점에서 '一重構造'라는 지적도 나오고 있다.

이에 비해, 한국의 이중구조는 산업부문 또는 기업규모(대기업과 중소기업) 사이의 관련성이 낮으며, 특히 대기업과 중소기업 사이에는 경쟁 대립관계를 특징으로 하는 이중구조의 모습을 보였다. 경공업 중심의 이식공업적 가공적 대기업은 자생적 중소기업 분야를 침식하면서 성장하였으며, 상호보완성은 크게 부족하다는 것이 70년대 중반 한국의 이중구조에 대한 평가였다.

그러나 산업구조가 고도화되고, 특히 중화학공업이 발달 성숙되는 단계에 이르려면 대기업과 중소기업 사이에 분업관계를 발전시켜야 한다. 우리나라에서도 하청계열관계는 1980년대 이후 그 기반이 양적으로 크게 늘어났으며 질적으로도 개선되었다.[48] 이와 같이 두 부문의 상호보완적 관계가 높아지는 것은 국내 생산력기반에 분업관계가 심화되도록 하는 것이며, 이중구조의 완화와 나아가 산업체제의 효율성 제고에 기여할 것이다.

2. 도시비공식부문과 중소영세기업

1) 새로운 이중구조 : 도시비공식부문의 규정

이 부문은 도시부문의 주변에 있는 소기업 또는 영세경영에 잠재해 있는 노동력의 저장소(pool)와 이들을 안고 있는 부문인데, 오늘날 개발도상국에서 근대화론과 이중구조 해소론의 대상이 된다.

즉 소영세기업의 문제는 도시비공식부문(urban informal sector)[49]의 문제로서 일

---

47) 高承濟, 〈工業化로의 産業構造 改編(總說)〉, 全國經濟人聯合會 編, 《韓國經濟政策三十年史》, 社會思想社, 1975, pp.691~692.
48) 중소기업은행, 《기은조사월보》 1984년 9월호 참조
49) 비공식(informal)이라는 명칭은 생산활동, 직종, 생산물 등의 종류가 통상적인 산업분류나 직업분류에는 들어맞지 않는 여러 가지 비공식적인 직업과 생산물로 이루어져 있다는 것을 의미한다. 따라서 공식통계에 충분히 잡히지 않는 것이 가장 큰 특징이다. 도시 비공식부문의 개념은 하트

찍이 루이스가 제시하지 못했던 새로운 이중구조의 문제가 되고 있다.

대부분의 개발도상국에서는 도시 산업부문의 고용흡수능력을 넘어서는, 대규모 이농현상이 일어나면서 도시에 들어온 인구 중 많은 수가 근대 공업부문에 흡수되지 못한 채, 완전실업상태 또는 반실업상태로 도시 전통부문에 머무르고 있다. 이들은 종래의 루이스적 두 부문모형으로는 파악하기 힘든 제3의 경제부문을 이룬다.

제3의 경제부문에 대한 규정은 정치경제학적으로 주변화론, 소상품생산양식론, 생산양식접합이론, 상대적 과잉인구론 등이 있으며, 여기에 국제노동기구가 제안한 개량주의적 설명을 더할 수 있다.

첫째, 주변화(marginalization)이론이다. 외부에서 침투한 자본주의가 저개발국의 전통적 경제를 세계자본주의에 통합된 부문과 배제된 부문으로 분단한다고 규정하고, 이때 '배제된' 부문에 종사하는 쌍프롤레타리아 형태의 사람들을 주변대중이라고 부른다.[50] 이들은 전통적 의미의 산업예비군과 달리, 그 규모가 훨씬 클 뿐만 아니라, 자본재 부문으로부터 영구적으로 배제되어 단절되어 있다는 주장이다. 따라서 산업예비군과는 달리 경제 확장기에도 쉽게 자본재 부문에 흡수되지 않는다고 본다.

둘째, 소상품생산양식론(modes of petty commodity of production)이다. 여기서는 기본적으로 영세자영업자를 자본재 생산양식과는 다른 하나의 상이한 생산양식 아래에서 종사하는 소경영자(프티부르주아 또는 구중간계급)로 본다. 그 근거로서

① 생산력이 영세하고 생산수단과 기술이 노동 집약적이며

② 생산수단을 직접 생산자가 소유함으로써 노동과 자본이 미분화 상태이고

③ 노동의 수직적 분업(감독노동의 출현)이 전혀 없는 상태라는 특징을 갖고 있으며, 이는 단순상품생산양식 또는 소상품생산양식과 비슷하다는 것이다.[51]

셋째, 생산양식접합론(articulation of modes of production)이다. 전자본주의적 생산양식이 지배적인 사회에 선진자본이 침투할 때 전자본주의적 생산양식은 자본주의적 생산양식과 복합적 방식으로 결합하면서 변해간다. 이때 그러한 전자본제 생산양식의 변화로서 나타난 비공식부문이 자본제적 생산양식인 공식부문의 자본축척에 어떻게 기능하고 하고 있는지를 밝히는 것이 필요한데 이것이 생산양식접합론이다. 생산양식접합론은 저개발국의 자본축적과 그 이면으로서 빈곤의 메커니즘을 이해시킬

(K. Hart)가, 도시경제연구에서 도시경제를 소득기회의 성격에 따라 임금노동과 자영업으로 구분하는 가운데, 후자를 비공식 부문으로 규정하면서 1973년에 처음 사용한 것이다.

50) Samir Amin, *Unequal Development*, Harvester Press, 1977, pp.333~364.

51) R. Davies, "Informal Sector or Subordinate Mode of Production ; A Model", ed. by R. Bromley and C. Gerry, *Casual Work and Poverty in Third World Cities*, John Wiley and Sons, 1979, pp.89, 103.

수 있는 것으로 본다.[52]

넷째, 상대적 과잉인구론(relative surplus population)이다. 도시빈민의 창출과 그 재생산 메커니즘은 한 나라의 자본주의 발전과정(자본축적과정)에서 나타나는 농민 소생산자층의 분해 및 자본제적 고용관계의 확대경향에서 찾아야 하며, 노동자계급이 하나의 순환계열을 이루어 끊임없이 재생산된다고 하는 포괄적 시각에서 파악해야 한다고 본다. 이는 앞의 세 가지 이론이 제 3세계의 경제구조를 이른바 '주변부 자본주의 사회구성체론'의 영역으로 본 시각에서 출발한 것과 다르다.

따라서 도시에 과잉 노동인구의 빈곤 및 실업, 불안정취업의 문제는 자본제적 발전이 가져오는 결과이며 자본재 생산양식의 발전, 즉 자본의 축적과 집중과정이 끊임없이 자신의 욕구를 위하여 상대적 과잉인구를 만들어내고 이러한 상대적 과잉인구의 존재야말로 자본축적의 결과인 동시에, 그 전제조건으로서 자본에 대하여 '노동력의 마르지 않는 저수지' 역할을 한다는 것이다. 도시비공식부문을 이러한 상대적 과잉인구의 한 가지 형태로 보는 것이다.

2) 경제발전론적 시각과 그 구성

경제발전론적 시각으로 보면 루이스적 이중구조가 해소된 뒤, 도시 안에 새롭게 형성된 두 부문(공식부문과 비공식부문) 사이의 '격차문제'가 도시비공식부문 문제이다. 이들은 저임금 노동력의 공급 풀인 완전실업 또는 半실업, 다시 말하면 도시 내 잠재실업을 형성하고 있다는 의미에서 이중구조 모형의 연장이며 과잉노동과 이중구조적 발전(surplus labor and dualistic development)의 범주에 포함된다고 볼 수 있다. 그러나 이중구조 모형으로 도시비공식부문의 문제에 접근하려는 데 대해서는 많은 비판이 있다.[53]

도시비공식부문은 새로운 고용 및 소득창출 능력을 지니고 있다는 점에서 이 부문에 대한 정책을 적극적으로 수행하는 것은 저개발국의 고용문제 해결과 나아가 발전의 저력을 길러줄 것으로 보인다. 그런데 다양하게 규정되고 또 다양한 내부분화를 보이는 도시비공식부문은 흔히 소영세기업부문(소부르주아 부문)과 주변대중(반프롤레타리아 부문)의 두 가지로 나뉜다.

---

52) 윤진호, 〈비공식부문〉, 이대근·정운영 編, 《한국자본주의론》, 까치 심포지움 2, 까치, 1984, pp.252~253.

53) 그 가운데 대표적인 것을 들면 다음과 같다. 첫째, 두 부문모형은 비공식부문 내에 존재하는 다양한 경제활동의 분화상태를 포착하지 못하고 있다. 둘째, 두 부문모형은 공식부문과 비공식부문의 다양한 연관를 파악하지 못하고 있다. 셋째, 종래의 두 부문모형은 비공식부문의 동태적 변화를 포착하지 못하고 있다는 것 등이다.(윤진호, 위의 글, 위의 책, p.255)

첫째, 소영세기업 부문은 어느 정도 생산수단을 소유하면서 동시에 직접 생산자이기도 한 소부르주아(자영업주)와 각종 종사자를 포함한다. 이 부문은 다음과 같은 점에서 자본주의적 기업과 구분된다.

① 생산관계 면에서 노동으로부터 자본의 분리가 불완전하여 자본의 소유자가 직접 생산자이다.

② 생산력의 측면에서 기술수준이 낮고 경제활동의 규모(고용자수, 자본액, 생산액)가 작다.

주변대중과 구별되는 특징으로는

① 좀더 전문화 조직화되어 있고

② 일정액의 자본(생산수단)을 가지고 있으며

③ 단순한 생산형태이기는 하지만, 자본과 임노동의 분화의 기미가 보이고

④ 일정한 작업장소를 가지고 있다는 점 등이다.

둘째, 周邊大衆의 특징은 다음과 같다.

① 생산수단을 소유하지 못한 채 실질적으로는 노동력의 판매로 생계를 유지해 가면서, 자본부문의 노동자와는 달리 자본가에게 직접 고용되지 않고, 개인 자영업 형태로 존립하고 있는 반프롤레타리아 형태를 말한다.

② 소영세기업 부문이 자본재 생산양식과 긴밀하게 관련되어 있는 데 비해, 주변대중 부문은 자본주의적 생산양식과 최소한의 관련만 가지면서

③ 개인 자영업자 형태의 영세상업(노점상, 행상), 영세서비스업(구두닦이, 각종 수선업)에 종사하거나, 건설부문의 일용노동자(날품팔이)로 종사하는 개인이다.

④ 이들은 실질적으로는 실업자와 구분이 곤란한 '잠재실업자'이지만, 취업활동을 하고 있다는 점에서 실업에서 제외될 뿐이다.

3) 국제노동기구의 규정

국제노동기구(ILO)는 도시비공식부문의 특징으로

① 시장진입의 용이

② 국산자원에 의존

③ 기업의 가족적 소유권

④ 소규모의 영업활동

⑤ 노동 집약적이고 적용된 기술(applied technology)

⑥ 정규 교육 밖에서 양성된 기능

⑦ 규제되지 않고 경쟁적인 시장인 것 등을 제시하고 있다.

　　반면, 도시공식부문(urban formal sector)의 특징으로는

① 시장진입의 어려움

② 해외자원에 빈번한 의존

③ 회사(법인)의 소유권

④ 대규모의 영업활동

⑤ 자본 집약적이고 수입된 기술에 의존

⑥ 정규적으로 습득된 기능과, 더러는 외국에서 온 이주자

⑦ 관세 쿼터제, 무역면허로 보호된 시장을 지니는 것 등을 들고 있다.

　　이 특징 가운데서 우리는 도시비공식부문의 그것에서 중소영세기업의 특성을 발견할 수 있다. 특히 우리가 도시비공식부문에서 주로 논의하는 대상은 소영세기업이다. 이들은 개발에 따라 자본재 기업으로 합리적 경영의 대상이 될 수도 있다. 그러나 경제발전의 시각에서 도시비공식부문을 논의할 때는 합리적 경영과 근대화의 대상이 될 수 있는 소영세기업뿐만 아니라, 실질적인 잠재실업자인 주변대중에 대해서도, '노동력의 마르지 않는 저수지'와 가치창조 및 자본축적의 바탕을 찾는 의미에서 적극적 정책적 고려를 할 필요가 있다. 왜냐하면 도시비공식부문이야말로 국민경제의 성장에 활력을 줄 수 있을 뿐만 아니라, 새로운 개발전략의 대상도 될 수 있기 때문이다.[54] 이것이 우리가 중소영세기업 부문을 개발 정책의 주요한 대상으로 삼는 이유이다.

제3절 중소기업의 政治經濟學的 이해[55]

1. 자본주의적 축적의 법칙과 중소기업

1) 산업구조상의 모순과 자본주의적 축적의 법칙

　　정치경제학적으로 중소기업을 이해할 때는, 중소기업 문제를 자본주의 발전과정에서 일어나는 산업구조의 모순으로 본다. 산업구조를 한 나라 국민경제의 기초가 되는 여러 종류의 '특수한 생산관계'의 종합물로 규정한다. 이때 산업구조는 자본이 그

---

54) ILO, *Employment, Income and Equality ; A Strategy for Increasing Productive Employment in Kenya*, Geneva, 1972, International Labor Organization(G. M. Meier, *Leading Issues in Economic Development*, 4th ed., Oxford Univ. Press, 1984, pp.183~187)
55) 더 상세한 설명은 제12장 참조.

것을 통하여 또는 그 안에서 운동하는 구조라고 보는 것이다.

자본은 낡은 것을 자기에게 적응시켜 분해하고 그것을 이용하기 위하여 재편성하고 종속시킨다. 자본은 지배적인 것과 종속적인 것으로 나뉘는데, 오늘날 지배적인 자본은 독점자본이다. 중소기업 문제는 이러한 자본이 운동하는 구조인 산업구조 안에서 다른 자본과 맺는 생산관계적 모순으로 나타난다. 즉 중소기업은 산업구조 안에서 지배적인 대자본 또는 독점자본에 대하여 종속적인 위치에 서는 것이며, 중소기업 문제는 바로 지배적인 대(독점)자본과 종속적인 중소자본 사이의 생산관계적 모순으로 규정된다.

산업구조의 모순인 중소기업 문제의 성격은 다음과 같다.

첫째, 생산관계적 측면에서, 지배적인 대자본 또는 독점자본과 종속적인 중소자본은 대립관계다. 이때 국민경제 안의 독점자본이 외국자본이나 예속자본의 성격을 지닐 때에는 이들과 대립적이면서도 종속적인 위치에 있는 민족자본 사이의 모순이 된다.

둘째, 생산력적인 관점에서, 독과점대기업과 중소기업은 서로 보완관계로 이해할 수 있다. 그러나 분업관계에 따른 산업구조의 구분 속에서 서로 다른 방향의 분업체계에 기초를 둔 生産諸力은 서로 경쟁적일 수밖에 없다. 예를 들면 사회적 분업관계가 국제적 규모로 늘어나는 경우에, 대내적 분업관계와 대외적 분업관계는 상대방의 생산제력을 서로 자기의 분업권의 일부로 편입시키려고 한다. 따라서 양자는 외견상 생산력적 보완관계이지만 한 쪽의 지속적이고 조직적인 발전은 다른 쪽의 구조적 정체 속에서만 이루어질 수 있어 대립적 관계가 나타난다. 생산력적 관점에서 산업구조는 '사회적 분업관계를 형성하는 생산제력의 결합'이다.[56]

중소기업 문제를 산업구조 안에서 움직이는 여러 형태의 자본 사이에 이루어지는 생산관계적 모순(대립관계)으로 보는 것은 자본주의적 축적의 일반법칙에 그 근원을 두고 있다. 자본주의적 생산양식이 발전하기 위해서는 잉여가치(surplus value)를 계속 생산해야 하고, 또 그것이 자본(capital)을 생산 형성해야 하는데 이를 흔히 자본의 축적(accumulation of capital)이라고 말한다. 즉 잉여가치를 생산하고, 다시 그것이 자본화되어 이 자본이 잉여가치를 생산하는 것이 자본주의적 생산양식의 기본법칙이다.

2) 자본의 集積과 자본의 集中

(1) 자본의 집적

자본주의적 축적의 이러한 법칙은 자본의 집적(concentration of capital)과 자본

---

56) 大塚久雄 編, 《後進資本主義の展開過程》, アジア經濟研究所, 1973, p.85.

의 집중(centralization of capital)이라는 두 가지 운동으로 이루어지며, 이는 자본주의 발전의 기본적 경향이다. 두 가지 운동에 관한 법칙은 자유경쟁이 지배적인 산업자본주의에서나 독점자본주의에서 기본적인 것이며, 특히 이 법칙은 독점자본 단계에서는 경쟁의 제한을 통하여 독점자본을 형성하게 하는 원동력이다. 따라서 이 법칙을 분석하는 것은 구조적 모순인 중소기업 문제를 이해하는 시발점이 된다.

자본의 집적은 잉여가치가 자본으로 재전환(re‑transformation : 자본축적)하여 개별자본의 규모가 커지는 것이며, 개별 자본가들의 부의 집적을 늘려 대규모생산의 기초가 확대된다. 이로 말미암아 사회적 부가 늘어나지만, 동시에 새로운 가지(枝)가 최초의 자본에서 분리되어 새로운 독립자본으로 기능하며, 특히 자본가 가족들 사이의 재분할의 시작 등 자본축적에 따라 자본가의 수도 대체로 늘어난다.

즉, 자본의 집적과정에서 개별 자본가의 규모확대에 따른 대자본화와 동시에, 다른 한편에서는 새로운 자본 발생과 존립의 필연성을 마르크스는 설명하고 있어서, 그 뒤 중소기업 문제 분석의 원천을 제공하고 있다.[57]

자본의 집적과정에서 사회적 총자본은 개별자본으로 분열(splitting up)되며, 또는 그 부분들이 서로 배척(repulsion)하지만, 한편 그들은 서로 끌어당긴다. 그 결과 이미 형성된 자본의 집중이 일어나고, 개별자본의 독립성 파괴, 자본에 의한 자본의 수탈이 나타나 다수의 소자본이 대자본으로 전환한다.[58]

(2) 자본의 집중

한편, 자본의 집중은 여러 자본의 자립성의 상실, 복수자본의 단일자본으로의 轉化를 의미한다. 자본의 집중은 기존의 대자본이 열악한 소자본을 흡수, 합병하는 형태를 취하기도 하고, 기존 또는 형성 중인 둘 이상의 자본이 주식회사 형태로 융합하는 방식을 취하기도 한다. 그 결과는 자본이 집적되는 경우와 마찬가지로 개별자본가의 자본금과 생산규모의 확대, 그리고 생산수단과 노동지휘의 집적을 가져온다.

자본의 집적에서는 한 나라의 개별자본의 절대수가 줄어드는 것은 아니지만, 자본의 집중에서는 복수의 개별자본이 단일자본이 되기 때문에 개별자본의 절대수가 줄어든다. 따라서 자본의 집중운동에서는 집적운동에서와는 달리 대자본이 소자본을 압도, 구축하는 경향이 뚜렷하게 나타난다. 이러한 자본집중의 법칙, 또는 자본이 자

---

57) K. Marx, *Capital, A Critique of Political Economy*, Vol. I, *The Process of Capitalistic Production*, ed. by F. Engels, Trans. from the Third Green Edition by Samuel Moore and Edward Aveling, New York, International Publishers, 1967, Part Ⅶ. Chap. XXV, pp.612, 625.
58) 위의 책, pp.625~626.

본을 끌어당기는 법칙은 다음과 같이 전개된다.

① 경쟁전(battle of competition)은 상품 값을 싸게 하는 방법으로 전개된다.

② 상품 값을 싸게 하는 것은, 다른 조건이 같다면 노동생산성에 의존하며, 노동생산성은 생산규모에 의존한다. 그러므로 대자본은 소자본을 격파한다.

③ 또한, 자본주의적 생산양식의 발전에 따라 정상적인 조건에서 사업을 하는 데 필요한 개별자본의 최소필요규모가 늘어난다. 그 결과 소자본은 최소필요자본규모가 작고 대공업(modern industry)이 산발적이고 불안정하게 장악하고 있는 그러한 생산분야로 몰려들고, 경쟁은 더욱 격해진다.

④ 여기서 경쟁은 적대적인 자본들의 수에 정비례하고, 크기에 반비례하여 격렬하다. 경쟁은 언제나 소자본가의 멸망으로 끝나는데, 그들의 자본은 일부분은 승리자의 수중으로 넘어가고 일부분은 사라진다.

⑤ 여기서 자본주의 발전과 함께 새로운 힘인 신용제도가 발생한다. 이 신용제도는 사회의 표면에 많거나 적은 양으로 흩어져 있는 화폐재원을 보이지 않는 끈 (invisible threads)으로 개별 자본가 또는 결합한 자본가에게 끌어들인다. 즉 신용제도는 자본집중을 위한 방대한 사회적 기구로 바뀐다.[59]

자본의 집중과정에서 나타나는 경쟁 - 노동생산성의 상승 - 생산규모의 확대 - 자본의 유기적 구성의 고도화 - 최저필요자본량의 증대 - 최저필요자본량이 낮은 생산부문에서 과당경쟁의 유발 - 소자본가 멸망의 과정은, 이른바 '대자본에 의한 소자본의 구축론'이라고 설명할 수 있다. 이것은 자본축적 과정에서 일어나는 고전적 의미의 구조적 모순인 중소기업 문제를 규정해준다.

그런데 자본이 집중하는 가운데 나타나는 경쟁·구축·도태의 경향은 자유경쟁이 지배적이었던 산업자본주의 단계에서 중소기업 문제의 주된 특징이기도 하다.

2. 독점자본의 형성과 중소기업 문제

1) 독점자본 단계의 구조적 특징과 중소기업 문제의 시각

보통 자본주의 발전과정에서는 기본적으로 대자본이 소자본을 구축, 수탈한다는 '자본의 집적·집중경향'이 나타나지만, 그 경향은 소자본의 잔존, 신생이라는 '자본의 분열·분산 경향'에 제약을 받으면서 작용한다. 이러한 경향은 산업자본 단계뿐만 아니라 독점자본 단계에도 작용하면서 자본주의적 축적을 관철한다. 특히 독점자본 단

---

59) 위의 책, p.626.

계에서는 독점자본의 경쟁을 제한하고 독점력을 행사하는 가운데, 소수의 거대 독점자본과 다수의 비독점자본으로 이루어진 독점자본 단계 고유의 중층적 구조를 낳는다. 이에 따라 이윤율의 단층화, 독점자본과 비독점·중소자본의 대립·수탈 관계가 성립 유지된다.[60]

독점자본 단계의 중소기업 문제는 이를 독점자본주의의 구조적 모순의 산물로 파악하고, 독점자본주의에서 중소자본의 존재의 필연성을 증명함으로써 이해할 수 있다. 즉, 자본의 집적·집중과 분열·분산의 경향, 즉 독점자본이 중소자본을 흡수, 구축하는 경향 속에서도 중소자본이 존립하여 대자본 또는 독점자본과 공존하는 모순적 현상이 나타나는데, 이는 자본주의적 축적의 일반적 법칙에 따라 '動態的 분석'으로 설명할 필요가 있다.

자본의 집적·집중의 법칙이 관철되는 가운데 독점이 지배적인 독점부문이 형성되면서, 다른 한편에서는 자본의 분열·분산이라는 반대경향으로 자유경쟁이 지속적으로 이루어져 독점부문과 비독점부문, 독점과 경쟁이 병존하는 것이 독점단계의 고유구조이다. 이런 독점단계에서는 산업자본주의 단계에서보다 여러 모순과 갈등 대립이 최대한으로 격화될 뿐만 아니라, 새로운 여러 종속적 모순이 형성된다. 기본적 모순의 격화와 종속적 모순의 새로운 전개는 독점단계에서 자본축적의 법칙이 독특한 모습을 지니면서 관철된다는 것을 뜻한다. 종속적 모순인 중소기업 문제도 자유경쟁이 지배적이었던 단계와는 다른 새로운 성격을 갖는다. 독점단계에서는 중소자본이 생산한 잉여가치를 독점자본이 독점이윤으로 수탈한다고 하는, 독특하고 새로운 모습으로서 '중소기업 문제'가 형성된다.

독점자본 단계의 중소기업은 자본운동법칙이 관철되는 가운데 경쟁에서 일방적으로 도태하는 것이 아니고, 지배적 자본과 독점자본의 작용으로 잔존하고 이용되는 상호제약적 의존형태로 존재한다.[61]

이러한 독점자본 단계에서 중소자본의 수많은 신생과 잔존을 단지 독점자본의 '의도와 필요성'만으로 설명하는 '정태적 관점'에는 문제가 있다. 단층적이 아닌 연속적인 시각이 필요하다. 자본주의 발전과정의 일관된 축적법칙으로 보는 '동태적 시각'을 갖되, 다만 독점이윤의 축적을 위하여 중소자본이 생산한 잉여가치를 수탈한다는, 독점단계 특유의 구조적 모순이 중소기업 문제를 형성한다는 시각이 필요하다.

이러한 중소기업 문제가 일어나는 것은 독점자본이 그의 의사와 필요성에 따라

---

60) 北原 勇, 《資本蓄積における中小企業》, 楫西光速·岩尾裕純·小林義雄·伊東大吉 編, 《講座中小企業 2》(獨占資本と中小企業), 有斐閣, 1968, p.77.

61) 山中篤太郎, 〈中小企業本質論の展開〉, 藤田敬三·伊東垈吉 編, 《中小工業の本質》, 1960, pp.8～9.

독점력을 행사할 수 있기 때문이다. 이러한 독점자본의 의도와 필요성은 독점이윤의 축적을 의미하며, 결국 중소자본은 독점이윤 획득의 대상으로서 신생하고 잔존하는 것이 독점단계 중소기업 문제의 핵심이다.

2) 독점단계 중소기업의 존립 조건과 중소기업 문제의 본질

돕(M. Dobb)은 중소기업의 존립에 대한 독점의 의도와 필요성, 즉 중소기업의 존립 조건을 다음과 같이 설명하고 있다. 독과점의 본질은 그것이 지배할 수 있는 모든 분야를 지배할 때 그 목적을 이루었다고 생각할 정도로 모든 것을 포용하는 특성 (all-embracing character)을 가지면서도, 생산의 집중화 경향과 독점적 또는 준독점적 조직형태와 병행하여 중소기업이 폭넓고 완강하게 존속하는 것은[62]

① 기술적 조건들이 대규모 기업단위에 유리한 조건이 되지 못하는 기술적 후진부문
② 중소기업의 기술적 특수성이 인정되는 경우
③ 대기업과 경쟁관계에 있는 중소기업이 전 산업의 판매 정책에 대하여 거대기업의 지배력을 유지시킨다는 일방적인 타협이 있는 경우
④ 대기업의 특수한 부분품을 공급하고, 성수기에 대기업의 일정한 생산단계를 보조하는 대기업의 하청업체(subcontractor)로서 역할을 하는 경우이다.[63]

결국 독점기업이 비독점기업만 중소기업으로부터 잉여가치를 이전하여 자본축적을 실현하는 자본 대 자본의 모순인 수탈관계가 독점단계 중소기업 문제의 본질이 된다. 이는 독점자본이 중소기업을 지배 종속함으로써 가능한데, 그 경제적 내용은 독점이윤의 수탈이다. 수탈관계의 내용은

① 독점자본과 중소기업이 경쟁관계에 있는 동일분야에서의 수탈관계
② 서로 다른 생산분야에서 독점가격을 통하여, '높은 원재료 가격·낮은 제품가격'을 갖는 독점이윤의 수탈관계
③ 하청·계열조직에 따른 수탈관계 등이다.

독점자본이 중소자본을 수탈하면 중소자본의 존립기반인 저임금과 열악한 노동조건을 강제적으로 재생산한다. 저임금과 열악한 노동조건은 중소기업 존립의 기반이며 독점수탈의 원인이자 결과이기도 하다.

독점자본 단계에서 독점이윤의 법칙에 따라 일어나는 중소기업 문제는 독점자본 대 중소자본의 관계, 즉 '자본 대 자본'의 관계라는 형태의 모순이지만, 이것은 독점자

---

62) M. Dobb, *Studies in the Development of Capitalism*, Routlledge & Kegan Paul, 1st Pub. 1946, 2nd ed. 1963, p.341.
63) 위의 책, p.347.

본이 노동자를 간접적으로 착취하고 중소기업이 노동자를 착취하는 '자본 대 노동'의 관계를 전제로 이루어지는 것이다. 다시 말하면 독점자본대 중소자본이라는 구조적 모순(종속적 모순)인 중소기업 문제는 독점자본주의의 기본적 모순인 '자본 대 노동'이라는 모순을 기반으로 이루어진 것이다. 즉 독점자본을 정점으로 중소자본과 임금노동자로 이어지는 중층적, 계층적 수탈구조 속에서 중소기업 문제를 이해할 수 있다.

3. 민족자본·매판자본과 중소기업[64]

1) 민족자본론과 민족산업자본

중소기업 이론 연구에서 '민족자본론'은 일본에서는 이미 1950년대 초에 제기된 바 있다. 중소기업의 종속성에 대한 문제의식이 미국의 지배 아래 있던 당시 일본의 내외 정치정세의 분석 및 그 정치노선과 연결하여 민족자본 이론이 형성되었다. 이는 중소기업가층의 대다수가 일부의 비독점적, 비매판적 대자본가와 함께 식민지 종속국의 혁명으로서, 일본의 민족혁명에 노동자계급의 동맹군이 되어 민족부르주아를 이룬다는 것이었다. 이는 중소기업 문제를 민족자본문제로 제기하여 극히 실천적 성격을 갖도록 하였다.[65]

이러한 관점은 당시 마르크스경제학의 중소기업 이론에 큰 영향을 주었다. 그러나 민족자본론을 너무 공식적으로 적용함으로써 전후 일본자본주의 연구의 주된 흐름인 생산력 - 생산관계의 관점에 충실하지 못하였고, 따라서 중소기업 이론의 발전에 별로 도움을 주지 못하였다는 지적이 있었다. 즉 민족자본 개념에 몰두하여 현실 자본운동 법칙을 소홀히 하였고, 또한 중소기업가의 양면성(독점자본에 종속해 있으면서도 자기의 노동자 및 재하청에 대해 자본가로서의 성격을 지니는 점)을 경시하였다는 비판과 함께 중소기업 이론 연구의 전면에서 사라졌다.

우리나라에서는 1966년의 '중산층논쟁'에서 중소기업에 대한 민족자본론적 규정이 제기되었는데, 근대화라는 당위적 과제의 대상으로 중소기업을 본 실천적 정책이라는 의미를 지닌 것이었다. 역사적으로 볼 때 근대화의 추진력은 산업자본이지만, 외형적으로 산업자본이라고 해서 모든 산업자본이 근대화를 감당할 수 있는 것은 아니다. 오늘날 후진 자본주의에서 가장 강조하여 생각해야 할 조건이 있는데, 그것은 산업자본이 주체성을 가지고 독립하여 산업이윤을 추구할 때만이 산업자본 본래의 기능을 수행할 수 있다는 것이다.

---

64) '중산층 논쟁'에 관한 설명은 제18장 3절 4항 참조.
65) 楫西光速·岩尾裕純·小林義雄·伊東垈吉 編, 《講座中小企業 1》(歷史と本質), 有斐閣, 1969, p.217.

즉, 후진국에서 근대화를 추진할 수 있는 자본형태는 '민족산업자본'뿐이다. 만일 한 나라의 산업자본이 외국의 대산업 자본이나 금융자본에 종속되면 외국자본을 위해 상업자본의 기능을 수행하는 것이 되어버린다. 이 경우 종속적 산업자본은 자국의 부를 늘리는 역할보다, 타국의 부를 늘리기 위하여 자국에 외국자본의 시장을 개척하고 타국 상품의 가공을 청부받는 기능을 담당한다. 이러한 종속적 산업자본은 타국의 근대화를 위해 공헌할지는 몰라도 자국의 근대화를 해치게 될 것은 당연하다.

이러한 사실에 비추어 볼 때 한국 자본주의의 근대화를 추진할 수 있는 담당층은 한국의 민족산업자본이다. 한국의 중산층에서 산업자본의 형태에 해당하는 것은 수공업자와 중소광업자이다. 이 중 수공업자는 산업자본의 형성과정에서 스스로 분해되는 대상이기 때문에 한국 근대화를 추진할 수 있는 중산층은 외국자본에 종속되어 있지 않은 한국의 중소광공업자라는 것이다.[66]

여기서는 민족자본의 문제를 근대화라는 과제에 비추어 논의하는 과정에서 민족산업자본, 그리고 이에 대립되는 개념의 매판자본 또는 예속자본을 종속적 산업자본으로 구분하여 지적하였다. 그러면서 중소광공업자야말로 민족산업자본, 즉 민족자본이라고 보았다. 이때 예속적 산업자본(매판자본)은 자국의 부보다 타국의 부를 늘리기 위해 자국 안에 외국자본의 시장을 개척하고, 타국상품의 가공을 청부받는 기능을 담당하는 자본으로 보았다.

이 논쟁은 자본의 매판성을 좀더 구체적으로 규정하기도 하였다. 즉 소비재 가공업에 집중하여 선진국 대자본과 하청적 산업연관을 맺음으로써 그 경제적 이익의 대부분을 선진자본에 귀속시키는 것은 대기업이든 중소기업이든 매판성을 띤 것이다. 따라서 해외에서 들여오는 반제원료를 단순히 가공하여 국내시장에 판매하는 기업이라면 이 범주에서 벗어나지 못한다는 것이다. 다만 매판자본이라고 해서 반드시 죄악으로만 규정할 수는 없다. 자유경제체제에서는 근대화과정에서 그 초기에 선진자본에 예속하는 매판적 가공업은 불가피하기 때문이다. 이러한 체제의 경우 매판자본이 없다면 그것은 벌써 후진국의 범주를 벗어난 것이며, 다만 이에 대한 평가기준은 바로 그 매판성을 탈피하는 과정에 있느냐 아니면 더욱 예속화되는 과정에 있느냐[67]이다.

2) 부르주아 민족혁명의 계급적 기초 : 민족자본

민족자본과 매판자본(또는 예속자본)이라는 범주를 구분하여 논의하는 것은 식민

---

66) 愼鏞廈, 〈韓國近代化와 中産層의 改編〉, 《政經研究》 1996년 4월호, p.110.
67) 朴喜範, 〈中産層育成論에 관한 再論－林鍾哲敎授 所論에 부친다〉, 《靑脈》 1966년 6월호, p.148.

지 또는 반식민지 상태에 있는 후진자본주의에서 의미를 지닌다. 후진자본주의의 경우 外壓으로 사회발전이 왜곡되었더라도 식민지지배를 경험하지 않았던 근대자본주의 국가에서는, 국내시장의 내재적 발전 위에 서 있기 때문에 "자본은 민족적으로 국경을 넘지 않는다"는 명제에서와 같이 자본의 존재양식이 '민족적'이다. 그러나 식민지 내지 반식민지 상태에 있는 후진자본주의에서는 '부르주아 민족운동'의 계급적 기초를 규정하는 실천적 명제와 함께 민족자본의 범주가 성립한다. 이러한 민족자본의 범주는 두 가지로 나눌 수 있다.

첫째, 넓은 의미에서 민족자본은 지배받는 민족에게 그 소유가 귀속하는 자본을 말한다. 이를 좁은 의미의 개념과 구분하기 위하여 토착자본이라고 부르기도 한다. 그리고 이에 대립하는 개념은 자본의 소유가 지배하는 식민국가에게 있는 외래자본 내지 이식자본이다.

둘째, 좁은 의미의 민족자본은 실천적 과제를 고려한다. 즉 정치사적 관점에서 그 기능에 따라 反帝투쟁에 서 있는 자본은 민족자본이고, 제국주의 편에 서 있는 세력(자본)은 매판자본 또는 예속자본이다. 넓은 의미의 민족자본인 토착자본을 親帝와 反帝의 구분에 따라 다시 매판자본(또는 예속자본)과 민족자본으로 나누는 것이다.[68]

셋째, 부르주아 민족혁명이라는 실천적 과제를 중심으로 규정하는 민족자본의 개념은, 경제적으로는 다음과 같이 규정한다. 즉 민족자본은 객체적인 조건에서는 원자재와 시장에서 그 재생산의 기반이 국내적 분업관계를 더욱 깊이 갖는 것이며, 주체적 조건은 국민경제 내부에서 생성되어 민족경제의 사회적 생산기반으로 되어, 외국자본 및 예속자본에 대립되는 자본이라고 볼 수 있다는 것이다.[69]

이때 중소기업은 민족자본의 규정적 속성, 즉 기본적으로는 자기생산의 기반을 국내시장 및 국내 산업자재에 두면서, 부차적으로는 자국민이 소유하는 자본이므로 오늘날에도 민족자본 또는 민족자본가적 성향을 갖지 않을 수 없다고 본다.

3) 민족경제론과 민족자본가적 성향[70]

한편 좀더 적극적으로 민족경제론적 시각에서 중소기업이 '민족자본 또는 민족자본가적 성향'을 갖는 것으로 규정하였는데 그 내용은 다음과 같다.

중소기업 문제에서 '민족자본가적 경향'을 강조하는 것은 후진 저개발국에 중요

68) 梶村秀樹, 〈식민지에 있어서 민족자본과 예속자본〉, 藤瀨浩司 외 지음, 장시원 편역, 《식민지 반봉건사회론》, 한울총서 9, 한울, 1984, pp.371~372.

69) 趙容範, 《後進國經濟論》, 博英社, 1973, pp.290~291 참조.

70) 제18장 4절 2항 참조.

한 의미을 지닌다. 그것은 한 나라 국민경제에서 자립 자주를 위한 요구를 실현하는 경제적 기초가 민족자본이기 때문이다. 전후 경제협력이라는 이름 아래 신생국에서 다국적 기업으로 계속 그 명맥을 이어가고 있는 외국자본은 지난날의 식민지 시대에 못지않은 경제적 해악을 끼친다. 그들은 자기지배영역을 확대하여 후진 저개발 상태에 있는 여러 민족의 생활기반인 민족경제를 다시 축소 소멸시키고 있다. 그리고 그 과정에서 중소기업은 상당부분이 외국자본의 하청계열화와 같은 분업관계나 자본지배로 독자성을 잃어가고 있다. 그렇다고는 하나 이들 중소기업에서 민족자본가적 성향을 부정할 수만은 없다.

중소기업 문제에서 중소기업을 민족자본 그 자체로서가 아니라 민족자본가적 성향을 가진 자본으로 인식하는 것은 바로 이와 같은 경제적 상황을 고려한 것이다. 민족자본에 대하여, 우리는 일찍이 민족자본은 민족경제의 사회적 생산력의 담당주체이며, 민족경제를 자기 재생산의 기반으로 하여 국민경제의 일부를 구성하면서, 끈덕지게 민족경제를 잠식 축소하는 비민족적 외국자본 및 매판자본과 대립하는 자본이다. 또한 자기 재생산기반을 확충하기 위해 자주적 민족경제를 추구하고 이를 제약하는 정치 경제 사회 문화적 여러 요인에 대한 거부를 그 성격으로 하지 않을 수 없는 자본으로 규정하였다. 이것은 민족자본은 그 기본속성이 자기생산의 기반을 국내시장 및 국내산업자재에 두는 자본이며, 부차적 속성은 자국인이 소유하는 자본이라는 뜻이다.

이에 대해 민족자본가적 성향은 비록 이와 같은 규정적 속성은 아니지만, 외자 및 매판적 대기업과의 관계에서 경제적 잉여를 둘러싼 이해가 대립하면서 그를 기초로 민족자본가적 성향, 즉 반외자, 반매판의 성향을 갖는 자본을 뜻한다.

한 민족이 자주 자립하기 위해 민족자본은 빼놓을 수 없는 기초이다. 그리고 이것은 민족경제의 확립, 그 자체이다. 중소기업이 민족자본가적 성향을 지닐 때, 민족기업을 보호하고 육성하는 문제는 민족경제의 확립에 중요한 전제가 된다.[71]

4) 중소기업의 민족자본적 성향

산업구조 측면에서 중소기업 문제는 산업구조상의 모순이다. 산업구조는 자본이 그 속에서 움직이는 구조이고 사회적 분업관계가 형성하는 생산제력의 결합이라고 볼 때, 분업체계는 자본이 움직이는 길(통로)이다. 이때 외국자본 또는 예속자본은 대외분업 지향적 성격을 갖지만, 민족자본은 대내분업 지향적 성향을 갖는다. 즉 외국자

---

71) 朴玄琛, 《民族經濟論》, 朴玄琛評論選, 한길사, 1978, pp.148~149.

본과 예속자본은 대외분업관계를 형성하는 생산제력의 결합인 산업구조의 바탕이 되고, 민족자본은 대내분업관계에서 생산제력의 결합인 산업구조의 일부를 이룬다. 이때, 양자는 겉보기에 생산력적 보완관계이지만, 한쪽의 지속적이고 조직적 발전은 다른 한 쪽의 구조적 정체 속에서만 이루어질 수 있어 대립적 관계가 나타난다.

여기서 중소기업이 지니는 민족자본적 성향을 정리해보면 다음과 같다.

첫째, 중소기업은 자생적인 것으로서 민족자본의 성격을 갖는다. 중소기업의 자생성 및 자립성은 민족자본이 그 민족의 자본주의적 생산관계를 대변하고, 그 민족의 경제력으로 이루어진 자본이라는 특성을 갖기 때문에 인정받는다.

둘째, 중소기업은 국내에 더욱 깊은 분업관계를 갖고 있기 때문에 민족자본의 성격을 갖는다. 민족자본은 객체적 조건인 원자재와 시장에서 그 재생산기반이 국내적 분업관계에 더욱 가깝다. 그리고 주체적 조건에서는 국민경제의 내부에서 만들어지는 민족경제의 사회적 생산력기반이 되어 외국자본 및 예속자본에 대립하는 자본이 된다.

즉 후진경제에서는 외국자본 또는 매판적 성향을 갖는 대기업 또는 독점자본과, 민족자본 또는 민족자본적 성향을 갖는 중소기업 사이의 대립적 관계라는 중소기업 문제가 나온다.

제4절 중소기업 문제의 學說史적 이해

1. 小工業(沒落)論과 '手工業'[72]

1) 新歷史學派의 소공업(몰락)론

수공업 전통이 강한 독일에서 중소기업 문제의 특징을 나타내는 것으로는 두 가지가 있다. 하나는 신역사학파(또는 사회 정책학파)의 '소공업'에 관한 논의이며, 다른 하나는 '수공업'(수공업 경영)에 대한 논의이다.

신역사학파의 경제학은 경제발전단계설의 입장에서 수공업 단계가 대공업 단계로 이행한다는 관점에서 소공업을 논의하였다. 그들이 논의의 대상으로 삼았던 소공업은 수공업(handcraft)이었는데, 이는 오늘날의 '수공업경영'(Handwerk)과는 달리, 수작업을 주로 하던 독립된 소규모의 노동조직의 형태[73]를 의미하는 것이었다. 즉 경영형태로 보면 수공업적 소경영이었다.

---

72) 독일의 중소기업 문제는 제16장 4절 참조.
73) 末松玄六, 《海外の中小企業》, 中小企業叢書 Ⅲ, 有斐閣, 1960, p.256.

신역사학파 경제학자들은 산업자본 확립기에 이러한 소공업은 당연히 대공업과의 경쟁에서 소멸된다고 보아, 이른바 수공업 내지 소공업(소경영)몰락론을 전개하였다. 슈몰러(G. Schmoller)와 좀바르트(W. Sombart)로 대표되는 이들은, 19세기 중엽 뒤늦게 시작한 당시 후진국 독일의 산업혁명과정에서 근대적 대공장제도로 말미암아 급속히 몰락하는 이전의 수공업자, 가내공업 및 매뉴팩처 등 소경영의 문제를 제기하였다. 이들은 소경영(kleiner Betrieb)이 당연히 소멸되어 간다고 인식하였기 때문에, 경제문제로서보다는 소멸과정에서 불가피하게 따라나오는 사회문제나 노동문제로 취급하였다. 특히 뷰허(C. Bücher)는 수공업의 소멸(the decline of the handicrafts)의 내용을 다음과 같은 다섯 가지로 제시하였다.[74]

① 같은 종류의 공장제 생산(factory production)으로 수작업(hand‐work)의 구축

② 공장제 공업 또는 선대제 가내공업(commission)으로 수공업 생산분야의 축소

③ 수공업이 대기업에 흡수

④ 수요의 전환으로 수공업의 쇠퇴

⑤ 가내노동과 착취적 영세 수공업노동(home and sweat work)으로 수공업의 몰락

이러한 수공업 또는 소공업(소경영)몰락론은 산업혁명 과정에서 신흥 대공업이 수공업 또는 소공업을 몰아내는 현실을 반영하는 것이었다. 이것은 마르크스가 주창한 '대자본에 의한 소자본 구축론'과 함께 '소기업몰락론'의 근거가 되고 있다. 이 이론은 독점의 문제를 염두에 두고 만든 이론이 아니라, 대기업에 대한 소기업(중소기업이 아님)의 문제로 설정하였다는 특징을 지니고 있다.

그런데 소공업은 다른 자본주의 경제에서도 그렇지만, 독일에서도 산업혁명과정인 18세기에서 19세기에 걸쳐 일방적으로 도태되지 않았다는 것이 통계적으로 증명되었다. 예컨대 베른슈타인(E. Bernstein)은 1882년과 1895년의 독일의 통계를 비교하여 소기업이 몰락하기보다는 오히려 늘어났다는 점을 지적하였다.[75]

대공업의 소공업에 대한 일방적인 도태라는 설이 통계적으로 부정되면서 소공업론은 소멸론에서 그 '존속론'이 논의되기 시작하였다. 독일 사회 정책학회(Verein für Sozialpolitik, 1873년 설립)의 영향을 받아 세워진 일본 사회 정책학회(1902년 설립)는 독일 사회정책학회의 소공업 이론에 따르되, 새로운 소공업 문제로서 '소기업존속론'을 논의하면서 그 존속 가능분야와 조건을 열거하였다.

---

74) C. Bücher, *Industrial Evolution*, trans. by S. Morley Wickett, New York, Henry Holt. 1901, p.197.

75) 北澤新次郎·末岡俊二 著,《獨占と中小工業の理論》, 東京同文書院, 1971, p.157 참조.

2) 手工業經營과 工業經營

(1) 수공업 경영의 특징

수공업경영(또는 '수공업', Handwerk)은 독일 중소기업의 주축이었다. 독일의 중소기업 문제는 원래 대경영과 중소경영의 경쟁적 대립적 관계에서 일어난 것이 아니고, '전형적인 근대공업'의 의미로서 공업경영(또는 대공업, die Industrie)에 대한 '전통적 수공업의 근대화 형태'인 '수공업경영'의 관계에서 파악할 수 있는 특수한 형태를 지녔기 때문에 수공업경영은 독일 중소기업을 상징하는 것이었다.

이 수공업경영은 뷰허가 의미하는, 수작업을 주로 하여 경영하던 독립된 소규모의 노동조직의 형태인 '전통적 수공업'이 아니라, 독일 특유의 형태로서 대공업(공업경영)에 대한 상대적 개념으로 사용되고 있다.

첫째, 공업경영이 근대적인 기계를 가지고 대량생산적인 시장생산을 주로 하는데 반해, 수공업경영은 주로 주문적 생산에 응하는 독립적 개인기업이다.

둘째, 어느 정도의 기계화가 가능하지만, 최후에는 숙련노동과 기능 및 기술에 의존하지 않으면 안 되는 업종이다.

셋째, 따라서 일반적으로는 소규모이지만 대규모인 것(건축업 등)도 있어서, 수공업경영을 일률적으로 소규모경영이라고 볼 수는 없다.

넷째, 수공업경영과 공업경영을 구분하는 기준은 업무의 본질과 특성, 그리고 종업원의 특질이라고 할 수 있으며 규모의 크기에 따라 구분할 수는 없다.

다섯째, 공업경영이 자본에 기초를 두고 대량생산으로 기술적 발명을 광범하게 필요로 하는 분업적 생산방법에 따르는 유기체라는 특징을 갖는데 반해, 수공업경영은 경영자가 직접 생산공정에 창조적으로 협력하고 소비자의 수요를 개별적으로 충족시키는 생산을 한다는 특징을 가진다.

여섯째, 따라서 수공업경영은 경영자의 능력과 노동의 역할이 강하다는 점에서 대공업(공업경영)과 구분된다. 독일의 수공업경영은 90여 개 업종에서 법으로 지정하고 있었다.

이처럼 독일의 수공업경영은 산업혁명 과정에서 나타난 전근대적 형태로서의 개념이 아니라, 독일의 경제발전 과정에서 산업구조 속에 근대적 형태로 발전한 경영형태이며, 독일 중산층의 핵심이 되고 있다.

(2) 수공업경영의 분해와 재편성

제2차 세계대전 뒤 독일 수공업경영에 대한 연구결과는 그 존립영역을 네 가지로 구분하였다.

① 생산직분(die Productionsaufgabe)

② 수리직분(die Reparatunfunction)

③ 서비스업(die Dienstleistung)

④ 상업적 기능(die einzelhandlerische Function)

네 가지 존립영역의 수공업은 그 존립성과 장래성에 따라 다시 세 가지로 나뉜다.

① 대기업과 경쟁으로 몰락하는 부문(몰락형)

② 무조건 존립하고 발전하는 부문(적정규모형)

③ 개발, 발명, 개선 및 문화의 발전에 따라 발전하는 부문(발전형)[76]

이러한 독일의 수공업은 1950년대 후반에서 1960년대에 걸쳐 그 계층분화와 자본주의적 재편성이 이루어졌다. 산업구조의 변화 발전방향에 따라 수공경영의 구조변화가 진행되었고 독일 중소기업 문제도 변질되었다. 그 가운데 독일 수공업경영의 변화 내용을 보면 다음과 같다.

① 수축형 : 경영 수와 종업원 수에서 감소경향을 나타낸 것으로, 경영 수로 보아 수
　공업경영의 과반수가 이 유형에 속한다.

② 集中型 : 종업원 수는 늘어나지만 경영 수는 감소한 것으로, 전 수공업경영의 약
　15퍼센트가 이 유형에 속한다.

③ 擴大型 : 경영 수와 종업원 수가 다 같이 늘어나는 유형.

이처럼 독일 수공업경영부문에는 서로 다른 발전과정에서 생산의 집적·집중과 계층분화가 급속히 이루어졌다. 그런데 급격한 구조변화는 주로 소영세경영에서 이루어 졌으며 이 부문에서 폐업률이 높게 나타났다. 그 결과 수공업의 존립기반은 자본주의 발전과 재편성 과정에서 크게 무너졌다.

동시에 수공업경영을 지탱하던, 수공업장인을 정점으로 하는 직업적 신분제도(匠人 - 職人 - 徒弟)도 무너졌다. 그 결과 수공업적 전문교육을 받은 종업원의 구성비가 크게 낮아졌다. 즉 대규모 수공업경영에서 종업원 구성은 그것과 비교 가능한 공업경영과 큰 차이가 없게 되었다.[77]

---

76) 末松玄六, 앞의 책, pp.258~261.

77) 吉田敬一, 〈西ドイツの中小工業問題(Ⅱ)〉, 竹林庄太郎 編, 《現代中小企業論》, ミネルヴァ書房,
　1977, pp.288~290.

2. 在來産業·小工業·中小工業 문제[78]

1) 在來産業 문제(자본의 본원적 축적기)

우리는 일본의 예에서 중소기업 문제의 사적 전개과정을 살펴볼 수 있다. 일본에서 중소기업 정책이 산업 정책상의 중요문제의 하나로 본격적으로 대두하고, 이에 대한 정부의 시책이 체계적으로 강구된 것은 대기업의 산업지배체가 형성된 제1차 세계대전이 끝난 이후, 특히 1926(昭和 2년)의 독점공황 이후이다. 중소(상)공업이라는 용어가 일반적으로 보급된 것도 이 무렵이며, 상공행정기구로서 농상무성이 분리되어 商工省을 만든 것은 1924년(大正 14년)이다.[79]

그러나 1920년대 초반에 이미 중소기업 정책은 본격화되었고 그 이전에 중소공업 문제의 맹아가 있었다. 1910년경부터 정부당국이 중소공업이라는 용어를 처음으로 사용하였고 그 대책도 고려하였는데, 그 문제의 역사적 원류는 1880년대 후반의 재래산업문제 및 소공업 문제까지 거슬러 올라간다.

일본은 1868년부터 선진자본주의 국가의 근대적 대공업을 적극적으로 인식하고 정부의 보호·조성 아래 단기간에 생성 발전시켰다. 이러한 근대적 대공업과 대조적으로 江戶시대의 봉건기에 국내에 생성 존립했던 일본 고유의 재래공업을 중심으로 한 소공업은 정체되고 있었고 이것을 明治기간에 정부당국과 관계자들이 인식하였다.

明治 말기에는 근대적 대공업이 전반적으로 성립한 것과 함께 농상무성이 중소공업의 진흥대책을 검토하기에 이르렀고 1912년에는 약간의 시책도 시행하였다.

明治정부의 식산흥업 정책에 따라 근대적 산업 내지 기계제 공업이 확립하는 과정에서 江戶시대 이래의 재래공업 내지 재래산업은 심한 압박을 받았다. 또한 재래공업은 이전의 봉건적 보호 통제가 사라지면서 격렬한 자유경쟁으로 도산하는 어려움이 생겨났다. 그런데 이식공업과 재래공업은 기본적으로 역사적 성격을 달리했기 때문에 양자가 같은 산업에서 대항관계에 있을 경우에는 재래공업이 압도당하였다. 더구나 이식공업이 재래공업을 압도하는 과정에서도 재래공업의 분해과정은 간단하지 않아서 업종마다 다른 대항관계와 분해과정을 겪었다.

식산흥업 정책은 근대산업의 이식과 함께 재래산업도 보호 육성한다는 것이었지만, 본래 그것은 자본주의적 생산을 확립하는 것이었다. 따라서 수공업기술을 기반으로 하는 재래공업을 기계제 공업이 압도하는 것은 당연하였다. 이에 1880년대 후반부터 이 대립대항관계를 인식하면서 재래공업 보호진흥의 문제가 제기되었으며 이것이

---

78) 제11장 2절 1항 및 제16장 5절 1항 1)에서도 논의하고 있음.
79) 日本通商産業省 編, 《中小企業》, 商工政策史 第12卷, 第1編(序說).

재래산업문제이다.

이러한 재래공업문제 또는 재래산업문제는 뒷날 일본 중소공업 문제 또는 중소기업 문제의 원류가 되지만, 후자는 전자와 본질적으로 문제의식을 달리하고 있다. 재래공업문제는 재래공업이 궁핍하여 분해되는 것을 보고, 그 진흥조장을 할 필요에서 나온 문제이며 극히 정책적인 문제였다. 물론 그것이 재래공업과 식산흥업 정책에서 나온 이식공업과의 모순의 산물이라고도 할 수 있지만, 그런 점을 명확하게 의식한 것은 아니었다. 다만 그런대로 재래공업문제를 의식한 것이 '재래산업관'이었다.[80]

2) 小工業 문제(산업자본주의 단계)

1898년 전후 일본 산업자본의 확립기에 이러한 재래산업론은 소공업론으로 말미암아 새롭게 전개되었다. 소공업론은 일본자본주의가 경공업을 중심으로 대기업시대로 들어서면서 소규모생산이 정체와 고정화를 지속했던 정세에 대응하는 문제의식이다.

그러나 소공업론은, 위로부터의 공업화라는 특수한 산업혁명으로 재래산업의 자생적 발전을 규제하고 제약한다는 일본 소공업 문제의 특질에 따른 현실관계를 기초로 한 것이라기보다는, 직접적으로는 오히려 독일 신역사학파(사회 정책학파)의 소공업론을 이론적 배경으로 성립한 것이라고 볼 수 있다.[81] 이처럼 당시 소공업론은 '輸入小工業論'이었으며 수입된 문제의식에 따른 것이었다.

독일 사회 정책학파의 소공업론은 소공업 소멸론을 기본으로 하는 것이었지만 그것이 실증적으로 검증되지 않았고, 통계는 오히려 소공업의 끈질긴 존속을 반영하였다. 이러한 소공업 존속론은 일본 사회 정책학회(1902년 창립)를 중심으로 독일의 소공업론에 근거하여 논의되었다. 소공업의 존속 가능한 분야와 가능하게 하는 조건 등을 열거하였는데 그 내용은 다음과 같다.

① 존속가능한 분야 - 기술적 요인
  ㉠ 재화의 성질이 개인적인 기호와 요구에 크게 지배받는 생산부문, 특히 공예적 요소를 포함하는 생산부문
  ㉡ 가공이 다양한 작업을 필요로 하는 부문
  ㉢ 원료의 성질이 획일적이지 않은 생산부문

---

80) 체계적으로 이것이 전개된 것은 農商務省의 《興業意見》(1884년)에 이어 前田正名의 〈所見〉 (1892)에서였다.

81) 尾城太郎丸, 〈日本中小企業論史〉, 楫西光速·岩尾裕純·小林義雄·伊東大吉 編, 《講座中小企業 1》 (歷史と本質), 有斐閣, 1968, p.77. , p.198.

㉣ 집중적으로 노동이 작용하는 부문

② 존속 가능한 조건 - 경제적 요인

㉠ 시장이 지방적이기 때문에 생산이 제한받는 것

㉡ 수요가 적으면서도 시장의 변동이 커서 대량생산이 적합하지 않은 부문

㉢ 수요가 계절적으로 변동이 심한 부문, 즉 계절적 공업 등

그러면서 이들은 독일 신용조합제도를 모방하여 산업조합으로 소공업을 보호장려 하려 하였다. 이처럼 일본 사회 정책학회는 소공업 문제에 대해, 이식공업이 고유 공업에 크게 영향을 주지 않으며, 소공업 몰락은 오히려 장래의 문제라고 보았다.[82]

그 뒤 일본 소공업의 현실인식에 따라 실태를 조사하여 일본 하층사회를 종합적으로 부각시키면서, 특히 노동문제와 사회문제로 하층사회의 실태를 문제삼았는데, 이것도 독일 사회 정책학파의 문제제기에 영향받은 것으로 보인다. 그러나 저임금 노동과 함께 생계보조적 국내노동 등 소기업존립의 중요한 조건을 제시하는 등 당시 소규모 생산의 정체와 고정성을 반영하는 체계적 소공업론을 전개한 것으로 평가받고 있다.[83]

이것은 적극적으로 소기업에 대한 정책을 제시하지는 못하였으며, 중소기업 문제를 구조적으로 파악하는 현대의 중소기업론과는 다르지만, 문제의식과 전개는 충분한 의의가 있다. 다만 일본 중소기업 정책이, 전개과정에서 소공업 정책을 특별히 논의하지 않았던 것은 일본자본주의가 급속히 독점자본주의로 이행하면서 중소공업 문제를 형성하였기 때문인 것으로 보인다.

3) 中小工業 문제(독점자본주의 단계)

청일전쟁(1904~1905)에서 제1차 세계대전에 이르는 기간에, 이전의 소공장도 자기저축으로 기계화 자동화를 이루어 영세한 공장제공업으로 바뀌면서, 中工業의 경영 실체가 형성되었다. 한편 이미 이식된 근대공업은 경공업에서 重工業에 이르는 국내의 주요 공업부문에 전면적으로 자리잡았고, 도시 대은행의 신용을 바탕으로 자본을 집중하고 기업 사이의 카르텔 조직으로까지 전개되었다.

일본자본주의는 급속히 독점단계로 이행하기 시작한 것이다. 이 과정에서 발전에 뒤떨어진 중소공업은 구조적으로 경영난, 즉 중소공업 사이의 심한 과당경쟁과 지속

---

82) 山田文雄, 《工業經濟學》, 協同出版, 1967, pp.66~67.(北澤新次郎·末岡俊二 著, 앞의 책, pp.157~158)

83) 楫西光速, 《現代日本資本主義 大系 Ⅱ-中小企業》(總說), 弘文堂, 1962, p.16.

적인 자금난에 부딪혔다. 중소공업은, 明治 말기부터 大正 초년(1912)에 이르는 불황기에 중소공업으로서의 실체를 이루면서도, 전반적으로 금융난이 심해져 소공업 이하의 경영으로 고정화되는 경향이 나타나자 이것을 산업상의 문제로 인식하였다. 이러한 중소공업 문제는 제1차 세계대전에 따른 호황으로 한때 중단되었으나, 구조적으로는 가내수공업에서 공장제 공업에 이르는 여러 경영층에 전반적으로 확산되었다.[84]

　이것이 1912년부터 제1차 세계대전 기간(1914~1918)에 나온 일본의 중소공업 문제이다. 본래 중소기업 문제는 독점자본의 확립으로 나오는 문제이고, 이것은 독점자본이 중소기업을 지배 수탈하는 것을 기본 내용으로 하는 것이어서 이 시기의 중소공업 문제는 그 맹아적 형태에 불과하다고 하겠다. 따라서 여기서의 문제의식도 대공업 대 중소공업이라고 하는 양적 수준에 그치고 있으며, 중소기업의 경영난도 독점자본에 의한 지배 수탈, 즉 독점자본의 발전 기반으로서 중소공업이 정체한다는 문제의식에는 이르지 못하고 있다. 이처럼 이 시기의 중소공업 문제는 대공업과의 관계에서 나왔으며, 양적 문제에 그치고 있었으므로 오히려 질적으로는 소공업 문제와 크게 다르지 않다고 보아야 할 것이다.

　독점자본 형성기의 이러한 '중소공업 문제'는 1차 대전 뒤 일본 독점자본주의가 형성되면서 본격적인 '중소기업 문제'가 되었다. 직·간접으로 독점자본의 중소기업 지배체제가 확정되면서 구조적 모순으로서 중소기업 문제가 독립적 영역으로 자리잡게 되는데, 이것은 1920년대 중반 이후의 일이다. 하청 제도가 정착하기 시작한 것도 이 시기(1930년대 초)의 일이었다.

---

84) 由井常彦,《中小企業政策の史的研究》, 東洋經濟新報社, 1964, pp.53~54.

제2부 중소기업 이론의 전개 (I)

제4장 자본주의 전개와 중소기업 이론

제1절 중소기업 문제와 중소기업 이론의 형성

중소기업 이론은 중소기업 문제를 해명하기 위한 논리구조이다. 중소기업 문제를 의식하고 그것을 해명, 연구한 결과가 중소기업 이론이다. 따라서 중소기업 문제인식의 차이나 문제 자체의 질적 변화는 당연히 중소기업 이론의 변화로 이어진다. 즉 중소기업 문제에 상응해서 중소기업 이론이 형성된다.

중소기업 문제는 자본주의의 역사적 발전단계와 유형 속에서 중소기업의 위치와 역할을 제시함으로써 그 성격이 규정된다.[1]

중소기업은 자본축적의 바탕이 되고 경제자원을 효율적으로 배분하여 경제의 발전과 성장에 기여하는 등 중요한 역할을 한다. 그러나 자본주의 전개과정은 이러한 중소기업의 기능을 제대로 보장하지 않고, 오히려 억제하여 중소기업의 발전을 가로막기도 한다. 이러한 중소기업의 긍정적 역할과 이를 가로막는 부정적 원인 등 두 가지 측면을 다 같이 해명하고 연구한 결과를 이론적으로 체계화함으로써 중소기업 이론을 형성한다.

한편 중소기업 문제의 '문제'는 다름 아닌 '矛盾'이다. 이는 자본주의 발전과정에서 나오는 산업구조의 모순이며, 자본의 운동법칙이 가져오는 모순으로 보기도 한다. 자본주의가 발전하면서 산업구조가 고도화하는데 그 과정에서 생기는 모순의 하나가 중소기업 문제이며, 따라서 중소기업 문제는 '역사적' 성격을 지닌다는 것이다.[2] 이 때 중소기업 문제는 산업구조의 변화에 따라 그 성격이 변화할 수 있다. 이것을 해명하는 중소기업 이론도 변화하게 된다.

중소기업 이론은 초기에 과도적 마찰적 모순을 해명하는 데서 비롯하였다. 18세기 후반에서 19세기 후반까지 영국의 산업화과정에서 대기업이 소기업을 도태 구축하는 현상을 해명한 '소기업 소멸론'이 그것이다. 19세기 후반에서 20세기 초에 걸쳐 경제발전과 함께 수공업·가내공업은 물론 자본제적 소기업까지도 대기업이 도태 구축하였지만, 새로 발생하는 소기업을 포함하여 현실적으로 소기업이 계속해서 남아 있는 소기업잔존의 이유를 설명하고자 한 것이 '소기업 잔존론'이다. 그러나 이것은

---

 1) 朴玄埰, 〈中小企業問題의 認識〉, 《創作과 批評》, 창작과비평사, 1976. 여름, pp.386~387.
 2) 伊東垈吉, 〈中小工業問題の本質〉, 藤田敬三·伊東垈吉 編, 《中小工業の本質》, 有斐閣, 1960, p.29.

경제이론과 현실의 괴리를 설명하기 위한 것이었기 때문에 경제이론상의 문제로 논의하였다.

경제이론의 문제를 떠나 국민경제적 모순의 문제로 중소기업 문제를 인식한 것은 1930년대 이후의 일이었다. 1930년대 미국과 영국, 그 뒤 일본, 독일 그리고 후진경제 등에서는 중소기업 문제를 국민경제적 모순의 문제로 파악하면서 이를 해결하기 위한 정책과 깊은 관련을 갖게 되었고 이에 상응한 중소기업 이론이 형성되었다.

과도적 마찰적 모순이건 또는 국민경제적 모순이건 중소기업 문제를 경제구조의 한 모순으로 파악하고 그것을 해명하는 것이 중소기업 이론이라면, 거기에는 '일반성과 특수성'의 시각이 영향을 주게 된다.[3] 경제학을 포함한 사회과학에서의 이론적 요구는 그 사회가 안고 있는 모순관계의 해명에서 비롯한다. 사회적 모순관계를 보편적인 발원법칙에 따라 해명하려는 시각이 있는가 하면, 그것의 구체성에 집착하여 분석하려는 시각도 있다. 전자는 일반성의 시각이며, 후자는 특수성의 시각이다. 역사인식에서는 이를 일반성과 특수성의 문제라고 한다.

중소기업 문제는 자본주의 발전과정에서 나오는 일반적인 문제이면서, 동시에 한 나라 자본주의의 구조적 모순의 결과이기도 하다. 먼저 중소기업 이론은 자본주의 경제의 질적 변화에 따라 다른 내용으로 전개되었음을 알 수 있다. 산업자본주의에서 독점자본주의로, 다시 국가독점자본주의로 이행하면서 구조적 모순은 변화하고 중소기업 문제의 성격도 달라지면서 그에 상응한 중소기업 이론이 나오게 되었다.

한편 중소기업 문제는 한 나라 자본주의의 특수한 국민경제적 모순을 반영하는 것이기도 하다. 따라서 그것을 연구하는 중소기업 이론도 각 국민경제의 구조, 또는 선진경제와 후진경제의 구조적 특성의 차이에 따라 다른 내용을 지니게 된다.

결국 중소기업 이론은 다양한 유형을 지니는데 그 이유는 다음과 같다.

첫째, 자본주의 경제에 대한 다양한 시각이 중소기업 이론을 형성하는 데 반영되기 때문이다. 중소기업 이론은 대기업에 대한 중소기업, 또는 독점적 대기업에 대한 비독점적 중소기업으로서 여러 문제를 더 적극적으로 다룬다. 그에 따라 중소기업 문제를 이해하기 위해서는, 경제적 여러 현상으로부터 떼어서 논의하는 '분리이해'는 충분하지 못하고 '종합적 이해'가 필요하다.[4] 중소기업 문제를 종합적으로 이해하기 위해서는 자본주의 경제관을 가질 필요가 있다. 근대경제학과 마르크스경제학의 차이는 물론이고, 근대경제학도 그 이론에 따라 서로 다른 중소기업 이론을 제시하고, 또 마

---

3) 일본 자본주의 논쟁에서는 勞農派가 一般性의 시각을, 講座派가 特殊性의 견해를 보인 바 있다.(末岡俊二, 《中小企業の理論的分析》, 文眞堂, 1974. pp.22~31)

4) 山中篤太郎, 《中小企業の本質と展開》, 有斐閣, 1958.

르크스경제학에서도 이것은 마찬가지이다.

둘째, 중소기업 이론이 연구대상으로 삼는 중소기업 자체가 역사적으로 변하며, 선 후진경제 또는 국민경제의 구조적 특성의 차이에 따라 다른 모습을 보이기 때문이다. 중소기업은 자본주의 발전과정에서 변화하고, 낡은 중소기업이 완전히 사라지지 않는 가운데 새로운 중소기업이 탄생하면서 이들의 특성이 누적된다. 이에 따라 중소기업에 대한 새로운 이론을 개발하지만 낡은 이론도 부분적으로 이어받지 않을 수 없게 된다. 결국 경제발전과 함께 중소기업 이론도 다양화한다.

셋째, 현실의 중소기업은 異質多元的이다. 중소기업은 규모·업종·지역에 따라 여러 가지 특성을 지니는데, 이처럼 다양한 중소기업을 포괄적으로 다룰 수 있는 보편적 법칙을 제시하기는 매우 어렵다. 따라서 일부를 대상으로 연구 분석하고 그 결과를 일반화하려는 경향이 강하다. 이 때 어느 부문을 대상으로 하느냐에 따라 중소기업 이론의 방향과 내용이 다르게 나타날 수 있다.

이와 같은 이유로 중소기업 이론은 여러 가지 유형이 있지만 자본주의 전개 또는 경제발전과 관련하여 중소기업존속의 논리를 밝히려는 연구가 그 주된 흐름이라고 볼 수 있다.[5]

제2절 자본주의 전개와 중소기업 이론의 유형

경제학의 흐름이 그러하듯이 중소기업에 대한 학문적 시각과 이론체계도 크게는 두 갈래로 나누어진다. 근대경제학적 시각의 중소기업 이론과 마르크스경제학적 시각의 중소기업 이론이 그것이다.

마셜(A. Mashall)의 소기업(small business)의 잔존 원인에 대한 규명과 그의 경제학 이론에서 비롯된 근대경제학적 중소기업 이론은 자본주의 경제의 발전과 변화에 수반하여 다양하게 전개되었다. 근대경제학 입장에서 소기업의 잔존을 설명하는 견해는 다음과 같이 분류한 바 있다.

① 마셜의 生物學的 설명

② 스라파(P. Sraffa), 해로드(R. F. Harrod), 로빈슨(J. Robinson), 챔벌린(E. H. Chamberlin)등의 불완전 경쟁적 설명

③ 로빈슨(E. A. G. Robinson)과 존스(J. H. Jones)의 불완전 경쟁적 설명

---

5) 清成忠南, 《日本中小企業の構造變動》, 新評論, 1972, pp.13~15 참조.

④ 플로렌스(P. S. Florence), 슈타인들(J. Steindl) 등의 소기업비합리성이론 등[6]이
   그것이다.

이 밖에도 많은 이론이 있지만 공통점은 대규모 경제의 법칙에도 왜 중소기업이
잔존하는지에 논의가 집중되고 있다는 점이다. 대규모 경제의 한계와 그것이 실현되
는 조건의 불비, 나아가 중소기업잔존의 독자적 유리성을 강조하면서 경영규모론적으
로 중소기업을 다루고 있는 것이 주된 흐름이었다. 대체로 소기업 문제를 경제이론상
의 문제로 다루고 있지만, 뒤에 정책을 필요로 하는 국민경제적 모순의 문제로 파악
하고 전개한 일부 이론체계도 이 범주에 들어간다.

마르크스경제학에서는 초기에 소자본이 대자본에게 구축 소멸한다는 자본주의적
축적의 일반적 법칙에 따라 중소기업 문제를 이해한다. 그러나 독점자본 단계에서는
중소기업을 독점에 의하여 지배받고 수탈당하는 대상으로 규정하면서, 중소기업의 존
속이유를 독점자본의 논리에서 구하고 있다. 독점의 지배가 이루어지는 독점자본 단
계에서 중소기업이 직·간접으로 독점의 이익에 기여하는 경우에 그 존속이 허용되는
것으로 본다. 즉 독점자본 단계의 문제로 중소기업에 대한 학문적 시각을 집중하고
있다. 이러한 시각은 일찍이 베른슈타인(E. Bernstein)과 카우츠키(K. Kautsky) 사이
의 논쟁[7]에 이어 돕(M. Dobb)에 이르고 있다.

다양한 중소기업 이론 가운데 주요한 것을 자본주의 전개와 그 특성에 따라 정리
하면 다음과 같다.[8]

---

6) E. A. G. Robinson, "The Problem of Management and the Size of Firms", *The Economic
   Journal*, June, 1934, pp.244~248. 로빈슨의 분류에는 스타인들이 포함되어 있지 않았다. ②③④
   의 이론은 마셜 이론 속에 포함되었던 문제들이 뒤에 발전, 비판되어 성립된 이론들이다.
7) 베른슈타인은, 자본집중으로 소자본가가 구축 소멸한다는 마르크스의 지적이 경제사의 흐름 속
   에서 증명되지 않는다는 점을 통계적 분석으로 주장하면서, 소경영(klein Betrieb)의 존속조건을
   제시한 바 있다. 이에 대하여 카우츠키는 반론을 제시하였다. 즉, 자본의 집중에 따라 일어난 '새로
   운 소경영'은 자본집중에 따라 멸망한 '낡은 소경영'과 구분해야 한다는 것이다. 후자는 경영자 자
   신이 생산수단을 소유한 독립적 생산자이며, 자본가와 동일한 계급의 일원으로서 대자본가와 경
   쟁관계, 즉 대항관계를 맺고 있다. 이에 반해 전자는, 중요한 생산수단을 자본가로부터 先貸받고
   있으며, 이러한 소경영은 자본에 봉사할 의무를 지니고 있다. 이들 새로운 소경영은 자본가의 착
   취의 대상이며, 대기업 노동력의 예비군으로서 과잉노동자를 저장하면서 노동력을 공급하는 새로
   운 기능을 한다. 이러한 소경영은 대자본에 구축되는 낡은 소경영과 구분해야 한다고 보았다. 즉,
   새로운 소경영은 '노동자적 소경영'임에 반해, 낡은 소경영은 '자본으로서의 소경영'이라고 보았다.
8) 清成忠南, 앞의 책, pp.15~25 참조.

1. 중소기업 소멸론

대표적인 것으로는 초기의 마르크스경제학과 신역사학파의 견해 등 두 가지를 들 수 있으며, 마셜의 《經濟學原理》 초판의 견해도 이 범주에 든다고 볼 수 있다. 이 이론은 주로 산업자본주의 단계에서 형성된 것들이다. 독점의 문제를 염두에 두고 형성된 이론이 아니며, 대기업에 대한 소기업(중소기업이 아님) 문제를 설명하는 이론이기 때문에 '소기업 소멸론'이라고도 할 수 있다.

첫째, 마르크스경제학에서는 자본주의적 축적의 일반적 법칙에 따라 자본축적과 생산규모가 늘어나고 자본이 집적·집중되면서 대자본이 소자본을 압도한다고 주장한다. 대규모 생산과 함께 자본이 분열·분산하는 경향도 있지만, 이것은 대자본이 소자본을 구축하는 데 따른 자본의 집적과 집중의 부수적 현상으로 파악하고 있다.

둘째, 신역사학파 경제학은 경제발전단계설의 입장에서 수공업의 단계가 대공업의 단계로 이행한다는 점을 주장하여 수공업 내지 소공업몰락론을 전개한다. 여기서는 수공업의 운명을 다섯 가지로 들고 있는데[9] ① 같은 종류의 공장제 생산으로 수공업을 구축, ② 공장제 공업 또는 선대제 가내공업으로 수공업 생산분야를 잠식 축소, ③ 수공업을 대기업으로 흡수, ④ 수요의 전환으로 수공업 쇠퇴, ⑤ 가내노동 및 노동착취제도(sweating system)[10] 아래 노동으로 몰락 등이다.

셋째, 마셜은 대규모 경제가 유리하기 때문에 소기업은 필연적으로 소멸한다고 그의 《經濟學原理》의 초판(1890)에서 주장하였다. 그러나 그 뒤 소기업이 지속적으로 잔존하는 현실에 착안하여, '이론과 현실의 괴리'를 설명하면서, 소기업 잔존론을 전개하였고 이것이 중소기업 이론의 단서를 제공하였다.

'소공업소멸론'은 산업혁명 뒤 신흥 대공업이 수공업 또는 소공업을 구축한다는 현실을 배경으로 나온 것이다. 그런데 오늘날에도 규모의 이익이 작용하여 대자본(대기업)이 중소자본(중소기업)을 구축하는 경향을 반영하는 이론이 있다. 현대경제를 대기업체제(big business system)로 규정하면서[11] 대기업체제가 오늘날 현대국가의

---

9) K. Bücher, *Die Entstehung der Volkswirtschaft*, Tübingen, 1893, 1st ed. 1922, *Industrial Evolution*, Trans. by S. Morley & Wicket, New York, Henry Holt, 1901, Chap. V, p.185.

10) 저임금 장시간 노동 및 비위생적 환경의 노동 등 육체적 정신적으로 과도한 고통을 수반하는 열악한 노동조건에서의 노동착취제도를 통칭하는 개념이다. 역사적으로는 자본주의 초기에 자본축적 과정에서 산업자본이 노동자의 膏血을 짜냈던 노동조건을 가리킨 것이며, 흔히 소규모의 전통적 수공업과 가내공업의 존재 형태 속에서 일어나는 현상이었다. 오늘날에도 下請零細企業이나 가내공업에 남아 있다.

11) J. K. Galbraith, *The New Industrial State*, Boston, 1967.[都留重人 監譯, 石川通達·鈴木哲太郎·宮崎勇 譯, 《新しい産業國家》(第2版), 河出書房新社, 1972, pp.35~36]

주요한 특정이라고 보는 견해는 여기에 속한다고 볼 수 있다.

2. 중소기업 잔존론

현실적으로 중소기업이 소멸하지 않고 오히려 늘어나자, '중소기업 소멸론'을 수정할 필요가 있어서 등장한 것이 '중소기업 잔존론'이다. 중소기업은 원래 소멸되는 것이 원칙인데 왜 잔존하는지를 설명하는 것이 이 이론의 핵심이다. 자본주의 전개과정에서 보면 독점자본 단계가 되면서 더 적극적으로 형성된 이론이며, 여기에는 다음과 같은 견해가 포함된다.

첫째, 마셜의 견해를 들 수 있다. 대규모 경제의 법칙에 따라 소기업의 소멸은 당연한 것임에도 현실적으로는 수많은 소기업이 잔존하고 있다는 점을 인식하여 전개한 이론인데, 그의 《經濟學原理》第2版 이후에 포함되어 있다. 그는 소기업의 잔존이유로서 ① 생물학적 소기업의 성장, ② 대규모 경제 이익의 한계, ③ 대규모 경제의 실현 조건의 불비, ④ 소기업의 독자적 유리성을 들고 있다. 마셜의 소기업 잔존론은 이론상의 발전과정을 거쳐 E. A. G. 로빈슨이 적정규모론으로 전개하였다.

둘째, 플로렌스의 견해이다. 그는 소기업이 잔존하는 것은 이론적으로 보아 비합리적인 것이며 산업체제의 비효율성을 가져오는 것이라고 보았다. 그럼에도 그는 소기업이 잔존하는 조건으로서, ① 원재료 및 시장이 분산하여 수송비가 높다는 점, ② 소기업이 수요에 대하여 적응력이 크다는 점, ③ 외부경제의 이용으로 소기업의 설립이 쉽게 된 점, ④ 대기업이 소기업을 압도하는 데 상당한 시간이 필요하다는 점, ⑤ 대기업이 소기업의 존립을 부분적으로 허용한다는 점, ⑥ 기업심과 기대를 바탕으로 한 소기업의 신규진입 등을 들고 있다.[12]

셋째, 슈타인들의 견해를 들 수 있다. 마셜과 플로렌스는 독과점의 문제를 의식하지 않고 견해를 전개한 반면, 슈타인들과 아래에 설명하는 견해는 독과점과 관련하여 중소기업의 잔존을 설명하고 있다. 슈타인들은 플로렌스의 소기업존속 비합리성의 입장을 이어 받으면서, 마셜의 '소기업 성장 연속론'을 비판하고 '소기업 성장 단층론'을 주장한 바 있다. 그럼에도 어느 산업의 과점적 상태가 그 산업에서 일정한 수의 소기업의 존속을 보존하는 경향이 있다는 점을 슈타인들은 지적하였다. 즉 가격선도자(price leader)인 대기업이 시장구성이 극히 낮은 소기업을 배제하는 것이 결코 큰 이익이 되지 않는다는 것이다. 그러면서 그는 소기업의 잔존조건으로서 ① 대기업의 성

---

12) P. S. Florence, *The Logic of British and American Industry*, London, 1958, Chap. 2.

장속도가 느리다는 점, ② 생산물시장과 노동시장의 불완전성, ③ 소기업가의 도발적 태도 등을 들고 있다.[13]

넷째, 실로스 - 라비니의 견해이다. 시장에서 대기업의 비중이 큰 경우, 중소기업을 배제하기 위해 투쟁비용이 필요하고, 또한 대기업은 중소기업의 가변비용 이하로 제품가격을 결정해야 하는 공격적 가격 정책(aggressive price policy)이 필요하다. 이는 결코 대기업에 이익을 주지 않기 때문에 소규모의 시장구성을 차지하는 중소기업이 잔존할 수 있다는 것이다.[14]

이처럼 과점적 핵을 형성하는 소수의 지배적 기업은 가격선도자로서 자기 기업의 평균비용보다 높게, 비효율적인 주변기업과 거의 같은 수준의 평균비용을 정하는 경우가 적지 않다. 이때 지배적 기업은 비효율적인 주변기업을 보존하여 초과이윤을 얻을 수 있다. 또한 소규모기업에 이윤을 허용하지 않는 범위에서 가격을 조정함으로써 비효율적인 소기업의 규모확대를 막을 수 있다. 이것이 과점적 대기업과 비효율적 소기업이 병존하는 근거가 된다는 것이다.[15]

다섯째, 마르크스경제학에서 보이는 견해이다. 독점자본 단계에서 중소기업은 독점자본이 수탈하기 때문에 자본축적과 그 성장 발전을 하지 못하는 가운데, 독점자본의 수탈대상으로서 온존한다는 것이다. 즉 중소기업은 독점으로 '구축·도태'되지만, 동시에 자본축적의 기반으로서 '잔존·이용'되는 두 가지 경향으로 존속한다는 것이다. 그 결과 중소기업이 분해되지 않고, 자본의 유기적 구성의 고도화로 형성된 상대적 과잉인구를 중소기업이 흡수하면서 저임금 기반이 지속된다. 이를 바탕으로 창출된 잉여가치를 독점자본이 간접적으로 수취하는 가운데 중소기업이 존속한다고 본다.

3. 중소기업 적극존립론

대기업이 거대화하고 산업구조 고도화와 독과점 구조가 뿌리내린 현대자본주의에서도 중소기업은 일정한 존립조건을 갖고 적극적으로 존속한다는 견해가 나오고 있는데, 여기에는 다음과 같은 것들이 있다.

첫째, 적정규모론이다. 대규모 경제성은 한계가 있고 중소기업도 경영상 유리성

---

13) J. Steindl, *Small and Big Business*, Oxford, Basil Blackwell, 1947, p.60.(米田淸貴·加藤誠人 譯, 《小企業と大企業－企業規模の經濟的諸問題》, 嚴松堂, 1969, pp.123～130)

14) P. Sylos-Labini, *Oligopoly and Technical Progresss*, Cambridge, Massachusetts, Harvard Univ. Press, 1962. pp.44～45.(安部一城, 山本英太郎, 小林好廣 譯,《寡占と技術進步》(增訂版), 東洋經濟新報社, 1971, pp.55～56)

15) 越後和典, 〈規模の經濟性について〉, 越後和典 編, 《規模の經濟性》, 新評論, 1969, p.14.

을 발휘할 분야가 있다는 견해이다. 마셜의 '중소기업 잔존론'에서부터 논의가 발전하여 E. A. G. 로빈슨이 체계화한 이론이다. 산업능률을 이루기 위한 최선의 생산단위 규모로서 적정규모 개념을 정하였다. 그는 산업조직의 효율성을 추구하되, 기업 내적인 측면인 개별기업의 능률성에 중점을 두었다. 즉 기업 내적 요인의 분석에서 중소기업의 존립조건을 추구하고 있는 것이다. 이론의 형성, 논의과정에서는 규모의 경제성에 대해 사업장의 경영규모와 기업의 경영규모를 구분할 필요가 있고, 자본의 규모를 고려해야 한다는 견해도 있었다. 또한 적정규모 또는 능률적 규모를 갖고 있는 경우에도 최저생산비 규모와 최대능률 기업규모를 구분하기도 하였다.[16]

둘째, 불완전 경쟁 이론이다. 대규모 경제의 법칙이 대체로 관철되지만 비가격적 요인이나 제품의 차별화 및 지역적인 이유 등으로 시장의 불완전성이 지속적으로 형성되고 이것이 중소기업의 존립조건을 제공한다는 것이다. 마셜 이론이 포함하고 있는 '수확체증과 경쟁적 균형의 양립의 문제'에 대한 논쟁과정을 거쳐 형성된 J. 로빈슨의 '불완전 경쟁론' 그리고 체임벌린의 '독점적 경쟁 이론'이 그것이다. 이 이론들은 기업 외적 요인, 즉 시장구조 분석에서 중소기업의 존립조건을 제시하고 있다. 슈타인들이 시장의 불완전성을 중소기업의 존립조건으로 제시한 것도 이 이론에 근거를 둔 것이다.

셋째, 사회적 분업론과 적극적 역할론이다. 단순히 미시적 적정규모나 시장구조의 불완전성에 그치지 않고, 산업구조의 고도화와 지식정보 집약화에 따라 한편에서는 대기업이 점차 거대화되지만, 다른 한편에서는 적정규모가 소규모인 분야가 다양하게 나오면서 중소기업에 적합한 경제부문이 늘어나고, 여러 규모의 중소기업이 이들 부문에 적극적으로 정착 존립하게 된다는 견해이다.

① 현대 국민경제 가운데 특히 공업생산 분야에서 집중화와 통합화(integration)경향이 나타나고 있지만, 이는 분산화(differentiation) 경향으로 에워싸인다고 보는 현대경제의 구조적 다양성(die structurelle Vielgestalt moderner Volks wirt schaften)이라는 독일경제의 특성에 대한 지적이 있다.[17] 그리고 대기업이 점차 성장하지만 중소기업은 더욱 증가한다는 미국경제의 경향분석의 결과도 제시되고 있다.[18] 이는 다 같이 사회적 분업 속에서 중소기업의 적극 존립을 뒷받침하는

---

16) 末松玄六, 《獨立企業論》, ダイヤモンド社, 1966, p.57. 이것은 홉슨(J. A. Hobson)의 논의에 근거를 두고 있다.

17) W. Wernet, *Handwerks und Industrie-geschichte*, Stuttgart, 1963, p.82.

18) E. D. Hollander and Others, *The Future of Small Business*, New York, Fredrick A. Prager, 1967, p.xviii.

견해이다.

② 지식의 경제자원화와 인적 경제자원의 중요성이 커지면서 새로운 중소기업 분야가 창출된다. 물적 생산제일주의의 중화학공업 시대에서 탈공업화와 지식 정보집약화 시대로 산업구조가 변화되고, 수요의 창조시대로 이행하면서 점차 새로운 중소기업 분야가 등장한다. 이들 분야에서 중소기업은 대기업과 상호보완적 관계와 독자적 유리성을 가지면서 현대경제 속에서 적극 존립한다. 결국 산업화가 전개될수록 사회적 분업이 심화되고 중소기업의 수도 더욱 늘어난다는 것이다.

　　특히 지식 정보집약화 시대에는 중소기업에 적합한 분야가 적극적으로 형성되면서 혁신적 중소기업이 창출된다. 벤처 비즈니스 또는 벤처기업의 등장이 이를 말하고 있다.

③ 산업구조 고도화는 자본주의의 독과점화를 수반하고, 그 결과 시장경제기능은 경직된다. 이와 같은 자본주의의 체제적 역기능을 개선하는 것이 중소기업이다. 중소기업을 '활력 있는 다수'로 보는 것이나 경쟁적 시장구조의 적극적 담당자와 '창조의 모체'로 규정하는 것도 이 때문이다.

④ 그러나 중소기업의 위치를 소극적으로 평가하는 견해도 있다. 현대자본주의를 이중경제로 규정하고 중핵기업과 주변기업이라는 두 개의 기업군으로 이루어진 것으로 본다. 이 때 주변기업은 소규모이며 그 발전의 가능성이 제한된 반면, 중핵기업은 대규모이면서 무한한 가능성을 지닌 경제발전의 새로운 주체라는 것이다. 주변기업은 긴 역사를 가지고 있지만 이제 그 중요성은 점차 엷어지고 있다고 규정한다.[19] 중핵기업과 사회적 분업체제 속에서 주변기업은 소극적 지위를 가질 뿐이라고 보는 것이며, 바로 대기업체제의 우위성을 강조하는 견해라고 볼 수 있다.

---

19) R. T. Averitt, *The Dual Economy*, New York, 1968, p.87.(外山廣司 譯, 《中核企業－經濟發展の新しい主體》, ダイヤモンド社, 1969, p.121)

제5장 마셜의 産業 認識과 中小企業 理論

제1절 소기업 소멸론에서 소기업 잔존론으로

마셜의 중소기업 이론은 소기업(small business)에 관한 이론이었고, 그것은 초기의 소멸론적 경향에서 점차 소기업의 잔존에 관한 설명으로 변화되었다.

그는 《經濟學原理》 초판(1890)에서, 대규모 경제의 유리성이라는 경제이론상의 설명에 따라 수공업과 가내공업 등의 소기업은 공장제 대공업과의 경쟁으로 도태, 소멸하는 것이 지배적이라고 보았다.[1] 이것은 18세기 후반에서 19세기 후반에 걸쳐 경제가 성장 발전하면서 수공업과 가내공업 등 소기업의 일부는 대기업으로 성장하고, 상당한 소기업이 끈질기게 잔존하고 있었지만, 대부분은 기계제 공장공업으로 구축 소멸하는 현실을 배경으로 하여 형성된 견해였다.

이 시기 소기업 소멸론에서 말하는 소기업 문제는, 경제의 성장 발전과 함께 소기업이 대기업으로 성장하지 못하고 저지, 정체되는 것을 중요시하거나 국민경제적 모순의 문제로 파악한 것은 아니었다. 소기업이 대기업에 의하여 도태 구축되는 자체, 또는 그 과정에서 발생하는 소기업 문제를 다만 過渡的 摩擦的 모순으로 보았다.

대규모 경제의 유리성에 따라 소기업의 도태 구축을 합리적이라고 보고 소기업 소멸론에 믿음을 표시했던 마셜은, 그의 《經濟學原理》(第2版, 1891)에서는 소기업잔존이라는 새로운 소기업 문제를 제기하면서 이른바 '소기업 잔존론'을 전개하였다.

"우리는 단기간에 대공장이 많은 산업부문에서 경쟁자를 완전히 구축해버릴 것으로 기대할지 모르나, 여전히 사실에서는 그렇지 않은데 이는 무엇 때문인가"라는 것이 마셜의 문제 제기의 요점이었다. 19세기 말에서 20세기 초, 영국에서는 수공업 가내공업과 자본제 소공업을 포함하는 소기업을 대기업이 도태 구축하여 국민경제에서 차지하는 비중이 크게 낮아졌다. 그러나 이들이 소멸되어 없어지는 것은 아니었으며, 새롭게 발생하는 소기업을 포함하여 낮은 비중이지만, 국민경제의 성장 발전과정에서 여전히 남아 있는 현실적 특성이 강하게 나타났다.

---

1) 이것은 홉슨이 그의 《産業制度論》(*The Industrial System*, 1909)에서 치밀하지 못한 통속적 견해(a loose popular notion)라고 지적한 것, 즉 보편적은 아니지만, 성공적인 기업은 점점 대규모화하며 소기업은 소멸하는 것이 자본주의적 산업의 최근의 조건(p.183)이라는 내용이다. 마르크스가 《자본론》(*Das Kapital*)에서 밝힌 〈자본주의적 축적의 일반적 법칙〉의 내용과 같은 경향이다.

이와 같은 소기업의 잔존문제를 해명하기 위해 마셜은 그의 《經濟學原理》(第2版) 이후 개정 증보과정과 《산업과 무역》(1919)에서 이 문제의 해명에 노력하였다. 그것을 집약하면

① 생물학적 소기업의 성장

② 대규모 경제의 이익의 한계

③ 그 실현 조건의 불비

④ 소기업의 독자의 유리성 등이다.

특히 유명한 숲(森林)의 비유에서 보여주는 소기업 성장론에서는 노동자 → 소기업 → 대기업이라는 상승운동이 일반적으로 규정되지만, 대기업은 조만간 노쇠하고 소기업으로 대체된다고 보면서 소기업이 언제나 존속하는 것으로 설명하였다.[2]

마셜이 제기한 소기업잔존이라는 소기업 문제는 '이론과 현실의 괴리'를 설명하기 위한 경제이론상의 문제였으며, 국민경제적 모순의 문제로 파악된 것은 아니었다. 따라서 '소기업 잔존론'에서는 경제적 합리성을 지니지 못하는 소기업은 도태 구축되는 것을 당연한 것으로 보았고, 반면에 잔존하는 소기업에 대하여 경제 이론적으로 설명하였다. 합리성이 없는 소기업은 도태 구축되고 합리성이 있는 소기업이 존속하는 것은 경제이론상 당연한 것으로 보았기 때문에, 정책이 요구되는 국민경제적 모순의 문제로 규정될 수가 없었다.

즉, 비합리적인 소기업은 도태하고 합리성을 지닌 소기업은 존속한다는 '소기업 잔존론'은 소기업잔존이라는 소기업 문제를 경제이론으로 설명하는 것이었다. 이러한 마셜의 소기업 문제 해명은 그의 산업문제에 대한 인식을 그 바탕으로 하고 있으며, 그의 이론 속에 담겨진 다각적 분석은 그 뒤 근대경제학적 중소기업 이론 전개의 기점이 되었다.

제2절 산업인식의 기본방향과 소기업 (Ⅰ)

1. 마셜의 과제

19세기에서 20세기에 걸친 영국 자본주의의 동요에 대하여 당시 제기된 세 가지

---

2) 마셜은 《經濟學原理》의 판을 거듭하면서 上昇運動의 범위를 좁혔다. 마셜의 이러한 설명은 뒤에 E. A. G. 로빈슨이 생물학적 설명(the biological solution)이라고 규정하였으며, 슈타인들이 크게 비판하였다.

정책 가운데 마셜은 국내 생산력을 늘려 경쟁력을 강화하자는 견해에 동조하였다. 즉 영국산업의 생산성을 높이기 위하여 우수한 기계를 발명하고, 그 도입을 가능하게 하기 위해 자본가와 노동자의 능력을 높여야 한다는 주장이 그것이다. 세계시장의 힘에 따른 제국주의적 확대에도 반대하고, 저임금 정책으로 수출을 늘리자는 맨채스터학파(Manchester School)의 입장에도 반대하면서, 마셜은 당시 영국 자본주의의 시대적 요청에 해답을 주기 위하여 수확체감의 법칙(the law of diminishing returns)에 대한 투쟁을 선언하였다.[3]

런던의 빈민가(East End)를 거닐면서 그 참경과 타락상을 보고 마셜이 느낀 것은 빈곤문제의 해결이었고, 그것이야말로 영국 자본주의가 당면한 과제라고 생각하였다. 빈곤이라는 그 시대의 사회적 고뇌를 따뜻한 심정(warm hearts)으로 느끼고, 그러나 냉철한 이성(cool heads)으로 그것을 과학적으로 밝혀 부의 증대와 분배의 개선이라는 시대적 과제를 해결하려는 것이 마셜의 문제의식이었다.[4]

이를 위하여 분배의 측면에서는 여러 생산요소 사이에 국민분배분의 분배개선을 해결해야 할 중심과제로 삼으면서, 생산의 측면에서는 토지에 대한 수확체감의 법칙을 일시적으로 중지하는 것이 현세대에서 사회개혁을 위한 특별한 기회를 제공하는 것[5]이라고 마셜은 영국경제의 방향을 진단하였다. 그러면서 경제진보를 위한 그의 경제학을 전개하는 데 산업조직이라는 개념을 들여왔다. 즉 고전학파 경제학을 관류하고 있던 수확체감 법칙의 압력을 극복하는 급선무를 이행하기 위하여 산업조직의 개념을 도입하였다. 이를 통하여 생산을 개선하는 것이 빈곤이라는 시대적 과제를 해결하는 길이라고 보았다.

고전학파적 정체상태(stationary state)는 변할 수 없는 자연법칙을 바탕으로 한 수확체감 경향에서 나온 것이기 때문에, 수확체감 법칙에서 수확체증 법칙으로 탈출하는 것이 마셜의 연구과제가 되었다. 이것은 대규모 경제의 유리성을 의미하는 것이었고, 그 내용이 되는 내부경제와 외부경제는 생물학적 유추로부터 이론적 토대를 발견한 것이다. 그로부터 마셜은 경제진보의 길을 모색하였다. 그리고 그 틀 속에서 소기업 문제를 다루었다.

---

3) 姜命圭, 〈캠브리지學派 經濟學의 生成過程－마셜 經濟學의 問題意識을 중심으로〉,《經濟論集》, 第XIII卷 第1號, 1974, 3, pp.21~22.
4) A. Marshall, "The Present Position of Economics", 1885, ed. by A. C. Pigou, *Memorials of Alfred Marshall*, London, Macmillan, 1925, pp.172~174 참조.
5) A. Marshall, "Social Possibilities of Economic Chivalry", 1907, 위의 책, p.326.

2. 실제적 문제에 대한 관심

마셜은 경제현상의 실제적 문제에 깊은 관심을 가졌고, 그 결과 산업현상을 깊이 있게 취급하였다.

경제학은

첫째, 스스로를 위한 지식을 얻는 것을 목적으로 하고,

둘째, 실제적 문제(practical issues)에 빛을 투영하는 것을 목적으로 한다. 경제학자는 경제학 연구를 실제적으로 이용해야 한다는 것을 잠시도 잊어서는 안 된다. 마셜은, 경제학자의 독특한 임무는 사실을 연구하고 해석하며, 서로 다른 요인이 개별적 또는 결합해서 작용한 결과가 무엇인지를 밝히는 것[6]이라고 지적하였다.

이처럼 마셜은 경제이론이 경제생활의 해명을 위하여 작용하는 것을 무엇보다 중요하게 생각하였고, 그러기 위해 산업과 상업의 실제적 사실에 관해 깊은 지식이 필요하다고 생각하였다.[7] 그는 심지어 저술하는 데도 실업가를 생각하였으며 비실제적이거나 실업가를 어렵게 하는 일은 하지 않으려고 노력하였다. 그 결과 산업현상을 깊이 있게 다루었고, 소기업 문제도 그 일환으로 다루었다.

마셜은, 경제사회의 어느 분야에 대한 실제적 연구에서는 다양한 경향의 상호작용에 주의를 기울일 필요가 있는데, 그 한 분야가 소기업 분야라고 생각하였다. 많은 경향이 각 산업과 경제제도를 형성하는 데 작용하고 있다. 그러므로 경제사회의 어느 분야에 대한 실제적 연구는 많은 다양한 경향의 상호작용에 관한 고려를 필요로 하고, 또한 그 경향의 분석에 상당한 주의를 기울여야 한다. 그리고 거의 모든 중요한 경향은 그것이 작용하는 조건에 따라 크게 영향을 받는다. 따라서 마셜은 그 경향에 대한 철저한 연구가 다방면에서 이루어져야 한다고[8] 보았다.

경제사회에 대한 실제적 연구의 주된 대상은 개별기업과 산업의 실제문제였으며, 마셜의 위와 같은 연구의 방향은 소기업을 실제문제 연구의 대상에 포함시켰다. 개별기업과 산업 등 경제의 실제 문제를 해명하려는 노력은 일반균형이론이 아닌, 특수균형이론을 택하도록 만들었다. 마셜은 일반균형의 이념을 충분히 파악하고 있었으며, 세계의 모든 경제적 요소들이 서로 대립하고 작용함으로써 각기 자리를 유지하는 코

---

6) A. Marshall, *Principles of Economics*, 8th ed. 1920, Rep. 1959, Macmillan, p.33.

7) J. M. Keynes, *Essays in Biography, The Collected Writings of J. M. Keynes*, Vol. 10, Macmillan, 1972.(丁炳休 譯,《經濟學者의 生涯》, 삼성문고 56, 삼성문화재산, 1974, p.153)

8) A. Marshall, *Industry and Trade, A Study of Industrial Technique and Business Organization, and of Their Influence on the Conditions of Various Classes and Nations*, 1st ed. 1919, 4th ed. 1923, London, Macmillan, p.v.

페르니쿠스적 전 체계를 발견하였지만, 그것과는 다른 모형을 만들었다. 영국의 경험론에 입각하여 이질적이며 현실적 경제구조에 맞는 경제이론을 전개하려는 것이 마셜의 체계였다.

이런 체계 속에서 그는 개별기업과 산업, 나아가 소기업의 문제를 해명하려고 노력하면서 경영경제학의 과학적 기초를[9] 마련하였다.

3. 생물학적 접근법의 전개

동학적이며, 장소적 기술적으로 이질적 경제구조를 상정하고 이에 맞는 경제이론을 전개하려고 마셜은 부분균형이론을 택하였으며, 산업현상을 좀더 현실성 있게 분석하기 위하여 그가 택한 것이 생물학적 접근법(biological analogies)이다. 당시 영국에서 크게 발전했던 생물학적 사상, 특히 다윈(C. Dawin)과 스펜서(H. Spenser)[10]에 크게 영향을 받은 마셜은, 경제학자의 발상지는 경제적 동태학(economic dynamics)보다는 경제적 생물학(economic biology)에 있다고 지적하였다.[11]

생물학적 개념은 역학의 개념보다 복잡한데, 경제학 기초서적에서는 역학적 접근법(mechanical analogies)을 많이 사용한다. 균형(equilibrium)이라는 용어는 그 중심개념이 동태적이라기보다는 정태적이다. 그러나 그것은 움직임의 원인이 되는 여러 가지 힘과 계속해서 관계가 있기 때문에 그 기조는 정태적이기보다는 동태적이다[12]라고 마셜은 보았다.

즉 마셜은, 움직이고 진보하는 경제현상을 현실성 있게 분석하려고 정태적 균형의 개념보다는, 생물학적이면서도 동태적 개념을 중요시하였다. 인간의 생활을 올바로 나타내는 것은 産業的 社會的 진보 또는 진화인데, 이것은 단순한 증가와 감소가 아니며,[13] 그것을 분석하는 데는 역학적 접근보다는 생물학적 접근이 중요하다고 그는 생각하였다.

생물학적 접근에서 먼저 제기한 것은 진보 또는 진화의 사상이며, 마셜은 인간성의 변화를 강조하고 있다. 현세대에 경제학의 관점에서 이룬 변화는 인간 스스로가 상

---

9) J. Shumpeter, *Ten Great Economist-Marx to Keynes*, 1961. 정도영 역, 《10大經濟學者》, 1982. 한길사, p123.

10) A. Marshall, *Principles*, pp.200, 240, p.viii 참조.

11) 위의 책, "Preface to the English Edition", p.xii.

12) 위의 책, pp.xii~xiii.

13) A. Marshall, "Mechanical and Biological Analogies in Economics", 1898, ed. by A. C. Pigou, *Memorials*, p.313.

당한 정도로 환경의 산물이며, 환경과 더불어 변화한다는 데 근거를 두고 있다. 그리고 이 발견으로 인간성에 심각하고 빠른 변화가 발생하고 있다는 사실을 강조한다.[14] 당시에, 이전까지 등한히 했던 인간성의 변화와 경제에 대한 인간의 역할의 중요성을 주목하였고, 그것은 생산조직이나 대규모 경제 법칙의 기초사상으로 작용하였다.

경제학은, 한편에서는 부의 연구이면서, 다른 한편에서는 일상의 사업활동에서의 인간의 연구라고 마셜은 규정하였다.[15] 인간이 상당한 정도로 환경의 산물이며 환경과 더불어 변화한다고 본 마셜은, 경제활동의 전개와 함께 인간성이 점차 합리성을 지니도록 발전한다는 것을 자유산업 및 기업의 발달과 결부시켜 생각하였다.[16]

인간의 성격과 활동이 경제활동 및 환경과 함께 꾸준히 진보하고 있다는 마셜의 생각은 당시 영국 생물학계의 진화사상의 영향을 받은 것이며 그의 이론체계의 바탕이 되었다. 변화와 진보를 하지 않을 수 없는 인간을 경제학의 주요한 관심으로 보아[17] 인간이 지닌 지식을 생산의 가장 강력한 엔진으로 보고, 이것을 돕는 것이 조직이라고 규정하면서 산업조직의 역할을 설명, 산업연구의 기틀을 제공한다.[18]

제3절 산업인식의 기본방향과 소기업 (II)

1. 有機的 成長과 소기업 성장

진화론에 바탕을 둔 생물학적 접근법은 마셜의 유기적 성장의 개념에도 반영된다. 경제현상을 생물적 유기체(biological organism)에, 그리고 경제진보를 생물의 진화과정에 비유하면서 경제의 성장과정을 유기적 성장으로 보는 것이다. 동태적 산업현상을 분석할 때에는 생물학적 접근법이 적당하다고 보고 유기적 성장의 개념을 제

---

14) A. Marshall, "The Present Position", 위의 책, pp.153~156. 인간성과 사회환경의 상호관련 및 그 향상에 대한 마셜의 생각은 사회진화론뿐만 아니라 밀(J. S. Mill)의 사상에 크게 영향을 받았다.(姜命圭, 앞의 글, 앞의 책, pp.18~19)

15) A. Marshall, *Principles*, p.1.

16) 위의 책, pp.602~623, Appendix A, "The Growth of Free Industry and Enterprise".

17) 위의 책, "Preface to the English Edition", p.xiii.

18) 마셜이 제기한 생물학적 접근법은 그 뒤 적극적으로 발전, 전개되지 못하였다. 오히려 상관관계 분석에 기초를 둔 역학적 접근법이 계량적 모형이론을 수단으로 하여 주된 흐름dl 되었다. 그러나 오늘날 지식집약화와 정보화사회가 진전되면서 생물학적 방법론은 새로운 조명을 받게 되었다. 컴퓨터를 활용하여 非模型的 방법으로 더 다양한 요인을 판단과 결정의 변수로 작용할 수 있도록 할 수 있기 때문이다.

시하였다. 여기서 말하는 생물학적 또는 생물적 의미는 진화의 사상과 유기체 사상을 그 바탕으로 하는데, 그것은 다음과 같이 설명할 수 있다.

첫째, 사회는 생물체와 같은 유기적 체계이지 역학적 체계가 아니다. 그리고 생존경쟁 및 적자생존에 대한 생물학적 견해가 자본주의 경제에서 산업 및 기업의 변동에 응용된다. 생존경쟁, 자연도태, 수명 등 생물체의 성쇠과정은 마셜의 산업이론에서 유추하여 전개되고 있다.

둘째, 적자생존·자연도태는 기업행동의 분석에 큰 시사를 주고 있으며, 경제성장이 내적인 여러 가지 힘, 특히 구성단위인 기업 행동의 변화를 내포하는 과정이라고 보는 데 생물학적 접근법의 특징이 있다.

셋째, 산업현상을 생물적 유기체로 유추하는 데서 우리는 산업현상 사이의 유기적 성격을 강조하고 있음을 알 수 있다. 유기적 성격은 경제와 산업현상을 구성하는 부분이 깊은 상호의존관계를 형성하고 있음을 뜻한다. 이때 구성부문 또는 단위는 그것이 소속하는 모체에서 떨어져도 그 성질이 본질적으로 변하지 않는다고 보는 기계적 생각과는 다르다. 유기적 성격을 갖는 경제는 그것을 구성하는 여러 부문의 단순한 집계가 아니며, 구성부문이 모체에서 떨어져 나올 때 그 본질적 성격이 손상된다는 것을 뜻한다.

이러한 생물적 유기체의 개념은 생물학적 진화론에서 나오는 사회진보의 사상과 결합하여 유기적 성장(organic growth)의 개념에 이르게 된다.

첫째, 유기적으로 성장하는 경제는 단순히 양적 증가만이 아니고, 질적 변화 또는 성격의 변화를 내포하는 경제이며, 이것을 분석하는 방법은 역학적 접근법보다는 생물학적 접근법에 의존해야 한다는 것이 마셜의 지적이다.

둘째, 산업적 진보 또는 진화는 단순한 증가와 감소가 아닌 유기적 성장인데, 이것은 무수한 요인의 쇠미로 제한받으며, 때로는 역전된다.

셋째, 각 요소는 서로 영향을 미치고 그것을 둘러싼 사실들의 영향을 받는다.

넷째, 이러한 모든 상호간의 영향은 각 요소가 그들의 성장과정에서 다다른 단계에 따라 다르다.[19]

이러한 유기적 성장을 좀더 설명하면 다음과 같다.

① 산업 안에서 무수한 산업현상 즉,

㉠ 소기업의 산설(창업)과 도산(폐업)

---

19) A. Marshall, "Mechanical and Biological Analogies in Economics", 1898, ed. by A. C. Pigou, *Memorials*, p.317.

　ⓛ 대기업의 소기업 구축

　ⓒ 소기업의 대기업으로의 성장

　ⓔ 소기업 사이의 상호관계

　ⓜ 대기업의 생물학적 수명의 한계에 따른 쇠망 등이

② 서로 의존, 대립, 경쟁하고 규제, 제한하는 가운데

③ 기업의 榮枯盛衰 속에서도

④ 전체적, 평균적으로는 양적으로만이 아니고 질적으로도 진보, 발전하는

⑤ 産業의 변화모습을

⑥ 생물 유기체의 성장에 비유하여 표현한 것인데,

⑦ 조직의 분화(내부경제)와 통합화(외부경제)로 뒷받침되는 것으로 보았다.

　마셜은 유기적 성장의 개념을 단기적이 아닌 장기적인 관점에서 제시한 것이다. 경제 또는 산업을 구성하는 무수한 요인의 진보와 쇠미를 반영하는 유기적 성장은 일시적 정태적이 아닌, 장기적 동태적 성격을 갖고 있음을 알 수 있다.

　산업현상의 균형은 장기적으로 산업을 구성하는 진보의 힘과 쇠미의 힘 사이의 균형(balance or equilibrium between the forces of progress and decay)[20]인데, 이것은 바로 생물학적 설명(biological solution)의 귀결이기도 하다. 마셜은 산업에서 대기업의 소기업 도태 구축, 소기업의 신설과 대기업으로의 성장, 대기업과 소기업의 상호관계, 대기업의 생물학적 수명의 한계에 따른 쇠망 등 여러 요인이 유기적으로 작용하면서 산업은 성장하고 동태적 균형을 이룬다고 보았다.

　산업이 이처럼 유기적 성장을 하는 과정에서 마셜은 소기업이 지속적으로 잔존하는 것으로 보았다. 또한 소기업은 독창성과 융통성을 기르는 등 경제활동과 산업진보의 주요한 원천으로 역할을 한다는 점을 지적하였다. 즉, 영국 산업의 대부분이 성장하는 소기업(small growing business)에 의존하고 있으며, 그들이 산업에 제공하는 힘과 탄력성(energy and elasticity)은 국가의 모든 분야에서 발생하고 있다는 것이다.[21]

　소기업이 유기적 성장을 하는 경제에 활력을 주고, 산업발전의 원동력이라고 보는 마셜의 견해는 '소기업 성장론' 즉, 노동자가 소기업으로, 다시 소기업이 대기업으로 성장을 계속한다는 그의 주장에도 그대로 반영되었다.[22]

---

20) A. Marshall, *Principles*, p.381.

21) A. Marshall, *Industry*, pp.249, 581.

22) 마셜의 〈소기업 성장론〉 또는 〈소기업 성장 연속론〉은 이른바, 소기업 성장에 대한 생물학적 설명(biological solution)이다.

거의 모든 산업에서 한 순간에 상승국면에 있는 여러 기업은 소기업에서 대기업으로 올라가지만, 하강국면에 있는 다른 기업은 쇠잔하면서, 즉 한 방향에서의 쇠잔이 다른 방향에서의 성장과 균형을 이루면서 평균적으로는 번영과 진보의 시기가 계속된다고 본 것[23]이 마셜의 유기적 성장의 귀결이다.

2. 수확체증과 대규모 경제의 법칙

수확체감의 법칙을 극복하기 위한 마셜의 노력은 인간에 대한 연구에서 출발하였다. 경제학은 한편으로는 부의 연구지만, 다른 한편으로는 인간의 연구라고 마셜은 규정한 바 있다. 마셜은 특히, 인간은 상당한 정도로 환경의 산물이며, 환경과 더불어 변화하기 때문에 인간성에 합리성이 발전함으로써, 자유산업과 자유기업이 나타났다고 보았다. 그 결과 경제활동의 주체인 인간이 경제활동에 제공하는 역할을 중요하게 생각하였고, 이것이 수확체증과 대규모 경제의 법칙을 찾는 단서가 되었다.

고전학파에서 필연적 자연법칙으로 받아들였던 수확체감의 법칙은, 생산에 인간의 노동과 자본의 투입이 늘어나는 데 비하여 자연이 제공하는 토지생산물은 장기적으로 체감하는 경향을 가진다는 것을 말한다.[24] 즉, 자연이 생산에서 작용하는 역할은 수확체감(decreasing returns)의 경향을 나타낸다는 것이다.

이에 비하여 인간의 역할은 수확체증(increasing returns)의 경향을 나타낸다고 보았다. 즉, 노동과 자본의 증가가 일반적으로 나아진 조직(organization)을 가져오고 그때문에 노동과 자본의 생산능률이 올라간다는 것이다. 토지생산물의 산출에 종사하지 않는 산업에서는, 노동과 자본의 증가가 일반적으로 그 비율 이상의 수확체증을 낳고, 다시 개선된 조직은 자연이 토지생산물의 증가에 대하여 주는 저항의 증가를 줄이거나 줄이는 경향을 띠게 된다.[25]

수확체증을 가져오는 조직을 마셜은 지식(knowledge)과 관련시켜 중요하게 생각한다. 지식은 생산의 가장 강력한 엔진(most powerful of engine of production)인데, 그것은 자연을 극복하여 우리의 욕망을 충족시켜 준다. 그런데 조직은 지식을 돕는다고 하였다.[26] 즉, 인간이 자연에 대한 지배력을 발휘하는 데 가장 강력한 힘이 지식인

---

23) A. Marshall, *Principles*, p.264.
24) 위의 책, p.262.
25) 만일 수확체증의 법칙과 수확체감의 법칙의 작용이 균형을 이루게 되면 收穫不變(constant returns)의 법칙이 나타나며, 증가된 노동·희생rhk 같은 비율로 생산물이 증가한다. 위의 책, pp.265~266.
26) 위의 책, p.115.

데, 인간이 지닌 지식이라는 기동력을 최대한으로 높여주고 구체화해 주는 것이 조직이라고 본 것이다.

인간의 지식과 조직의 작용에 따른 수확체증의, 자연이 생산에 대한 작용에 따른 수확체감이라는 두 가지 경향은 계속해서 서로 반대방향으로 작용한다. 전자가 후자를 압도할 때 수확체증의 법칙이 나타나며, 반대의 경우 수확체감의 경향이 나타난다. 그런데 대규모 생산의 경제성은 수확체증의 법칙이 뒷받침한다.

인간의 양적 증가와 부의 증가는 인간성의 합리성과 지적인 향상을 수반하고, 이것은 조직을 개선하여 고도로 발전한 산업조직을 위한 편의를 제공하며, 자본과 노동의 능률향상에 다 같이 도움을 주어 수확체증과 대규모 경제의 법칙을 실현하도록 한다.

마셜은, 어떤 종류의 재화의 생산증가에서 오는 경제성을 두 가지 개념으로 설명하고 있는데, '내부경제'와 '외부경제'가 그것이다. 내부경제는 그 산업에 종사하는 개별 기업의 물적 자산, 조직, 그리고 경영능률에 의존하는 경제이며, 외부경제는 산업의 일반적인 발전에 의존하는 경제로서, 흔히 유사한 성질을 갖는 소기업이 특정지역에 집중함으로써 확보되는 경제[27]라고 마셜은 지적하였다.

수확체증과 대규모생산의 이익을 가져오는 내부경제와 외부경제는 조직의 작용으로 발생하는데, 마셜은 그런 생각을 자신의 생물학적 유추에 기초하고 있다. 치열하게 경쟁하면서 자연도태와 적자생존의 과정을 거쳐 발달한 고등동물의 신체조직에서 내부경제와 외부경제의 원리를 발견한 것이다. 사회유기체와 자연유기체의 유사성에 착안한 마셜은, 그것의 발달이 한편으로는 각 부문들의 기능을 세분화하면서, 다른 한편으로는 각 부문의 밀접한 관계를 증진시키는 가운데 이루어진다는 것을 파악하였다.

즉, 각 부문의 자급도 감소와 각 부문의 상호의존도 증가라는 두 가지 기능의 작용을 병행하는 것을 유기체 조직의 발달이라고 보고, 그 결과가 조직의 이익을 실현한다는 것을 알게 되었다. 이때 전자를 분화(differentiation)라고 하고 후자를 통합화(integration)라고 불렀다. 이것을 경제계에 적용하여 분화에서 오는 이익을 내부경제, 그리고 통합화에서 오는 이익을 외부경제라고 하였고, 이 두 가지 경제의 작용이 결합하여 수확체증과 대규모 경제의 법칙을 가져온다고 보았다.[28]

---

27) 위의 책, p.221.

28) 위의 책, p.201. 내부경제는 분업, 전문기능, 지식 및 기계의 발달이라는 형태로 산업에 나타나며, 외부경제는 상업신용에서 안정성의 증진, 해상과 육상의 교통 철도 및 전신 우편, 인쇄기의 개선에 의한 운수 통신수단의 발달과 그 이용으로 산업유기체의 각 부문 사이에 관련성이 더욱 밀접해

경제성이 기업 안에서 이루어지는 경우에 내부경제로, 그리고 기업 밖의 어느 경제사회에서 이루어진 경우를 외부경제로 보았는데, 이 두 가지 경향이 장기적으로 수확체증과 경제진보를 가져오는 작용이 서로 다르다는 것이 또한 마셜의 생각이었다. 개별기업은 여러 가지 경제성 가운데 내부경제에 따라 성장하지만, 그것은 동시에 쇠미를 병행하기 때문에 장기적으로는 기업성장이 불안정해진다. 이에 대하여 장기적 성장의 원천이 되는 것을 외부경제라고 보고 그 중요성을 강조하였다.

3. 산업의 중요성과 산업조직

경제진보에서 내부경제보다 외부경제의 역할을 강조하는 마셜의 생각은 당연히 산업의 중요성으로 이어졌다. 총생산규모의 증가는 여러 경제성에 의존하는 것이지, 개별회사의 경영규모에 직접 의존하는 것이 아니다. 이들 가운데 가장 중요한 것은 상호의존관계에 있는 관련된 산업분야의 성장이며, 이것이 지속적 성장의 원천이라고 보았다.[29]

이런 생각은, 한 수목은 성쇠를 거듭해도 삼림은 계속 번성한다는 생물학적 유추에서 비롯한 것이었다. 경제진보를 의미하는 장기적이고 동태적인 수확체증의 분석은 흥망을 지속하는 개별기업을 대상으로 하는 것은 적당하지 않고, 산업이 장기적으로 존속 발전한다는 사실에 주목하여 그에 대해 분석하는 과정이 필요하다. 따라서 장기적 경제진보는 기업규모의 확대로부터 생기는 내부경제보다 산업규모의 확대와 외부경제에서 주로 일어나고, 그것이 더욱 중요하다는 것이 마셜의 생각이었다.

마셜의 유명한 비유(Marshall's famous simile)인 '삼림의 비유'에서 한 산업 속의 기업들은 숲속의 나무와 비슷하다.[30] 숲(forest)은 산업을, 나무(trees)는 기업을 뜻하는데, 개개의 수목(기업)은 삼림(산업)의 성쇠와 별도로, 그리고 숲(산업)도 개개의 나무(기업)와는 별개의 성쇠과정을 가질 수도 있는 것으로 마셜은 보았다.[31]

이런 틀 속에서 마셜은 장기적인 경제진보의 길을 개별기업보다는 산업분석 속에서 찾았다. 영고성쇠(vicissitudes)를 거듭하는 개별기업보다는 이것을 포함하여 무수한 요인이 성쇠로 규제받고 제한받으면서 유기적으로 성장하는 산업을 경제진보에서

지는 것을 뜻한다.

29) 위의 책, p.264.

30) E. A. G. Robinson, *The Structure of Competitive Industry*, James Nisbet, London, 1st ed. 1931, Rep. 1964, p.50.

31) A. Marshall, *Principles*, p.263.

더 중요한 대상으로 삼았다.

생물적 유기체의 원리로부터 오는 유기체의 성격은 산업이론에서 다음과 같은 뜻을 갖는다.

첫째, 산업을 구성하는 여러 단위 사이에 상호의존관계가 형성된다. 이러한 상호의존관계는 산업 내부의 여러 단위들에 분화(내부경제)와 통합화(외부경제)라는 조직의 작용을 일으킨다.

둘째, 상호의존관계에서 가장 중요한 단위는 기업이며, 따라서 기업과 산업 그리고 한 기업과 다른 기업의 상호관계가 조직의 작용에서 중요한 분석대상이다.

셋째, 생물적 진화론에 따르면 유기성을 갖는 산업은 조직의 작용을 통하여 성장하는 유기적 성장의 메커니즘을 갖는다. 경제의 구성요인 사이에 일어나는 조직의 작용은 조직의 이익과 산업의 양적 질적 변화를 가져오면서 산업의 성장과 능률을 개선하도록 한다.

넷째, 상호의존관계를 갖는, 산업의 구성단위(기업)가 발전하고, 그것이 조직을 매개로 작용하면서, 산업이 성장하는 것이 유기적 성장인데, 이때 구성단위 사이의 관계, 즉 조직형태가 바로 산업조직이라는 것이다.

마셜은, 산업발전과 경제진보를 적극적으로 매개하고 추진하는 역할을 하는 것을 산업조직이라고 본다. 그 작용에 따라 경제를 유기적으로 성장시키는 조직을 생산요인(the agents of production) 가운데 하나로 들여왔다. 그는《經濟學原理》4권에서 조직(organization)을 전통적인 생산요인인 토지, 노동, 자본 등과 함께 다루고 있다. 동태적으로 성장하는 산업을 다루기 위한 '분석의 엔진'(engine of analysis)을 발견하려고 마셜은 산업조직을 제시하면서, 제4편의 8장에서 12장에 이르기까지 5개 장에 걸쳐 다각적으로 이를 검토하고 있다.

생산의 가장 강력한 엔진인 지식의 기동력을 최대한으로 높여주고 구체화해 주는 산업조직의 형태로 마셜은 다음과 같은 네 가지를 들고 있다.[32]

① 개별 기업의 조직

② 동일 산업부문 안에서 여러 기업 사이의 조직

③ 각종 산업부문 사이의 조직

④ 모든 사람의 안전과 많은 사람에게 도움을 주는 국가의 조직

이 내용은 매우 포괄적이어서, 오늘날 산업구조의 개념까지 포함하고 있다.

---

32) 위의 책, p.115.

제4절 소기업 성장과 小企業殘存 理論

1. 小企業成長 連續論[33]

산업에서 대기업에 의한 소기업의 도태 구축, 소기업의 신설과 대기업으로의 성장, 대기업과 소기업 사이의 상호관계, 대기업의 생물적 수명의 한계에 따른 쇠망 등 여러 요인이 유기적으로 작용하면서 장기적으로 산업은 성장하고, 동태적 균형을 이룬다고 마셜은 생각하였다.

마셜은, 산업이 이러한 유기적 성장을 하고 동태적 균형을 이루는 데 소기업이 경제 활동의 원천으로서 중요한 역할을 한다는 점을 지적하였다. 즉 영국 산업조직의 대부분이 성장하는 소기업에 의존하고 있으며 그들이 산업에 제공하는 힘과 탄력성은 전 국가에 걸쳐 발생하고 있다고 보았다. 소기업이 이처럼 경제발전에 활력을 주고 산업발전의 원동력이라고 보는 마셜의 견해는 그의 '소기업 성장론' 또는 '소기업 연속성장론'에도 그대로 반영된다.

첫째, 마셜은 이것을 그의 생물학적 유추로 설명하고 있다. 삼림 가운데 젊은 수목이, 오래된 경쟁자가 억압하는 그늘을 뚫고 고투하면서 성장하는 교훈에 비유하여 '소기업 성장론'을 시사하고 있다. 많은 수목이 도중에 쇠잔하고 소수만이 존속 성장한다. 이들은 성장하면서 넓은 영역의 빛과 공기를 얻게 된다. 그래서 마침내 이번에는 그들이 인근의 수목 위로 솟아나게 된다며, 기업의 성장을 수목의 성장에 비유하였다. 마셜은 이 성장의 법칙이 보편적이지는 않지만 많은 산업분야에서 유지되고 있다고 보았다.[34]

둘째, 이러한 소기업 성장을 이루는 상향운동의 출발점을 노동자로 보고 다음과 같이 말하였다.

① 노동자가 그의 경영능력을 충분히 발휘할 수 있는 지위로 성장하는 데 따르는 어려움은 소요자금의 획득인 것처럼 보인다. 그러나 자금은 큰 어려움이 아니며, 실질적인 어려움은 많은 주위사람들에게 그가 경영에 자질이 있는 사람이라는

---

33) 제3장 1절 1항에서도 설명하고 있음. 마셜은 그의 《경제학원리》 초판 서문에서 〈연속성의 원리〉(The Principle of Continuity)를 강조하였다. 이것은 소기업 성장 연속론에 반영된 것으로 보인다. 뒤에 고전적 산업혁명관(산업혁명의 혁명성)을 비판하고 역사의 연속성을 강조한 클레팜(J. H. Clapham)에도 영향을 주었다.

34) A. Marshall, *Principles*, p.263.

사실을 확신시키는 것이다.

② 노동자가 기업가로 성장하는 데 더 큰 장애는 경영이 점차 더 복잡해지고 있다는 것인데, 이것도 교육을 급속하게 개선하면 해소할 수 있다.

이처럼 마셜은 노동자가 기업가로 성장하는 데 중요한 것은 자금이 아니라 기업가로서의 능력이라고 보았다. 그래서 보통의 노동자는 능력이 있으면 직공장·지배인으로 상승, 고용주가 될 수 있다고 보았으며, 그 결과 아래로부터의 수많은 상향운동이 있게 된다고 보았다.

셋째, 이러한 상향운동에 따라 독립기업을 이끌게 된 사람은 그 능력에 따라 기업을 키울 수 있다고 보았다. 榮枯盛衰에도 불구하고 유능한 기업가는 장기적으로 능력에 따라 그의 자본을 성장하게 하고 경영능력이 클수록 기업의 성장을 더욱 신속하게 한다는 것이다.[35]

즉, 유능한 기업가는 그의 자본을 신속히 늘리고, 더 많은 자본을 들여오도록 신용을 높인다. 그리고 더 많은 종업원을 채용하여 그들 서로에게 신뢰성을 높일 뿐만 아니라 적재적소에 배치하여 작업능률을 높인다. 이러한 숙련의 경제 외에 기업의 성장과 함께 이루어지는 기계의 경제와 대량거래의 경제로 기업은 계속해서 성장한다. 성공은 신용을, 그리고 신용은 다시 성공을 가져오면서 기업은 계속 성장한다는 것이다. 이러한 성장과정은 기업가의 정력과 기업심, 창의력과 조직력을 끌어올리고 새롭게 하며 경영에 불가피한 모험이 이례적으로 손실을 가져오지 않는 한 계속된다고 보았다.[36]

경영능력을 가진 노동자는 자금을 조달 결합하여 소기업가가 되고, 소기업가는 다시 대기업가로, 동시에 소기업은 대기업으로 계속 상향적 성장할 수 있다는 것이 마셜의 견해였다. 이때 기본이 되는 것은 기업가가 자금을 지휘하는 경영능력인데, 이것은 과밀한 산업에서 양호한 기회를 제공하는 산업으로 수평이동하고, 산업 안에서 유능한 사람은 상위 직책으로 성장하는 등 쉽게 수직 이동도 하기 때문에 근대 영국에서 경영능력은 수요에 순응하는 것이 일반적 법칙이라고 보았다.[37] 이처럼 마셜은 경영능력, 즉 기업가의 공급이 탄력적임을 시사하고 있다.

그런데 내부경제와 외부경제를 통하여 기업은 영원히 성장할 것처럼 보이지만, 사실은 그렇지 못하다는 것 또한 마셜의 생각이었다. 그는 그것을 수목에 비유하여 다음과 같이 설명하고 있다.

하나의 수목은 활기 있게 장기간 성장하여 다른 수목보다 더 큰 규모로 성장할

---

35) 위의 책, p.260.
36) 위의 책, pp.262~263.
37) 위의 책, p.261.

수 있지만, 조만간 나이가 그들에게 모든 것을 말해줄 것이다. 더 큰 수목은 경쟁자보다 빛과 공기에 쉽게 접근하겠지만 점차 활력을 잃는다. 그래서 그 지위를 젊음과 활력을 지닌 다른 수목에게 넘겨주게 된다고 하였다. 이와 같이 자연은 그 창설자의 수명과 그들의 재능이 활력을 유지하는 분야를 제한함으로써 사기업에 압력을 준다. 그리고 마셜은, 이런 법칙이 거대주식회사(더러는 침체하지만 쉽게 소멸하지 않는)가 발전한 뒤에도 일반적은 아니지만, 많은 산업에서 아직도 유지되고 있다고 말한다.[38]

마셜의 '소기업 성장 연속론' 즉, 소기업의 상향적 성장에 대한 마셜의 생각은 경제사회의 변화 속에서 조금씩 그 내용이 달라졌다.

① 마셜은 노동자를 출발점으로 보고 이들이 고용주로 성장하는 데 따르는 조건으로 기업자금의 증가에 따르는 원활한 개업자금의 공급과 개인적 능력이라는 두 가지를 들었다. 그럼에도 창설된 소기업은 삼림의 비유에서 보듯이 점차 대기업으로 성장한다고 보았다.

② 마셜은 《經濟學原理》 초판(1890) 이후 상승운동의 제약조건으로서 기업의 번잡성(complexity)을 들었다.

③ 《經濟學原理》 제5판 이후에는 '거대주식회사의 최근의 발달 전'이라는 조건을 덧붙였다. 그래서 오늘날에는 이 원칙은 결코 보편적은 아니지만, 많은 산업에서 여전히 지속되고 있다고 말하였다.

④ 산업과 무역》(1919)에서는 이 운동이 이루어지는 분야를 한정하였다. 즉 소기업에 적합한 사업분야로서 기계가 완비되고 조직도 완전하여 더 이상 개선의 여지가 없을 때, 새롭게 얻은 힘을 좀더 넓은 분야로 돌린다. 그래서 소기업자는 대생산자의 대열에 참여할 수 있게 된다.[39]

⑤ 독점시장에서 소기업의 상승운동은 그것이 적합한 산업분야에서 표준화 생산이 특히 이것을 지지하는 경우에만 가능하다고 하여 그 범위를 극히 한정하였다. 즉 적합한 산업분야에서 소기업이 활동할 수 있는 여지가 남아 있는 경우에는 그러한 경향(상승운동을 저해하는 경향)은 상대적으로 적을 수 있다. 이러한 목적(소기업이 남도록 하는)을 위하여 중요한 수단은 조립업무에서 조립상 협동인데, 마셜은 특히 표준화가 소기업가를 시장에서 활동할 수 있도록 해준다고 지적하였다.[40] 즉 소기업의 상승운동은 소기업의 성장이 적합한 분야에서만 대기업까지

---

38) 위의 책, p.263. 마셜은 생물학적 소기업의 성장을 나무와 숲의 비유로 설명하면서도 대기업의 생물적 수명의 한계(개인적 능력의 쇠퇴)를 시사하였다.
39) A. Marshall, *Industry*, p.247.
40) 위의 책, p.594.

계속될 수 있다고 하여 그 범위를 제한하였다.

이처럼 마셜은 19세기 말 이후 거대주식회사 등 독점적 대기업이 발달하면서 소기업 상승운동의 내용을 점차 수정하고 그 범위를 제한하였다. 그러나 소기업의 상승운동에 대하여 그는 이 원칙이 보편적이지는 않지만 많은 산업에서 아직도 지속되고 있다고 보았다.[41]

2. 소기업 성장과 小企業殘存 理論

조직의 발달과 작용으로 내부경제와 외부경제가 실현되면서 수확체증과 대규모 생산의 이익(advantages of production on a large scale)이 실현되는데,[42] 이것이 산업경제의 지배적인 경향이라고 마셜은 생각하였다. 이러한 일반적 경향에 따른다면 대기업은 그들과 경쟁적인 소기업을 많은 산업분야에서 완전히 구축해야 하지만 사실은 그렇게 되지 않는다는 것이[43] 또한, 《經濟學原理》(第2版) 이후 마셜의 생각이었다. 대규모 경제가 소기업을 몰아낼 것이라는 생각이 마셜의 《經濟學原理》 초판에 담겨 있었다. 그러나 현실적으로 소기업이 끈질기게 잔존한다는 사실 때문에 소기업잔존의 문제를 해명해야 할 과제를 안게 되었다. 즉 적어도 공업에서는 기업의 규모가 클수록 경영이 양호하여 대공장이 많은 산업부문에서 소규모기업이라는 경쟁자를 몰아내는 것이 수월할 것처럼 보인다. 그럼에도 아직도 실제로는 그렇지 않은 이유가 무엇

---

41) 마셜의 〈소기업 성장론〉에 대한 평가를 보면 다음과 같다.

① 기업의 상향적 성장과 대기업가의 공급을 탄력적이라고 본 마셜의 견해에 대한 슈타인들(J. Steindl)의 전면적 비판이 있었다. J. Steindl, *Small and Big Business*, 米田淸貴·加藤誠一 譯, 《小企業と大企業-企業規模の經濟的 諸問題》, 巖松堂, 1969. pp.11~13

② 일본 산업을 대상으로 한 실증적 연구는 성장률이 급속한 산업에서는 중소기업이 대기업까지 성장한 예가 많지만, 성장률이 낮은 분야에서는 중소기업이 대기업까지 성장한 예가 적다는 것이다. 瀧澤菊太郎, 《高度成長と企業成長》, 東洋經濟新聞社, 1973

③ 우리나라에서의 연구는 마셜의 '소기업 성장 연속론'을 뒷받침하고 있다. 즉, 경제구조가 안정적인 미국 등 선진경제와는 달리, 경제성장이 급속히 진행되는 저개발국에서는 기업규모의 활발하고 전반적 上向移動이 뚜렷하며, 특히 중화학공업분야에서 이런 특징이 검증된다는 것이다.(중소기업은행 조사부, 《企業規模移動調査》, 1972)

④ '사회적 대류현상론'에서는 마셜의 견해가 오늘날 상당히 타당성을 지니고 있다고 보았다.(淸成忠南, 《日本中小企業の構造變動》, 新評論, 1972, p.3)

42) 그 내용으로 숙련의 경제(economy of skill), 기계의 경제(economy of machinery), 원재료의 경제(economy of materials), 대량거래(구매 및 판매)의 경제(economy of buying and selling) 등을 들고 있다.(Marshall, *Principles*, pp.232, 235)

43) 위의 책, p.243.

인지가 마셜의 의문이었다.

즉, 대규모 경제 법칙이라는 이론과 소기업의 끈질긴 잔존이라는 경제현실의 괴리를 설명해야 하는 '경제이론상의 문제'가 마셜의 소기업 문제에 일어난 것이다. 그 결과 소기업의 잔존이유를 설명하는 것이 마셜의 소기업이론의 주요 내용이 되었고, 이것은 오늘날 산업구조 가운데 중요한 위치를 차지하고 있는 중소기업에 대한 이론의 기점이 되었다.

많은 공업과 산업분야에서 대규모 경제 때문에 소기업이 도태하고 있지만,[44] 다른 한편에서는, 현실적으로 소기업이 잔존하고 있는데, ① 대규모 경제의 한계, ② 그 실현을 위한 조건의 분리, ③ 그리고 소기업의 독자적 유리성으로 그 내용은 집약할 수 있다. 구체적 내용을 보면 다음과 같다.

1) 기계의 경제성의 한계

　① 어느 산업에서는 기계의 경제성이 적정한 규모(moderate size)에 이르면 소멸되는데, 예컨대 면사 방적업종에서는 비교적 소규모 공장도 유리성을 지닐 수 있다.[45]

　② 기계의 경제가 오히려 가내공업(house industry) 등 소기업 분야를 유리하게 할 수도 있다. 양말 메리야스 산업은 수편직기의 개선으로 가내공업(the dwelling house)으로 돌아가려는 경향이 있다.[46]

이러한 지적들은 산업분야에 따라서는 기계의 경제성의 한계, 즉 소규모에 적정규모가 있으며 그 분야에서 소기업이 잔존할 수 있음을 말한다.

2) 생산규모의 확대와 판매(시장) 증가의 한계

　① 대규모 생산의 이익을 누리는 대부분의 산업에서 시장거래(marketing)의 어려움이 있다.

　　㉠ 단순하고 균등한 상품의 경우는 그렇지 않지만, 수확체증의 경향이 작용하는 많은 상품은 어느 정도 특수품(specialities)의 성격을 갖는다. 이들 상품은 대체로 새로운 수요를 창출하거나 또는 새로운 방법으로 수요기반의 확대에 대응하지만 특수한 취향(special tastes)을 지향하기 때문에 거대한 시장을 가질 수 없다.

　　㉡ 이러한 경우 각 기업의 판매는 환경에 따라 어느 정도 제한되고, 특수한 시장

---

44) 위의 책, pp.234, 239.
45) 위의 책, pp.234~235.
46) 위의 책, p.247.

은 높은 비용을 지불해야만 확보할 수 있다. 즉 시장의 확대는 높은 비용을 지불할 때 실현할 수 있다.

ⓒ그 결과 생산이 크게 늘어도 판매는 거기에 따라가지 못하게 된다[47]는 것이다. 이러한 마셜의 지적은 시장의 불완전성의 가능성에 대한 중요한 시사이다.

② 고객이 소량으로 구매할 때는 가까운 상점에 가지만, 중대한 구매를 위해서는 번거로워도 도시의 어느 지역을 방문하여 구매목적에 합당한 상품을 구입하는 경향이 있다는 것이다.[48] 이는 생산의 경제성이 아닌 고객의 편의(convenience of customer), 즉 소비 및 수요의 요인이 산업의 입지를 결정할 수 있다는 점을 지적한 것으로서, 수요측 요인에 바탕을 두고 형성된 지역적 시장에서 소기업의 존속 가능성을 보여준다.

3) 관리 면에서 소기업의 능률성

① 소기업은 산업진보의 주요원천(chief sources of industrial progress)인 독창력과 융통성의 최선의 지표(educators)이다. 그렇기 때문에 거의 모든 산업에서 능률을 높이기 위하여 생산확대를 꾀하지만, 일정의 산업기술 아래에서는 기업규모 증대가 그 이상의 경제성과 능률성을 가져오는 데 한계가 있는 경우가 있다. 물론, 이러한 결론이 시장거래에까지 적용되는 것은 아니다.[49]

② 소기업자 (the small employer)의 통찰력은 종업원의 태만을 막고 기업 안의 한 조직에서 다른 조직으로 원활한 의사전달이 이루어지게 하는 등 독특한 이익을 지닌다. 대기업이 택하는 簿記와 번잡한 수표제도 등도 거의 생략하고 있다.[50]

③ 소기업자의 통찰력이 미치는 곳에서는 상세한 사항에 대한 개인적 통찰과 즉각적인 판단이 이루어지고, 이것은 소기업의 주요한 강점이다. 그 결과 소기업은 적은 노력과 비용으로 노동자들의 나태와 원재료 낭비를 효과적으로 억제할 수 있다. 이것은 전통적인 방법으로 경영하는 대기업이 큰비용으로도 이룰 수 없는 소기업의 장점이다.[51]

---

47) A Marshall, *Principles*, pp.238~239.

48) 위의 책, p.227.

49) A. Marshall, Industry, p.249. 《經濟學原理》에서 〈적정규모〉(또는 중규모) 논의(pp.234~235)와 더불어 〈적정규모론〉(optimum size)을 상기하게 한다. 물론 로빈슨(E. A. G. Robinson)의 그것에 비하면 극히 초보적이며, 조잡한 수준이다.

50) 위의 책, p.237.

51) A. Marshall, *Industry*, p.366. 여기서 전통적인 방법은 테일러(F. W. Taylor)의 과학적 관리법 (scientific management)이 창안되기 이전의 경영기법을 말한다. 20세기 초 테일러 이후 대기업의

4) 선대제도 및 저임금의 바탕

① 大商社(a large trading house)가 수공업자 및 가족노동자에게 작업을 나누어주어 경제성을 높이고 있다는 것이다.[52] 이것은 상인의 선대제도로 소기업이 존속할 수 있음을 지적한 것이다.

② 이것이 마셜의 《經濟學原理》, 8판에서는 다음과 같이 그려지고 있다. 섬유산업에서 오래 전에 보급되었던 가내공업은 대기업가가 小屋(cottage)이나 영세작업장(very small workshop)에서 작업이 이루어지도록 분할하여 주는 제도이다. 영국 각지의 거의 모든 원격지 마을에서 대기업이 대리점을 통하여 원재료를 소옥에 분할 제공해 주고 완성품을 돌려 받는다. 이 제도는 신체조건과 사기가 뒤떨어지고, 미숙련, 미조직화된 노동이 대량으로 존재하는 오래된 대도시지역에서 발달하였으며, 특히 의류산업과 낮은 가격의 가구산업에서 발달되었다.[53]

③ 이 제도는 열악한 위치에 있는 노동자를 간접적으로 관리 통제하는 수단이었다는 지적도 있다. 여기에 유입되는 사람들은 노동자 가운데서도 가장 약한 계층이기 때문에 이 제도는 탄력성을 지니고 있다는 장점과 함께, 이 작업을 하는 노동자에게는 기업가가 원하는 압력을 넣을 수 있이 되기 때문에 많이 채택되었다는 것이다. 즉, 자본가는 자택의 노동자에게 작업을 분할해주고 서로 경쟁하면서 작업을 하도록 하는데, 작업을 하는 사람들은 서로 알지 못하기 때문에 일치된 행동을 할 수 없다는 점을 이용한다는 것이다.[54] 이러한 선대제도는 그 작업상의 경제성과 함께 노무관리의 능률도 함께 높일 수 있다는 점을 생각하면, 오늘날의 하청문제를 논의하는 데 중요한 점을 시사해 준다.

④ 소기업가는 그의 목적에 합당한 노동자를 고용하지만 유용성이 없는 재능에 대해서는 그 대가를 지불하지 않는다. 즉, 저임금 노동으로 충분한 작업에는 숙련노동자를 고용하지 않는다.[55] 저임금 노동이 소기업의 존속기반이 될 수 있음을

관리면의 단점이 크게 줄어들고 있다는 점을 마셜은 지적하고 있다.

52) A. Marshall, *Principles*, 1st ed., 1890, p.343.

53) A. Marshall, *Principles*, 8th ed., pp.246~247. 작업장(workshop)은 수공업적 소경영형태에서 단순협업을 하는 작업장을 말하며, 상업자본(상인)의 선대지배의 대상이었음.[제6장 제2절 2항. 각주 9) 참조]

54) 위의 책, pp.247~248.

55) A. Marshall, *Industry*, p.247. 초기에 마셜이 大商社에 의하여 先貸制度로 소기업이 존속한다고 지적했을 때는, 가내공업이나 수공업 등 노동착취제도(sweating systems)가 19세기 후반에서 20세기 초에 소기업 문제로 제기되었을 때였다. 그러나 그 이후에도 선대제도에 대한 논의는 지속되었고, 특히 열악한 노동조건과 저임금을 소기업 잔존의 조건으로 제기한 것은 오늘날의 대기업과 중소기업의 임금격차 등 중소기업 문제의 논의의 기점이 되고 있다.

시사하고 있다.

5) 기계 및 분업의 발전과 생산의 전문화 및 표준화

① 표준화 생산의 발달은 생산공정을 세분화시켜 전문화 생산을 촉진하지만, 반대로 전문화의 발달은 표준화를 다시 촉진하는데,[56] 이는 소기업에 유리하게 작용한다. 모든 공업국에는 중간 정도의 자본력을 가진 사람이 유리하게 생산할 수 있는 특수품에 대한 충분한 시장이 있다. 소기업가는 그의 재능과 자본을 어느 단일상품, 단일규모의 생산에 집중함으로써 가장 잘 활용할 수 있다. 소기업가는 세분화된 작업에 필요한 기계를 구입하여 한 가지 작업에 전념하여 낮은 가격에 생산할 수 있기 때문이다.[57]

② 기계의 발달에 따른 轉換部品制度(systems of interchangeable part)[58]가 발달하는 것은, 가공공업보다는 조립공업 분야에서 소기업의 존속이 가능하다는 것을 시사한다.

③ 섬유공업의 방직업에서도 기술이 진보하여, 어느 기준과 조건에 맞는 정확성과 확실성을 갖는 실(yarn)을 제조하기 때문에 직물업자는 공개된 시장에서 그것을 쉽게 구입할 수 있다. 따라서 직물업자는 방직업을 겸할 필요가 없고 직물업에 전문적으로 종사하면서 원재료를 쉽게 구입, 소공업으로 존속할 수 있게 된다.[59]

6) 협동화에 따른 대량거래의 실현

소규모의 직물업자는 흔히 비용이 많이 드는 시장거래방법을 택하고 있지만, 협동화하거나 공동구매하여 판매 및 구매에서 경제성을 높일 수 있다.[60]

7) 사회의 일반적 진보와 情報 획득 및 實驗의 용이[61]

① 외부경제는 산업지식(trade knowledge)을 제공한다는 점에서 내부경제보다 그 상대적 중요성이 끊임없이 높아지고 있다. 신문과 모든 산업기술 관계 출판물은 필요로 하는 지식을 전달해준다. 얼마 전만 해도 이 지식은 원격지에 적절한 대리점을 가지고 있지 않은 사람은 얻을 수 없었는데, 이제는 소기업도 이를 쉽게

---

56) A. Marshall, *Principles*, pp.213~218.
57) A. Marshall, *Industry*, p.246.
58) A. Marshall, *Principles*, p.213.
59) A. Marshall, *Industry*, p.230.
60) 위의 책, p.602.
61) A. Marshall, *Principles*, p.237.

얻을 수 있다.

② 대체로 경영비밀이 줄어들고 중요한 생산방법의 개선 결과도 실험단계를 벗어난 뒤에는, 장기간 비밀로 남아 있지 않다는 사실이 소기업가에게 이익이 된다. 소기업가가 지식획득을 위해 근대시설을 이용할 능력과 시간만 있다면 경제진보와 대기업과의 경쟁에서 뒤떨어질 이유가 없다.

8) 대기업과 소기업의 적정 산업분야의 규정

① 기술적 변화가 기업규모를 늘려 소기업을 구축하는 경향이 있는 전형적인 산업은 철강공업이며, 반면에 소기업에게 유리한 경향이 있는 산업은 직물공업이라는 것 등이다.[62]

② 생산의 전 단계(early stage of production) 공업은 기계 역할의 범위가 크고 대자본을 필요로 하지만 많은 노동과 개인적 처리를 필요로 하지 않는다. 반면에 생산의 후 단계(later stage of production) 공업은 수작업이 많고 기능공이나 소기업가의 세심한 주의가 필요한 분야이다. 예컨대 대철강회사는 언제나 스스로 刀物을 제조하지 않고 小刀物業者에게 원재료를 공급한다. 부인모자, 의류, 제화업자나 소건축업자, 사진틀 제조업자는 기계로 대량생산한 원재료를 구입하여 산업활동을 한다.

이들은 지역적 수요와 고객의 특수한 취향 그리고 소규모 시설로 이루어지는 수작업을 관리하는 데 주의를 집중한다.[63]

③ 상업분야에서 소매상은 소규모의 수리업 등에서 그 지위를 확보하고, 또 변질성이 있는 상품의 판매에서 상당히 유리한 지위를 유지할 수 있다는 것이다.[64]

9) 마셜의 소기업존속에 관한 여러 견해의 정리

대규모 경제의 법칙과 소기업의 잔존이라는 '이론과 현실의 괴리'를 경제이론상

---

62) A. Marshall, *Industry*, pp.218~233.

63) 위의 책, p.246. 마셜이 전단계 공업과 후단계공업이라는 기준으로 소기업의 존립분야를 구분한 것은 오늘날 중소기업의 산업분야를 정하는 데 주목을 끈다. 이에 대하여 기술적 최소단위(minimum technical unit)가 소기업분야 책정기준으로 제시되기도 한다.(A. Beachham, *Economics of Industrial Organization*, London, 1948, p.46) 즉, 기술적 최소단위가 큰 업종에서는 대기업이, 그것이 작은 업종에서는 소기업의 존립여지가 크다는 것이다. 이 기준에 따르면 마셜의 소기업 분야책정과 다른 결과를 가져올 수도 있다.

64) A. Marshall, *Principles*, p.241. 소기업의 존립 대상업종으로 상업을 포함시킨 것은 우리의 주목을 끈다.

의 문제로 보고, 마셜은 그의 《經濟學原理》와 《산업과 무역》에서 소기업의 존속에 대한 다각적인 견해를 제기하였다.

다음 내용은 이를 집약하여 설명한 것이다.

첫째, 소생산자는 끊임없이 위협받고 있으며, 사실 많은 산업분야에서 특히 대기업에게 구축되는 과정에 있지만 소기업은 존속한다.

둘째, 기계를 대부분의 생산공정에서 사용하지만, 다른 부문에서는 舊來의 수공업적 방법이 지속되면서 소기업은 존속한다.

셋째, 기계로 생산하는 부문의 비용이 줄고 상품가격이 내려 시장점유가 늘고, 노동의 총수요는 줄어드는 경향에 있다. 그러나 세심한 주의력이 필요한 상품의 수요는 전체 생산량의 증가와 함께 늘어날 것이다.

넷째, 창의성과 세부사항에 대한 세심한 주의력을 필요로 하는 분야에서는, 소생산자들이 우수성을 발휘하기 때문에 소생산자가 적응할 수 있는 분야는 한쪽에서 줄어든 만큼 다른 방향으로 확대된다.

다섯째, 더구나 기계가 진보하면서 이전에는 각 가정에서 하던 의복 제조, 식료품 제조 및 세탁 같은 작업이 계속해서 소기업분야에 더해지고 있다.

여섯째, 그 결과 산업발달은 기업심과 창의력이 상향작용(their climb upwards)을 시작하는 새로운 단계를 맞이하고 있다는 것이다.[65]

소기업의 존립에 대한 이러한 내용을 포괄해서 살펴보면, 내부경제와 외부경제의 한계를 지적하는 것으로 정리할 수 있다. 그런데 마셜은, 내부경제는 기본적으로 대기업에 유리하게 작용하고 소기업에 불리하지만, 외부경제는 소기업에 유리한 측면이 많다는 점을 설명하고 있다. 특히 외부경제를 설명하면서 이 경제는 비슷한 성질을 지닌 수많은 소기업이 특정지역에 집중 입지하는 것으로 얻어지는 경제[66]라고 한 지적이 이를 말해준다.

소기업의 잔존이유와 그것이 산업진보에 주는 영향을 설명하는 이러한 내용은 소극적인 존립이론이어서 오늘날 중소기업의 적극적 존립이론과는 대비된다. 전자는 소기업잔존의 문제를 '경제이론상의 문제'로 보고 이를 해명하였다. 이에 비해 후자는 중소기업을 산업구조와 산업조직상의 중요한 문제로 인식하고 그 존립의의와 역할을 적극적으로 설명하고 있다. 즉 후자는 소기업 또는 중소기업 문제를 '국민경제상의 모순의 문제'로 분석하고 있으며, 그에 대응하는 정책인식에 이르고 있다.

---

65) A. Marshall, *Industry*, pp.247~248.
66) A. Marshall, *Principles*, p.221.

제5절 代表的 企業과 소기업 문제

1. 산업의 균형과 대표적 기업

대표적 기업을 이해하려면 마셜의 산업균형에 대한 견해를 설명할 필요가 있는데, 이것은 그의 생물학적 접근법에 기초를 두고 있다. 마셜은, 인간의 경제생활을 올바르게 나타내는 것은 산업적이고 사회적(industrial and social) 진보 또는 진화인데, 이처럼 움직이고 진보하는 경제현상을 분석하는 데는 역학적 접근보다는 생물학적 접근이 적당하다고 생각하였다. 이로부터 경제현상과 산업분석에 생물적 유기체의 개념을 받아들였다.

고등동물의 조직원리에서 분화와 통합화의 기능을 발견하고, 그로부터 내부경제와 외부경제의 실현을 통한 수확체증과 대규모 경제의 법칙을 이끌어냈다. 또한 소기업 성장을 생물학적으로 설명하였다.

생물학적 유기체의 개념은 산업현상을 유기체로 유추하였고 산업현상 사이의 유기체적 성격을 강조하였다. 이는 생물학적 진화론에서 나오는 사회진보의 사상과 결합하여 유기적 성장의 개념에 이르도록 하였다. 즉 유기적 성장은 대기업에 대한 소기업의 도태, 소기업의 대기업으로의 성장, 대기업과 소기업 사이의 상호관계, 대기업의 생물적 수명의 한계에 다른 쇠망 등 무수한 산업적 요인의 성쇠와 상호의존관계 속에서 유기적으로 성장하는 산업의 모습을 설명한 것이다.

개별기업의 성쇠에도 불구하고 무수한 요인의 유기적 상호의존적 관계 속에서 산업은 진보하고 발전한다는 것이 유기적 성장의 귀결이다.

이것은 유명한 '삼림의 비유'에서도 알 수 있다. 개개의 수목(기업)은 출생(신설)과 사망(도산)을 거듭해도 삼림(산업)은 이와 별도로 성장과정을 갖는다고 본 것이다. 개별기업과 별도의 성쇠과정을 겪는 '産業'이라는 독립적 경제단위를 상정한 것이다. 이것은 바로 생물적 유기체의 산업현상에의 유추, 즉 자연유기체와 사회유기체의 유사성에 착안하여 산업유기체를 설정한 결과였다.[67]

---

67) 마셜은 일찍이 독일에 유학하면서 역사학파의 학자들과 교류, 그 영향을 받기도 했으며 역사학파가 이룬 것을 시대에 으뜸가는 업적이라고 칭찬했었다.(J. M. Keynes, *Essays in Biography*, 丁炳烋 譯, 앞의 책, p.171) 역사학파는 인류와 개인의 중간에 民族이라는 유기체, 즉 民族有機體를 규정하고 그 발전을 추구한 바 있다. 마셜이 기업과 사회의 중간에 산업유기체를 유추한 것은 역사학파의 영향을 받은 것으로 추측된다.

마셜은, 장기적 경제진보의 방향을 개별기업의 분석이 아닌 산업분석 속에서 찾았다. 영고성쇠를 거듭하는 개별기업보다 무수한 요인의 성쇠로 제한받으면서도 '유기적으로 성장하는 산업'을 유기체로 보고 그것을 경제진보의 더 중요한 대상으로 삼았다.

모든 산업에서 어떤 순간에 상승국면에 있는 기업은 상향 성장하고, 반면에 하강국면에 있는 다른 기업은 쇠잔하면서 한 방향의 쇠잔이 다른 방향의 성장과 균형을 이루면서 평균적으로는 번영의 시기가 계속된다고 보았다. 개별수목이 영고성쇠를 계속하는 가운데, 삼림은 균형을 이루면서 성장하듯이 개별기업은 성장·성숙·쇠퇴라는 생존과정(life cycle)을 계속하지만, 그것으로 이루어진 산업은 균형을 이루면서 성장한다고 보는 것이 마셜의 생각이었다.

이때 산업의 균형은 진보력과 쇠미력의 균형[68]이며, 마셜이 생물학적 유추로부터 얻은 유기적 균형점이다. 대기업과 소기업 사이의 유기적 관계, 개별기업의 성장, 성숙, 쇠퇴라는 불균형 속에서 형성된 산업의 균형을 설명하고 유기적 균형을 분석하기 위하여 들여온 개념이 '대표적 기업'(a representative firm, representative business)이다.

개별기업의 불균형 속에서 유기적으로 성장을 지속하는 산업의 분석을 위하여 마셜은 企業-産業-社會(國民經濟)라는 관점을 결합시켰다.[69] 개개의 기업을 나무에 비유한다면 그 나무 하나 하나는 영고성쇠가 있으나, 이것들이 형성하고 있는 삼림(숲)은 개개의 수목(나무)의 성쇠와는 별도의 성쇠과정을 걷는다. 나무가 기업이라면 숲은 산업인데, 이 경우 숲의 성쇠와 동일한 보조를 걷는 특정한 나무가 있을 것이다. 즉 산업의 성쇠와 동일한 과정을 겪는 기업이 있다고 보고 이것을 마셜은 대표적 기업이라고 하였다.[70]

2. 대표적 기업의 개념

균형이란 일반적으로 수요와 공급의 균형을 뜻한다. 산업이 균형상태에 있다는 것은 산업의 수요에 맞는 공급이 있다는 것을 말한다. 이 균형을 설명하려면 당연히 산업으로서의 공급행동을 분석해야 하는데, 마셜은 산업이 마치 하나의 기업과 같이 행동하는 것으로 상정하였다. 즉 마셜은 산업을 대표하는 '이상적 기업'을 정하여 이를 '대표적 기업'이라고 한 것이다. 그가, 주어진 어느 산업의 총생산량에 대하여 한

---

68) A. Marshall, *Principles*, p.381.
69) 이것은 역사학파의 個人-民族-人類라는 관점과 비유된다.
70) 姜命圭, 앞의 글, p.11.

상품을 생산하는 데 필요한 正常費用(normal cost)을 분석하려고 개념상으로 구축한 것이 대표적 기업인데, 이것은 상품의 공급가격을 규제하는 여러 요인을 설명하는 데 매우 중요하다고 보았다. 그 특징은 다음과 같이 규정되고 있다.[71]

1) 산업의 총생산량에 대한 대표적 생산자의 비용(the expenses of representative producer)을 분석하려면 이제 막 사업계에 진입하기 위하여 투쟁하는 새로운 생산자를 택하는 것은 적합하지 않다. 이들은 여러 불이익 아래에서 작업하기 때문에 낮은 이익이나 이익이 없는 상태에서도 만족하면서 성공적인 기업을 만들기 위하여 거래를 형성하는 등 초보적 단계의 사실에 만족하는 생산자이기 때문이다.

2) 반면 오랜 기간에 걸쳐 예외적으로 지속적인 능력과 행운에 힘입어 폭넓게 기업경영에 집중하고, 또 거의 모든 경쟁자를 압도하는 거대하고 질서정연한 공장을 가진 기업도 택하지 않는 것이 좋다.

3) 그래서 대표적 기업은 상당히 긴 수명을 이어가면서, 상당한 성공(a fairly long life, and fair success)을 한 기업이다. 이들은 정상적인 능력(normal ability)으로 경영하고, 산업의 총생산규모를 산출하는 데 이용할 수 있는 외부경제와 내부경제에 정상적으로 접근(normal access)할 수 있는 기업이다.

4) 생산된 상품의 종류(the class)와 그것들의 시장거래조건, 그리고 경제적 환경을 일반적으로 고려한 기업이다.

5) 이와 같이 어느 의미에서 대표적 기업은 평균적 기업(an average firm)이다. 그러나 평균이라는 용어는 기업과 관련되어 여러 가지로 해석되는데, 대표적 기업은 특수한 종류의 평균기업이다. 이것은 대규모생산의 내부 및 외부경제가, 당해 산업 및 국가에서 일반적으로 어느 정도 보급되고 있는지를 알기 위하여 필요한 기업이다. 그래서 개인기업이나 주식회사 가운데 폭넓은 조사를 한 뒤 최선의 판단에 따라 특수한 평균을 나타내는 기업을 선택할 수 있다.

6) 어느 상품의 총생산규모가 늘어나면 보통, 대표적 기업의 크기도 늘어날 것이며, 대표적 기업이 누리는 내부경제와 그것이 이용할 수 있는 외부경제를 언제나 늘릴 것이다. 그 결과 이전보다 비례적으로 낮은 노동비용과 희생으로 상품을 생산할 수 있을 것이다.

마셜이 개념규정한 대표적 기업은 다음과 같이 설명할 수 있다.

1) 정상적으로 경제를 이용할 수 있으면서도 생산제품의 종류와 판매문제, 그리

---

71) A. Marshall, *Principles*, pp.264~265.

고 경제적 환경을 고려한 기업을 말한다.

2) 또한 정상적인 경영능력과 정상적(통상적, 보통)인 대규모생산의 경제, 그리고 시장확장의 곤란 등, 여러 가지 힘의 균형과 조화 속에서 성립하는 기업이라고 말할 수 있다.

3) 대표적 기업은 산업규모가 늘어나고 새로운 시장의 개척과 특별한 판매노력으로 그 규모가 확대될 수 있으며, 산업에 따라 다른 성질을 갖는다.

4) 그런데 대표적 기업은 그 개념을 들여와 분석을 시도하였던 산업의 균형, 즉 진보력과 쇠진력 사이의 균형을 반영하는 개념이다. 따라서 산업의 개별기업(대기업과 소기업을 포함)의 성쇠뿐만 아니라, 무수한 다른 요인의 움직임이 반영된 유기적 균형 상태 속의 기업이라는 점을 유의할 필요가 있다.

5) '平均企業'은 마셜의 지적대로 여러 가지 의미로 해석할 수 있는데, 이는 다음과 같은 복합적 특성을 지닌 것으로 이해한다.

① 산술적, 계량적 의미의 개념이다. 이때 '平均'은 대규모와 소규모의 '中間'이라는 의미를 지닌다. 즉 평균기업은 대규모기업과 소규모기업의 중간규모의 기업을 뜻하게 된다. 따라서 대표적 기업은 대규모기업보다는 작고 소규모기업보다는 큰 규모의 기업이 되는 것이다. 이 해석은 산술적 기업규모 구분의 기준으로서 의미를 갖는다.

② 그러나 대표적 기업은 마셜의 지적대로 '특수한 종류의 평균기업'으로서

ㄱ 정상적인 능력으로 경영하고

ㄴ 시장거래의 조건을 고려한 기업이면서,

ㄷ 내부경제와 외부경제를 정상적으로(통상적, 보통으로) 이용할 수 있는 기업이다. 이것은 적정규모적 요인을 반영한다.

③ 유기적으로 발전하는 산업의 균형점을 반영한다. 즉 동태적으로 성장하는 발전지향적 기업이라는 의미를 포함한다. '내부경제와 외부경제의 보급 정도를 나타내는 특수한 종류의 평균 기업'이라는 의미도 이를 말한다.

3. 대표적 기업과 기업의 규모 구분

대표적 기업이라는 개념은 산업의 구성요소인 기업의 규모 구분과 관련하여 중요한 기준을 제시해준다.

마셜은 기업(business)을 포괄적으로 규정[72]하였거니와, 이에 따르면 소기업에는 수공업과 가내공업 및 자본제 기업도 포함되고 있다. 여기서 우리는 소기업의 下限

(수공업과 가내공업)을 알 수 있다. 그러나 그 上限은 불명확한데, 우리는 이를 대표적 기업의 개념에서 유추해볼 수 있다.

첫째, 총체적 생산규모에 속하는 외부경제와 내부경제를 정상적(normal)으로 이용할 수 있는 기업이라는 규정에서 '정상적'이라는 의미를 해석하는 문제이다. 슈타인들은 이 의미를 '최대'로 해석하여 대표적 기업이 最低費用規模企業에 가깝다고 보았다.[73] 대표적 기업은 곧 판매의 곤란으로 주어진 한계 범위 안에서 할 수 있는 한 대규모경제를 이용할 수 있는 기업이라는 것이다. 대표적 규모에 이를 때까지는 대규모의 경제성은 판매를 확대하는 비용보다 크지만, 이를 넘어서면 반대가 된다고 지적하였다.

그러나 마셜이 대표적 기업을 '평균적 기업'이라고 한 것으로 보아 '정상적'을 '최대'로 보기는 어렵다. 또한 최대로 경제를 이용하는 기업은 극소수이며, 결국 대표적 기업도 극소수에 불과하다. 그러나 마셜의 개념규정에서 보면 대표적 기업은 현실적으로 많이 존재하고, 따라서 '정상적'이라는 의미는 '통상적' 또는 '보통으로'라고 해석하는 것이 적절하다.

둘째, 대표적 기업은 이상적, 추상적 개념의 기업규모이다. 그러나 산술적인 기업규모의 구분기준에서 보면 산업의 유기적 균형점을 반영하는 대표적 기업은 대기업(대규모기업)과 소기업(소규모기업)의 平均的 規模의 기업이라고 볼 수 있다. '평균'이라는 개념에는 계량적으로 보아 대규모와 소규모의 평균, 즉 중간이라는 의미가 포함되어 있다. 대기업과 소기업 등 무수한 요인이 유기적, 상호의존적, 제한적으로 작용한 유기적 균형점이기도 하다. 따라서 대표적 기업은 대규모기업보다는 작고 소규모기업보다는 큰 규모의 기업이라고 본다.

셋째, 마셜이 대표적 기업을 내부경제와 외부경제를 정상적으로 이용할 수 있는 '특수한 종류'의 평균기업으로 규정한 것은, 대표적 기업이 경제진보와 성장을 지속하는 산업의 균형점을 반영하는 것이라고 할 수 있다. '최대'는 아니지만 '통상적' 및 '보통으로' 외부경제와 내부경제를 이용하여 지속적으로 경제성과 합리성을 이루는 기업을 바로 대표적 기업이라고 본 것이다.

한편, 상승국면에서 상향하고 있는 여러 기업과, 하강국면에서 쇠잔하는 다른 기업이 상호작용하여, 한 방향의 성장이 다른 방향의 쇠잔과 상쇄되고 균형을 이루어 '평균적'으로는 번영을 계속하는[74] 산업의 균형점을 대표적 기업은 반영하고 있다. 여기서 '평균적인 번영'을 상징하는 대표적 기업은 정상적으로 경제(내부경제와 외부경

---

72) 위의 책, p.243.

73) J. Steindl, 앞의 책, 米田清貴·加藤誠一譯, 앞의 책, p.6.

74) A. Marshall, *Principles*, p.264.

제)를 이용할 수 있는 기업인데 이는,

① 성장과 쇠잔의 교차를 반영하는 유기적 균형점의 대표적 기업은 소규모기업보다 더 많은 경제를 통상적으로 이용할 수 있으나 대규모기업보다는 경제를 적게 이용하는 기업이며

② 따라서 소규모기업은 통상적인 경제 이용이 대표적 기업에 이르지 못하여 대규모 경제성의 실현이 불충분한 기업이며, 반면에 대규모기업은 대표적 기업보다 경제를 통상적인 수준 이상으로 이용하여 규모의 경제성을 충분히 실현하는 기업으로 볼 수 있다.

넷째, 그러나 기업규모가 소규모(양적인 기준에서 대규모·중규모에 대비되는 의미)인 소기업(small business)이 모두 대표적 기업에 이르지 못하는 경제성을 지니는 것으로 볼 수는 없다. 마셜의 소기업 존속에 대한 견해 또는 홉슨의 업종별 고찰에서 볼 수 있듯이 소기업도 업종의 특성에 따라서는 그 규모가 소규모이지만 경제적 합리성과 독자적 유리성을 갖고 존립하는 경우가 많다. 이러한 소기업은 비록 그 규모가 소규모이지만 정상적(통상적)으로 내부경제와 외부경제를 이용하면서 경제적 합리성을 실현하는 기업이다. 즉 소기업 가운데서도 대표적 기업에 포함될 수 있는 소기업이 있으며, 이들은 적정규모 기업에 접근하고 있는 것이다.

다섯째, 대표적 기업은 시장거래의 조건과 경제적 환경을 고려한 기업이다. 판매의 곤란에 따라 주어진 한계의 범위에서 대규모 경제를 최대로 이용하는 기업(슈타인들)이라거나, 대규모 생산의 경제성과 시장확장의 곤란 사이에 균형 내지 조화를 이룬 기업이라는 규정[75]도 있다. 그리고 광범하게 기업경영을 집중하고 거의 모든 경쟁자를 압도하는 거대한 기업은 대표적 기업의 범위에 포함하지 않는다는 것이 마셜의 생각이었다. 즉, 제한을 받지 않고 규모를 확대하는 대기업은 여기에 해당할 수 없다.

여섯째, 이러한 검토 결과를 토대로 '산술적인 기업규모'의 관점에서 그 범위를 살펴보면

① 현실적 규모를 정한다면 대표적 기업은 대기업일 수 없고 그렇다고 소기업이라고 단정할 수도 없다. 마셜의 대표적 기업은 특히 이상적 추상적 개념이지만 그것은 기업의 규모 구분, 특히 소기업의 범위를 정하는 기준으로 논의할 수 있기 때문에 그 규모에 대해 구체성 있고 현실성 있는 해석이 필요하다.[76]

---

75) 末松玄六 編, 《海外の中小企業》, 中小企業叢書 Ⅲ, 有斐閣, 1960, p.114.

76) 마셜은 그의 산업이론의 출발점을 실제적이고 현실성 있는 경제분석에 두고 있다. 이런 의미에서 비록 대표적 기업은 그것이 추상적 개념이지만 그 현실적 규모를 규정한다면, 오늘날 기준으로 볼 때 중소기업의 최상위 규모인 中堅規模 내지 中規模에 해당하지 않을까 생각한다.

② 이렇게 볼 때 대표적 기업은 소기업의 上限을 규정한다. 즉 소기업은 대표적 기업보다 그 규모가 작은 기업으로 규정할 수 있다. 대체로 소기업(산술적 기준의 소규모기업)이 정상적으로 내부경제와 외부경제를 이용할 수 없는 기업이라면 그 범주의 上限은 대표적 기업이 된다. 그리고 그 下限은 수공업 및 가내공업이다. 즉, 마셜의 이론에서는 소기업의 범위(상한)가 대표적 기업에 대한 규정에 따라 변화한다고 볼 수 있다.

일곱째, 기업규모의 규정이 업종별로 그리고 경제규모의 변화에 따라 변화할 수 있다는 점이다.

① 대표적 기업은 업종별 특성이 고려된 기업이라는 지적에서 우리는 소기업의 기준도 업종별로 다를 수 있다는 마셜의 견해를 읽을 수 있다. '생산된 여러 상품의 부류(the classes)의 고려'에 대한 규정은 업종별로 대표적 기업의 특성과 규모가 다를 수 있다는 것으로 해석할 수 있고, 이것은 바로 대표적 규모보다 소규모인 소기업도 업종별로 그 범위가 다를 수 있다는 것을 보여준다.[77] 또한 대기업과 소기업은 각각 그 적합한 업종과 분야가 다르고,[78] 따라서 소기업이 적합한 업종에서는 대표적 기업과 소기업의 규모가 상대적으로 소규모일 수 있다는 것을 말해준다.

② 대표적 기업의 규모가 어느 상품의 총생산량의 증가, 즉 경제진보에 따라 커진다는 마셜의 규정은 소기업의 범위도 경제규모의 확대에 따라 상향조정될 수 있음을 말해준다.

결국 이로부터 우리는 기업규모의 구분, 즉 대기업과 소기업의 구분은 절대적이 아니며 상대적이라는 점을 추론할 수 있다. 즉 대기업과 소기업의 범주는 업종별로 다를 수 있고, 시간의 경과와 경제상황에 따라 변화할 수 있다. 이것은 오늘날 중소기업의 범위를 규정하는 데 중요한 시사를 준다.

4. 대표적 기업과 기업의 존립조건

마셜이 대표적 기업을 경제적 환경과 생산된 상품의 판매조건(the conditions of marketing goods produced)을 고려한 기업, 그리고 정상적인 능력으로 경영하는 기업이라고 규정한 것은 그 존립조건과 관련하여 중요한 의미가 있다. 그는 대규모생산의

---

77) A. Marshall, *Industry*, pp.508~509.
78) 특수한 취향(special tastes)에 적합한 제조업들의 기업규모는 대개 소규모라는 지적도 있다.(A. Marshall, *Principles*, p.397)

한계를 다음과 같이 지적하였다.

첫째, 대규모생산에 의존하는 많은 산업이 가장 어려운 것은 시장거래(판매)이며, 수확체증 경향이 작용하는 다수의 상품은 특수한 취향에 적합한 특수품이어서 그 시장이 그렇게 큰 것은 아니다. 따라서 기업의 판매는 환경과 특수한 시장의 제한을 받는다. 그리고 이들 시장은 비싼 대가를 지불하고서야 얻을 수 있다고[79] 보았다.

둘째, 특수한 취향에 적합한 공업은 대개 소규모이다. 이들 산업은 발달한 기계와 조직의 개선으로 생산규모의 증가와 큰 경제성을 실현할 수 있으나, 그들은 특수한 시장에 의하여 제한된다. 이런 제한 때문에 성급하게 생산을 늘리는 경우, 그로부터 얻는 경제성의 향상에 비교할 수 없을 만큼, 시장에서 수요가격을 더욱 크게 낮추는 경향이 있다고 보았다.[80]

시장의 제한에 따른 판매의 곤란과 판매확대를 위한 비용, 그리고 급격한 생산증가에 더해질 수 있는 수요가격의 큰 인하 가능성 등의 요인은 마셜이 대표적 기업에 대한 규정에서 논의한 '시장거래조건'에 해당하는 것이라고 할 수 있다. 마셜은, 이것은 경쟁적 조건에서 대규모 경제를 지향하는 산업 또는 기업의 수요량 한계를 지적한 것으로서 그것이 기업규모의 확대를 억제한다고 보았다.[81] 여기서 우리는 대표적 기업이 판매에 제한을 받는 불완전 경쟁적 성격의 시장구조에서 존속하는 기업유형이라는 것을 알 수 있다.

대표적 기업을, 대규모 경제의 유리성이 시장거래의 곤란으로 그 규모를 제한받는 기업이라고 볼 때, 여기에는 판매 측면에서 적정규모의 결정요인이 포함된 것으로 볼 수 있다. 또한 대표적 기업은 정상적인 능력으로 경영하고 내부경제와 외부경제를 '최대'가 아닌 '통상적'으로 이용하는 기업이라는 규정은 대규모 경제가 충분히 실현되지 못한 상태를 말하는 것으로서 대규모생산의 한계, 즉 생산과 경영능력 면에서 규모의 적정성을 의미한다.[82]

소기업은 산술적인 기업규모 구분의 기준에 따르면 대표적 기업규모에는 이르지 못하는 기업, 즉 대표적 기업을 그 범위의 상한으로 하는 기업이다. 그러나 소기업 가

---

79) 위의 책, pp.238~239.

80) 위의 책, p.379.

81) 이러한 견해는 마셜이 삼림의 비유에서 제기한 기업의 생물적 수명의 한계와 함께, 경쟁적 조건에서도 산업은 독점에 이르지 않는다는 견해를 반영한 것이다.

82) 대표적 기업을 적정규모 기업으로 보기는 어렵다. 대표적 기업과 적정규모 기업의 관련성은 E. A. G. 로빈슨이 지적했었다. 즉, 오늘날의 대표적 기업은 최근의 과거의 어느 시점에서 최선의 생산규모로 간주된다는 것이다.(E. A. G. Robinson, *The Structure of Competitive Industry*, p.10) 그러나 그는 대표적 기업은 정상적으로 내부경제와 외부경제를 이용하는 특수한 규모의 기업이라는 마셜의 규정을 원용한 것은 아니었다.

운데는 마셜이 규정한 대표적 기업의 개념에 적합한 것도 있다.

첫째, 소기업은 '시장거래의 조건을 고려한 기업'이 될 수 있다. 이는 수확체증 경향에 있는 상품의 생산이 특수품 시장에 의존하기 때문에 특수시장의 제한을 받으며, 특수한 취향에 적합한 많은 공업이 대개 소규모라는 마셜의 지적을 나타내는 것이다.

둘째, 어느 업종에서는, 정상적인 능력으로 경영하고 최대가 아닌 '정상적으로(보통으로) 외부경제와 내부경제를 이용'하면서 경제적 합리성을 토대로 그 존립의 독자적 유리성을 지닌 소기업도 대표적 기업의 범주에 포함될 수 있다. 마셜은 대공장이 대규모생산의 주요 요인으로 기계의 경제성이 적정한 규모(a moderate size)에 이르자마자 거의 소멸되는 산업이 있다고 하였다.[83]

판매와 생산 및 경영능력의 세 가지 측면을 살펴볼 때, 우리는 대표적 기업에 포함되면서 적정규모로 존립할 수 있는 소기업도 있다는 점을 알 수 있다. 이처럼 마셜의 대표적 기업에 대한 규정은 소기업의 범위 설정뿐만 아니라 그 존립문제에도 해답을 주는 이론적 틀을 제공한다.

제6절 獨占과 소기업 문제

1. 마셜의 독점

수확체증 조건에서도 경쟁적 균형이 성립한다고 생각한 마셜은, 독점의 출현에 대하여 이론적으로는 부정적, 소극적 견해를 지녔다. 그는 각종 산업에서 대규모생산의 경제성을 인정하면서도, 대규모생산이 기업이익의 누적과 생산의 집중을 가져와 필연적으로 독점적 지위를 확립할 것이라는 문제에 대하여 부정적이었다.[84] 구체적으로 살펴보면 다음과 같다.

첫째, 대표적 기업에 대한 분석에서 본 것과 같이, 많은 산업에서 대규모생산의 경제성은 시장을 확대하기 어렵기 때문에 억제되고 이것이 경영규모의 지속적 증대를 규제한다는 것이다. 이 때 개개의 기업은 가격을 내리지 않고서는 판매를 늘릴 수 없는데, 이는 시장의 불완전성을 설명한 것으로 본다.[85]

---

83) A. Marshall, *Principles*, pp.234~235.

84) 그 결과 경쟁적 조건에서도 산업은 독점에 이르지 않는다고 본 마셜의 견해는 그 뒤 '수확체증과 경쟁적 균형의 兩立의 문제'라는 '마셜의 문제'를 제기하게 하였다.

85) J. Steindl, 앞의 책, 米田靑貴·加藤誠一 譯, 앞의 책, p.4.

둘째, 기업가 또는 그 상속자의 능력과 체력이 일정 시기 이후에는 쇠퇴하여 기업의 성장은 제한을 받기 때문에 극단적인 생산집중은 일어나지 않는다는 것이다. 기업가 능력의 쇠퇴에 대한 마셜의 이러한 생각은 '삼림의 비유'에서 알 수 있듯이 생물학적 유추의 결과였다. 그리고 이러한 기업가 능력의 쇠퇴는 원칙적으로 주식회사에서도 일어나는 것으로 보았다.[86]

마셜은, 독점의 형성을 이처럼 소극적 또는 부정적으로 보았음에도, 현실적으로는 19세기 말 이후 현저하게 발전한 거대주식회사, 트러스트, 카르텔 등 독점대기업과 그 독점상태를 설명하지 않을 수 없었다. 그는 《經濟學原理》의 제4편 5장 〈독점 이론〉과 《산업과 무역》의 제3편 〈독점적 경향과 사회복지의 관계〉에서 이 문제를 다루었다. 독점 이론으로서는 충분한 것이 아니지만, 여기서는 소기업 문제에 관련된 범위 안에서 다룬다.

먼저 독점의 내용에 대한 마셜의 견해를 검토하면 다음과 같다.

첫째, 제한적 독점(limited monopoly)에 대해 말한다.

① 대규모 경제의 이익이 거대기업을 형성하고 기업활동을 촉진해도 그것은 어느 기업가를 독점에 이르게 하지는 못한다는 것이다. 기업가 능력의 쇠퇴와 시장확장의 어려움이라는 독점화의 억제조건 이외에, 경쟁자의 그 분야 진입을 들고 있다.

② 기업규모가 커지면서 기업가의 재능이 이전에 소기업 단계에서 발휘했던 것처럼 대기업의 영역에도 적응한다면, 즉 독창성, 다양성, 진취력, 인내력, 사업수완과 행운을 꽤 장기간 지닌다면, 그가 사업하는 지역의 그 생산부문에서 모든 생산량을 차지할지도 모른다. 그리고 그 상품의 수송 및 판매에 어려움이 없다면 사업지역을 광범위하게 확대해서 독점에 가까운 어떤 것을 이룰지도 모른다. 그러나 이 독점은 매우 높은 상품가격 때문에 경쟁적 생산자가 그 사업분야에 진입함으로서 제한을 받는 독점, 즉 제한적 독점[87]이라고 보았다.

둘째, 절대적 독점이 아닌 조건부 독점(conditional or provisional monopoly)을 말한다. 즉 판매가격을 생산비와 정상이윤(normal profits)의 합계 이상으로 올리지 않는다는 조건으로 지배권을 지니는 독점을 말한다.[88] 만약 판매가격에서 생산비와 정상이윤을 차감한 잔액인 독점순수입(monopoly net revenue)이 있는 경우에는 많은 경쟁자가 나와 독점적 지배권을 잃는다고 보았다.[89] 이것은 제한적 독점과 그 바탕이

---

86) 末松玄六, 앞의 책, pp.113~114.
87) A. Marshall, *Principles*, p.238.
88) A. Marshall, *Industry*, p.397.
89) 위의 책, p.404.

같다. 마셜은 이처럼 독점이윤이 수반하지 않는 독점을 생각하였다.

셋째, 다만 경쟁자의 출현과 진입을 막는 두 가지 조건이 있기 때문에 조건부 독점이 오랫동안 지속된다고 보았다. 하나는 독점자에 대항하기 위해서는 많은 자본과 노력이 필요하다는 것이고, 다른 하나는 변화를 싫어하는 인간의 타성(*vis inertiae*) 때문이라는 것이다.[90]

넷째, 마셜은 독점을 얻기 위한 경쟁에 주목하였다. 가장 격렬한 경쟁은 독점이 전혀 존재하지 않는 경우보다는 어느 정도 독점적 지배가 존재하는 시장에서 일어난다. 거래기업이 독점을 위해 경쟁자를 몰아낼 때는 잔인하고 무법적인(unscrupulous) 수단을 취한다고 하였다.[91] 독점자 사이의 경쟁 상태, 즉 과점 상태를 설명하고 있다.

2. 독점과 소기업자의 지위

첫째, 대기업과 소기업의 경쟁은 단순히 우열경쟁이 아니고 독점이 소기업을 압박하는 것이라고 보았는데, 그 하나의 예가 '가격차별화'이다. 대기업이 어느 지역의 유류시장을 독점하려면 그와 경쟁적인 소기업의 상태를 주시하면서, 가격차별화가 허용될 때, 경쟁 소기업 근처에서 매우 낮은 가격으로 제품을 판매하여 경쟁자를 몰아낸다는 것이다.[92]

둘째, 독점이 지배하는 시장에서 소기업의 상승운동은 극히 제한적 분야에서 일어난다고 보았다. 소기업의 상향적 성장에 대한 마셜의 생각은, 경제사회의 변화 속에서 조금씩 그 내용이 달라졌다. 특히 독점이 지배하는 시장에서 소기업의 상승운동은, 그것이 가능한 분야에서 표준화 생산이 이를 지지하는 경우에만 가능하다고 그 범위를 제한하였다. 다시 말해 표준화가 소기업가의 시장활동을 도와줌으로써 적합한 산업분야에서 소기업의 상향운동을 가능하게 한다는 것이다.[93] 이는 독점적 대기업이 발달하면서 소기업의 상승운동이 제한받는다는 점을 지적한 것이다.

셋째, 마셜은 현실적으로 존재하는 많은 독점을 '조건부 독점'으로 보았는데, 이는 독점적 대기업이 소기업을 수탈하지 않는 것을 전제로 한다. 독점이 가격차별화 등 부당한 방법으로 소기업을 압박하지만 이윤을 수탈하지는 않는다고 보았다. 심지어 선대제도 아래에 있는 가내공업과의 관계에서도 그것을 경쟁적 관계로 보고, 그 기초

---

90) 위의 책, p.398.
91) 위의 책, p.396.
92) 위의 책, p.414.
93) 위의 책, p.594.

위에서 대기업이 이윤을 얻는다는 것이다. 결국 독점이 지배하는 경제에서도, 지배종속의 구조보다는 대규모 경제의 한계와 그 독자적 유리성이 소기업의 존립을 가능하게 한다는 것이 마셜의 생각이었다.

제7절 마셜과 중소기업 이론

우리가 살펴본 마셜의 산업인식과 중소기업 문제에 대한 여러 해명은 근대경제학적 중소기업 이론의 기원이 되었다.

우리는 흔히 근대경제학적 중소기업 이론의 기원을 마셜에서 찾고 있다. 대규모 경제의 법칙은 마셜이 최초로 논의한 것도 아니고[94] 소기업(small business)도 마셜만이 논의한 것은 아니다.[95] 그럼에도 불구하고 마셜을 중소기업 이론의 창시자로 삼는 것은, '기업규모의 중요성'을 분석하는 경우에 마셜의 견해를 제시하는 데서 출발하는 것이 편리하다는 이유 때문이라는 견해[96]가 있다. 그러나 이것은 아주 소극적인 지적에 불과하며, 더 적극적으로는 다음과 같은 이유로 중소기업 이론이 마셜에 기원을 두고 있다고 설명할 수 있다.

첫째, 생물학적 설명과 대규모 경제 이익의 한계 및 그 실현조건의 불비, 그리고 소기업의 독자적 유리성을 지적하여 소기업 존립의 문제를 제기하였다. 이것은 뒤에 지속적인 논의를 거쳐 '적정규모론'으로 발전하였다.

둘째, 마셜의 이론체계 속에 들어 있던 이른바 마셜의 문제, 즉 '수확체증과 경쟁적 균형의 양립의 문제'는 학설사적 논쟁을 거쳐 불완전 경쟁 또는 독점적 경쟁의 이론으로 귀결된다. 중소기업 잔존에 대한 불완전 경쟁적 설명은 이 이론이 기초를 이루기 때문에 결국은 마셜에 근원을 두고 있다고 볼 수 있다.

셋째, 마셜은 자연의존적인 수확체감의 법칙에 바탕을 둔 고전학파의 장기적 정체성과 빈곤문제 해결에 대응하기 위하여 대규모 경제의 법칙과 수확체증의 법칙의 이론적 체계를 전개하였다. 대규모생산과 수확체증의 능률성에 대한 지속적 연구는 중소기업 비합리성 이론을 이루면서, 또한 '소기업 성장 단층론'과 '소기업존립조건론'

---

94) 예를 들면 스미스(A. Smith)의 《國富論》(*The Wealth of Nations*)에서의 〈分業의 이익〉이나 마르크스의 《資本論》(*Das Kapital*)에서의 논의 등을 들 수 있다.

95) 마셜과 같은 시대의 경제학자로서 홉슨(J. A. Hobson)이 small business와 대규모 경제의 법칙을 논의한 것을 들 수 있다.

96) J. Steindl, 앞의 책, 米田靑貴·加藤誠一 譯, 앞의 책, p.1.

을 제시하도록 하였다.

넷째, 마셜은 소기업이 경제활동의 원천으로서 중요한 역할을 한다는 점을 지적하였다. 영국 산업의 대부분이 성장하는 소기업에 의존하고 있으며, 그들이 산업에 제공하는 힘과 탄력성은 전 국가에 걸쳐 있다고 지적하였다. 경제발전에 소기업이 활력을 주고, 산업발전의 원동력이 된다는 마셜의 견해는 오늘날 중소기업의 역할 특히, '활력 있는 다수론'의 근원이 되고 있다.

다섯째, 마셜은, 지식은 생산의 가장 강력한 엔진이며, 그것은 자연을 극복하여 우리의 욕망을 채워준다고 하였다. 인간이 자연에 지배력을 발휘하는 데 가장 강력한 힘과 기동력이 지식이라고 보았다. 인간의 지적인 향상과 그에 따른 산업조직의 발전이 가져오는 자본과 노동의 능률향상에 대한 마셜의 견해는 오늘날 지식기반 내지 지식 집약적 산업구조와 중소기업 이론의 근원이 되고 있다.

이론체계상의 이유 이외에도 마셜의 의견은 소기업의 범위 규정에서 오늘날 중소기업론의 근원이 된다. 그의 소기업 이론은 수공업과 가내공업만이 아니고 자본제적 공업까지 포함한다. 제조업뿐만 아니라 상업 분야의 소매상, 자영업자까지 포함하여 다룬[97] 선구적 경제학자였다. 즉, 자본제 기업만이 아니라 상업적인 것과 가족경영적인 것까지 포괄한 점은 오늘날의 중소기업 범위 규정과 질적으로 비슷하다.

마셜은 이처럼 근대 중소기업 이론의 선구자였다. 그러나 고전학파의 이론을 발전시켜 그 시대의 과제에 맞는 새로운 경제이론을 세우려는 경제이론의 개척자이며 동시에 창설자이기도 하였던 마셜이지만, 그에게 소기업 문제가 주된 관심의 대상은 아니었으며, 소기업이론이 그의 이론체제에서 중심부문을 차지한 것도 아니었다.

경제사회의 어느 분야에 대한 실제적 연구는 다양한 경향의 상호작용에 주의를 기울일 필요가 있었고, 그 가운데 하나가 소기업분야라고 마셜은 생각하였다. 즉, 마셜의 소기업 문제에 대한 해명은 "하나 가운데 많은 것이며, 많은 것 가운데 하나"(the many in the one, the one in the many)라는 그의 좌우명[98]을 반영한 것이었음을 유의할 필요가 있다.

그러면서도 마셜은 경제발전의 원천으로서 소기업 중요성을 지적하였고, 소기업 활동이 경제번영의 근본임을 알고 소기업 문제를 '경제이론상의 문제'로 해명하였다. 그 결과, 그의 이론은 오늘날 중소기업 이론의 기원이 되고 있다.

---

97) A. Marshall, *Principles*, p.243.
98) A. Marshall, *Industry*, p.v.

제6장 홉슨의 중소기업 이론

제1절 소기업 소멸론의 비판과 '中小規模企業'개념의 제시

산업의 유기적 성장 속에서 수확체증의 법칙에 따라 대규모생산이 경제적이지만, 소기업이 잔존하는 것을 해명하는 것이 마셜 중소기업 이론의 출발점이었다. 마셜은 대규모생산이 가져오는 경제적 이익의 한계, 그것의 실현을 위한 조건의 불비, 그리고 소기업의 독자적 유리성 등을 들어 그것을 설명하였다.

그러나 그것은 단편적인 설명과 소극적 수준의 해명에 그쳤다. 홉슨은 '진정한 잔존'과 '능률적 규모' 개념을 들여와[1] 대규모 경제의 한계점을 밝힘으로서, 적정규모론을 전개할 수 있는 단서를 마련하는 등 소기업 문제에 대하여 능동적이고 다각적인 견해를 보여주었다.[2] 《근대자본주의의 발달》(1894)[3]에서는 기업의 대규모화를 논의한데 이어 《産業制度論》[4]에서는 소기업 문제를 상세히 살폈다. 마셜과 같은 시대의 경제학자였던 홉슨은 이로써 마셜의 중소기업 이론을 더욱 진전시켰다.

먼저 홉슨은 기업의 대규모화 경향이 소기업을 소멸시킨다는 치밀하지 못한 통속적 견해(a loose popular nation)에 대해 문제를 제기함으로써 소기업 문제에 대한 견해를 밝혔다.

첫째, 최근 주요 산업분야에서 기업의 규모가 끊임없이 늘어나고 있어서, 그것이 보편적은 아니지만 성공적 기업이 명확한 한계 없이 대규모화는 반면에, 소기업은 소멸하는 것이 보통이라는 치밀하지 못한 통속적 견해가 있다. 그러나 산업제도에 관한

---

1) '능률적 단위'에 앞서 '능률적 생산단위'의 개념이 제시된 바 있다.(D. Knoop, *American Business Enterprise*, 1907)

2) 홉슨(J. A. Hobson)은 당시 영국의 경제학계에서는 白眼視되었던 경제학자지만 같은 시대의 마셜에게 영향을 준 것으로 보인다. 마셜은 《經濟學原理》의 〈산업조직〉 가운데 '산업의 지역집중'에 대한 脚註 가운데서 홉슨의 《근대자본주의 발달》을 참조하고 있다(pp.226~227). 그리고 홉슨이 《産業制度論》(1909)에서 제시한 적정규모에 가까운 개념인 〈저렴한 생산단위〉나 〈최대능률의 경영단위〉(maximum unit of business efficiency) 등의 논의(p.195)에도 마셜은 관심을 지녔던 것으로 추측되고 있다.

3) J. A. Hobson, *The Evolution of Modern Capitalism, A Study of Machine Production*, London, 1894.

4) J. A. Hobson, *The Industrial System, An Inquiry Earned and Unearned Income*, London, Longsman, Green & Co, 1909, New and Revised ed. 1910, Rep. of Economic Classics, New York, Augustus M. Kelly, 1969.

간단한 예비조사의 결과에 따르더라도 오늘날의 경향은 많은 산업분야에서 중소규모기업(small and middling business)이 그 지위를 유지하고 있다. 그리고 거대기업이 지배적 지위를 차지하고 있는 산업분야에서도 중소규모기업(business of moderate or small size)이 흔히 잔존하고 있다.

둘째, 사실에 대한 일반적 조사의 결과는, 경제가 자본을 집중하고 트러스트나 독점화 하는 것이 일반적인 움직임이며, 반대로 소기업은 점차적으로 배제된다고 하는 포괄적 법칙성을 지지하지 않는다. 기업의 규모가 어디까지 성장경향을 보일 것인지는 각 산업을 개별적으로 살핌으로써 해답을 얻을 수 있다.[5]

홉슨은 통속적 견해이던 '소기업 소멸론'을 치밀하지 못하다고 보고 이를 부정한다. 그러면서 중소규모기업이 많은 업종에서 그 지위를 유지하고 있다고 보았다.

1909년에 홉슨은 '중소규모기업' 또는 '중규모기업'(a medium sized business)[6]이라는 용어를 처음으로 사용하면서 그 존속을 지적하였다. 그러나 그의 논의의 주된 대상은 소기업이었으며, 소기업 문제의 해명 대상에 중기업이 포함된 것이 아니었기 때문에 여기서의 '중소규모론'은 예외적 사용에 불과하였다.

그러나 홉슨은, 19세기 말 이후 소기업을 대규모기업(대기업)에 비해 그 규모가 작다는 상대적 개념으로 사용하였듯이, 여기서의 중소규모기업도 거대기업에 대한 상대적 개념으로 사용한다. 경제가 성장 발전하면서 대기업이 거대화하고 경제력이 집중화하여 대기업의 상한이 거대규모로 커지면서, 중기업의 개념이 나올 수 있다는 이론전개의 배경을 일찍이 시사하였다.

이 점은 그가 트러스트나 독점에 대한 견해를 지적한 것에서도 알 수 있다. 오늘날 중기업과 소기업을 포함한 중소기업이라는 용어는, 바로 경제력의 집중화와 대기업의 거대화 및 독점화로, 소기업만의 문제가 중기업까지 그 사용을 일반화한 것으로 보고 있는데, 홉슨은 이 점을 이미 알았던 것으로 보인다.

제2절 진정한 잔존과 종속적 잔존의 구분

1. 산업별 고찰과 소기업의 잔존형태

중소규모기업이라는 개념을 사용, 그 잔존을 지적하면서도, 홉슨은 각 산업에 대

---

5) 위의 책, p.183.
6) 위의 책, p.193.

한 고찰[7]에서는 소기업에 대한 논의에 집중하고 있다. 그 결과 대기업과 소기업에서 나타나는 몇 가지 경향에 대하여 다음과 같은 결론을 제시하였다.

먼저 금융, 운수, 광업, 공업의 주요부문, 그리고 대도시에서 필수품과 서비스를 공급하는 업종에서는 대기업의 경제성과 대규모 경제가 일반화하고 있다. 그 이유는 철도, 기계의 경제, 그리고 분업의 경제가 기업규모를 성장시키는 주된 원인이기 때문이다. 대규모 기업은 이런 경제성의 도움을 받는 생산과정을 택하고 있다.

① 원재료가 균질해 위험과 낭비 없이 기계적 처리를 충분히 할 수 있다.

② 이 처리는 몇 개의 분리된 공정으로 나누고, 생산물에 대해서도 광범하고 규칙적이며 접근하기 쉬운 시장이 존재하여 자본주의적 대기업의 형태를 보급한다.

반면에 농업, 공업 가운데 불규칙적 업종과 보조적 업종, 소매업의 대부분, 특히 예술 및 전문적 기능이 요구되는 직업과, 기타 개인적 서비스업에서는 소기업 형태가 잔존하는 경향이 있다. 즉 주요 산업은, 경제력 집중의 압력 속에서 대규모 기업이 점유하지만, 다른 업종에서는 소기업이 잔존하는 경향이 있는데, 그 이유는

① 소규모이면서, 변동하는 불안정한 시장은 대규모 기업조직의 등장을 허용하지 않는다.

② 다수의 사치품과 유행성 상품을 생산하는 업종에서는 소기업이 잔존하고 있다.

③ 섬유와 금속공업의 주요 업종에서도 소공장과 소작업장이 특수한 주문을 대상으로 잔존한다.

④ 근소한 필수품(minor needs)을 공급하거나, 공장에서 행하기에는 편리하지 않는 특수한 공정 또는 수리업을 하는 보조산업에서도 소기업이 남아 있다.

⑤ 대공장이나 대상사에 밀접하게 부속되어 있는 소작업장이나 가내공업도 잔존한다. 이들은 때로는 자신의 기계나 동력을 가지고 작업을 하지만, 대기업으로부터 원재료를 받아서 자신의 명의로 작업을 하는 등 다양한 형태의 준독립적 상태(conditions of semi-independence)에 있다.

근대산업에는 여러 정도의 종속성(any number of degrees of dependence)이 존재하는데, 잔존하는 소기업의 독립성의 정도 또한 여러 가지이다. 그 이유는, 이것이 원재료와 생산공정에 관련되는 개인적 숙련, 주의력, 판단, 품성 등 개인적 특성에서 오는 요인(personal factors)에 의존하기 때문이다.

그런데 잔존하는 많은 소기업은 그들이 필요로 하는 원재료, 또는 제품의 수송과 판매를 위하여, 또는 금융적 지원 때문에 대기업에 종속하여 그들의 진정한 자주독립

---

7) 위의 책, pp.183~189.

성(real autonomy)을 침식당하는 경향이 있다.[8] 즉 소기업은 그 독립성이 언제나 침식당할 가능성 등 '종속적 잔존'의 문제를 갖고 있다.

2. 진정한 잔존·종속적 잔존·그 의미

잔존하는 소기업을 다음과 같은 두 계층으로 분류하였다.

첫째, 진정한 잔존(genuine survivals)을 하는 소기업이다. 이에 들어가는 것으로는

① 소비자 또는 대기업의 소규모이고 불규칙적인 주문을 받는 소기업이다. 이들은 빵, 과자 등의 식품을 지방시장에 공급하는 소기업과 공예적 특성의 업종에 종사한다.

② 부유한 사람의 기호나 취향을 대상으로 하면서, 제품생산에 숙련이 필요한 고급상품을 제조하는 소기업이 포함된다.

③ 대규모의 규칙화된 시장에 공급할 수 있도록 제품과 편의의 계층분류기준(class standards of comfort)을 아직 들여오지 않은, 새로운 상품의 공급에 종사하는 소기업도 포함한다.

둘째, 종속적 잔존의 특성을 지닌 소기업이다.

① 소규모의 노동착취적인 수공업 및 가내공업(sweating business)

② 중간상인에 종속되어 있는 작업장(servile workshop)

③ 저임금, 장시간 노동, 낮은 기업임대료 등 착취제도로 잔존하는 영세, 소규모의 종속적 작업장(small tied workshop)이 그것이다.[9]

이상에서 살펴본 홉슨의 설명은 다음과 같은 의미를 지닌다

첫째, 산업별 특성에 따라 기업규모의 경제성이 다를 수 있다는 점을 지적하였다. 그에 따라 대규모의 경제성이 실현될 수 있는 업종(경제성의 기업규모가 큰 업종)과 그렇지 않은 업종(경제성의 기업규모가 작은 업종)을 분류하였고, 후자의 업종에서는 소규모 기업(소기업)이 능률성을 가질 수 있다는 점을 설명하였다.

둘째, 홉슨은 산업별 기업규모를 분석하고, 그 결과 산업별로 소기업이 능률적으로 잔존할 수 있는 이유를 설명하였다. 이것은 마셜이 소기업의 잔존이유를 대규모

---

8) 위의 책, pp.186, 189~190.

9) 위의 책, pp.185~197. 원래 작업장(workshop)은 수공업적 소경영 형태에서 단순협업을 하는 작업장(직장)을 말한다. 이것은 선대제도에서 상업자본(상인)의 선대지배의 대상이었으며, 매뉴팩처 전개의 기초단위가 된다. 부업적 가내공업이 확대하여 단일직장으로 등장한 것이다.

경제성의 한계, 그 실현조건의 불비, 소기업의 독자적 유리성과 시장의 불완전성 등 다양한 요인을 단편적이고 무질서하게 결합 분석한 것보다 더욱 정리되고 진일보한 것으로 평가된다.

셋째, 더욱 중요한 것은 소기업의 종속적 성격을 지적하면서, 소기업의 잔존을 진정한 잔존과 종속적 잔존으로 구분하였다는 점이다.

① 진정한 잔존은 소기업이 대규모 경제의 한계, 그 실현조건의 불비, 그리고 소기업의 독자적 유리성을 기초로 하여 경제적 합리성을 지니면서 잔존하는 것을 말한다. 여기에는 완전 경쟁 아래 능률적 규모로 잔존하는 소기업과 불완전 경쟁조건과 소기업가의 보수적 성격에 따른 소기업의 잔존도 들어간다.

② 홉슨은 산업별 분석에서 작은 기업규모로 능률성을 실현하는 산업을 규명하고, 이런 산업 또는 업종에서 능률적으로 잔존하는 소기업을 진정한 잔존이라고 보았다. 즉 업종에 따라 소기업이 적정성을 갖고 진정한 잔존을 할 수 있다는 소기업의 합리적 잔존 가능성과, 업종에 따른 적정규모의 소규모성을 시사한 것이다.

③ 이처럼 홉슨이 산업별 기업규모의 경제성에 따라 소기업의 잔존이유를 분석하고 진정한 잔존을 규정한 것은, 소기업의 잔존을 적정규모로 존립하는 것으로 해석할 수 있는 길을 제시한 것이다.[10] 즉 기업규모의 경제성이 작은 업종에서 경제적 합리성을 갖고 진정한 잔존을 하는 소기업의 특성을 지적한 것이다.

④ 이에 비해 대상사와 중간상인에 예속되어 있는 등 다른 기업에 종속한 소기업은 종속적 잔존이라고 하였다. 이들은 진정한 자주독립성을 갖지 못하고 저임금 장시간 노동 등 이른바 경제적 불합리성을 바탕으로 잔존하는 것으로 보았다.

⑤ 소기업의 종속적 잔존은 대상사나 중간상인 및 대기업의 지배에 근거를 두고 있다고 보았다. 이 점은 기업이 '총이윤'을 추구하면서 비경제적 대기업과 독점에 이를 수 있다는 그의 견해와 연관되면서, 독점자본의 소기업 지배의 문제로까지 발전할 수도 있었다. 그러나 그 분석은 더 이상 진전되지 않았다.

---

10) 朴東燮, 《中小企業論》, 博英社, 1972, p.57. 종속적 잔존을 제외한, 경제적 합리성을 바탕으로 한 진정한 잔존을 하는 소기업에는 ① 기업규모의 경제성이 작은 업종에서 능률적으로 잔존하는 소기업, ② 불완전 경쟁적 시장에서 잔존하는 소기업, ③ 보수적 성격의 소기업 등 세 가지가 있는데, 이 가운데 적정규모론적 해명은 ①의 소기업이 대상이 된다.

제3절 최저생산비 규모와 최대능률 기업규모

1. 생산단위와 최저생산비 규모

소기업의 잔존을 경제적 합리성에 바탕을 둔 진정한 잔존과 그렇지 않은 종속적 잔존으로 구분한 홉슨은, 각 산업에 보급되는 경향의 정상적인 기업규모를 결정하는 요인[11]을 살폈다. 먼저 그는 단일공장의 생산단위를 기준으로 하는 최저생산비규모 (the cheapest unit of production)라는 개념을 제기하였다.

그는 단일공장의 생산비의 요소는 다음의 세 가지로 이루어진다고 보았다.

① 원재료비

② 생산임금, 즉 원재료를 가공하려고 기업이 직접 고용하는 노동자의 임금

③ 고정비, 즉 사실상 제조, 구입, 판매에 따르는 모든 비용[12]

원재료비 등 생산비에서는 중규모기업(a medium sized business)도 대규모기업과 같이 낮은 비용일 수 있다는 등 각 항목의 기업규모에 주는 작용을 분석하였다.[13] 그러면서 ① 원재료 가격, ② 분업의 경제, ③ 관리상의 경제, ④ 광고 및 판매 등 여러 면에서 각각 생산경제가 능률적일 수 있는 최대규모(최저생산비 규모)를 제시하였다.

그리고 논의된 여러 경제성을 조합 통일하여 경제적 규모, 즉 저생산비 단위(the unit of cheap production)를 결정[14]할 때 가장 경제적 규모를 '최저생산비 규모'라고 하였다. 즉 원재료비, 임금, 고정비의 세 가지가 작용하는 여러 경제의 각각의 최저생산비 규모를, 이 세 가지 중요성에 따라 조합, 통일하여 종합적으로 최저생산비 규모를 결정할 수 있는 것으로 보았다.

이에 앞서 크누프(D. Knoop)는 대규모 경제의 한계점을 능률적 생산단위(a unit of efficient production)로 파악한 바 있지만[15] 능률적이 무엇을 기준으로 하는지는 밝히지 않았다. 홉슨은 이것을 제시하면서 최저생산비규모로 규정하였다. 그 내용은 불충분하고 수준이 낮았으나, 20년 뒤 E. A. G 로빈슨이 생산, 관리, 금융, 시장거래 등 각 측면을 살펴본 뒤 이것을 종합하여 기업의 적정규모를 결정하였다.

---

11) J. A. Hobson, *Industrial System*, p.192.

12) 위의 책, p.192.

13) 위의 책, pp.193~195.

14) 위의 책, pp.194~195.

15) D. Knoop, *American Business Enterprise, A Sutdy in Industrial Organization*, Manchester, 1907, pp.37~38.

2. 기업단위와 최대능률 기업규모

최저생산비규모를 분석하는 가운데 홉슨은 생산단위와 기업단위의 차이점을 설명하면서 최대능률 기업규모(the maximum unit of business efficiency)의 개념을 이끌어냈다. 이를 구체적으로 살펴보자.

① 생산단위인 단일공장(plant or establishment)은 하나의 기업(a business)과 반드시 같은 범위가 아니다. 따라서 단일공장 단위의 최저생산비 규모만으로 기업단위의 경제성을 분석하는 것은 한계가 있다.

② 성장하는 기업은 다수의 생산공장(생산단위)을 가질 수 있으며, 이 때 기업단위(business unit)의 규모는 공장단위(establishment unit)의 규모보다 크다. 이에 따라 가장 경제적 기업규모는 단일생산 공장의 그것을 넘을 수 있다.

③ 특히 자본의 집중이 일반적 경향으로 되어 근대적 거대기업을 형성하는 단계에는, 생산 면뿐만 아니라 금융 면의 경제성과 금융과 밀접한 관계에 있는 산업 정책도 경제성에 영향을 준다.

그 결과 몇 개의 공장을 가동하는 기업이 형성되는데, 그 규모의 확대에는 한계가 있다. 즉 기업단위의 경제성(최저생산비)을 실현할 수 있는 규모, 즉 최대능률 기업,규모를 분석할 필요가 있다. 이때 기업확장의 한계를 긋는 최대능률 규모는 투하자본에 대하여 최대의 이윤율(rate of profit)을 산출하는 규모라고 홉슨은 지적하였다.[16]

홉슨은 기업단위의 최저생산비규모를 투하자본에 대하여 최대의 마진과 이윤율을 가져오는 규모라고 보고 이를 최대능률 기업규모라고 규정하였는데, 이를 계기로 능률적 규모라는 개념이 보급되기에 이른다. 그리고, 그 뒤 소기업의 잔존이유는 이 능률적 규모의 개념을 기준으로 분석된다.

단일공장이 거의 전부인 경제사회에서는 공장과 기업을 동일한 범주로 보고 최저생산비규모(단일공장의 생산단위 기준)를 분석하는 것은 큰 문제가 될 수 없었다. 그러나 복수의 공장을 갖는 기업이 점차 늘어나면서 대규모 경제를 생산단위와 기업단위로 구분하고 기업단위의 최대능률 규모를 논의하는 것은 이론적으로나 실제적으로 매우 중요하다.

소기업에 관한 논의에서도 생산단위인 공장은 소기업이지만, 이러한 소공장을 많이 갖는 기업단위가 나올 수 있기 때문에, 생산단위와 기업단위의 능률적 규모를 정하는 것은 소기업의 존립문제를 해명하는 데도 중요한 기준이 된다. 특히 이것은 경

---

16) J. A. Hobson, *Industrial System*, p.195.

제적 합리성을 바탕으로 독자적 유리성을 갖고 존속하는 소기업 문제를 해명하는 기준이 될 수 있다.

이상에서와 같이 홉슨은 생산단위와 기업단위를 구분하여 생산 또는 기업활동에서의 능률적 규모를 설명하였는데, 이를 정리하면 다음과 같다.

홉슨은 능률적 규모를 결정하는 요인으로 생산단위에서 생산비 기준을 제시하였다. ① 원재료비, ② 생산임금, ③ 고정비 등 세 가지 요인을 들었고, 실제로 경제성을 실현하는 규모의 분석에서는 ① 분업의 경제, ② 관리상의 경제, ③ 광고와 판매의 최저비용 등을 논의하였다. 이러한 몇 개의 경제성을 조합 통일하여 생산비가 가장 낮은 생산규모를 최저생산비규모라고 하였다. 즉 최저생산비규모를 생산단위의 능률적 규모라고 본 것이다.

경제가 진보하면서 여러 생산단위를 포괄하는 기업단위가 나오고 이에 대한 경제성 있는 규모의 규정이 필요하게 되었다. 생산단위의 기준 외에 여기서는 ① 금융 면의 경제성과, ② 산업 정책의 경제성을 더하여 최대능률 기업규모를 분석하였다. 그러면서 기업단위의 능률성 분석의 기준으로 판매수익(margin)과 이윤율을 들었다. 즉 투하자본에 대해 판매수익과 이윤율이 최대인 규모는 기업단위의 최저생산비규모이며, 이를 최대능률 기업규모라고 하고 이를 기업단위의 능률적 규모라고 설명하였다.

제4절 기업규모의 비정상적 확대와 독점

홉슨은, 완전한 자유경쟁에서 능률적 규모(최저생산비·최대능률 규모)보다 크거나 작은 기업은 잔존할 수 없으며, 잔존하는 모든 기업의 규모는 이 점으로 수렴한다고 보았다.[17] 그렇지만 현실적으로는 이 규모보다 큰 기업과 작은 기업이 존속하였으므로 이에 대한 해명이 필요했다. 먼저 전자, 즉 최대능률 규모보다 큰 비경제적 대기업이 현실적으로 존속하는 이유를 설명하였다.

실제로, 발전하는 산업(progressive industry)에서 건전한 기업이 주문을 거절하면서 확장과 확대의 유혹을 억제하기는 어렵다. 그 결과 평균이윤율을 낮추면서 기업의 규모증대가 일어나며 이 때문에 기업은 큰 모험을 하기도 한다.

경제이론에서 보면 최저생산비 규모를 넘어서 기업규모를 확대하는 것은 가격인하와 이윤감소를 수반하기 때문에 어렵다. 그러나 근대적인 기계개량과 기업경영의

---

17) 위의 책, p196.

개선이 지속되어, 발달하는 산업에서 최신장비를 갖춘 기업은 최저생산비규모에 이른 뒤에도 낮은 수준의 특별이윤율을 얻으면서 규모와 주문을 늘리려고 노력한다. 이 과정에서 최저생산비를 넘어선 규모확대가 일어난다.

이러한 규모확대가 이윤획득이라는 관점에서 반드시 우매한 것은 아니다. 최고의 이윤율을 얻을 수 있는 최저생산비 규모와 이윤율은 낮지만 큰 총이윤을 산출하는 규모는 다르기 때문이다. 기업가에게 경영동기를 부여하는 것은 최고이윤율(highest rate of profit)에 있다기보다는, 최소수준의 이윤율을 보장하는 수준에서도, 더 큰 총이윤(aggregate profit)을 얻는 데 있기 때문이다. 따라서 최저생산비규모(능률적 규모) 이상으로 기업을 확대하는 현상이 발생한다.

이 때문에 비경제적 대기업(uneconomically large business)이 성장하여 경쟁을 억제하고, 이윤을 감소시킬 수 있는 가격인하를 억제하는 일이 많은 산업에서 보편적으로 일어나고 있다. 격렬한 경쟁에 직면하면서 최저생산비규모를 실현하고 있는 기업이 그 규모를 확대하고 같은 규모의 경쟁자와 결합하여 시장을 통제할 수 있다면 기업규모의 확대는 기업에 유익하다. 왜냐하면 가격을 올려 최저생산비 규모에 머무르는 것보다 더욱 많은 총이윤을 얻을 수 있기 때문이다.

최저생산비규모를 넘어선 비경제적 대기업의 규모확대는 시장에서 경쟁을 억제하는 독점을 이룬다. 따라서 독점에 대한 자동억제장치는 경쟁적 조건(최소생산비규모를 지키는 능률적 규모의 기업이 전체 시장에서 차지하는 공급의 몫이 지배적이 아닌)에서 나올 수 있다. 즉 최대능률을 지닌 기업의 경쟁은 산업의 시장을 독점하려는 트러스트(trust)나 통합기업(unified business)의 성장을 억제할 것이다. 자유경쟁에서 이루어지는 최저생산비규모의 능률적 기업은 독점을 억제할 수 있다는 것이다.[18]

홉슨은 이처럼 이윤율과 총이윤이 다르다는 점으로 기업가의 규모확대 문제를 해명하였다. 기업확대의 동기는 오히려 총이윤에 있기 때문에 최대능률 기업규모 이상의 기업규모 확대가 일어나게 된다는 것이다. 이윤의 '率'과 총이윤의 '量'의 차이점을 지적하고, 후자를 추구하는 기업의 규모 확대가 시장지배력에 영향을 준다고 보았다. 이 점은 소기업에 대한 논의보다는 오히려 독점지배론의 시각에서 중요성을 지닌다.

독점적 대기업으로 기업규모를 확대하는 이유를 규모확장의 유혹(temptation to expand), 경쟁의 배제와 기업가의 총이윤의 양적 증대 의도로 파악하면서, 이런 규모확대 현상을 독점과 관련지어 살폈다. 특히 이윤의 율과 총이윤의 양의 차이점으로 그것을 분석한 것은 마셜의 대규모 경제의 한계에 대한 고찰보다 앞선 것으로 볼 수

---

18) 위의 책, pp.196~197.

있다.

그러나 홉슨은 이것을 독점과 소기업의 관계에서 오는 소기업의 종속적 잔존 문제와 관련지어 분석하는 데는 이르지 못하였다.

제5절 시장구조와 소기업의 잔존형태

완전자유경쟁의 세계에서 모든 기업규모는 최대능률 규모에 귀착되어야 하지만, 현실적으로는 이보다 작은 규모의 기업과 큰 규모의 기업이 존속한다. 이 가운데 전자의 이유를 홉슨은 소기업이 불완전 경쟁적으로 잔존한다는 점으로 밝히고 있다.

자유경쟁의 조건을 어느 곳에서나 적용할 수 있는 것은 아니며, 그 때문에 최대능률 규모보다 큰 기업단위와 함께 작은 기업단위도 잔존할 수 있다는 점을 말하고 있다. 그러면서 "최대능률 기업규모보다 작은 기업의 잔존의 경우가 우리를 붙들어 놓을 필요는 없다"고 하였다. 이는 '최대능률 규모가 소규모인 업종에서 능률적으로 잔존하는 소규모 기업(소기업)'의 잔존문제는 여기서 논의하는 대상이 아니라는 것을 의미하였다. 이것은 자유경쟁에서 능률적 규모로 잔존하는 소기업이기 때문이다.

따라서 여기서 논의대상이 되는 최대능률 규모보다 작은 기업은 '완전 경쟁이 아닌 다른 조건 아래, 최대능률 규모가 큰 업종에서 이 규모보다 작은 소기업'을 의미한다. 그런 의미의 소기업이 잔존하는 이유를 홉슨은 다음과 같이 설명하였다.

① 대기업과 철저한 경쟁을 하는 것이 아니고, 어느 정도 우연한 성격의 특수한 이익을 활용한다는 사실

② 대기업이 주로 시장을 차지하는 업종에서도 고급품을 생산하는 소기업(small high-grade business)의 특수성

③ 근소한 이익이 있는 업무를 추구하고, 대기업이 주도하는 시장의 틈을 포착(picking its market)함으로써

④ 어떤 구매자는 그들이 특수한 영향을 행사할 수 있는 소기업과의 거래관계를 선호하기 때문에

⑤ 특별히 신속한 배달, 디자인이나 포장의 특이한 변화, 기타 대기업으로부터 얻을 가능성이 거의 없어 보이는 어떤 것을 획득하기 위한 소기업의 선택 등

이런 이유에 소기업이 유능한 경영으로 대응하면 높은 이익을 얻을 수 있다는 것이다. 즉 시장의 不完全한 競爭構造 속에서 소기업이 잔존할 수 있다는 것이다. 이것은 앞서 그가 지적한 진정한 잔존의 조건에도 적합하다.

다음으로 상당히 보수적인 산업(conservative industry)에서도 소기업이 잔존할 수 있다고 보았다. 즉, 대기업이 비용과 판매가격 사이에서 적은 수익을 얻는 데 기초를 두고 투기적으로 한층 큰 총이윤을 추구하는 데 반해, 소기업의 소유자는 높은 이윤율을 얻는, 안전하고 건실한 중소규모기업(business of moderate size)를 택하면서 잔존한다는 것이다.[19]

홉슨은 이처럼 최대능률 규모보다 작은 기업단위로 소기업이 잔존하는 이유로 불완전 경쟁조건과 소기업가의 보수적 성격을 들었다.

그런데 홉슨이 논의의 대상으로 한 '최대능률 규모보다 더 작은 기업'의 의미는 표면상 두 가지로 해석할 수 있다.

첫째, 업종별 고찰에서 능률적 규모가 작은 업종에서 소규모의 기업이 잔존하는 것을 말한다. 이때 작은 기업(소기업)은 '대규모, 중규모 기업에 대비되는 양적 기준'에서 소규모 기업(소기업)이다. 양적 기준에서 소규모이지만, 업종 특성상 최대능률 규모가 소규모이기 때문에 이들 소기업은 완전자유경쟁에서 경제적 합리성과 독자적 유리성을 갖고 잔존하는 능률적 규모이다.[20] 이 범주에 속하는 것이 바로 홉슨이, "보다 작은 기업의 잔존 경우가 우리를 붙들어 놓는 필요가 없다"[21]고 말한 대상이다. 즉 최대능률 규모가 소규모인 업종에서는 당연히 소기업이 경제적 합리성을 갖고 능률적 규모로 잔존한다. 이는 최대능률 규모는 업종에 따라 다르고, 그것이 소규모인 업종도 당연히 있을 수 있으며, 그런 업종에서는 최대능률 규모의 기업은 양적으로 소규모인 소기업이다.

둘째, '최대능률 기업규모보다 작은 기업'은 최대능률 규모가 대규모인 업종에서 이 규모보다 작은 규모의 소기업을 의미한다. 그 이유를 홉슨은 완전자유경쟁이 존재하지 않는다는 점(불완전 경쟁적 조건)과 기업가의 보수적 성격으로 설명하고 있다. 즉 이들 소기업은 최대능률 규모(능률적 규모)에 이르지 못하더라도 불완전 경쟁과 기업가의 보수적 성격 때문에 잔존할 수 있다는 것이다. 홉슨은, 이것도 경제적 합리성에 기초를 두고 잔존하는 것으로 보았다.

결국 경제적 합리성을 기초로 한 소기업의 잔존은

① 완전자유경쟁 세계에서 최대능률 규모(능률적 규모)와 일치하는 것

② 불완전 경쟁을 원인으로 하는 것

③ 기업가의 보수적 성격에 따른 것 등, 세 가지로 구분할 수 있다.

---

19) 위의 책, pp.195~196.
20) 이것은 업종에 따라 대표적 기업의 규모가 다를 수 있다는 마셜의 지적과 상통하는 바가 있다.
21) 위의 책, p195.

이 구분을 능률적 규모를 기준으로 보면 ①은 능률적 규모와 일치하지만 ②③은 능률적 규모보다 작은 기업의 잔존이다. 즉 홉슨은 산업별 고찰에서 본 소기업의 잔존이유(①)와 능률적 규모 분석에 따른 소기업의 잔존(②③)을 서로 다르게 구분하였다. 산업별 구분에서는 생산규모의 경제성과 기업의 자주독립성을 기준으로, 경제적 합리성을 바탕으로 하는 진정한 잔존과 경제적 비합리성을 바탕으로 하는 종속적 잔존으로 나누었다. 따라서 홉슨의 소기업 잔존형태에는 위에서 설명한 ①②③과 ④ 종속적 잔존 등 네 가지가 포함된다.

제6절 홉슨의 중소기업 이론의 의의

첫째, 홉슨은 크누프가 '능률적 생산단위'라고 말한 것을 '최저생산비 규모'라고 하여 더욱 명확히 하면서 그 요인을 구체적으로 제시하였다. 다시, 생산단위와 기업단위를 구분하였고 생산단위의 최저생산비 규모(생산비 기준)와 기업단위의 그것을 최대능률 기업규모(이윤율 기준)라고 설명하였다. 그 뒤 '능률적 규모'의 개념이 보급되었다. 완전자유경쟁 조건에서는 모든 기업규모가 능률적 규모로 수렴한다고 보았지만, 업종별로 최대능률 규모가 다르다고 본 것은 크게 진전된 점이다. 그 결과, 대기업에 대비되는 의미에서 소기업의 잔존이유가 업종별 특성에 따라 밝혀졌고, 능률적 규모의 개념을 소기업의 잔존 이유를 해명하는 데 적극적으로 들여왔다.

둘째, 홉슨은 기업의 존립형태를 다음과 같은 세 가지로 구분하였다.

① 능률적 규모보다 큰 규모의 기업
② 능률적 규모와 같은 규모의 기업
③ 능률적 규모보다 작은 규모의 기업

기업이 그 규모를 확대하여 능률적 규모보다 큰 규모의 비경제적 대기업이 되는 것은, 기업 능률성의 기준이 되는 이윤율보다는 총이윤을 늘리기 위해 비경제적으로 그 규모를 확대하기 때문이다. 기업규모를 확대하는 이유는 이윤율이나 총이윤을 늘리려는 것인데, 후자에 치우쳐 능률적 규모 이상으로 기업규모가 늘어나는 것으로 보았다.

홉슨은, 더 큰 총이윤의 추구는 결국 기업규모 확대를 독점에 이르게 한다는 점을 지적하고 비경제적 기업규모와 독점의 관련성을 살폈다.

여기서 그는 앞서 제기한 소기업의 '종속적 잔존'의 특성과 이를 결합한 독점지배 내지 독점수탈론을 주창할 수도 있었다. 그러나 그는 적극적으로 독점적 대기업의 억

압 등을 분석하는 데는 이르지 못하였다.[22]

셋째, 기업이 능률적 규모로 존립하고, 자유경쟁의 경제에서는 결국 이것이 이루어진다고 본 점이다. 그런데, 홉슨은 업종별 생산의 경제성을 고찰하면서 업종의 특성에 따라 능률적 규모의 크기가 다를 수 있다는 사실을 설명하였다. 그리고 능률적 규모의 크기가 작은 업종에서는 소기업이 경제적 합리성을 갖고 능률적 규모로 잔존할 수 있다고 보았다. 즉 소기업이 능률적 규모로 잔존할 수 있다는 점을 지적하였다. 그 결과는 소기업 잔존문제를 능률적 규모의 시각에서 해명할 수 있게 하였고, 뒤에 소기업 문제를 적정규모론으로 설명하는 길을 보여주었다.

넷째, 소기업이 능률적 규모가 작은 업종에서 경제적 합리성을 지니면서 잔존하는 소기업의 잔존형태를 진정한 잔존이라고 하였다. 반대로 소기업이 대기업이나 중간상인의 착취제도에 의존하여 잔존하는 현상을 종속적 잔존이라고 하였다. 이들은 능률적 규모에 이르지 못하면서 저임금이나 장시간 노동 등 경제적으로 불합리한 이유를 바탕으로 잔존하였다. 소기업의 자주독립성을 기준으로 그것을 상실한 소기업의 잔존을 종속적 잔존으로 보고, 이를 경제적으로 비합리적인 것으로 규정한 점은 일찍이 마셜의 설명에서는 볼 수 없었다.[23]

다섯째, 능률적 규모가 작지 않은 업종에서 능률적 규모보다 작은 규모로 소기업이 잔존한다는 점을 지적하였다. 완전자유경쟁에서는 모든 기업규모가 최대능률 기업규모에 이르지만, 현실적으로는 이 규모보다 작은 규모의 기업이 존재하는데, 소기업이 불완전 경쟁적 조건으로 잔존하는 것이 이를 말하고 있다는 것이다. 또한 보수적인 산업에서 소기업의 잔존도 여기에 들어간다고 보았다. 홉슨은 이러한 불완전 경쟁의 조건과 보수적 성격으로 잔존하는 소기업도 경제적 합리성을 지닌 것으로 보았다.

이상의 결과를 종합하면 다음과 같다.

① 진정한 잔존은 소기업이 능률적 규모로 자주독립성을 갖고 잔존하는 것

② 불완전 경쟁적 잔존은 소기업이 능률적 기업보다 작은 규모로 잔존하는 것

③ 보수적 산업의 소기업 잔존은 소기업이 능률적 기업보다 작은 규모로 잔존하는 것

④ 종속적 잔존은 소기업이 능률적 규모보다 작은 규모이면서 자주독립성을 상실하

---

22) 홉슨은 근대제국주의 이론의 초석을 다진 《帝國主義論》(*Imperialism, A Study,* 1902)의 저자이지만, 그의 산업이론에서는 독점구조론이나 독점수탈론으로 전개되지 못하였다. 그것은 홉슨이 자유주의적 개량자라는 사고의 한계 때문인 것으로 보인다.

23) 마셜도 선대제도 및 저임금을 바탕으로 한 소기업의 잔존을 지적한 바 있으나, 적극적으로 그 종속성의 문제를 제기하지는 않았다.

고 잔존하는 것

여기서 ① ② ③은 경제적 합리성을, ④는 경제적 비합리성을 바탕으로 잔존하는 소기업이다. 이상의 논의에서 우리는 소기업 문제에 대한 세 가지 이론적 틀을 확인할 수 있다.

첫째, 완전자유경쟁에서 능률적 규모와 일치하는 소기업 잔존이다. 이것은 소기업 잔존의 기업 내적 요인의 문제이며 적정규모론의 기원이 되었다.

둘째, 불완전 경쟁을 원인으로 하는 소기업의 잔존은 바로 소기업 잔존의 '場'의 문제이며, 기업 외적인 문제인데 이것은 불완전 경쟁적 시장구조 아래의 소기업 잔존론에 시사를 준다.

셋째, 종속적 소기업 잔존론인데, 이것은 독점구조에서 소기업 잔존론의 단서를 제공해준다.

그리고 홉슨의 논의에서 소기업의 개념규정이 이원적으로 되어 있다는 사실은 소기업의 범위설정 기준을 보여준다.

① 대규모, 중규모에 비해 소규모기업인 소기업이다. 이는 양적 기준의 개념인데 소기업 범위의 양적 규정을 보여준다.

② 업종에 따라 능률적 규모가 작은 기업이라는 의미의 소기업이다. 이는 소기업 범위 설정의 질적 기준을 보여준다.

제7장 능률적 규모와 適正規模論

제1절 능률적 규모와 소기업 잔존문제

1. 개념의 형성과 그 요인 분석

마셜은 대규모 경제성의 한계, 그 실현조건의 불비, 그리고·소기업 존립의 독자적 유리성을 단편적 산발적으로 지적하면서도, 기계의 경제성의 한계를 가지고 적정한 규모를 말한 적이 있다. 그 뒤 홉슨의 분석으로 능률적 규모의 개념이 보급되었지만, 그에 앞선 논의가 있었다.

첫째, 대규모생산을 불리하게 하는 요인을 좀더 논의하였다.

① 고정자본에서 생기는 경제적 이익의 한계인데, 많은 경우 중소규모(moderate size) 공장이 건물 및 기계에서 최대의 능률을 얻는다. 이 선을 넘어선 규모증대는 고정자본의 경제성을 갖지 못한다.

② 전력의 보급에 따라 동력을 배정, 공급하는데, 소공장이 대공장보다 동력비가 많이 드는 것은 아니다.

③ 통신기관의 발달로 개선된 기계가 공개되어 대공장과 같이 소공장도 이것을 구입할 수 있다.

④ 협동화로 같은 종류의 소공장이 동일한 장소나 가까운 장소에 입지함으로써 대공장과 같은 경제성을 얻을 수 있다.

⑤ 관리 면에서 소공장이 유리하다.

발록(C. J. Bullock)은, 미국의 공업에 대한 조사결과를 이용하여 대규모 생산을 불리하게 하는 이러한 요인이 독점의 출현을 억제하고 소기업을 잔존하게 한다고 지적하였다.[1] 그러나 이것은 마셜의 수준을 넘어선 것은 아니다.

둘째, 소기업의 적정분야에 대한 지적도 있었다.

마셜의 전단계공업(대기업)과 후단계공업(소기업)이라는 두 가지 구분에서, 소기업 분야에 보조산업(subsidiary industry)을 추가하고, 다시 후단계 공업 중 사치품 생산을 소공장의 적합한 분야로 정하였다.[2]

---

1) C. J. Bullock, *Introduction to the Sutdy of Economics*, Boston, 1898, pp.118, 182.

2) J. S. Nicholson, *Principles of Political Economy*, London, 1903, p.130.

셋째, 마셜이 지적한 기계의 경제의 한계점을 크누프가 능률적 생산단위(a unit of efficient production)라는 개념으로 설명하였다.

① 산업에는 크고 작은 많은 기업이 있는데, 그 규모를 결정하는 것은 생산능률이 높은 기업단위이다.

② 어느 특정 공장에서 대규모 생산 때문에 경제적 이익은 어느 점에 이르면 그치게 된다.

③ 이 점이 능률적 생산이 행해지는 점이며 이 점을 넘어서면 무리가 생긴다.

④ 능률적 생산단위의 규모는 산업에 따라 다르다고 지적하였다.[3]

'능률적'이 어떤 기준에 따른 것인지를 밝히지는 않았지만, 대규모 생산의 한계를 적극적으로 다루어 이것을 능률적 생산단위라고 규정한 점은 주목할 만하다. 능률적 생산단위의 개념제시와 그것이 산업에 따라 다르다는 지적은 뒤에 홉슨의 분석과 능률적 규모 및 적정규모론의 형성에 단서를 제공하였다.

홉슨은 다각적 분석, 특히 최저생산비규모(생산단위)와 최대능률 기업규모(기업단위)의 개념을 통하여 능률적 규모의 윤곽을 정하였다. 홉슨이 생산단위와 기업단위를 구분하여 기업규모의 능률성을 분석한 내용을, 그 뒤 더욱 확실하게 정리하면서 그 결정요인을 구체화하였다.[4]

① 생산단위는 대규모생산의 문제이고, 기업단위는 기업결합의 문제인데, 전자는 단일공장의 규모, 후자는 하나의 기업 아래 결합된 工場群의 크기에 관한 문제이다.

② 대규모생산의 문제는 산업기술과 밀접한 관련이 있으며, 기업결합은 경영관리 및 금융 문제와 관련이 있다.

③ 단일공장(생산단위)은 인간적 조건과 인간 외적 조건에 규제를 받는다.

　㉠ 인간적 조건은 기업가의 능력으로 제한받으며

　㉡ 인간 외적 조건으로는 원재료의 성격, 생산공정의 성격, 제품의 성격, 시장의 크기 등을 들 수 있다.

④ 복수 공장(기업단위)은 경쟁의 배제, 독점력의 획득, 대규모생산의 이익 등이 규제한다.

한편, 대규모 경제를 이루는 단위를 기술적 생산단위와 기업적 관리로 나누고, 기업적 관리 단위의 확대를 수평적 확대와 수직적 확대로 나누기도 하였다. 이때 기업결합은 생산, 구매, 판매, 금융 면의 요인이 규제하는데, 특히 금융 면이 강하다.[5]

---

3) D. Knoop, *American Business Enterprise, A Study of Industrial Organization*, Manchester 1907, pp.37~38.

4) J. H. Haney, *Business Organization and Combination*, New York, 1913, pp.20~21.

결국 생산단위는 기술적 생산이, 그리고 기업단위는 구매, 판매, 관리, 금융이 그 경제성을 결정한다는 것이다.

그리고 전자보다는 후자를 점차 중요시하는 경향이며, 따라서 대규모 기술(large-scale technique)보다는 대규모 지배(large-scale government)의 경제성이 더욱 크게 작용한다고 보았다.[6]

2. 소기업의 잔존과 능률적 규모

1) 1910년대 소기업 잔존요인의 논의

능률적 규모의 결정요인에 대한 분석과 병행하여, 1910년대 소기업의 잔존문제에 대한 논의도 지속되었다. 이것은 능률적 규모의 결정요인을 포함하고 있다.

첫째, 부분적 조건론적 설명이다.

① 원재료율의 높고 낮음과 관련하여 공장규모를 설명한다. 대규모화의 결정이 인간적 요인과 인간 외적 요인에 의존한다는 주장이 제기되는 가운데, 후자를 설명하면서 원재료의 성격 문제를 다루고 있다. 즉 원재료율이 높은 것은 大工場化하고, 낮은 것은 小工場化한다고 하였다.[7]

② 제품의 성질에 따라 다음과 같은 특성의 제품은 소기업으로 잔존한다.

㉠ 손상이 쉽게 되는 것

㉡ 운반이 불편한 것

㉢ 유행이 급변하는 상품

㉣ 지방적 수요와 결부되고 서비스를 필요로 하는 것

㉤ 시장의 측면에서 수요규모가 작고 불안정한 것[8]

둘째, 소기업의 독자적 유리성에 대한 설명이다.

① 소규모 생산의 중요한 장점을 주의 깊게 파악할 필요가 있는데, 특히 농업 및 세심한 주의를 필요로 하는 공예와 전문직은 소규모가 유리하다.[9]

② 전력의 값싼 공급과 관리의 편리성으로 소기업이 잔존한다.[10]

---

5) D. Ford, *Economics of Modern Industry, An Introduction for Business Studies*, London, 1930, pp.35~38.

6) D. H. Robertson, *The Control of Industry*, London, 1923, p.108.

7) J. H. Haney, 앞의 책, pp.22~23.

8) 위의 책, pp.24~26.

9) H. R. Seager, *Principles of Economics*, New York, 1913, p.165.

10) F. A Fetter, *Economic Principles*, New York, 1915, pp.391~392.

셋째, 규모 증대가 오히려 구매와 판매의 두 측면에서 불이익이 된다면서, 특히 지방시장에서 소기업은 대기업이 얻지 못하는 이익을 얻을 수 있다는 것이다.

① 운임을 절약하는 이점이 있다. 가장 가까운 시장은 부분적으로 보호된 영역이며, 원거리의 경쟁자는 거액의 운임을 지불해야 진출할 수 있다. 이 시장의 한계를 극복하기 위한 경비는 대기업의 이점을 상쇄[11]하기 때문에, 운임이 지방시장에서 소기업의 잔존조건이 된다.

② 대기업이 지방으로 분산되어 있는 소공장을 갖는 경우에 대기업은 지방의 소기업을 무너뜨릴 수 있다. 그러나 반대로 그렇지 않은 독점적 대기업의 가격 정책이 소기업을 잔존시킨다. 대기업은 그 시장영역이 넓을수록 독점력은 더욱 강하나, 독점적 기업이 그가 지배하는 시장 가운데 원거리에 있는 소규모 경쟁상대의 생산비를 기준으로 높게 독점가격을 정하는 경우가 있다.

이때 대기업은 자기 시장의 중심지에서는 높은 이윤을 실현할 수 있지만 원거리 시장일수록 운임이 늘기 때문에 이윤은 크게 줄어들 수밖에 없다. 경쟁상대인 소기업이 있는 시장에서는 대기업의 이윤이 零에 접근한 반면, 소기업은 높은 독점가격 수준에서 오히려 적정이윤을 보장받을 수 있기 때문에 소기업에 개업동기를 부여한다[12]는 것이다. 이것은 독점가격과 소기업의 잔존관계를 다룬 점에서 주목된다.

넷째, 소기업의 잔존이유를 이처럼 어느 부문에 중점을 둔 것이 아니고 이를 망라하여 나열한 경우도 있다.[13]

① 대규모 생산이 명백한 경제적 이익을 갖지만, 소기업은 '고유의 유리성'을 갖는다. 대기업과 소기업은 정해진 크기의 시장을 대상으로 경쟁하는 것이 아니고, '증대하는 시장'을 대상으로 경쟁하기 때문에 대기업의 거래량 증대가 반드시 소기업의 희생에 따른 것은 아니다.

② 대공업 조직에 어려움이 있다. 규모가 커지면서 경영관리 면에 곤란과 낭비가 발생한다. 기업의 비능률적 사무(red-tape)는 기민성을 잃게 한다.

③ 대기업은, 통상 표준화된 상품을 생산하기 때문에 소기업과는 달리 소비자의 욕망과 기호의 변화에 쉽게 적응하기 어렵다. 대기업은 소기업보다 값싼 제품을 공급하지만 그것이 바로 소비자가 바라는 물품(exactly the thing be wants)은 아니다.

④ 어느 업종에서는 대규모기업이 기술적으로 어렵다. 원재료가 균질하지 않은 경

---

11) 위의 책, p.262.
12) 위의 책, p.395.
13) H. Clay, *Economics*, 1916, pp.34~39.

우, 또는 등급에 따라 소량밖에 생산하지 않은 경우는 생산공정을 전문적으로 분화하여 대량생산을 하는 대규모 생산방식은 적합하지 않다.

⑤ 산업이 전문화하면서 대기업이 얻었던 편의(부산물, 운수, 통신, 보험, 신용, 특수시장, 숙련, 보조산업 등의 이용)를 소기업도 얻을 수 있다. 대기업은 좀더 많이 전문화하여 이익을 얻지만, 소기업은 전문화의 한계를 통해 그 장점을 구한다. 스미스(A. Smith)는 전문화(분업)의 정도는 시장의 크기에 따라 제한된다고 하였지만, 수요가 많고 확실하며 균일한 시장, 즉 대시장이 없으면 전문화는 이루어지지 않는다. 즉 전문화는 표준화가 이루어지는 업종에서 경제적이지만, 수요가 적고 불확실하며 균일하지 않는 상품 및 서비스 분야는 소기업의 존립분야가 된다.

⑥ 동력의 발달로 小匠人이 작업에 전기나 동력을 사용할 수 있다.

⑦ 새로운 산업, 또는 생산방법과 공정이 실험적인 경우 소기업의 적응성이 대기업보다 크고, 이때 소기업은 개척자(pioneer) 역할을 한다.

⑧ 노동착취적(sweating) 업종에서는 기계보다도 노동을 사용하는 것이 저렴한 경우가 있다.

2) 능률적 규모보다 작은 소기업의 잔존

홉슨 이후 능률적 규모의 개념이 보급되면서 위에서 살펴본 소기업의 잔존이 능률적 규모와 어떻게 관련되는지를 다시 논의하였다. 업종별로 생산규모의 경제성을 분석하여 능률적 규모가 작은 업종에서 소기업이 능률적 규모로 잔존한다는 견해는 뒤에 적정규모론으로 귀결된다. 문제는 다른 업종에서 능률적 규모보다 작은 기업이 잔존하는 문제의 해명이다.

홉슨은 '완전자유경쟁이 존재하지 않는 경우와 기업가의 보수적 정신'에서 그 해답을 구하였지만, 이것은 홉슨에게 부차적 중요성을 갖는 데 그쳤다. 이 문제는 홉슨 이후에 그 중요성이 더욱 커지면서 논의되었다.

첫째, 많은 경우, 경쟁은 실제로 표면적이며, 기업은 각각 특성을 갖고 서로 다른 시장에 상품을 공급한다. 소기업은 특수한 품질과 특별한 크기의 것을 공급한다. 그래서 대기업이 무시한 소량의 주문과 급한 주문, 특수한 디자인의 물품에 대한 주문 등을 받음으로써 시장을 획득한다. 그래서 소기업은 이들 품종에서 능률성을 갖는다.

둘째, 지금까지 논의한 여러 가지 경제성은 기업규모에 따라 각각 다르게 실현될 수 있다. 예컨대, 소기업은 기술적 경제성은 부족해도 관리 면에서 경제성을 가질 수 있는 반면, 대기업은 관리 면의 경제성은 낮지만 판매 면에서 경제성을 가진다.[14]

셋째, 능률적 규모보다 작은 기업의 잔존을 경기변동과 관련하여 설명할 수 있다.

① 불황에 소기업은 대기업의 압박으로 자주 파산하지만, 생산방법을 쉽게 바꾸어 이를 이겨낼 수 있다. 생산비의 차이는 부분적으로 자연의 은혜의 차이에 기인하기도 한다. 능률이 낮은 기업도 입지조건이 좋으면 경쟁력을 지닐 수 있다.[15] 즉 경기변동과 자연적 은혜의 차이가 능률적 규모보다 작은 기업의 잔존을 가능하게 한다.

② 호황(boom)과 불황이 반복될 때 능률이 낮은 소기업은 호황시 막대한 수요를 위하여 잔존을 지속한다.[16] 즉 호황 때의 예비적 존재로서 능률적 규모보다 작은 소기업이 잔존하는 것으로 보고 있다.

이러한 논의, 즉 능률적 규모보다 작은 기업인 소기업이 잔존하는 문제는 홉슨이 지적한 대로 소기업 잔존의 '場'의 문제이다. 즉 완전 경쟁이 이루어지는 장과 그렇지 않은 장의 문제 중 후자에 속하는 문제이다.

① 전자는 場內에서 기업 내적 요인을 규명하는 적정규모론으로 전개된다.

② 후자는 불완전 경쟁의 장에서 '場'의 분석, 즉 기업외적 요인을 규명하는 방향으로 소기업의 잔존문제를 다룬다.

③ 기타 경제적 비합리성을 바탕으로 하는 소기업의 잔존문제는 독점구조론 등 새로운 이론적 틀을 요구한다.

3. 대표적 기업과 능률적 규모

1) 대표적 기업과 능률적 규모의 관계

크누프의 능률적 생산단위, 그 뒤 홉슨의 최저생산비규모와 최대능률 기업규모로 표현되는 능률적 규모는, 마셜의 대표적 기업과 어떤 관계에 있는지를 살펴보자.

첫째, 대표적 기업과 능률적 규모를 동일하다고 보는 견해이다.

① 완전자유경쟁의 이행 여부에 관계없이 능률적 규모는 모든 기업이 지향하는 목표가 된다. 모든 기업이 이 능률적 규모를 지향한다면 능률적 규모는 가장 많이 보급되는 형태가 되며, 마셜이 말하는 평균적 규모, 즉 대표적 기업과 비슷해진다. 예를 들어, 수공업 분야에서 업주는 우수한 직인, 유능한 판매원, 개인적 숙련을 지닌 사람이며, 이 제도에서 능률적 규모는 대표적 기업과 같다.[17]

---

14) J. H. Jones, *The Economics of Private Enterprise*, London, 1926, pp.125~126.

15) 위의 책, pp.127~128.

16) D. Ford, 위의 책, p.42.

② 각 산업에서는 그 시기에 평균적 경영관리 아래 가장 경제적으로 생산하는 공장 규모가 있는데, 이것을 대표적 기업이라고 한다.[18] 마셜의 삼림의 비유에서 보면 완전히 성장한 나무가 대표적 기업이며, 또한 가장 경제적 규모이다. 이렇게 볼 때 능률적 규모와 대표적 기업은 동일하다.[19]

둘째, 능률적 규모는 대표적 기업과 다르다는 주장이다.

대표적 기업은 가장 앞선 기업이 아니고, 최신식의 장비, 최상의 기계설비를 갖춘 기업도 아니다. 대표적 기업에는 규모가 큰 지도적 대기업도 있고 약소기업도 있다. 대표적 기업보다 우수한 기업은 더욱 많은 이윤을 얻고, 뒤떨어진 기업은 적은 이윤을 얻는다고 보았다. 능률적 기업은 전자에 속하기 때문에 대표적 기업이 될 수 없다는 것이다. 즉 마셜의 대표적 기업은 최저생산비규모 기업도 최대능률 규모 기업도 아니기 때문에 대표적 기업과 능률적 기업은 같을 수 없다. 이 견해를 좀더 설명하면 다음과 같다.

① 스타인들의 지적대로, 대표 기업은 '정상적인 내부경제와 내부경제를 이용'하는 기업이라는 마셜의 규정에서 '정상적'을 '최대'로 해석하면, 대표적 기업은 능률적 기업이 될 수 있다. 그러나 마셜의 '정상적'은 '통상적 내지 보통으로'라는 의미로 해석할 수 있기 때문에 두 개념을 동일시할 수는 없다.

② 대표적 기업은 '평균적 기업'으로서 평균적 개념을 포함하고 있지만, 능률적 규모는 최고의 능률을 지향하는 비평균적 개념이다.

③ 두 개념은 그 규정의 배경이 다르다. 대표적 기업은 유기적 균형을 이룬 산업의 분석(균형분석)을 목표로 한다. 이에 비해 능률적 규모는 기업의 경제성을 측정하기 위한 능률성의 지표이다.

이렇게 볼 때 대표적 기업과 능률적 규모를 동일하게 보는 것은 무리이다.

2) '능률적'인 것의 의미

한편 여기서 능률적 기업의 '능률적'이 무엇을 의미하는지 살펴보면 다음과 같다.

① 생산능률이 높은 기업단위를 능률적 생산단위라고 보는 견해(Knoop)

② 완전자유경쟁의 세계에서 이루어지는 최저생산비규모(생산비 기준)와 최대능률 기업규모(이윤율 기준)(Hobson)

③ 최대의 생산능률을 가져오는 규모(Haney)

---

17) J. H. Haney, 앞의 책, p.20.
18) H. R. Seager, 앞의 책, p.168.
19) J. H. Jones, 앞의 책, pp.124~125.

④ 가장 경제적으로 생산하는 규모(Seager), 또는 가장 경제적인 규모(Fetter)

⑤ 최저생산비 규모가 능률적 규모라는 견해(Jones)

⑥ 능률이란 생산요소가 모든 능력을 충분히 발휘할 때의 최대가능 생산량에 대한 실제 생산량의 비율을 의미한다고 보아(Kimball)[20] 操業度의 문제를 제기

⑦ 능률적 규모의 결정요인인 생산비와 이윤율을 절충한 견해(Ford)가 있다.

　　㉠ 생산단위규모와 기업단위규모를 엄격히 구분하여, 생산단위 규모에서는 한 제품의 단위 평균생산비가 최저인 규모를 적정규모(an optimum size)[21]라고 칭하였다.

　　㉡ 기업단위규모에서는 최소의 불이익으로 최대의 이윤을 얻는 규모, 다시 말하면 최대이윤율 규모를 이상적 규모[22]라고 하였다.

이렇게 구분하는 것은 생산단위에서는 생산비의 최소화라는 것이 중요하고, 기업단위에서는 이윤을 극대화하는 것이 중요하다고 생각하였기 때문이다. 따라서 복수공장을 가진 기업에서는 최저생산비의 공장이 결합하여 최대이윤율 규모가 되는 것이 이상적 기업규모가 된다. 그러나 단일공장의 경우, 양자가 일치하지 않는 경우도 있을 수 있다. 기술적 고려에서는 어느 특정 규모가 능률적이라고 해도, 상업적 고려에서는 다른 규모를 가장 능률적이라고 할 수도 있기 때문이다. 이 경우 어느 기업은 기술적 고려를, 다른 기업은 상업적 능률을 부여하기 때문이다.[23]

제2절 E. A. G 로빈슨의 적정규모론

1. 적정규모론의 형성

19세기 말(정확하게는 1891년 마셜의 《經濟學原理》 제1판을 펴낸) 이후 나타난 소기업 잔존의 문제를 마셜은 대규모 경제의 한계, 그 실현조건의 불비, 소기업 잔존의 독자적 유리성이라는 측면에서 산발적 단편적으로, 경제이론의 문제로서 해명하였다.

그 뒤 홉슨은 소기업의 잔존을 다음의 네 가지로 분류하였다.

① 능률적 규모가 작은 업종에서, 완전 자유경쟁 아래 능률적 규모로 잔존

---

20) D. S. Kimball, *Industrial Economics*, New York, 1929, p.177.

21) D. Ford, 앞의 책, p.39.

22) 위의 책, p.35.

23) 위의 책, p.42.

② 불완전 경쟁의 시장구조 아래에서 능률적 규모보다 작은 규모로 잔존

③ 기업가의 보수적 정신에 바탕을 두고 능률적 규모보다 작은 규모로 잔존

④ 대기업이나 중간상인에 의존하여 기업의 자주독립성을 갖지 못하면서 잔존하는 '종속적 잔존'

위 네 가지 형태 가운데 ①②③은 경제적 합리성을 바탕으로, 소기업이 독립성을 갖고 잔존하는 소기업이다. 그러나 ④는 소기업이 자주독립성을 잃고, 경제적 비합리성을 바탕으로 잔존하는 소기업이다.

로빈슨의 적정규모론은 일반적으로는 산업효율을 극대화하기 위한 능률적 기업규모의 규정으로 전개되었다. 그러나 소기업의 잔존문제와 관련해서는, 위의 ①에 대한 해명이다. 즉 기업규모의 경제성이 작은 업종에서 능률적 규모로 잔존하는 소기업문제에 대한 해답이다.

크누프가 '능률적 생산단위'의 개념을 제시한 뒤 홉슨은 생산단위에서는 최저생산비규모(생산비 기준), 기업단위에서는 최대능률 기업규모(이윤율 기준)를 능률적 규모로 규정하였다. 능률적 규모의 개념, 규제요인 및 소기업 잔존문제는 서로 관련을 맺으면서 꾸준히 논의되었고 드디어는 '적정규모'(1930. D. Ford)라는 개념에 이르렀다. E. A. G 로빈슨은 그 동안에 논의했던 여러 가지를 종합적으로 정리하여 이론적으로 체계화하였는데, 그 배경은 다음과 같다.

첫째, 능률적 규모의 개념이 명확하게 정립되지 않았다.

둘째, 능률적 규모를 결정하는 요인이 다양하게 나왔지만 정리되지 않았다.

셋째, 능률적 규모의 단위가 생산단위와 기업단위로 나뉘어 이것을 어떻게 통합하느냐의 문제가 있었다.

넷째, 소기업의 잔존문제와의 관련성을 분명하게 해명할 필요가 있었다.

다섯째, 능률적 규모와 산업능률의 향상과의 관련성, 즉 산업조직의 문제를 규정할 필요가 있었다.

이와 같은 몇 가지 이유에서 적정규모론이 형성되는데, 이것은 소기업잔존문제에 해답을 주는 한 가지의 이론체계가 되었다.

2. 적정규모의 개념과 대표적 기업

1) 적정규모의 개념

1931년에 나온 《경쟁적 산업의 구조》에서 로빈슨은 기업규모의 결정방식에 관하여 종합적 이론을 제시하면서, 능률적 규모가 아닌 적정규모 기업(the optimum firm)

이라는 개념을 사용하였다. 산업능률을 실현하기 위한 최선의 생산단위 규모로서 능률적 규모를 대체하는 적정규모(optimum size) 개념을 적극적으로 도입하였고 그 이후 이 개념이 일반적으로 사용되었다.

기업의 규모와 구조를 결정하는 여러 요인과 나아가 한 산업의 최소의 능률적 규모(the minimum eff icient scale of an industry)를 결정하는 요인을 검토하는 것을 목표로 삼고 있다.[24] 즉 기업규모와 소기업의 잔존이유에 대한 논의가 그의 분석의 주요 목표임을 지적하고, 동시에 그것이 최소의 비용으로 최대의 성과를 얻는 산업능률에 대한 연구 목표임을 밝히고 있다.[25]

산업능률을 높이기 위한 분석의 주요대상으로 삼은 것이 기업의 적정규모였다. 산업효율을 높이기 위해서는 기업이 그 능률을 이루도록 하는 규모, 즉 적정규모를 연구하는 것이 매우 중요하다. 산업능률과 기업규모의 관련성을 분석하면서 산업조직의 효율성을 제시하였다. 즉 산업조직 가운데 기업내적 측면인 개별기업의 능률성에 중점을 두는 분석을 통하여 산업의 발전방향을 추구하였다. 이것은 영국에서 산업조직이론의 주된 흐름이고 그 특징이기도 하다.

기업규모를 적정규모 기업으로 실현하는 것이 산업발전과 산업조직의 효율성을 높일 수 있다고 보기 때문에 로빈슨은 적정규모 기업을 결정하는 요인, 즉 기업 내적 요인과 기업의 규모를 분석하는 것이 그의 연구의 주요 과제가 되었던 것이다. 이 점은 마셜과 대비된다.[26]

로빈슨은 적정규모 기업의 개념을 다음과 같이 규정하였다.[27]

① 현존의 기술과 조직 능력의 조건 아래에서

② 장기적으로 지불해야 할 모든 비용이 포함된 경우

③ 단위당 평균생산비가 최저가 되는 규모로 움직이는 기업

이것은 홉슨의 최저생산비규모와 비슷하지만 장기적으로 보았다는 특징이 있다. 로빈슨이 생산비 측면에서 적정규모를 살핀 것은, 이윤율이나 총이윤을 고려할 경우 이것이 판매가격과 관련되기 때문인 것으로 보인다. 즉, 판매가격에는 자유경쟁의 경

---

24) E. A. G. Robinson, *The Structure of Competitive Industry*, London, James Nisbet, 1931, Rep. 1964, p.3 ; 高炳佑 譯,《産業構造論―企業의 最適規模策定方法》, 진명문화사, 1961, p.17 ; 黑松 嚴 譯,《産業の規模と能率》, 有斐閣, 1969, p.5.

25) E. A. G. Robinson, 위의 책, p.1.

26) 마셜은 산업발전의 계기를 내부경제와 외부경제의 두 방향에서 찾되, 특히 외부경제의 중요성을 강조하였다. 이에 반해 로빈슨은 기업 내적인 요인 즉 내부경제에서 산업발전의 방향을 추구하고 있다.

27) E. A. G. Robinson, 앞의 책, p.11.

우와 독점의 요소가 다르게 작용할 수 있다는 점을 고려한 것으로 보인다.

그는 적정규모 기업은, 시장이 완전하고, 많은 수의 적정규모 기업을 유지할 만큼 시장의 규모가 충분한 경우에, 경제력이 정상적으로 움직일 때(the ordinary play of economic forces) 나온다고 보았다. 그러므로 시장이 제한 받고 불완전한 경우에는 결코 나타나지 않는다고 하였다.[28]

이때 적정규모를 이루는 경제력의 정상적 움직임에는 두 가지가 있다. 하나는 기업가가 그들의 자원을 가장 이익이 되게 투자할 수 있는 의식적 결정을 할 때이며, 다른 하나는 기업가가 대체로 비능률적인 것을 없애고 능률적인 것을 장려하는 경향을 보이는 경제력의 결과라는 것이다.[29]

결국 로빈슨은 장기적으로 살피고, 동시에 시장의 완전성과 자유경쟁을 보장하는 것을 적정규모 기업 성립의 조건으로 삼고 있다. 이것은 홉슨이 완전자유경쟁의 '장'에서 능률적 규모에 일치하는 기업이 잔존한다고 본 것과 같다.

2) 적정규모 기업과 대표적 기업

한편 로빈슨은 적정규모 기업과 대표적 기업의 관계를 다음과 같이 지적하였다.[30]

① 어떤 산업에서 한 기업이 성장을 추구하는 규모는 보통 하나이지만, 때에 따라서는 하나 이상일 수도 있다.

② 마셜이 '대표적 기업'(representative firm)이라고 한 기업의 규모가 현 시점(at the moment)에서 반드시 적정규모일 수는 없다.

③ 환경이 변하여, 오래 전에 대표적 기업과 조금 다른 어떤 기업규모나(오늘날 섬유산업에서 일어나고 있는 것처럼), 대표적 기업과 전혀 다른 어떤 기업규모도, 이제는 새로운 대표적 기업이 될 수 있다.

④ 오늘날의 대표적 기업은, 산업환경을 고려할 때, 최근의 과거(in recent past)의 어느 시점에서 최선의 생산규모(the best scale of production)로 간주했던 생산규모를 나타낸다.

현 시점에서 적정규모 기업과 대표적 기업은 다르다는 점을 분명히 하면서, 그 관계를 시간의 요소를 들여와 일치시킬 수 있는 개연성이 있음을 지적하고 있다. 오늘날 대표적 기업의 규모가 이전에는 최선의 생산규모일 수는 있으나, 산업이 진보하고 기업의 규모도 성장하여 능률성 있는 기업의 규모가 커진 현 시점에서, 이전의 기업

---

28) 위의 책, p.12.
29) 위의 책, p.11.
30) 위의 책, p.10.

규모는 이미 능률적일 수 없다. 시간이 흐르면서 동태적으로 성장하는 산업과 증대 개선되는 기업의 상태를 반영한 것으로 보인다. 능률 면에서 보면 오늘날의 대표적 기업은 능률적 기업이나 적정규모 기업보다 뒤떨어진 기업이라는 것이다. 이것은 마 셜이 지적한 '정상적(normal)'의 의미를 '최대'가 아닌 '통상적 또는 보통의 정도'로 해 석한 것으로 볼 수 있다.

마셜은 대표적 기업을 정의하면서 ① 정상적인 경영능력, ② 시장거래 조건을 고 려한 기업, ③ 정상적인 내부경제와 외부경제의 이용, ④ 평균기업이지만, 특별한 평균 기업 등의 요인을 말한다. 이러한 것들은 적정규모를 결정하는 요인을 내포하고 있다.

또한 대표적 기업과 적정규모 기업은 산업진보(마셜)와 산업능률(로빈슨)을 가늠 하는 지표로서 택한 개념이라는 점에서 비슷하다. 그러나 다음과 같은 점에서 두 개 념은 차이가 있다.

첫째, 대표적 기업은 평균적 기업이며 평균적 개념을 나타낸다. 이에 비해 적정규 모 기업은 최고능률(능률성)을 나타내는 비평균적 개념이다.

둘째, 대표적 기업은 진보하는 산업의 균형을 분석하기 위하여 상정한 기업규모 이기 때문에 동태성을 내포한 개념이다. 그러나 적정규모 기업은 현 시점의 기업의 능률지표를 나타내는 정태적 개념이다.

셋째, 대표적 기업은 '전체 산업'의 동향을 파악하기 위한 유기적 '균형점'의 단위 이다. 이에 비해 적정규모 기업은 '개별기업'의 '능률성'을 나타내는 지표이다.

넷째, 대표적 기업은 산업 분석을 위하여 상정한 추상적, 이상적 개념인 데 반해, 적정규모 기업은 기업이 추구해야 할 현실적, 구체적 개념이다.

로빈슨이 시간적 요소를 들여와서 대표적 기업과 적정규모 기업의 관련성을 설명 한 것은 의미가 있으나, 두 개념은 이처럼 그 특성이 다르다.

3. 적정규모의 결정요인

1) 기술적·관리적·재무적 요인

로빈슨은 최선의 기업단위, 즉 적정규모를 결정하는 요인을 다음과 같이 지적하 고 있다. 시장이 적어도 하나의 적정규모 기업의 모든 생산을 충분히 흡수할 수 있다 고 가정할 때(이것은 완전 경쟁조건을 의미한다), 최선의 기업단위를 결정하는 요인 은 다섯 가지로 나눌 수 있다.[31]

---

31) 위의 책, p.12.

① 기술적 정적규모(the optimum technical unit)에 기여하는 기술적 요인(technical forces)

② 관리적 적정규모(the optimum management unit)에 기여하는 관리적 요인

③ 재무적 적정규모(the optimum financial unit)에 기여하는 재무적 요인

④ 적정 판매단위(the optimum sales unit)에 기여하는 마케팅의 영향(marketing influences)

⑤ 산업의 호황불황(industrial vicissitude)에 직면하여 최대의 존속력을 지니는 단위에 기여하는, 위험 및 경기변동(risk and fluctuating)의 여러 요인 등

로빈슨의 적정규모 기업 개념은 홉슨의 최저생산비규모와 비슷하지만 그 결정요인을 제시하는 데서 볼 수 있듯이 그것은 단일공장이라는 기술적 단위를 넘어서는 개념이다. 그리고 다섯 가지 적정규모단위는 그 규모를 달리할 수도 있는 것이어서, 이들 단위를 조화하는 기업이 적정규모 기업이라고 볼 수 있다. 조화가 이루어지는 과정은 '장기적'일 수밖에 없고, 따라서 동태적 과정에서 생동하는 실제의 기업을 대상으로 하는 기업이론을 제시한 것으로 볼 수 있다.[32]

첫째, 기술적 적정규모를 설명하면서 그것을 큰 업종과 작은 업종의 전혀 다른 두 가지 유형으로 나누었다.

① 기술적 적정규모는 어느 의미에서는 능률적 조업을 할 수 있는 최소규모를 정해주지만, 다른 필요로 그것은 커질 수 있다고 보았다.[33]

② 즉 기술적 적정규모는 능률적 생산을 하는 최소규모(소규모기업의 정적성)를 정해주지만, 다른 필요에 따라서는 일정한 한계를 넘어서 대규모의 이익도 실현할 수 있다고 보았다.

③ 기술적 적정규모는 능률적 규모의 최소규모(하한)를 정하는 기준(소규모 기업의 적정성 기준)이지만, 최대규모 결정에는 기여하지 못하기 때문에 대규모화의 가능성이 있다고 본다.

둘째, 관리적 적정규모는 경영관리 방법이 적정규모에 미치는 효과를 살핀 것이다. 분업과 생산공정의 통합(division of labor and integration of process)의 경제성을 기준으로 다루었다.

① 흔히 대기업의 경영관리에서 그 경제성이 주로 나타난다고 보았다. 그러나 기술적 정적규모가 어느 점을 넘어서면 그 이상의 분업이 경제성을 가져오지 못하는 것처럼 경영관리의 경우도 마찬가지이다.

---

32) 尹暢晧, 李奎億 共著, 《産業組織論》(第2全訂版), 法文社, 1992, p.31.
33) E. A. G. Robinson, 앞의 책, pp.32~33.

② 경영관리와 사무요원(office staff)의 경우 어느 규모를 넘어서면, 그 이상의 분업이 불가능하거나 오히려 불이익이 되는 단계에 이른다[34]는 것이다.

③ 이는 관리적 정적규모가 하한의 규모만이 아니고, 상한의 규모도 정해줄 수 있기 때문이며 소기업이 대기업보다 유리한 적정규모가 될 수 있음을 지적한 것이다.

④ 경영적 측면에서 소규모경영의 이익이 기업가의 개인적 능력에 기인하는 경우에 더욱 그러하다. 경영규모가 크고 의사를 결정하는 사람의 수가 많은 경우보다, 상의하고 설득할 사람의 수가 적을 때 여러 결정은 신속하고 쉽게 이루어진다.[35]

셋째, 재무적 정적규모에 대한 논의이다.

① 기업의 생산비와 그 규모는 생산기술과 경영관리 및 판매의 능률뿐만 아니라, 기업에 필요한 자금을 들여오는 기업의 능력에도 의존한다.

② 기업의 자금차입은 자금의 이자율과 주어진 이자율로 차입할 수 있는 자금량에 따라 결정된다. 기업규모는 이 두 가지 요인과 관련이 있는데 대기업은 소기업보다 유리한 이자율로 차입할 수 있다.

③ 현재의 조건에서 대기업은 소기업보다 쉽게 바라는 자금을 차입할 수 있지만, 소기업은 양호한 실적을 갖고 있어도 자금차입이 부족하다.[36] 즉 소기업은 자금차입에서 대기업보다 불리하다는 점을 지적하였다. 이는 재무적 적정규모의 하한을 설정할 수 있을 뿐 그 상한을 설정할 수는 없다는 것이어서 대규모의 이익을 나타낸다.

이것은 소기업의 성장에 대한 낙관론(마셜)에 문제를 제기했다는 점에서 주목된다. 로빈슨은 소기업 성장에 금융 면의 저해조건이 끼친 영향을 삼림과 수목에 관한 마셜의 유명한 비유(Marshall's famous simile)을 인용하면서 설명하였다.

새로운 산업(younger industry)에서는 새로운 소기업의 발생과 그 상승 성장이 왕성하여 유아기를 벗어나 최대 규모로 자란다. 그러나 오래된 산업(older industry)에서는 새로운 기업이 극히 적고 기술적으로 능률적인 최소규모가 처음 단계부터 크기 때문에 소기업의 발생과 성장은 불가능하거나 그 속도가 느리다. 그리고 자금은 신생 기업보다는 현존하는 기업이 재설비하는 데 주로 이용한다.[37]

즉, 자금차입 등 재무적 요인이 대기업보다 소기업에 불리하지만 그것이 성장의 일반적 저해조건은 아니며, 오래된 산업에서만 부분적으로 이루어지는 것으로 보았

---

34) 위의 책, pp.34~39.
35) 위의 책, p.43.
36) 위의 책, p.56.
37) 위의 책, pp.56~57.

다. 이는 당시까지 자금차입이 심각한 소기업 문제가 되지 않았음을 반영한 것이다.

2) 시장거래적, 경기변동의 요인 및 기업규모와 관련성

넷째, 시장거래적 적정규모이다. 구매와 판매문제가 기업의 적정규모와 산업구조에 미치는 영향을 검토하면서, 대규모 구입 및 판매의 경제성과 함께 소기업이 공동으로 시장거래를 하는 경제성도 지적하였고, 기술적 규모와의 관련성도 설명하였다.

① 기술적 경제성을 얻고 능률적 관리가 그 한계에 이른 뒤에도 생산물의 판매는 그 이상 확대하는 것이 경제성을 계속 얻을 수 있다. 이 경우 판매적 적정규모는 그 하한을 정할 수 있을 뿐이다.

② 그러나 대기업은 최대의 생산규모에서 최저비용을 이룰 수 있지만, 불완전 시장 (imperfect market)이라는 일상적 조건에서는 이처럼 대규모로 즉각 또는 자동적으로 확장될 수는 없다. 왜냐하면 규모확대의 비용이 대규모화에서 오는 이익을 상회할 수 있으며, 다만 이익이 비용을 초과하는 경우에만 규모확대가 가능하다.[38]

③ 불완전 시장이 규모확대의 제약요인이 되어 적정규모의 상한을 결정할 수도 있다. 따라서 대량판매의 경제적 이익과 그 경제적 불이익을 비교하여 적정규모를 결정할 수 있다.

④ 소기업의 공동판매와 공동구입이 대기업과 마찬가지로 경제성을 가져오고, 특히 소생산자가 판매와 구매를 대조직에 맡겨 소규모에서 오는 시장거래의 불이익에서 벗어날 수도 있다고 보았다.[39]

다섯째, 기업규모에 영향을 주는 위험과 경기변동의 여러 요인이다. 로빈슨은 수요의 변화에는 항구적 변화, 주기적 변화, 계절적 변화, 불규칙적인 것 등 네 가지가 있다고 보고, 다른 논자와는 달리 위험과 경기변동이 기업규모에 미치는 영향을 적극적으로 다루었다.

① 소기업이 위험과 경기변동에 결코 그렇게 잘 적응하는 것은 아니지만 그렇다고 잘못 적응하는 것도 아니다. 생산물을 자주 변화시킬 필요가 있고, 또한 생산물의 변화를 위한 조직 변경에 많은 비용이 드는 경우에는 소기업이 어느 정도 이점을 누릴 수 있다.[40]

② 위험과 경기변동의 요인은 기업이 생산을 계속할 때 경제성을 가지고 유지할 수 있는 평균적 규모보다 비교적 신축적이면서도 소규모로, 특히 더 적은 기술적 단

---

38) 위의 책, pp.72~73.
39) 위의 책, p.66.
40) 위의 책, p.76.

위로 인도한다.[41]

이는 소기업이 위험 및 계절적 요인에 대하여 대기업보다 적정성과 적응성 및 대항력이 크다는 것을 지적한 것이다.

위험과 경기변동은 기업의 적응력 제고를 위해서 그 규모를 소규모화하기도 하지만, 동시에 이를 극복하기 위하여 기업들이 독점을 형성하는 경향도 있다는 것이다. 위험의 존재가 기업을 소규모화시키는 것이 아니라 좀더 큰 생산단위로 이끌 수도 있으며, 이것이 기업규모의 확대와 기업결합에 영향을 준다[42]고 보았다.

그 결과 기업은 독점적 지위를 누리면서 큰 이익을 얻게 된다. 기업이 과도한 규모에서 오는 손실을 독점적 성장의 이익으로 확보할 수 있다면, 최대능률 기업규모 이상의 대규모로 기업규모를 확대하는 것이 기업에 이익이 된다는 것이다.[43] 여기서 로빈슨은 기업규모를 결정하는 요인으로 이윤기준을 제시하였다.

적정규모의 결정요인으로 제기한 다섯 가지 가운데 기술, 관리, 재무와 시장거래의 여러 요인에서는 생산비의 측면에서 분석을 했지만, 위험과 경기변동의 요인분석에서는 생산비만이 아니라 이윤을 동시에 기준으로 제시하였다. 즉 로빈슨은 장기적인 최저능률생산비를 적정규모 기업의 기준으로 일관되게 살폈지만, 현실의 기업규모의 동향과 관련해서는 이윤을 기준으로 추가하지 않을 수 없었다.

완전자유경쟁에서는 생산비 기준으로 적정규모 기업을 다루었지만, 완전 경쟁이 없는 세계에서는 독점의 현상까지 논급하면서 이윤을 기준으로 제시하였다. 결국 홉슨 이후 제기된 생산비 기준과 이윤기준의 종합문제는 로빈슨도 해결하지 못한 과제로 남게 된다.

기업의 적정규모를 기술적 요인이나 경영관리, 시장거래적 측면에서 그 결정요인을 살펴본 것은 마셜 이후 기업규모에 관한 여러 이론보다 크게 진보한 것은 아니다. 그러나 재무(금융)적 요인과 위험 및 경기변동의 요인을 기업규모 결정요인으로 적극 도입한 것은 로빈슨의 업적이라고 볼 수 있다.

다섯 가지 측면에서 로빈슨은 기업규모와 그 결정요인의 관계를 상세히 설명하였는데, 여러 가지 예외가 있지만 대체로 다음과 같다.

첫째, 금융적 재무적 요인과 시장거래의 요인은 적정규모의 하한을 정할 수 있지만 상한을 정하는 것이 아니어서 대규모가 이익과 적정성을 충분히 누릴 수 있다.

둘째, 기술적 요인도 적정규모의 하한을 정하는 것이며, 일정한 한계 안에서 대규

---

41) 위의 책, p.88.
42) 위와 같음.
43) 위의 책; p.90.

모의 이익이 적극적으로 작용할 뿐만 아니라, 다른 요인 때문에 그 이상의 규모확대가 필요한 경우에도 불이익을 가져오지 않는다고 보아 대규모가 이익을 누릴 수 있다.

셋째, 경영관리적 요인은 하한뿐만 아니라 상한도 규정하는 것이어서 소규모에서 그 적정성이 이루어지게 한다.

넷째, 위험 및 경기변동의 요인도 규모확대와 독점화의 경향을 일으킬 수 있지만, 규모의 하한과 상한을 일정하게 하여 소규모에서 적정성을 가능하게 한다.

4. 적정규모의 조정과 기업의 성장문제

홉슨은 최대능률 규모를 살피면서 이를 결정하는 여러 요인을 경제성의 중요성에 따라 배합하고 통일하는 것이 경제적 규모를 가장 잘 결정하는 길이라고 하였지만, 간단하고 단편적인 설명에 그쳤다. 그러나 로빈슨은 적정규모를 결정하는 다섯 가지 요인 사이의 관련성을 상세히 설명하였고,[44] 이를 기업성장의 문제와 관련시켰다.

로빈슨은, 기업이 적정규모를 결정하는 힘을 조화시키는 현실적 방법으로 수직적 분화(vertical disintegration)와 수평적 및 수직적 결합(horizontal and vertical combination)의 방법이 있다고 보았다. 그리고 전문기업에 맡기는 방법, 내연적 확장 및 합병 등의 행동으로써 적정규모를 이룬다고 보았다.

적정규모 결정요인의 조정문제는 현실적으로는 기업규모의 축소 및 확대 등과 깊은 관련이 있다. 한 요인에서 보면 적정규모가 소규모이지만, 다른 요인과 같이 보면 적정규모가 더욱 대규모가 될 때, 이것을 실현하는 것이 바로 기업의 성장문제(the problem of growth)인 것이다. 그런데 기업의 규모 확대와 성장의 문제에서 고려해야 할 중요한 점은 무엇보다도 성장에 따른 비용이다. 기업은 성장으로 이윤을 얻을 수 있지만 성장에는 반드시 비용이 들어가기 때문이다. 기업이 적정규모로 성장하는 데 필요한 비용이 성장에 따른 이윤을 상회한다면 적정규모는 이룰 수 없다.

이것은 소기업이 규모를 확대하여 적정규모로 성장하는 데 따른 문제(장애요인)가 되기도 한다. 이에 대하여 로빈슨은 다음과 같이 지적하였다.

첫째, 시장이 완전하지 않은 경우에 기업을 확장하려면 다른 기업에서 자기 기업으로 고객을 이동시켜야 하는데 거기에는 자본비용(a capital cost)이 든다. 고객이 그가 구입하려는 상품의 품질을 올바르게 판단하는 경우에는 그 이전이 쉽지만 유행이나 광고 등으로 그것이 뒤틀리는 경우에는 더 많은 비용이 든다. 이때 고객이동에 필

---

44) 위의 책, pp.94~100.

요한 추가비용이 그에 따른 추가이익을 상회하면 기업규모의 성장과 적정규모화는 어렵다.

둘째, 오래된 기업이나 낮은 능률의 공장설비를 가지고 있는 기업이 우발적인 불경기 때문에 일시적인 이익을 얻을 수 있다. 이 때문에 기술적으로 가장 능률적인 규모로 기업이 성장하는 것이 늦춰지거나 불가능해지기도 한다. 또한 유망한 신기업도 불경기 때문에 기술력과 생존에 필요한 자금력을 확립할 시간적 여유를 갖지 못하여 적정규모로 성장하지 못하고 유년기에 도산하기도 한다.[45]

셋째, 기업성장과정에 능률증대의 비연속성(the discontinuity of increases of efficiency)이 있다는 것이다. 규모의 증대와 함께 능률도 순조롭게 증대되는 것은 아니며, 이런 경우 적정규모가 소규모와 대규모의 양쪽에 있을 수도 있다.

이에 대해 로빈슨은 먼저 최악기업(pessimum firm)의 문제를 제기하였다. 이것은 소규모에서 오는 기술적 불이익과 개인적으로 통제하기에는 너무 대규모인 데서 오는 경영관리상의 불이익이 결합된 기업규모를 말한다. 이런 최악기업이 介在的 規模(intervening size)[46]로 존재하는 산업에서는, 기업성장의 문제는 바로 이 최악기업을 뛰어넘어 돌파하는 문제이다. 그래서 생산이 적정규모에 이를 것인지는 성장을 계속하는 소기업이 임계점를 통과할 수 있는 충분한 힘이나 勢를 지녔는지에 달려 있다고 보았다.[47]

다음에 소적정규모(minor optima)와 대적정규모(major optima)의 격차가 큰 경우가 있는데, 이 때에는 소적정규모에서 대적정규모로 성장하는 것은 불가능하다. 이런 경우에는 대적정규모보다 현격하게 작지 않은 생산규모에서 시작하여 대적정규모까지 키우는 것이 가능하다고 보았다.[48]

이처럼 규모확대에 따른 비용, 일시적인 불경기, 그리고 능률증대의 비연속성 때문에 규모확대로 기업이 성장하는 것이 불가능한 경우가 일어날 수 있다고 보았다. 이것은 소기업이 규모를 확대하여 적정규모가 되는 데 따라올 수 있는 장애요인을 설명한 것이기도 하다.[49]

또한 로빈슨은 적정규모는 산업의 일반적 발전 정도 그리고 국민경제의 발전 정

---

45) 위의 책, pp.104~105.
46) 소규모의 적정규모와 대규모의 적정규모 등 두 가지 적정규모보다 능률적으로 뒤떨어지는 기업규모를 말한다.(위의 책, p.105)
47) 위의 책, pp.105~106.
48) 위의 책, p.107.
49) 이것은 소기업이 대규모의 적정규모 기업으로 성장하는 데 斷層의 가능성을 시사하는 것으로서 뒤에 슈타인들(J. Steindl)이 본격적으로 분석한다.

도와도 관련이 있다는 점을 지적하였다. 부유한 나라, 특히 미국에서는 대공장의 경제성을 높은 수준까지 이룰 수 있지만, 영국과 가난한 나라에서는 오히려 소규모 단위의 능률적 조직을 확보하려고 노력해 왔다는 것이다.[50] 국민경제구조와 소기업 문제는 매우 깊은 관련성을 가진 중요한 문제이지만 로빈슨은 이 문제에 대해 더 이상의 논의를 전개하지 않았다.

대규모 경제의 한계점을 적극적으로 파악하려는 데서 형성된 능률적 규모와 적정 규모 개념은 소기업의 잔존문제를 해명하려는 의도에서 시작된 것이었다. 그러나 1930년을 전후하여 능률적 규모론이나 적정규모론은 소기업론을 떠나서 독자적인 방향으로 나아갔다. 현실의 기업규모의 경제성을 결정하는 요인이 무엇인지를 살피고, 그 요인을 분석하기 위한 이론적 도구나 수단으로 능률적 규모 내지 적정규모를 논의하게 된 것이다. 소기업 문제를 다루는 범위를 넘어서, 대기업과 소기업을 포함한, 실제적으로 존재하는 모든 기업규모를 설명하려는 이론으로 발전하였다. 그러나 이것이 소기업 문제를 다루는 것과 관계가 없는 것은 아니며, 오히려 소기업 문제를 설명하는 적정규모론의 역할은 그 뒤에도 지속되었다.

---

50) 위의 책, p.88.

제8장 대규모 경제의 법칙과 中小企業 非合理性 理論

제1절 소기업 잔존문제와 대규모 경제 법칙의 전개

1. 소기업 비합리성과 대규모의 경제성

마셜이 대규모 경제의 유리성에도 불구하고 현실적으로 소기업이 지속적으로 잔존하는 '이론과 현실의 괴리'문제를 경제이론상의 문제로 제기한 뒤, 1930년대 초에 이르는 소기업이론은 주로 경제적 합리성을 기준으로 하여 전개되었다. 대규모 경제 법칙의 한계, 그 실현조건의 불비와 소기업잔존의 독자적 유리성의 지적(Marshall)과 함께 능률적 규모론(Hobson), 적정규모론(E. A. G. Robinson), 불완전 경쟁 이론(J. Robinson)과 독점적 경쟁론(Chamberlin) 등 이론의 흐름은 모두 경제적 합리성을 추구하면서 이루어진 것이었다.

그러한 과정에서 소기업의 잔존이 경제적으로 비합리적인 것이라는 주장이 제기되었지만 적극적인 논의의 대상이 된 것은 아니었다. 홉슨은 그의 《산업제도론》에서 최대능률 규모기업 등 경제적 합리성을 바탕으로 잔존하는 소기업을 주된 분석의 대상으로 삼았지만, 이것과 구분되는 소기업도 잔존한다는 점을 분명히 하였다. 소규모의 수공업과 가내공업, 중간상인에 종속되어 있는 작업장 또는 저임금, 장시간노동 등 노동착취제도(sweating system)에 의존하는 소규모의 종속적 작업장(small tied workshop)은 능률적 규모 이하의 소기업이며, 이들은 소기업의 진정한 자주독립성이 침식된 상태로 잔존하는 것이며 경제적으로 비합리적이라고 보았다.[1] 그러나 이러한 논의는 경제적 합리성에 기초한 소기업의 잔존론에 가려서 뚜렷한 모습을 나타내지 못하였다. 그러다가 1933년에 플로렌스(P. S. Florence)가 비합리적 존재로서 소기업 문제를 적극적으로 제기하였다.

소기업 잔존을 비합리적인 것으로 보는 소기업 비합리성론은 이전의 많은 다른 소기업이론과 마찬가지로 '합리성 기준'에 바탕을 두고 있다. 이것은 마셜 이후 전개되어 온 대규모 경제의 법칙을 철저히 따르는 견해이기도 하다. 그런 점에서 대규모 경제의 법칙은 소기업 비합리성론 전개의 배경이 되고 있다.

---

1) J. A. Hobson, *Industrial System*, 1909, Reprints of Economic Classics, New York, 1969, p.187.

2. 대규모 경제 법칙의 초기적 전개

대규모 경제의 법칙은 소기업 잔존문제의 규명과 함께 논의해 왔다. 마셜은 산업의 유기적 성장 속에서, 수확체증의 법칙에 따라 대규모 생산의 유리성이 실현된다는 점을 분명히 하면서도, 대규모 생산이 가져오는 경제적 이익의 한계 등을 들어 소기업의 잔존문제를 해명하였다. 마셜 이후 대규모 생산이 가져오는 이익과 함께 불이익 등 두 가지 측면의 요인을 분석하였다. 그 가운데 대규모 생산의 경제성을 가져오는 요인으로 제시된 것은 다음과 같다.[2]

① 고정자본에서 생기는 경제적 이익

② 유동자본에서 오는 경제적 이익

③ 새로운 발명과 실험하는 데서 생기는 이익

④ 노동의 숙련에 기초한 경제적 이익

⑤ 원재료의 절약과 이용에서 오는 경제적 이익

⑥ 생산의 여러 관련공정과 보조공정을 스스로 하는 데서 생기는 이익

상당히 구체적 내용이 담겨져 있지만 마셜의 기계의 경제, 숙련의 경제, 원재료의 경제, 구매 및 판매 등 대량거래의 경제 등을 이용한 대규모 경제의 설명에는 미치지 못하고 있다.

홉슨도 《산업제도론》을 발표하기에 앞서 대규모 경제의 이익을 논의하였다.[3] 대규모 경제를 생산력의 경제와 경쟁력의 경제로 나누고, 먼저 생산력의 경제를 다음과 같이 정리하였다.

① 원재료의 대량구입과 제품판매 및 수송에 따른 경비절약

② 우수한 기계의 사용

③ 보조적 생산공정을 주요 생산공정과 같은 장소에서 유기적으로 결합하는 이익

④ 관리, 감독, 사무비용의 절약

⑤ 장소사용에 대한 地代의 절약

⑥ 폐품의 이용

⑦ 기계 및 기업조직에 관한 실험을 할 수 있는 이익 등

그런 다음, 경쟁력의 경제의 내용으로 든 것은

---

2) C. J. Bullock, *Introduction to the Study of Economics*, Boston, 1897, p.180.

3) J. A. Hobson, *The Evolution of Modern Capitalism, A Study of Machine Production*, London, 1894.

① 광고, 여행, 지방대리점 등의 경비절약

② 생산기술 및 특허의 독점적 이용

③ 노동력, 원재료의 구입 독점과 소비자에 대한 판매 독점에 따른 이익 등이었다.

대규모 경제를 생산력과 경쟁력의 경제로 나누면서, 특히 독점에서 오는 이익을 중요시했다. 마셜의 단편적인 것을 두 가지로 나누어 정리하였지만 내부경제와 외부경제를 포괄하지는 못하였다. 기업을 단위로 한 경제, 즉 내부경제를 주된 내용으로 하였기 때문이다. 이런 점에서 기업단위가 아닌 외부경제를 포함하여 하나의 경제사회단위의 대규모 경제를 살핀 마셜의 대규모 경제가 더욱 포괄적이라고 하겠다.

3. 생산단위와 기업단위의 경제성

그러나 홉슨은 그 뒤 대규모 경제의 유리성을 실현하는 단위를 생산단위와 기업단위로 구분하여 최저생산비규모와 최대능률 기업규모로 구분하여 살폈다. 이와 같이 두 가지로 구분된 내용을 좀 더 정리하였는데, 그 내용은 다음과 같다.[4]

첫째, 생산단위 기준의 경제성은 대규모 생산의 문제이고, 기업단위 경제성은 기업결합(combination)의 문제이다. 전자는 단일공장의 규모에 관한 것이고, 후자는 하나의 기업 아래 결합된 공장군의 크기에 관한 것이다.

둘째, 대규모 생산의 문제는 생산기술과 밀접한 관련이 있는 데 비해, 기업결합의 문제는 경영관리 및 금융과 관련이 있다.

셋째, 단일공장(생산단위)의 경제성은 인간적인 조건과 인간 외적 조건으로 나누어 살필 수 있다.

① 인간적 조건으로는 기업가의 능력문제를 들 수 있는데, 일정한 시점에서 평균적, 능률적 기업규모는 기업가의 평균적 능력의 제한을 받는다.

② 인간 외적 조건으로는 원재료의 성격, 생산공정의 성격, 제품의 성격, 시장의 크기 등을 들 수 있고 이것이 기업의 대규모 경제성을 규제한다.

넷째, 복수 공장기업(기업단위)의 이익으로는 경쟁의 배제와 독점력의 획득, 대규모 생산의 이익 등 세 가지를 들었는데, 앞의 두 가지가 기업단위 경제성의 고유의 성격이라고 보았다.

이런 설명은 대규모 경제의 단위가 무엇인지를 구분하고, 그 결정요인을 논의한 것이었다.

---

4) J. H. Haney, *Business Organization and Combination*, New York, 1913, pp.20~21.

4. 기업집중과 대규모 관리의 경제성

홉슨 이후 생산단위와 기업단위로 구분하여 살폈지만, 기업집중이 일반화되면서 기업단위의 문제는 기업결합의 문제가 되었다. 기업결합은 대규모생산의 새로운 국면이며, 그것은 대규모생산의 범위를 넘어서 대규모관리(large scale management)의 문제가 되었다. 이에 대해, 기업결합의 이익을 경영관리 면에서 오는 경제적 이익과, 경쟁을 억제하여 어느 정도 유효한 독점을 할 수 있는지 등의 두 가지로 나누기도 하였다.[5]

한편 대규모 경제의 이익은 다음과 같이 말하기도 하였다.

① 양적으로 집중된 구매에서 오는 이익

② 연구 실험 등을 하는 데서 오는 이익

③ 광고를 합동으로 하는 이익

④ 각 공장을 가장 적합한 제품의 생산에 전념하게 하는 이익

⑤ 광범하게 시장가격을 지배하는 데서 오는 이익 등[6]

다시 기업규모의 확대방법으로 세 가지를 들고 있다.

① 기업의 규모 확대(aggregation) : 단일공장의 자연적 규모 확대

② 기업의 수평적 결합(consolidation) : 하나의 지배 아래 동종의 기업이 결합하여 수평적으로 규모가 확대되는 것

③ 기업의 수직적 결합(integration) : 하나의 지배 아래 생산의 단계를 달리하는 기업이 결합하여 수직적으로 규모가 확대되는 것 등[7]

이 가운데 ②③ 기업결합이라고 본다. 특히 ③ 가져오는 이익으로

㉠ 바라는 品質의 원재료 조달

㉡ 필요한 원재료의 양적 확보

㉢ 부산물의 이용 등 세 가지를 들고 있다.[8]

대규모 경제를 실현하는 단위를 기술적 생산단위와 기업적 관리단위로 나누기도 하였다. 다시 기업적 관리단위의 확대를 수평적 확대와 수직적 확대로 나누되, 이러한 기업결합의 이익을 생산·구매·판매와 금융 면으로 나누어 살폈다. 여기서는 금융 면을 특히 강조하고 있는데, 기업결합은 금융력을 강화한다고 보기 때문이다.[9]

---

5) F. W. Taussig, *Principles of Economics*, Vol. I, 1911(1919), New York, pp.59~60.

6) D. S. Kimball, *Industrial Economics*, New York, 1929, p.177.

7) 위의 책, p.156.

8) 위의 책, p.181.

9) D. Ford, *Economics of Modern Industry, An Introduction for Business Studies*, London, 1930, pp.35~38.

결국, 생산단위는 생산기술 면, 그리고 기업단위는 구매·판매·관리·금융 면에서 대규모 경제성을 가져오는 단위인데, 후자가 점차 중요시되는 경향이 있다. 즉, 근대적 기업의 경제성과 크기를 결정하는 것은 대규모 기술(lage-scale technique)의 경제적 이익보다는 오히려 대규모 지배(large-scale government)의 경제성이라는 것이다.[10] 기업단위의 경제성이 점차 중요시되는 경향을 반영하고 있다. 여기서 특히 경쟁의 제한과 독점력의 획득 등 대규모적 지배력의 행사는 기업집중과 독점에 따른 경제성의 실현을 뚜렷하게 지적한 것이다. 그러나 이러한 생산단위와 기업단위의 대규모 경제성은 모두 마셜의 내부경제에 치중한 것이며 외부경제에 대한 분석은 소홀히 하였다.

제2절 대규모 경제성과 플로렌스의 소기업 비합리성론

1. 대규모 경제의 법칙과 소기업 비합리성론

대규모 경제의 법칙은 플로렌스(P. S. Florence)가 소기업 잔존을 비합리적인 것으로 규정한 것이 그 바탕이 되었고, 그의 소기업 비합리성론은 산업조직의 비합리성 문제와 관련하여 전개하였다. 홉슨이 '종속적 잔존'의 소기업을 비합리성으로 본 것은 '소기업의 자주독립성'을 기준으로 한 분류의 결과였다. 그러나 플로렌스는 1930년대 초에 이와 달리, '합리성 기준'으로 그때까지 소극적으로 다루었던 비합리적 존재로서 소기업의 잔존 문제를 적극적으로 제기하였다.

조직의 논리에 따르면 최대생산규모로 생산을 집중해야 함에도, 현실적으로는 대부분의 산업에서 다수의 공장이 소규모로 잔존하는데, 이것은 작업(생산활동)의 불합리성(the illogic of operation) 때문이라고 보았다. 이처럼, 대부분의 산업에서 다수를 차지하는 소기업이야말로 비합리적 존재라고 규정[11]함으로써 소기업 비합리성론을 구체화했다.

영국에서는 1909년의 〈최저임금법〉을 기점으로 한 여러 정책으로 수공업과 가내공업 등 비합리적 착취제도가 대부분 사라졌지만, 제1차 세계대전 뒤 세계경제적 시야에서 보면, 일부 섬유공업 등에서는 아직도 낡은 기계시설을 지니면서 후진성을 면치 못하였다. 이에 따른 경제적 어려움은 소기업과 대기업 사이의 생산성 및 이윤의

---

10) D. H. Robertson, *The Control of Industry*, 1923, p.108.

11) P. Sargant Florence, *The Logic of Industrial Organization*, London, Kegan Paul, 1933, Chap. II, p.30.

규모별 격차 등 구조적 문제로 나타났고, 바로 이것이 소기업 문제에 반영되었다.

이와 같은 역사적 배경 아래에서 당시 적정규모론을 바탕으로 하는 소기업 잔존론과 병행하여, '소기업 비합리성론'을 주장하였다. 소기업이 비합리적 존재라는 견해는 일찍이 소기업 소멸론 속에서 그 싹이 움트고 있었다. 그러나 경제적 합리성을 기준으로 하는 소기업 잔존론의 그늘에 가려 있다가 플로렌스가 적극적으로 주장하면서 나타나게 되었다. 플로렌스의 소기업 비합리성론은 대규모 경제의 법칙을 그 바탕으로 하고 있다. 그는 마셜이 수확체증의 법칙과 대규모 경제의 법칙을 제시한 뒤 지속적으로 논의해왔던 대규모 경제성과 능률성에 대한 믿음을 다음과 같은 세 가지 원리로 집약 정리하였다.[12]

첫째, 대량거래의 원리(the principle of bulk transactions)이다. 대량거래의 총체적인 화폐적, 물질적, 심리적 비용은 소량거래의 그것보다 크지 않으며, 어느 경우에는 거래량의 증가비율보다 비용이 적어지며, 거래단위당 비용은 대량거래와 더불어 줄어든다.

둘째, 집약적 준비의 원리(the principle of massed reserve)이다. 우발적 사고에 대비하여 적립금을 준비할 때 그 준비금의 효과는 영업의 규모가 커질수록 늘어나며, 따라서 비용은 상대적으로 줄어든다.

셋째, 배수의 원리(the principle of multiples)이다. 여러 가지 전문화된 기계를 동일한 과정에 사용하고, 또한 기계가 서로 다른 생산의 최적 능력을 가졌을 때, 그들의 최적능력의 최소공배수가 될 수 있는 생산량의 수준에서만 이들의 완전한 사용이 보장된다. 그런데 작업(또는 생산)의 규모가 작을수록, 분업에 종사하는 노동자의 수가 적을수록, 모든 노동자를 전문적으로 이용하는 기회가 줄어들며, 이것은 기계의 경우에도 마찬가지이다.

이러한 세 가지 원리는 마셜 이후 전개된 대규모 경제의 법칙과는 그 내용이 크게 다른 특성을 보이고 있다. 이들 세 가지 원리는 사람과 설비의 전문화를 통한 경제적 이득을 가정하고 있으며, 생산요소의 조정과 재조직이 실현되는 과정에서 대규모 경제성의 장기적 조건을 추구하고 있다.[13]

---

12) 위의 책, pp.16~18.
13) 대규모 경제성을 다음과 같이 구분하여 논의하기도 한다.
　첫째는 기술적 경제(technological economies)의 관점에서
　① 倍數(均衡)의 원리에 따른 이익
　② 大容積의 물리적 법칙에 따른 이익
　③ 일관작업에 따른 이익
　둘째로 관리적, 재무적 경제(managerial and financial economies)의 관점에서

플로렌스는 소기업의 잔존이 대규모 경제의 한계, 그 실현조건의 불비에 있다는 점을 인정한다. 그러나 그는 여기서 좀더 나아가 대규모경제의 한계와 대규모경제의 이익을 해치는 원인을 규명하면서, 소기업은 비합리적 존재이며 그 잔존은 경제적 비합리성을 지닌 것으로 보았다. 그리고 그는 이것을 국민경제적 모순과 관련짓고 있다.

2. 산업조직의 불합리성과 소기업 잔존

1) 산업조직의 불합리성

비합리적 존재인 소규모 공장이 대부분의 산업에서 많은 비중을 차지하는 것은 대규모 경제의 법칙과 모순되는 것이며, 플로렌스는 이를 산업조직의 불합리성이라고 보았다. 대규모 경제의 법칙을 새로운 관점에서 정리한 그는 대규모 경제성에 대한 믿음을 가지고 산업조직의 문제를 살폈다. 플로렌스는, 먼저 산업조직의 논리는 대규모생산의 능률성을 실현하는 데 있으므로 결국 최대규모의 단위로 생산을 집중해야 한다고 보았다.[14]

첫째, 기업과 공장을 포함하고 있는 산업의 구조를 분석하고 생산의 규모에 관하여 여러 가지로 살펴본 결과 다음과 같은 전제를 제시할 수 있다. 기계적 및 인간적 전문화의 이익을 전제로 할 때, 대규모 생산은 특히 대규모 기업과 공장에서 이루어질 때 극대능률(maximum efficiency)을 가져온다고 생각할 논리적 이유가 있다.[15]

둘째, 공급되는 어떤 상품의 수량이 많을수록 능률은 더욱 크다.[16]

셋째, 거의 모든 규모의 산업조직을 이끌만한 능력을 지닌 사람이 소수는 있을 것이다. 그러나 타고난 능력의 정산분포를 보면 이러한 재능은 드물다. 따라서 평균적인

---

④ 대량거래의 원리에 따른 이익

⑤ 집약적 준비의 원리에 따른 이익

⑥ 借入費用의 원리에 따른 이익 등.

위의 여섯 항목 가운데 ①④⑤는 플로렌스의 것과 동일한 내용이며 ⑥은 스타인들(J. Steindl)이 추가한 것이다. 여기서 ②는 구조 재료의 가로, 세로, 높이는 2배지만, 그 용적은 8배가 되는데, 이것은 대규모일수록 더욱 경제성이 높다는 것을 의미한다.(北澤新次郎·末岡俊二 著,《獨占と中小工業の理論》, 同文書院, 1971, pp.251~256)

14) E. A. G. Robinson, "The Problem of Management and the Size of Firm", *The Economic Journal*, Vol. XLIV, June, 1934, p.242.

15) P. S. Florence, 앞의 책, p.11. 여기서 플로렌스는 어떤 물품이나 서비스의 대규모생산이 하나의 組織 안에서 이루어질 때 大規模作業(생산활동, large-scale operation)으로 표현하였다. 그리고 그는 대규모작업(생산활동)의 능률성(the efficiency of large-scale operation)에 대한 믿음을 표시하고 있다.

16) 위의 책, p.12.

기업의 장(average head of business)은 기업규모가 일정한 점을 넘어서면 경영능력에 한계가 온다. 그래서 조직의 규모가 늘어나면 최고경영층의 긴장과 책임을 완화시킬 수 있도록 권한을 위임해야 한다.[17]

넷째, 논리적으로는 근대적 조건에서 대조직은 곧바로 저능률의 소조직(less efficient smaller organization)을 잠식할 수 있어야 한다. 그러나 실제로는 그것이 지체된다.[18]

플로렌스의 이러한 지적은 대규모생산의 능률성을 강조한 것이지만, 현실적으로 그렇지 못하다는 점도 말하고 있다. 그는, 능률을 수확(또는 생산성)과 비용의 관계라고 보았다. 그리고 산업이 합리적인 조직을 지닐 때는 최소의 비용으로 최대의 수확을 내는 것이므로, 능률성(개별기업단위)과 경제성(산업단위)이라는 두 가지 관점은 서로 조화를 이룰 수 있다고 보았다.

능률성과 경제성을 결정하는 비용요인과 수확(산출)은 화폐적, 물질적, 그리고 심리적(인간적) 조건 등 세 가지 가운데 하나로 드러난다고 보았다.[19] 능률성은 구체적으로는 세 가지 원리, 즉 대량거래·집약적 준비·배수의 원리로 나타낼 수 있다.

그런데 능률성에 대한 이러한 논리적 이론과 산업현실에 불일치, 즉 이론과 현실의 모순(discrepancy of theory and fact)이 나타나고 있다고 플로렌스는 보았다. 즉,
① 대규모생산 대신에 소규모생산이 여러 곳에서 이루어지고 있으며,
② 공장 규모의 실제적 분포는 가능한 전체의 규모에 걸쳐 폭넓게 흩어져 있고
③ 능률적인 적정규모를 중심으로 아래 위로 정규분포하는 대신에 비대칭적(skew)
　모양을 보이고 있다는 것이 그의 실증적 분석의 결과였다.[20]

이것이 그가 지적한 산업조직의 비합리성의 내용이다. 즉 소규모 기업이 폭넓게 분산 잔존하고 있는 것이 산업조직의 현실인데 그것은 합리적, 이론적 귀결과는 다른 모습이라는 것이다.

2) 소기업의 존속과 국민경제적 모순의 시각

(1) 소기업의 존속 요인

합리적 이론으로는 대규모 생산의 경제성이 많이 받아들여져야 하지만, 현실적으로 소기업이 폭넓게 존속하고 있는 이유를 플로렌스는 다음과 같이 설명하였다.

---

17) 위의 책. p.117.
18) 위의 책, p.47.
19) 위의 책, pp.12~13.
20) 위의 책, pp.25, 42~43.

첫째, 소규모생산과 조직이 폭넓게 존속하는 이유는 대규모 생산과 조직이 물리적으로는 실현 가능하지만, 실제로는 그것이 작용하지 않는 수많은 분야가 있기 때문이다. 그것은 역사적, 심리적, 그리고 사회적 요인 때문인데 이것들이 소비자와 생산자의 행동에 영향을 주고, 이런 의미에서 현실은 '비합리적'이다.

둘째, 물리적 기술적 고려에서는 인간의 본성이 생산의 조건에 완전히 적응한다는 것을 전제로 하고 있으며, 그 결과 생산은 능률적으로 이루어질 수 있다고 본다. 그러나 역사적, 심리적, 사회적 사항, 즉 사회과학만이 완전히 파악할 수 있는 새로운 조건들이 더해짐으로써, 그것은 일어나지 않고 결과적으로 현실은 비합리적이 된다.[21]

셋째, 오늘날 산업구조는 역사적으로 형성된 것이다. 현재 존속하는 많은 소규모 공장은 수송, 통신과 기술의 비능률적 조건 때문에 일어나는 시장의 제약과 공급원(원재료)의 제약 때문에, 그것들을 필요로 하는 시기부터 형성·존립해 왔다.

넷째, 논리적으로는 근대적 조직에서는 대규모 조직이 비능률적인 소규모 조직을 곧바로 파멸시켜야 한다. 그러나 현실적으로는 지체(a lag)가 일어나는데, 그것은 시장의 고수(stickness)나 마찰 때문이다. 예컨대, 소비에서는 소비자의 늦은 적응성이, 생산에서는 조직의 빠른 성장에서 오는 어려움이 현실적 지체의 원인이 된다.[22]

이상이 플로렌스가 능률적인 대규모 조직 아래에서도 비능률적이 소규모 조직이 존립하는 원인으로 밝힌 내용이다. 그는 이러한 현상을 개선하려면,

첫째, 소비자와 생산자의 태도와 행동,

둘째, 자극에 대한 그들의 반응을 철저히 연구할 필요가 있다는 점을 강조하였다. 그러면서 그는 다음과 같이 분석하였다.

첫째, 산업조직은 인간인 생산자로 이루어지며, 그 목적은 인간인 소비자에게 재화와 서비스를 공급하는 데 있다. 대규모 조직 아래에서 최소비용으로 재화와 서비스를 공급하는 것이 합리적이지만, 생산자 그리고 소비자인 인간이 이것을 받아들이지 않을 수도 있다.

둘째, 생산자로서 인간은 대규모 조직에서 필요한 전문화, 조정과 재조직에 저항할 수도 있다. 소비자로서의 그들은 수요의 변화에 따라 불확실하고 소규모의 구매를 택할 수도 있다.[23]

셋째, 이와 같은 생산자와 소비자로서의 인간의 불합리한 태도와 행동이 불합리한 산업조직(소기업의 수많은 존립)의 원인이다. 인간의 본능, 감정, 심리, 관습 등 인

---

21) 위의 책, pp.45~46.
22) 위의 책, p.47.
23) 위와 같음.

간적 요소를 더하여, 단순한 수리방정식 이상의 것을 연구해야 한다. 불합리하고 비능률적인 조직을 만드는 것은 바로 인간적 요인이기 때문이다.[24]

(2) 산업조직의 불합리성과 국민경제적 시각의 제기

결국 조직의 논리에 따르면 최대규모의 단위로 생산을 집중해야 하지만, 소규모 공장과 소규모 기업이 존립하는 것은 피할 수 없는 인간의 결점 때문이라고 플로렌스는 보았다. 불합리한 현실 세계에서 소규모기업이 존속하는 것은 인간의 무능력에 기인한다고 본 것이다.[25] 그리고 이러한 현실의 산업조직을 현실적 작용(생산활동)의 불합리성이라고 규정하였다.

현실적으로 비능률적인 소규모기업이 많이 존속하는 산업조직을 비합리적인 것으로 보고, 생산자, 소비자, 노동자, 경영자, 투자자인 인간이 지닌 본성에 그 원인이 있다는 것이 플로렌스의 결론이다. 그리고 그는 이를 개선하여 능률적 산업조직을 이루려면 현행 영국의 교육제도의 급격한 변화가 필요하다면서 교육의 중요성을 강조하였다.[26]

플로렌스가 소규모기업이 폭넓게 잔존하는 현실의 산업조직을 불합리하고 비능률적이라고 말한 것에서 소기업 문제와 관련하여 국민경제적 모순의 시각이 형성되고 있다는 것을 알 수 있다. 즉 개별기업단위의 분석을 넘어서 기업 외적 범주인 '산업문제'에 대한 시각으로, 나아가 국민경제적 문제로 다가가고 있다.

그러나 그 원인을 비경제적인 인간적 요인에서 구하였고, 또 이를 개선하기 위해 교육제도의 급격한 변화를 요구하는 데 그쳤다. 이것은 불합리한 산업조직, 즉 국민경제적 구조의 문제점을 경제제도적 측면이 아닌 역사적, 심리학적, 사회학적 측면에서 살펴본 인간의 본성에서 찾았기 때문이다.

그런데 소기업이 폭넓게 잔존하는 현실적 산업조직의 불합리성을 국민경제적 모순의 시각으로 다가가는 견해는 세계경제가 1929년 이후 대공황을 거치면서 더욱 부각되었다. 특히 미국에서는 공황으로 소기업이 도산하면서 적정규모론적 소기업 잔존론에 의문을 갖는 분석이 많이 나왔다. 서머스(H. B. Summers) 등은 소기업의 잔존에 대한 적정규모론적 설명을 통계적, 실증적으로 다시 살폈다.[27] 그리고 크럼(W. L.

---

24) 위의 책, pp.47~48.
25) E. A. G. Robinson, 앞의 글, 앞의 책, pp.242~247.
26) P. S. Florence, 앞의 책, p.267.
27) H. B. Summers, "A Comparison of the Rates of Earning of Large-Scale and Small-Scale Industry", *Quaterly Journal of Economics*, May, 1932, pp.465~479.

Crum),[28] 블레어(J. M. Blair),[29] 카플란(A. D. H. Kaplan)[30] 등은 소기업을 통계적, 실증적으로 분석하였다.

여기서는 '경제이론상의 문제'에 대한 분석과 함께, 경제 정책과 관련하여 소기업의 역할을 강조하고, 나아가 소기업을 보호, 육성해야 할 당위성을 주장하기도 하였다.

제3절 小企業成長 斷層論과 슈타인들의 소기업론

1. 소기업 성장(연속)론과 그 한계

소기업을 비합리적인 존재로 규정하는 플로렌스의 주장은 슈타인들(J. Steindl)이 지지했으며, 그의 소기업에 대한 논의는 중요한 의의를 갖고 있다. 그의 소기업 이론의 특징은 우선 '소기업 성장 단층론'에서 알 수 있는데, 이것은 마셜의 '소기업 성장론'(소기업 성장 연속론)에 대한 비판을 주된 내용으로 하고 있다.

플로렌스는 대규모생산이 능률적이지만, 현실에서 소규모기업이 많이 잔존하는 것은 불합리하다고 보고 이를 산업조직의 불합리성이라고 하였다. 이러한 플로렌스의 주장을 기본적으로 지지한 슈타인들은 마셜 이후 이어져 내려오던 '소기업 성장론'에 대한 비판으로 이를 구체화하였다.

마셜의 논의에서 알 수 있듯이 그는 영국에서 성장하는 산업력의 원천은 소기업에 있다고 보고[31] 소기업 성장론을 전개하였지만 그 한계도 동시에 지적하였다.

① 그는 소기업의 상향운동(the movement upwards)의 출발점을 노동자로 보고, 노동자가 고용주로 성장하는 데 어려운 점으로서 개업자금의 원활한 공급, 개인의 경영에 대한 자질, 기업경영의 번잡성 등 세 가지를 들었다.

② 이 가운데 가장 중요한 것은 개인적인 경영능력이라고 보고 이것을 구비하면 노동자는 소기업가로, 소기업은 다시 대기업으로 성장할 수 있다고 보았으며, 이것을 삼림의 비유로 설명하였다.

28) W. L. Crum, "Earning Power with Respect to the Size of Corporation", *Havard Business Review*, Vol. ⅩⅦ. No. 1, Autumn, 1939, pp.15~30.

29) J. M. Blair, "The Relation between Size and Efficiency of Business", *The Review of Economic Statistics*, Vol. ⅩⅩⅣ, 1942, pp.125~135.

30) A. D. H. Kaplan, *Small Business : Its Place and Problems*, Committee for Economic Development, McGrow-Hill, New York, 1948.

31) A. Mashall, *Principles of Economics*, London, Macmillan, 8th ed., 1920, Rep. 1959, p.581.

③《經濟學原理》제5판 이후 '거대주식회사(vast joint-stock companies)의 최근의 발달 전'이라는 조건을 덧붙였다. 그러나 오늘날 소기업 성장의 원칙은 결코 보편적이지는 않지만 많은 산업에서 아직도 지속되고 있다[32]고 하여 소기업 성장을 주장하였다.

④ 한편《산업과 무역》에서는 소기업의 상승운동을, 소기업이 적합한 분야에서만 대기업으로 성장할 수 있다고 하여 소기업 성장의 업종범위를 제한하였다.[33]

⑤ 이어서 독점이 지배하는 시장에서는 표준화 생산이 소기업의 상향운동을 지지하는 경우에만 소기업 성장이 가능하다고 하여 그 범위를 더욱 한정하였다.[34]

이처럼 19세기 말 이후 거대주식회사가 발달하고 독점적 대기업이 형성되면서 마셜은 소기업 성장론의 내용을 조금씩 수정하고 그 범위를 제한하였다. 그러나 소기업의 상승운동과 지속적 성장을 부인하지는 않았다.

로빈슨(E. A. G. Robinson)은 다음과 같이 소기업 성장의 어려움을 지적하였다.

① 자금차입 등 재무적 요인이 대기업보다 소기업에 불리하게 작용하여 소기업 성장에 자금조달의 어려움이 있다. 그러나 이것도 성장의 일반적 저해조건은 아니고 오래된 산업에서만 부분적으로 이루어지는 것으로 보았다.[35]

② 그는 능률증대의 비연속성을 설명하면서 최악기업의 개념을 들여왔다. 소규모성에서 오는 기술적 불이익과 개인적으로 통제하기에는 너무 대규모라서 오는 관리상의 불이익이 결합된 규모가 介在的 規模로 존재하는 산업에서 기업의 성장문제는 성장을 계속하는 기업이 임계점을 통과할 수 있는 힘이나 세를 지녔는지에 달려있다[36]는 것이다.

이처럼 로빈슨은, 기업의 성장에는 자금차입의 어려움과 규모확대에 따른 비용이 필요하고 또한 능률증대의 불연속성이 있기 때문에 기업성장과 규모확대가 불가능할 수 있다고 보았다. 즉 소기업이 대규모기업으로 성장하는 데 단층을 만들 가능성이 있다고 보았다. 이러한 기업성장의 저해요인을 분석했지만, 로빈슨은 소기업 성장을 전면적으로 부인하지는 않았다.

---

32) 위의 책, p.263.

33) A. Marshall, *Industry and Trade*, London, Macmillan, 1919, 4th ed., 1923, p.247.

34) 위의 책, p.594.

35) E. A. G. Robinson, *The Structure of Competitive Industry*, London, James Nisbet, 1931, pp.56~57.

36) 위의 책, pp.105~106.

2. '소기업 성장론' 비판과 '소기업 성장 단층론'[37]

마셜 이후 로빈슨에 이르기까지 긍정적으로 이어져온 '소기업 성장론'은 슈타인들이 전면적으로 부인하였다. 즉, 오늘날의 대기업은 소기업이 따를 수 없을 만큼 그 규모가 크고 독점적이어서 소기업과 대기업 사이에는 그 성장이 이어질 수 없는 단층이 있다고 하여 슈타인들은 '소기업 성장 단층론'을 주장하였다. 그는 마셜의 '소기업 성장 연속론'은 완전히 비현실적이라고 보고 다음과 같이 비판하였다.[38]

첫째, 오늘날 존재하는 기업 사이의 규모격차는 매우 크다. 미국의 주식회사는 회사 수로 보아 전체의 약 반은 자산액이 5만 달러 이하이지만, 유명한 600개 회사는 자산액이 5천만 달러 이상이어서 기업의 규모격차가 매우 크다. 따라서 주식회사가 소규모에서 발전하여 대규모의 회사가 되는 데는 그 자산액이 수천 배가 되지 않으면 안 된다. 더구나 소기업은 사망률(도산율)이 높으므로 소기업이 성장하여 대기업이 된다는 것은 거의 불가능하다.

둘째, 마셜의 가정과는 반대로 소기업가의 자금차입에는 엄격한 제한이 있다.

① 기업의 부채부담을 제한하는 것은 채권자이다. 미국의 사례에 따르면, 은행은 기업의 자기자금에 대한 차입금의 비중이 너무 높을 때 융자를 거절하는데, 이것이 융자거절 이유의 40퍼센트에 이르고 있다. 또한 미국 상무부 조사에 따르면 자기자본에 대한 부채의 비율이 늘어날수록 자금차입은 곤란해진다.

② 그리고 이러한 채권자의 태도를 고려하지 않더라도 차입금이 늘면 기업의 위험이 커지므로 차입금의 비율이 일정한 한도에 그치도록 제한해야 한다는 것이 근대경제이론의 '위험증대의 원리'이다.

③ 그런데 상무부 보고에 따르면 자금차입의 곤란은 기업의 규모가 커질수록 줄어들고 있는데, 이것은 바로 소기업의 자금차입이 그만큼 어렵다는 것을 말한다.[39]

셋째, 소기업은 대기업보다도 손실이 빈번하고 많으며 사실상 그 사망률이 대기업보다 높다. 이윤을 얻지 못하는 회사의 비율은 회사규모가 커질수록 줄어들며, 또한 사망률도 기업규모가 커지면서 줄어들고 있다는 것이 미국 제조회사에 대한 통계조

---

37) 제3장 1절 2항에서도 설명하고 있음.

38) J. Steindl, *Small and Big Business-Economic Problems of the Size of Firms*, Oxford, Basil Blackwell, 1947, 米田淸貴·加藤誠一 譯, 《小企業と大企業 - 企業規模の經濟的諸問題》, 嚴松堂, 1956(初版), 1969(6版), pp.11~23.

39) 이것은 기업규모가 소규모일수록 자기자본에 대한 차입금의 비중이 높아서 기업의 위험이 커지는 위험증대의 원리를 반영한다는 지적이다. 그런데 대기업에 融資가 集中되는 개발도상 경제에서는 소기업이 반드시 대기업보다 차입금 비율이 높은 것은 아니다.

사의 결과이다.

넷째, 기업규모의 상향운동, 즉 '아래에서 위로의 폭넓은 이동'은 거의 없다.

① 현실적으로 대부분의 소기업은 성장할 수 있는 충분한 시간을 얻기 전에 쇠퇴한다. 많은 소기업의 쇠퇴는 새로운 기업이 보완하고 대체한다. 동시에 소기업가의 공급도 탄력적이다.[40]

② 이에 반해 대기업가의 공급은 비탄력적이다. 만약 소기업이 성장하여 대기업이 되더라도 그것은 매우 완만하다. 대기업은 주로 새 주식회사 설립이나 합병으로 생긴다. 주식회사의 설립은 부의 집중을 전제로 하고, 합병은 관련회사가 그 산업에서 과점적 상태일 때 이루어진다. 그러므로 대기업의 공급은 비탄력적일 수밖에 없다.

다섯째, '마셜의 문제', 즉 마셜은 대규모 경제가 개인적인 능력의 쇠퇴 때문에 독점적 지배가 일어나지 않는다고 보았지만, 사실 현재의 경제제도에서 독점적 지배를 받고 있는 부분은 매우 크다. 독점적 지배를 간략하게 살펴보면 다음과 같다.

① 독점적 지배를 위해 시장에 출하되는 전 생산물을 한 손에 넣을 정도의 집중이 필요한 것은 아니며, 소수 기업이 생산액의 상당한 부분을 차지하는 것만으로도 가능하다. 이것은 시장에서 과점 상태를 말하는 것이며, 가격에 미치는 영향도 과점과 독점은 거의 같다.

② 이런 상태에서는 가격지도력(price leadership)이 있는 대기업이 가격을 결정하면 다른 기업(주로 소기업)은 여기에 따를 수밖에 없다. 이로써 독점적 지배가 형성되는데 이는 대규모 경제가 효과적이기 때문이다.[41]

이상과 같은 논리로 마셜은 '소기업 성장론'을 비판하고 '소기업 성장 단층론'을 주장하였는데, 그것은 대규모 경제는 능률적이지만, 소기업 또는 소규모기업은 비능률적이라는 생각을 그 배경으로 하고 있다. 이는 소기업은 불합리한 존재이며, 그 잔존은 산업조직을 불합리하게 만든다는 플로렌스의 주장과 상통하고 있다.

그러나 마셜의 '소기업 성장론'을 비판한 슈타인들의 '소기업 성장 단층론'에 대한 비판도 있다.

① 마셜의 '소기업 성장론'을 시인하는 견해이다. 사회적 대류현상을 반복하면서 노

---

40) 이것은 社會的 對流現象의 특성을 나타낸다.

41) 마셜의 문제는 '수확체증과 경쟁적 균형의 양립의 문제'로 전개된다. 마셜은 수확체증과 대규모 경제가 경쟁적 균형을 유지할 수 있으며 독점적 지배에 이르지 않는다고 전제하고 있지만, 현실적으로는 독점적 지배가 형성되고 있다. 슈타인들은 이를 비판한 것이다. 여기에는 소기업이, 독점적 지배를 형성하여 가격지도력을 가진 대기업으로 성장하는 것은 불가능하다는 견해도 포함된다.

동자가 소기업가로, 소기업가가 대기업가로 폭넓게 이동하고 기업교체가 이루어
진다는 마셜의 견해는 오늘날에도 상당한 타당성을 지니고 있다.(淸成忠南)

② 우리나라에서의 실증적 연구도 기업규모의 활발하고 전반적인 상향이동을 보여
주고 있으며, 특히 중화학공업 분야에서 이런 특징은 더욱 뚜렷하다. 즉 경제성
장이 급격한 개발도상국에서는 마셜의 '소기업 성장론'이, 반면 경제구조가 안정
된 미국 등 선진경제에서는 슈타인들의 '소기업 성장단축론'이 검증된다는 것이
다.(중소기업은행 조사부)

③ 부분적으로 마셜의 '소기업 성장론'을 뒷받침하는 실증적 연구도 있는데 이것은
슈타인들의 견해에 대한 부분적 비판이라고 할 수 있다. 1955~1976년 일본경제
의 고도성장과정에 대한 분석에서, 고도성장과정에서 성장률이 급속한 산업에서
는 중소기업이 대기업으로 성장하는 실태가 상당히 뚜렷하다는 것이다.(瀧澤菊
太郎)

제4절 슈타인들의 小企業 殘存論

1. 대규모 경제의 유리성과 소기업의 한계

슈타인들은 대규모 경제의 유리성을 주장한다. 슈타인들은, 기업의 경영관리와
기구의 확대가 비경제성을 가져올 수 있다는 점[42]이나 시장의 불완전성 때문에 소기
업의 잔존이 유리하다는 점을 일부 학자들이 주장하고[43] 있다는 점을 인정한다.

그러나 대규모 경제의 일반적 이익을 부정할 수 없다는 것이 또한 슈타인들의 생
각이다. 특히 그는 소기업이 이용할 수 있는 여러 가지 기술적 이익은 대기업도 소기
업에 투자함으로써 얻을 수 있지만, 소기업은 대기업이 갖고 있는 이점이 없으므로,
장기적으로 보면 소기업이 대기업보다 높은 이윤율을 얻는다는 것은 어려운 일이라
고 보았다.[44]

그러면서 슈타인들은 플로렌스가 제시했던, 대규모 경제가 실현되기 위해 필요한
세 가지 원리를 인용하고 있다. 즉, ① 대량거래의 원리, ② 집약적 준비의 원리, ③ 배

---

42) E. A. G. Robinson, 앞의 책, pp.39~40, 43~45. 여기서는 대기업은 관료주의적 성격을 지니지만,
    소기업은 창의성과 적응성을 지니는 등 유리한 점이 있다고 지적하고 있다.
43) J. Steindl 앞의 책, 米田淸貴·加藤誠一 譯, 앞의 책, pp.25~26.
44) 위의 책, pp.24~27.

수의 원리가 그것이다.[45]

　대규모 경제의 능률성을 뒷받침하는 이상의 세 가지 원리 이외에 슈타인들은 '차입비용의 원리'를 다음과 같이 제시하고 있다.

　① 소기업이 장기자본시장을 이용하려면 금지적 비용(禁止的 費用, a prohibitive cost)을 지불해야 한다. 즉 장기자본시장에서 소기업이 증권을 발행하는 경우 대기업보다 상대적으로 많은 비용을 부담해야 한다는 것이다.[46]

　② 자본차입에서 소기업이 불리하다. 이것은 E. A. G. 로빈슨이 자금조달 등 재무적 요인에서 소기업이 불리하다고 지적한 것을 더 적극적으로 설명한 것으로 보인다.

　슈타인들의 이와 같은 '대규모 경제' 주장은 마셜의 이론을 비판하는 배경이 된다. 그러나 마셜의 이론을 소개하면서 그는 내부경제와 외부경제를 구분하였지만, 이 가운데 주로 내부경제만을 취급한다는 설명을 하고 있다.[47] 그리고 외부경제에 관한 마셜의 설명은 소개하지 않았으며, 또한 대규모 경제도 내부경제를 중심으로 설명하고 있다.

　그러나 마셜은 기업의 성장과 대규모 경제의 이론에서 외부경제를 매우 중요하게 생각하였다.[48]

　따라서 외부경제론은 마셜의 대규모 경제와 소기업론을 설명하는 데 중요한 부분이며 오늘날 중소기업 문제에 시사하는 바도 크다. 슈타인들이 마셜의 대규모 경제를 비판하면서 이 부분을 그 대상에서 뺀 것은 큰 결함이 아닐 수 없다.

2. 소기업 잔존론과 그 평가

1) 소기업의 잔존조건

　슈타인들은 대규모 경제의 유리성에도 불구하고 현실적으로 소기업이 잔존하는 이유를 다음과 같이 설명하였다.[49]

　첫째, 소기업은 그 기반을 완만하게 잃어가고 있는데, 기본적으로 소기업은 대기업이 발전하는 정도에 따라 기반을 상실하기 때문이다. 대규모 경제를 이루는 대규모

---

45) 위의 책, pp.31~33.
46) 위의 책, pp.44~46.
47) 위의 책, p.1.
48) A. Marshall, *Principles*, pp.220~221.
49) J. Steindl, 米田淸貴·加藤誠一 譯, 앞의 책, pp.123~129.

기업이 처음부터 있는 것은 아니며, 이를 위해 필요한 자본을 축적하는 데는 상당한
시간이 필요하다. 따라서 소자본을 희생하여 대자본이 발전하는 과정은 점진적이다.

둘째, 불완전 경쟁은 소기업의 시장을 보호하여 소기업의 존립능력을 제공하는
중요한 요인이 된다. 이를 간단히 나누어보면,

① 시장의 불완전성은 수송비와 같이 그것 없이는 기업활동을 할 수 없는 합리적
요인에 따른 경우도 있다.

② 생산물의 특성을 달리하거나 소비자가 특정의 생산물에 갖는 기호, 특정의 기업
에 대한 애착과 관습 등 불합리한 요인에 따르기도 한다.[50]

셋째, 노동시장의 불완전성은 생산물 시장보다 더욱 중요하다.

① 대부분의 소기업은 조직되지 않은 저임금 노동이 공급되는 산업에 속해 있다. 여
기서는 가격에 대한 압박을 임금에 떠넘겨 저임금이 지속된다. 따라서 노동절약
적인 기술적 진보를 택하려는 움직임이 거의 없다.

② 또한 어떤 산업에서는 대기업과 경쟁하고 있는 소기업이 대기업보다 낮은 임금
의 노동공급을 바탕으로 존립하기도 한다.

넷째, 어느 산업에서는 그 산업의 독점적 상태가 일정 수의 소기업 존속을 보증하
는 경향이 있다. 두 가지 정도를 들 수 있는데,

① 가격지도자가 된 대기업은 대개의 경우에 전 공급량 가운데 아주 적은 부분을
차지하는 소기업을 배제해도 그다지 이익이 되지 않는다. 따라서 소기업이 존속
해도 대기업은 그의 지배력 행사를 저해받지 않는다.

② 소기업의 존재가 산업을 독점하지 않는다는 결정적 증거가 되기도 한다. 따라서
대기업은 소수의 과점기업이 실질적인 지위를 강화하면서도 이를 숨기기 위한
정치적 이유로 소기업을 존속시킨다.

다섯째, 소기업가의 도박적 태도가 소기업을 존속하게 한다. 소기업가는 대단히
낮은 보수를 얻으면서도 비정상적으로 위험을 부담한다는 점에서 확실히 도박자이다.

여섯째, 소기업은 대기업의 관용으로 존속한다. 소기업이 대기업과 하청업자의
관계로 거래하는 경우, 대기업은 소기업에 외관상 독립성을 부여하는 데 불과하다.

2) 소기업 잔존론의 평가

슈타인들의 소기업 잔존론을 평가하면 다음과 같다.

슈타인들은 여러 각도에서 소기업 존립조건을 제시하였지만, 그것은 소기업 소멸

---

50) 홉슨은 불완전 경쟁을 요인으로 하는 소기업의 잔존을 합리적인 것으로 보았다.

론과 소기업비합성론을 바탕으로, 대규모 경제의 유리성을 적극적으로 인정하면서 이루어졌다는 점에 유의할 필요가 있다. 그런 가운데 전개된 소기업잔존의 주장에서

첫째, 불완전 경쟁에 따른 소기업의 존속 가능성을 제시하였다. 즉 로빈슨(J. Robinson)의 불완전 경쟁이나 체임벌린(E. H. Chamberlin)의 독점적 경쟁의 이론 등 시장의 불완전성에 관한 이론을 가지고 소기업의 존립조건을 적극적으로 설명하고 있다. 즉 생산물의 특성이나 수송비(입지조건) 등을 소기업의 잔존이유와 관련짓고 있다.

둘째, 슈타인들은 소기업의 잔존을 종래의 추상적 독점에서가 아니라 구체적으로 독점적 지배력과의 관계에서 살피고 있다. 독과점 대기업이 그들의 실질적인 독점을 숨기려고 정치적인 이유에서 소기업을 잔존하도록 하고, 대기업의 관용으로 소기업이 잔존한다고 지적한 점 등은 돕(M. Dobb)이나 아로노비치(S. Aaronovitch)의 독점지배론의 견해와 상통한다.

셋째, 소기업의 잔존이유를 시장의 불완전성에서 찾되, 이를 노동시장의 불완전성에까지 확대하여 해석하는 점은 주목할 만하다. 특히 여기서 그는 저임금 노동을 소기업의 존립이유라고 보았는데, 이것은 소기업 문제를 저임금 노동의 문제로까지 연결짓고 있는 것이다.

넷째, 소기업 잔존에 대한 슈타인들의 이러한 시각은 홉슨의 견해에 접목할 수 있다. 20세기 초(1909)에 홉슨은 소기업의 잔존을 '진정한 잔존'과 '종속적 잔존'으로 구분하고 후자를 경제적으로 비합리적인 것이라고 하였다. 그 뒤 소기업 문제를 논의하면서 소외되었던 후자를 슈타인들이 적극적으로 지적하였다.

다섯째, 홉슨은 일부 소기업의 잔존(종속적 잔존)을 비합리적으로 보았고, 플로렌스도 소기업 잔존을 비합리적이라고 여기면서, 산업조직의 불합리성이라고 규정하며 '국민경제적 모순'의 시각에까지 이르고 있었다. 그러나 그 원인의 규명은 비경제적 측면에 치우침으로서 경제제도적 문제로 나아가지 못하였다. 그러나 이것을 슈타인들은 경제제도적 측면으로 적극 규정하였다.

① 대기업으로 성장 가능성도 없고 생산성이 낮으며 이윤도 적은 소기업이, 장기적으로 이윤율도 낮아서 경영이 불안정하고 도산의 위기에 있으면서도 잔존하는 것은 경제제도의 바람직하지 못한 일련의 요인 때문이라고 보았다.

② 이들 요인과 소기업 잔존이 경제적으로 비합리적인 것으로 본 점에서는 플로렌스와 견해를 같이한다. 그러나 슈타인들은 이를 경제제도적 측면에서 살펴 소기업 잔존을 국민경제적 모순이라고 인식한다.

③ 특히 슈타인들의 이러한 소기업론은 자본주의의 독과점구조를 전제로 하고 있어서 더욱 주목된다.

제5절 중소기업 비합리성 이론과 정책인식

1. '소기업 잔존'의 비합리성과 소극적 정책인식

경제발전으로 대기업이 거대기업으로 성장하여 규모 면에서 소기업과 격차가 매우 커지고, 생산성, 이윤, 경영안정성 등 여러 측면에서 규모격차가 커져도 소기업이 소멸하지 않고 끈질기게 잔존한다는 역사적 사실은 대립하는 두 가지 이론을 형성시켰다. 소기업 잔존에 대한 적정규모론적 해석과 소기업 비합리성론이 그것이다.

소기업잔존에 대한 두 가지 이론적 평가는 다 같이 마셜이 제시한 '경제이론상의 문제'를 근원으로 한 것이지만, 경제 정책과의 관련에서 보면 다른 의미를 지닌다.

잔존하는 소기업은 경제적으로 합리성을 지녔으며, 그 잔존이 경제의 법칙에 적합하고 경제적 합리성을 갖는다고 보는 것이 적정규모론적 해석이다. 여기서는 소기업이 존립위기에 빠질 때 이에 대한 적극적인 정책 대응을 필요로 한다.

반면, 소기업을 비합리적 존재로 보고 그 잔존도 경제적으로 비합리적인 것으로 보면 경제 정책으로 소기업의 잔존을 적극적으로 지지할 이유가 없다. 오히려 소기업을 도태 구축하는 정책을 택할 가능성도 있다. 다만 사회 정책으로 소기업의 잔존을 과도적으로 지지할 뿐이다. 이러한 정책인식은 소기업 비합리성론의 정책에 나타난다.

플로렌스는 소기업 잔존을 산업조직의 비합리성으로 규정하는 등 국민경제적 모순의 시각에서 접근하였다. 슈타인들도 소기업 잔존을 불완전 경쟁, 노동시장, 저임금 노동, 독과점구조 등 경제제도적 요인으로 다루면서 이를 국민경제적 모순의 문제로 보았다. 플로렌스 이후 슈타인들에 이르는 소기업 비합리성론자들의 이러한 시각은 구조적이라는 점에서 소기업 문제에 대한 적극적 정책인식의 가능성을 엿보이게 하였다. 그러나 그들의 정책인식은 소극적인 수준에 그쳤는데 슈타인들의 다음과 같은 생각은 이를 말하고 있다.

① 기술적 자본과 노동생산성을 늘리려는 목적이 당연하다면, 현재의 상태에서 소기업을 보존하고 보호하는 것은 탄력성 없는 정책을 수행하는 것이고 불이익을 가져오게 된다고 하였다.[51]

② 이것은 소기업 보호 육성론을 반대하는 것이고, 오히려 경제 정책으로는 소기업을 도태시키는 방향을 시사한다.

---

51) J. Steindl, 앞의 책, 米田清貴·加藤誠一 譯, 앞의 책, p.131.

③ 다만 소기업가 중에는 여러 가지 계급이 있어서 사회적 정치적 중요성을 지니고 있다고 보았다.[52] 이것은 사회 정책적으로 소기업의 존속을 어느 정도 인정하는 정책의 필요성을 부정하지 않은 것뿐이다.

④ 결국 소생산단위를 대생산단위로 대체하는 것이 제2차 세계대전 이전의 영국 산업 정책의 영구적 목표였다.[53]

결국 소기업이 폭넓게 잔존하여 불합리한 산업조직을 이루고 있는 것을 국민경제적 모순으로 보는 시각에는 상당히 접근해 있으면서도,[54] 이를 뚜렷하게 인식하고 적극적인 정책적 대응에는 이르지 못한 것은 당시 영국의 경제현실을 반영한 것이다.

소기업은 개별적으로는 능률이 낮고 이윤이 적어서 경영이 불안정하며 대기업으로 성장하는 것도 불가능할 뿐만 아니라, 대기업에게 도태 구축되는 경향이 있다. 이런 소기업 문제는 개별기업의 비능률성에서 오는 것이고 산업조직의 불합리성의 문제로는 보았지만, 자유경쟁제도의 위기라는 국민경제적 모순의 문제로 강하게는 인식하지 않았다.

이는 당시 영국에서는 플로렌스 이후 소기업잔존문제를 소기업 비합리성론으로 규정하는 것이 지배적이었기 때문이다. 당시 영국의 소기업 문제의식은 소기업이 도태 구축되는 과정에서 마찰을 가급적 줄이는 것, 즉 마찰적 모순은 심각한 국민경제적 문제는 아니라는 생각이었다. 또한 개개의 경제주체 사이에 자유경쟁을 유지하는 것보다, 경제주체 집단으로서 소기업집단과 다른 경제주체의 집단의 공정한 자유경쟁을 가능하도록 하는 방향이 정책의 중심이었다. 그리하여 대기업과 소기업의 규모격차를 해소하기 위하여 금융과 지원 정책을 강구하기도 하였다.[55]

2. '소기업 잔론'의 합리성과 적극적 정책인식

미국에서는, 소기업이 대기업으로 성장하는 것이 어렵고 낮은 생산성, 낮은 이윤,

---

52) 위의 책, p.130.

53) 위의 책, p.132.

54) '소기업 비합리성론'은 '소기업도태·소멸론'과는 차이가 있다. 두 가지는 다 같이 소기업을 경제적 비합리성을 지닌 것으로 보는 '소기업평가론'이라는 공통점을 지닌다. 전자는 소기업은 도태 소멸하는 것이 아니라, 그 잔존을 예측한다는 점에서 후자와 다르다. 그런 의미에서 소기업의 잔존을 국민경제적 모순의 문제로 보는 시각에 접근해 있다. 왜냐하면 국민경제적 모순의 문제는 지속적이며 구조적 성격을 지닌 것이기 때문이다.

55) 1931년에 맥밀란위원회(Macmillan Committee) 보고서(Report of the Committee on Finance and Industry)는 금융면에서 규모격차(Macmillan Gap)를 지적하였고, 이를 해소하기 위하여 새로운 금융기관을 설립하기도 하였다.

그리고 경영상의 불안전성을 지니고 있지만, 모든 소기업이 경제적으로 불안전한 것
은 아니며, 오히려 소기업이 경제발전의 원동력이라는 의미에서 그 잔존이 경제적 합
리성을 갖고 있다고 생각하였다. 그 결과 소기업에 대한 보호 육성을 적극적으로 추
진하였다. 이러한 주장은 19세기 말 이후 미국의 경제가 성장 발전하면서 경제력이
집중하고 그에 따른 독점의 폐해가 크게 발생한 것을 역사적 배경으로 하지만, 직접
적으로는 1929년의 공황을 계기로 이루어졌다. 19세기 말 이후 독점금지 정책은 독점
을 해악으로 생각하였고 공황의 원인을 경제력의 과도한 집중에서 찾기도 하였다.

1938년에는 미국정부가 경제력집중 조사위원회(Temporary National Economic
Committee, 임시국가경제위원회)를 구성하였다.

이 위원회의 보고서는 과도한 경제력 집중이 가져오는 폐해를 지적하고 자유경쟁
제도가 경제의 발전을 가져온다고 주장하였다. 그리고 자유경쟁기업제도를 유지하기
위해 소기업을 보호 육성해야 한다는 소기업 보호 육성론을 제기하였다.

마셜은 일찍이 소기업을 경제발전의 원동력으로 보면서 '소기업 성장론'을 주장
하였지만, 이것은 경제력 집중이 극단적으로 이루어지지 않은 역사적 배경 속에서였
다. 그러나 임시국가경제위원회의 보고서는 1930년대 이후 소기업의 성장경향이 사라
지고 오히려 소기업의 도태 구축이 이루어지는 가운데 소기업 보호 육성론을 제기했
다는 점에서 주목을 받는다.

이러한 소기업에 대한 적극적 정책인식은 미국 정부 및 의회의 견해일 뿐만 아니
라 카프란(A. D. H. Kaplan) 등 많은 소기업론자도 주장하였다.

① 소기업 보호 육성론이 모든 소기업을 보호 육성하는 것이 아니고, 능률이 낮고
경영내용이 부실한 소기업을 보호하는 것은 경제발전과 국민의 복지에 도움이
되지 않는다는 견해도 있었다. 소기업의 보호 육성은 소기업에 특권을 주는 것이
아니라, 대기업과 평등한 조건에서 대등한 경쟁을 할 수 있도록 하는 범위에서
정책을 펴나가야 한다.[56] 이것은 소기업 비합리성론을 부분적으로 반영한 것으로
볼 수 있다.

② 소기업 보호 육성론과 관련하여 독점적 대기업과 소기업의 관계를 실증적으로
분석한 연구[57]도 있다.

---

56) ① Paul Donham, "Whither Small-Business?", *Havard Business Review*, Vol. 35, No. 2,
March~April, 1957, pp.73~81.

② W. A. Hosmer, "Small Manufacturing Enterprise," *Havard Business Review*, Vol. 35, No. 6,
Nov~Dec. 1957, pp.111~122.

57) H. G. Vatter, *Small Business and Oligopoly : A Study of Butter, Flour, Automobile and
Glass Container Industry*, Oregon. 1955.

③ 소기업 정책이 주로 소기업의 상층부를 대상으로 하여, 하층의 영세기업(little business)을 도외시한다는 문제를 제기한 연구[58]등이 이어졌다.

결국 1930년대 이후 미국에서 소기업 문제는 다음과 같은 성격을 갖는다.

① 소기업 잔존론에서 보여주는 '경제이론상의 문제' 성격을 넘어서, 경제 정책을 필요로 하는 '국민경제적 모순의 문제'로 인식하였다.

② 소기업 도태 구축론이 지배적이었던 때의 '과도적 마찰적 모순으로서의 문제'가 아니라, 근본적인 경제제도에 관련되는 문제로 인식한다.

③ 소기업이 도태 구축되고 소기업이 대기업으로 성장하기 어려우며, 낮은 이윤, 낮은 생산성과 경영불안정이 가져오는 현재의 소기업 문제를 의식하는 데 그친 것이 아니었다.

④ 경제력 집중으로 자유경쟁제도가 위기에 이르면 그것이 경제의 성장발전과 국민의 복지를 저해한다는 문제의식을 매개로 하여 국민경제적 모순의 문제로 소기업 문제를 다룬 것이다.

3. 서로 다른 두 정책인식의 비교

미국과 영국에서는 다 같이 소기업의 비중이 높은 편이 아니었다. 그런 가운데 영국에서는 '소기업 비합리성론'이 유력하고, 미국에서는 '소기업 보호 육성론'이 지배적이 되는 상반된 경향을 보였다. 그 이유는 다음과 같다.

첫째, 미국에서는 경제의 성장 발전과 함께 경제력 집중과 기업의 대규모화가 강화되어 독점의 폐해가 뚜렷하였다. 이에 반해 영국에서는 제1차 세계대전까지는 독점의 형성과 그 폐해를 그렇게 심각하게 의식하지 않았다.

둘째, 동일한 대규모화의 경향 속에서도 미국에서는 독점의 폐해를 강력히 의식한 데 반해, 영국에서는 대규모화의 능률성과 경제적 합리성을 강력하게 주장하였다.

셋째, 영국에서는 플로렌스 이후 소기업의 잔존을 불합리한 것으로 보고 소기업이 폭넓게 존속하는 현실의 산업조직을 비능률적인 것으로 규정하였다.

① 이러한 시각은 소기업이 '현 시점에서', 대규모생산에 견주어 소규모생산의 비능률성을 지닌다는 데 중점을 두고 있다. 이것은 플로렌스 이후 슈타인들에 이르는 소기업 비합리성론이 개별기업의 내부경제분석에 치중하는 데서 오는 결과이기도 하다.

---

58) J. D. Phillips, *Little Business in the American Economy*, Urbane. 1958.

②이것은 영국 산업조직이론의 주된 흐름이 기업규모의 능률성을 주로 분석한 것
임을 반영한다.

③여기서는 소기업이 산업조직에 주는 동태적 역할이나 외부경제적 작용을 도외시
하고 정태적 분석에 그치고 있다.

넷째, 이에 반해 미국에서는 소기업의 외부경제적 작용과 동태적 역할을 중요시
하여 그것의 보호육성론을 강조하기에 이르렀다. 그 원인은 다음과 같다.

①경제력 집중에 따른 독과점 구조가 정착하면서 그 폐해가 심각한 국민경제적 문
제가 되고, 그에 따라 산업조직의 비능률성을 의식하기 시작하였다.

②여기서는 개별적인 기업규모의 문제를 떠나서 국민경제 시각에서 산업조직의 문
제를 의식하였다. 개별기업단위의 기업 내적 요인을 넘어서, 기업 외적 요인, 즉
기업이 활동하는 '市場'에서의 소기업의 역할을 깨닫게 되었다. 미국형 산업조직
론의 흐름 속에서 소기업 문제가 생겨난 것이다.

③저생산성, 저이윤, 경영 불안정성을 지닌 것이 현재 소기업의 상태이지만, 그것
을 보호 육성하는 것이 산업조직의 능률성을 높일 수 있다는 동태적 시각이 작용
하였다. 비합리적인 소기업을 폭넓게 포괄하는 현재의 산업조직이 비능률적이지
만, 독과점 구조의 경직성을 개선하기 위한 미래지향적 방향은 소기업의 보호 육
성에 있다고 보았다.

④일찍이 마셜이 소기업을 경제발전의 원동력으로 보고 영국 산업력의 대부분이
성장하는 소기업의 에너지와 탄력성에 의존한다는 견해[59]가 미국에서 재조명된
것으로 볼 수 있다.

그런데 미국에서 소기업 문제를 경제력 집중과 독점의 폐해 속에서 '국민경제적
모순'으로 인식하였지만, 그것이 일본이나 개발도상 경제에서 인식된 중소기업 문제
와 그 성격이 동일한 것은 아니다. 일본이나 개발도상 경제는 미국이나 영국에 견주
어 국민경제에서 중소기업(또는 소기업)이 차지하는 비중이 높다. 더욱이 중소기업이
지닌 저생산성, 저이윤, 저임금, 열악한 노동조건과 경영불안정이 심각하다. 또한 경제
력 집중과 독과점 구조 아래에서 자유경쟁제도가 위기에 처한 경제제도를 지니고 있
다. 이들 요인을 결합하여 국민경제적 모순으로 의식한 것이 일본이나 개발도상경제
에서 중소기업 문제를 바라보는 근대경제학적 시각이다.

---

59) A. Marshall, *Industry*, p.581.

제9장 불완전 경쟁 이론과 중소기업 문제

제1절 시장의 불완전성에 대한 선행적 논의

1. 시장의 불완전성과 마셜의 지적

마셜 이후 홉슨의 능률적 규모론과 E. A. G. 로빈슨의 적정규모론 등 소기업 문제 또는 기업규모의 문제에 대한 논의의 주된 흐름은 완전 경쟁을 전제로 한 것이었다. 소기업 문제를 시장의 불완전성과 관련하여 다루지 않았던 것은 아니지만 그것은 어디까지나 예외적인 범위에 그칠 뿐이었다.

그것은 학설사적으로 볼 때, 한계혁명 이후 근대경제학 이론의 흐름을 주도한 가격이론과 균형이론이 완전 경쟁을 전제로 전개되었다는 소기업 논의의 주변적 사정 때문이었다고 볼 수 있다. 경제사적으로는 1870년대 이후 자본주의는 독점자본주의 단계에 들어갔지만, 영국이나 미국의 경제는 소기업 문제가 아직도 시장의 불완전성이나 독점과 관련하여 구조적 문제로 인식되지 못하였다. 따라서 소기업 문제를 독점이나 시장의 불완전성과 관련하여 논의하더라도 그것은 소극적, 예외적 수준에 그쳤다.

시장의 불완전성에 대한 체계적 이론, 즉 불완전 경쟁 이론이나 독점적 경쟁의 이론은 1933년 로빈슨(J. Robinson)과 체임벌린(E. H. Chamberlin)이 완성하였다. 케인스(J. M. Keynes)의 《一般理論》[1]과 더불어 경제이론의 혁명이라고 일컫는 불완전(독점적)경쟁 이론이 나오면서, 시장의 불완전성과 관련된 중소기업 문제의 논의도 근대 중소기업 이론의 전개과정에서 본 궤도에 들어오게 되었다.

예컨대 미시경제학에서는, 오랜 학설사적 논쟁을 거친 뒤에야 시장의 불완전성에 관한 이론, 즉 불완전 경쟁(imperfect competition)이론과 독점적 경쟁(monopolistic competition)이론이 체계적으로 나올 수 있었다. 또한 시장의 불완전성과 관련하여 소기업 문제를 본격적으로 논의하게 된 것도 그 선행적 논의가 있었는데, 여기서는 먼저 이에 대한 내용을 알아보기로 한다.

우선 마셜의 지적을 살펴보자. 마셜은, 일반적으로 기업에서 균형은 완전 경쟁을

---

1) J. M. Keynes, *The General Theory of Employment, Interest and Money*, Macmillan, 1936.

전제로 하고 있으며 제조업의 경우 수확체증의 법칙이 작용하고[2] 그 결과 생산에서 대규모의 경제성이 지배적이라고 보았다.

대규모의 경제성이 존재하는 경우 규모의 확대를 계속하는 기업이 우선적으로 이익을 얻고, 결국에는 생산량의 집중과 독점적 지위를 확보하지 않을까 하는 점에 대하여 마셜은 두 가지 해답을 제시하였다. 하나는 그가 가정한 일종의 사회학적 법칙으로 '기업가 능력의 쇠퇴'이다. 다른 하나는 대규모 생산의 경제성에 의존하는 많은 산업에서 그에 상응한 '시장확대의 곤란'이다.

대규모 생산의 경제성을 중요시하는 업종에는 대부분 판매(marketing)의 곤란이 있다. 수확체증의 경향이 강하게 작용하는 수많은 상품은 어느 정도 특수한 상품(specialities)이다. 그것은 특수한 기호(special tastes)에 적응하는 것이기 때문에 넓은 시장을 지닐 수 없다. 이 경우 기업은 새로운 수요를 창조하거나 기존의 수요기반을 확대하려고 노력한다. 그러나 각 기업의 판매는 환경에 따라 완만하게 확대되거나 높은 비용을 지불하고 얻게 되는(expensively accquired) 특수한 시장에 제한을 받는다. 그래서 생산은 매우 급속히 늘어나지만 판매는 그렇지 못하다.[3]

그런데 특수한 기호에 적합한 제조업에서 기업규모는 대부분 소규모이다. 그들은 새로운 기계와 조직형태를 채용하고 생산규모를 늘림으로써 일시적으로 큰 경제성을 얻을 수도 있다. 그러나 이들 산업은 각 기업이 어느 정도 그들의 특수한 시장에 제한을 받고 있다. 그래서 성급한 생산 증가는 경제성의 증가보다 더욱 크게 시장에서의 수요가격(demand price)을 낮추는 경향이 있다고 보았다.[4]

이러한 이유로 마셜은 대규모 생산의 경제성에도 불구하고 산업은 독점에 이르지 않는다고 보았으며, 그 원인을 시장의 제한 또는 불완전성에서 찾은 셈이다. 그 결과 소규모 기업이 적합하게 존립할 수 있다는 점도 시사하였다.

또한 마셜은 독점 및 독점적 대기업에 대해서도 논의하였다. 그것은 당시 독점적 대기업이 현저하게 발전하고 있는 역사적 배경을 바탕으로 하고 있지만, 마셜은 이를 소기업과 직접 관련지어 적극적으로 분석하지는 않았다. 다만 독점적 조직에 대한 현실적 분석에 그쳤다. 이를 살펴보면 다음과 같다.

① 마셜은 제한적 독점(limited monopoly)의 개념을 제시하였다. 대규모 경제성으로 거대기업의 활동이 활발해지지만 그것이 기업을 독점에 이르게 하지는 않는

---

2) A. Marshall, *Principles of Economics*, London, Macmillan, 8th ed., 1920, Rep. 1959, p.266.
3) 위의 책, pp.238~239. 여기서 지적한 시장확대와 비용증대의 관계는 뒤에 스라파(P. Sraffa)가 본격적으로 논의한다.
4) 위의 책, p.379.

데 그것은 많은 어려운 조건을 충족해야 하기 때문이라는 것이다. 기업이 확대되면서 소규모기업에서의 재능이 대규모기업에도 발췌되고 기업가의 독창성, 다양성, 주도력, 인내력, 수완과 행운을 장기간 지닐 수 있어야 한다. 그리고 재화수송과 판매의 어려움도 극복해야 한다. 이런 점을 실현하면 기업의 활동영역이 넓어져서 독점의 수준에 가까워질 수 있다. 그러나 그 높은 가격은 경쟁자를 그 분야에 진입시켜[5] 독점의 지속에 한계를 갖는 제한적 독점에 그친다고 보았다.

② 절대적 독점(absolute monopoly)이 아닌 조건적 독점(conditional or provisional monopolies) 개념을 제시하였다. 즉 판매가격을 생산비와 정상이윤을 보상하기 위해 필요 이상으로 올리지 않는다는 조건에서 지배권을 지닌 독점을 말한다.[6] 독점이윤을 갖지 않는 조건부 독점이 현실적이라는 것이다. 그러나 독점에 대항하기 위해서는 많은 자본과 노력이 있어야 하고, 또 변화를 싫어하는 인간의 타성 때문에 조건부 독점은 장기간 지속한다고 보았다. 경쟁자의 출현을 막는 이러한 조건 때문에 지속된 것이 19세기 말~1920년대의 독점이었다.[7] 그러나 이런 독점은 예외적이며, 현실적으로 중요한 것은 독점이 경쟁의 힘으로 제어될 수 있는, 조건부 독점이라고 보았다.

③ 이런 독점이 차별가격 등으로 압박하지만 소기업은 여전히 잔존하며, 독점적 대기업은 소기업의 이윤을 빼앗지 않는다는 것이 마셜의 생각이었다.

2. 홉슨의 불완전 경쟁적 소기업잔존

마셜과 같은 시대의 경제학자였던 홉슨(J. A. Hobson)도 소기업 문제를 다루면서 시장의 불완전성에 대하여 말하였다. 그는 소기업의 잔존을 진정한 잔존과 소규모의 종속적 작업장(small tied workshop), 즉 종속적 성격의 잔존으로 나누었다.[8] 이 가운데 진정한 잔존의 소기업은 잔존할만한 경제적 합리성을 지니고 있다고 보았다. 홉슨은 가장 경제적인 기업규모를 최저생산비규모라고 지적하고, 기업단위에서 최저생산비규모는 투하자본에 대하여 최대의 이윤율을 가져오는 최대능률 규모라고 하였다. 그런데 완전자유경쟁에서 모든 기업규모는 여기에 이른다고 보았다.

---

5) 위의 책, p.238.

6) A. Marsall, *Industry and Trade*, London, Macmillan, 1919, 4th ed., 1923, p.397.

7) 위의 책, p.398.

8) J. A. Hobson, *Industrial System, An Inquiry into Earned and Unearned Income*, 1909, Rep. of Economic Classics, New York, A. M. Kelley, 1969, pp.185~187.

즉 경제적 합리성에 기초하여 진정한 잔존을 하는 모든 기업은 완전자유경쟁이라는 조건에서는 능률적 규모에 이른다는 것이 홉슨의 생각이었다. 그러나 현실적으로는 이와 다르다.

① 최대능률 기업규모보다 작은 기업과 큰 기업이 존재하는데, 완전자유경쟁에서 이런 기업은 잔존할 수 없다. 특히 최대능률 규모보다 작은 기업은 대기업과 심한 경쟁관계가 아니고, 우연한 성격을 지니고 특수한 이익을 누리면서 잔존한다. 대기업이 대부분의 업종을 점유하는 가운데서도, 고급품을 생산하는 소기업(A small high grade business)의 특성 때문에, 또는 적은 이익을 얻는 업무(small profitable jobs)로, 그리고 대기업시장의 틈새를 추적하면서(picking its market) 소기업은 잔존한다고 홉슨은 지적하였다.[9] 즉 불완전 경쟁을 전제로 능률적 규모(최대능률 규모)보다 작은 기업이 잔존할 수 있다고 하여 시장의 불완전성 문제를 제기하였다.

② 다음으로 최대능률 기업 규모보다 큰 기업, 즉 비경제적 대기업(uneconomically large business)의 성장에 대해서도 논의하였다. 홉슨은 최고의 이윤율을 올리는 최저생산비규모와, 이윤율은 낮지만 더욱 큰 총이윤을 실현하는 규모를 구분하였다. 홉슨은, 기업가가 최고로 이윤율을 높이기보다 총이윤을 확대하려고 기업규모를 확장하려는 유혹(temptation to expand)을 받고, 이것이 비경제적 대기업을 만든다고 생각하였다.

이런 비경제적 대기업의 성장은 경쟁을 억압하기 때문에, 이윤을 최소화시키는 가격하락을 막는 수단으로 이루어지는 것이 일반적이라고 지적하였다.[10]

이러한 비경제적 대기업의 규모확대에 대한 설명은 그것이 시장지배력에 영향을 준다는 점과, 나아가 독점의 형성원인을 분석했다는 점에서 의미가 있다. 이처럼 독점의 형성원인과 그 작용을 해명하면서도 독점자본과 소기업의 관계분석에까지는 이르지 못하였다.

홉슨은 시장의 불완전성(불완전 경쟁)과 소기업잔존문제를 적극적으로 제기했다는 점에서 마셜보다 더욱 진전된 면이 있다. 그러나 완전 경쟁에서의 능률적 규모의 분석에 치중한 나머지 불완전 경쟁의 이론적 체계나 이와 관련된 소기업 문제의 논의는 예외적 범주에서 그치고 말았다.

---

 9) 위의 책, p.196.
10) 위의 책, p.197.

제2절 '빈 箱子논쟁'과 '費用論爭'

1. 빈 상자 논쟁

일찍이 마셜과 홉슨은 소기업 문제와 관련하여 시장의 불완전성을 지적하였고, 특히 홉슨은 불완전 경쟁을 원인으로 하는 소기업의 잔존문제를 적극적으로 제기하였다. 그러나 이를 해명할 수 있는 이론적 체계를 세우기까지는 많은 학설사적 논쟁을 거쳐야 했다.

먼저 논의할 수 있는 것이 이른바 빈 상자 논쟁[11](empty box controversy)이다. 마셜은 생산에 대한 자연의 역할은 수확체감의 경향을 보이지만, 인간이 역할하는 부분은 수확체증의 경향을 가져온다면서,[12] 두 경향에 주목하였다. 그리고 산업을, 이 가운데 어느 한 경향이 주도적인 것과 두 가지 경향이 상쇄되는 것(수확불변의 경향)으로 나누었다. 결국 수확체감의 산업, 수확불변의 산업, 그리고 수확체증의 산업 등으로 분류하였다.

이러한 산업의 분류는 피구(A. C. Pigou)의 《厚生經濟學》[13]에 그대로 이어졌다. 클레팜(J. H. Clapham)은, 피구가 마셜이 주장한 산업의 분류를 아무런 실증적 검증도 없이 그대로 이어받은 것을 비판하였다. 산업을 수확체감의 경향을 따르는지, 수확체증의 경향을 따르는지로 분류하였지만, 이 분류는 무리가 있으며, 이처럼 분류한 상자는 '빈 상자'로 볼 수밖에 없다는 것이다. 그리고 이러한 분류는 해가 될 뿐이라고 하였다.

클레람은, 거의 천 페이지에 이르는 《후생경제학》에는 마치 모든 사람이 그것을 알고 있는 것처럼, 수확체감의 조건이 이루어지고 있을 때, 또는 수확체증의 조건이 이루어지고 있는 경우로 시작하는 많은 주장이 있지만, 어느 산업들이 어느 상자에 속하는가(what industries are in which boxes)에 대한 단 하나의 사례도, 실증도 있지 않다는 것을 발견하게 된다고 지적하였다.[14]

---

11) 포괄적으로 1920년대에 전개된 이 논쟁을 '費用論爭'에 포함시키지만, 여기서는 구분하기로 한다.

12) A. Marshall, *Principles*, p.265.

13) A. C. Pigou, *The Economics of Welfare*, London, Macmillan, 1st ed., 1920, 4th ed. 1932, Rep. 1952.

14) J. H. Clapham, "Of Empty Economic Boxes", *The Economic Journal*, Vol. ⅩⅩⅩⅡ. Sep. 1922, pp.305~314.

또한 수확의 법칙(the law of returns)을 어떤 산업에는 결코 부여할 수 없다는 것을 분명히 밝히지 않고 삭제함으로써 큰 해악을 불러왔다고 보았다. 따라서 그러한 상자는 속이 빈 것이라고 하였다.[15]

클레팜의 이러한 비판에 피구는 다음과 같이 응수하였다. 우선 클레팜의 논문 내용을 네 가지로 정리하였다.

① 산업에서 수확률(a rate of returns), 특히 수확체증율의 개념을 규정하는 데는 어려움이 있다.

② 어느 특정 산업이 현재 수확체증 조건 아래 움직이는지, 또는 수확체감의 조건 아래 움직이고 있는지를 결정하는 데는 어려움이 있다. 그래서 이러한 어려움이 이를 경제학의 상자(these economic boxes)를 빈 것으로 지속시킨다.

③ 우리가 이들 상자를 메우는 경우에도 그것은 매우 적은 실제적 이익만을 가져올 뿐이다.

④ 그러므로 논의한 상자는 무용하고 해로우며, 그래서 철폐해야 한다.[16]

클레팜의 비판을 이처럼 집약한 피구는 수확체증, 수확체감의 산업 등으로 분류한 경제학의 상자는 단순한 상자가 아니라고 응수하였다. 그것들은 근대경제사상의 주요 부분으로 기능하는 지적인 기계(intellectual machinery)의 여러 요소로 이루어져 있으며, 그 기계에서 이들 특수한 요소를 다른 나머지 부분에서 뽑아낼 수도 없고, 무용한 요소로 규정할 수도 없다. 피구는 그들이 하나의 유기체이며, 그 기계의 분리할 수 없는 한 부분이라고 주장하였다.[17] 즉 수확의 법칙에 따라 산업을 분류하는 상자는 다른 지적인 요소와 유기적으로 결합한 지적인 기계의 한 부분이라는 의미에서 결코 빈 상자가 될 수 없다는 것이다.

그 뒤 이러한 피구의 응수에 대한 클레팜의 응답[18]으로 '빈 상자'를 중심으로 한 두 사람의 논쟁은 매듭을 짓게 된다.

그러나 1924년, 이 논쟁에 로버트슨(D. H. Robertson)이 참가한다. 그는 분석적 경제학(analytical economics)의 어떤 정의가 실제로 유용한지에 대한 논쟁,[19] 특히 산

---

15) 위의 글, 위의 책, p.312.

16) A. C. Pigou, "Empty Economic Boxes : A Reply", *The Economic Journal*, Vol. ⅩⅩⅩⅡ. Dec. 1922, pp.458~465.

17) 위의 글, pp.461~462.

18) J. H. Clapham, "The Economic Boxes : A Rejoinder", *The Economic Journal*, Vol. ⅩⅩⅩⅡ. 1922, pp.560~563.

19) D. H. Robertson, "Those Empty Boxes", *The Economic Journal*, Vol. ⅩⅩⅩⅣ. March, 1924, pp.16~30.

업을 수확체감과 수확체증이라는 이름의 상자로 이론적으로 분류하는 것이 실제적으로 이득인가 하는 논쟁에 대해서 그 측면을 전환할 것을 제안하였다. 즉 이 상자에서, 수확체증 산업을 비용체감 산업으로, 수확체감 산업을 비용체증 산업으로 분류하자는 것이었다.[20] 즉 수확(returns)의 문제를 비용(cost)의 문제로 바꾸어 분석할 필요가 있음을 시사하였다.

그러면서 로버트슨은 비용 분석에서 마셜을 인용, 외부경제 및 내부경제와 관련하여 검토하고,[21] 특히 비용체감의 경향(수확체증의 경향)이 내부경제와 갖는 관련을 주목하였다.

여기서 우리는 두 가지를 유의할 필요가 있다.

첫째, 빈 상자논쟁은 그 논의의 기준이 산업단위였다.

둘째, 분석의 내용을 수확의 법칙에서, 비용의 문제로 바꿀 필요성을 보여주었다. 이것은 뒤에 비용과 시장의 관계를 분석하는 계기를 마련한 것으로 볼 수 있다.[22]

2. 비용논쟁과 마셜 비판

1) 産業單位[23] 분석의 비판

빈 상자 논쟁에서 로버트슨은 수확의 법칙에 대응하여 비용의 관점을 제기하였고 1926년에는 스라파(P. Sraffa)가 여기에 참여하였다. 그는 〈경쟁적 조건하의 수확의 법칙〉이란 논문에서 마셜 이론의 핵심을 언급함으로써 역사적 의의를 지니게 되었다. 스라파의 논문은 그 당시 마셜 이론에 대한 본격적인 비판을 담고 있었으며, 그 뒤 불완전 경쟁(독점적 경쟁)을 전개하는 전기를 마련하였다.

스라파의 마셜 비판은 두 가지 논점으로 집약할 수 있다.

첫째, 산업의 비용은 몇 개 산업들의 관련 속에서 알 수 있다. 어느 산업의 투입물은 주로 다른 산업의 산출물이기 때문에 그 산업에만 고유한 비용의 경향법칙이 있는 것은 아니라는 것이다. 이를 좀더 살펴보면,

① 어느 산업의 생산량의 변동은 그 산업의 생산비뿐만 아니라 다른 산업의 생산비에도 직접적인 영향을 미칠 수 있다. 따라서 독립성(independence)의 가정[24]에 기

---

20) 위의 글, 위의 책, p.17.
21) 위의 글, 위의 책, p.23.
22) 마셜도 시장의 확대를 위해서는 높은 비용의 지불이 필요하다는 점을 지적한 바 있다.(Marshall, *Principles*, p.239)
23) 有機的 成長論에서 볼 수 있듯이 마셜은 産業을 경제진보와 발전의 대상으로 삼았다.
24) 이것은 "다른 사정이 동일하다면"(ceteris paribus)이란 가정을 의미한다.

초를 둔 특수균형(부분균형)의 조건은 뒤집어진다. 산업단위에 수확의 법칙을 적
용하는 경우는 대부분 여기에 해당한다. 그 결과 산업의 생산비를 규제하는 경향
법칙의 파악은 마셜류의 부분균형의 방법만으로는 파악할 수 없다.[25]
　② 자유 경쟁의 길(path of free competition)을 견지할 때, 수확의 법칙은 많은 산업
의 동시적 균형(simultaneous equilibrium)의 조건으로 검토되도록 그 고찰의 범
위를 확대할 필요가 있다. 그러나 현재 지식 상태로는 효과를 볼 수 없다.[26]

　둘째, 스라파는, 산출량이 어느 정도 변해도 산업의 비용은 불변하는 것이 보통이
라고 보았다. 가변비용(variable cost)의 공급표는 산업의 경우 예외적인 산업에만 유
용하다. 정상적인 산업의 경우에 경쟁적 조건에서 생산된 상품의 생산비용은 생산량
의 미세한 변동에서는 불변이라고 간주할 수밖에 없다.[27] 즉 스라파는 산업에서, 정상
적인 경우는 수확불변의 법칙이 작용한다고 보았다.

　이러한 비판을 통하여 스라파는 마셜이 산업의 비용분석의 경향법칙으로 본 수확
의 법칙은 산업단위에 적용하는 것이 부적합하다고 하였다. 그러면서 그는 수확체증
(또는 비용체감)의 법칙이 작용하는 것은 산업이 아니고, 오히려 개별기업이라고 하
였다. 많은 기업 그리고 소비재 공업제품을 생산하는 대부분의 기업은 개별적으로 비
용체감의 조건을 갖고 있다는 것을 일상적인 경험이 제시하고 있다는 것이다.[28]

　셋째, 그런데 수확체증의 법칙을 따르는 기업에 주목하면 자유경쟁의 길을 버리
고 독점(monopoly)으로 전환할 필요가 있다고 지적하였다.[29]

　그러면서 산업과 기업의 관계에 대하여 새로운 문제를 제기하였다. 이러한 문제
제기를 마셜의 대표적 기업(representative firm)으로 해명하기는 충분하지 않았다.

2) 산업균형 분석의 단위인 대표적 기업 비판

　스라파의 논문이 나온 뒤 1928년에는 로빈스(L. Robbins)가 그의 논문 〈대표적
기업〉에서 마셜의 균형이론의 중심적 개념을 비판하였다. 이로써 1920년대 비용논쟁
은 수확체증과 대표적 기업의 문제로 그 초점이 옮겨갔다. 로빈스의 비판내용은 다음

---

25) P. Sraffa, "The Law of Returns under Competitive Conditions", *The Economic Journal*, Vol.
　　ⅩⅩⅩⅥ, Dec. 1926, pp.538~539.(朴贊一 譯, 〈競爭的 條件下의 收穫의 法則〉,《商品에 의한 商品
　　生産》, 비봉출판사, 1986, p.126) 마셜은 代表的 企業을 상정하고 이것을 기준으로 産業의 정상비
　　용과 정상이윤의 분석을 검토하려고 하였다.
26) P. Sraffa, 위의 글, p.541.
27) 위의 글, 위의 책, pp.540~541.
28) 위의 글, 위의 책, p.543.
29) 위의 글, 위의 책, p.542.

과 같이 집약할 수 있다.

첫째, 개별기업이 고용하는 생산요소, 특히 경영능력에서 기본적인 이질성을 덮어 두는 것은 일반적으로 비판받아야 한다. 정상적인 경영능력을 갖고 운영하는 대표적 기업 등을 들어 각 기업의 이질성을 감추려는 것은 부적합하다.[30]

둘째, 경영능력 등 생산요소가 '정상적'이 아니고 이질적이라도 각각의 기업에 균형은 있다. 어느 기업의 균형 성립 조건은 그 기업이 다른 생산공정을 택하는 기업과 비교하여 뒤지지 않는 수익을 올리느냐에 있다. 따라서 기업이 균형상태에 있을 때 정상이윤(균형상태의 이윤)은 경영능력 등의 차이에 따라 높고 낮은 격차가 있을 수 있으며 이것은 균형과 결코 모순되는 것은 아니다.

그럼에도 '정상적인 능력'으로 운영하는 대표적 기업을 상정하고 그 기업이 얻는 정상이윤이 산업에서 무엇을 결정하는 하나의 기준을 나타내는 것으로 보고, 반면 이와 다른 이윤을 올리는 기업은 균형에서 벗어나는 것으로 보는 것은 올바르지 않다.[31]

셋째, 마셜이 대표적 기업의 개념을 제시한 중요한 이유 가운데 하나는 그 균형이론을 실제의 자료에 적용할 때 편리함을 생각해서였다. 따라서 실제로 통계상의 평균적 기업이 대표적 기업과 일치한다면 대표적 기업의 실용성은 높을 수 있다. 그러나 통계상의 평균기업을 대표적 기업으로 볼 수 없기 때문에 실용성이 없다.

결국 대표적 기업의 개념 도입이 마셜의 균형이론의 적용성을 높이지 않으며, 그것은 오히려 무용한 것에 불과하다고 로빈스는 비판하였다.[32] 이처럼 비용논쟁에서는 마셜 이론의 핵심이 되는 개념을 비판했는데 그 내용을 요약하면 다음과 같다.

첫째, 생산비 분석을 통하여 스라파는, 마셜의 특수균형이론(부분균형이론)이 산업의 생산비에 대한 법칙을 파악하는 데 적합하지 않다고 보았다.

둘째, 스라파는 수확의 법칙(특히 수확체증 또는 비용체감의 법칙)이 산업단위에는 제대로 작용하지 않으며, 오히려 개별기업에 적합하다고 보았다. 그런데 수확체증 내지 비용체감조건을 가지고 영위할 때 기업은 자유경쟁의 길을 버리고 반대의 방향인 독점으로 전환할 필요가 있다는 주목할만한 지적을 하였다.

셋째, 로빈스는, 마셜이 산업균형의 분석을 위하여 제시한 추상적 개념인 대표적 기업이 마셜 균형이론의 적용성을 높이지 못하는 무용한 개념이라고 지적하였다.

---

30) L. Robins, "The Representative Firm", *The Economic Journal*, Vol, ⅩⅩⅩⅧ, Sep. 1928, p.399. 〈정상적인 경영능력〉은 마셜이 대표적 기업의 개념을 설정하면서 제시한 기준 가운데 하나이다.(A. Marshall, *Principles*, p.265)
31) L. Robbins, 위의 글, 위의 책, pp.392~393.
32) 위의 글, 위의 책, pp.390~391.

3) '수확체증과 대표적 기업'의 논점

빈 상자 논쟁 이후 전개된 비용논쟁(cost controversy)에서, 경제의 균형에서 수확체증의 문제와 대표적 기업이라는 마셜적 고안물(marshallian device)이 한 논점이 되었다. 이에 이 논쟁을 주도적으로 실었던 《이코노믹 저널》(*The Economic Journal*)은 1930년에 '수확체증과 대표적 기업'(Increasing Returns and the Representative Firm)을 주제로 심포지엄을 열었다. 여기에는 로버트슨(D. H. Robertson), 스라파(P. Sraffa) 그리고 쇼브(G. F. Shove) 등이 참여하였다.

이 가운데 그 논지를 비교적 잘 정리하고 마셜의 이론을 어느 정도 옹호하면서 이를 해명한다고 보는 쇼브의 주장을, 스라파와 로빈스의 마셜 비판에 대한 반비판의 내용으로 정리해보자.

첫째, 수확체증은 독점을 향한 길(the path toward monopoly)과 연결되어 있으므로 수확체증과 경쟁적 균형은 서로 논리적으로 모순[33]이라는 스라파의 비판에 대하여 쇼브는 다음과 같이 주장하였다.

① 만일 기업이 내부경제를 개발하여 곧 생산규모를 확대하고 비용절감을 이룬다면 스라파의 비판은 정당하다. 그러나 실제로 생산규모를 확대하려면 다른 기업의 판로를 잠식하지 않으면 안 되기 때문에 그것은 쉽지 않다.

② 사실 마셜은 비용체감(수확체증)이 쉬운 업종에서는 판로 확대가 어렵고[34] 또한 판로 확대가 쉬운 업종에서는 비용체감이 곤란하다는 점을 강조하였다. 결국 두 가지 이익을 같이 얻는 경우는 흔하지 않다.

③ 기업이 어떤 필요한 규모까지 그 산출량을 곧바로 늘리고(추가적인 설비를 설치) 판로를 확대할 수 있다면 내부경제의 우위성(수확체증)과 경쟁적 균형은, 현재의 우리의 가정에서는 양립할 수 없다. 그러나 산출량을 바로 확대하는 것은 불가능하기 때문에 두 조건은 조화를 이룰 수 있다[35]고 보았다.

둘째, 대표적 기업에 대하여 쇼브는 그 개념의 도입을 불가결한 것으로 보지는 않았지만, 다음과 같은 점을 유의할 필요가 있다고 지적하였다.

① 로빈스의 지적처럼 균형에서도 특수한 재능이나 기회를 얻어, 기업들의 이윤율에 상당한 격차가 있는 것은 사실이다. 그러나 이 사실은 마셜도 인정하고 있으므로 특별히 비판의 대상이 되지 못한다.

---

33) 이것이 이른바 〈마셜의 문제〉로 일컬어지고 있다.

34) A. Marshall, *Principles*, p.239.

35) G. F. Shove, "The Representative Firm and Increasing Returns", *The Economic Journal*, Vol. XL, March, 1930, p.110.

② 경영능력이 같고 기업에 닥치는 행운과 불운이 차이가 없다고 해도 모든 기업이 같은 이윤율을 얻는다고 볼 수는 없다. 기업이 각각의 성장단계에서 어느 단계에 있는지에 따라서도 이윤율이 차이가 나기 때문이다. 즉 여러 가지 조건에 따라 이윤율은 차이가 있을 수 있다. 그렇다고 해서 正常的인 이윤율이라는 개념이 불필요한 것은 아니다. 기업이 그 업종에 들어갈 것인지를 판단하는 데는 정상적 이윤율이 중요한 조건과 기준이 되기 때문이다.

③ 산업의 균형에 필요한 것은 기업이 모두 그 경영규모를 확대하는가 또는 축소하는가를 보는 것이 아니라, 초기 조건에서의 자원의 배분과 비교하여 그 이상의 개선의 여지가 있는지를 보는 것이다. 그런 의미에서 산업의 균형에 대응하는 기업의 규모별 분포를 살펴볼 필요가 있다. 마셜은 이 분포를 대표적 기업에 집약하여 나타내고 있으며 이런 점에서 대표적 기업은 유용한 개념이다. 그러나 유용한 것이기는 하지만 불가결한 것은 아니다. 더구나 주식회사 제도가 발달하여 거대회사가 나타나면서 이들은 19세기와 같은 개인기업의 성장 쇠퇴 과정을 겪는 것이 아니며, 오랜 기간 우월한 지위를 지니기 때문에 대표적 기업의 유용성은 점차 줄어들고 있다고 쇼브는 지적하였다.[36]

제3절 스라파의 시사와 해로드 등의 선구적 업적

1. 스라파의 시사와 '독점의 세계'

마셜 이론의 애매한 측면을 규명하면서 일어난 비용논쟁(빈 상자 논쟁 포함)이 경제학자들의 노력을 가치 없게 만들었다는 일부 비판이 있다.

그러나 그 속에서 균형이론의 그 뒤의 방향, 즉 불완전 경쟁 또는 독점적 경쟁의 길을 보여주었다는 점에서 큰 의의를 지닌다. 특히, 스라파의 논문은 '독점적 경쟁의 혁명'(monopolistic competition revolution)의 길을 여는 데 중요한 공헌을 하였다.

이에 대하여 사무엘슨(P. A. Samuelson)은 다음과 같이 지적하였다.

기본적으로 경쟁적 산업은 상호의존관계를 맺고 있다는 사실이 스라파로 하여금 마셜류의 부분균형이론에 대한 비판을 포기하고, 왈라스류의 일반균형 모형을 선호하게 했다. 그러나 왈라스류의 모형에서 마셜류의 부분균형의 결점을 보완할 수 있는 점

---

36) 위의 글, 위의 책, p.114.

을 발견하지 못한 스라파는 결국 체임벌린류의 독점적 경쟁 이론의 길(the road toward Chamberlinian monopolitic competition theory)로 나아갔다.[37]

즉, 스파라는 일반균형이론으로 바꾸기가 곤란했기 때문에 '독점을 향한 길'을 전개할 수밖에 없었다. 그런데 스라파의 '독점의 세계'는 각각의 기업이 독자적 시장을 갖고 있지만, 중복되는 대체품으로 억제되는 상태였으므로 여기에 분명히 독점적 경쟁의 길이 준비되고 있었다.[38]

스라파가 시사한 독점의 세계는 뒤에 독점적 경쟁의 세계로 나아갔으며, 그의 독점을 향한 길은 독점적 경쟁 이론의 길로 발전하였다.

사무엘슨이 지적한 '스라파의 독점의 세계'를 스라파 자신은 다음과 같이 나타낸다.

① 기업이 하나의 상품을 생산할 때 그 상품에 대해 일반 시장은 일련의 뚜렷한 몇 개의 시장으로 세분화한다. 그 때 경쟁기업의 시장 점유 몫을 잠식하여 자기의 시장점유를 늘리려는 기업은 어느 기업이나 세분화된 시장을 둘러싸고 있는 장벽(barrier)을 극복하기 위하여 막대한 판매비용을 부담하지 않으면 안 된다.

② 그러나 다른 한편에서, 각 기업은 자기가 확보한 시장의 범위 안에서, 그리고 자기가 세워놓은 장벽의 보호 속에서 특권적 위치를 누린다. 그 결과 각 기업은 본질적으로 보통의 독점적 기업이 누리는 우위와 같은 것을 얻는다.[39]

③ 그런데 각 기업이 그들의 생산을 점차적으로 늘이려고 할 때 넘어야 할 장애요인은 생산비에 있는 것이 아니라, 가격을 낮추지 않고서는 또는 판매비용을 늘리지 않고서는 재화의 판매량을 큰 폭으로 늘리기 어렵다는 데 있다.[40]

경쟁자의 시장잠식과 판매비 증대의 문제에 대한 인용내용을 쇼브는 마셜의 수확체증과 경쟁적 균형의 양립을 옹호하는 대상으로 파악한 바 있다. 이에 대해 스라파는 양자의 모순을 지적하면서 그의 '독점을 향한 길'을 나타내는 기술을 하였다. 이는 두 사람의 마셜에 대한 옹호와 비판이라는 입장 차이에서 비롯하는 것으로 볼 수 있다. 이것은 "마셜의 문제"를 해명하는 '명확한 이론'이 없었기 때문이다. 스라파의 독점의 세계는 바로 이 명확한 이론을 만드는 계기를 마련하였다. 이것이 불완전 경쟁의 이론 또는 독점적 경쟁의 이론으로 전개된 것이다.

---

37) P. A. Samuelson, "The Monopolistic Competition Revolution", *Monopolistic Competition Theory, Studies in Impact, Essays in Honor of Edward H. Chamberlin*, ed. by R. E. Kuenne, John Wiley & Sons, 1967, p.116.

38) 위의 글, 위의 책, p.117.

39) P. Sraffa, "The Law of Returns", 앞의 책, p.545.

40) 위의 글, 위의 책, p.543. 이것은 마셜의 지적(*Principles*, p.239)과 유사한 흐름이다.

2. '시장의 불완전성에 대한 힘'의 분석

순수경쟁의 이론과 독점 이론을 연결하는 '명확한 이론'을 향한 스라파의 시사를 좀더 살펴보기로 한다. 스라파는, 자유경쟁의 길을 포기하고 반대의 방향, 즉 독점의 방향으로 전환할 필요성을 강조하면서, 개별기업의 활동영역(시장영역)의 변화와 관련하여 비용의 변화가 중요한 역할을 하는 명확한 이론을 시사하였다.[41]

① 산업의 실제적인 상태를 연구 분석하기 위해 독점과 경쟁이라는 양극단의 경우에 대한 두 개의 이론이 주어진다. 그런데 실제로는 이 가운데 어떤 범주에도 일치하지 않고 중간 영역에 흩어져 있는 경우가 있다. 그리고 어느 산업은 그 특유의 사정, 즉 산업 안의 독립적인 기업의 수라든가 그들 기업이 서로 맺고 있는 부분적인 협정의 존재에 따라 독점 체제 또는 경쟁적 체제에 가까워지는 것으로 본다.

② 그래서 생산을 서로 완전히 독립적인 많은 수의 기업이 하는 경우에는 경쟁적 체제가 적합하다고 본다. 여기서는 시장의 불완전성(imperfection)을, 단순히 경쟁 작용을 막아내고 거기서 약간 빗나가는 마찰 정도로 본다. 그래서 경쟁력이 작용하여 이러한 마찰을 실제적으로 극복할 수 있는 것으로 본다.

③ 그러나 경쟁의 기본적인 조건인 시장의 단일성(unity of market)을 파괴하는 장애는 '마찰'이 아니라, 그것에 연속적이고 누적적인 영향력을 미치는 능동적인 힘(active force)이다. 이 능동적인 힘은 그것이 정태적 가정에 기초를 두고 분석해 볼 수 있는 주제가 될 만큼 충분한 안정성(sufficient stability)을 갖고 있다.[42]

스라파가 의도했던 '독점의 세계' 또는 '독점을 향한 길'에 대한 분석은 독점과 경쟁의 중간 영역에서, 능동적인 힘과 충분한 안전성을 가진, 시장의 불완전성을 대상으로 하는 '명확한 이론'을 시사하고 있다. 정태적 가정에서 분석의 주제로 삼을 수 있는 충분한 안정성을 지닌 것으로 본 것이다.

이와 같은 스라파의 주제는 로빈슨(J. Robinson)의 '불완전 경쟁의 경제학'의 원천이 되었다. 이에 대하여 로빈슨은 그의 저서 제1장 서문에서 다음과 같이 쓰고 있다.

"스라파의 논문은 나의 연구의 근원으로 간주해야 한다. 이 책의 주된 목적은 가치에 대한 포괄적 이론(the whole theory of value)을 만드는 것인데, 이것은 독점 분석(monopoly analysis)이라는 말로 취급하며 풍부하게 시사한 것을 더욱 전개하려고 노력하는 것이기 때문이다."[43]

---

41) 위의 글, 위의 책, p.542.
42) 위의 글, 위의 책, p.42.

로빈슨은 스라파가 '독점 분석'이라는 용어로 시사한 것을 더욱 폭넓게 전개함으로써 '가치에 대한 포괄적 이론', 즉 '가치의 일반이론'을 추구할 수 있다고 생각하였다. 이것은 마셜이 논의했던 순수경쟁의 이론과 독점 이론을 포함하면서도 이 양자를 연결하는 '가치의 일반이론'이다.

이것을 스라파는 독점분석이라는 말로 시사하였지만, 로빈슨이 생각한 것은 독점 이론이 아니고 시장의 불완전성에 대한 힘을 분석하는 명확한 이론이었다. 즉 개별기업의 활동영역(시장영역)의 변화와 관련하여 비용의 변화가 중요한 역할을 하는 명확한 이론이었고, 로빈슨은 이것을 불완전 경쟁의 이론으로 전개하였다.

체임벌린(E. H. Chamberlin)은 스라파에게 시사받은 것은 아니지만, 그와 독립적으로 유사한 내용을 구상하여 복점의 이론(the theory of duopoly)을 전개하였다. 그 당시에 순수경쟁과 독점의 중간영역을 취급하는 이론은 바로 이 '복점의 이론'이었다. 체임벌린은 이 복점의 이론을 일반화하여 경쟁과 독점을 포함하는 이론을 형성하였다. 즉, 경쟁과 독점의 중간영역을 연구하는 것으로 복점의 이론이 있지만, 그것은 실질적으로 아직 충분히 연구하지 않은 분야로 남아 있다고 보고 이에 대한 적극적 연구로 독점적 경쟁의 이론에 이르렀다.[44]

3. 바이너와 해로드의 업적

가치의 일반이론으로 로빈슨의 불완전 경쟁 이론이나 체임벌린의 독점적 경쟁 이론이 체계화되기에 앞서 선구적 역할을 맡은 두 사람이 있었다. 바이너(J. Viner)와 해로드(R. Harrod)가 그들이다.

바이너는 대규모생산의 순내부경제(net internal economies)와 장기안정균형(long-run stable equilibrium)이 경쟁적 균형의 조건과 모순된다고 보았다. 기업의 규모가 커져서 그 작용이 가격에 중대한 영향을 줄 정도가 되면 기업이 누리는 원자적 경쟁의 영역에서 부분적인 독점의 영역에 다가간다고 기술하였다.

그리고 균형은 장기한계비용(long-run marginal cost)과 장기한계수입(long-run marginal revenue)이 균등한 점에서 성립한다고 지적하였다.[45] 여기서 부분적 독점이

---

43) J. Robinson, *The Economics of Imperfect Competition*, Macmillan, 1st ed. 1933, 2nd ed. 1969, p.xⅲ.

44) E. H. Chamberlin, *The Theory of Monopolistic Competition, A Reorientation of the Theory of Value*, Havard Univ. Press, 1st ed. 1933, 8th ed. 1962, p.5.(青山秀夫 譯,《獨占的 競爭の理論》(價値論の新しい方向), 至誠堂, 1966, p.5)

45) J. Viner, "Cost Curve and Supply Curve", *Zeitschrift für Nationalökonomie*, Vol.Ⅲ, 1931 ;

란 불완전 경쟁을 의미하지만, 이에 대해서는 약간 암시하는 데 그쳤다.

해로드의 두 편의 논문은 분명히 불완전 경쟁의 이론을 의도한 것으로 볼 수 있다.

첫째, 해로드는 보통 체증비용과 체감비용이라는 표현은 수요의 변화에 대한 공급가격의 반응과 관련하여 사용한다고 지적한다.[46] 비용은 산출량뿐만 아니라 수요의 상태에도 의존한다. 즉 비용함수는 산출량과 수요의 상태라는 두 개의 설명변수를 포함하고 있다는 것이다. 이때 수요의 상태가 비용곡선에 어떤 영향을 주는 경우에 그 수요의 상태와 관련짓는 것이 바로 시장의 조직이다.

둘째, 시장의 조직이 수요곡선에 주는 영향을 다루기 위하여 해로드는 총수요 증분 곡선(the increment of aggregate demand curve)을 새로 도입하였다.[47] 로빈슨은 이것을 한계수입곡선(marginal revenue curve)이라고 하였다.[48]

해러드는 이 수요증분(한계수입)으로 오늘날에도 유명한 다음과 같은 공식을 이끌어 냈다.

$$\frac{d(PQ)}{dq} = P + \frac{Qdp}{dq} = P - \frac{P}{y} = P\left(1 - \frac{1}{y}\right)$$

여기서 $d(pq)/dq$는 한계수입(MR), P는 가격, Q는 수요량, y는 수요의 가격탄력성을 말한다.[49]

시장 조직이 완전 경쟁의 경우에는 수요의 가격탄력성은 무한대이기 때문에 한계수입은 가격(평균수입)과 같음을 이 식은 말하고 있다. 완전 경쟁이 아닌 경우에는 수요탄력성은 무한대가 아니기 때문에 한계수입은 가격보다 p/y만큼 작다. 이것은 시장조직이 완전 경쟁에서 벗어날수록 수요의 탄력성이 작아지는, 즉 비탄력적으로 되기 때문이다.

대체로 수요의 탄력성은 시장 조직이 완전 경쟁의 경우 완전탄력적(perfectly elastic)이고 그 크기는 무한대이다. 그러나 시장조직이 점차 완전 경쟁에서 벗어나 독

Readings in Price Theory, ed. by G. L. Stigler and K. E. Boulding, London, George Allen & Unwin, 1970, p.215.

46) R. F. Harrod, "The Law of Decreasing Cost", *The Economic Journal*, 1931, *Economic Essays*, 1953(1st ed.), Macmillan, 1972, pp.91~92.

47) R. F. Harrod, "Note on Supply", *The Economic Journal*, June, 1930, *Economic Essays*, p.84.

48) J. Robinson, 앞의 책, p.xiv.

49) R. F. Harrod, "The Law of Decreasing Cost", 앞의 책, p.94, footnote. 이 식은 다음과 같이 수리적으로 증명한다.[MR=dTR/dq=d(PQ)/dq=P·dq/dq+Q·dp/dq=P(1+dp/dq·Q/P)=P(1-1/y)=AR(1-1/y)(단, y=-dq/dp·P/Q이므로 dp/dq·Q/P=-1/y)]

점에 가까울수록 수요의 탄력성은 비탄력적이 되고 그 크기는 줄어들어 그 값이 영인 완전 비탄력적(perfectly inelastic) 상태에 이르게 된다. 즉 탄력성 계수의 대소를 이용하여 순수경쟁과 독점, 다시 그 중간의 경우(시장조직)를 일반화하여 설명할 수 있게 되었다. 이로써 해로드는 마셜이나 스라파보다 더욱 이론의 일반화에 기여하였다.

셋째, 기업의 균형이 한계수입곡선과 한계비용곡선의 교차점(MR=MC)에서 성립한다는 주장인데, 이는 바이너의 지적과 같다. 그러나 해로드는 이 관계를 수식으로 전개함으로써 수요곡선과 비용곡선의 기울기에 따라 이윤의 성립 여부를 설명하였다.[50]

제4절 J. 로빈슨의 불완전 경쟁 이론

1. 시장조직과 불완전 경쟁의 특징

스라파는 기업이 산출량을 늘리려고 할 때, 즉 기업이 확대균형을 추구할 때 중요한 장애는 생산비에 있는 것이 아니라 판매비용을 늘리지 않고서는 재화의 판매(시장)를 크게 늘릴 수 없는 것이라고 하여, 기업균형에서 수요요인의 중요성을 지적하였다. 그리고 독점과 순수경쟁의 중간영역, 즉 시장을 불완전하게 하는 능동적이고 안정적인 힘을 분석하는 명확한 이론의 전개를 시사하였다.

해로드는 비용은 단순히 생산량에만 의존하는 것이 아니라 수요의 상태에도 의존한다는 점을 강조하고 비용을 생산비와 판매비로 나누어 살펴보았는데, 이것은 판매비가 수요의 상태(시장조직)에 의존한다고 보았기 때문이다. 기업이 산출량을 늘리려면 다른 기업의 시장을 잠식해야 하는데 이것은 시장조직에 따라 규제된다.

즉 수요의 상태는 비용곡선의 방향을 결정하며 이것은 시장의 조직과 관련이 있다. 시장의 상태는 또한 수요곡선에 영향을 준다고 보고 수요곡선에서 보이는 수요증분곡선, 즉 한계수입곡선을 새로 들여와 기업의 균형을 분석하였다. 그래서 해로드는 바이너의 지적과 같이 한계수입곡선과 한계비용곡선이 교차하는 점에서 기업이 균형을 이룬다고 보았다.

마셜의 경쟁적 조건에서 산업균형분석과 수확의 법칙에 대한 논의에서, 오히려 산업보다는 개별기업 차원의 비용변동 분석이 필요하다는 주장을 스라파가 제기한

---

50) 위의 글, 위의 책, p.95, 각주. 대체로 수요곡선의 점선의 기울기는, 탄력적일수록(시장조직이 경쟁적일수록) 완만하고(탄력성의 계수가 크고), 비탄력적일수록(불완전 경쟁적일수록) 급경사의(탄력성의 계수가 작아지는) 경향을 보인다.

뒤, 해로드는 한계주의(marginalism)를 가지고 기업의 균형조건을 도출하였다. 로빈슨은 여기에 산업에서의 균형을 추가함으로서 불완전 경쟁 이론을 완성하였다.

그는 시장조직을 분석하고 시장의 불완전성을 다음과 같이 규정하였다.

완전 경쟁은 두 가지 전제를 충족하는 경우에 성립한다.

첫째, 수많은 생산자가 존재하여 한 기업의 산출량의 변화가 시장에 나오는 그 상품의 전체적인 산출량에 무시해도 좋을 정도의 영향밖에 주지 못한다.

둘째, 완전한 시장(a perfect market)이 존재해야 한다.

이 가운데 첫째 조건은 흔히 충족될 수 있지만 둘째 조건, 즉 완전한 시장의 존재는 현실세계에서 그 가능성이 희박하다고 보았다. 완전한 시장에서는 개별생산자에 대한 수요곡선은 완전 탄력적이어서, 그는 가격을 조금만 내려도 무한대의 고객을 얻을 수 있고, 반면에 미세하게 가격을 올려도 모든 판매시장을 잃는다.

그런데 이러한 완전한 시장이라는 개념은 시장을 이루는 고객이 서로 다른 판매자가 매기는 가격의 차이에 모두 같은 방법으로 반응한다는 가정에 바탕을 두고 있다.

그러나 실제로 고객은 서로 경쟁하는 생산자들이 그에게 제공하는 비가격적 요인(besides the prices)과 여러 가지의 기타 요인을 고려한다. 상품가격에 차이가 있어도 고객은 그 상품의 판매자의 이동을 억제하는 타성이나 무지(inertia or ignorance), 그 밖에 특정한 판매를 선호하는 수많은 이유가 있다. 이것은 각 개인에게 서로 다르게 영향을 주는데 그것은 다음과 같은 요인 때문이다.

① 수송비인데, 기업의 입지 차이에서 오는 기업과 고객의 거리의 차이

② 유명한 이름이 주는 품질의 보증

③ 판매자가 제공하는 편의의 차이인데, 신속한 서비스, 판매원의 친절한 태도, 신용제공의 기간, 고객의 개별적 요구에 대한 배려 등

④ 광고의 영향

경쟁관계에 있는 생산자 또는 판매자들은 소비자의 선택에 영향을 주는 이러한 요인을 개척하고 있기 때문에 경쟁의 존재가 오히려 시장을 불완전하게 만든다. 경쟁자들은 가격은 물론 품질, 편의, 그리고 광고를 통해 경쟁하기 때문에 그 경쟁의 격렬함이 시장을 분열시키고 모든 고객에게 경쟁기업이 비슷한 재화를 근소한 가격의 차이로 제공해도, 그들과 밀착해 있는 거래관계를 즉각 단절할 수는 없다는 것이다.[51]

이것이 로빈슨이 지적한 불완전 경쟁의 주요 내용이다. 스라파는 일시적인 마찰이 아닌 연속적이고 누적적인 영향력을 지니면서, 능동적이고 충분한 안정성을 갖고

---

51) J. Robinson, 앞의 책, pp.89~90.

시장을 불완전하게 하는 힘에 대해 다루었다. 로빈슨은 스라파의 이러한 시사를 구체적으로 지적한 것이다.

이 때문에 각 생산자는 서로 경쟁을 하면서도 어느 정도 독점의 영역을 지닌다. 그 결과 기업의 생산물에 대한 수요의 탄력성은 완전 경쟁의 경우와 같이 무한대(완전탄력적)가 되지 못한다. 그리고 판매량의 증가는 오직 가격인하를 통하여 이룰 수 있지만, 근소하게 가격인상을 하더라도 모든 고객을 잃는 일은 일어나지 않는 불완전 경쟁의 특징을 나타낸다. 즉 한편에서는 완전독점적 요소를 가지고 있으면서도, 다른 한편에서는 완전 경쟁적 요소도 가지고 있는 것이 로빈슨의 불완전 경쟁의 개념이다.

로빈슨은 이러한 불완전 경쟁의 개념을 바탕으로 하여 시장의 조직에서 완전 경쟁, 독점, 그리고 불완전 경쟁에서의 균형을 설명한다. 그리고 다시 '개별기업의 균형'과 '산업의 균형'의 조건을 규정하면서 포괄적 가치이론을 정리하였다.

2. 기업의 균형과 산업의 균형

1) 산업의 균형과 이중의 조건

기업의 균형은 앞서 해로드가 제시한 것과 같이 한계생산비와 한계수입이 같은 점(MC=MR)에서 이루어진다. 그러나 산업의 균형은 기업의 수가 변화하는 경향이 없을 때 완전균형(full equilibrium)이 된다. 이 때 기업이 얻는 이윤이 정상(normal)이 된다고 보아 로빈슨은 다음과 같이 설명하였다.[52]

기업의 수의 변화는 어느 기업의 수요곡선을 변화시키고 그 비용도 변화시킨다. 한 상태에서 이윤의 수준은 일반적으로 새로운 기업의 진입을 통제하는 기준이 된다. 정상이윤은 새로운 기업이 어떤 산업에 진입하거나 오래된 기업이 그 산업에서 이탈하는 경향을 갖지 않는 수준의 이윤이다. 현존 기업이 비정상적으로 높은 이윤을 얻으면 새로운 기업이 진입하여 새로운 상품을 생산하도록 유인할 것이다. 반대로 이윤이 비정상적으로 낮으면 새로운 투자를 중지시키고 그 산업에서 기업의 수를 점차 감소시킬 것이다.[53]

즉 산업의 균형을 이루는 주요한 요인은 산업으로의 기업의 진입과 이탈이다. 평균수입이 평균비용을 상회하면 기업의 진입이 일어나 평균수입곡선(개별수요곡선)이 左下로 이동할 것이다. 반대로 평균수익이 평균비용보다 낮으면 그 산업에서 기업이 이탈하여 평균수익곡선은 右上으로 이동한다. 이처럼 이윤의 수준에 따라 기업의 진

---

52) 위의 책, p.93.
53) 위의 책, p.92.

입과 이탈이 자유롭게 일어나고 그 결과 산업의 균형이 성립한다는 것이 로빈슨의 불완전 경쟁 이론의 또 하나의 특징이다.

로빈슨은 산업의 균형이 성립한 상태에서는 평균수입과 평균비용이 균등해져(AR=AC) 이윤이 소멸한다고 보았다. 그러나 로빈슨은, 이윤의 소멸은 기업의 존속을 불가능하게 하는 불합리성을 불러오므로 평균비용에 정상이윤, 즉 새로운 기업의 진입도 기존 기업의 이탈도 유도하지 않는 수준의 이윤을 포함하는 것으로 상정하였다.

이렇게 하여 로빈슨은 기업의 균형과 산업의 균형을 동시에 이루는 이중의 조건(double condition)을 제시하였다. 즉 완전한 균형을 위한 이중의 조건은

① 한계수입과 한계비용이 균등하고(MR=MC)

② 평균수입(또는 가격)이 평균비용과 균등(AR(P)=AC)한 것 등이다.

완전한 균형을 위한 이중의 조건은 오직 그 기업의 개별수요곡선(평균수입곡선)이 평균비용곡선에 접선(a tangent)일 때 이루어진다고 하였다.[54] 그래서 로빈슨의 이론을 接線解法이라고도 한다. 이 접선해법을 로빈슨은 완전 경쟁의 경우와 불완전 경쟁(독점 포함)의 경우로 나누어 설명하였다.

2) 완전 경쟁에서 산업의 균형

완전 경쟁에서 개별기업의 수요곡선은, 우하의 경향을 보이는 시장수요곡선과 달리, 수평의 직선으로 표시된다. 개별기업의 수요곡선이 수평일 때 平均收入과 限界收入은, 시장이 그 기업에 부여한(기업이 순응하는) 가격과 일치한다. 즉 AR=MR=P 이다.

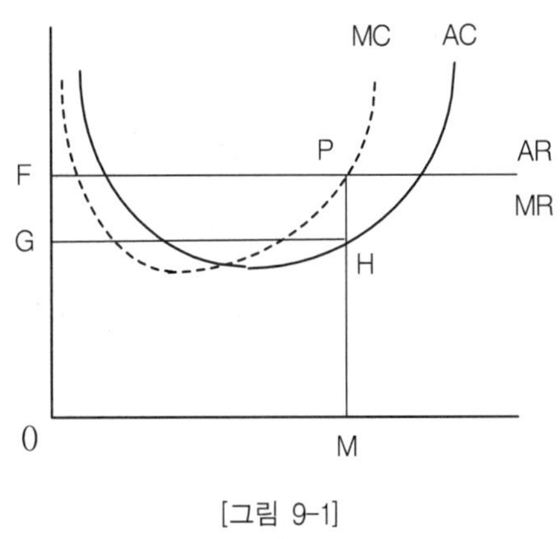

[그림 9-1]

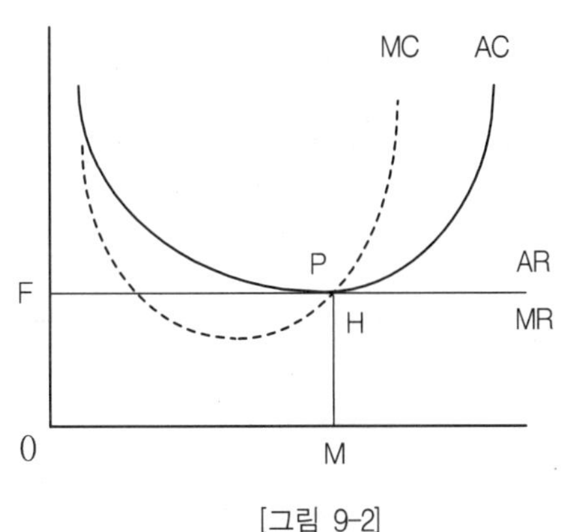

[그림 9-2]

---

54) 위의 책, p.94.

[그림 9-1]은 산업의 균형이 이루어지지 않는 상태의 기업의 균형(MC=MR=AR=P)을 나타낸다. 이때 산출량은 OM이며 가격은 MP인데 이는 평균비용 MH보다 높은 수준(MP−MH=PH)이다. 그 결과 FPHG의 비정상적 이윤을 형성한다. 그 때문에 기업의 자유로운 진입이 이루어져서 수입곡선(AR 및 MR)이 하향이동한다. 그러다 수입곡선이 평균비용곡선(AC)의 최저점에 이르면서 이동을 멈춘다. 이 점에서 AR=AC의 조건이 이루어진다.

[그림 9-2][55]는 완전 경쟁에서 산업의 균형을 나타낸다. 수입곡선이 하향이동한 결과 한계수입곡선(MR)과 평균수입곡선(AR)이 P점에서 평균비용곡선(AC)과 만나는데 P점은 AC의 최저점이며, MR 및 AR와의 접점이 된다. 이 점에서는 ① MR=MC과 ② AR=AC 즉, 산업균형의 이중적 조건이 다 같이 충족된다. 그리고 이점에서는 비정상적 이윤도 사라진다.

3) 불완전 경쟁에서 산업의 균형

[그림 9-3]은 산업균형이 이루어지지 않은 상태에서 기업의 균형을 표시한다. 완전 경쟁의 경우에서의 수평선과 달리 AR선과 MR선은 右下의 형태를 갖는데 이는 시장의 조직이 불완전 경쟁(어느 정도 독점적)의 요소를 포함하고 있기 때문이다. 즉 개별수요곡선(평균수입곡선)이 시장의 불완전 경쟁적 수요의 상태에서 어느 정도 비탄력적임을 반영하는 것이다.

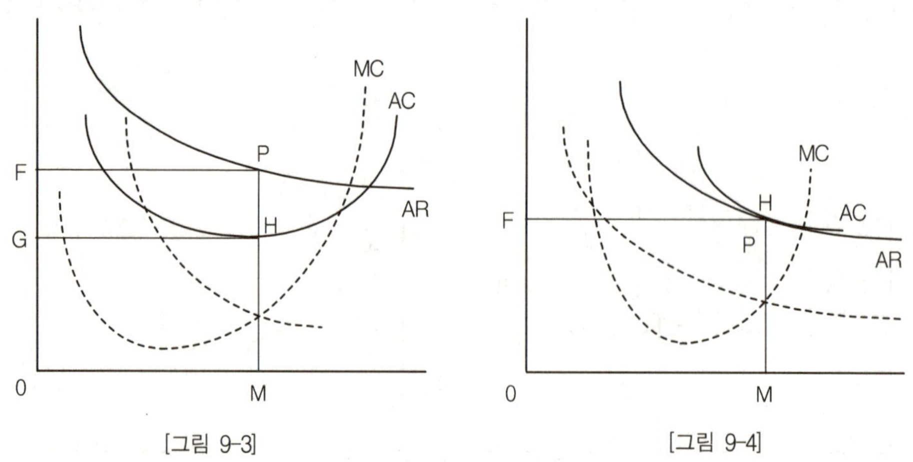

[그림 9-3]   [그림 9-4]

MR=MC의 교차점에서 산출량 OM이 결정되면서 기업의 개별적 균형(individual

---

55) 위의 책, p.96.

equilibrium)이 이루어진다. 기업이 개별적 균형을 이룰 때 산출량은 OM이며 그 평균 비용은 MH이고 가격은 MP이다. 가격이 평균비용보다 HP(=MP—MH) 만큼 높기 때문에 FGHP 만큼의 비정상적 이윤(독점적 이윤)이 발생하고 있다. 즉 개별기업은 균형이지만 산업은 불균형 요인을 내포하고 있다. 그 결과 기업이 진입하면서 개별수요곡선(평균수입곡선)이 하향 이동하게 된다. 평균수입곡선은 평균비용곡선과 接하게 되는 점(AR=AC)에서 이동이 그치게 된다. 이 점에서 FGHP라는 비정상적 초과이윤은 사라지고 균형의 이중의 조건(① MC=MP ② AC=AR)이 실현되는데 [그림 9-4][56] 가 이것을 나타내고 있다.

　이상에서 우리는 완전 경쟁과 불완전 경쟁의 균형의 이중적 조건을 이룬 산업의 균형상태를 검토하였는데, 두 경우는 다음과 같은 차이점이 있다.

① 완전 경쟁의 경우, 균형의 이중적 조건은 평균비용이 최저인 점([그림 9-2]의 P점)에서 이루어지고 기업은 이 점에서 적정규모(optimum size)의 산출을 한다. 이 때 기업은 정상이윤을 이룬다.

② 그러나 불완전 경쟁의 경우에는, 균형이 평균비용이 '감소하고 있는' 어느 산출량의 점([그림 9-4]의 P점)에서 이루어진다. 따라서 기업의 산출규모는 그 이윤이 정상적일 때의 적정규모보다 소규모(of less)가 된다.[57]

③ 즉 불완전 경쟁에서는 적정규모보다 작은 규모의 산출량에서 균형이 이루어지고, 기업은 이때 완전 경쟁에서의 정상이윤보다 큰 이윤을 얻게 된다.

④ 이것은 AC선과 AR선의 접점이 AC선의 최저점보다 높은 수준에서 이루어지기 때문이다. 이때 가격은 최저평균비용보다 높다. 그리고 그 차이 때문에 기업은 정상이윤 이상의 추가이윤을 얻을 수 있다.

⑤ 이런 결과는 불완전 경쟁의 경우에는 완전 경쟁의 경우와 달리 개별기업의 수요곡선이 右下의 기울기를 갖기 때문에 나오는 것이다. 이는 시장의 조직, 즉 수요의 상태가 불완전 경쟁적 힘을 지니는 데서 온 결과이다.

⑥ 어느 정도 독점적, 불완전 경쟁적 시장 조직은 정상이윤보다 높은 수준의 이윤을 실현하면서 기업의 활동을 가능하게 한다.

---

56) 위의 책, p.95.
57) 위와 같음.

제5절 체임벌린의 독점적 경쟁 이론

1. 독점적 경쟁과 생산물의 분화

체임벌린은 현실의 여러 사실에 적합한 가치이론을 구성하는 것이 가치론의 새로운 방향(a reorientation of the theory of value)이라고 보았는데, 그것은 동질적이 아닌 상품에 관한 이론이라고 규정하였다.[58] 이런 관점에서 그의 '독점적 경쟁 이론'은 生産物의 分化라는 개념을 전개한다.

독점력과 경쟁력의 상호작용에 대한 고찰은 기존의 이론과는 다른데, 그것은 생산물의 분화(differentiation of the product)에 기인하는 것이라고 보고 생산물의 분화를 다음과 같이 설명하였다.

생산물의 일반적 부류는 어떤 판매자의 재화(또는 용역)가 다른 판매자의 그것과 구별할 수 있는 어떤 중요한 기초가 있는 경우에 분화된다. 이러한 기초는 객관적일 수도 있으며, 주관적이거나 가상적일 수도 있지만(real or fancied), 어쨌든 그것은 구매자에게 어떤 중요성을 가지면서 한 종류의 생산물을 다른 것보다 선호하게 만든다. 이런 분화가 조금만 있어도 구매자가 판매자와 결합하는 것은(순수경쟁 아래에서와 같이) 우연한, 무작위적인 것이 아니라, 구매자의 선호에 의존하는 경우가 있다고 보았다. 그러면서 생산물 분화의 특징을 다음과 같이 설명하였다.

① 생산물의 분화는 생산물의 어떤 특징에 의존하는 경우가 있다. 예컨대 배타적인 특허권의 특징이나, 상품명, 포장이나 용기의 특이성이 이용되기도 하고 품질, 디자인, 색, 스타일이 작용하기도 한다.

② 생산물의 판매를 둘러싼 조건과 관련하여 분화가 존재하는 경우가 있다. 소매점에서는 판매자의 입지의 편리함, 점포시설의 분위기나 특징, 영업하는 방법, 그의 공정한 거래에 대한 평가, 예절, 능률성, 고객과 경영주 및 사용인 사이의 개인적 관계 등의 요인을 포함한다.

이러한 것과 눈에 보이지 않는 여러 요소가 판매자마다 다른 경우, 생산물은 각각 다르게 된다. 왜냐하면 구매자가 이런 요인을 어느 정도 고려하고 상품과 함께 이러한 요인을 구매하는 것으로 생각하기 때문이다.

체임벌린은, 생산물의 質的 分化의 이 같은 두 가지 측면을 고려할 때, 모든 생산

---

58) E. H. Chamberlin, 앞의 책, p.10.

물이 실제로는 적어도 가벼운 정도로 분화되어 있고, 또한 폭넓은 경제활동 영역에서 분화는 상당한 중요성을 갖고 있다고 보았다.[59]

이처럼 실제로는 동일하면서도, 질적으로 분화된(qualitatively differentiated) 생산물의 경우, 여러 상품은 代替財(substitutes)로도 존재하기 때문에 독점적 요소가 절대적으로 또는 거의 존재하지 않는 것으로 보인다. 그 결과 이 분야에 대한 경제력을 조정하는 이론은 경쟁 이론(a theory of competition)과 독점 이론(a theory of monopoly) 가운데 어느 것도 그대로 적용하기는 어렵다고 보았다.[60]

생산물이 분화되어 있는 경우, 이는 어느 정도 독점적 요소를 지닌다. 따라서 독점 이론이 그 가격을 설명하는 데 적합한 것처럼 보인다. 그러나 경쟁을 배제할 수는 없다. 이는 대체재의 작용이 각 독점자에게 수요의 탄력성에 영향을 준다고 생각할 수 있기 때문이다.[61]

생산물의 質的 分化와 代替性이 높은 상품의 공급자가 다수 존재하는 시장상태를 독점적 경쟁(monopolistic competition)이라고 볼 수 있는데, 이는 분명히 순수독점이나 순수경쟁과는 다르다. 따라서 독점적 경쟁은 개별적 균형(보통의 독점 이론)뿐만 아니라 집단 균형[경쟁하고 있는 독점자의 집단(a group of competing monopolist), 또는 보통 단순하게는 경쟁자의 집단(a group of competitor)] 안에서 경제력의 조정을 다루고 있다. 이런 점에서 독점적 경쟁은 경쟁 이론이나 독점 이론과 차이가 있는 것으로 체임벌린은 지적하였다.[62]

2. 독점적 경쟁 이론의 전개

체임벌린은 독점적 경쟁에서의 균형이론, 즉 생산물의 분화와 가치의 이론을 전개하였다. 순수경쟁 아래에서는 개개의 판매자 시장은 완전히 일반시장에 통합되어 있어서 각 판매자는 현행의 가격(going price)으로 그가 바라는 분량을 판매할 수 있다.

그러나 독점적 경쟁 아래에서는 판매자의 시장이 경쟁자의 시장으로부터 어느 정도 분리되어 있기 때문에, 그의 판매는 ① 판매제품의 가격, ② 생산물의 성질, ③ 광고비 지출 등 세 가지 요인으로 규제된다.[63]

---

59) 위의 책, pp.56~57.
60) 위의 책, p.65.
61) 위의 책, p.68.
62) 위의 책, pp.68~69.
63) 위의 책, p.75.

    체임벌린은 세 가지 요인으로 결정할 수 있는 개별적 균형에 대하여 설명하면서
두 가지 경우를 그림으로 표시하였다.[64] 이 두 개의 그림([그림 9-5]와 [그림 9-6])은
로빈슨(J. Robinson)이 균형조건을 규정하면서 제시한 것과 내용이 별로 다르지 않다.

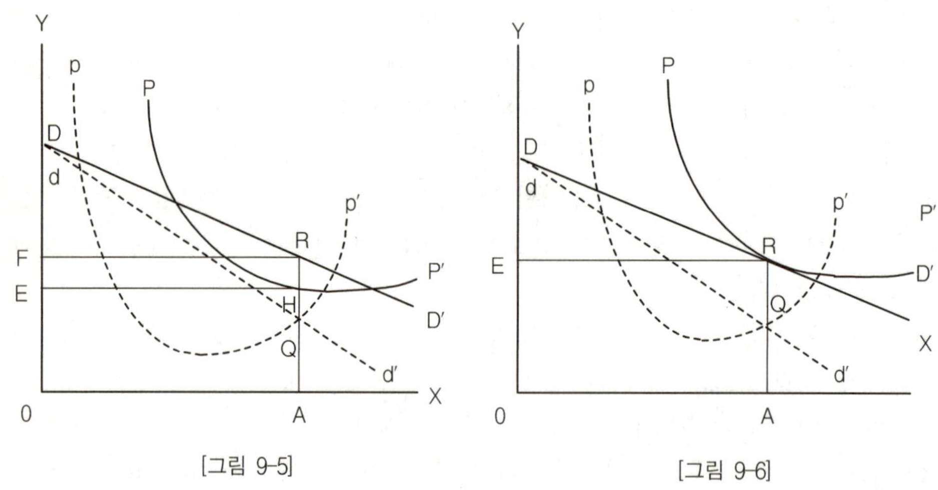

[그림 9-5]   [그림 9-6]

    이들 그림에서 DD′는 수요곡선(평균수입곡선, AR선)이고 PP′는 생산비곡선(AC
곡선), 그리고 dd′와 pp′는 이들로부터 나오는 한계수입곡선(MR)과 한계비용곡선
(MC)이다. 순수경쟁의 경우와 달리 독점적 요소(monopoly element)가 작용하기 때문
에 수요곡선은 右下의 기울기(負의 경사)를 가진다.

    극대이윤점(기업의 균형점)은 한계수입곡선과 한계비용곡선이 교차(MR=MC)하
는 점 Q에서 결정된다는 점은 로빈슨의 설명의 경우와 같다. [그림 9-5]에서 균형생
산량은 OA이며 이윤액은 EFRH이다. 그런데 [그림 9-6]에서처럼 dd′(MR)와
pp′(MC)가 교차하면서 수요곡선(DD′)이 생산비곡선(PP′)에 접하는 균형점에서, 실
제로 손실이 일어나지 않는 가격은 단 하나(AR)이다. 이 균형은 필요한 극소액
(necessary minimum)만큼의 이윤을 실현할 뿐이다. 즉 필요극소액만큼의 이윤을 실
현하고 여기서 경제력의 조정은 안정적이 된다고 하였다.[65]

    즉 독점적 경쟁 아래 기업의 균형조건은 ① 한계수입과 한계비용이 일치할 것
(MR=MC) ② 수요곡선(AR)과 생산비곡선(AC)이 접하되 ③ 생산비곡선의 최저점보
다 높은 점에서 접할 것 등이다. 이 때 개별기업의 수요곡선(평균수입곡선)은 右下의

---

64) 위의 책, pp.75~76.
65) 위의 책, p.77.

형태를 가지기 때문에 한계수입은 가격보다 적다.[66]

3. 集團均衡의 해법

개별기업의 균형에서 볼 수 있듯이 체임벌린은 로빈슨과 동일한 接線解法을 사용하는 등 분석의 구조가 크게 다르지 않으며 균형조건도 같다. 그러나 균형조건을 추구하면서 그는 다른 접근방법을 취하고 있는데, 바로 집단균형의 분석이 그것이다.

로빈슨은 '기업의 자유로운 진입'을 전제로 산업의 균형을 설명하였지만, 체임벌린은 '代替財를 생산하는 기업들의 관계'를 분석하는 집단균형을 분석도구로 하여 균형조건을 해명하였다. 그 결과 '경쟁관계에 있는 독점자의 집단 또는 경쟁자 집단' 안에서 경제력의 조정을 이론적으로 체계화하였다.

체임벌린은 먼저 집단의 문제(the group problem)를 규정하였다. 많은 수의 생산자(로 이루어진 집단)가 있고, 이들이 생산하는 제품이 서로 상당히 밀접한 대체재(close substitutes)일 때 그 가격과 생산물의 조정이 바로 집단의 문제라는 것이다. 이때 집단은 생산물의 분화가 이루어져서 하나의 불완전한 경쟁적 시장을 이룬다. 집단 안의 각 생산자는 독점자이면서도, 그의 시장은 그의 경쟁자의 시장과 서로 얽혀 있다. 그래서 그는 경쟁자로부터 떨어져 있지 않다. 이러한 집단 안에서 생산자 서로에게 영향을 미치면서 맺어지는 여러 관계와 제도를 분석하는 문제가 그 과제로 제기되었다.[67]

이 과제를 해명하기 위하여 [그림 9-7]을 제시하였다. 이 그림에는 두 개의 개별기업의 수요곡선 DD′와 dd′가 제시되어 있다. 다 같이 右下의 기울기를 갖고 있지만 dd′ 곡선이 DD′곡선보다 완만한 기울기를 가진다. 이것은 dd′곡선이 DD′곡선보다 탄력적이며, 전자의 수요탄력성이 크다는 것을 의미한다.[68]

또한 체임벌린은 집단의 문제와 관련하여 대집단과 소집단이라는 두 개의 개념을 제시하였다. 대집단은 대체관계를 지닌 제품을 생산하는 기업이 많이 존재하는 경우를 말한다. 이에 대하여 소집단은 대체관계에 있는 제품을 생산하는 기업이 소수밖에 없는 경우를 말한다.

---

66) 이것은 해로드의 수요탄력성에 관한 식[MR=P−P/y=P(1−1/y)]에서도 설명된다. 수요곡선이 右下의 기울기를 가지는 것은 시장이 불완전 경쟁적 또는 독점적 경쟁의 요소를 지닌 때문이다. 이 때 수요의 탄력성(y)은 대체로 비탄력적이며, 그 크기는 0보다 크다. 따라서 한계수입은 가격보다 P/y만큼 작아지게 된다.(P=MR+P/y)

67) E. H. Chamberlin, 앞의 책, p.81.

68) 위의 책, p.90.

여기서 우리는 대집단이 소집단보다 더욱 경쟁적인 특성을 갖고 있음을 알 수 있다. 위에 제시한 두 가지 수요곡선 가운데서는 dd′가 대집단의 특성을, DD′는 소집단의 특성을 반영한다. 즉 대집단이 독점적 경쟁의 특징을 더 잘 나타내는 것이다.

'집단의 문제' 때문에 균형의 조건을 추구하면서 체임벌린은 로빈슨과 같은 접선 해법에 도달하였는데 그 과정을 보기로 한다.

대집단의 경우 [그림 9-7]에서 보면 모든 생산자는 우선 가격 BQ에서 머무르고 있다. 이 때 각 생산자의 판매량은 OB이며 이윤은 EFHQ이다. a기업은 b기업이 가격을 변화시키지 않는다고 가정하고 그 제품가격을 인하하면 dd′곡선에 따라 수요량이 증대될 것으로 보고 가격인하를 단행한다. 그러나 현실적(객관적)으로는 b기업도 가격을 조정하여 결국은 a기업과 b기업의 제품가격이 다 같이 인하된다. 수요량은 DD′ 곡선에 따라 움직여서 가격이 상당히 떨어져도 수요량은 그에 상응한 증가를 보이지 않는다.(수요의 가격 비탄력적 성격)

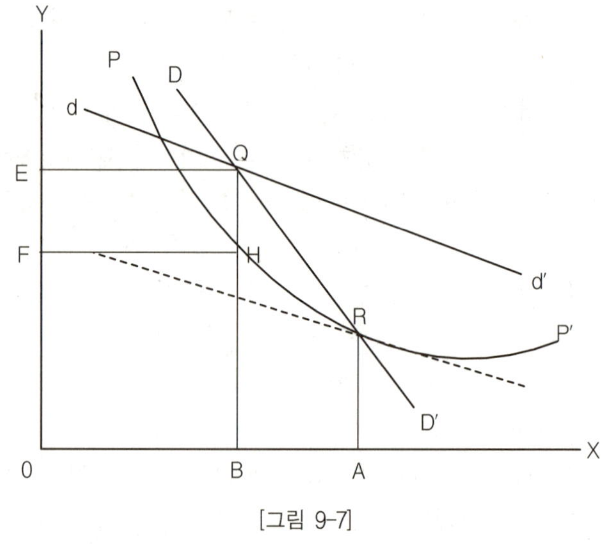

[그림 9-7]

가격인하가 AR의 수준까지 이어진다. DD′곡선(평균수입곡선, 수요곡선)은 PP′ 곡선(평균비용곡선)과 교차하게 된다. AR 더 가격을 낮추면 기업은 생산비를 회수할 수 없게 되고 손실을 입는다. 즉 이 수준에서 가격인하는 멈추고 균형을 이룬다.

그런데 현실적(객관적)으로는 DD′곡선에 따라 가격이 내려가지만 주관적 수요곡선 dd′도 아래로 이동하게 된다. 그래서 R점에서 PP′선과 접한다.

그 결과 R점에서 이루어지는 균형의 두 가지 조건이 제시되었다.[69]

① dd′는 PP′와 접해야 한다.(평균수입곡선=평균생산비 곡선)

② DD′는 이 접점에서 두 곡선(dd′ 및 pp′)과 교차해야 한다.

이는 로빈슨과 마찬가지로 接線解法으로 균형의 이중의 조건을 설명한 것이다.

지금까지 대집단의 경우 경제력의 조정과정을 살펴보았다. 이에 비해 소집단의 경우는 BQ에서 가격을 유지하는 것으로 보았다.[70] 소집단의 경우 체임벌린은 공급자의 수가 비교적 소수이며, 그러면서도 생산물의 분화가 이루어지고 있는 상태, 즉 과점상태에서 생산물 분화가 이루어진 경우를 말하였다. 여기서는 이런 시장조직(과점적 시장조직)의 특징을 반영한 것으로 볼 수 있다.

체임벌린은 결국 AR(대집단의 경우)과 BQ(소집단의 경우)라는 두 개의 균형가격을 제시하고 실제 가격은 두 가격의 폭 안에서 결정되는 것으로 보았다. 그러나 독점적 경쟁의 특성이 강한 대집단의 경우는 그 가격이 AR에 수렴되면서 균형이 이루어지는 것으로 보았다.

제6절 불완전 경쟁과 중소기업 문제

1934년에 E. A. G. 로빈슨(E. A. G. Robinson)은 소기업의 잔존을 설명하는 이론 가운데 하나로 스라파, 해로드, 로빈슨(J. Robinson), 체임벌린 등의 불완전 경쟁적 설명을 제시했었다.[71] 이것은 우리가 앞에서 검토했던 내용의 이론적 체계를 말한다.

대규모 경제의 이점에도 불구하고 소기업이 왜 잔존하는지에 대한 '경제 이론상의 문제'는 마셜이 제기한 뒤 근대경제학의 입장에서 중소기업 문제를 설명하는 이론체계의 중심적 과제가 되어 왔다. 그 가운데 시장의 불완전성은 마셜 자신도 소기업의 잔존 이유로서 단편적이나마 제시한 바 있다. 그리고 홉슨이 불완전 경쟁적 시장조건 아래에서 소기업의 잔존 유형을 좀더 적극적으로 제기하였다.

그 뒤 시장의 불완전성은 마셜이나 홉슨과 전혀 다른 측면(수확체증과 경쟁적 균형의 兩立의 문제)에서 스라파가 적극적으로 분석하였다. 마셜 경제학의 중심적 개념에 대한 비판이 계기가 된 논쟁에서, 스라파는 능동적인 힘과 충분한 안정성을 가진 시장의 불완전성을 지적하였다. 각 기업은 그것을 둘러싸고 있는 장벽으로 말미암아

---

69) 위의 책, p.98.

70) 위의 책, pp.100~101.

71) E. A. G. Robinson, "The Problem of Management of the Size of Firm", *The Economic Journal*, June, 1934. pp.246.

자기가 확보한 시장영역에서 특권적 위치를 누릴 수 있는 것으로 보았다.

대규모 경제의 이점이 작용하는 가운데서도 각 기업은 이들 시장의 범위 안에서는 어느 정도 독점적 영역을 행사할 수 있다는 것이다. 이러한 시장조직(수요의 상태)은 바이너와 해로드의 연구를 거쳐 J. 로빈슨의 불완전 경쟁으로 이어졌고, 다시 체임벌린이 독점적 경쟁의 개념 속에서 구체적으로 분석하였다. 그 내용을 중소기업 문제와 관련하여 집약하면 다음과 같다.

첫째, 시장의 불완전성은 J. 로빈슨의 '비가격적 요인'과 체임벌린의 '생산물의 질적 분화'의 분석으로 구체화되었다. 이 때문에 개별기업은 자기 시장에서 어느 정도 독점적 위치를 확보하고 장벽의 보호를 받을 수 있다. 그리고 장벽으로 보호된 불완전 경쟁 또는 독점적 경쟁의 시장조직 속에서 차별화된 중소기업은 대규모 경제의 유리성으로부터 보호받으면서 존립할 수 있다.

둘째, 이때 개별기업의 수요곡선은, 완전 경쟁에서와 같은 水平이 아니라, 右下의 기울기를 갖는다. 개별기업이 시장에서 어느 정도 독점적 요인을 갖기 때문에 생긴 결과이다. 개별기업의 수요곡선의 이러한 특성은 균형점의 위치를 완전 경쟁의 경우와 다르게 만든다.

셋째, 균형을 J. 로빈슨은 '기업의 산업으로의 자유로운 진입'으로, 그리고 체임벌린은 경쟁관계에 있는 독점자의 집단 안에서의 경제력 조정, 즉 集團均衡의 개념으로 설명한다. 그러나 그들은 다 같이 ① MC=MR ② AC=AR이라는 이중의 조건에 귀결된다.

接線解法으로 설명할 수 있는 이 균형조건 아래에서 평균수입곡선(수요곡선)은 평균비용곡선의 최저점보다 높은 점에서 만난다. 즉 수요곡선이 평균비용곡선의 최저점에 이르기 전에, 右下의 기울기 상의 어느 점에서 만나게 된다. 이것은 완전 경쟁의 경우 평균비용곡선의 최저점에서 수요곡선(AC=AR=MR)이 만나는 점과 차이가 있다.

넷째, 그 결과 균형상태에서 개별기업의 均衡 産出量은, 완전 경쟁에서 정상이윤을 실현하는 적정규모보다 작은 규모(of less)에서 결정된다. 어느 정도 독점적 위치를 갖고 있기 때문이다. [그림 9-8]에서 보면 OA′은 완전 경쟁에서의 균형 산출량인데, 불완전 경쟁에서는 OA에서 균형 산출량이 결정된다. 즉 AA′(=OA′-OA)만큼 적정규모보다 산출량이 줄어든 점에서 균형산출량이 결정된다.

다섯째, 개별기업의 均衡價格은 완전 경쟁에서의 가격보다 높은 수준에서 결정된다. 완전 경쟁에서는 최저평균생산비와 가격이 같은 수준(P=AR=MR)에서 결정되지만 불완전 경쟁에서의 균형가격은 이보다 높다. [그림 9-8]에서 보면 완전 경쟁하의 가격은 A′R′인데 비해 불완전 경쟁에서는 AR이 균형가격이며, 따라서

KR(AR-A′R′)만큼 높은 수준이다. 이는 평균생산비의 최저점보다 높은 수준이며, 불완전 경쟁에서 추가이윤의 근원이 된다.

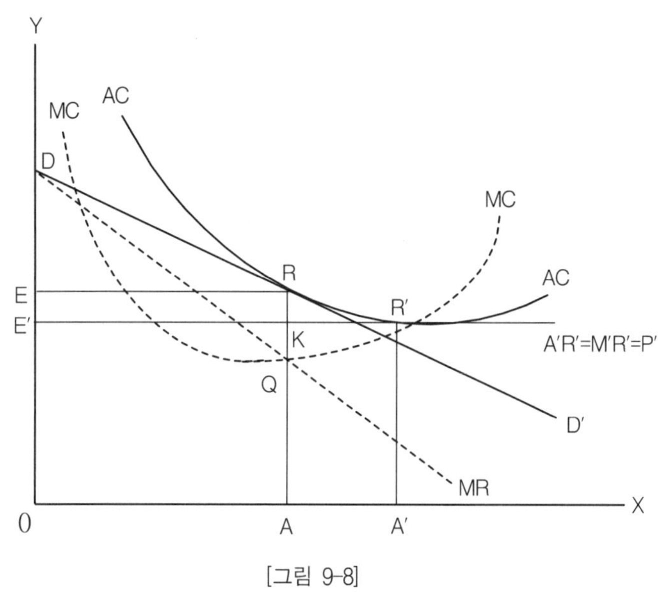

[그림 9-8]

여섯째, 그 결과 개별기업은 완전 경쟁에서의 정상이윤보다 어느 정도 높은 이윤을 실현할 수 있다. [그림 9-8]에서는 이것을 EE′KR(=OA×KR)로 표시되고 있다. 이것은 적정이윤에 더해지는 이윤을 말하며, 불완전 경쟁에서 독점적 요인이 가져오는 差益이다. 체임벌린은 이것은 필요극소액이라고 설명하였다. 즉 시장에서 불완전 경쟁(또는 독점적 경쟁)의 위치에 있는 기업은 정상이윤보다 다소 높은 이윤을 차지하면서 안정성을 유지할 수 있다.

결국 불완전 경쟁에서 개별기업은 균형상태에서 완전 경쟁의 경우보다 작은 생산규모, 높은 균형가격, 그리고 다소 높은 이윤을 실현하면서 안정적으로 존립할 수 있다. 이것은 기업이 지닌 '비가격적 요인' 또는 '생산물의 질적 분화'로 생긴 결과이다.

중소기업은 대규모 경제의 이점을 지니고 있지 못하여 대기업에게 소멸 구축될 가능성이 높다. 그러나 비가격적 요인이나 생산물의 질적 분화에 따른 시장의 差別化로 보호받으면서 안정적으로 존립할 수 있다는 것이 불완전 경쟁적 중소기업 존립이론의 설명이다.

제3부 중소기업이론의 전개 (Ⅱ)

제10장 산업의 지식집약화와 중소기업[1]

제1절 지식집약화와 산업구조의 전환

1. 지식의 역할과 지식산업

마셜(A. Marshall)은 일찍이 산업발전에서 지식(knowledge)의 역할을 강조하였다. 지식은 생산의 가장 강력한 엔진(most powerful engine of porduction)인데, 그것은 자연을 극복하여 우리의 욕망을 채워준다. 그런데 조직(organization)은 지식을 돕는다고 하였다.[2] 즉 인간이 자연에 대한 지배력을 발휘하는 데 가장 강력한 힘이 지식인데, 인간이 지닌 지식이라는 기동력을 최대한으로 높여주고 구체화해 주는 것이 조직이라고 보았다.

마셜은, 인간의 지식이 개선된 조직의 도움을 받아 자연에 작용하여 수확체증(increasing returns)의 경향을 나타내게 하고, 나아가 노동과 자본의 생산능률을 올려 산업진보를 가져온다고 하였다. 경제사회가 발전하면서 인간성의 합리성과 知的인 능력이 올라가고, 이것은 조직을 개선하여 고도로 발달한 산업조직을 위한 편의를 제공하며, 자본과 노동의 능률향상에 도움을 주어 산업발전을 가져온다. 즉 지식의 발달과 조직의 개선이 상승적으로 작용함으로써 산업사회의 진보를 촉진한다고 보았다.

지식이 산업사회의 진보에 작용하는 역할에 대한 마셜의 소박한 지적은 1960년대 초에 知識産業(knowledge industry)이라는 개념이 제기되면서 새롭게 조명되었다. 여기서 지식산업은 物的 생산, 물적 유통을 주된 업무로 하는 산업과 달리 지식, 정보, 기술 등의 생산 유통에 종사하는 산업이라고 보았다.

그리고 지식사업으로 ① 연구개발, ② 교육, ③ 언론보도기관(mass communication media) ④ 정보서비스, ⑤ 정보기기 등 다섯 개 분야를 제시하였다. 이를 바탕으로 1958년의 미국 지식산업을 실증적으로 연구하였다.[3] 노동과 자본이라는 전통적 두 생산요

---

1) 제2장 2절 2항 및 4절에서 요약, 설명하고 있음.

2) A. Marshall, *Principles of Economics*, London, Macmillon & Co., 8th ed., 1920, Sep. 1959, p.115.

3) F. Machlup, *The Production and Distribution of Knowledge in the United States*, Princeton Univ. Press, 1962.

소 이외에 지식, 정보를 제3의 독립적 요소로 보고 이것이 중요한 역할을 하는 산업의
특성을 규정, 구분한 것이다.

지식산업론은 脫工業社會論의 전개와 함께 그 구조분석방법으로 더욱 적극적 의
미를 지니게 되었다. 탈공업사회라는 개념은 발전단계론적 계보에 속하는 새로운 포
괄적 사회개념이다. 산업혁명 이전의 전산업사회(pre-industrial society)에서 산업사
회(industrial society)로, 다시 탈공업사회(post-industrial society)로 전환하는 사회
발전의 일반적 틀 속에서 산업사회의 다음 단계의 사회의 성격, 구조를 파악하기 위
하여 나온 개념이다.[4]

전산업사회가 산업사회로 전환하는 계기를 산업혁명(industrial revolution)에서
찾듯이, 탈공업사회론은 그 형성의 계기를 情報革命(revolution of information)에서
시작하는 것으로 본다. 정보혁명은 제2차 세계대전 뒤에 발달한 정보처리분야에서의
혁명적 변화를 말한다. 그것은 ① 통신, 계산, 제어의 여러 분야에서의 기술혁신, ② 정
보과학에서 비롯한 과학혁명, ③ 이들의 영향에서 나온 사회혁신과 조직혁신 등 세 가
지 측면을 말한다. 흔히 제2차 산업혁명, 오토메이션혁명, 사이버네이션혁명, 知識産
業革命 등으로도 불리운다.

산업사회에서 정보혁명을 계기로 전개된 탈공업사회로의 구조변화를 분석하는
데 는, 지식산업의 성장을 주축으로 하는 산업구조의 변화가 그 우선적 접근대상이
된다. 즉 지식산업의 성장은 탈공업화사회의 기본특징이고, 그것은 정보혁명이 계기
가 되었다.

결국 탈공업사회는 지식·정보집약산업을 주축으로 하는 사회이고, 반면 지식산업
과 정보산업의 전개는 탈공업사회의 기본특징이라고 할 수 있다.

2. 지식집약화의 의의

탈공업사회로의 구조변화는 지식 정보산업의 성장을 주축으로 하는 산업구조의
변화를 의미한다. 즉 탈공업사회의 중추적 산업은 지식정보 집약적 산업이다. 여기서
는 산업활동을 하는 데 지식과 정보의 역할이 상대적으로 증대한다.

지식집약화는 산업활동에서 인간에 体化된 지식의 작용 또는 지식으로 체화된 인
간의 역할이 상대적으로 늘어나는 것을 의미한다. 마셜도 인간성의 합리성과 지적인
향상을 바탕으로 하는 인간의 산업활동에서의 작용과 지식의 역할을 산업진보의 강

---

4) 脫工業社會라는 용어는 사회학자인 벨(Daniel Bell)의 논문에서 비롯된다. "The Post Industrial
Society" in E. Ginsberg(ed.), *Technology and Social Change*, Columbia Univ. Press, 1964.

력한 엔진이라고 보았다. 그러나 오늘날의 지식집약화는 마셜 시대의 그것과 다른 의의를 지니고 있다. 현대의 지식집약화는 정보혁명에 기초를 둔 지식으로 체화된 인간(노동)의 역할이 늘어나는 것을 의미한다. 즉 지식정보 집약적인 전문적 인간(노동)의 작용이 관심의 중요 대상이다.

지식집약화란, 산업활동과 경영활동의 여러 측면에서 지식노동의 투입도를 확대하는 것이다. 지식노동은, 객관화된 지식을 의식적으로 활용하는 유형의 노동이다. 객관화된 지식을 가지고 새로운 지식을 창조하는 것도 지식노동의 하나의 특징이다.

그런데 객관화된 지식에는 두 가지가 있다. 하나는 과학적 지식이며, 다른 하나는 경험적 사실을 정리하면서 형성된 법칙적 지식이다. 따라서 지식집약화는 산업활동이나 경영활동에 한정한 개념이 아니며, 또한 현 시점에만 그치는 것이 아닌 연속성을 갖는 개념이다.

지식노동과 대비되는 개념으로 기능노동과 단순노동이 있다. 기능노동은 숙련노동을, 단순노동은 숙련을 필요로 하지 않는 육체적 작업노동을 말한다. 공업화가 이루어지면서 노동력 부족이 심화되고 기능이 기술로 바뀌면서, 이들 노동도 서서히 지식노동으로 바뀌고 있다. 결국 지식집약화가 가속화되었다.

지식집약화는 공업화와 함께 이루어졌고, 특히 중화학공업에서 촉진되었다. 중화학공업화는 자본집약화론의 근거가 된다. 그러나 지식집약화를 수반하지 않은 技能勞動集約的 또는 單純勞動集約的 중화학공업화는 경쟁력을 잃고 있다. 오히려 지식 집약적이면서도 노동 집약적인 중화학공업이 국제경쟁력을 확보하고 있다.

이처럼 공업화 과정에서, 특히 중화학공업화의 진전과 함께 지식집약화가 가속화되었다. 그런데 현 시점에서 지식집약화의 필요성을 제기하는 것은 '지식노동의 투입도의 확대' 이상의 의미를 지닌다. 중화학공업의 성숙이 지식의 축적과 지식집약화의 가속화의 바탕이 되었다. 그러나 중화학공업화는 여러 가지 問題를 가져왔다.

이러한 중화학공업화가 가져온 문제점을 해결하기 위하여 축적된 지식을 창조적으로 사용하는 데 오늘날 지식집약화의 의의가 있다. 이런 점에서 지식집약화는 과거의 지식집약화와 단절되면서, 기존의 산업체제의 전환을 추구하는 지식집약화의 불연속성을 갖는다.

중화학공업화가 가져온 문제를 해결하기 위하여 지식집약화를 연구하였기 때문에 중화학공업의 성숙과 동시에 불연속적 형태로 지식집약화가 이루어진다. 이런 불연속성은 '지식노동의 투입의 확대'라는 평면적 의미 이외에, 정보혁명 과정에서 발달한 정보기술(information technology : IT)과 정보지식에 기초를 둔 지식으로 체화된 노동의 투입 확대라는 의미도 지니고 있다. 즉 종래의 지식노동이 아닌 지식 정보 집약적 전문적 노동의 투입이다.

'지식노동의 투입 확대'라는 의미의 지식집약화에서 지식노동은 '노동의 한 측면'이다. 산업 및 경영활동에서 자본이 아닌 노동에 중점을 두는 개념이다. 노동의 주체는 인간이고, 따라서 지식노동의 주체도 인간이다. 새로운 지식집약분야에서는 지식노동자가 주된 계층이 되고 이들을 이끄는 기업가가 필요하다.

지식집약화를 위해서는 지식노동을 담당하는 인간의 質을 높이고 量을 늘리는 것, 말하자면 인적 경영자원의 축적이 필요하다. 인적 경영자원을 활용하기 위해서는 組織化가 필요하다. 그러나 조직은 지식노동의 활동을 도울 뿐이며, 조직이 지식집약화를 담당하는 것은 아니다. 그 담당자는 어디까지나 지식노동의 주체인 개인(인간)이다. 개인이 지배하는 조직(지식노동을 돕는 조직)이 필요하다. 企業家的 경영은 이를 바탕으로 전개된다.[5]

지식집약화와 기업규모의 관계를 획일적으로 말하기는 어렵다. 대기업에 유리한 것도 아니며 그렇다고 반드시 중소기업이 유리한 것도 아니다. 그러나 기업가정신을 발휘하는 고도의 지식 집약적 기업의 규모는 반드시 대기업은 아니며, 오히려 중소규모의 신기업이 많다.

3. 지식집약화와 산업구조의 전환

중화학공업화가 가져온 物的 生産第一主義의 문제점을 해결하기 위하여 중화학공업화의 진전과 정보혁명 속에서 쌓아온 지식을 창조적으로 사용하는 데 지식집약화의 현대적 의의가 있다. 그런 가운데 지식정보집약 산업의 성장은 산업구조의 전환을 수반한다.

공업화 또는 중화학공업화 이후의 단계에 어떠한 산업구조의 변동이 이어지느냐에 대해서는 다양한 견해가 나왔다. 탈공업화론을 비롯하여 지식산업화, 高加工度産業化, 시스템산업화, 서비스경제의 도래 등이 그것이다. 어떤 견해든 산업의 지식정보집약화 즉, 지식정보집약형 산업의 발달이라는 산업구조의 변화를 뜻한다.

지식집약화란 중화학공업화가 성숙하면서 이루어진 산업구조의 변화라는 점에서 산업구조의 전환이다. 이는 産業構造論的 시각을 반영한다. 산업구조는 흔히 국민경제에서 여러 산업의 數量的 구성이나, 또는 국민경제에서 각종 산업의 구성의 비중을 나타내는 것으로 해석할 수 있다. 그러나 경제가 발달하면서 산업 사이에는 수직적

---

5) 清成忠南, 《知識集約産業》(省資源時代の企業戦略), 日本經濟新聞社, 1974, pp.37~40, 86~88.

수평적인 사회적 분업이 심화되고 산업들의 관련성이 높아졌다. 그러면서 산업구조는 산업들의 단순한 수량적 구성이라는 개념을 넘어서 사회적 분업의 국민적 체계, 즉 국민경제를 유지하는 여러 산업부문의 편성상태, 또는 국민경제를 유지하는 사회적 분업의 체계를 의미하게 되었다. 이것은 사회적 분업을 통하여 산업에 자원이 배분되는 상황과 산업들의 관련 체계를 파악하려는 데 특징이 있다. 또한 사회적 분업을 통하여 전체로서 어느 정도 자기완결적이며, 유기적인 재생산구조인 국민경제를 이루는지를 분별하려는 개념이기도 하다.[6]

이와 같은 산업구조는 産業組織과 다르다. 산업조직은 산업 안에서 경쟁적 관계에 있는 판매자 사이의 자원의 배분상황과 배분의 구조를 의미한다. 제품시장에서 企業과 企業 사이의 관련성과 그 구조를 산업조직이라고 한다. 산업구조가 여러 산업의 관계를 나타내는 데 비해, 산업조직은 산업 안에서 기업과 기업의 관계를 나타낸다.

산업조직론을 주장하는 학자들은 산업구조론이나 산업구조의 전환을 적극적으로 평가하지 않는다. 여러 산업분야를 市場機構의 작용에 맡기고 있는 경제에서는 산업구조는 수많은 기업행동의 결과로서 이루어지는 것이다. 또한 산업구조는 가격기구의 자원배분기능으로 저절로 이루어지는 것이며 결국 기업들의 경쟁의 결과라는 것이다. 그리고 산업구조 전환의 주체도 기업행동으로 보기 때문에 산업구조의 청사진을 논의하는 데 소극적이다.

이러한 견해가 원론적으로는 타당하지만 지식정보집약화로 산업구조를 전환하는 것이 계획적 자원배분과 정책적 유도의 대상이 되고 있는데,[7] 그 이유는 다음과 같다.

첫째, 산업구조의 지식정보집약화는 자본 집약적, 대량생산지향적 중화학공업화가 가져온 문제점(자원다소비, 공해발생 등)을 해소하는 방향이다.

둘째, 지식정보집약화는 산업의 국제경쟁력을 크게 높여준다. 따라서 선진경제를 따라잡는 방향이다.

셋째, 자본중심의 수직적, 중층적 산업조직의 경직성을 완화해 준다.

이러한 이유로 지식정보집약화의 방향으로 산업구조를 전환하는 것을 적극적으로 평가하면서 나온 것이, 산업구조론에서 이론적 전환의 문제이다. 지식정보집약산업 또는 지식산업이라는 산업부문 개념은 클라크(C. Clark)의 제1차, 제2차, 제3차 산

---

6) 大塚久雄 編,《後進資本主義の展開過程》, アジア經濟硏究所, 1973, 第1章,〈總說後進資本主義と その諸類型〉.
7) 일찍이 마셜은 '産業單位'의 진보와 성장을 중요시하였다. 개별기업의 영고성쇠(vicissitudes) 속에서도, 무수한 요인의 규제와 제한 속에서 산업은 유기적으로 성장하고, 이것을 경제진보의 중요한 대상으로 삼았다.

업의 분류에 따른 페티(W. Petty)의 법칙[8]이나, 호프만(W. Hoffman)의 경공업과 중화학공업 분류에 따른 중화학공업화법칙[9] 등에서 이루어졌던 산업분류의 틀에 대하여 재검토를 요구하게 되었다.

종래의 산업개념은 '생산과정의 유사성'을 기준으로 한 것이었다. 상품의 생산과정에 따른 전통적 산업개념은 '活動의 單位'라는 관점을 제시하는 것이었다. 산업을 어느 공통의 市場에서 경쟁하는 기업의 집단으로 규정한 것이기 때문에 그것은 市場과 긴밀한 관련을 갖는 분석의 단위였다.

이에 비해 새로운 산업개념은 명확한 '單位'의 개념을 제시하지 않는다. 새로운 산업은 시스템(system)산업이라는 目的機能的 산업개념을 등장하게 한다. 즉 '技能中心'의 산업개념이 필요하다. 공통의 시장이 아닌, 여러 부문을 복합적으로 포괄하기 때문에 그것은 오히려 '활동의 형태'로 하나의 새로운 특징을 부여한다.

종래의 산업과 新産業의 개념은 代替的 개념이 아니며, 이질적 차원의 개념이다. 신산업은 새로운 활동의 형태를 발생시키는데 이런 관점을 정리하면 다음과 같다.

첫째, 산업활동에서의 '投入' 면이다. 종전의 산업개념에서는 투입 면의 특징으로 노동 집약적 산업 또는 자본 집약적 산업이라 표현했다. 그러나, 신산업에서는 노동과 자본이라는 두 요소와 함께 지식, 정보라는 제3의 요소가 독자적 중요성을 갖는다. 이를 강조하여 高加工度 산업, 지식집약형 산업, 연구개발산업이라는 표현이 생겨났다.

둘째, '産出' 면이다. 산출 면에서 지식·정보라는 생산물이 교환의 대상으로서 경제적 가치를 갖는 '商品'으로 지위를 확립하였다. 종래의 산업의 생산물 외에 지식·정보라는 상품의 산출을 주된 대상으로 삼는 산업군이 발전하면서 여기에 지식산업, 정보산업의 범주가 주어졌다.

셋째, '組織化'의 측면이다. 기존의 분야나 새로운 분야를 불문하고, 다른 종류의 여러 산업부문이 橫斷的으로 결합하는 技能補完的 또는 技能集合的인 활동을 조직화하는 활동형태의 비중이 늘어난다. 이에 주목하여 시스템산업 등의 개념이 나왔다.

넷째, '생산물의 특성' 즉, 物的 재화인지, 또는 서비스인지 그리고 양자의 관련의 측면이다. 정보산업화와 시스템산업화 속에서 물적 재화와 지식의 관계, 나아가 물적 재화의 생산과 서비스생산의 관계 등이 문제가 된다. 이러한 변화에 주목하여 서비스경제화라는 특징이 나왔다.[10]

---

8) C. Clark, *The Conditions of Economic Progress*, 1st ed. 1940, 3rd ed. 1957.

9) W. G. Hoffman, *Studien und Typen der Industrialisierung*, 1931.(英譯版, *The Growth of Industrial Economies*, 1958)

10) 宮澤建一, 〈構造變化の動因と産業機構〉, 篠原三代平·馬場正雄 編, 《現代産業論Ⅰ》(産業構造),

결국 '활동의 단위'보다는 '활동의 형태'가 새로운 산업을 이해하는 방향이다. 일반적으로는 중화학공업화가 성숙한 뒤, 이루어진 탈공업화사회의 새로운 산업구조로의 전환을 '지식집약화'라고 부른다. 그러나 활동의 형태를 일으키는 배경에 따라 좀더 상세히 정리한 것이 위에서 설명한 네 가지 내용이다. 이는 새로운 산업구조가 갖는 다양한 기능을 나타내기도 하기 때문에 '機能中心'의 개념파악이기도 하다.

제2절 산업구조의 高加工度化와 지식집약화

1. 산업구조의 고도화와 고가공도화

산업구조의 고도화는 지금까지는 클라크(C. Clark)의 페티(W. Petty)의 법칙과 호프만(W. Hoffman)의 중화학공업화를 의미하는 것이었다. 이에 대하여 高加工度 産業化 또는 지식집약 산업화라는 견해가 나왔다.

고가공도 산업화란 개념은 1967년에 처음으로 나왔다.[11] 이것은 경제성장과정에서 기초산업에 견주어 가공산업의 비중이 높아진다는 경제법칙을 말한다. 일반적으로 경제성장은 소득수준을 높이고 수요구조를 다양하게 하고, 여기에 맞추어 산업구조도 다양해진다. 이에 따라 기초산업에 견주어 가공산업의 비중을 높이는 방향으로 산업구조가 다양해진다. 공급 면에서 볼 때 기초산업보다 가공산업의 비중이 높아진다는 것은 일정한 원재료의 투입으로 지금보다 더 많은 산출량을 생산한다는 것이 된다. 결국 原單位係數가 낮아지는 것이다.

이것은 산업전체로서는 부가가치율을 높이는 과정이며, 또한 기술집약형의 가공산업이 높아지는 것으로 볼 수 있다. 단순히 가공산업의 비중이 높아지는 것이 아니고 기술수준이 높은 가공산업의 비중이 높아지는 것이다. 따라서 가공산업의 비중확대는 기술집약화의 과정이며, 연구투자집약형의 가공산업의 비중이 확대되는 과정이다.

고가공도 산업화라는 경험법칙은 재료, 가공, 조립의 세 단계로 구분하여 실증적으로 확인 검토되었다. 그 결과 재료산업(공업의 가공부문 또는 비공업부문에 원재료를 공급하는 공업)보다는 가공산업(부품 및 최종제품이면서도 비조립적인 것을 공급하는 공업)이, 그리고 가공산업보다는 조립산업(복수의 부품으로 조립하는 최종제품을 공급하는 공업)이 더욱 신장한다. 경제가 성장하면서 소득수준이 높아질수록, 국제

日本經濟新聞社, 1973, pp.24~25.
11) 篠原三代平, 〈加工度からみた産業構造の一視點〉, 《經濟研究》, 1967. 4.

적으로는 소득수준이 높은 선진경제일수록, 이런 경향은 더욱 뚜렷하게 나타난다는 것이다.

고가공도 산업화가 일반적 경향이 되지만 이것이 단순한 경향으로 그치는 것은 아니다. 각 산업의 내부에서 각각 고가공도화가 이루어진다. 재료산업 내부에서 가공도가 높은 재료산업이 신장하며 이런 경향은 가공산업과 조립산업에서도 같다. 오히려 가공도가 높지 않는 조립산업보다는 가공도가 높은 가공산업과 재료산업이 더 크게 발달한다. 즉 고도재료산업, 고도가공산업, 고도조립산업이 각각 높은 신장세를 나타낸다. 그런 가운데 원단위계수가 낮은 고도조립산업의 성장이 뚜렷해진다. 이것은 각각의 산업 내부에서 기술진보와 지식집약화로 고가공도화가 이루어진 결과이다.

기술진보와 지식집약화로 고가공도화가 이루어진 산업은 그것이 재료, 가공, 조립이냐를 떠나, 신장하고 경쟁력이 높아진다. 반면에 그렇지 못한 산업, 즉 가공도가 낮은 분야는 낙후 정체하게 된다.

산업구조의 근대화를 나타내는 圖示模型에서 고가공도화의 방향은 다음과 같이 설명할 수 있다.

① 物材 면에서는 素材化에서 가공화로, 그리고 組立化로 그 중심이 변화하고,

② 욕구수준이 높아지면서 수요의 대상이 물재에서, 서비스와 정보로 이행하며,

③ 기술의 진전에 따라 산업활동의 중심이 단순히 소재를 산출하는 것[粗形]에서, 그것을 가공하고 집적하는 것으로 바뀐다.

그 결과 고가공도화로 原單位係數가 낮아지고 부가가치가 높아지는데, 그 방향으로

① 육체노동을 중심으로 한 에너지소비적 성격에서, 과학기술의 성과에 바탕을 둔 지적 노동과 정보 소비적 성격으로

② 원재료 다소비 경향에서 원재료를 적게 소비하는 경향으로

③ 단일상품수요에 바탕을 둔 생산체제에서 시스템수요에 바탕을 둔 생산체제로 전환한다는 것이다.[12]

고가공도화의 내용과 방향은 지식집약화의 그것과 일치하는 부분이 많다. 원래 고가공도화와 지식집약화는 반드시 같은 개념은 아니다. 그러나 현실적으로 고가공도화는 지식노동의 투입도의 확대로 실현되는 경우가 압도적으로 많다. 따라서 결과적으로 고가공도화는 지식집약화와 일치하는 부문이 많다. 결국 지식집약화는 고가공도화의, 그리고 지식집약형 산업은 고가공도 산업의 다른 표현에 불과하다.[13]

---

12) 篠原三代平, 〈高加工度産業化〉, 篠原三代平·馬場正雄 編, 앞의 책, pp.226~227.
13) 篠原三代平, 위의 글, 위의 책, p.228.

2. 지식집약화와 중소기업

지식집약화란 지식노동의 투입도를 확대하는 것을 말한다. 기업경영이 가능한 대로 지혜를 사용하고 두뇌를 사용하는 등 지적 행동의 집약도를 높이는 방향으로 이행하는 것이다. 좀더 구체적으로 설명하면, 연구개발, 디자인, 전문적 판단, 각종 경영활동 등 고도의 경험지식의 뒷받침을 받는 기능의 발휘 등을 포함하여, 넓은 경제활동에 인간의 지적 능력의 행사를 지향하는 것을 지식집약화라고 한다.

한편 지식집약형 산업구조란 지적 활동의 집약도가 높은 산업(지식집약산업)을 중심으로 이것을 뒷받침하는 기초산업과 다른 산업에서도 가능한 한 지식집약도를 높이는 산업구조의 모습을 의미한다.[14] 이에 따라 지식집약형 산업으로는 다음과 같은 유형을 제시할 수 있다.[15]

① 研究開發集約 産業

연구개발부문의 비중이 질적 양적으로 높고 연구개발의 성과 여부가 그 산업의 발달에 결정적인 역할을 하는 산업으로, 구체적으로는 전자계산기, 항공기, 전기자동차, 산업로봇, 집적회로, 합성화학, 신금속, 특수도자기, 해양개발 등이다.

② 高度組立産業

제품이 다수의 부분재료의 복잡한 조립으로 만들어지고 제품의 제조과정이 고도의 기술 및 기능에 의존하는 비율이 높은 산업이다. 구체적으로는 통신기계, 사무기계, 수치제어(NC) 공작기계, 공해방지기기, 가정용 대형냉난방기구, 교육기기, 공업생산주택, 자동창고, 대형건설기계, 고급플랜트 등이다.

③ 패션(fashion)형 산업

제품은 고도의 다양한 소비자욕구를 충족시키는 것이기 때문에 그 상품의 개발 및 제조과정에 디자인, 고안, 색채배합 등의 창안이 결정적 역할을 하는 산업이다. 구체적으로는 고급의류, 고급가구, 주택용 조리용품, 전기음향기구, 전자악기 등이다.

④ 지식산업

경제사회 전반에 걸친 지식정보의 효율과 수요의 증대에 따라 지식정보를 생산하고 제공하는 산업이다. 구체적으로는 정보처리서비스, 정보제공서비스, 비디오산업 등 교육관련, 소프트웨어, 컨설팅, 시스템 작성(system ensuring) 등이다.

---

14) 日本 中小企業廳 編, 《70年代の中小企業像－中小企業政策審議會意見具申の內容と解說》, 通商産業調査會, 1972, p.61.
15) 위의 책, pp.58~59.

중소기업이 이러한 지식집약형 산업으로 발전하고 지식집약화하여 그 중심이 되는 산업으로 발전할 가능성이 있는지를 검토, 제기하기에 이르렀다. 지식 집약적 산업의 발상은 중화학공업화과정에서 전형적으로 이루어진 대형설비의 균질한 대량생산을 통한 비용절하의 이익추구에 한계가 있으며, 또한 중화학공업화가 가져온 문제점을 극복하려는 데서 출발하였다. 따라서 지식집약형 산업은 기업활동의 규모라는 점에서는 중소규모에 적합한 분야를 많이 제공하고 있으며, 그것이 중소기업분야에서 현실화되었다.

위에 제시한 지식집약형 산업의 해당산업(中核產業)분야에서뿐만 아니라 그것을 뒷받침하는 관련 중소기업(周邊產業)에서도 지식집약화의 적응성이 확인되었다.

물론 중소기업의 지식집약화가 위에 제시한 新產業 分野에 한정되는 것은 아니다. 기존의 중소기업분야에서도 기업경영이 가능한 대로 지혜와 두뇌를 사용하는 방향으로 이행하는 즉, 지적 능력을 사용하여 변화하는 경영환경에 적절히 대응하는 것도 지식집약화인 것이다.

중소기업이 지식집약화를 지향하는 경우 기업경영의 방향으로 중점적으로 살펴야 할 점은 다음과 같다.[16]

첫째, 수요의 다양화·개성화·고급화와 이에 뒤따르는 상품수명의 단축화 경향에 적응하기 위하여 마케팅 노력을 포함하여 시장의 동향에 민감할 것

둘째, 변화하는 시장동향에 적합한 상품을, 좋은 자연환경과 노동환경을 확보하는 데 맞추어 개발하고 공급하기 위하여 연구와 기술개발에 중점을 둘 것

셋째, 앞으로 상품개발은 소재, 제조과정, 제조기술 등에서 점차 시스템화의 방향으로 나아갈 것이기 때문에, 다른 산업부문 및 상품분야의 연구와 기술개발 동향에 민감할 것 등이다.

3. 지식집약형 산업을 담당할 기업

산업구조 전환의 중심역할을 할 새로운 산업, 즉 지식집약형 산업을 어떤 계층 또는 어떤 기업이 담당할 것인가?

슘페터(J. Schumpeter)는 새로운 산업을 담당하는 자로서 '新企業과 新人의 假說'(the hypothesis of New Firms and New Men)을 제시했다.[17] 새로운 산업으로 진출하는 것은 기존의 기업이 아니고 새로운 사람이, 새로운 기업을 일으켜 진입한다는

---

16) 위의 책, p.61.
17) J. A. Schumpeter, A Business Cycle, 1939, Chap. III.

것이다. 그러나 그는 새로운 사람이 기존의 기업을 변혁하여 신산업에 진출할 가능성
도 부인하지는 않았다. 특히 대기업을 혁신(innovation)의 담당자로 높이 평가하였다.

결국 슘페터 가설은, 기본적으로 산업교체는 기업교체와 관련성을 갖지만, 혁신
의 담당자인 신인을 확보하는 대기업은 그 기업교체에서 예외적이라고 보았다. 이를
전제로 하여 슘페터는, 거대기업은 "그 안에서 끊임없이 변화하는 사람이 혁신에서
혁신으로 옮겨가는 것의 외각(shell)"에 지나지 않는다고 하였다.[18] 그 뒤 그는 거대기
업을 "혁신을 일상업무로 하는 존재"[19]라고 평가하기에 이른다.

이런 견해를 갈브레이드(J. K. Galbraith)가 이어받아[20] 대기업만을 혁신의 담당자
로 보는 슘페터-갈브레이드 가설에 이르게 된다.

새로운 산업에 진출하는 것은 어느 정도 혁신을 수반한다. 대기업이 슘페터가 지
적한 것과 같은 존재라면 대기업이 새로운 지식집약형 산업의 주요한 담당자가 될 것
이다. 이것은 지식집약형 산업의 새로운 담당계층이 형성될 여지가 적음을 말해준다.

그러나 현대의 많은 대기업은 관료적(bureaucratic)이므로 '그 안에 끊임없이 변
화하는 사람이 혁신에서 혁신으로 이행하는 것의 외곽'과는 거리가 먼 존재여서, 대기
업만을 혁신의 담당자로 기대할 수는 없다. 대기업은 명령계통이 장애물로 작용하기
때문에, 아이디어를 받아들여 혁신하는 비율이 상대적으로 낮다. 대기업의 규모나 조
직구조는 그 특유의 힘이 새로운 아이디어를 현실화하지 못하도록 하는 경향도 있기
때문이다.

결국 회사의 규모가 클수록 새로운 업무보다는 규칙화된 업무 중심으로 조직을
형성하고 운영한다. 이 때문에 대기업의 중심적 업무에 반하는 활동은 규제한다. 그
결과 대기업은 막대한 기업력과 능률을 가지고 있으면서도 현상의 업무를 지속하는
데 그치기 쉬우며 새로운 사업을 시작하기는 어렵다.

대기업은 그 조직구조에 바탕을 둔 이점이 있는 만큼, 기업가정신은 희생당하고
만다. 어느 정도 혁신이 움틀 수 있지만 조직의 특성 때문에 현실화하지 못한다. 대기
업의 지위가 확고한 기업은 오히려 새로운 소기업이 모험성이 큰 획기적인 혁신을 하
기를 기대한다. 대기업은 신제품 개발업무의 능력에 자신감이 없다. 그 결과 신제품의
개발업무는 소규모의, 역사가 짧은 회사가 담당한다.[21]

이는 기업가정신이 없는 대기업뿐만 아니라 기존의 중소기업도 마찬가지이다. 모

---

18) 위의 책, p.70.
19) J. A. Schumpeter, *Capitalism, Socialism and Democracy*, London, Unwin, 1943, 13th ed. 1974.
20) J. K. Galbraith, *The New Industrial State*, Boston, Houghton Miffin, 1967.
21) T. Levitt, *Marketing Mode*, 1969, p.84.

험을 수반하는 새로운 산업을 담당하는 계층은 모험을 부담하는 기업가여야만 한다.

① 일반적으로 기업가는 개척적인 창업자이며, 기업의 소유자이면서, 동시에 경영
   자이기 때문에 적극적으로 모험을 할 수 있다.

② 그는 성취동기가 높고 능력을 발휘하며, 자아실현을 꾀하기 때문에, 기존의 조직
   을 떠나 스스로 기업을 창업하는 과정을 걷는다.

③ 기업가에게는 끊임없이 사고하고 변화를 관찰하면서 자기발전의 기회를 기민하
   게 찾는 능력이 필요하다.

④ 여기서는 무엇인가 창조력을 갖고, 그 창조력을 경영으로 펼쳐나갈 능력이 필요
   하다.

⑤ 기업가는 창조적이면서도, 현실적이어야 한다.

이러한 기업가가 새로운 산업에서 새로운 기업(new venture)을 이끈다. 이들은
소수파이지만 기타의 다수파에 큰 영향을 준다. 산업구조 전환에는 이러한 기업가의
활발한 등장이 필요하다. 이들은 기존기업에 큰 충격을 준다.

4. 지식집약형 산업과 기업규모 : 중소기업의 적합성

1) 지식집약화와 기업규모

양산체제지향적, 모방적, 생산제일주의적 중화학공업에서 능력을 발휘하던 대기
업에는 위에 본 것처럼 관료적 조직구조의 특성에서 오는 경직성이 있다. 그래서 지
식집약형 산업에서 창조적인 기업활동을 하는 기업이 되기 어렵다.[22] 중화학공업화시
대에 대기업은 효율적 기업이었으며, 대기업은 중화학공업시대에 적합한 기업규모였
다. 그러나 탈공업화시대에 이러한 대기업규모는 한계가 있다.

첫째, 점차 지식이 경영자원화하면서 지식의 생산과 유통에서 반드시 규모이익이
작용하지는 않는다. 대기업은 많은 정보와 우수한 기술자를 갖고 있고 많은 자금도
있다. 그 결과 강력한 마케팅 능력과 연구개발력을 갖고 있는 것으로 보기 쉽다. 그러
나 이러한 것은 잠재적 능력에 불과하다. 이것을 실현하는 데는 경직화된 조직이 장
애가 되고, 결과적으로 대기업은 대량의 인재와 자금을 낭비하기 쉽다. 대조직은 지속
적 업무를 대량으로 처리하는 대량생산과 대량유통에는 효율적이지만, 軟性機能에는
한계가 있다.

둘째, 연구개발은 조직이 아닌 개인의 창조력에 따라 성패가 좌우된다. 오히려 조

---

22) 淸成忠男, 앞의 책, pp.75~78.

직은 개인의 창의력 발휘를 방해하기도 한다. 특히 경직화한 대조직은 새로운 것의 창조를 우려하여 개인의 창의력 발휘를 억압한다. 실험설비와 자금은 어디까지나 연구개발의 수단일 뿐이며, 그것만으로 연구개발이 이루어지는 것은 아니다.

셋째, 마케팅 측면에서도 대량생산, 대량유통의 시대에는 종래의 대기업의 대규모 마케팅이 효율적일 수 있다. 그러나 마케팅이 질적으로 변하는 경우에는 대기업의 시장장악력이 반드시 강력한 것이 아니다. 대기업이 갖고 있는 많은 정보가 반드시 의사결정에 적극적 역할을 하지는 않는다. 대기업은 변화에 기민하게 반응하지 않기 때문이다. 만약 정확한 정보를 지니고 있어도 대조직의 특성이 조직 안에서 정보의 원활한 전달을 어렵게 만들기도 한다.

넷째, 대기업 중심의 산업사회는 '피라미드형의 수직적 체계를 축으로 하는 능력주의' 사회이다. 능력주의는, 산업사회의 기능을 활성화하기 위하여 계층적 시스템을 강화하고 결국 거대한 통합적이고 계층적인 사회를 만든다. 이러한 산업제도는 개인의 독창적 독립적 능력발휘를 억제하면서 오히려 능력을 빼앗기도 한다. 따라서 이 속에서 성장한 개인의 능력이 스스로 해방하여 자기를 회복하려는 의식을 이룬다.

대기업 중심의 산업사회에서 자란 개인은 그 제도의 심한 모순을 의식하고 자기 스스로를 위하여 독립하려는 욕구가 높아진다. 그러면서 대기업 경영자와는 다른 기업가가 탄생하는데, 이들이 지식집약형 사회의 기업가 유형(벤처기업가)이다. 이들은 경영자일 뿐 아니라 기업가이다. 대기업 중심의 산업사회에서 자랐지만, 모순을 극복하면서 자아 실현을 추구하는 기업가이다. 이들의 모순 극복과 자아실현의 형태는 離職(spill off)이다.[23]

2) 연구개발과 기업규모

한편, 지식집약형 산업사회에서 연구개발의 추진주체가 대기업인지 또는 중소기업인지에 대해서는 견해가 대립하고 있다. 이것은 연구개발의 성격에 따라 대기업이 유리한 경우도 있고, 중소기업이 유리한 경우도 있기 때문이다.

연구개발의 주요한 담당주체를 대기업에서 구하는 견해를 대표하는 것이 앞서 살펴본 슘페터-갈브래이드의 가설이다. 이에 반해 선진국에서의 경험적 조사결과를 바탕으로 하여 중소기업이 연구개발의 주체로 유리하다는 견해가 제시되었다. 그것을 여기에 소개하기로 한다.

첫째, 연구개발은 무엇보다도 개인의 창의력에 의존하며, 기업규모의 크기와는

---

23) 淸成忠男,《ベンチヤ－キヤピタル》, 新時代社, 1972, pp.33~40.

관계없다. 현실적으로 대기업이 자금력과 우수한 연구인력을 갖고 있지만, 조직의 경직성과 수요변화에 대한 자세 때문에 그만큼 연구개발이 어렵다. 한편 참신한 중소기업은 개인의 창의력 발휘에 필요한 자금은 부족하지만 연구개발, 특히 발명을 적극적으로 하는 경향이 있다.

둘째, 발명은 기업규모와 관련해서 말하기는 어렵다. 그러나 발명의 성공 가능성은 대량의 자원이 배분된다고 해서 그만큼 현저히 증대하는 것은 아니다. 발명이라는 창조과정에서는 연구소의 규모보다 개인이 중요하다. 수많은 연구원과 많은 자원, 좋은 설비, 조직적 연구를 하는 대기업에도 이점은 있다. 그러나 이와 대조적으로 중소기업은 유연성, 소수정예, 강력한 동기가 있으며, 특히 소기업은 새로운 아이디어에 저항감이 없고 젊은 기업이라는 이점을 가지고 있다.

셋째, 대규모 조직에서는 조직이 개인을 지배한다. 이에 반해 참신한 중소기업에서는 개인이 조직을 지배한다. 따라서 개인의 능력발휘는 이러한 중소기업에서 쉽게 이루어진다. 연구개발은 개인의 창의력에 의존하며, 조직 그 자체가 연구개발을 하는 것은 아니다. 연구개발의 성공 여부는 기업규모의 대소와 관계가 있는 것은 아니지만, 개인의 창의력 발휘의 가능성이라는 점에서는 중소기업이 유리하다.

넷째, 중소기업에서는 조직이 단순하여 기업 안에서 정보의 유통이 원활하고 정보전달의 속도도 빠르다. 그 결과 연구개발도 연구 → 개발 → 제품기획 → 설계 → 실험 → 재설계라는 과정이 원활하게 기능한다. 동시에 중소기업에서는 연구개발과 마케팅의 재점검과정(feedback cycle)도 순조롭게 작용한다. 따라서 연구개발의 속도도 빠르고 그 결과 비용도 낮으며 정확하게 진행된다. 연구개발을 완성하기 위하여는 創(開發), 造(ensuring), 作(生産)이라는 軟性 및 硬性 순환이 필요한데, 이러한 순환은 참신한 중소기업에서 원활하게 진행될 수 있다. 특히 개발단계에서는 '기업가가 존재하는' 중소기업이 유리하다.

다섯째, 중소기업의 연구개발 담당자는 原價意識이 철저하다. 대기업의 기술자는 개발연구의 성패가 자신의 승진에 주는 영향이 적으므로 적극성이 없다. 이에 비해 중소기업에서는 기술자가 활기 있게 모험심을 갖고 적극적 자세를 취한다. 그 결과 혁신은 대기업보다는 중소기업에서 많이 이루어진다.

여섯째, 모방(imitation)에서는 대기업이 위력을 발휘한다. 그러나 이것은 연구개발과는 다르다. 일상적 업무를 대량으로 처리하는 데는 대기업이 효율적이다. 그러나 이러한 조직력은 연구개발과는 직접 관계가 없다. 더구나 대량생산이 한계에 다다른 오늘날에는 대기업의 조직력 발휘의 여지는 줄어들고 그만큼 유통과정에서의 영향력도 줄어들고 있다.

결국 연구개발 집약적 산업의 주요담당자로는 참신한 중소기업과 일부 중견기업이 적합하다. 그런데 여기서 연구개발의 담당자는 주로 대기업 내지 중견기업에서 이탈한 기술자들이다.[24]

제3절 벤처 비즈니스론과 중소기업 (I)

1. 벤처 비즈니스의 개념과 어원

벤처 비즈니스는 영세기업(또는 소영세기업), 중견기업, 주변기업 등과 함께 중소기업의 유사개념에 속한다. 중소기업의 한 가지 유형이며, 중소기업분야의 범주에 속하지만, 일반의 중소기업과 질적으로 차이가 있기 때문에 양적 기준의 중소기업 범위로는 측정할 수 없다.[25] 따라서 새로운 개념의 중소기업을 연구하는 대상이 된다.

현실에서는 기술력, 인재, 경영 노하우, 마케팅, 자금력 등 총체적으로 경영자원을 축적하면서 적극적으로 발전하는 분야에 진출하는 중소기업이 있다. 반면에 불황을 계기로 대기업의 모순을 또한 구조변화에도 적응하지 못하면서 정체, 도산, 휴·폐업에 들어가는 중소기업도 있는 등 그 존립형태는 다양하다.

중소기업은 이러한 두 가지 극단적 유형을 포함하고 있지만, 그것은 다 같이 산업구조에서 중요한 역할을 하고 있다.

이때 전자, 즉 발전하는 중소기업의 대표적 유형으로 제시할 수 있는 것이 중견기업과 벤처 비즈니스이다. 이들은 독자적으로 우월한 기술과 경영노하우를 무기로 가운데 적극적으로 경영을 확대하며 기업가정신도 왕성한 자주독립의 기업유형이다.

이 벤처 비즈니스는 흔히 "연구개발 집약적 또는 디자인개발 집약적인 능력발휘형의 창조적 신규기업"이라고 정의한다. 그러나 그 개념은 어느 정도 불명확한데, 다양한 벤처 비즈니스의 개념을 정리하면 다음과 같다.

① 최근에 등장하는 새로운 유형의 중소기업을 벤처 비즈니스라고 부르는데, 신기술을 기업화하고 전문지식에 기초하여 새로운 독자적 영업방법을 개발하는 등 다른 기업에 앞장서서 창조적으로 활동하는 개척자적 기업(pioneer)을 말한다. 이는 단순히 투기적이 아니며 혁신적 기업(innovator)이다.[26]

---

24) 淸成忠南, 《知識集約産業》, pp.201~204.

25) 內藤英憲, 池田光男 著, 《現代の中小企業》(本質論からベンチヤ‐ビジネス論まて), 中小企業リサ‐チセンタ, 1994, p.154.

② 벤처 비즈니스는 현대적이고 혁신적이다. 그것은 신기술을 기업화하고 새로운 경영방법을 개발하여 기존의 기업에 도전하는 창조적 기업이다. 그렇지만 벤처 비즈니스는 자본주의 역사에 나오는 낡은 혁신적 기업 일반이 아니고, 지식 집약적인 현대적 비즈니스로서 혁신적 기업이다. 높은 전문지식에 의존하는 창조력을 비즈니스로 전개하고, 모험을 부담하는 기업가가 추진하는 기업이다.[27]

③ 벤처 비즈니스는 연구개발 집약적 또는 디자인개발 집약적인 능력발휘형의 창조적 신규개업 기업을 의미한다. 그것은 소기업으로 출발하지만 종래의 신규개업 소기업과는 다르다. 독자적 존재이유를 갖고, 경영자 자신이 고도의 전문능력과 재능을 가진 창조적인 인재를 모을만한 매력 있는 사업을 조직할 수 있는 기업가 정신을 갖고 있으며, 또는 고수익 사업이다. 그래서 급성장하는 기업이 많이 나타난다.[28]

④ 벤처 비즈니스는 연구개발형, 디자인개발형의 신기업이며, 기존 기업으로는 채워지지 않는 새로운 需要, 새로운 사업기회를 붙잡는 새로운 기업이다. 그래서 그 가운데는 고수익사업, 고성장사업이 많고, 경영자에게는 단순한 이윤동기만으로는 설명할 수 없는 다양한 성취동기가 있다.[29]

⑤ 벤처 비즈니스는 새로운 기술, 디자인 등의 개발능력의 집약적 발휘를 지향하는 창조적인 신규개업 기업이라는 설명도 있다.[30] 벤처 비즈니스는 1970년대에 와서 등장한 개념으로 일본의 中村秀一郎과 淸成忠南 교수가 만들어냈는데, 그 기원은 미국의 연구개발·디자인개발형의 小企業이라는 해설도 있다.[31]

⑥ 그리고 벤처 비즈니스의 벤처(venture)는 '위험한 것으로 생각하는 것을 감행한다'는 의미와 '투기·투기적 사업'이라는 의미가 있는데 여기서는 모험을 수반하는 혁신기업을 말하는 전자에 해당한다.[32]

공통성이 많은 여러 가지 개념을 여기에 제시하는 것은 이것들이 거의 동일한 사람들이 규정하였으면서도, 조금씩 다른 특징을 갖고 있기 때문이다. 그것들은 뒤에 설명하는 벤처 비즈니스의 경영자 및 경영적 특징에서 정리할 것이다.

---

26) 國民金融公庫總合硏究所,《都市型新規開業實態調査》, 1970 ; 위의 책, p.158 참조.
27) 淸成忠南,《ベンチヤ － キヤピタル》, p.15.
28) 淸成忠南·中村秀一郎·平尾光司 著,《新版 ベンチヤ － ビジネス》, 日本經濟新聞社, 1973. 5, p.12.
29) 中村秀一郎·淸成忠南·太田一郎 編,《中小企業の知識集約化戰略》(大企業に勝つ第三の經營ビジョン), 日本 經營出版會, 1973. 8, pp.28~29.
30) 日本 硏究社, *New English-Japanese Dictionary*, 第五版, 1980. 11.
31) 自由國民社,《現代用語の基礎知識》, 1994년판.
32) 內藤英憲, 池田光男 著, 앞의 책, pp.155~156.

벤처 비즈니스라는 말은 1970년대 초에 일본에서 만들어졌다. 구미에서 다양하게 부르고 있는 지식집약형의 신기업을 벤처 비즈니스라고 정의한 것으로서, 법률상 행정상의 정의와는 관계없이 새로운 시대의 하나의 기업유형의 '이상형'으로 제시한 것이다.[33] 이 용어는 1970년에 일본에서 간행한 《都市型新規開業實態調査》의 해설에 처음 등장했다. 즉 최근에 나오는 중소기업에 벤처 비즈니스라는 이름을 붙이고 그 특징을 설명하였는데, 이 때 中村과 淸成 교수가 이 조사에서 주도적인 역할을 하였다.[34]

벤처 비즈니스를 우리나라에서는 흔히 '벤처企業'이라고 부른다.[35] 일본에서도 벤처型 企業 또는 벤처企業이라고 하기도 한다.[36] 특히 우리나라는 1997년에 〈벤처企業育成에 관한 特別措置法〉을 제정하였다. 이 법은 기존기업의 벤처기업으로의 전환과 벤처기업 창업을 촉진하여 산업의 구조조정과 경쟁력 제고에 기여할 목적으로 만들어졌는데 2007년까지의 시한법이다. 이 법 제2조가 정한 벤처기업은 다음과 같다.

① 〈중소기업기본법〉 제2조의 규정에 따른 중소기업으로서

② 〈중소기업창업지원법〉에 따른 중소기업창업투자회사 및 중소기업창업투자조합의 투자기업

③ 〈여신전문금융업법〉에 따른 신기술사업 금융업자 및 신기술사업투자조합의 투자기업[37]

④ 특허권, 실용신안권 또는 意匠權 등의 권리와 기술을 주된 부분으로 사업화하는 기업

⑤ 〈공업발전법〉으로 기술개발성과를 사업화하거나 신기술을 사용 또는 지식을 집약하는 사업 등

2. 벤처 비즈니스의 등장배경

새로운 기술과 제품을 개발하고 새로운 경영기법을 택하는 등 창조적 활동을 하

---

33) 中村秀一郎·淸成忠男·太田一郎 編著, 앞의 책, p.28.·

34) 일본에서 만들어진 영어(和製英語)이기 때문에 venture business라는 표기 자체를 반대하는 견해도 있다.(趙觀行 著, 《現代中小企業論》(全訂版), 이코노미아, 1987, p.170) 그러나 반드시 그렇게 생각할 필요는 없다. 이 용어를 만든 사람들도 그렇게 표기하고 있지 않은가?(淸成忠南·中村秀一郎·平尾光司 共著, 앞의 책, p.9)

35) 예컨대 趙觀行 著, 앞의 책, p.169.

36) 淸成忠南·田中利見·港 徹雄 著, 《中小企業論》(市場經濟の活力と革新の擔り手を考える), 有斐閣, 1998. 1, p.215.

37) 우리나라의 벤처 캐피탈(venture capital)은 중소기업창업지원회사(및 조합)와 신기술사업금융회사(또는 투자조합)로 이원화되고 있다.

는 지식 집약적인 새로운 유형의 중소기업은 1950년대 이래 미국에서, 그리고 그 뒤 영국이나 일본 등 선진국에서도 꾸준히 발전해왔다. 그 산업적 배경은 중화학공업화의 성숙이며, 그 결과 새로운 유형의 중소기업이 많이 나왔다. 일본의 실태를 보면 다음과 같다.

1965년 이후 고도경제성장에 수반하여 여러 분야에 많은 小企業이 생겨났는데, 소기업의 이러한 급증현상에 대해 두 가지의 견해가 나왔다.

하나는, 소기업의 현저한 증가는 저임금 노동에 의존하는 전근대적 기업의 증가이며, 대기업과 중소기업 사이의 부가가치생산성과 임금격차를 나타내는 이중구조가 더욱 확대 강화된 것이라는 견해이다. 다른 하나는, 노동력 부족으로 고임금경제로 이행하는 과정에서, 이중구조가 해소된 것은 아니지만 이런 상황에서 소기업의 증가는 지금까지와 다른 새로운 유형의 기업발생이라고 보는 견해이다.

후자의 견해를 뒷받침하기 위해 실태조사를 한 결과, 새로 개업하는 기업의 많은 수는 높은 생산성을 이루고 높은 임금을 지불하는 기업이며, 종래에 낮은 생산성과 낮은 임금에 바탕을 둔 소기업과는 전혀 다른 기업군이었다. 새로운 도시형 산업에서는 연구개발, 디자인개발 등의 새로운 산업이 생겨나고 있다. 그들 경영자의 많은 수는 대기업에서 이직한 높은 학력의 소유자이며, 대기업에 경험한 고도의 전문능력을 발휘하기 위하여 주체적인 길을 택한 사람들이라는 사실을 1970년의 실태조사에서 확인하였다. 특히 1960년대 후반부터 小規模 企業의 新生·증대 현상 속에서 新舊企業이 교체하면서 중소기업분야의 사회적 대류현상의 문제로 논의하기 시작하였는데, 이들을 벤처 비즈니스라고 규정하였다.[38]

이러한 벤처 비즈니스의 등장은 한마디로 중화학공업화의 성숙을 산업적 배경으로 하는데, 중화학공업화의 성숙은 구체적으로 다음과 같은 결과를 가져왔다.

첫째, 수요 면에서 변동이 커졌다. 경제발전으로 1인당 소득수준이 높아지고 수요가 다양해졌다. 수요의 질적 변화가 현저하고, 그 속도도 매우 빠르다. 일반적으로 대량생산공업은 성장이 굴절되고 시장의 세분화경향이 뚜렷하다. 새로운 산업 가운데 많은 수는 중소기업에서 흔히 나타나는 다품종·소량생산분야이다.

둘째, 공급 면에서는 기술의 변동이 심해진다. 기본적인 기술혁신은 정체하는 가운데서도 이미 개발된 기술을 활용하는 새로운 전개가 가속적으로 이루어진다. 중화학공업화 속에서 진전한 전문화를 전제로, 이제는 그것의 다양한 綜合化가 가능하게 된다. 더구나 다양한 수요에 둘 이상의 고도기술을 결합하여 대응하게 된다. 또한 軟

---

38) 內藤英憲·池田光男 著, 앞의 책, pp.157~158.

性기술(soft technology)에 대한 사회적 수요도 많아진다.

셋째, 수요와 공급의 변화가 커지면서 기업경영은 모험성(risk)이 커진다. 이에 따라 모험을 감당할 수 있는 기업가에게 기회가 확대된다. 변화에 도전하고 적극적으로 모험을 부담하면 그만큼 높은 이윤을 전망할 수 있다. 그러나 안정을 지향하는 대기업은 변화에 대응하는 것이 더디기 때문에 오히려 중소기업의 신규진입이 활발해진다. 바로 벤처 비즈니스가 등장한다.

넷째, 수요동향의 파악과 연구개발에는 중소기업이 유리하다. 질적으로 빠르게 변하는 시장의 정보를 대기업은 의외로 파악되지 않는다. 연구개발과 디자인개발도 개인의 창의력에 의존하는 것이지, 결코 조직이 개발하는 것이 아니다. 오히려 조직은 개발을 저해하기도 한다. 그래서 중소기업이 정보를 더욱 정확하게 수집하고 모험성을 최소화하면서 개발을 지속한다. 거기에 사회적 분업이 심화하면서 외부경제효과가 쌓여가는 상황은 새로운 전문중소기업의 존립가능성을 높여준다.

이렇게 변화하는 시대에는 일반적으로 벤처 비즈니스가 신설 증가한다.[39]

3. 벤처 비즈니스 경영자 및 경영의 특징

1) 벤처 비즈니스 경영자의 특징

첫째, 벤처 비즈니스는 무엇보다도 그 주체가 경영자이면서 기업가이다. 기업가로서 사회적 변동에 도전하고 적극적으로 모험성을 가지며, 변동에 대한 예견력과 창조력을 지닌다. 그리고 창조력을 현대적 경영으로 이루어 가는 능력을 갖는다.

둘째, 일반적으로 높은 학력을 갖는다. 그들의 학력은 높은 편이고 대학졸업자가 많으며, 구미에서는 대학원 졸업자도 적지 않다. 현대적인 혁신적 기업의 경영자는 고도로 지식 집약적이기 때문에 스스로 높은 학력을 지닌다.

셋째, 대기업에서 이직한 자가 많다. 이들은 대기업 안에서 일류 제품생산자(product champion)로 활약했던 자들이다. 모험에 매력을 느끼고 활력이 넘쳐 기존 조직에 도전하려는 사람들이 자유로이 창조력을 발휘하여 독립한다.

넷째, 비교적 젊은 계층이다. 창업할 때 나이는 일본과 구미에서 보면 30대가 압도적이다. 일정한 전문지식과 경영경력을 갖고 활기가 넘치는 30대의 전문기술자계층(technostructure)이 독립한 것이다.

다섯째, 새로운 기업관과 산업사회관을 지닌다. 그들은 대기업체제의 모순을 충

---

39) 淸成忠南, 〈ベンチヤ-ビジネス論〉, 越後和典 編, 《産業組織論》, 有斐閣, 1973. 4, pp.240~241.

분히 의식하고 거기서 벗어났기 때문에 이를 극복하는 데서부터 출발한다. 그래서 종업원이 창의성을 발휘하도록 하고 공공성을 존중하며, 수요자 및 제휴하는 기업의 이익도 배려하는 새로운 사고를 갖는다. 자본을 가지고 다른 기업을 지배하지 않는 점에서 그 행동은 대기업과 결정적으로 다르다.

2) 벤처 비즈니스의 경영적 특징

첫째, 독자적인 기업특성을 갖는다. 벤처 비즈니스는 혁신적 기업으로서 기존의 기업에 도전하는 등 독자적 기업특성을 갖고 산업사회에서 합리적 존립기반을 확보한다. 또한 개성 있는 전문기업이다.

둘째, 시장지향적이다. 수요의 변화에 적극적으로 적응하는 자세를 갖는다는 점에서 수요를 계획화하고 유도하는 기존의 대기업과 대조적이다. 그들은 어디까지나 수요자의 입장에서 마케팅을 한다. 일반적으로 신기술이 기업화하는 과정은 마케팅지향(market pull)형과 기술개발지향(technology push)형이다. 전자는 시장의 수요에 맞추어 고급기술(high technology)의 개발을 추진하는 유형이다. 후자는 기술적 관점에서 개발을 추진하여 결과적으로 시장의 수요에 맞추는 유형이다. 벤처 비즈니스는 전자의 경우가 압도적이다.

셋째, 고도로 지식 집약적이며, 특히 연구개발 집약적 또는 디자인개발 집약적이다. 벤처 비즈니스는 고도의 전문지식을 집약하여 연구개발 및 디자인개발 등을 바탕으로 창조성을 발휘한다. 시장의 수요를 정확하게 파악하여 둘 이상의 고급기술 및 전문기능을 결합한다. 그래서 軟性機能(soft function)이 강하다.

넷째, 인적 경영자원이 축적된다. 창조성이 풍부한 전문가집단이 바로 벤처 비즈니스이다.

다섯째, 동태적 조직을 가진다. 벤처 비즈니스는 각 개인이 충분히 창조력을 발휘할 수 있는 동태적 조직을 갖추려고 한다. 대기업의 조직처럼 개인을 지배하는 것이 아니고, 개인이 조직을 지배한다. 주체성을 갖는 개인을 우선하는 조직이다.

여섯째, 시스템적 사고를 갖는다. 벤처 비즈니스는 외부경제의존형 기업으로서 사회적 분업을 활용한다. 모든 기능을 자기완결적으로 지니는 것이 아니고 외부의 전문기업을 네트워크(network)로 엮는다. 많은 상호보완적 기업이 모여서 이른바 시스템(system)을 이룬다. 개별기업은 전문기능을 판매하고 그 결과 전문기능이 여러 산업에 퍼진다.

이러한 벤처 비즈니스에서는 성취욕구가 강하여 기업행동도 신속하다. 더구나 소규모이기 때문에 연구개발에서 연구 → 개발 → 설계 → 시험제작 → 실험 → 재설계라

는 재점검과정이 원활하게 순환한다. 동시에 연구개발과 마케팅의 연관성 검토과정도
원활하다. 그 결과 대기업보다도 개발속도가 빠르고 개발비용도 낮아서 일반적으로
생각한 만큼 모험성이 큰 것도 아니다.[40]

제4절 벤처 비즈니스론과 중소기업(II)

1. 벤처 비즈니스의 성장·쇠퇴와 진출분야

1) 벤처 비즈니스의 성장요인과 도산요인

　발전하는 중소기업의 대표적 유형으로 벤처 비즈니스가 등장하는 배경을 객관적
으로 경제환경의 변화에서 찾을 수도 있다. 그러나 더 적극적으로, 구체적인 경영능력
을 발휘하여 크게 성장할 수도 있다. 그것을 정리하면 다음과 같다.[41]

① 뛰어난 개성을 가진 경영자가 강한 동기와 경영이념을 확립하고, 유연한 대응과
　발전력으로 기업가정신을 충분히 발휘한다.

② 전략적으로는 시스템적 경영을 중요시하고, 소수정예의 신속한 결단과 행동이라
　는 특징을 충분히 발휘한다.

③ 중소기업의 장점을 유지하면서, 독자성과 이질성을 추구하여 차별화하는 등 진
　입장벽을 구축하면서 경쟁이 적은 환경을 만든다.

④ 제품, 기술, 시장개발력, 인재등용력, 자금조달과 운용력이 균형을 이루며, 일반
　관리, 문제해결, 의사소통, 교섭능력을 높이는 등 종합적인 경영능력을 충실히
　한다.

⑤ 최고경영자는 성장단계까지 착실히 성장하지만, 동시에 그 과정에서 스스로 탈
　피, 변화한다. 종업원이 의식을 변혁하도록 필요한 경영자원을 투입하여 경영의
　질적 전환을 꾀하고 때때로 일어나는 성장위험에 대처한다.

⑥ 자기 회사의 장점과 단점을 확인하고 대기업과 제휴하며, 다른 벤처 비즈니스와
　도 합병, 결집하는 등의 전략도 거부하지 않으면서, 실패와 성공의 학습을 통한
　성공의 기초를 닦는다.

⑦ 연구개발과 마케팅의 유기적 결합, 실용기술분야에의 개량 개선을 중요시하여,
　목표에 집중하는 깊은 연구개발, 혁신적 업적의 체계적 측정 등 혁신, 신제품, 기

---

40) 淸成忠南, 위의 글, 위의 책, pp.236~238.
41) 巽 信晴·佐藤芳雄 編,《新中小企業論を學ぶ》(新版), 有斐閣, 2000. 3, pp.55~57.

술, 생산에 구체성과 현실성을 실현한다.

⑧ 시장지향적 관점에서 수요자의 정보를 수집 분석하여 구체적이고 명확한 시장목표를 정하고, 사장을 포함한 경영진이 전력하여 수요자를 자기 회사로 끌어들이는 마케팅전략을 펴나간다.

⑨ 충분한 자금준비 속에 창업하고 자금의 용도를 통합, 현금흐름의 관리 등 재무관리능력을 강화하는 한편, 좀더 빠른 개발을 추구하며 금융기관과 교제하는 방법을 연구하는 등 자금조달력을 높이는 데 주의를 집중한다.

⑩ 발전단계에 따라 기동적이고 유연한 대응을 할 수 있는 조직을 편성하고 인간존중의 기업풍토의 조성, 의사소통의 원활화, 정확한 업적평가 방법을 만들어 종업원의 자발적 참여와 능력을 높일 수 있는 조직을 연구 분석한다.

이러한 요건을 갖추면 벤처기업은 활기찬 발전과 성장을 할 수 있다. 그러나 벤처기업은 그 성장의 가능성 못지 않게 실패와 도산 비율도 높다. 그것을 단계별로 보면 다음과 같다.[42]

첫째, 창업시기이다. 벤처기업의 창업단계에 일어나는 경영문제는 매우 많다. 자금부족, 생산설비 부족, 인재확보 어려움, 판로의 확보난, 기술력의 부족, 정보경영능력의 부족 등의 문제가 그것이다. 아이디어와 의욕이 충분해도 실용화 초기단계에서 자금과 기술부족으로 실패하는 경우가 많다.

둘째, 성장 전기에 직면하는 위기이다. 창업이 목적한 대로 이루어져서 급히 판매가 늘어나는 경우에도 量産化技術이 부족하고 제품의 불량율이 높으면 거래처의 신뢰를 잃는 경우가 생긴다.

셋째, 성장 후기에 오는 위기이다. 금융기관과 벤처 캐피탈에서 대출을 충분히 받아 자금이 풍부해지면 여러 가지 신규사업을 일으킨다. 토지에 투자하는 등 본 사업 이외에 투자하여 실패하는 경우가 생긴다. 자금이 풍부할수록 경영자세와 자금계획을 철저히 할 필요가 있다.

넷째, 새로운 공장이 가동하여 생산능력이 늘어나지만 다른 한편에서는 기존 상품의 판매가 혼미해지는데, 이것이 새로운 상품의 판매부진과 겹치면 다시 도산 위기를 맞는다.

이처럼 벤처형 기업은 자주 도산 위기를 맞게 된다. 이를 막기 위해서는 재무체질을 강화하고 경영내용을 충실히 해야 한다. 예를 들어 주식공개의 기회를 얻게 되면 낮은 비용으로 풍부한 자금을 직접 외부에서 끌어올 수 있다.

---

42) 淸成忠南·田中利見·港 徹雄 著, 앞의 책, pp.215~216.

2) 벤처 비즈니스의 진출분야

벤처 비즈니스는 새로운 산업분야에서 다양한 수요를 채우기 위해 특정의 전문기능을 제공하는 기업이기 때문에 그 진출분야도 그만큼 다양하다.

기존의 산업분야로 진출하는 경우에도 독자적인 경영기법을 전개한다. 거기에 산업의 지식집약화에 따라 이루어지는 새로운 산업분야와 기존산업의 틀을 넘어서는 분야가 압도적으로 많다.

또한 벤처 비즈니스는 수평적 또는 수직적인 관계에서 산업단위의 활동을 하던 기존산업의 틀을 넘어서 둘 이상의 산업에서 활동한다. 고도의 전문기술을 결합한 機能集積型 橫的 산업을 이루는 것이다. 또한 지금까지 산업화하지 않은 분야에도 진출한다. 현실적으로 벤처 비즈니스가 진출하는 주요 분야는 다음과 같다.

첫째, 연구개발산업이다. 벤처 비즈니스가 가장 많이 등장하는 분야로서 연구개발을 하여 개발성과를 여러 형태로 판매하는 분야이다. 개발내용은 기초연구나 응용연구 보다는 개발연구가 주된 내용이다. 둘 이상의 고급기술을 결합하여 여러 산업에 응용하는 경우가 많다.

둘째, 마케팅 산업이다. 수요자의 입장에서 새로운 사고를 갖고, 한 가지의 마케팅 기능에 전문화한 기업과 각종 전문기능을 결합하여 총체적 마케팅을 지향하는 활동 분야이다. 이는 기존의 광고대리업이나 광고제작업과는 기본적으로 다른 사고를 가져야 한다.

셋째, 디자인 개발산업이다. 소비자를 움직이는 종래의 패션조성자(fashion maker)와는 달리, 어디까지나 소비자의 수요에 맞추어 독자적 디자인을 개발하고 이것을 경영으로 연결하는 새로운 기업의 활동분야이다.

넷째, 정보산업이다. 컴퓨터 이용산업의 범위를 넘어 수요에 대한 정보를 신속하게 공급하는 기업이 등장한다. 특히 시장 및 기술에 관한 기업들의 격차를 줄이는 기능을 하는 기업이 많이 나온다.

다섯째, 환경개발 산업이다. 환경개발을 디자인하고, 금융기능으로 대여업을 하기도 하며, 경우에 따라서는 건설을 직접 수단으로 하기도 한다.[43]

---

43) 淸成忠南, 〈ベンチヤ - ビジネス論〉, 越後和典 編, 앞의 책, pp.238~239.

2. 시스템 산업화와 산업조직의 변화

1) 지식집약화, 시스템화와 산업조직의 변화

(1) 산업의 시스템화와 지식집약화

시스템 산업 또는 산업의 시스템화는 1970년대에 새로운 산업전망으로 제시되었다. 흔히 산업은 "일정의 제품에 관계를 갖는 판매자집단" 또는 "밀접한 대체재의 집합체"라고 정의한다. 그러나 복합시스템 산업(complex system industry) 또는 시스템 산업에서는 이러한 개념이 산업의 범위로 충분하지 않다.

기존의 산업과 같이 특정제품의 생산이 전문화하고 거기에 대응하는 시장구조 안에서 기능하는 것이 아니고, 사회적 필요에 따라 복합적인 기능이 만들어진다. 사회적 분업에 의존하여 전문능력을 유기적으로 결합하여 사회적 수요를 채워주는 산업이 나오는데, 여기서 시스템 산업의 개념이 만들어진다. 기존 산업과 달리 시스템 산업은 橫的 산업의 특성을 지닌다.

시스템 산업은 전형적으로는, 기존 산업으로 채워지지 않는 새로운 수요에 새로운 사업계획의 설정을 전제로 한다. 이것을 위하여 여러 산업에서 많은 기업을 동원하여 이들을 유기적으로 결합한다. 새로운 사업계획과 수요는 일반적으로 다양하고 여기에 참가하는 기업은 고도의 연구개발 집약성을 그 특징으로 한다. 또한 주도적 역할을 하는 자는 새로운 사업목표를 정하고, 그것을 수행하는 새로운 패턴을 설정하여, 거기에 참가하는 기업의 위치를 정해주는 능력을 갖는 기업 또는 조직이 된다. 이러한 기능을 하는 기업 또는 조직을 시스템 조직자(system organizer)라고 한다.[44]

시스템에는 대규모형과 소규모형이 있다. 전자는 민간자본과 정부기관이 제휴하는 혼합체제이다. 이에 비해 개별기업 수준에서 가능한 것은 후자, 즉 소규모형 시스템이다. 여기서 논의의 대상이 되는 것은 후자인데, 그 범위는 고도로 공업화하고 탈공업화를 배경으로 늘어나고 다양화하는 경향이 있다.

중화학공업화의 성숙과 산업의 지식집약화는 시스템 산업을 촉진시켰다. 산업에서 지식생산은 기존의 재화로 채워지지 못하는 수요에 대응하여 시작하는 경우가 많다. 지식집약화는 넓은 의미로는 연구개발 집약적 산업의 전개와 기존 산업의 지식집약도를 높이는 것을 의미한다. 그러나 여기서는 미래의 새로운 산업분야에 도전하는 경영자의 기업가정신과 충실한 전문능력을 지닌 인력을 결집하고, 그것을 바탕으로 개발력을 강화하는 것이 결정적 역할을 한다.

---

44) 中村秀一郎, 〈システム産業論〉, 篠原三代平·馬場正雄 編, 앞의 책, pp.238~239.

중화학공업화가 성숙하고 소득수준이 높아지면서 소비가 다양화·개성화·고급화하고 세분화된 시장을 대상으로 한 제품개발력과 다품종생산이 필요하며, 또한 이에 맞는 마케팅이 필요해진다.

산업에서 이러한 사회적 요구와 고도화 다양화하는 산업수요 및 소비자수요를 충족시키는 것은, 전문적 기술과 다른 산업에 속하는 직업과 기능을 유기적으로 결합하는 시스템화로 가능한 경우가 늘어난다. 이러한 경향은 기존의 생산능력과 각 분야의 전문능력을 동원하게 만들고 결국 시스템 조직자를 등장시킨다.

결국 지식집약화와 시스템화는 탈공업사회에서 기존의 산업이 채워주지 못하는 새로운 사회적 요구에 대응하기 위하여 전개된 새로운 산업의 서로 다른 두 가지 측면이다. 전자는 투입요소의 측면, 후자는 조직화의 측면에서 관찰한 것이다. 산업의 지식집약화를 전제로 시스템화가 이루어지고, 시스템 산업화는 바로 지식집약형 산업의 전개를 의미한다.

(2) 시스템화와 벤처 비즈니스

지식집약형 산업에서와 마찬가지로 개별기업 수준에서 가능한 소형 시스템화는 대기업보다는 중소기업이 적응성이 높다. 지식집약화 또는 지식의 생산에는 대량생산이나 대규모조직은 적합하지 않다. 지식이 가치를 갖고 경제적으로 이용되려면 독창성이 필요하며, 이러한 지식이라는 재화의 생산과정에 대량생산은 적합하지 않다. 대규모조직의 효율성은 일상화(routine), 정형화, 분업화, 표준화를 실현한다. 지식생산에 이를 적용하는 것은 인간의 표준화와 互換性原則을 의미하며, 이는 지식노동자의 창의력을 약화시킨다. 대규모 조직에서 지식노동의 생산성은 높지 않기 때문에, 우수한 지식노동자가 대기업에서 이직하여 그것을 높인다.

연구개발 집약형 신규사업의 성공여부는, 대규모 사고를 하는 경영자의 능력보다는 소규모 사고와 選擇的 사고를 하는 능력이 결정한다. 이것은 대기업보다는 대기업에서 뛰쳐나온 지식노동자가 세운 벤처 비즈니스가 그 요건을 갖추고 있다. 한편 시스템 산업의 주역인 시스템 조직자의 기능도 기존의 대기업보다는 중소기업의 한 유형인 벤처 비즈니스가 더욱 높은 효율을 발휘할 수 있다.

기업이 시스템 조직자로서 기능하려면 경영자 자신이 전문적 연구자여야 하고, 그것으로 상품을 개발하는 능력이 있어야 하며, 그에 따른 모험을 감수해야 한다. 스스로의 노력과 모험성으로, 불확실한 조건에 도전하는 기업가정신이 필요하다.

이런 기업가정신이 시스템 조직자의 없어서는 안될 요인이며, 이것이 기업의 연구개발 집약성을 높이고, 창조적인 재능과 전문능력을 지닌 기업 및 조직을 이룬다.

이러한 전문능력과 기업가정신의 소유자는 벤처 비즈니스의 경영자이며, 이들은 연구기관과 대기업의 연구개발부문에서 뛰쳐나온 독립한 기업가에서 찾을 수 있다.

⑶ 지식집약화, 시스템화와 산업조직의 변화

산업의 지식집약화와 시스템화는 기업 사이의 결합의 관계를 바꾸고 산업조직을 다원화시키며, 중화학공업형의 산업조직과 다른 특색을 갖게 한다. 중화학공업형의 산업조직의 특성은 다음과 같다.

첫째, 개별제품시장에서 대량생산과 대량마케팅의 유리성, 제품차별화에 따른 높은 진입장벽의 형성을 바탕으로 대기업의 독과점체제가 이루어진다.

둘째, 대기업과 중소기업이 경쟁관계에 있는 산업은 규모의 경제가 작용하고 경영자원이 대기업으로 집중하여 대기업은 중견, 중소기업에 대한 절대적 우위를 확립하였다. 조립기업인 대기업과 부품공급기업인 중견, 중소영세기업 사이에는 대기업을 정점으로 각 단계마다 부품공급자와 하청으로 수직적 통합이 이루어졌다.

셋째, 독과점적 대기업은 그 성장률이 낮아지면서 기업 안에 있는 과잉의 경영자원을 이용하기 위하여 기업활동을 다각화하는 경향이 있다.

넷째, 결국 중화학공업형의 산업조직은 대기업의 우위와 자본 및 생산의 집적·집중이 그 특징이었다. 이는 설비투자 중심의 중화학공업화 정책을 추구하여 대기업에 중점적으로 자원을 배분한 결과였다.

이에 비해 지식집약형 산업조직의 특징은 다음과 같다.

첫째, 지식집약형 산업구조는 중화학공업형 산업구조의 성숙을 기초로 하여 이루어진 것이기 때문에 독과점형 산업조직이라는 특성을 일정기간 갖지 않을 수 없다. 그러나 지식집약화는 자본집중형 독과점의 경제적 비중을 낮춘다. 소비재부문에서 연구개발과 디자인개발력을 기초로 하는 다품종 소량생산, 자본재 생산부문에서의 정밀화, 고가공도화 및 다양화에 적응하는 제품이 필요해진다. 결국 知識能力을 기초로 하는 제품차별화 경향을 강화하고, 그 과정을 형성한다. 이것은 자본·재력·물량·노동량의 규모가 아닌, 지적인 인간능력의 질을 기초로 성립한다.

둘째, 과점적 대기업을 정점으로 하는 피라미드형 산업조직이 변화한다. 대기업의 수직적 통합의 대상이 되어 독립성을 잃었던 전문부품 생산자 가운데 일부는 전문분야의 기초지식과 응용기술을 활용, 이것을 다면적으로 전개하여 다른 산업의 시장을 개척할 능력을 갖는 기업군이 전개된다. 이들은 다른 산업의 중견·중소기업과 수평적 네트워크를 조직하고, 대기업에 대하여 독자적 위치를 유지하면서 성장한다. 이것은 연구개발 집약적, 디자인개발 집약적인 기업군이 발달하면서 더욱 적극화한다.

특히 하청기업 가운데 독자적 기술과 경영자원을 축적하여 전문분야에서 모기업의 수준을 넘는 기업은, 독자성을 높이고 대기업과의 수직적 관계에서 벗어나 수평적 결합에 이르는 등 하청관계를 변화시킨다.

셋째, 대기업의 다각화경향도 달라진다. 지식집약화 시대에는 다각화에서 대기업의 우위가 점차 약해진다. 이전까지 대기업의 다각화는 원료, 기술, 시장의 공통성이 있는 분야에 진출하여 중소기업을 압도하고 그 시장점유를 높였다. 그러나 지식집약화 시대의 다각화는 금융상 또는 거래조건의 우위보다는, 연구개발력을 바탕으로 진출한 부문에서 혁신을 이루고 기존 기업보다 기술이 우월할 때 성공할 수 있다. 우수한 기업가정신을 가진 인재를 경영에 참여시키고, 이들의 자주성을 발휘하게 하는 등 전문능력을 지닌 인적 경영자원을 집적할 필요가 생겨났다. 이에 따라 다각화에서 대기업의 우위성은 약해진다.[45]

한편 산업의 시스템화도 산업조직을 바꾼다. 지식집약형 산업구조에서는 서로 다른 질적 특성의 연구개발력을 갖는 소기업을 시스템조직자로 하여 소기업과 함께 대기업·중견기업이 생산을 담당하는, 어떤 의미에서는 형식상 逆피라미드형에서 상호의존관계가 강한 네트워크형의 산업조직이 된다.

산업시스템화는 기업 사이의 결합의 형태를 변화시켜 산업조직의 다원화를 추구한다. 시스템화는 시스템 조직자가 많은 수의 소 시스템(하위시스템, sub-system)을 동원하여 성립한다. 고도의 기술을 요구하는 이들 소 시스템은 그 자체 독자적 목표를 갖는 독립기업이며, 다른 산업 또는 다른 시스템과도 다면적으로 관련을 맺고 있어서 특정의 기업집단의 틀에 그 활동이 한정되는 존재가 아니다.

또한 시스템 조직자로서 그 기능을 이루려면 외부의 조직과 전문가의 능력을 활용해야 하기 때문에, 시스템화는 대기업의 기업집단화에서 보는 것과 같은 강력한 결속과는 관계가 없다. 오히려 시스템들은 서로 경쟁할 가능성이 크다.

2) 벤처 비즈니스와 산업조직

벤처 비즈니스의 등장은 기존의 산업조직에 적지 않은 영향을 준다.

첫째, 벤처 비즈니스는 새로운 기업관계를 이루는데, 그것은 외부경제에 의존하는 새로운 유형의 네트워크의 전개이다. 이 네트워크는 단순한 집단화가 아니고, 참가기업이 각자 전문기능과 주체성을 갖고 대등하게 결합한다. 새로운 사회적 수요의 발생에 맞추어 둘 이상의 전문기업이 서로 독자적 기능을 갖고 유기적으로 결합한 것이다.

---

45) 中村秀一郎·淸成忠南·太田一郎 編著, 앞의 책, pp.19~26.

따라서 종래 대기업의 기업집단에 대한 차별적 배타적 계열이나 특정 대기업이 여러 산업에 전개하는 형태와는 다르다. 수평적 또는 수직적 통합과는 달리 사업계획(project)에 따라 이합집산하는 가벼운(soft) 기업 사이의 결합이다. 대기업을 정점으로 하는 피라미드형 결합이 아닌 가벼운 수평적 네트워크라고 할 수 있다.

둘째, 전문기업이 여러 산업에 걸쳐 전개하는 것이어서 산업조직이 복잡하게 교차한다. 한 기업이 둘 이상의 사업계획에 참가하고, 어느 사업계획에서는 시스템조직 자인 기업이, 다른 사업계획에서는 단순한 참가기업(하위 시스템)이 되기도 한다. 기존의 상품개념이나 산업개념이 유효성을 잃는 경우가 많다.

셋째, 시스템에 참가하려면 각 기업은 언제나 심한 경쟁에서 이겨야 한다. 배타적인 계열기업으로서 시스템 참가가 아니고 전문기능을 가진 시스템 참가이기 때문에 경쟁은 불가피하다. 전문기능이 뒤떨어지면 시스템에서 탈락한다. 자본 결합이 아닌, 전문 기능을 매개로 한 결합이기 때문에 경쟁은 능력본위가 된다.

넷째, 격렬한 시스템 사이의 경쟁이 있다. 특히 심한 차별화경쟁이 일어난다. 점차 고품질의 대체재가 개발되고 낮은 가격의 공급이 이루어지기 때문에 경쟁적 상황은 끊임없이 일어난다. 이전의 독과점적 기업집단은 자본적 결합 중심이기 때문에 경쟁성이 약하다. 이에 비해 시스템적 경쟁은 가격기구의 유효성이 더욱 강하다.

다섯째 벤처 비즈니스의 활동은 사회적으로 이른바 乘數效果를 가져온다. 벤처 비즈니스의 개발성과를 기존기업이 생산함으로써 기존의 생산판매시설의 부활 재생에 기여한다. 수요 면에서는 사회적 수요가 있으면서도 종래 軟性기능이 없어 현실화하지 못한 생산이 벤처 비즈니스의 등장으로 가능해진다.[46]

3. 벤처 비즈니스와 벤처 캐피탈

1) 벤처 캐피탈의 등장 배경과 의의

대기업은 상대적으로 혁신적이지 않다는 주장이 일반적이었다. 대기업이 혁신적이려면 대기업 안에 중소규모의 기업가정신을 유지하는 기업의 특징을 지녀야 한다.

그러나 이것은 현실적으로 어렵다. 이러한 어려움을 극복하기 위해 별도로 자기 기업보다 작은 기업을 흡수한다. 미국에서 대기업의 성장은 신제품으로 성공한 소기업을 흡수하여 이루어진 경우가 많다.

그러나 여기에는 한계가 있기 때문에 비교적 새로운 방법이 나왔다. 즉 대기업이,

---

46) 淸成忠南, 〈ベンチヤ-ビジネス論〉, 越後和典 編, 앞의 책, pp.241~243.

소규모의 기업가정신을 가진 기업에 소액의 투자를 한다는 것이다. 대기업이 벤처 캐피탈의 역할을 하여 벤처 비즈니스에 투자한 것이다. 이러한 경향은 1960년대 후반, 미국에서 눈에 띄게 나타났다. 그러나 대기업의 벤처 캐피탈 전략은 그것이 자본을 갖고 소기업(벤처 비즈니스)을 지배하려는 생각을 버리지 않는 한, 원활할 수 없었다. 이런 방식은 오히려 벤처 비즈니스에 맞서는 형태에 지나지 않게 되었고, 따라서 별도의 벤처 캐피탈을 형성할 필요가 생겼다.[47)]

벤처 캐피탈(venture capital)이라는 용어는 미국에서 자연발생적으로 생겨났고 1960년대에 거의 일반화되었다. 이것은 모험성이 큰 새로운 사업을 시작하는 기업가, 또는 역사가 짧은 기업에 출자하여 그 기업이 성장한 뒤에 주식을 매각, 자본이익을 얻는 것을 목적으로 하는 기업이다.

주로 첨단기술산업 등에서 신제품이나 신기술의 개발 또는 기업화를 지향하는 창업단계나 초기성장단계의 기업인 벤처기업 등에 높은 위험 부담을 각오하고, 높은 자본이득(capital gain)을 얻고자 투자와 경영자문 등을 하는 투자가, 투자가 그룹 또는 투자회사를 벤처 캐피탈이라고 한다.[48)] 이는 원래 높은 모험성(high risk)과 높은 수익(high return)의 비즈니스에 도전하는 기업가에게 대출하는 融資資金[49)]을 의미했으나, 포괄적으로 그 과정에서 이루어지는 경영자문 및 그것을 행하는 주체까지를 의미하게 되었다.

따라서 벤처 캐피탈은 기업을 개발하는 기업이며, 투자대상기업의 자유로운 창조성 발휘를 적극적으로 꾀면서 스스로 창업자 이윤을 얻는다. 벤처 캐피탈은 투자대상기업의 모험성을 부담한다는 점에서 은행의 융자와 결정적으로 다른 성격을 갖는다. 따라서 벤처 캐피탈은 새로운 사업의 동반자이며 그 자체가 일종의 벤처 비즈니스라고 할 수 있다.

2) 벤처 캐피탈의 투자기업과 투자기준

벤처 캐피탈이 투자하는 기업은 대체로 벤처 비즈니스이다. 모험성이 큰 벤처 비즈니스는 자기 자금 또는 가까운 사람이 공급한 자금으로 시작한다. 그것으로 자금을 채우지 못할 때 벤처 캐피탈을 이용한다. 보통 연구개발을 기본으로 하는 기업은 제품을 시장에 출하하기까지 네 단계를 거친다.

① 창업(start up)

---

47) 淸成忠南, 《ベンチヤ – キアピタル》, pp.36~37.
48) 趙觀行 著, 앞의 책, p.184.
49) 淸成忠南·田中利見·港 澈雄 著, 앞의 책, p.25.

② 불안한 성장(risky growth)

③ 안정성장(controlled growth)

④ 성숙(maturity) 등

창업하기 전 단계로서 연구단계와 개발단계가 있다.

은행은 안정성장 단계에 와야 융자한다. 성숙단계에 오면 증권시장에 상장하여 자금조달을 할 수 있다. 한편 연구개발단계에는 정부와 대기업의 자금 또는 개인 자금을 이용한다. 따라서 창업 내지 불안한 성장 단계에서는 자금수요와 공급 사이에 격차가 생긴다. 모험성이 있을 뿐만 아니라 물적 담보가 없어서 은행융자를 받기가 어렵기 때문이다. 연구개발 집약적 사업계획은 은행융자의 담보대상이 아니다. 안정성장 단계에 오면 물적 자산이 어느 정도 있으므로 은행융자의 대상이 된다.

불안정한 성장 단계에서 기업의 자금수요는 빠르게 늘어난다. 이러한 자금의 수급격차를 메우는 것이 본래 벤처 캐피탈의 기능이다. 벤처 캐피탈은 경우에 따라서는 연구개발단계에서 투자하기도 한다.

벤처 캐피탈의 자금원천은 대체로 여섯 가지가 있다.

① 모험성을 갖는 새로운 기업에 투자하려는 자산가 또는 기존 기업

② 장래에 상장 회사가 될 것을 예상하여 투자하는 투자은행가

③ 신탁투자기금과 중소기업 투자육성회사

④ 보험회사, 은행, 연금기금

⑤ 성장하여 대규모화한 벤처 비즈니스

⑥ 이전부터 존재하던 대기업의 대자산가

벤처 캐피탈이 투자하기 위해 창업한 벤처 비즈니스를 심사할 때는 다음과 같은 점을 유의한다.

① 기업가 및 중심이 되는 참모의 인물

② 기술

③ 시장

④ 사업계획

여기서 특히 벤처 캐피탈이 기대하는 기업가는 다음과 같다.

① 고도의 기술(high technology)을 기초로 하는 창조력을 가질 것

② 시장의 수요에 적절히 대응할 것

③ 창조력을 비즈니스로서 전개할 능력을 가질 것

④ 있는 힘을 다하는 정열적 인물일 것

⑤ 성실할 것

다음에 기업가로서 인물 이외에 사업계획에 대해서는 다음과 같은 점을 검토한다.

① 새로운 기술이 있는가
② 기술 또는 제품의 시장이 존재하는가
③ 기존 기업은 왜 그 제품의 시장개척을 하지 않았는가
④ 생산과정 또는 후속기술이 있는가
⑤ 경영자는 경영경험을 갖고 있는가
⑥ 기업의 목표는 어디에 두는가
⑦ 기업가는 10개년 기업목표와 5개년 목표 등 구체적 경영계획을 갖고 있는가
⑧ 경영자가 경영의 모든 면에서 능력이 있는가, 즉 연구개발, 생산, 마케팅, 경리,
　법률실무 등에 대한 능력 등
⑨ 경영자는 자금의 성격과 사용방법을 이해하는가
⑩ 유능한 지도자 및 의사결정자를 갖고 있는가 등[50]

---

50) 淸成忠南, 《ベンチヤ-キアピタル》, pp.135~136, 143~154.

제11장 이중구조론과 중소기업의 近代化

제1절 경제발전론과 이중구조론

1. 이중구조의 일반적 의의와 그 형성

원래 이중구조(dualism, dualistic structure)라는 말은 비서구 국가들의 사회가 서구와는 달리 근대적 부문과 전근대적 부문이라고 하는 두 개의 異質的 부문으로 이루어져 있다는 것을 나타내기 위해 나왔다. 이 두 부문은 농촌과 도시, 서구적 산업과 전통적 산업 또는 대기업과 중소기업 등을 가리킨다. 둘 사이에는 기술, 사회관습, 제도의 차이 때문에 자본노동비율, 노동생산성, 노동의 限界生産力, 임금, 소득 등에 현격한 격차가 있다.[1]

이중구조에 대한 이론은 부케(J. H. Boeke) 등이 인도네시아에 대한 연구에서 사회적 이중구조론(social dualism)으로 처음 제기하였다. 여기서 그는 사회적 이중구조는 수입된 사회제도와 다른 유형의 전통적 사회제도의 不調和(clashing)라고 규정하고, 대개 수입된 사회제도는 고도의 자본주의이지만 사회주의 또는 공산주의 또는 양자의 혼합일 수도 있다고 하였다. 즉 이중구조는 근대사회와 공동체적 농업사회의 병존을 의미하며, 이를 사회발전과정이라는 관점에서 보면 전통사회에서 근대사회로 바뀌어 가는 動態性을 가진 것이다. 즉 사회개발의 적극적 요소를 이중구조에서 발견할 수 있다.[2]

경제적으로 이중구조는 교환경제와 생존부문 사이의 괴리(the dichotomy between the exchange economy and the subsistence sector)로 규정된다.

이런 의미에서 이중구조경제는 종래의 자급자족적 전통사회를 국제무역으로 개방하면서 이루어지기 시작한 것으로 보았는데, 이는 이중구조경제의 형성에 관한 역사적 연원을 설명한 것이다. 그 결과가 현상적으로 '산업 사이의 불균형적 발전'으로 나타났다는 것이다.[3]

---

1) 安場保吉, 〈二重構造〉, 嘉治元郎·村上泰亮 編, 《現代經濟學の展開》, 勁草書房, 1971, p.215.

2) J. H. Boeke, *Economics and Economic Policy of Dual Societies*, New York, 1953, p.4(B. Higgins, "The Dualistic Theory of Underdeveloped Areas", *Economic Development and Cultural Change*, Vol. Ⅳ, Jan. 1956 참조)

그렇다면 이중구조경제는 농업과 공업 사이에서 형성될 수 있고, 농업부문 또는 공업부문 내부에서도 이루어질 수 있다. 후진(전통, 생존)부문을 흔히 농업부문이라고 하고 선진부문을 공업부문이라고 한다. 그러나 농업부문도 그 안에 상대적으로 선진부문(advanced subsector)을 포함할 수 있으며, 반면에 공업부문도 후진부문의 특성을 갖는 많은 전통적 경제활동을 포함할 수 있다. 전자의 예로서는 아시아의 裁植農場(plantation)과 아프리카의 일부에 정착한 유럽인 지역의 농업을 들 수 있다. 후자의 예로서는 일본의 중소기업(small scale industry)를 들 수 있다.[4] 따라서 이중구조경제는 농업과 공업 사이, 나아가 공업부문 안에서 대기업과 중소기업 사이의 부조화와 괴리 및 그 불균형적 발전의 특성을 포함한다고 본다.

2. 경제발전과 이중구조론의 유형

경제발전은 흔히 공업화를 의미한다. 단계적으로는 농업에서 공업 중심으로 국민경제구조가 바뀌는 과정과, 공업부문 가운데에서도 산업구조가 경공업에서 중화학공업으로, 오늘날에는 다시 지식정보 집약적으로 고도화하는 과정을 포함한다. 즉 공업화를 통한 경제발전은 경제의 중심(gravity)이 농업부문에서 공업부문으로 바뀌는 과정을 의미하기도 하지만,[5] 나아가 농업이나 공업부문 안의 후진적 요인을 근대적, 선진적으로 발전시키는 과정까지를 포함하고 있다. 또한 국민경제가 개방화를 통해 공업화하는 과정에서 나온 산업 간 단층의 극복문제도 경제발전의 중요한 과제이다.

개발도상경제에서 나오는 이중구조경제의 유형은 다음과 같다.

① 이중구조 해소를 경제발전의 과제로 삼고 그것을 이론적으로 체계화한 사람은 루이스(A. Lewis)였다.[6] 그는 농업부문과 공업부문 사이의 이중구조 해소를 경제발전의 일차적 과제로 하였다. 개발도상경제는 농업부문(전통부문, 생존부문, 전근대화부문)과 공업부문(근대부문, 자본가부문)의 두 부문으로 이루어져 있다고 보았다. 이들 경제에서 경제개발은 국민경제를 전자 중심에서 후자 중심으로

---

3) H. Myint, "Dualism and Internal Integration of the Underdeveloped Economies", *Economic Theory and the Underdeveloped Countries*, Oxford Univ. Press, 1971, p.318.

4) D. W. Jorgenson, "Surplus Agricultural Labor and Development of a Dual Economy", *Oxford Economic Papers*(New Series), Vol. 61, Jan. 1961, p.291.

5) J. C. H. Fei and G. Ranis, "Innovation, Capital Accumulution and Economic Development", *American Economic Review*, Vol. LIII, Jun. 1963, p.283.

6) W. A. Lewis, "Economic Development with Unlimited Supply of Labor", *The Manchester School*, May, 1954.

발전시키는 것을 그 과제로 하였다. 루이스는 저개발국의 농업부문에는 생존수준의 임금으로 무제한하게 공급될 수 있는 잠재실업(disguised unemployment)이 존재한다는 것을 가정하고 있다. 이들 노동을 낮은 임금으로 농업부문에서 공업부문에 흡수 공급함으로써 공업부문의 자본축적과 성장을 이루고 농업부문의 자본제화도 이룰 수 있다고 보았다. 즉 전근대부문인 농업부문의 저임금 노동을 공업부문에서 활용하여 경제발전을 추구하였다.

② 공업부문 안의 이중구조, 즉 대기업부문을 근대화부문으로, 그리고 중소기업부문을 전근대부문으로 보고 이들 두 부문 사이에 단층과 발전의 격차가 있다고 본다. 공업부문 안에서 후진적 요인의 해소, 즉 중소기업의 근대화를 통해 대기업과 중소기업의 이중구조를 해소하는 것을 경제발전과 고도성장의 과제로 삼고 있다. 이것은 1950년대 후반 일본경제를 중심으로 한 논의에서 활발하게 이루어졌다. 루이스적 이론체계가 일본에서의 이중구조론과의 관련성을 갖고 있다는 점을 실증하기는 어렵다. 다만 근대부문(독점 대기업)이 전근대부문(농업, 중소기업)을 자본축적의 기반으로 하고 있으며, 그것이 저임금 노동력을 바탕으로 하고 있다는 점에서는 동일한 생각에 바탕을 두고 있다.

③ 전후 수입대체와 대외지향적 개발전략을 택하는 개발도상국의 이중구조문제는 새로운 특성을 갖고 있다. 선진국의 세계경제질서의 재편성과정, 즉 선진자본은 그 운동형태가 원조 - 차관(공공차관 - 상업차관) - 직접투자 - 다국적 기업으로 바뀌면서 개발도상국으로 진출하고, 그에 상응하여 나온 개발도상경제의 이중구조는 루이스적 특성과는 다른 내용을 지닌다. 국제분업주의에 충실한 수입→생산(수입대체) → 수출화라는 경제개발 유형은 수입대체산업과 전통적 국내산업 그리고 수출산업과 국내산업 사이에 이중구조를 이루게 한다.

특히 수입대체산업은 대부분 개발도상국의 경제여건에 맞지 않는 선진국의 移植工業的 성격을 갖고 있으며, 전통적 국내산업과 상호분업관계에서 발전하는 것이 아니어서 서로 경쟁적, 대립적이다. 자본재 및 원자재 공급도 선진국에 의존하기 때문에 수입대체산업이라는 엔크레이브(enclave)를 이룰 수 있다.[7] 또한 국내적 생존부문과 외국인 소유의 수출엔크레이브(export enclave)[8]로 이루어진

---

7) 수입대체산업 육성의 문제점은 D. H. Healey, "Development Policy : New Thinking about an Interpretation", *Journal of Economic Literature*, Sep. 1972, p.773 참조.

8) 수출엔크레이브는 해외에 그 생산물을 판매하고 투입물을 해외에서 수입하는 부문이다. 따라서 그것이 경제의 다른 부문과 관련성이 부족하다는 특성을 지닌다.(C. P. Kindleberger & B. Herrick, *Economic Development*, 3rd ed. MaGraw-Hill, 1977, p.186)

개발도상경제의 두 부문의 경제관계는 경직적이고 비탄력적이어서 메워지지 않는 격차와 단층이 생긴다.

나아가 개발도상국의 수입대체적 공업화는 대외 종속을 깊게 하기도 한다. 국내적으로는 근대화된, 지배적인, 선진적인 경제부문과 후진적인, 종속적 경제부문의 양극화 현상이 깊어지는 구조적 특징이 나타난다.

그리하여 국제기업과 관련성을 갖는 선진부문과 이에 대립하는 후진부문 사이의 분열(disintegration)과 이중구조를 심화시키면서 저개발국의 대외적 종속심화(deepening foreign dependence)를 가져온다고 본다. 즉 이중구조이론이 從屬理論(dependent theory)으로 진행한다.[9]

④ 경제개발이 이루어지면서 루이스적 이중구조가 해소되지만, 도시 안에는 새롭게 公式部門(formal sector)과 非公式部門(informal sector)의 두 부문 사이의 격차 문제가 일어난다. 루이스적 경제개발과정에서 도시 산업부문의 고용흡수능력을 뛰어넘는 대규모의 농촌노동인구가 이동하면서, 도시에 들어온 인구 가운데 많은 수가 근대 공업부문에 충분히 흡수되지 못한 채 완전실업상태 또는 반실업상태로 남게 된다.

이들은 도시부문의 주변에 집결하여 소기업 또는 영세경영의 형태로 잠재하면서, 이른바 도시 비공업부문의 문제로서 소영세기업문제를 이룬다. 이것은 루이스가 제시하지 못했던 새로운 이중구조문제가 되고 있다. 이들은 저임금 노동력의 공급 풀인 완전실업 또는 반실업, 즉 도시 안에 潛在失業을 이루고 있다는 의미에서 과잉노동과 이중구조적 발전의 범주에 포함된다고 볼 수 있다. 그러나 도시비공식부문의 문제는 루이스적 모형으로는 접근하기 어려운 특성을 갖고 있다는 견해가 지배적이다.[10]

⑤ 소영세기업 문제는 도시비공업부문의 문제에 그치지 않는 좀더 포괄적 의미를 지닌다. 경제개발이 이루어지면서 정책지원이 상위규모에 치우치는 등의 이유로 중소기업 범위 안에서 규모 격차가 심해지는 등 이중구조문제가 생긴다. 규모의 경제의 이익과 정책지원에 힘입어 중견규모 또는 중규모기업의 발전은 뚜렷한

---

9) Osvaldo Sunkel, "Transnational Capitalism and National Disintegration in Latin America", *Social and Economic Studies*, Special Number, Vol. 22, March, 1973(G. M. Meier, *Leading Issues in Economic Development*, 3rd ed. Oxford Univ. Press, Dec. 1976, pp.692~702 참조)

10) 윤진효, 〈도시비공업부문〉, 李大根·鄭雲暎 編, 《韓國資本主義論》, 까치 심포지움 2, 까치, 1984, pp.252~253 ; ILO, *Employment, Income and Equality : A Strategy for Increasing Productive Employment in Kenya*, Geneva, 1958(G. M. Meier, *Leading Issues in Economic Development*, 4th ed. Oxford Univ. Press, 1984, pp.183~187 참조)

반면, 여기에서 소외된 소영세기업은 정체와 전근대성을 벗어나지 못하게 된다. 계층적 총자본구조에서 상대적으로 자주적 자본으로서 위치를 확립한 중규모기업은 사회적 총자본의 운동과정에서 오는 부담과 모순을 소영세기업에 떠넘길 수 있게 된다.

부담전가의 최하위 계층인 소영세기업은 결국 노동착취제도(sweating system)의 기반으로 머물게 되고, 또는 정책지원 대상에서도 소외되면서 정체를 면치 못한다. 그 결과 중소기업 범위 안에 중견 및 중규모기업과 소영세기업 사이에 격차와 단층이 생겨나 이중구조가 된다.

⑥ 民族經濟論的 시각에서는 중소기업을 민족자본 또는 민족자본가적 성향의 자본으로 규정하면서, 이들과 생산관계적 대립관계에 있는 외국자본 또는 매판자본과 구조적 모순이 나오는 것으로 본다. 민족자본은 민족경제의 사회적 생산력의 담당주체이며 민족경제의 재생산 기반이다. 그런데 국민경제 안에 민족경제와 경쟁하는 비민족적 외국자본 및 매판자본은 끊임없이 민족경제를 잠식 축소시키기 때문에 이들은 민족자본과 대립하면서 자주적 민족경제의 발전을 제약한다. 중소기업은 민족자본 또는 민족자본적 성향을 지니고 있어서 외국자본 및 매판적 대기업과 경제적 잉여를 둘러싼 이해의 대립을 하지 않을 수 없다. 즉 중소기업은 反外資, 反買辦의 성향을 갖는 자본으로 외국자본 및 매판적 대기업과 대립한다. 대외개방과 국제분업주의를 추구하는 경제개발과정에서는 후자의 영역이 늘어나는 가운데 전자의 영역이 줄어들면서 두 부문 사이에 단층과 격차가 생긴다.[11] 이것을 이중구조적 측면으로 이해할 수 있다.

제2절 중소기업 문제와 이중구조론[12]

1. 일본에서 논의의 배경

일본에서도 일본경제의 근대화를 과제로 하여 이중구조 해소에 관한 루이스적 접근이 실증적으로 이루어졌다.[13] 그러나 중소기업 문제를 경제발전과 관련시킨 이중구

---

11) 朴玄埰, 《民族經濟論》, 한길사, 1978, pp.149~149.
12) 제16장 5절에서도 논의하고 있음.
13) 예컨대 大川一司, ヘンリ·ロソフスキ (H. Rosovsky) 著, 《日本の經濟成長—20世紀 における 趨勢加速》, 東洋經濟新報社, 1963 ; 南 亮進 著, 《日本經濟の轉換點》, 創文社, 1970 등을 들 수 있다.

조론은《1957年度(昭和 32年度) 經濟白書》가 일본경제의 이중구조문제를 제기하면서 본격화되었다.《經濟白書》에서의 이중구조에 대한 지적은 그 뒤 이중구조적 분석과 그에 대한 논쟁의 출발점이 되었다. 또한 이중구조의 존재와 그 문제해소를 다루어 '구조 정책으로서 중소기업 정책'과 중소기업 문제에 대한 구조론적 정책인식의 기초를 제공하였다. 이는 中小企業 近代化論과 中小企業 近代化政策으로 이어졌다.

이중구조론의 바탕이 되는 중소기업 문제에 대한 구조론적 인식은 일본자본주의 전개의 특수성 속에서 이루어진 것이었고, 이것은 미국이나 영국 등 서구 여러 나라들과는 다른 양상이다.[14]

첫째, 1870년대 후반 이후 나타나 1884년에 통일적으로 제시된 在來産業觀은[15] 재래산업이 수출에서 중요한 비중을 차지하고 일본경제의 성장발전에 중요한 역할을 하는데도 불구하고 이를 경시하는 것을 문제삼았다. 대기업이 소경영(재래산업 가운데 특히 수공업과 가내공업)을 도태 구축하는 과정에서 일어나는 과도적 모순으로 소기업 문제를 본 것이 아니며, 문제에 대한 대책도 도태 구축을 당연시하거나 최소화하려는 것이 아니었다. 적극적으로 경제발전과 관련하여 소경영의 진흥을 제안하고 있다. 이런 점에서 소경영(공업)의 도태 소멸론이나 소기업 비합리성론 또는 미국에서의 소기업 보호육성론과도 다르다.

한편 재래산업인 수공업과 가내공업이 도태 구축됐지만, 그것은 대기업보다는 재래산업 내부에서 소경영의 상호경쟁과 대립으로 이루어진 측면이 많았다. 그 결과 영국에서처럼 소기업의 도태와 구축이 대량으로 넓게 이루어진 것이 아니었고, 산업혁명이 끝난 뒤에도 이들이 대량으로 존속하게 되었다.

둘째, 1900년 전후 일본 산업자본의 확립기에 小工業觀이 새롭게 나왔다. 이는 경공업 중심의 대공업시대에 소규모생산이 정체하고, 재래산업 내부에서도 수공업과 가내공업이 도태 구축되는 데 대한 문제의식이었다. 그런데 이것은 일본의 특수한 산업혁명과정에서 재래산업의 자생적 발전의 제약 등 일본 특유의 수공업문제를 반영한 현실관계에 기초한 문제의식이 아니었다. 독일 신역사학자의 小工業沒落論을 이론적 배경으로 한 輸入小工業論에 기초를 둔 것이었다. 그러나 日本社會政策學會(1902년 4월 설립)는 독일의 그것과는 달리 대공업이 소공업을 전면적으로 도태 구축한다는 것을 인정하지 않았다. 대공업시대에 대공업의 발전과 기업집중이라는 일반적 경향을

---

14) 日本資本主義論爭의 시각에서 이중구조를 일본자본주의 전개의 특수성으로 지적한 바 있다.(末岡俊二 著,《中小企業の理論的 分析》, 文眞堂, 1974, pp.15~19)

15) 農商務省 編,《興業意見》, 第18卷, 1884 ; 前田正名 著,《所見》, 1892. 前田은《興業意見》의 편찬 주임이었음.

인정하면서도, 수공업 및 가내공업이 존속할 수 있는 산업분야와 존립조건을 제시하면서 그 보호 정책을 강조하였다.

셋째, 제1차 세계대전 뒤, 1920년 전후의 경제공황(이른바 昭和恐慌)을 거치면서 中小工業이라는 새로운 개념이 나왔다. 제1차 세계대전 이전에 일본에서는, 재래의 소공업도 자기자본의 축적을 바탕으로 기계화 동력화하면서, 소영세규모의 공장제공업이 되어 中小工業의 경영실체를 이루었다. 그러나 이식한 근대공업이 경공업에서 중공업 등 중요 공업부문으로 퍼지면서 자본이 집적 집중하고 독점자본 단계로 급속하게 이행하였다.

중소공업은 이 과정에서 그 경영적 실체를 만들자마자 금융의 어려움이 격화하는 등으로 그 정체와 고정화를 면할 수 없게 되면서 이것을 산업상의 과제로 인식하기에 이르렀는데, 中小工業問題가 바로 그것이다. 1920년대 중반에는 독점자본이 본격적으로 형성되었고 그 과정에서 중소공업이 독점자본에 지배, 종속되면서 중소공업의 궁핍경영난 등의 요인이 늘어났다.

이 시기, 일본경제는 만성적 불황에 빠졌고 이에 따라 종래의 수공업, 가내공업뿐만 아니라 공장화된 중소공업의 경영실체를 갖춘 것까지를 포함, 자본주의적 성장에 뒤진 중소공업의 경영난이 심해지면서, 이것을 '중소(상)공업문제(중소기업 문제)'로 의식하게 되었다. 그런데 이들 중소(상)공업은 생산, 고용뿐만 아니라, 특히 수출에서 일본경제의 성장발전에 매우 중요한 역할을 하는 것이었다. 더욱이 이들은 중산계급의 건전한 존재의 기반이 되기 때문에 정치적으로도 중요했다.

이처럼 재래산업관에서 소공업론, 그리고 중소(상)공업론에 이르는 구조론적 인식은 일본경제의 특수성을 반영한 것이었다. 중소(상)공업문제는 소기업 비합리성론만을 배경으로 한 문제의식은 아니었다. 이를 정리해보면 다음과 같다.

① 비록 중소공업이 비합리적 존재이지만
② 일본경제에서는 그것이 대량으로 존재하고
③ 국민경제 가운데서 큰 비중을 차지하면서
④ 경제발전에 중요한 역할을 하고 있다는 적극적 인식이 바탕이 되고 있다.
⑤ 따라서 그것을 전면적으로 도태 구축하는 것은 그 마찰적 모순이 너무 클 뿐만 아니라, 국민경제적 모순의 문제가 된다고 보았다.
⑥ 여기에는 '중소기업 문제'가 독점형성 과정에서 독점자본과 중소자본의 대항관계에서 나왔다는 인식도 포함되어 있다.[16]

---

16) 이것은 마셜이 지적한 소기업의 역할과도 다르고, 미국경제에서의 중소기업 역할론이나 소기업 보호육성론과도 차이가 있다. 미국경제에서는 독과점의 폐해와 산업조직의 경직성을 완화하기 위

제2차 세계대전 이전에 일본의 중소기업 문제는 중소기업의 비합리성과 그 높은 비중 그리고 경제발전에서의 큰 역할을 결합시키는 국민경제의 구조론적 이해의 시각을 지니고 있었다. 그렇지만 중소(상)공업만을 분리해서 그것만을 개별적으로 이해하려는 경향이 강했고, 대기업과 함께 국민경제 구조 속에서 통합적, 통일적으로 이해하려는 시각은 부족했다.

이에 비해 제2차 세계대전 이후에는 중소(상)공업만이 아니라 다른 산업에까지 범위를 확대하여 국민경제적 문제로 중소기업 문제를 종합적, 통일적으로 파악하였다. 중소기업이 대량이면서 큰 비중으로 존재하는 원인을 단순히 중소기업의 존립조건만으로 이해하지 않고, 국민경제 구조의 특수성과 역사적 전개 속에서 이해하려는 견해가 강하게 대두되었다.[17]

이에 따라 중소기업의 지위, 기능과 규모별 격차 등의 문제를 국민경제구조의 메커니즘 속에서 종합적, 통일적으로 이해하고 중소기업 문제를 국민경제의 구조적 문제로 파악, 이해하려는 견해가 나왔는데 그것이 二重構造論이다.[18]

2. 二重構造論의 발단 : 《經濟白書》의 내용

1) 이중구조의 특성

일본경제에서 이중구조가 본격적인 문제가 된 것은 1959년 이후 고도성장기부터였지만, 그 이전, 즉 1957년에 간행된 《昭和32年度 經濟白書》[19]가 그것을 구체적으로 지적한 것이 발단이 되었다. 이것은 그 뒤 이중구조의 분석과 그에 대한 논쟁의 출발점이 되었다. 정책적으로는 그 해소문제가 제기되면서 構造政策으로서 중소기업 정책, 즉 중소기업 문제에 대한 적극적인 구조론적 정책인식의 원천을 제공하였다.

《經濟白書》는 경제의 이중구조 가운데, 먼저 고용구조의 특수성을 다음과 같이 지적하였다.

1956년에 일본의 완전실업자는 60만이었고, 취업자는 4,300만이었으므로 취업자에 대한 완전실업자의 비율은 2퍼센트밖에 되지 않았다. 선진국에서도 실업자의 비율

한 중소기업의 역할을 강조하였다.

17) 分離 理解方式과 綜合的 理解方式에 대해서는 山中篤太郎, 〈中小企業本質論の展開〉, 藤田敬三·伊東垈吉 編, 《中小工業の本質》, 有斐閣, 1960, pp.10~13 참조.

18) 중소기업 문제와 관련하여 일본에서 이중구조라는 말은 有澤廣巳가 사용(1957년 3月, 生産性本部創立2週年記念講演)한 이후, 《1957年 經濟白書》에서 그것의 起草者인 後藤譽之助가 이중구조를 분석하면서 널리 쓰여졌다.(篠原三代平, 《産業構造論》, 筑摩書房, 1970, p.61)

19) 日本經濟企劃廳, 《昭和 32年度 經濟白書―速わきた擴大とこの反省》, 至誠堂, 1957.

이 3퍼센트 정도면 완전고용으로 본다. 그럼에도 일본의 고용은 만족스러운 상태가 아니었다. 일본과 같이 농업과 중소기업이 폭넓게 존재하는 나라에서는 저생산성과 저소득의 不完全就業이 문제가 되며, 선진국에서와 같이 완전실업자의 多寡로 고용상태를 측정하지 못한다.

이러한 후진성은 다음과 같은 여러 현상에서 나타난다.

첫째, 가족노동의 비중이 크다. 취업자는 고용의 성격에 따라, ① 봉급과 임금을 받고 일하는 피고용자, ② 농업 및 중소상공업주와 같은 자영업자, ③ 농촌의 부녀자와 같은 가족노동자 등 세 가지로 나눌 수 있다. 이 가운데 일본경제에서는 근대적 노사관계에 기초하여 취업하는 피고용자의 비율이 43퍼센트에 지나지 않는데, 그것은 영국의 90퍼센트, 미국의 80퍼센트에 견주어 현격히 낮은 수치다. 자영업자의 비율은 24퍼센트로 높으며, 가족노동자의 비율도 30퍼센트로 영국의 0. 2퍼센트에 비하면 매우 높다.

둘째, 농업과 중소기업의 취업인구가 차지하는 비중도 특유의 높은 현상을 보인다.

① 취업인구 가운데 농업인구가 차지하는 비율은 38퍼센트로서 미국의 10퍼센트, 영국의 4퍼센트에 견주어 압도적으로 높다.

② 또한 기업규모별 종업원 구성을 보면 일본에서 1000명 이상의 대규모기업의 고용은 영국, 미국, 독일에 견주어 상당히 큰 비중을 차지하지만, 100~199명의 중규모 비중은 극히 낮고, 10~99명의 소규모 및 10명 이하의 극소·영세규모의 비중이 높다.

셋째, 기업규모별 임금격차가 매우 크다는 것이 일본경제 특유의 현상이다. 대기업과 10~30명의 소기업의 임금은 전자를 100으로 할 때 후자는 50의 수준에 그치고 있다. 극소기업이나 영세기업들은 40으로, 그 격차가 더욱 크다.

이처럼 일본경제는 고용구조에서, 한 나라 안에 선진국과 후진국이라는 이중구조가 존재하는 것과 같다. 이를 집약하면 다음과 같다.

① 한편에서는 근대적 대기업, 다른 한편에는 전근대적 노사관계에 따른 소기업 및 가내경영을 하는 영세기업과 농업이 양극에 대립하고, 중간의 비중이 아주 낮다.

② 대기업을 정점으로 하는 근대적 부문에는 세계의 어떠한 선진국에도 뒤지지 않는 선진적 설비가 있다. 이러한 근대부문은 자본에 대한 노동의 필요량이 한정되어 있고, 노동조합의 작용도 강하다.

·③ 여기서 고용하지 않는 노동력은 자본이 부족한 농업과 소기업이 흡수하지 않으면 안 된다. 노동력을 저임금으로, 저생산력을 지닌 용도로 흡수된다.

④ 그 결과 극히 생산력이 낮고 노동 집약적 생산방법을 갖는 前近代的 부문이 近

代的 부문과 공존한다.

넷째, 노동시장도 이중구조적 봉쇄성을 지니고 있다. 대기업이 새로 노동력을 구할 때는 신규졸업자 가운데 우선적으로 택하고, 급히 고용을 늘릴 필요가 있는 경우에는 임시공이나 社外工을 채용한다. 대기업의 노동자는 해고되면 중소기업이 채용하지만, 중소기업의 노동자가 대기업에 취업할 때는 臨時工의 형태를 취한다.

다섯째, 이중구조는 무역구조에서도 나타난다. 일본의 공업제품 가운데 일반적으로 후진국에서 선진국으로 수출하는 품목(합판, 섬유 등)은 세계의 선진국으로 가고, 선진국이 후진국에 수출하는 품목(선박, 철강 등)은 후진국을 향한다. 대기업의 자본 집약성은 노동 집약적인 후진국에 대한 수출에 유리하고, 노동 집약적인 중소기업의 이점은 자본 집약적이면서 임금이 높은 선진국에 대한 수출 증대를 촉진한다.

이와 같은 경제의 불균형 발전은 소득수준의·격차를 크게 하고, 나아가 사회적 긴장을 크게 한다는 것이다.[20]

이상이 1959년도 일본의 《經濟白書》가 이중구조에 대해 파악한 주요 내용이다. 그 파악 기법이 통일적 이론적 체계를 갖춘 것이 아니었고, 일본경제의 표면에 나타난 이중구조의 현상을 병렬적으로 나열한 수준에 그쳤다. 그러나 이중구조의 내용으로 제기한 고용구조의 이중성, 생산성 격차, 임금격차, 노동시장의 이중성, 무역구조의 이중성 그리고 이에 따른 사회적 긴장의 격차 등은 뒤에 이중구조에 대한 논의에 중요한 계기를 마련하였다.

특히 이중구조 형성요인의 하나로 저임금 노동력의 존재를 지적한 것은 의미 있는 것이다. 루이스도 농업과 공업 사이의 이중구조를 파악하면서 자본축적과 근대화의 계기를 潛在失業에서 찾았다. 생존수준의 낮은 임금으로 무제한하게 공업부문에 공급할 수 있는 농업부문의 노동력을 근대부문 발전의 원동력으로 보았다. 일본경제의 이중구조는 비록 일본자본주의 전개의 특수성 때문이기는 하지만, 근대화부문(독점대기업)이 전근대부문(중소 영세기업)을 자본축적의 기반으로 활용했다고 본다면, 그 원천은 저임금 노동력에 있다는 점에서 루이스적 인식과 상통한다.

2) 이중구조의 해소방향

《經濟白書》는 일본경제의 최종목표를 완전고용에 두었고, 그것은 단순히 완전실업자의 수를 감소시키자는 것만이 아니라, 경제의 근대화와 성장을 꾀하면서 이중구조를 해소하는 것이었다. 지속적이고 빠른 속도로 늘어나는 노동인구를 흡수하기 위

---

20) 위의 책, pp.33~36.

해서는 상당한 경제 신장이 필요했고, 그런 가운데 이중구조를 해소하는 방안이 필요하였다. 경제의 量的 증가와 質的 개선을 동시에 이룰 수 있는 방안이 요구되었지만, 그에 대한 해답이 쉬운 것은 아니었다.[21]

그들은 우선 늘어나는 노동인구를 흡수할 수 있는 경제성장의 템포를 이루면서 이중구조 해소의 여유를 얻는 길을 택하였다. 이중구조라는 구조적 질적 문제를 양적인 경제규모의 확대로 해결하려는 피상적이고 자연인구론적 처방을 강구하였다. 결국 완전고용 정책을 추구하면서 이중구조를 해소하는 데 중요한 과제는, 높은 경제성장률을 장기간 지속하면서 일정한 번영을 누리는 것이며, 이것이야말로 일본의 고용문제(고용의 이중구조)를 선진국과 공통의 기반 위에 올려놓는 것이라고 보았다.

그런데 경제의 어느 부문을 성장 발전시켜 높은 성장률과 고용흡수를 이룰 것인지에 대해서는 두 가지 방향을 제시하였다.

첫째, 오로지 대기업을 정점으로 하여 근대부문의 급속한 성장을 꾀하고, 그것을 기관차로 하여 전근대부문을 견인하는 방법이다.

둘째, 전근대부문 자체를 근대화하여 생산성을 높이는 방법이다.

그러나 일본의 경우처럼 농업과 중소기업의 비중이 높은 나라에서는 첫 번째 방법만으로는 오히려 이중구조의 격차를 크게 할 뿐 고용흡수도 충분히 이룰 수 없다고 보았다. 특히 이중구조의 하층을 이루는 농업부문에서 소영세기업으로 노동인구가 옮겨감으로써 상층과 하층의 비중이 변하지 않는 것이 당시 일본의 경제구조의 특성이었다. 이런 경제구조에서는 경제성장 정책을 추진하되, '전근대부문에 대한 특별한 고려'를 함으로써 이중구조를 해소할 수 있다고 보았다.[22]

이 같은 주장은 일본의 경우 國民所得倍增計劃과 〈中小企業基本法〉에서 구체적 정책의 기본방향으로 실현되었다. 이것이 구조 정책으로서 중소기업 정책, 그리고 이중구조의 해소방안으로서 중소기업 근대화 정책의 원천을 이루었다. 따라서 중소기업 정책은 완전고용을 이루기 위한 고도성장 정책의 보완 정책의 의미를 지니게 되었다.

전근대부문에 대한 특별한 고려를 강구하는 구조적 중소기업 정책으로《經濟白書》가 제시한 것, 즉 둘째 기본방향의 구체적 내용이 中規模經營의 근대화이다.[23]

① 이후 10년 동안 영세규모의 경영까지 대상에 포함하여 이중구조를 해소하기에는 어려움이 있다. 따라서 이 기간에 전근대부문의 근대화방안으로는 일본에서 특히 그 비중이 낮은 중규모경영의 채산을 높여 이를 육성하는 데 중점을 둔다.

---

21) 위의 책, pp.36~37.
22) 위의 책, pp.38~39.
23) 위의 책, pp.39~40.

② 농업의 경영규모를 확대, 취업인구의 적정화를 꾀하고 適地雇傭, 有畜經營을 추진하고 기계화한다.

③ 중소기업, 특히 중규모 제조업의 생산력을 높이는 방안을 강구한다는 것이다. 그러면서 그 이유를 다음과 같이 설명하였다.

① 수출에서의 역할이다. 중소기업 제품은 수출원재료의 대외의존도가 낮고 외화가득률이 높다. 또한 수출은 선진국을 향하는 부문이 많고 외화획득에 중요한 역할을 한다.

② 대기업과 높은 相互補完關係를 갖는다. 하청의존도를 높여 하청부품공업을 육성, 강화하는 것은 대기업 자체의 발전과 근대화를 추진하는 것이 된다.

③ 중소기업은 자본효율이 높다. 대기업에 견주어 중소기업은 생산성, 임금수준, 이윤율 등 여러 측면에서 열악하지만, 자본생산성과 자본회전율은 대기업보다 높다.

④ 고용 흡수력이 높다. 중소기업은 단위당 투자에 대한 고용흡수력이 대기업보다 높아서 취업인구의 반 이상을 흡수한다. 이에 견주어 대기업은 생산성이 높은 근대설비를 설치하기 때문에 고용흡수력이 중소기업보다 높지 않다.

제3절 二重構造論의 전개 (Ⅰ) : 그 성격의 논의

1. 一重構造論

이중구조는 한편에는 근대적 대기업이, 다른 한편에는 전근대적 노사관계에 입각한 소기업 및 가족경영을 하는 영세기업과 농업이 잔존하고 중간 비중이 대단히 낮은 경제현상, 즉 한 나라 안에 선진국과 후진국의 이중구조가 존재하는 것이라고《經濟白書》는 지적하였다. 그리고 이중구조란 선진국 경제구조와 후진국 경제구조가 함께 존재하면서 국민경제를 이루는 것이라고 규정하였다.[24]

이런 정의에서는 이중구조를 이질적 부분의 단순한 병존으로 규정하고 있어서, 이것을 구조로 파악하기에는 불충분하다는 構造觀의 문제가 제기되었다. 즉 이중구조라는 경제현상은 자본주의 발전의 불균형성의 문제이며, 일본의 특수한 역사적 조건 아래에서 이루어진 것이다. 반노예적, 반봉건적 농촌을 기반으로 자본재공업이 시작, 발전한 것이어서 양자는 결코 이중이 아니고 표리일체, 一重의 구조를 이루고 있다는

---

24) 大來佐武郎,《所得倍增計劃の解說》, 日本經濟新聞社, 1960, p.93.

이른바 一重構造論이 나왔다.[25]

이것은 근대적 부문은 처음부터 전근대적 영역을 기반으로 하여 존립할 수 있을 뿐만 아니라 그 발전과정은 끊임없이 전근대적 영역을 재생산한다는 것, 즉 양자가 상호의존적이고 밀접한 관계에 있다는 점에서 구조라고 할 수 있다고 지적하였다. 따라서 양자는 하나의 유기체를 이룬다는 의미에서 일중구조라고 주장하였다.

이런 현상을 전후 《經濟白書》와 근대경제학자들이 논의한 것은 일본경제의 역사적 배경을 반영하는 것이다. 한편에는 전근대적 영역 가운데서도 基底 부문인 농촌이 있고, 정점부문에는 대기업의 발전하고 있어서 두 영역의 대조가 戰前보다 더욱 뚜렷하게 나타났다.

그뿐만 아니라 근대적 영역이 전근대적 영역의 희생 위에 존립하고 발전한다는 기본적 관계를 갖고 있으면서도, 후자의 전근대성과 발전의 정체가 부문적으로 근대적 영역의 발전을 제약하는 모순이 생겼다. 이러한 모순은 한편으로는 소득격차를 확대하여 사회적 긴장을 격화시킬 가능성이 있고, 다른 한편으로는 대기업의 기술혁신에 중소기업의 기술적응이 뒤떨어진다는 문제를 일으켰다. 이와 같이 상호의존적 관련성이 있는 두 영역의 이질성에 대한 인식이 이중구조의 논의에서 일중구조론을 전개하게 하였다.

마르크스경제학은 이것을 다음과 같이 설명하고 있다.[26]
① 이중구조라는 현상은 독점자본을 정점으로 하여 이것이 주도력을 행사하는 국민경제의 피라미드형 계층구조를 말한다.
② 이것은 대기업을 정점으로 하는 계층구성이 중소자본과 영세경영을 위에서 아래로 일관되게 지배 수탈하는 관계, 그리고 이러한 메커니즘을 통하여 기본적으로는 자본과 노동을 포함하여 잉여가치를 수탈하는 구조이다.
③ 이것은 독점자본을 정점으로 하는 자본의 운동법칙을 재생산하는 것이다. 따라서 내면으로 들어가 통일적으로 보면, 이중구조는 본질적으로 '一重構造'라고 할 수 있다.

2. 傾斜構造論과 그 의미

이중구조에 대한 분석에서 또 다른 견해가 나왔는데 경사구조론이 그것이다.

---

25) 小林良正, 〈日本經濟の二重構造について〉, 《經濟セミナ》, 1960년 2월호, pp.3~5.
26) 伊東垈吉, 〈日本の中小企業構造と勞動問題の特質 - 歐米との比較〉, 楫西光速·小林義雄·岩尾裕純·伊東垈吉 編, 《講座中小企業 4》(勞動問題), 有斐閣, 1960, p.302.

① 일본경제는 서로 격리된 두 개의 이질적 부문이 겹쳐 있는 것이 아니다.

② 기업규모의 大小 순서에 따라 連續的 傾斜的 임금격차가 있다.

③ 농촌부문에도 경지면적의 대소 순서에 따라 동일하게 연속적 경사적 소득격차가 있다.

④ 공업부문의 임금격차의 경사는 그대로 농업부문의 소득격차와 같은 특성인데 이 것은 이중구조가 아니고 傾斜構造라고 부를 수 있는 구조라는 것이다.[27]

이에 대해 현실적으로 임금격차와 소득격차가 경사적 모습을 갖는다고 해서 하나의 이념형으로 제시하는 '이중구조' 개념을 배제할 수 없다는 비판이 있었다. 즉 표면적으로는 생산성격차 및 임금격차가 연속적 경사의 형태를 지녔어도 유형적으로는 근대적 산업의 발달과 전근대적 생산양식이 잔존하고 있으며, 최근에는 미국의 경제학 문헌도 이중구조라는 용어를 쓰고 있다(예컨대 A. O. Hirschman)고 하였다.[28] 즉 이중구조라는 理念型(ideal types)의 현실이 경사구조이기 때문이며, 그것이 이중적 모습이 아니더라도 이중구조라는 말을 배제할 필연성은 없다고 보았다.[29]

그러나 傾斜構造가 지닌 일본경제의 이중구조적 특징은 후진국 일반의 그것과 다른 의미를 갖는다고 해석하였다. 일반적으로 이중구조란, ① 근대적 산업과 전근대적 산업이 하나의 경제 안에 병존하고, ② 대기업과 중소기업 사이에 큰 임금격차가 있을 뿐만 아니라, ③ 農工 사이에도 소득격차가 있고, ④ 그러면서도 중소영세규모에 노동력이 눈에 띄게 집중해 있는 경제를 말한다.

이런 일본경제의 이중구조는 후진국 일반의 이중구조와 다른데

① 근대산업의 발달과 전근대적 산업의 잔존이 극단적인 모습으로 대치하면서도 서로 연속적, 경사적 임금격차가 성립된 것이 특징이다.

② 후진국에도 최근에는 근대적 대공장이 세워지면서 이전보다 임금격차가 커졌지만, 대기업부문은 전체 경제의 작은 부문에 그친다.

③ 일본경제는 대기업·중기업·소기업·영세경영이 각각 경제에서 큰 비중을 차지하면서 그들 사이에 연속적 경사적 소득격차를 보이고 있다.

④ 아직도 중소영세기업의 비중이 높지만, 일본경제는 경제발전과정에서 근대적 부문인 대기업이 크게 발전하면서, 서로 연속적 경사적 격차를 보이게 되었다.

---

27) 大川一司, 〈過剰就業と傾斜構造〉, 《經濟進步と安定》, 中山伊知郎氏還歷記念論文集, 1958. 9 참조.

28) 篠原三代平, 〈日本經濟の二重構造〉, 篠原三代平 責任編集, 《産業構造》(新訂), 1966, p.81.

29) 篠原三代平, 《日本經濟の成長と循環》, 創文社, 1961(初版), 1966, p.96.

⑤ 이는 대기업이 아직도 낮은 비중을 차지하고, 중소기업부문이 압도적이면서, 연속적이라기보다는 오히려 '二元的 構造'를 보이는 후진국 일반의 이중구조와는 본질적 차이가 있음을 보여준다는 것이다.[30]

여기서는 연속적 경사적 임금격차와 소득격차라는 이중구조의 특징을 일본경제의 발전과 성장이라는 의미, 즉 경제성장과정에 대한 관점에서 파악하고 있다. 근대적 부문, 즉 대기업의 개발이 정체되어 있는 후진국과는 달리, 일본경제는 이미 근대화과정이 활발하게 이루어져 그 결과가 가져온 구조적 특징이 이중구조라고 보았다. 이원적이기보다는 연속적 경사적 임금격차와 소득격차를 나타낸 일본경제의 이중구조는, 정체상태에 있는 후진국의 이중구조와는 달리 근대화과정에 들어와 고도성장을 추구하는 경제의 특징을 반영한다고 보았다.[31]

3. 동태적 관점의 이중구조

이중구조를 일본경제의 성장과정에서의 역할과 관련하여 동태적 메커니즘에서 파악하려는 관점은 이중구조 현상을 다음과 같이 규정하였다.[32]

첫째, 규모별 임금격차이다.

① 이것은 생산성격차에 주로 의존한다.

② 커다란 임금격차는 일본경제 특유의 것이다.

③ 임금격차의 특징은 규모별로 대소의 순서로 크게 연속적 급경사를 나타낸다.

④ 이런 점에서 소수가 높은 소득수준을 지니고, 다수가 낮은 소득수준이면서 중간이 非連續的인 후진국형과 차이가 있다.

둘째, 취업구조에서 소규모 집중이다.

① 영국, 미국, 독일에서는 대규모·중규모·소규모 순으로 취업의 집중도가 낮아지지만, 일본에서는 소규모의 취업 집중도가 압도적으로 높고, 중규모의 비중이 가장 낮다.

② 전근대적 취업형태(농업을 포함한 자영업주, 가족종업원)의 비중이 매우 높다.

셋째, 방대한 潛在失業의 존재이다.

① 일반적 수준보다 낮은 임금으로 취업해 있는 노동자군, 즉 완전실업자가 아닌 잠

---

30) 위의 책, p.20.

31) 이런 점에서 루이스(A. Lewis)가 규정한 이중구조와는 차이가 있다. 루이스적 이중구조는 근대화에 진입하기 이전 경제구조의 특징에 주목하고 있기 때문이다.

32) 篠原三代平, 〈日本經濟の二重構造〉, 篠原三代平 責任編集, 앞의 책, pp.82~99 참조.

재실업자(J. 로빈슨의 僞裝失業 또는 大川一司의 過剩就業)가 대량으로 존재한다.

② 생산성이 상대적으로 낮은 농업과 중소영세기업에 대량의 구조적 실업자가 취업하고 있다.

③ 농업보다 도시의 영세상공업이 불황기에 잠재실업화하는 순환적 실업자를 흡수하는 원천이 되고 있다.

④ 대공장의 확대는 고용흡수보다는 생산성 증대를 지향하는 데 반해, 중소규모 기업은 고용흡수적 특징을 지닌다.

⑤ 과잉인구의 압력은 소규모 공장의 임금수준을 압박하여 생산성이 낮은 노동 집약적 생산방법을 채택하게 한다.

넷째, 寡占과 자본집중이다.

① 이중구조는 노동력만의 현상이 아니라 고도의 자본집중과 관련된다.

② 자본집중은 재정투융자와 조세제도로 촉진하지만, 금융기관이 대기업에 融資集中으로도 이루어진다.

③ 자본집중은 규모별 생산성 격차의 확대를 촉진한다.

④ 戰前에는 先貸制 상인과 상업자본이 개입하여 중소기업의 하청적 종속이 이루어졌지만, 전후에는 대생산자가 직접 중소기업을 하청계열에 편입시켜 자금과 기술 면에서 지도한다. 그 결과 수직적 계열화와 수평적 계열화가 이루어져 과점적 집중이 강화되었다.

제4절 이중구조론의 전개 (II) : 형성 요인과 그 역할

1. 이중구조 형성의 역사적 배경

이중구조의 형성요인에 대해서 세 가지 가설이 나왔다. 이는 대기업과 중소기업 사이의 이중구조 또는 기업규모별 여러 격차현상에 대하여 노동시장·생산물시장·자본시장에서 근대적 부문과 전근대적 부문의 관계를 분석하고 그 형성요인을 설명한다.

이중구조는 대체로 뒤늦게 경제개발을 시작한 나라에서, 한편으로는 재래의 전근대적 산업에서 뒤떨어진 생산기술을 가진 기업이 존속하고, 다른 한편으로는 선진국의 고도의 기술을 수입한 근대적 기업이 발달함으로써 이루어지는 것이라고 보았다. 이때 전근대적 기업과 근대적 기업이 병존한다는 사실은 형식적 의미를 지닐 뿐이다.

이중구조가 발생할 가능성은 '뒤늦게 經濟開發을 시작한 경제'에서 이루어질 수 있다. 즉 이중구조는 그것이 만들어지는 歷史的 배경을 지니고 있다고 보았다.

영국과 같은 선진국의 경제발전과정에서는 근대화와 기술진보가 장기적이고 점진적이며 자생적이었기 때문에 전근대적 산업과 전근대적 산업 사이에 二極集中이 없었다. 그러나 뒤늦게 경제개발을 하는 나라에서는 선진국이 장기간에 개발한 기술을 한번에 수입하여 모방한다. 재래산업과 신기술을 채택한 산업 사이에 생산성과 임금의 隔差가 생긴다. 물론 점진적 발전을 한 선진국의 공업화 초기(산업혁명기)에도 숙련공과 미숙련공 사이에 임금격차가 있었다. 그러나 그것은 오늘날 後發經濟의 그것과 비교할 만큼 크지 않았다는 점에서, 뒤늦게 경제개발을 시작한 경제의 이중구조의 형성요인을 분석할 근거를 찾을 수 있다고 보았다.[33]

이는 이중구조의 형성을 후발경제의 불가결한 조건으로 보는 견해이다. 그러나 이와는 달리 이중구조는 위로부터의 자본주의 형성이 가져온 결과로 보기도 한다. 일본의 경우 明治維新 이래 殖産興業政策을 추진하면서 국가의 지원을 받는 대기업과 그렇지 못한 재래산업 사이에 이중구조가 발생했다는 점을 지적하기도 하였다.[34]

2. 노동시장과 생산물시장의 요인

먼저 勞動市場의 측면에서 이중구조 형성의 요인을 설명하였다.

① 일본 노동시장의 경우, 대기업의 노동시장은 終身雇傭制度와 年功序列賃金制度라는 두 가지 특징을 지니고 있다. 이러한 제도에 기초를 두고 임금이 初任에서부터 연공이 지속되면서 급격히 올라간다.

② 이에 견주어 중소기업의 초임은 대기업과 큰 차이가 없지만, 중소기업의 임금상승의 경사는 대기업만큼 크지 않다.

③ 그 결과 초임은 대기업과 중소기업이 비슷하지만, 근속연수가 지나면서 양자의 임금격차는 커진다.

더구나 대기업은 중소기업 노동자에 대하여 노동시장이 봉쇄적이다. 중소기업의 저임금 노동자의 유입에 따른 임금인하 압박을 막기 위하여 대기업에는 勞動組合이라는 장벽이 높게 쌓여 있다.

따라서 과잉 저임금 노동자가 중소기업의 영역에는 풍부하지만 이것이 대기업의 임금에 영향을 주지는 못한다. 반면에 중소기업 영역에는 일반적으로 노동력이 과잉

---

33) 篠原三代平, 《産業構造論》, 經濟學全集 13, 筑摩書房, 1970, pp.58~60.
34) 坂本二郎, 〈日本經濟の中進的 特質〉, 中山伊知郎 編, 《日本經濟の構造分析》 上卷, 東洋經濟新聞社, 1954.

상태이고, 또한 도산하는 중소영세기업에서 나온 노동력이 중소기업 임금의 압박요인으로 작용한다. 그렇다고 중소기업에 강력한 노동조합이 있는 것도 아니기 때문에, 대기업과 중소기업의 임금격차는 수평적일 수밖에 없다.[35]

다음에는 이중구조 형성에 대한 生産物市場의 역할이다.

일반적으로 독과점적 기업군 사이에는 독점가격이나 과점가격이 이루어져 있고 그것은 경직적, 특히 下方硬直的 성격을 지닌다. 이론적으로는 스위지(P. M. Sweezy)와 홀-히치(R. L. Hall & C. J. Hitch)의 분석에서 주장하였는데, 이것은 과점적 기업에서의 가격의 경직성을 증명해주는 것이며, 이를 管理價格이라고도 한다.

소수의 과점적 대기업이 시장을 독점하고 있는 산업에서 가격은 경직되기 쉽다. 한 기업이 가격을 낮추어도 다른 기업이 동시에 가격을 낮추면 그 기업의 판매는 늘지 않는다.(가격의 下方硬直性) 반면에 한 기업이 가격을 인상할 때 다른 기업이 가격을 인상하지 않으면 그 기업의 판매는 급속히 줄어들고 오히려 고객을 다른 기업에 빼앗기는 결과를 가져온다.(가격의 上方硬直性) 이런 이유로 과점적 대기업의 가격은 경직적일 수밖에 없다는 것이다.[36]

이처럼 대기업의 제품가격은 경직적(특히 하방경직적)이지만, 경쟁적 산업에서 가격은 上下伸縮的이다. 따라서 중소기업 영역에서는 생산성 향상의 몫을 가격인하로 연결할 수 있지만, 대기업에서는 생산성이 올라가도 뚜렷이 제품가격의 인하로 이어질 가능성은 적다. 더구나 노동조합의 강력한 압박을 받는 대기업에서는 생산성 향상이 오히려 임금인상을 가져올 가능성이 높다. 그래서 독과점적 대기업과 경쟁적 중소기업이 공존하는 경우, 높은 임금과 낮은 임금이라는 임금격차의 발생한다.

더욱이 대기업이 중소기업을 下請工場으로 이용하는 경우, 대기업이 그들의 모순을 중소기업(하청기업)에 전가하면 임금격차는 더욱 커질 수밖에 없다.[37]

3. 資本集中과 融資集中

자본시장에서 대기업에 자본집중과 융자집중이 이루어지는 것이 이중구조 형성의 주요 원인이다.

---

35) 篠原三代平, 《産業構造論》, pp.65~68.
36) P. M. Sweezy, "Demand under Conditions of Oligopoly", *Journal of Political Economy*, 47, Aug. 1939 ; R. L. Hall and C. J. Hitch, "Price Theory and Business Behavior", *Oxford Economic Papers*, May. 1939.
37) 篠原三代平, 《産業構造論》, pp.70~72.

임금격차는 그 지불능력의 원천인 노동생산성 격차에 의존하고, 노동생산성은 자본·노동비율(자본집약도)의 격차에 의존한다. 그런데 대기업과 중소기업의 자본집약도의 격차는 대기업에 자본과 융자가 집중하기 때문에 생긴다. 은행의 설비자금 융자가 대기업에 우선적으로 이루어지고, 그것으로 대기업은 새로운 설비를 들여와 대기업과 중소기업 사이에 자본집약도의 격차가 생긴다.

물론 자본(융자)집중이 일본만의 특이한 현상은 아니고 영국이나 미국에서도 일어난 일이다. 그러나 先發 선진경제인 미국이나 영국에서는 기업의 설비투자를 사내유보나 감가상각비 등 자기자본에 크게 의존하고, 기업이 주식시장이나 社債市場에서 직접 설비자금을 조달하였다. 그러나 일본에서는 일반상업은행도 거액의 설비자금을 대기업에 제약 없이 대출함으로써 자본집중과 융자집중을 가져왔고, 그것이 자본집약도의 기업규모별 격차를 이루어 결국은 이중구조의 원인이 되었다.[38]

대기업에 대한 이와 같은 자본(융자)집중은 뒤늦게 경제개발을 시작한 나라가 기술도입으로 대기업 중심의 급속한 경제발전을 이루려는 歷史的 背景에서 일어난다. 이런 측면을 무시하고 노동시장이나 생산물시장 등 불완전 경쟁시장에 대한 일반적 분석만으로는 이중구조의 형성요인을 깊이 있게 검토하기 어렵다.

즉, 자본이 집중되어 생산물시장이나 노동시장이 완전하면 이중구조는 이루어지지 않을 수 있다는 견해는, 이중구조 형성이 지니는 역사적 단계와 그 관련성을 잃은 형식적 분석이 아닐 수 없다. 이중구조 형성에 대한 이와 같은 歷史的 觀點을 잃지 않으면서 노동시장, 생산물시장과 자본시장 등 세 시장에 대한 세 국면 분석을 결합하여 이중구조를 종합적으로 이해하는 것이 필요하다[39]는 것이다.

앞서 이중구조의 연속적 경사적 격차를 일본경제의 발전과정상의 특징, 즉 일본경제의 성장과 순환과정에서 이중구조의 역할이라는 관점에서 파악했었다. 뒤늦게 경제개발을 시작한 경제에서 급속한 경제발전으로 선진경제를 따라잡기(catch-up) 위해 대기업 중심의 성장과 자본(융자)집중이 불가피했다. 즉 이중구조 형성에 대한 역사적 배경과 역사적 관점에서 자본집중요인은 특히 중요하다.

4. 이중구조의 역할과 정책인식

경제성장과 순환과정에서 이중구조의 역할은 다음과 같이 설명할 수 있다.

---

38) 위의 책, pp.69~70.
39) 綜合的 理解方式은 山中篤太郎의 〈分離理解方式에서 綜合的 理解方式으로〉라는 중소기업 분석 방법론을 篠原三代平이 원용한 것이다.(위의 책, p.13)

① 과점과 자본집중은 생산성과 임금격차를 이루는 요인이지만, 결과적으로 대기업과 중소기업의 상호의존적 하청관계의 기초이기 때문에 근대적 영역과 전근대적 영역으로 이루어지는 이중구조는 一體性을 가진다.

② 대기업은 자본집중으로 생산성 증대를 지향하는 반면 중소영세기업은 고용흡수적 특징을 지니고 있어서, 대기업 중심의 고도성장과정에서 일어날 수 있는 상대적 과잉인구 현상인 잠재실업문제를 완화시켜 준다. 즉 사회적 긴장의 완화가능성을 이중구조의 저변이 담당한다.

③ 대기업 중심의 성장과정에서 끊임없이 전근대적 영역의 재생산 기초, 즉 상대적 과잉인구 창출로 저임금 노동력을 공급하여 중소기업 존립의 기초를 제공한다. 이것이 또한 대기업성장의 기초가 된다는 의미에서 이중구조의 構造觀이 형성되는데 이것도 성장과정에서 이중구조의 역할이다.

④ 一重構造論에서는 근대적인 조직은 처음부터 전근대적인 영역을 기반으로 존립할 수 있고, 그 발전과정은 끊임없이 전근대적 영역을 재생산하는 가운데 양자는 상호의존적인 밀접한 관계를 지닌 표리일체의 一重의 구조이며, 하나의 유기체를 이룬다고 보았다. 그 가운데 두 부문의 대조가 심화되지만, 그것이 일본경제 성장의 메커니즘이 된다.

⑤ 마르크스경제학에서 이중구조를 독점자본을 정점으로 이것이 주도권을 행사하는 국민경제의 피라미드형 계층적 구조라고 규정한 것은 자본축적의 측면에서 이중구조의 역할을 지적한 것이다. 대기업을 정점으로 하는 계층구성에서 중소자본과 영세경영을 위에서부터 아래로 지배 수탈하는 잉여가치 수탈구조가 이중구조이며, 이는 자본운동법칙에서 이중구조가 잉여가치를 수취, 축적하는 기구의 역할을 하는 것이다.

이때 이중구조의 저변인 중소영세기업은 저생산성, 저임금, 경영난과 열악한 노동조건 등 자본주의 전개과정에서 형성된 國民經濟的 矛盾의 문제를 지니고 있다. 그렇지만 이중구조 안에 있는 중소기업은 국민경제의 성장 순환과정에서 중요한 요인이며, 큰 역할을 하고 있다. 여기에 국민경제적 모순인 중소기업 문제에 대한 政策認識의 당위성이 있다. 이를 구체적으로 살피면 다음과 같다.

① 이중구조에서 소득격차와 임금격차의 확대는 사회적 긴장을 확대시키는 문제점이 있다. 그런데 이 隔差問題의 근거가 바로 전근대영역의 질적 후진성에 있다고 보기 때문에 이 부문에 대한 특별한 고려와 적극적 정책의 필요한데, 그것은 中小企業 近代化政策으로 이어졌다.

② 이중구조를 이루는 대기업과 중소기업은 상호보완관계적 일체성을 지니고 있는

데, 대기업에서 기술혁신의 진행과 국민경제의 고도성장과정에 중소기업의 기술
이 적응하지 못한다고 이해할 수 있다. 그 결과 경제성장 과정이 제약받고 있으
므로, 이를 극복하기 위해서는 전근대부문인 중소영세기업에 대한 적극적 정책
이 필요하다고 보는 것이다.[40]

③ 그러나 국민경제적 모순의 대상인 중소기업을 전면적으로 도산시켜서 이중구조
를 단기간에 해소하는 것은 오히려 경제의 성장과 발전을 어렵게 하고 경제적 혼
란과 사회적 불안을 일으킬 수 있다. 따라서 점진적인 도산과 신설(scrap and
build) 과정이 필요하다.

④ 지나치게 대기업 중심의 성장을 촉진하면 이중구조는 오히려 강화되고 중소기업
문제는 더욱 심각해지는 모순이 발생한다. 따라서 대기업 중심의 경제성장의 기
반이 되는 중소영세기업을 보완적으로 병행 발전시키는 것이 필요하다는 것이
정책인식의 기본이다.

결국 중소영세기업은 비합리성을 지니지만 그것의 경제성장 발전에서의 역할론,
즉 중소영세기업은 중요하고 불가결한 요인이라고 보는 견해가 서로 결합해 있는 것
이 이중구조의 역할과 그에 대한 정책인식이다.

제5절 이중구조의 정치경제학적 해석

1. 이중구조의 정치경제학적 성격

자본주의적 축적의 일반법칙을 관철하는 과정에서 나오는 구조적 모순인 중소기
업 문제가 뒤늦게 경제개발을 시작한 국민경제에서 특수한 성격을 지니게 된다는 인
식아래 나온 것이 '二重構造論'이다.

앞서 '一重構造論'에서 밝혔듯이 정치경제학에서 이중구조라는 것은 독점자본을
정점으로 하여, 이것이 주도권을 행사하는 국민경제의 피라미드형의 계층적 구조를
말한다. 대기업을 정점으로 하는 계층구성이 중소자본과 영세경영을 위에서 아래로
일관되게 지배 수탈하는 관계, 그리고 이러한 메커니즘을 통하여 자본과 노동을 포함
하여 잉여가치를 수탈하는 구조를 이중구조라고 본다.

그런데 후발 후진자본주의에서는 일본의 예에서 볼 수 있듯이, 위로부터 특권적

---

40) 川口弘, 〈二つの日本經濟論〉, 川口弘·篠原三代平·長洲一二·宮澤健一·伊東光晴 著, 《日本經濟の
基礎構造》, 日本經濟の現狀と課題, 第1輯, 春秋社, 1969, p.7.

으로 창설된 대공업의 급속한 축적을 바탕으로 자본을 축적하는 특수성 속에서 이중구조가 작용한다. 특권적 대공업의 발전으로 생겨난 독점자본은 그 寄生的 성격이 더욱 강하여 전근대적요소(중소영세기업을 포함)까지 포괄하여 자본축적의 대상으로 삼는다. 그 결과 독점자본과 이들 전근대적 요소 사이에 특수한 성격의 구조적 모순이 생겨나는데 그것이 이중구조이다.

선진자본주의와는 달리, 후발자본주의(독일, 일본, 러시아 등)와 식민지 및 저개발국에서는 외부의 힘으로 자본주의가 이루어졌다. 그 결과 선진국의 外壓 때문에 전근대적 전통적 요인과 결부해서 분업관계의 왜곡을 고착화하고, 산업구조상의 왜곡을 지속적으로 유지하는 특수한 구조의 자본주의를 체제로서 정착시켰다.[41]

특수한 구조의 후진자본주의에서는 대체로 그 발전과정에서 특권적 대공업의 불균형적 축적을 바탕으로 독점자본주의가 성립한다. 이러한 자본주의는 근대성과 전근대성이 공존하면서 구조적 모순을 내포하게 되는데 그것이 이중구조이다. 그 특징을 보면

① 근대적 영역은 전근대적 영역을 기반으로 처음부터 존립할 뿐만 아니라 그 발전과정에서 반드시 전근대적 영역을 재생산하는 상호의존적 결합관계에 있으며, 그것은 하나의 유기체를 이룬다는, 이른바 一重構造論이 나오기도 한다.

② 근대적 영역은 전근대적 영역의 수탈 위에 존립하고 발전하는 기본적 관계를 지닌다. 그러나 후자의 전근대성 내지 발전의 정체가 부분적으로는 전자의 발전을 제약하는 모순된 관계를 지닌다.

③ 이중구조의 정점(근대, 독점부문)과 저변(전근대, 비독점)은 상호의존과 상호보완의 필연적 관계에 있으면서도, 전자의 발전이 후자의 상대적 정체를 가져오는 불가분의 관계에 있다.

④ 따라서 이중구조에서 문제가 생기는 것은 저변 자체의 내부이기도 하지만, 주로 정점의 급속한 근대화와 발전, 즉 근대부문과 대기업분야가 그 진원지이다.

⑤ 이런 의미에서 일본 등 뒤늦게 경제개발을 시작한 경제는 경제발전이라는 하나의 논리 속에 두 가지 측면의 발현형태가 만들어졌는데 이것이 이중구조이며, 따라서 '構造論'이 형성될 수 있다.[42]

2. 자본주의 전개의 특수성과 이중구조

---

41) 大塚久雄 編, 《後進資本主義の展開過程》, アジア經濟研究所, 1973, p.10. 이런 국민경제를 후진자본주의라고 하였다.

42) 長洲一二, 〈二重構造の考え方〉, 《日本經濟の基礎構造》, pp.124~125.

二重構造問題를 자본주의 전개의 특수성 분석으로부터 해명하려는 시각이 있다.[43] 이중구조를 후발선진자본주의, 특히 일본자본주의의 특수성으로 규정하려는 것이 그것이다.

일본자본주의 논쟁에서 나온 일반성과 특수성의 문제와 관련하여 이중구조문제를 다루었다. 이중구조는 일본자본주의의 특수한 형태이며, 급속한 성장의 조건과 메커니즘 속에서 생겨난 것이라는 전제 아래, 일반성 및 특수성과 관련하여 다음과 같이 말한다.

원래 일반법칙은 일반적, 본질적, 추상적인 것이어서 그대로 나타나는 것은 아니다. 그것의 구체화와 현실적 관철은 특수한 형태를 취하면서 진행된다. 반대로 특수형태는 일반법칙의 구체화라는 모습으로 처음부터 존재한다. 일반법칙은 특수형태라는 옷을 입고 발현하며, 특수형태는 일반법칙의 전개를 통하여 나타난다.[44]

이러한 자본주의 발전의 근본법칙은 어떠한 자본주의를 막론하고 그것이 자본주의인 한 필연적으로 받아들여진다. 다만 여러 나라의 역사적 조건에 따라 그 관철형태가 특수성을 일으킨다. 따라서 이중구조는 자본주의 발전의 일반법칙의 전개를 바탕으로 살펴야 한다고 보았다.

이렇게 볼 때 일본에서 논의하는 이중구조는 어디까지나 일본 자본주의 발전의 形態論이며, 자본주의 발전의 일반법칙이 일본(또는 기타 후진자본주의)이라는 특정한 나라의 역사적 조건에서 관철되고 현실화하는 형태를 규명하는 것이다. 여기서 결국 발전법칙의 특수한 형태가 문제가 된다.[45]

일반법칙이 특정한 자본주의에서 받아들여지고 구체화해서 이중구조를 이루는데는 두 개의 논리가 필요한데, 이것의 상호작용이 특수성 분석의 기본시각이 된다.

① 봉쇄체제(closed system)에서 자본주의 일반의 발전법칙을 구체화하는 것과, 개방체제(open system)에서 세계자본주의의 발전법칙을 구체화하는 것이 그것이다.

② 이때 전자는 자본주의적 생산력과 생산관계가 한 사회의 내부에서 성숙하고 재생산하여 일반적으로 본원적 축적, 산업혁명, 독점으로 이행하는 관계로 발전해 가는 과정의 일반법칙을 말한다.

---

43) 山田盛太郎의 분석을 집약한 伊東光晴의 〈二つの學說は經濟をとう見するか〉,《中央公論》, 1961년 8월호, p.330 참조.

44) 長洲一二, 〈二重構造分析の方法論〉, 伊東光晴 執筆 編集,《日本經濟分析の再檢討》, 廣文社, 1966, pp.44~45.

45) 위의 글, 위의 책, pp.45~46.

③ 이에 반해 후자는 특정의 자본주의가 여러 자본주의 국가를 이루는 세계자본주의 체제로 편입해, 거기서 상호규정을 받으면서 발전해 가는 과정의 일반논리이다.[46]

④ 이때 한 나라 자본주의의 특수성은 개방체제에서 세계자본주의의 발전법칙이 관철되는 가운데 생겨난다. 즉 자본주의의 발전 → 세계시장 형성의 필연성 → 세계자본주의의 체제 필연성 → 여러 자본주의의 상호규정과 적응 → 각 나라 자본주의의 여러 요인의 특수성과 발전단계의 시간적 차이 → 자본주의의 不均等한 發展이라는 일련의 연쇄적 과정 속에서 개방체제 아래에서 자본주의 발전법칙이 구체적으로 전개된다.

⑤ 이 발전법칙을 기초로 하여 봉쇄체제의 네 가지 요인(기술, 노동, 자본, 시장)과 세 단계(본원적 축적, 산업혁명, 독점형성)의 경과가 구체적 형태를 취한다. 이것이 여러 나라 자본주의의 특수성 문제이며, 이중구조도 이와 같은 시각에서 규정할 수 있다.[47]

결국 한 나라 자본주의의 특수한 형태는, 한편에서 자본주의 일반의 발전법칙에 기초하여 그 나라 내부의 內生的 조건의 성숙도와, 다른 한편에서는 세계자본주의의 발전법칙에 기초한 그 나라의 역사적인 국제적 환경이라는 두 가지 요인으로 결정된다. 내생적 요인이 충분히 성숙하지 못한 상태에서 뒤늦게 경제개발을 시작한 나라는 급속한 산업혁명을 이루면서 독점단계에 있는 서구자본주의를 따라가야 했다.

즉, 그들이 접한 세계자본주의라는 환경은 일본 등 후진 후발자본주의의 전개를 결정하는 조건이 되었다. 원시적 축적과정과 산업혁명을 단기간에 빠른 속도로 이루는 과정에서 특수성과 이중구조문제가 나왔다.

3. 개방체제 아래 이중구조의 형성

일본의 경우 개방체제 아래 이중구조는 ① 구미 선진경제에서 수입한 근대적 생산기술과 零細農으로부터 끊임없이 유출되는 과잉인구, 농민으로부터 자금을 흡수하고 인플레 정책으로 자본을 조달한다는 세 가지 요인 위에서, ② 특권적 독점자본 중심으로, ③ '밖으로부터의 영향'과 ④ '위로부터의 보호' 아래 급속히 경제발전을 추진하면서 성립한 것으로 보았다.

그 결과 근대적인 것과 전근대적인 것, 국내적(일본적)인 것과 국외적(일본외적)인 것의 동거상태가 생겨났다. 농촌에서는 대지주의 지배와 전근대적인 영세농민, 도

---

46) 위의 글, 위의 책, pp.48, 49.
47) 위의 글, 위의 책, p.53.

시에서는 독점자본과 방대한 예속적 중소기업 사이의 단층과 대립이라는 특수성(이 중구조)이 나왔다. 그 과정을 집약하면 다음과 같다.

① 일본자본주의는 급속한 발전에도 불구하고 전반적인 생활수준을 올리거나 근대 적인 노동력을 폭넓게 만들지는 못하였다. 오히려 가난한 생활과 전근대적인 저 임금 노동력을 끊임없이 재생산하였고, 그것이 만성적 과잉인구를 창출하여 노 동시장의 근대화를 방해하였다. 이때 저임금 노동력은 뒤떨어진 중소영세기업의 존속기반이 되었다.

② 자본 면에서 독점적 대기업은 사회의 자금을 스스로에게 집중시켜 그것으로 발 전하고 확대하면서 근대화하였다. 이들은 중소기업을 예속화시켰는데 중소기업 은 독점자본과의 하청적 보완관계에 편입되어 그 발전을 뒷받침하였다. 중소기 업은 자본축적의 기회에서 소외되고, 그것은 중소기업의 낮은 기술과 낮은 생산 성의 원인이 되었으며, 값싼 노동력으로 이를 극복하면서 존속하였다.

③ 뒤늦게 출발한 일본자본주의는 ㈀ 대기업 중심으로, ㈁ 밖의 근대기술과, ㈂ 위 (국가와 은행)로부터의 특권적 작용에 의존하고, ㈃ 아래(중소기업과 노동자)에 불이익을 전가하면서 자본주의적 근대화와 발전을 수행하였다. 결국 대기업(독 점자본) 중심의 발전은 이중구조의 기초 위에서 가능하였으며, 또한 그 급속한 발전은 이중구조를 조성하면서 유지 확대되었다.

④ 이중구조는, 한편에서는 대기업 중심의 자본축적과 발전이 이루어지면서도, 반 면에 넘치는 저임금 노동력을 기반으로 뒤떨어진 중소영세기업이 존속한다는 두 가지 측면으로 그 특성을 집약할 수 있다. 결국 일본자본주의 발전이라는 하나의 논리 속에 정점의 발전과 저변의 정체라는 두 가지 측면이 발현된 형태가 이중구 조이다.[48]

개방체제에서 뒤늦게 경제개발을 시작한 국민경제가 선진경제를 따라잡기 위해 급속한 발전을 추구하면서

① 자본에서는 만성적 부족과 자기자본 축적의 불충분이 일어났고,

② 노동에서는 계급분화의 왜곡과 상대적 과잉인구가 생겨났으며,

③ 기술에서는 전통적 기술과 근대적 輸入技術이 괴리를 일으켰고,

④ 시장 여건이 성숙하지 않은 상태에서 중화학공업과 양산체제로 이행을 서둘렀다.

이를 극복하면서 급속한 경제발전을 이루기 위하여

① 자본의 부족을 은행독점과 국가의 힘으로 보충하고(위에 의존)

---

48) 川口弘, 〈二つの日本經濟論〉, 《日本經濟の基礎構造》, pp.52~54.

② 기술의 미성숙을 선진외국에 의존하여 보완하며(밖에 의존)

③ 과잉 저임금 노동력을 이용하는 한편(아래에 의존)

④ 산업구조의 시장적 취약성을 보충하려고 제국주의적 진출을 시도하였다(옆으로의 침략)

이와 같은 방법으로 경제발전을 통한 급속한 선진경제 따라잡기를 지속하였다.[49] 이것이 개방체제에서 이중구조를 이룬 근본원인이며, 일본자본주의(후발 후진자본주의)의 특수성이 생겨난 과정이다. 이로써 일본에서 자본주의 발전의 일반법칙이 관철되었는데, 이를 구체화시킨 형태가 이중구조라고 보았다.

이중구조는 자본주의 발전의 근본법칙, 즉 자본주의의 기본적 모순과 그 전개의 관철형태이다. 한 나라 자본주의 전개과정에서 자본과 노동 사이에 만들어진 모순의 특수한 형태에 지나지 않는다.

특히 독점자본 단계에서는 산업자본 단계에서 나타나지 않았던 다양한 종속적 모순이 일어난다. 독점자본이 독점이윤의 수탈을 늘리기 위하여 그 대상을 확대하기 때문이다. 독점은 수탈의 대상을 비독점부문의 자본가, 노동자, 농민과 수공업자 등의 소상품 생산자, 일반주민, 나아가 독점이 지배할 수 있는 후진국의 자본가, 노동자와 일반주민에까지 그 범위를 확대한다. 그 과정에서 기본적 모순이 특수한 형태로 이루어지는 다양한 종속적 모순이 일어난다.

이중구조는 후발 후진자본국에서 자본주의 특수성의 집중적 표현이다. 독점자본 단계에서 독점의 피수탈대상 가운데, 비독점자본과 맺는 수탈관계라는 성격에 이중구조의 본질이 있다. 즉, 이중구조는 자본주의 발전의 일반적 법칙의 구체적 관철형태이며, 기본적 모순을 바탕으로 일어나는 모순의 특수한 형태인 종속적 모순이라는 것이 이중구조에 대한 정치경제학적 해설의 기초이다.

---

49) 長洲一二, 〈二重構造分析の方法論〉, 伊東光晴 執筆 編集, 앞의 책, pp.57~58.

제12장 중소기업 문제의 정치경제학적 해석[1]
- 마르크스경제학의 중소기업 이론 -

제1절 중소기업 문제와 그 정치경제학적 시각

1. 중소기업 문제와 산업구조상의 모순

중소기업 문제를 정치경제학적으로 해석하는 것은 자본주의 발전과정에서 생겨나는 構造的 矛盾인 중소기업 문제를 해명하는 것이다. 이에 대한 이론의 기원은 마르크스(K. Marx)의 《자본론》(1867년)에 있지만, 중소기업 이론의 흐름에서는 홉슨(J. A. Hobson)이 비로소 문제를 제기하였다.

홉슨은 중소기업의 형태를 '진정한 잔존'과 '종속적 잔존'으로 구분하고, 후자가 경제적으로 '불합리한 이유'를 바탕으로 잔존하는 것으로 보았다. 종속적 잔존의 대상은 진정한 자주독립성(real autonomy)이 침식당한 소기업으로서,

① 소규모의 수공업 및 가내공업 등 노동착취적 기업(sweating business)

② 대공장이나 대상사 등 중간상인에 종속해 있는 작업장(servile workshop)

③ 저임금, 장시간 노동 등 노동착취제도(sweating system)에 의존하여 잔존하는 소규모의 종속적 작업장(small tied workshop) 등을 들었다.[2]

종속적 잔존 계층에 속하는 소기업에 대한 연구는 진정한 잔존의 소기업연구에 묻혀서 그 뒤 크게 진전을 보지 못하였다. 이들 소기업이 잔존하는 불합리한 이유는 대공장이나 중간상인이 소기업을 지배하는 데서 오는 소기업의 진정한 자주성의 상실과 착취적 요인의 작용이다. 즉 지배적 경제제도인 대공장이나 중간상인과 종속적 위치에 있는 소기업 사이에서 생겨나는 '소기업 문제'인 것이다. 이 소기업 문제는 다름 아닌 모순인데, 이것을 해명하는 것이 정치경제학[3]적으로 중소기업 문제를 해명하

---

1) 제3장 3절에서 요약 설명하고 있음.

2) J. A. Hobson, *The Industrial System, An Inquiry to Earned and Unearned Income*, London, Longmans, Green & Co, 1909, Rep. of Economic Classics, New York, A. M. Kelley, 1969, pp.187, 190.

3) 정치경제학은 부르주아 경제학의 체계 안에서 근대경제학과 이론논쟁을 지속하면서 전개된 리카르도적 정치경제학(Ricardian political economy)과 마르크스(K. Marx)에 의한 과학적인 프롤레타리아 정치경제학의 두 흐름으로 분류할 수 있다. 오늘날 정치경제학의 주된 흐름은 후자이며, 여기서 중소기업 문제에 접근하는 방법도 주로 마르크스경제학의 개념에 기초를 두고 있다.

는 과제이다.

정치경제학적 시각에서는 중소기업 문제는 자본주의 발전과정에서 일어나는 '산업구조의 모순'이며 자본의 운동법칙이 가져오는 하나의 모순이라고 규정한다.[4] 이 때 산업구조는 자본과 노동이 그 안에서 움직이는 틀(구조)을 말한다.

산업구조 안에서는 ① 자본과 노동, ② 상인자본과 수공업 및 가내공업, ③ 대자본과 소자본, ④ 독점자본과 비독점자본인 중소자본, ⑤ 외국자본과 민족자본 등이 상호관계를 맺으면서 작용하고 운동한다. 이들은 상호협동 의존관계를 맺기도 한다. 그러나 산업구조 안에서 자본과 노동이 운동하는 과정에서 가치배분을 둘러싼 갈등과 대립이 일어나면서 생산관계적 모순이 생겨나는데, 그 가운데 하나가 중소기업 문제이다.

특히 지배적 경제제도(대기업 또는 독점기업)가 종속적 경제제도(소기업 또는 중소기업)를 지배 수탈하는 과정에서 나오는 모순이 중소기업 문제의 기본이 되는데, 이것을 해명하는 것이 정치경제학적 중소기업 이론의 과제이다. 앞에서 우리는 산업구조 안에서 작용하는 요인의 구체적 형태와 관계를 다섯 가지로 나누어 제시하였다.

이 가운데 ①, 즉 자본과 노동 사이에 생겨나는 갈등을 기본적 모순이라고 하고 ②③④⑤에서의 대립관계를 종속적 모순(또는 부차적 모순)이라고 한다.

정치경제학적으로 중소기업 문제를 해명하는 것은 자본주의 발전과정 또는 산업구조의 고도화과정[5]에서 나오는 기본적 모순과 종속적 모순을 분석 연구하는 것이므로 중소기업 이론은 경제학이론의 열외가 아닌[6] 주요한 부문이 된다.

2. 중소기업 문제의 정치경제학적 시각

1) 정치경제학의 주제

정치경제학의 주제는 다음과 같이 설명할 수 있다.

첫째, 정치경제학은 생산의 기술적 측면(이것은 자연과학과 기술과학의 주제이다)보다는 사회적 측면을 연구한다. 즉 정치경제학은 물질적 생산만을 연구하는 것이

---

4) 伊東岱吉, 〈中小工業問題の本質〉, 藤田敬三·伊東岱吉 編, 《中小工業の本質》, 中小企業叢書Ⅰ, 有斐閣, 1960, p.29.

5) 중소기업 문제는 산업구조상의 모순이며, 또한 자본주의 발전과 이에 수반되는 산업구조의 '고도화'과정에서 생기는 모순의 하나이기 때문에, 그것은 '歷史的'이라고 규정되고 있다.(위의 글, p.29)

6) 中村秀一郎, 〈獨占資本主義の構造と中小企業問題〉, 楫西光速·岩尾裕純·小林義雄·伊東岱吉 編, 《講座 中小企業 2》(獨占資本と中小企業), 有斐閣, 1968, p.23.

아니라, 생산에 관계하는 사람들 사이의 사회적 관계와, 분배, 교환, 소비의 관계를 포함하는 생산의 사회적 체계를 연구한다.

둘째, 정치경제학은 생산력의 발전과 밀접하게 연관되어 상호작용 하는 생산관계를 연구한다. 정치경제학은 기술적 측면에서 생산력을 연구하는 것이 아니라, 생산관계와 생산력의 통일성과 상호작용이 통일적으로 표현된 것, 즉 생산양식 속에서 생산력의 위치를 연구한다.

셋째, 정치경제학은 생산관계를 생산력과의 상호작용에서뿐만 아니라 생산양식을 토대로 하여 위치가 정해지는 上部構造와 함께 연구한다. 상부구조는 경제적 토대(下部構造)에 따라 규정되지만, 경제적 토대의 발전을 가속화하거나 완만하게 함으로써 그 토대에 상호 영향력을 발휘한다.

넷째, 정치경제학은 歷史科學이다. 그것은 끊임없이 발전하는 사회를 다루며, 한 생산형태에서 다른 생산형태로 나아가는 移行法則을 설명한다. 자본주의와 인간이 인간을 지배하는 데 기초를 둔 사회의 대립적 생산관계의 출현과 발전을 사회의 전개과정 속에서 검토한다. 이는 경제사회의 모순과 대립적 생산관계를 역사의 흐름 속에서 연구하는 것을 말한다.

결국 정치경제학의 주제는 역사적으로 연속하고 있는 생산관계, 즉 사람과 사람 사이의 경제관계가 그 바탕이 된다. 그것은 발전단계에 따라 다른 모습을 갖는다. 따라서 서로 다른 발전단계와 사회에서 物質的 價値의 생산, 분배, 교환, 소비를 지배하는 경제적 법칙을 생산관계적 바탕에서 연구하는 것이 정치경제학의 주제이다.

정치경제학의 이러한 기본적 시각은 중소기업 이론의 정치경제학적 전개에 반영되는데, 그것을 정리하면 다음과 같다.

2) 생산력과 생산관계적 시각

마르크스는 사회발전의 궁극적 요인을 물질적 생산력에서 찾았고 사회의 물질적 생산력이 발전하면서 그에 맞는 생산관계가 성립한다고 보았다. 이때 생산력과 생산관계의 존재방식을 통일적으로 표현한 개념이 생산양식이며, 생산양식의 총체가 사회의 경제구조(하부구조)가 되고 사회의 실질적 토대가 된다. 이 토대 위에 법률이나 정치와 같은 상부구조가 서게 되며, 여기에 맞는 특정한 의식형태가 생겨나서 이를 구성한 것이 經濟的 社會構成體라고 본 것이 마르크스의 체계였다. 여기서 기본이 되는 것은 생산력과 생산관계인데, 그 특성으로부터 우리는 중소기업 문제에 대한 시각을 정리할 수 있다.

생산력은 인간과 자연의 관계, 즉 인간이 가치증식을 위하여 자연에 가하는 물리적 힘을 말한다. 구체적인 생산과정에서는 인간의 노동력과 생산수단의 상호의존적 결합으로 실현된다.

이에 비해 생산관계는 인간과 인간의 관계이다. 즉 생산과정이나 창출된 가치의 분배과정에서 성립되는 노동자(노동력의 소유자)와 자본가(생산수단의 소유자) 관계로서, 갈등과 대립의 성격을 지닌다.

생산력과 생산관계의 이러한 기본적 특성에서 다음과 같은 시각이 나온다.

첫째, 생산력적 시각은 使用價値 중심의 시각이며, 생산관계적 시각은 剩餘價値 중심의 시각이다. 따라서 전자는 구체적 유용노동(사적 성격)을, 후자는 추상적 인간 노동(사회적 성격)을 문제로 하는데, 각각 노동과정, 가치형성 및 가치증식과정의 고찰에서 형성된다.

둘째, 사용가치적 시각은 等價交換을, 잉여가치적 시각은 不等價交換의 과정을 전제로 한다. 생산력의 발휘과정에서는 '가치대로'의 법칙이 작용하지만, 실현한 가치의 분배과정에서는 잉여가치축적을 위한 부등가교환이 이루어진다.

셋째, 자본과 노동, 또는 자본과 자본의 관계를 생산력적 시각에서 보면 相互依存關係(협동관계)가 되고, 생산관계의 시각에서 보면 支配從屬關係(착취, 대립관계)가 된다. 이것은 전자는 物的 관계의 시각임에 반해, 후자는 人的 관계(계급관계)의 시각이기 때문이다.[7]

넷째, 자본주의가 산업자본 단계에서 독점자본 단계가 되면서 중소기업 문제는 생산관계적 측면을 그 본질로 하면서도 그 안에 생산력적 측면을 포함하는 가운데, 대립과 의존이라는 상반되는 측면을 통일하는, 즉 '대립관계 속의 상호의존관계' 또는 '상호의존성 속의 대립관계'라는 경향을 갖는다.

다섯째, 이것은 일정한 사회적 관계가 '領域的 본질과 歷史的 段階的 본질'[8]이라는 두 가지 측면을 지니기 때문이다. 독점자본 단계에서 독점과 중소기업의 관계는 지배종속과 대립관계만이 아니라 상호의존적 측면을 포함하게 된다. 독점기업은 중소기업을 단순한 대립물이라고 보는 시각에서 벗어나, 그것을 對立과 依存의 모순된 관계로 보는 경향이 강해졌다. 즉 대립(생산관계적 측면)을 끝까지 그 안에 포함하면서도 외형적으로는 상호의존(생산력적 측면)하는 것으로서, 실질적으로 독점은 중소기

---

7) 末岡俊二, 《中小企業の理論的 分析－中小企業成長論批判》, 文眞堂, 1974, pp.8~9.
8) 자본주의 생산 일반은 영역적 본질에 속하며, 성립기의 자본주의, 산업자본 단계, 독점자본 단계의 자본재 생산 등은 역사적 단계적 본질에 속하다.(松井辰之助, 〈中小企業の本質とその存在形態－存在形態における領域的本質と歷史的本質との二重性を中心として〉, 藤田敬三·伊東垈吉 編, 앞의 책, p.240.

업에 의존하면서 자기를 보존하는 것이다.[9]

3) 일반성과 특수성의 문제

경제학을 포함한 사회과학의 책무는 그 사회가 안고 있는 矛盾關係를 해명하는 것이다. 사회적 모순관계를 보편적 발전법칙에 따라 해명하려는 시각이 있는가 하면, 그것의 구체성에 집착하여 분석하려는 시각도 있다. 이것이 역사인식에서 일반성과 특수성의 문제이다.

중소기업 문제는 자본주의 발전과정에서 일어나는 산업구조의 모순이며, 자본의 운동법칙이 가져오는 하나의 모순으로 규정할 수 있기 때문에, 그것의 해명이 중소기업 이론으로 실현하는 한, 거기에는 일반성과 특수성에 따른 시각이 내재하기 마련이다.

일반성과 특수성의 문제는 사회적 모순관계의 해명에서 일반법칙과, 그것의 관철 형태와의 관계를 의미한다. 전자는 일반법칙의 관철, 즉 法則性을 존중하는 반면, 후자는 특수성을 해명하여 일반법칙의 전개를 분석하려는 입장이다. 그러나 일반법칙은 본질적 추상적이며, 그것의 구체적 현실적 관철은 특수한 형태와 나누어 실현할 수는 없는 것이다. 반면에 특수한 형태는 일반법칙의 구체화로서 비로소 존재한다. 즉 일반법칙(일반성)은 특수형태(특수성)라는 옷을 입지 않고는 나올 수 없고, 특수형태는 일반법칙 전개의 기초로서만 존재할 수 있다.[10]

일반성과 특수성은 이처럼 관련이 있지만 자본주의 전개과정의 모순관계를 해명하는 데는 차이가 있는데, 日本資本主義論爭[11]에서 나온 일반성과 특수성의 문제가 그것이다. 자본주의 분석에서 특수부문을 강조하여 특수성의 분석에서 시작하는 방법과 공통부문을 강조하여 일반법칙이 어떻게 자본주의 발전과 이어지는지를 분석하는 것은 현실적 분석방법으로서 차이가 있으며, 이질적이다.

중소기업 문제는 자본주의 발전과정에서 나오는 일반적 문제(일반성의 입장)이면서도, 한 나라 자본주의의 특수한 문제(특수성의 입장)이기도 하다. 전자는 자본주의가 산업자본 단계에서 독점자본 단계로, 다시 국가독점자본주의로 변화하면서 나타나는 구조적 모순 가운데 하나인 중소기업 문제를 해명하는 것을 주된 내용으로 한다.

---

9) 위의 글, 위의 책, pp.236~237.

10) 長州一二, 〈二重構造分析の方法論〉, 伊東光晴 執筆 編集, 《日本經濟分析の再檢討》, 廣文社, 1966, pp.47~48.

11) 일본자본주의 논쟁은 일반성을 주장하는 勞農派(1927년 2월에 창간된 《勞農》에서 유래)와 특수성을 강조한 講座派(1932~1933년에 간행된 《日本資本主義發達史講座》에서 유래) 사이에, 1927년부터 1937년까지 10년 동안 전개된 논쟁인데, 결국 폭력적으로 종결되었다.

이에 비해 후자는 한 나라 자본주의의 특수한 국민경제적 모순으로서 중소기업 문제를 해명하려는 것이기 때문에, 각 국민경제의 구조 또는 선진경제와 후진경제의 구조적 특성에 따른 중소기업 이론의 형성을 주목한다.

그런데 일반성과 특수성의 문제는 어디까지나 일반법칙과 그것의 관철형태를 검증하는 것을 주제로 하기 때문에, 중소기업 이론도 일반성과 특수성을 통합하는 과정을 거치는데 그 형태는 다음과 같다.

첫째, '일반성 속의 특수성'을 중요시하는 시각이다. 이는 일반성을 추구하면서 특수성을 추출하려는 本質論的 접근방법이다. 여기에는 다음과 같은 이론이 있다.

① 오늘날 중소기업 문제는 자본주의의 독점단계의 문제로서, 자본축적의 법칙을 관철하는 과정에서 독점자본의 지배와 중소기업의 피지배(종속)로 생기는 문제이다. 따라서 독점단계에 이른 모든 나라는 이러한 중소기업 문제가 일반성을 지닌다.

② 중소기업은 독점자본과 노동의 結節環 또는 結節点[12]이라고 보는 견해다. 독점단계에서는 '자본의 집적·집중'이 이루어지지만 다른 한편에서는 '자본의 분열·분산'이 생기면서 독점자본과 중소자본은 대립과 의존관계를 맺는데 이것은 바로 자본과 노동의 관계를 기본으로 한다. 독점자본-중소자본-노동의 삼중관계는 생산관계적 측면만이 아닌, 생산력적 측면을 수반하면서 자본축적의 법칙을 받아들인다.

③ 여기에는 노동과의 흐름을 반영하는 중소기업의 存立條件論, 즉 중소기업존립의 객관적 조건을 低賃金勞動으로 보는 주장이 들어간다.

둘째, '특수성 속의 일반성'을 중요시하는 시각이다. 특수성을 강조하면서 한 나라 자본주의의 특수성이 어떻게 일반적 법칙(일반성)으로 이루어지는가 하는 發生史論的 접근이다. 이를 살펴보면 다음과 같다.

① 강좌파의 흐름을 반영하는 중소기업존립형태론이 여기에 들어간다. 예컨대, 일본에서 下請論爭이나 企業系列化論爭[13]을 들 수 있다. 이들 논쟁에서도 생산력적 시각과 생산관계적 시각의 차이가 그 바탕이 되었다.

② 1950년대 후반 이후, 일본의 二重構造論도 여기에 들어간다. 이는 전근대적 중소기업과 영세기업의 폭넓은 존속 위에서 나온 이중구조를 일본자본주의의 특수성으로 보고 그것을 규명하여 '일반성'을 검증하려는 것이었다.

③ 여기서는 독점자본(또는 대기업)과 중소기업을 근대부문과 전근대부문으로 보되, 두 부문 사이에는 임금격차를 바탕으로 한 지배 종속관계라는 생산관계적 측면과

---

12) 伊東垈吉, 앞의 글, 藤田敬三·伊東垈吉 編, 앞의 책, p.70.

13) 小宮山琢二와 藤田敬三 사이의 논쟁(하청논쟁) 및 藤田敬三과 小林義雄 사이의 계열화 논쟁이 그것이다.(제13장 4절 및 5절 참조)

함께 전근대부문의 근대화(중소기업의 근대화)라는 생산력적 측면이 상호 대립, 의존적으로 결합해 있다고 본다.[14]

4) 정태적 시각과 동태적 시각

자본주의가 자유경쟁을 기반으로 했던 산업자본주의에서 독점이 지배적인 독점자본주의가 되면서 중소기업 문제는 그 형태를 달리할 수밖에 없다. 산업자본 단계에서 대기업은 주로 중소기업을 경쟁으로 축출하고 이러한 경향이 집중화로 발전하였지만, 독점자본 단계에서 독점자본은 중소기업을 일방적으로 구축 도태시키지 않는다.

독점자본은 중소기업을 잔존 이용하는 모순적 과정 속에서 자본을 축적한다. 즉 자본의 집적·집중을 기본방향으로 하면서도, 자본의 분열·분산이라는 반대방향과 함께 독점의 자본축적이 이루어진다.

독점자본 단계의 이러한 축적양식과 모순의 전개를 독점자본의 '의도와 필요성'과 독점력만으로 해명하는 시각이 정태적 시각이다. 여기서는 독점자본주의에서 자본의 집적·집중법칙의 예외(독점단계의 자본축적의 특수성)를 주장하면서 독점자본주의 구조가 독점기업을 정점으로 하는 피라미드체제라는 점을 강조한다.

이를 비판하는 동태적 시각[15]은 다음과 같다.

첫째, 중소기업의 도산·구축과 신생·잔존이라는 모순적 과정은 자본의 집적·집중이 일어나는 하나의 형태이다. 소자본의 잔존과 불균등한 발전은 과도적 특성일 뿐이다.

둘째, 자본주의적 생산이 지니는 구조적 모순인 중소기업 문제는 산업자본주의에서 독점자본주의로 전개되는 과정에서도 일관성 있게 파악해야 한다. 자유경쟁의 기반 위에서 독점이 이루어져 산업자본주의에서 독점자본주의가 나왔다. 이때 독점은 자유경쟁을 배제하지 않고, 그 위에 나란히 존재하면서 기본적 모순과 수많은 종속적 모순을 만들었다. 따라서 독점자본 단계의 종속적 모순인 중소기업 문제는 자본주의 생산 속에서 통일적으로 이해해야 한다.

셋째, 자유경쟁이 지배적이었던 산업자본주의 생산에서 자본의 집적·집중과 분열·분산의 법칙은 독점자본주의에서도 기본적 법칙으로 작용하는 것으로 보아야 한다. 다만 산업자본 단계에서는 자본의 분열·분산 경향이 소극적 경향을 지녔음에 반해, 독점단계에서는 모순의 심화에 따라 적극적으로 작용한다.

---

14) 末岡俊二, 앞의 책, p.3, 15.

15) 中村秀一郎, 〈獨占資本主義の構造と中小企業問題〉, 楫西光速·岩尾裕純·小林義雄·伊東垈吉 編, 앞의 책, pp.20~21.

넷째, 독점단계에서 중소기업의 신생, 잔존과 이용은 자본주의 발전의 일반적 법칙 가운데서 파악해야 한다. 이것은 독점자본 단계에서 자본축적의 근본법칙에 따르는 가운데 더욱 뚜렷하게 만들어진 종속적 모순일 뿐이다. 따라서 산업자본 단계와 독점자본 단계에 일관된 자본주의적 축적의 일반법칙의 관철형태로 보아야 한다.

다섯째, 자본주의적 축적의 일반법칙에 따르는 가운데 독점단계에서는 독점의 의도와 필요성, 그리고 독점력이 작용할 뿐이다. 따라서 독점단계의 특수성만을 강조하는 것이 아니라, 그것과 자본주의적 축적의 일반법칙이라는 일반성을 조화해서 이해하는 것이 동태적 시각이다.

여섯째, 결국 동태적 시각은 자본축적 법칙과 그에 따라 일어나는 구조적 모순의 해명을 '단절'이 아닌 '연속'의 시각에서, 자본의 집적·집중과 분열·분산 경향을 통일적으로 파악하는 것이다.

제2절 중소기업 문제의 정치경제학적 해석의 기초

1. 중소기업 문제 해석의 기초

1) 자본주의 발전의 근본법칙과 중소기업 문제

자본주의의 구조적 모순인 중소기업 문제는 자본주의 발전의 근본법칙 속에서 해명할 수 있는데, 그것은 마르크스(K. Marx)가 《資本論》(Das Kapital)으로 정립하였다. 剩餘價値 창출의 법칙과 자본주의적 축적의 일반법칙을 주요 내용으로 하여, 자본축적의 법칙이 관철되면서 자본주의가 발전하는데, 이것이 자본주의 발전의 근본법칙이다.

자본주의는 이윤을 위한 생산형태인데, 이윤의 원천은 잉여가치이며 잉여가치는 노동착취에서 나온다. 자본주의 성립, 발전의 기본조건은 잉여가치와 노동착취인데, 이것은 자본가계급이 노동자계급을 착취한다는 기본적 관계를 이룬다. 따라서 자본주의의 기본적 성격은 자본가와 노동자의 생산관계적 대립관계이며, 자본과 노동의 기본적 모순으로 성립한다. 이것이 잉여가치 법칙의 결론이다.

그리고 기본적 모순에 따른 잉여가치의 창출과 함께, 大資本의 小資本 구축, 흡수로 자본주의적 축적의 일반법칙이 관철되면서 자본주의가 발전한다는 것이 《자본론》의 내용이다. 따라서 자본주의 발전은 자본이 집적, 집중하는 가운데, 한편에서는 노동자계급의 궁핍화와 조직적 반항, 그리고 다른 한편에서는 소자본의 구축, 도태라는 기본적 경향을 지닌다.

이와 같은 자본주의 발전의 근본법칙, 즉 잉여가치 창출의 법칙과 자본주의적 축적의 일반법칙이 실현되는 가운데 형성되는 중소기업 문제는 다음과 같다.

① 잉여가치 창출과정에서 기본적 모순은 독점자본과 노동자, 그리고 중소자본과 노동자의 대립적 관계를 이루는데, 여기서는 저임금 기반 등 중소기업 존립의 객관적 조건이 문제가 된다.

② 자본의 집적은 잉여가치가 자본으로 再轉換(자본축적)해 개별자본의 규모를 확대한다. 최저필요 자본량이 늘어나고 자본의 유기적 구성이 고도화하면서, 중소기업사이의 과당경쟁이 일어나고, 저임금 노동이 생겨난다.

③ 자본의 集中은 복수의 개별자본이 단일자본이 되는 것이므로 대자본이 소자본을 구축 도태시킨다. 여기서는 자본과 자본의 대립적 관계, 즉 종속적 모순을 이루는 가운데 자본이 축적된다.

④ 독점자본 단계에서 종속적 모순은 독점자본이 중소기업 잉여가치를 수취하는 것이므로, 독점기업-중소기업-중소기업노동자의 삼중구조 속에서 자본축적의 기반이 다양해진다.

⑤ 자본축적의 법칙은 자본의 집적과 집중을 기본적 경향으로 하면서도, 자본의 분열과 분산이라는 반대경향(부차적 경향)의 제약을 받는다. 이것은 소자본의 구축 도태와, 신설 잔존이 병행하면서 자본축적이 이루어진다는 것을 의미한다.

⑥ 독점자본 단계에서는 자본의 분열, 분산이라는 부차적 경향이 중소기업의 殘存·利用의 문제로 더욱 적극화되어 중층적 축적구조의 분석에 이른다.

2) 독점단계 중소기업 문제 해석의 기초

한편 자본주의 발전의 근본법칙은

① 각 나라의 역사적 조건의 차이에 따라 다른 형태로 나타나면서 각각 자본주의의 특수성(특수한 모순)을 이룬다.

② 산업자본주의에서만이 아니라 獨占資本主義에서도 일관적으로 나타나지만, 그것은 전자에서와는 다른 형태로, 독점자본주의의 독특한 문제(모순)를 일으키는데, 중소기업 문제도 그 한 가지 형태이다.

③ 한 나라 독점자본주의의 특수성 내지 특유의 문제도 기본적으로는 자본주의 발전의 근본법칙의 특수한 형태로 이해해야 한다.

결국 독점단계 중소기업 문제는 자본주의 발전의 근본법칙이 독점자본주의 단계에서 실현되면서 일어나는 구조적 모순이다. 잉여가치 창출을 위한 기본적 모순을 바

탕으로 하면서, 資本階層化의 메커니즘에 따른 독점자본의 잉여가치수탈, 그리고 대
자본과 소자본 사이의 잉여가치 수탈의 형태(부차적 모순)가 중소기업 문제로 구체화
한다.

이런 가운데 독점단계 중소기업 문제는 다음과 같이 해명할 수 있다.

첫째, 중소기업 문제는 독점자본주의 일반의 문제이며, 한 나라 자본주의만의 특
유한 문제는 아니다. 간략하게 살펴보면,

① 이에 따라 독점자본 단계의 중소기업 문제가 왜 나오고 그것이 어떠한 문제인가
하는 것, 즉 독점단계의 중소기업 문제 형성의 필연성과 그 본질을 규명해야 한다.

② 한 나라 중소기업 문제가 특수성을 지니더라도 그것은 자본주의 발전의 근본법
칙이 독점단계에 있는 그 나라 독점자본주의의 특수한 여러 조건에서 구체화한
것으로 본다.

둘째, 중소기업 문제는 기본적으로 독점자본주의의 構造的 矛盾의 산물로 이해한
다. 따라서 한 나라 중소기업 문제는 독점단계에 있는 그 나라 자본주의의 구조적 모
순의 산물이라고 생각한다. 이를 설명해보면,

① 오늘날 중소기업 문제는 자유경쟁을 기반으로 하는 산업자본주의의 문제가 아니
라, 독점이 지배하는 독점자본주의의 문제이다. 따라서 중소기업 문제는 獨占과
관련하여 파악해야 한다.

② 독점자본 단계에서도 경제의 기본적 모순은 자본과 노동 모순이다. 그런데 독점
자본이 형성 발전하면서 기본적 모순은 많은 종속적(부차적) 모순을 일으키면서
자본주의적 축적을 이루었다. 중소기업 문제도 그 가운데 하나이다.

③ 자본주의 독점단계에서 나오는 다양한 종속적 모순은 기본적 모순을 바탕으로
한 특수한 존재형태이다.

셋째, 중소기업 문제는 독점자본 대 중소자본, 즉 자본 대 자본의 관계로 나타나
며 그 내용은 독점자본이 중소자본을 지배 수탈하는 관계이다. 따라서 독점자본주의
에서 지배 수탈관계는

① 독점자본이 노동자를 지배 수탈하는 관계

② 중소자본이 노동자를 지배 수탈하는 관계

③ 이들 두 가지 착취관계를 연결하는 관계(結節關係)로서 독점자본이 중소자본을
지배 수탈하는 관계로 존재한다.

이들 세 가지 지배 수탈관계는 단순히 병존하는 관계가 아니고 유기적 삼중구조
를 이루고 있으며 그 정점에 독점자본이 있다.

넷째, 중소기업 이론은 독점자본 단계에서 중소기업(중소자본)의 신생과 잔존, 즉

그 존속의 필연성을 독점자본주의의 일반적인 경제법칙으로 해명해야 한다. 이를 위해 중소자본이 사회적 총자본의 불가결한 일환으로 존속하는 필연성을 밝혀야 하는데, 여기에는 중소자본에 착취당하는 중소기업노동자도, 독점자본에 착취당하는 노동자와 함께, 노동자계급의 일환으로 존재한다는 의미가 있다.

자본주의 독점자본 단계에서 중소기업 존속의 필연성을 논증하는 것은 중소기업 문제 해명을 위한 기본적 과제이다. 독점자본주의에서 중소기업 존재, 그 자체가 중소기업 문제를 이루기 때문이다.

이처럼 산업자본주의가 성립한 뒤, 자본주의 발전과정에서 자본의 집적·집중으로 중소자본이 구축 도태 수탈에도 불구하고 끈질기게 존속하는 것이야말로 독점단계 중소기업 문제 해명의 기초 조건이 된다. 다시 말해 자본의 집적·집중이 기본적 경향이 되는 가운데서도, 중소기업이 존속하는 것, 즉 자본의 분열·분산이라는 반대경향도 적극적으로 병행하면서 경제법칙이 이루어지는 내용을 살피는 것이 독점단계 중소기업 문제 해명의 기초이다.

2. 중소기업 이론의 흐름

1867년 마르크스가 《자본론》 1권에서 자본집중의 경향에 대하여 논급한 뒤, 정치경제학은 오랫동안 대자본이 소자본을 구축(독점화)한다는 기본적 경향만 주로 강조하였다. 반면에 이러한 기본적 경향이 수많은 중소자본의 잔존과 신생을 수반한다는 측면은 이론적으로 주목받지 못했다.

단지 19세기 말(1899년), 小農과 小經營의 지속적 잔존의 문제를 논의했을 뿐이다. 즉 소농과 소경영의 존속을 들어 마르크스의 집중론을 수정해야 한다고 주장한 베른슈타인(E. Bernstein)과, 이에 반하여 大農과 大經營의 우위성과 집중법칙의 관철을 주장하면서 마르크스를 옹호하려고 한 카우츠키(K. Kautsky)가, 이른바 수정자본주의 논쟁의 일환으로 소기업잔존의 문제를 논의한 데 불과하였다. 그 뒤 일본에서는 이와 같은 상태를 반영하여 마르크스의 집중론을 소자본의 공식적 폐쇄론이라고 하여, 그 비현실성을 비판하는 논의가 일어났다.[16] 그리고 마르크스의 자본집중법칙을 폭넓게 분석하였다. 대량의 중소기업의 존재를 일본의 특수한 조건에 연유한 예외적 현상으로 보는 중소기업론도 있었다.

그러나 1950년대 중반부터 수많은 중소기업의 존재와 그것이 안고 있는 모순을

---

16) 山中篤太郎, 《中小企業の本質と展開》, 有斐閣, 1958, p.39.

일본의 특수성으로만 파악하지 않고, 자본주의 독점단계의 일반적 문제로 규정하려는 움직임이 나타났다.[17] 여기서는 당연히 마르크스의 집중론을 살리면서도, 중소기업의 존립문제를 일반적인 문제로서 설명하는 이론이 나왔다. 나아가 이것은 마르크스의 이론에 따라 그의 집중론의 내용을 검토하고 그것을 분산론과 함께 살피면서 구체화하려 하였다.[18]

일본에서의 이러한 중소기업 이론의 전개방향과는 별도로 영국의 돕(M. Dobb)은 독점단계에서 중소기업의 수많은 존립을 지적하고 그 존립조건을 설명했다.[19] 그리고 근대 경제학에서는 이미 마셜(A. Marshall)이 1891년에 소기업의 수많은 존속을 문제로 제기하고 그 이유를 설명하였다.[20]

중소기업 이론이, 이처럼 구축론에서 존립론으로, 그리고 존립형태 및 존립조건론으로 발전한 것은 그 해명 대상인 중속기업 문제의 성격이 변화했기 때문이다. 즉 자본주의의 구조적 모순으로서 중소기업 문제가 자본주의가 산업자본주의 단계에서 독점자본주의 단계로 이행하면서 그 성격이 변하였고, 그에 따라 중소기업 이론의 내용도 달라졌다.

또한 후발자본주의 경제가 안고 있는 구조적 모순인 이중구조 문제를 다루는 중소기업 이론[21]이 있고, 식민지 지배를 받는 후진경제에서 그들이 안고 있는 중소기업 문제를 연구한 민족경제론에 바탕을 둔 민족자본론[22]이 나오기도 하였다.

제3절 자본의 집적·집중과 중소기업 문제

1. 자본의 집적과 개별자본의 분열·분산

1) 자본주의적 축적의 일반법칙과 자본의 집적

일찍이 마르크스는 《자본론》에서 자본주의적 축적의 일반법칙(the general law

---

17) 伊東垈吉, 앞의 글, 藤田敬三·伊東大吉 編, 앞의 책, p.30.

18) 北原 勇, 〈資本の集積·集中と分裂·分散－中小企業論序說〉, 《三田學會雜誌》, 1957년, 7월호.

19) M. Dobb, *Studies in the Development of Capitalism*, Routledge & Kegan Paul, 1st ed. 1946, 2nd ed. 1963.

20) A. Marshall, *Principles of Economics*, Macmillan, 8th ed. 1920 ; *Industry and Trade*, Macmillan, 4th ed. 1923(1st ed. 1919)

21) 長州一二, 앞의 글, 伊東光晴 執筆 編集, 앞의 책, pp.48~49.

22) 朴玄埰, 〈中小企業問題의 認識〉, 《創作과 批評》, 창작과 비평사, 1976 여름, p.386.

of capitalist accumulation)을 밝혔다.[23]

자본주의적 생산양식이 확대 발전하기 위해서는 자본주의 생산의 기초가 되는 剩餘價値를 계속 생산해야 할 뿐만 아니라, 잉여가치로 資本을 생성 형성하여 자본주의적 생산과정이 확대 발전하는 확대재생산이 이루어지는데, 그것이 자본의 축적이다. 이러한 자본축적, 즉 잉여가치를 생산하고, 다시 잉여가치가 자본화하여, 이 자본이 잉여가치를 생산하는 것은 자본주의적 생산양식의 기본법칙이다.

자본주의적 축적의 이러한 법칙은 자본의 집적(concentration of capital)과 자본의 집중(centralization of capital)의 두 가지 운동으로 이루어지며, 이것이 자본주의 발전의 필연적이고 기본적 경향이다. 이 두 가지 운동에 관한 법칙은 자유경쟁이 지배적인 산업자본주의에서나 독점자본주의에서 기본적인 것이며, 특히 독점단계에서는 경쟁을 제한하여 독점자본을 이루게 하는 원동력이다. 따라서 이 법칙은 구조적 모순인 중소기업 문제를 해명하는 시발점이 된다.

자본의 집적은 잉여가치가 자본으로 再轉換(retransformation : 자본축적)하여 개별자본이 커지는 것이며, 이에 따라 개별자본이 소유하는 생산수단과 고용하는 노동력의 집적, 즉 생산규모의 확대가 나타난다.

이때 자본집적의 기초가 되는 잉여가치 또는 잉여생산물의 증대는 사회적 노동생산성을 높이며 이 잉여생산물이 자본축적의 형성요소가 된다. 그런데 노동생산성의 제고는 자본의 집약으로 이루어지기 때문에, 노동생산력을 높여 잉여가치 생산을 크게 하는 방법은 바로 자본으로 자본을 생산하는 방법이다. 그 결과 자본의 축적은 더욱 늘어나고 자본집적과 축적의 가속적 과정이 이어진다.

잉여가치가 자본으로 끊임없이 재전환하는 자본의 집적은 자본의 크기를 늘린다. 그 증대는 이번에는 생산규모를 확대하는 기초가 되고, 노동생산력을 높이며, 잉여가치의 창출을 촉진하는 작용을 한다. 따라서 일정한 정도로 자본축적이 이루어진 자본주의 생산양식에서는, 노동생산력과 생산규모가 상호작용하여 자본은 가속적으로 축적된다. 이 두 경제적 요인의 상호작용에 비례하여 자본의 기술적 구성이 변화하는데, 이 변화 때문에 자본의 可變的 구성부문이 不變的 구성부문보다 점점 작아진다.[24] 즉

---

23) K. Marx, *Capital, A Critique of Political Economy*, Vol. I, *The Process of Capitalistic Production*, ed. by F. Engels, trans. from the Third Germen Edition by Samuel Moore and Edward Aveling, New York, International Publishers, 1967, Part VII, Chap. XXV, p.612(金秀行 譯, 《資本論 I》(下), 비봉출판사, 1989, p.774)

24) K. Marx, 위의 책, p.624. 여기서 자본의 가변적 구성부문(가변자본)은 자본 가운데 잉여가치를 창출하는 노동력의 구입에 충당되는 자본을 말한다. 자본의 불변적 구성부문(불변자본)은 생산수단에 지불되는 자본이다.

자본의 유기적 구성(organic composition of capital)[25]이 높아진다.

잉여가치의 증대를 위한 노동생산력 제고와 이를 위한 생산규모의 확대 및 자본의 유기적 구성이 高度化함에 따라 자본의 축적은 가속적으로 이루어진다. 그리하여 자본으로 기능하는 부의 양이 늘어나면서 축적은 개별자본가들의 부를 집적시키며, 대규모생산의 기초와 자본주의적 축적의 기초를 확대한다.

사회적 총자본의 증대는 많은 개별자본의 규모확대로 이루어진다. 그 밖의 조건이 같다면, 개별자본의 규모가 커질수록 사회적 총자본의 규모도 커지며, 사회적 총자본 가운데 차지하는 개별자본의 비중이 클수록 생산수단의 집적은 촉진된다.

2) 개별자본의 분열·분산의 가능성

그러나 동시에 새로운 가지(枝)가 최초의 자본에서 나와 새로운 독립된 자본으로 기능한다. 여기서 특히 큰 역할을 하는 것은 자본가 가족들 사이의 자본의 재분할이다. 그리하여 자본축적에 따라 자본가의 수도 대체로 늘어간다.

결국 두 가지 점이 자본의 집적을 특징짓는다.

첫째, 사회적 생산수단(총자본)이 개별자본가들에게 집적되는 것은 다른 조건이 같다면, 사회적 부가 늘어나는 정도에 영향을 받는다. 즉 사회적 부가 커질수록 개별자본가의 자본집적은 촉진된다.

둘째, 사회적 총자본 가운데 개개의 생산분야에 투하되는 자본은, 상대방을 서로 경쟁적이고 독립적인 상품생산자로 상대하는, 많은 개별자본가들 사이에게 분할된다.

결국 자본축적과 그에 따라 집적된 자본(사회적 총자본)은 많은 곳으로 分散(scatter)될 뿐만 아니라 개별기능자본의 규모증대는 새로운 자본의 형성과 旧資本의 分化로 방해받는다. 그리하여 자본축적은 한편으로는 생산수단의 집적과 노동에 대한 지휘의 집적을 늘리지만, 다른 한편으로는 다수의 개별자본가의 형성 등 서로에 대한 배척(repulsion)과 투쟁으로 나타난다.[26]

이러한 마르크스의 설명은 자본의 집적과정에서 개별자본가가 그 규모를 확대하여 대자본화하지만, 동시에 새로운 개별자본이 나오고 또 자본이 분열 및 분산함으로써 소자본이 존립할 수 있다는 가능성을 지적한 것이다. 이것은 그 뒤 중소기업 문제를 분석하는 원천을 제공하고 있다.

---

25) 위의 책, p.612. 자본의 유기적 구성의 고도화는 자본구성 가운데 불변자본(생산수단)의 비중이 높아지는 것, 즉 자본집약도가 높아지는 것을 말한다.
26) 위의 책, p.625.

2. 자본의 집중과 소자본의 吸收·驅逐

자본의 집중은 여러 자본의 자립성의 상실, 복수자본의 단일자본으로의 轉化를 의미한다. 자본의 집중은 기존의 대자본이 소자본을 흡수, 합병하는 형태를 취하기도 하고, 기존 또는 형성 중인 둘 이상의 자본이 株式會社 형태로 융합하는 등 더 활발한 방식을 취하기도 한다. 자본의 집중도 개별자본의 자본금과 생산규모의 확대 그리고 생산수단과 노동지휘의 집적을 가져온다.

자본의 집적과정에서 사회적 총자본은 많은 개별자본으로 분열(splitting up)되며, 또 서로 배척하기도 하지만, 다른 한편에서 그들은 서로 끌어당긴다. 그 결과 집적과 다른 의미의 생산수단과 노동지휘의 집중이 일어난다. 구체적으로 살펴보면,

첫째, 이미 형성된 개별자본의 집중이며, 개별자본이 독립성을 잃는다. 자본이 자본을 수탈한다는 자본과 자본의 대립적 관계가 나타나고, 그 결과 다수의 소자본이 대자본으로 바뀐다.

둘째, 집적의 과정과는 달리, 집중과정은 이미 존재하여 기능하고 있는 자본들의 분배만을 전제로 하기 때문에 사회적 부의 절대적 증대나 축적의 절대적 한계에 제약받지 않는다. 즉 한 곳에서 많은 사람들(소자본가)이 자본을 잃어버림으로써 다른 곳의 어떤 한 사람(대자본가)의 수중에 자본이 대량으로 늘어나는 것이다. 이것이 축적 및 집적과 구분되는 집중의 진정한 의미이다.[27]

셋째, 자본의 집적에서는 한 나라 개별자본의 절대수가 줄어드는 것이 아니지만, 자본의 집중에서는 둘 이상의 개별자본이 단일자본으로 되는 것이기 때문에 개별자본의 절대수가 감소한다. 따라서 자본의 집중운동에서는 집적운동에서와는 달리 大資本이 小資本을 압도·구축하는 경향이 뚜렷이 나타난다.

넷째, 자본집중의 법칙 또는 자본이 자본을 끌어당기는 법칙은 다음과 같이 전개된다.

① 競爭戰(battle of competition)은 상품값을 싸게 하는 방법으로 진행된다. 상품값이 싸지는 것은, 기타 조건이 같다면, 노동생산성에 의존하며 노동생산성은 생산규모에 의존한다. 그러므로 대자본은 소자본을 격파한다.

② 자본주의적 생산방식이 발전하면서 정상적인 조건을 사업을 하는 데 필요한 개별자본의 최소량은 점차 증대한다. 그러므로 비교적 작은 자본은 대공업(modern industry)이 산발적 또는 불완전하게 장악하고 있는 생산분야로 몰려든다.

---

27) 위의 책, pp.625~626.

③여기서 경쟁은 서로 적대적인 자본의 수에 정비례하고, 자본의 크기에 반비례한다. 경쟁은 언제나 많은 소자본의 멸망으로 끝나며, 멸망한 자본(소자본)의 일부분은 승리자(대자본)의 수중으로 넘어가고 나머지는 사라진다.

④그뿐만 아니라 자본주의적 생산의 발전과 함께 전혀 새로운 힘인 信用制度가 발생한다. 이 신용제도는 처음에는 축적의 겸손한 助手로서 산재해 있는 화폐재원을 보이지 않는 끈(invisible threads)으로 개별자본가 또는 결합자본가에 끌어들인다. 그러나 얼마 안 가서 그것은 경쟁에서 새롭고 무서운 무기가 되어 자본집중을 위한 방대한 사회적 기구로 전환한다.[28]

3. 자본의 집적·집중과 중소기업 문제

자본의 집중과정에서 일어나는 경쟁-노동생산성의 상승-생산규모의 확대-자본의 유기적 구성의 고도화라는 과정은 표준적(정상적) 조건 아래에서 사업을 경영하는 데 필요한 最低必要資本量을 증대시킨다. 이것은 자본의 집적과정에서도 같은 결과를 가져온다.

그런데 정상적 조건이라는 개념은 각 생산부문에서 같지 않으며, 소자본은 당연히 경쟁에서 멸망하든지 최저필요자본량의 규모가 작은 생산부문으로 집결한다. 여기서 과당경쟁이 일어나는데 이것이 자본의 집적·집중과정에서 일어나는 구조적 모순으로 중소기업 문제가 된다.

다음으로 자본주의적 축적과정의 필연적 산물인 자본구성의 질적 변화 속에서 중소기업 문제가 나온다. 자본구성의 질적 변화는 상대적 과잉인구(relative surplus population) 또는 산업예비군(industrial reserve army)을 창출하는데, 이것은 자본주의적 생산양식을 발전시키는 필수조건이면서 동시에 중소자본의 존립조건이 된다.

①최초에 양적 확대로서 나타난 자본축적은 자본구성의 누진적 질적 변화, 즉 자본의 가변적 구성부문(가변자본)을 희생시키고 자본의 불변적 구성부문(불변자본)을 끊임없이 늘리면서 이루어진다. 즉 자본의 유기적 구성을 고도화시킨다.

②불변자본이 가변자본보다 그 구성비율이 높아짐에 따라 노동력으로 전환되는 총자본가치의 구성비는 줄어들어, 반면에 생산수단으로 투입하는 부분은 늘어난다. 이때 노동에 대한 수요는 총자본이 아니라 가변자본의 구성으로 규제를 받는다.

③노동력의 수요는 총자본의 증가에 비례하는 것이 아니고 오히려 총자본의 증가

---

28) 위의 책, p.626.

(자본축적)의 크기에 비하면 상대적으로 감소한다. 즉 총자본의 증가에 따라 가변자본과 노동수요도 늘지만, 그 구성비(가변자본의 비중)는 끊임없이 줄어든다.[29]

④ 그 결과 노동인구는 그 자신이 생산하는 자본축적이 이루어지면서 그들 자신을 상대적으로 불필요하게 만드는, 즉 상대적 과잉인구로 만드는 수단을 만들어 낸다. 이것이 자본주의적 생산양식에 고유한 人口法則이다.

⑤ 상대적 과잉인구는 자본주의적 축적의 필연적 산물이면서 자본축적의 기반이며, 자본주의적 생산양식의 존립조건이 된다. 상대적 과잉인구는 산업예비군을 이루고 자본이 가치증식을 하기 위하여 마음대로 처분할 수 있는 노동력의 마르지 않는 저수지(an inexhaustible reserve of disposable labor-power)를 제공한다.[30]

상대적 과잉인구와 산업예비군의 존재는 지속적 잉여가치 창출의 기반이며 자본주의적 축적의 필수조건이다. 동시에 노동을 자본에 굴복시키고 노동조건의 상승을 억제하는 작용을 한다. 그 결과 나오는 저임금 기반은 중소기업존립의 객관적 조건이 된다. 결국 자본주의적 축적은 한편으로는 중소기업의 구축·도태를 촉진하면서도, 다른 한편으로는 중소기업의 존립조건을 창출해낸다. 특히 독점자본 단계에서는 이것이 독점자본의 축적기반이 되어 적극적으로 중소기업의 잔존, 이용의 메커니즘으로 작용한다.

제4절 자본의 분열·분산과 중소기업의 잔존

1. 수정자본주의 논쟁과 소기업의 잔존

1) 베른슈타인의 비판과 소기업 잔존

마르크스는 자본주의적 축적의 일반법칙에서 자본의 집적과 집중을 설명하면서, 동시에 개별자본의 분열과 분산의 가능성도 시사하였다. 그 뒤 정치경제학에서는 대자본이 소자본을 구축하고 독점화하려는 기본적 경향을 주로 강조했을 뿐, 그것이 수많은 중소기업의 잔존과 신생을 수반하면서 이루어지는 측면에 대한 검토는 소홀히 하였다. 그런 가운데 19세기 말 독일에서는 수정자본주의 논쟁에서 소기업(소경영) 잔존문제가 나왔다. 이것은 자본의 집적·집중과 함께 자본의 분열·분산의 문제를 다루었다는 점에서 중소기업 문제의 정치경제학적 해명이라는 이론사적 의미가 있다.

---

29) 위의 책, p.629.
30) 위의 책, p.643.

자본의 집적·집중의 법칙이 받아들여지는 가운데 소자본은 도태를 거듭하지만, 다른 한편에서는 신생과 잔존을 지속한다는 점, 즉 자본의 분열과 분산의 경향을 이 논쟁에서 실증적으로 논의하였다. 마르크스의 자본의 집적과 집중법칙을 베른슈타인이 비판하고, 이를 카우츠키가 다시 반박하는 가운데 소경영의 잔존이 논의의 초점이 되었다.

베른슈타인(B. Bernstein)은 마르크스가 예상한 계급의 兩極化는 일어나지 않고 있다고 지적하면서, 그 특징을 다음과 같이 말하였다.[31]

① 대기업으로 자본이 집중되지만 그에 따라 동시에 새로운 중소규모기업(new small and medium sized business)도 발전하였다.

② 재산의 소유권은 더욱 광범해졌다.

③ 일반적인 생활수준이 높아졌다.

④ 중간계급은 줄어들기보다는 오히려 수적으로 늘어났다.

⑤ 자본주의 사회구조는 단순해지지 않고 오히려 복잡 다양해지고 차별화 되었다.

마르크스의 이론에 대하여 이와 같이 수정주의적 입장을 밝히면서, 베른슈타인은 1882년과 1895년 독일의 통계를 비교하여, 소기업이 구축되기보다는 오히려 늘어났다는 점을 지적하였다.[32] 그러면서 그는 특히 중소경영의 存續과 新設을 결정하는 요인을 다음과 같이 제시하였다.[33]

① 일부 업종은 대경영과 소경영에 다 같이 적합할 뿐만 아니라, 오히려 대경영이 중소경영이 지니는 고유의 이점을 지니지 못하기도 한다.

② 대경영의 생산공정의 2분의 1이나 4분의 3에 소경영이 참여하여 완성품을 제조하는 등, 대경영과 소경영 사이에 분업이 나타났다.

③ 빵 제조업에서와 같이, 생산물을 소비자에게 인접하여 쉽게 전달하는 데는 대경영보다 소경영이 더욱 유리하다.

④ 대량생산에 따른 원재료의 저렴화가 소규모, 중소규모경영의 신설을 쉽게 한다.

이러한 이유로, 대경영이 중소경영을 반드시 흡수 합병하는 것은 아니며 오히려 대경영이 소경영과 함께 발전하고 있다. 실제로 대경영과 중소경영의 경쟁도 크게 일어나지 않으며, 이후에도 그렇게 빨리 일어나지 않을 것이다. 그 결과 중간계급은 줄

---

31) John Eatwel, Murray Milgate, & Peter Newman ed., *The New Palgrave—A Dictionary of Economics*, Vol. I, Macmillan, 1987, p.233.

32) 北澤新次郎·末岡俊二 著, 《獨占と中小工業の理論》, 東京同文書院, 1973, p.157 참조.

33) E. Bernstein, *Die Voraussetgungen der Sozialismus und die Aufgabe der Sozialdemokratie*, 1899, *Evolutionary Socialism*, Huebsch, 1909, Rep. New York, Schocken, 1961.(巽 信晴, 《獨占段階における中小企業の研究》, 三一書房, 1960, p.51에서 인용)

어들기보다는 오히려 늘어나는 경향이 있다. 특히 중소경영을 주축으로 하는 중간계급은 사회적 유동성이 심하여 위로의 상승을 아래에서 移入으로 보완되기 때문에 근대사회의 양극화와 붕괴가 이루어지지 않고 있다고 보았다.[34]

2) 카우츠키의 반박과 소기업 잔존

베른슈타인의 견해에 카우츠키(K. Kautsky)는 다음과 같이 반박하였다. 즉 그는 베른슈타인이 현상의 바탕을 관찰하지 못하고 피상적 현상만을 본 것이라고 지적하였다.

① 자본의 집중이 반드시 모든 부문에서 같은 속도로 이루어지는 것은 아니다. 대경영이 점차 한 영역을 빼앗으면서 소경영을 다른 영역으로 모으지만, 그렇다고 소기업가를 모두 프롤레타리아로 전락시키는 것은 아니다.

② 소경영은 어느 활동에서 쫓겨나면 새로운 활동을 구한다. 소경영의 영역은 이에 비례하여 좁아질 수도 있지만, 소경영의 수가 반드시 줄어드는 것은 아니다.

③ 대경영은 그들의 영역을 다양화, 다각화하면서 진보한다. 이들 영역에서 소경영은 대경영과의 경쟁으로, 또는 소경영 사이의 치열한 경쟁(과당경쟁) 때문에 쇠망한다.

④ 이 때문에 소경영은 대자본에 점차 예속하거나 노동으로 분화되어 대경영의 기초를 마련해준다. 그리고 대경영은 점차 이 영역으로 침식한다.

카우츠키는 1882년과 1895년의 통계에서 경영 수와 종업원 수를 비교 인용하여 소기업의 존속범위를 분석하는 가운데 대경영이 중소경영보다 증가하고 중소경영이 예속화한다는 것을 실증하였다.[35]

카우츠키의 이러한 반박은 '자본주의의 불균등발전의 법칙'을 설명한 것이다. 어느 부문에서 소생산자가 어느 정도 안정적으로 존속하지만, 이것이 자본축적 및 생산의 집적·집중 법칙을 약화시키는 것은 아니며, 오히려 강화시키면서 사회적 생산력을 늘리는 데 기여한다고 본 것이다. 생산의 자본주의적 집적·집중의 과정이 모든 산업 부문에서 균등하게 이루어지는 것은 아니다. 대자본은 생산수단 및 중요한 소비재의 대량생산부문을 차지한다. 이때 대자본은 독립적 소생산자를 직접 프롤레타리아로 전락시키는 한편, 그들을 지도적 산업부문에서 2차적, 종속적 부문으로 밀어내기도 한다. 불균등하게 이루어지는 자본주의적 축적의 일반법칙은,

---

34) 渡會重彦, 《日本の小零細企業》(下), 日本經濟評論社, 1977, pp.229~230.
35) K. Kautsky, *Bernstein und das Sozial-demokratie Programm*, 1899.(巽 信晴, 앞의 책, pp.51~52에서 인용)

① 수공업노동의 낮은 임금수준에 기초를 두고 자본주의적 착취의 대상이 되는 가내노동과 수공업이 어느 정도 늘어나도록 조장한다.

② 정교한 사치품을 생산하는 부문 등에서는 장기간 소생산형태를 유지한다.

③ 이때 소경영은 겉으로는 독립성을 유지하지만, 사실상 대자본에 예속해 있다.

결국 생산의 집적과정이 불균등하게 발전하고 중화학공업을 중심으로 거대한 규모로 대기업이 발전하면서, 중소영세경영은 종속적 부문이 되어 대기업의 지배와 집중을 불러온다. 이를 위하여 대기업은 열악한 노동조건과 저임금으로 유지하는 중소영세경영을 어느 정도 조장한다고 보았다.

여기서 카우츠키는 새로운 소경영과 낡은 소경영 개념을 제기하였다.

첫째, 자본의 집중에 따라 멸망하는 '낡은 소경영'은

① 경영자 자신이 생산수단을 소유하는 것을 기초로 한 독립적 생산자

② 자본가 계급의 일원이며 개개의 자본가와 대항관계를 지니고 있는

③ '자본으로서의 소경영'이다.

둘째, 자본의 집중과정에서 잔존, 신설하는 '새로운 소경영'은

① 가정노동자, 행상인, 소농민등으로서 중요한 생산수단을 자본가로부터 先貸받고 있어서, 자본에 봉사의무를 지니고 있는 자본가의 착취 대상이다.

② 대기업 노동력의 예비군으로서 노동자를 창출하고 과잉노동자를 저장하는 새로운 기능을 한다.

③ 따라서 이들은 '노동자적 소경영'이다.

즉 자본의 집중과 함께 대자본이 구축하는 '낡은 소경영'과 새로 발생하는 '새로운 소경영'은 구분해야 한다는 것이 카우츠키의 견해이다.

수정주의 논쟁에서 두 사람은 소영세기업의 존속 현상에 대하여 서로 다른 입장을 취하였다. 베른슈타인은 소영세기업의 존속에 적극적 의미를 부여하면서 마르크스의 집중법칙에 '수정적' 입장이었다. 이에 카우츠키는 그것을 자본주의적 축적 과정에서 불균등한 발전의 결과로 나타나는 소극적 존립이라고 해석하면서, 낡은 소경영과 새로운 소경영을 구분하였다.

그러나 적극적이든 소극적이든 두 사람의 견해는 다 같이 소영세기업의 존속을 인정하고 있다. 이것은 자본주의적 축적의 과정에서 자본의 분열·분산 경향을 반영하는 것으로 볼 수 있다.[36]

---

36) 정치경제학적 시각은 아니지만 1903년에 설립한 日本社會政策學會는 소공업의 존속가능분야와 존속조건 등 소공업존속론을 제기하였다. 이것은 수정자본주의 논쟁에서 보듯이, 독일 신역사학파의 小工業(經營)沒落論이 실증적으로 검증되지 않은 것을 반영한 것이었다.

2. 자본의 분열·분산경향과 중소기업의 잔존

　　자본주의적 축적의 일반법칙과 함께 자본의 집적·집중 경향이 일어나지만, 그것은 직선적 획일적으로 이루어지는 것은 아니다. 여러 생산부문에서 극히 불균등할 뿐만 아니라, 이 과정은 언제나 소자본의 잔존 신생이라는 반대경향과 함께 이루어진다.

　　즉 일반적으로 자본주의 발전과정에서는 대자본이 소자본을 구축 수탈한다는 자본의 집적·집중경향이 기본적 경향이지만, 그 기본적 경향은 소자본의 잔존 신생이라는 자본의 분열·분산경향을 수반 제약하면서 이루어진다. 그 결과 자본의 집적·집중과 분열·분산이라는 모순적 현상은 대자본 또는 독점자본과 소자본 또는 중소자본이 공존하는 현상을 가져오는데, 이는 자본주의적 축적의 일반법칙에 근거를 둔다. 따라서 산업자본 단계와, 독점과 경쟁이 병존하는 독점단계에서 '동태적 분석'으로 이를 해명할 필요가 있다.

　　초기에는 자본의 집중론을 적극적으로 분석하면서 소자본의 '도태 폐쇄론'이 지배적 경향이었다. 그러나 그것은 중소기업이 폭넓게 존속하는 현실을 설명할 수 없었다.

　　점차 자본의 분열·분산경향을 폭넓게 이론적으로 검토하면서, 독점단계에서 중소기업의 殘存·利用이 자본축적의 기반이 된다는 분석으로 이어졌다. 자본주의적 축적으로 자본의 집적·집중과 독점이 이루어지면서 最低必要資本量이 커지고 중소자본의 존립분야가 좁아지는 필연성에도 불구하고 중소기업이 끊임없이 신생 잔존하는 요인을 분석한 것이 그것이다. 자본의 집적·집중이라는 기본적 경향이 모든 부문에서 동일하게 드러나지 않고, 극히 불균등한 형태로 이루어진다는 데서 자본의 분열·분산의 계기를 찾고 있다.

　　자본의 집적·집중의 진행속도를 규정하는 것은

① 시장의 크기

② 이용기술

③ 노동조건 등인데,

　　이러한 요인이 자본의 분열·분산 경향을 다음과 같은 부문에서 진행시킨다.

① 수요가 소량이거나 변동이 많은 상품의 생산부문[37]

② 사회의 표준적 수준보다 크게 낮은 저임금 노동력을 이용할 수 있는 부문[38]

---

37) ① 특수한 상품이나 일부 계층만이 소비하는 사치품처럼 수요의 절대량이 적은 상품
　② 물리적 성질 때문에 운송비부담이 커서 시장의 지역적 세분이 필요한 상품
　③ 소비자의 기호나 유행에 좌우되기 때문에 표준화할 수 없고 수요가 불안정한 상품 등이다.
38) 저임금 노동력의 이용 가능성은 자본축적과정에서 필연화되는 상대적 과잉인구를 바탕으로 그

㉠ 이 부문에서는 시장의 확대와 기술개발 및 신기술의 도입이 늦고, 최저필요자 본량도 소규모이며, 그 증가속도도 느리기 때문에 중소자본이 존립할 수 있다.

㉡ 따라서 각 생산부문에서 개별자본의 규모와 생산규모의 확대속도, 최저필요자 본량의 크기와 증가 속도, 부문 내의 기업 수의 감소속도도 매우 다르다.

③ 자본재 생산발전 과정에서 중소자본이 존립할 수 있는 부문이 새롭게 생겨나는 경향이 있다.

㉠ 자본재 생산부문의 다양화가 생산공정의 분화와 독립형태 등 생산물의 새로 운 창조형태[39]로서 진행된다.

㉡ 이때 시장의 협소성과 변동성 때문에 대량생산이 부적합한 경우에 나타나는 새로운 생산부문은 중소자본의 존립부문이 된다.

④ 중소자본이 존립할 수 있는 부문과 신생하는 부문에는 거대화된 생산부문에서 생존할 수 없게 된 중소자본과 새로 형성된 잠재적 화폐자본 가운데 소규모 중소 자본이 밀려든다.

⑤ 자본재 생산의 발전과정에서 사회적 총자본이 노동과 결합하여 창출한 총잉여가 치가 거대화함에 따라 개별자본가의 부가 늘어나고, 그 가족에 재산분할 및 잉여 가치 분할(이자, 지대 등)이 이루어지면서 잠재적 중소자본을 형성하고 이들이 위와 같은 분야에 진출 자립해간다.

이들 자본이 진출하는 분야는 중소자본이 쇄도하기 때문에 경쟁이 격심해진다. 따라서 이러한 중소자본의 잔존은 한계가 있으며 곧 몰락하기 마련이지만, 어느 시점 에서 정태적으로 보면 소자본이 잔존, 경쟁하면서 존속한다.[40]

이처럼 자본의 집적·집중은 여러 생산부문에서 매우 불균등하게 일어나며, 그 과 정에서 중소자본은 집요하게 잔존, 신생한다는 反對傾向을 보인다.

① 중소자본 부문은 새로 생겨나고, 어느 부문에서는 표준 이하의 생산조건을 가진

부문의 기술적 성격에 따라 좌우되며, 노동자의 조직화 정도와 법적 규제에 의해서도 좌우된다.

39) ① 과학기술 발달에 따른 새로운 생산물 발명

② 욕망의 다양화와 자본가의 부의 증대에 따른 다양한 사회적 욕구의 증대

③ 새로운 생산물의 생산을 통해 특별이윤(일시적 독점이윤)을 획득하려는 자본의 욕구가 결합하 여 새로운 생산물이 창출된다.(K. Marx, *Capital* Vol.Ⅰ, pp.444~445)

40) 어느 시점에서 소기업이 잔존, 경쟁하면서 존립한다는 것은 정태적 관점이다. 그리고 그것이 조 만간 몰락한다는 것은 개별자본 기준으로 본 것이다. 그러나 자본의 분열·분산과 소기업의 잔존 신생이 자본주의적 축적의 결과인 한, 동태적 관점에서 그리고 국민경제적 기준에서 보면 소자본 은 지속적으로 존속하고 신설된다. 중소기업의 신설과 도산이 지속되는 社會的 對流現象 속에서 新旧企業의 교체가 이루어지지만, 전체로서 중소기업은 새로운 분야가 창출되고 그 수는 증가한 다는 것이 실증적 연구의 결과이다.

弱小資本이 잔존하는 경향이 언제나 존재한다.

② 최저필요자본량이 상대적으로 늘어난 생산부문을 중심으로 거대자본이 존재하지만, 다른 한편에서는 상대적인 소자본이 언제나 상당한 규모로 존재한다.

③ 이것은 독점자본 단계에서 소수 거대자본이 지배하는 독점부문과 다수의 중소자본이 경쟁하는 비독점부문이 병존한다는, 독점자본 단계의 고유의 구조를 낳은 기초이다.[41]

제5절 독점자본주의 단계의 중소기업 문제

1. 독점자본의 형성과 중소기업 문제

1) 독점의 형성과 구조적 모순의 심화

자본주의적 축적의 법칙은 자본의 집적과 집중을 기본적 경향으로 하면서도, 자본의 분열과 분산이라는 반대경향을 보인다. 이것은 자유경쟁을 기초로 하는 자본주의적 생산의 기본적 특징이기도 하다.

이는 자본주의적 축적과정에서 대자본의 소자본 구축·도태는 일방적 획일적으로 이루어는 것이 아니며, 끊임없이 소자본의 신생과 잔존의 기반을 지속한다는 사실을 말하는 것이다. 이것이 바로 중소기업 문제에 대한 정치경제학적 해석의 기초가 된다.

자본의 집적·집중과 분열·분산의 경향은 자본과 노동, 그리고 자본과 자본의 대립이라는 구조적 모순을 이루면서 일어난다. 자본과 노동의 생산관계적 대립에서 오는 기본적 모순 속에서 잉여가치의 창출과 자본의 집적이 이루어지며, 자본과 자본(대자본과 소자본) 사이에 생산관계적 대립을 일으키는 자본의 집중과 분열·분산경향은 종속적(부차적) 모순을 이루면서 진행한다.

자유경쟁이 지배적이었던 산업자본주의 단계에서 이러한 구조적 모순은 소자본의 구축 도태와 신생 잔존으로 구체화되었다. 그리고 그것을 정리한 것이 '자본의 집적·집중과 분열·분산'의 경향이었다.

그런데 자유경쟁의 기초 위에서 이루어진 자본주의적 축적(자본의 집적·집중과 분열·분산)은 생산과 자본의 집적·집중을 불러오면서 거대자본을 이루었다. 이들은 특정의 생산부문과 시장을 지배하면서 독점자본으로 등장하였다. 즉 자유경쟁을 기초

---

41) 北原 勇, 《獨占資本主義の理論》(第5版), 有斐閣, 1980.(金在勳 옮김, 《독점자본주의론》, 사계절, 1984, pp.28~33 참조)

로 하던 자본주의적 축적의 진전은 필연적으로 독점자본을 성립하였다. 이것이 일정한 단계에 이르면 자본들의 자유경쟁을 곤란하게 하고, 독점체가 나와 자유경쟁의 지배 대신에 독점의 지배를 탄생시킨다.

마르크스가 《자본론》을 저술했을 때, 대부분 경제학에서 자연적 법칙(natural law)으로 보였던 자유경쟁은, 생산의 집중을 낳고 이것이 일정한 단계에 이르면 독점으로 이어진다. 레닌(V. I. Lenin)은 생산의 집중이 가져온 獨占은 전체 자본주의 발전 단계가 지니는 일반적이고 기본적인 법칙이 되었다고 밝히고 있다.[42]

자유경쟁 속에서 발생한 독점은 자유경쟁의 직접적인 대립물이며 엄격히 차별성을 지닌 것임이 틀림없다. 그러나 독점은 자유경쟁을 배제하지 않고, 자유경쟁 위에서 그것과 나란히 존재한다.

자유경쟁은 자본주의의 기본적 특징이며 상품생산의 기초이기 때문이다. 자유경쟁은 소규모기업을 배제하고 생산과 자본을 집중하면서, 그와 대립하는 독점을 이루었다. 그러나 자유경쟁의 틀 속에서 태어난 독점체들은 자유경쟁을 완전히 없애지 않고, 오히려 자유경쟁 위에서 자유경쟁과 함께 존재한다. 그 결과는 아주 격렬하고 강한 적대감과 압력과 갈등을 불러일으키고 있다.[43]

자유경쟁이 독점으로 바뀌면서 자유경쟁은 형식적으로 인정받는 틀만 남는다. 이 속에서 소수의 독점가들이 나머지 인민 전체에게 씌우는 멍에는 이전보다 수천 배 더 무거워지고 견디기 힘들어진다.[44]

형식적인 자유경쟁의 틀 속에서 독점이 지배적인 자본주의 생산체제에서는, 생산의 사회화(기술개발 과정과 기술혁신 과정의 사회화)와 소유의 사유화(생산물과 생산수단의 사적 소유) 사이의 갈등으로 구조적 모순이 더욱 깊어진다. 그 결과 소규모기업과 대규모기업 사이에는 기술개발 경쟁이 사라진다. 즉 독점자본가들은 그들의 지배와 명령에 따르지 않는 자들을 더욱 억압하는 것이다.[45]

자유경쟁의 기반 위에서 자유경쟁으로부터 독점이 이루어지면서 자본주의는 산업자본 단계에서 독점자본 단계로 이행한다. 이때 독점은 자유경쟁을 배제하지 않고 그 위에 나란히 존재한다. 형식적인 자유경쟁의 틀 속에서 독점이 지배적인 자본주의에서는 구조적 모순이 깊어지고, 이전과 다른 새로운 수많은 종속적 모순을 전개한다.

---

42) V. I. Lenin, *Imperialism, The Highest Stage of Capitalism.*(박세열 역, 《제국주의―자본주의 발전의 최고단계》, 과학과 사상, 1988, p.30)
43) 위의 번역서, pp.115~116.
44) 위의 책, p.36.
45) 위의 책, p.37.

중소기업 문제는 독점자본 단계의 이러한 독특한 모순 속에서 인식해야 한다. 즉 중소기업 문제는 자유경쟁이 지배적이었던 산업자본주의에서의 小企業問題와 다른 특성을 지닌 독점자본 단계의 구조적 모순의 산물로 만들어진다.

2) 독점단계 중소기업 문제의 동태적 분석

독점이 자유경쟁 위에서 그것과 나란히 존재하면서, 그것이 산출하는 기본적 모순과 종속적 모순으로서의 중소기업 문제는, 자본주의적 축적의 틀 속에서 통일적으로 이해해야 한다. 자유경쟁이 지배적이었던 자본주의 생산에서 자본의 집적·집중과 분열·분산의 법칙은 독점자본주의에서도 기본적 법칙으로 작용한다.

산업자본 단계에서 대기업은 중소기업을 경쟁으로 구축 도태시키고, 이러한 경향의 집중화를 통하여 발전하지만, 독점자본 단계에서는 독점자본이 중소기업을 구축하지 않고, 오히려 그것을 이용하기 위하여 존립하도록 한다는 독점 자본의 '意圖와 必要性論'은 정태적 시각에 불과하다.

레닌은 일찍이 소기업은 독점에 종속하여 봉사하는 경우에 그 존속이 가능하다고 하여 독점의 의도에 따른 소기업잔존을 설명했었다.[46] 그리고 소규모경영이 폭넓게 잔존하는 필연성도 설명하였다.

소규모경영은 대규모기업들과 깊은 관련을 맺으면서 外業部(outside department)로 존립하거나, 대기업체제에서 대공장의 부속물(the appendage to the factory)로서 대공장과 직접 결부되어 존속한다고 보았다.[47] 즉 소기업이 존속하되 독점과 지배종속 관계를 맺으며 독점의 의도와 필요성에 따라 잔존하는 것임을 시사하였다.[48]

그러나 독점자본 단계에 중소기업의 수많은 신생과 잔존을 단지 독점자본의 '의도와 필요성'만으로 설명하는 것은 충분하지 않다. 독점자본이 중소기업을 구축 수탈하는 것이 자본의 집적·집중의 기본적 경향이며, 중소자본의 신생 잔존은 자본의 분열·분산이라는 반대경향으로서 이 두 가지 경향이 통일적으로 작용하면서 독점자본의 축적법칙이 이루어진다고 보아야 한다.

즉 중소자본의 도태·구축과 잔존·신생이라는 모순은 독점자본의 발전과 자본의 집적·집중법칙이 이루어지는 한 가지 형태로 보는 것이다. 다만 독점자본 단계에서는

---

46) 위의 책, pp.37, 39~40.

47) V. I. Lenin, *The Development of Capitalism in Russia*, The Institute of Marxism-Leninism of the c. c. c. s. p. c. u.[김진수 옮김, 《러시아에 있어서 자본주의의 발전 II》, 도서출판 태백, 1988. p.471, 574. 외업부에 대한 해석은 제15장 3절 2항 각주) 21 참조]

48) 이것은 소기업 잔존에 대한 獨占意圖殘存論의 출발점이 되었다.

독점자본 축적의 독특한 형태와 이것을 위한 독점의 의도와 필요성을 반영하여, 중소기업의 잔존 신생 즉 자본의 분열·분산의 경향을 더 적극적으로 분석한다. 독점자본이 중소기업을 '殘存·利用'하는 측면까지 분석하는 것이다.

　　이러한 동태적 분석에서는, 자본주의 전 과정에서 대자본(독점자본)이 소자본(중소자본)을 구축 도태시키지만, 이것은 모든 부문에서 획일적으로 진행되는 것은 아니며 다음과 같이 전개되는 것으로 본다.

　①　평균 이하의 저렴한 노동력의 무제한 착취를 경쟁능력의 기초로 하는 소자본이 끈질기게 잔존하여

　②　생산부문의 다양화에 따라 새로운 소자본 분야가 나오는 반대경향이 교차하면서 전개되는 것이며

　③　소자본의 잔존 내지 신생은 번영과 안정을 의미하는 것이 아니고, 대자본에게 구축 도태당할 운명을 그 안에 포함하고 있으며

　④　이러한 경향은 자본주의 전 과정에서 나타나는 기본적 과정인데

　⑤　독점자본주의 단계에서 중소자본의 신생과 잔존은 독점자본의 '의도와 필요성'을 병행 강조하면서 설명해야 하며

　⑥　독점자본주의 단계 중소기업 문제는 후발 또는 후진자본주의가 지니는 특수성이나 前期性에서 나온 것이 아니므로, 독점자본주의의 구조적 모순의 산물로서 '동태적'으로 파악해야 한다는 것이다.

　　즉 중소기업의 잔존과 신생은 후발, 후진경제의 특수성이나 독점자본의 의도와 필요성만이 아니라, 자본주의 발전의 일반법칙 속에서 파악해야 한다는 것이다.

2. 독점이윤의 축적과 중소기업 문제

1) 종속적 모순의 전개와 중소기업의 문제

　　자본의 집적·집중의 법칙이 관철되는 가운데 독점이 지배하는 독점부문이 나오면서, 다른 한편에서는 자본의 분열·분산이라는 반대경향으로 자유경쟁이 작용하는 비독점부문이 잔존한다. 그 결과 독점부문과 비독점부문, 독점과 자유경쟁이 병존하는 독점단계 고유구조의 기초가 이루어진다. 그런데 독점자본 단계에서는 산업자본 단계에서보다 여러 모순과 갈등, 대립이 더욱 심해질 뿐만 아니라 새로운 여러 종속적 모순이 만들어진다.

　　기본적 모순의 격화와 종속적 모순이 새롭게 전개, 독점자본 단계의 자본축적의 법칙은 독특한 모습을 지닌다. 이것은 독점자본 단계의 자본축적 욕구가 산업자본 단

계보다 더욱 강렬해지면서 그것을 이루기 위하여 다각적 형태를 취하기 때문이다.

독점자본 단계의 종속적 모순의 산물인 중소기업 문제는 자유경쟁이 지배적이었던 산업자본 단계와 다른 새로운 성격을 갖는다. 독점단계에서는 중소자본이 창출한 잉여가치를 독점자본이 독점이윤으로 수탈한다는 독특하고 새로운 모순으로서 중소기업 문제가 형성된다. 이때 중소기업 문제는 독점자본 축적의 법칙이 실행되는 가운데 이루어지는 구조적 모순이기 때문에 일반적 문제로 파악한다.

이것을 해명하는 것이 독점자본 단계의 중소기업 문제에 대한 정치경제학의 중요과제가 된다. 자본주의적 축적이 이루어짐에 따라 자본의 집적·집중과 독점이 형성된다. 이 과정에서 독점자본이 중소자본을 흡수 구축하면서도, 중소자본이 잔존하고 새롭게 재생산한다는 중소자본의 잔존과 신생의 필연성을 독점자본주의의 일반법칙으로 해명해야 한다.

중소자본이 폭넓게 존재하고 신생하는 것은 독점자본주의만의 독특한 현상이 아니라, 자본축적 일반의 법칙에 따른 것으로서 이것은 독점자본 단계에서도 마찬가지이다. 따라서 독점단계의 중소기업의 신생과 폭넓은 잔존을 단지 독점자본의 '의도와 필요성만으로 설명할 수는 없다.

그러나 독점자본 단계에서 중소기업의 신생과 잔존이 중소기업 문제의 중요과제가 되는 것은 독점자본이 독점이윤을 축적하기 위하여 중소자본의 잉여가치를 수탈한다는 독점단계 특유의 구조적 모순 때문이다. 이러한 구조적 모순은 독점자본이 그의 의도와 필요성에 따라 독점력을 행사할 수 있다는 데 근거를 두고 있다. 이때 독점자본의 의도와 필요성은 독점이윤의 축적을 의미하며, 중소기업은 독점이윤의 축적의 대상이 된다. 즉 독점이윤 획득의 대상으로 중소기업이 잔존하고 신생한다는 것, 그리고 독점자본이 이를 위하여 중소기업을 殘存·利用한다는 것[49]이 독점단계의 중소기업 문제의 핵심이다.

2) 중소기업의 존속과 독점이윤 축적의 기구

돕(M. Dobb)은 독점은 전체 분야를 지배할 때 자기의 목적을 이루듯 모든 것을 포괄하는 성격임에도 불구하고 소기업이 상당히 남아 있다는 사실은 오늘날 독점자본주의 특징 가운데 하나라고 지적하였다. 이는 대기업이 경쟁관계에 있는 많은 소규모의 독립기업의 지배권을 장악하는 일이 가능하기 때문이라고 보았다.[50]

---

49) 山中篤太郎, 〈中小企業本質論の展開〉, 藤田敬三·伊東岱吉 編, 앞의 책, p.9.
50) M. Dobb, 앞의 책, pp.341~342.

이는 독점의 의도에 따라 소기업이 잔존하는 것을 설명한 것이다. 이는 독점이 독점이윤을 얻기 위한 것이기 때문에 독점자본주의의 일반법칙의 결과이기도하다. 그런데 독점자본의 의도와 필요성에 따라 중소기업이 잔존 신생하는 이유는 중소기업이 독점자본 단계에서 社會的 總資本構造의 불가결한 구성요소이기 때문이다. 독점자본주의의 총자본구조의 모순의 산물, 즉 자본 대 자본의 모순(종속적 모순)의 산물이 바로 중소기업 문제이다.

이때 중소기업 문제는 기본적 모순, 즉 자본 대 노동의 모순에 기반을 두는데, 이것은 독점이윤 수탈메커니즘을 분석함으로서 설명할 수 있다. 독점자본은 산업자본보다 여러 가지 수단과 방법으로 독점이윤의 수탈과 증대를 꾀하는데 그 수탈 대상은

① 비독점부문의 자본가

② 노동자(독점부문 및 비독점부문 포함)

③ 농민과 수공업자 등의 소상품생산자

④ 일반 주민

⑤ 독점자본에 종속되어 있는 국가와 후진국, 그리고 후진국의 자본가 노동자 일반 주민 등이다.

독점자본의 이러한 비독점부문에 대한 수탈관계 속에서 중소기업 문제의 본질이 만들어진다. 중소기업의 과당경쟁과 저생산성이라는 문제도 기본적으로는 독점이윤의 축적기구 속에서 규정된다. 결국 중소기업 문제의 형성요인은 독점자본과 중소기업의 지배 종속관계이며, 그 주요한 경제적 내용은 독점이윤의 수취이다.

이러한 독점이윤 수취의 내용을 보면

① 독점자본과 중소기업이 경쟁관계에 있는 동일 생산분야에서의 수탈관계

② 서로 다른 생산분야에서 독점가격을 통해 '높은 원재료 가격, 낮은 제품가격'이라는 방법으로 독점이윤을 축적하는 관계

③ 하청계열조직으로 독점이윤 수취

④ 국가독점자본주의적 중소기업의 지배관계, 즉 조세 국가재정 투·융자로 독점이윤의 수취

⑤ 독점자본의 금융지배를 중소기업의 수탈 등이다.

여기서 주로 중소기업 문제에 관해 논의할 대상은 ①②③ 이다.

독점의 초과이윤(monopoly extra profit)에 대해 일찍이 마르크스는 두 가지 가능성을 시사하였다. 즉, 초과이윤은 ① 다른 자본가들의 잉여가치의 控除이든가, 아니면 ② 노동자계급의 임금 공제이던가, 둘 가운데 하나라는 것이다.[51]

그런데 독점자본이 형성된 단계(기업결합운동의 시기)에는 노동조합이 충분히 생

겨나기 때문에 일반적으로 임금은 사회적 最低標準生存水準으로 받아들여지는 선에서 결정된다. 따라서 독점체의 초과이윤은 주로 그들 동료 자본가들의 몫에서 나온다.

한편 경쟁적 자본주의의 특징은 이윤율 균등화의 경향인데, 이것은 독점단계에서는 이룰 수 없다. 즉 이윤율 차등화의 경향이 작용하여 일부 자본가(독점자본)의 이윤은 상승하는 반면에, 다른 자본가(중소자본 등 비독점자본)의 이윤은 감소한다. 이윤율 균등화는 그것이 낮은 분야에서 높은 분야로 자본이 자유로이 이동함으로써 이룰 수 있는데, 독점은 이와 같은 자본의 자유로운 이동에 유력한 장벽을 형성하는 것을 그 본질로 한다.[52]

이러한 지적으로부터 우리는 중소기업 문제의 핵심인 독점적 초과이윤의 형성과정을 다음과 같이 집약할 수 있다.

① 독점적 초과이윤은 다른 자본가들의 몫에서 나오는데, 그것은 독점체가 만든 장벽이 이윤율 균등화 경향을 막기 때문이다.

② 이윤의 원천은 사회적 총잉여가치 또는 총이윤인데, 이것을 불평등하게 독점체에 분배함으로써 독점적 초과이윤이 생긴다.

③ 독점체의 이윤율이 평균이윤율보다 높을수록 독점체의 이윤은 높은 반면, 비독점체의 이윤은 그만큼 낮아진다.

④ 총잉여가치를 독점체에 불평등하게 높게 배분하고, 반면에 비독점체인 중소기업에게는 낮게 돌아가는 데 독점단계의 중소기업 문제가 있으며, 불평등하게 배분하는 내용이 독점이윤의 수탈메커니즘이다.

제6절 독점자본의 계층적 축적구조와 중소기업 문제

1. 總資本構造論과 계층적 구조

원래 총자본구조론에서 '구조'의 의미는 '경쟁'이라는 의미, 즉 자본들의 경쟁이라는 市場的 측면에 접근해 있었다. 다만 여기서 경쟁은 시장이라는 '場'의 의미보다는 '구조'라고 하는 機構的 견해가 다소 강하다.

---

51) P. M. Sweezy, *The Theory of Capitalist Development, Principles of Marxian Political Economy*, New York, Monthly Review Press, 1950, p.272.(이훈·이재열 역, 윤석범 감수, 《자본주의 발전이론》, 목화, 1986, p.293)

52) P. M. Sweezy, 위의 책, p.273.

그래서 총자본의 경쟁구조는 ① 지배자본(독점자본), ② 自主資本(대자본), ③ 종속자본(중소자본)의 세 계층으로 이루어져 있는 것으로 보았다. 이때 중소자본에는 여러 가지 형태가 있지만, 종속적 지위를 지니면서 평균이윤율 이하의 수익을 실현하는 자본이다.

소공업(기업)이 아닌 중소기업은 독점적 대자본이 성립하는 단계에 나오기 시작한다. 이때 중기업은 소자본으로 확립되었지만, 소기업은 아직 자본으로서 확립하지 못한 前資本制적인 것이다. 그래서 중소기업의 구조적 특징은,

① 종속성을 지니는 외에 前期性을 가지며

② 낮은 자본축적의 기반 위에 과잉노동이 결합하여, '중'기업이 아닌 '소'기업이 높은 비중을 차지하고 있으며

③ 자본제의 특징이 아닌 생업적인 가내노동도 그 안에 포함하게 되었다

이처럼 다양한 총자본의 계층적 경쟁관계의 구상을 마르크스경제학에서는 독점자본의 착취의 기구로 계층화하였다. 이때 중소기업은 독점과 노동 및 수많은 零細農의 中間項으로서, 독점자본에게 노동자의 잉여가치 수취를 중개하는 역할을 하는 異質 小零細의 資本群으로 규정할 수 있다. 결국 중소기업은 독점자본이 잉여가치를 수취하는 한 가지 형태로 성립되는 것으로 보았다.[53]

2. 독점자본의 지배와 축적의 구조 : 이윤율의 격차

총자본의 계층적 구조에서 독점자본을 정점으로 하는 자본축적 구조는 '이윤율의 격차'를 중심으로 설명할 수도 있다. 독점이 형성되면서 독점은 자유경쟁의 반대물로 등장하였지만, 독점자본주의는 독점이 지배적인 독점부문과 경쟁적인 비독점부문이라는 두 부문으로 이루어졌다. 즉 독점은 경쟁과 나란히 군립하면서 독점이윤 축적의 법칙을 이루게 되었다.

이때 독점의 초과이윤(독점이윤)은 두 부문의 이윤율의 불균등과 격차에 따라 이루어지며, 이것은 일시적이 아닌 독점자본 단계의 고유한 구조적 특징이 된다.

첫째, 자본주의의 경쟁단계에서는 '이윤율의 일반적 균등화 법칙'(평균이윤의 법칙)이 지배적이었다. 그러나 독점단계에서는 이윤율 격차가 전반적 내지 항상적으로 존재한다.

① 각 부문의 자유로운 자본 이동이 장기적으로 저지되어 이윤율의 균등화를 이룰

---

53) 山中篤太郎, 〈中小企業本質論の展開〉, 藤田敬三·伊東垈吉 編, 앞의 책, pp.19~21.

수 없게 되었기 때문이다.

② 독점부문에서는 높은 市場集中度와 높은 진입장벽(barrier to entry)을 바탕으로
소수의 독점기업이 상호 협조하여 독점적 가격인상과 생산제한을 실행하고, 그
이상의 자본유입과 기업진입 및 생산확대를 막아서 높은 이윤율을 실현한다.

③ 그러나 비독점부문의 기업은 부문 안팎의 경쟁(자본유입과 기업진입) 때문에 독
점기업처럼 가격인상과 생산제한을 할 수 없어 상대적으로 낮은 이윤율에 머물
수밖에 없다.

둘째, 두 부문 사이의 이윤율 격차는 구조적이 되면서 독점자본에 의한 비독점자
본의 이윤의 수탈관계가 된다. 이를 좀더 살펴보면,

① 경쟁단계에서는 이윤율의 일반적 균등화법칙이 지배적이기 때문에 총잉여가치
와 총이윤이 여러 자본에 평등하게 분배된다.

② 그러나 독점단계에서는 독점자본과 비독점자본의 총잉여가치와 총이윤의 분배
가 불평등해지면서 독점자본과 비독점자본 사이에 대립관계가 일어난다.

③ 완전 경쟁에서는 비독점자본이 실현했을 이윤의 일부가 독점자본의 수중으로 이
전 내지 수탈당하는 관계가 구조적으로 정착된다.

셋째, 독점부문과 비독점부문 사이에 구조적으로 정착된 이윤율의 격차와 대립관
계는 비독점부문에 있는 계층 사이에도 형성되면서, 이윤율의 저하 정도가 서로 다르
고 피수탈의 정도도 서로 달라지면서 중층적 축적구조가 이루어진다.

① 비독점부문에서도 어느 정도의 높은 시장집중도와 진입장벽을 통해 경쟁을 다소
제한할 수 있는 부문이 있다. 예컨대 중소기업 카르텔, 제품차별화, 특허기술 등
으로 독점적 가격인상을 하는 중소기업이 그것이다. 이들은 독점자본에 따른 독
점가격 인상의 직접적 영향을 일부 소비자에게 떠넘기거나 공동으로 대응할 수
있다.

② 이들은 독점자본의 수탈을 대부분 다른 사람에게 전가할 수 있을 정도로 최저필
요자본량이 큰 부문의 기업들이다. 그러나 최저필요자본량이 작은 부문에서는
격렬한 경쟁 속에서 독점자본의 수탈의 중압을 몇겹으로 받으면서 이를 떠넘길
수도 없어, 비독점부문 안에서도 그 이윤율의 격차가 다른 계층이 중층적으로 생
긴다.

③ 비독점부문의 최저변에는 수공업자 등 소생산자층이 존재하며, 이들은 힘든 경
쟁 속에서 독점자본의 수탈과 비독점자본의 再轉嫁의 충격을 받고 있다. 이들은
경쟁단계에서와는 달리 쉽게 프롤레타리아로도 되지 못하고, 독점자본 단계 고
유의 만성적 과잉인구 아래 소생산자로 머무른다. 따라서 이들은 상대적 과잉인

구와 산업예비군의 성격도 지닌다.

④ 마지막으로 독점적 수탈구조를 이루는 중요한 대상은 노동자와 소비자계층이다. 독점자본의 중소자본 수탈은 더욱 영세한 중소기업에 전가되고 이것은 최종적으로 노동자가 떠맡는다. 전자는 다른 중소자본에 대한 수탈의 전가(종속적 모순)이지만, 후자는 임금노동자에 대한 착취(기본적 모순)의 강화로 나타난다.

결국 독점의 수탈은 중소기업의 저임금과 낮은 노동조건을 재생산하게 한다. 저임금과 열악한 노동조건은 중소기업 존립의 객관적 조건이 되고 독점수탈의 요인이 되기도 하지만, 반면에 독점수탈의 결과이기도 하다.

3. 독점자본 단계 중소기업 문제의 본질

첫째, 중소기업 문제는 자본 대 자본의 관계(종속적 모순)로 구체화된다.

① 원래 경쟁적 자본주의의 경제법칙은 '평균이윤의 법칙'이다. 이것은 이윤의 본질이나 원천을 설명하는 것은 아니며 자본 대 노동의 관계(기본적 모순)를 의미하는 것도 아니다. 자본과 자본의 경쟁으로 평균이윤을 이루는 것이기 때문에 평균이윤의 법칙은 자본 대 자본의 관계를 의미한다. 이때 평균이윤의 합계는 총이윤이며 총잉여가치가 그 원천이 된다.

② 독점자본 단계에서는 '독점이윤의 법칙'이 작용한다. 독점이윤은 독점자본이 독점력으로 다른 자본가가 창출한 잉여가치를 수탈하여 형성된다. 따라서 독점자본 대 중소자본의 불평등한 관계에서 나온 독점이윤은 자본 대 자본의 관계를 반영하며 독점이윤의 크기는 독점력이 규정하고, 그 수취의 대상은 주로 중소자본이 된다.

③ 따라서 독점이윤의 법칙이 관철되는 형태, 즉 독점이윤을 수취할 때 만들어지는 모순인 중소기업 문제는 자본 대 자본의 관계로 구체화된다.

둘째, 독점의 초과이윤은 총잉여가치 또는 총이윤의 불평등한 분배의 결과이지만, 독점이윤은 총잉여가치 또는 총이윤에 들어가며 그것을 바탕으로 이루어진다.

① 따라서 독점이윤의 수탈, 즉 중소기업 문제의 형성은 독점자본과 중소자본의 노동자 착취(총잉여가치의 창출)라는 자본 대 노동의 관계(기본적 모순)를 기반으로 이루어진다. 즉 독점자본 단계 중소기업 문제는 기본적 모순인 자본 대 노동의 관계를 기반으로 이루어진 구조적 모순의 산물이다.

② 독점자본주의에서 중소기업(자본)은 사회적 총자본의 일환으로 필연적 존재이고 중소기업노동자는 사회적 총노동의 일환이며, 중소기업 문제는 독점자본 단

계 구조적 모순의 필연적 산물이다.

③ 독점자본 단계에서 기본적 모순 속에서 만들어진 총잉여가치 또는 총이윤을 바탕으로, 그것을 불평등하게 분배하는 과정에서 이루어진 종속적(부차적) 모순이 중소기업 문제의 특징이다.

셋째, 독점 단계에서는 경쟁적 자본주의 단계보다 자본축적의 구조가 더욱 다양화, 적극화한다. 독점이윤의 축적 원천이 다각화되고 새로운 부차적 모순이 생겨날 뿐만 아니라 구조적 모순은 더욱 격렬해진다. 이를 좀더 설명하면 다음과 같다.

① 총잉여가치 또는 총이윤의 창출을 위한 기본적 모순이 더욱 깊어지고, 총잉여가치의 불평등한 분배, 즉 중소기업이 창출한 잉여가치를 독점자본이 수탈하는 데서 오는 모순이 발생, 심화한다.

② 중소자본은 수탈당한 잉여가치의 몫을 중소기업노동자에게 떠넘김으로써 그들의 존립기반을 만드는데, 상대적 과잉노동을 기반으로 한 저임금 노동력을 고용하고 이들로부터 잉여가치를 얻는다.

③ 독점을 정점으로 하는 피라미드형 계층적 수탈구조 속에서 사회적 총이윤의 창출기반이 다각화되면서 독점이윤의 수탈기반이 적극적으로 만들어진다. 그리고 독점력이 더욱 가혹하고 폭력적으로 작용한다.

넷째, 生産의 社會化가 심해지는 가운데 독점과 중소기업의 관계는 새로운 양상을 띠게 된다.

① 생산의 사회적 성격에는, 생산수단 및 노동의 공동적이고 집단적 성격(공동적이고 집단적 노동에 따른 노동수단의 집단적 이용)이라는 측면과, 사회적 총노동의 분업적 구성(사회 각 분야의 노동의 상호관계)이라는 두 가지 측면이 있다.[54] 독점단계에서는 후자의 발전이 고유한 특징이며 이것은 중소기업 문제의 형성과 관련하여 주목을 받는다.

② 중요한 생산분야를 중심으로 여러 분야의 생산이 소수 거대독점기업에 집중됨으로써 생산의 사회적 결합이 진전된다. 또한 서로 다른 여러 생산분야의 상호관계를 비약적으로 긴밀화시킨다. 즉 경쟁단계에서는 상호관계가 우연적이고 가는 실로 묶는 정도인데 반하여, 독점단계에서 상호관계는 굵은 실로 묶여 있는 강한 의존관계가 된다.[55]

③ 그 결과 진행된 생산의 사회화는 독점과 중소기업의 관계에 새로운 측면을 만들

---

54) 전자를 강조한 것이 F. 엥겔스(《反뒤링론》)이며, 후자를 강조한 것이 레닌(《인간의 벗이란 무엇인가》)이다.

55) 北原 勇 著, 앞의 책, 金在勳 옮김, 앞의 책, pp.187~188 참조.

었다. 산업자본 단계의 분석에서는 생산관계적 시각이 일관되었지만, 독점자본 단계에서는 생산력적 시각이 없을 수 없다.[56] 독점단계에서는 생산의 사회화가 새로운 특성을 지니고 또한 분업과 경쟁의 형태도 변하면서 독점자본의 축적구조가 계층적으로 이루어지기 때문이다.

④ 자본의 집적·집중이라는 기본적 경향과 자본의 분열·분산이라는 반대경향이 교차하면서 자본축적의 법칙이 실현된다. 그런데 생산의 사회화가 깊어지는 독점자본 단계에서 독점과 중소기업의 관계는, 생산관계적 측면을 기본으로 하면서도, 생산력적 측면을 그 안에 갖고 있는 '對立과 依存'의 이중적 관계를 지닌다. 대립을 그 안에 끝까지 지니면서도 외형적으로 상호의존하는 것, 즉 독점은 실질적으로 중소기업에 의존하면서 자기를 보존하는 것이다.

---

56) 末岡俊二, 앞의 책, p.8.

제13장 중소기업 존립문제의 재검토

제1절 중소기업의 존립문제와 그 전개

1. 중소기업의 존립문제와 중소기업 문제

중소기업은 자본축적의 바탕이 되고 경제자원을 효율적으로 배분함으로써 경제의 발전과 성장에 기여한다. 특히 미시적으로는 능률적 경제단위를 이루고, 거시적으로는 시장구조 속에서 경제단위 사이의 적절한 관계를 정하여 경제체제의 효율을 높인다.

이러한 중소기업의 기능은 중소기업이 노동자를 고용하여 경제가치를 높이고 대기업 등 다른 기업과 다양한 경제관계(상호의존 협동관계 또는 대립 지배종속관계)를 맺는 가운데 발휘될 수 있다. 자본주의 전개과정에서는 중소기업의 이러한 긍정적 기능을 보장하지 않고, 오히려 억제함으로써 중소기업의 발전을 정체시키기도 한다. 즉 중소기업 문제가 생긴다. 이는 바람직한 중소기업의 존립이 실현되지 못하는 것을 의미한다.

결국 중소기업의 존립문제는 중소기업 문제의 중요한 내용이 되는데, 이는 중소기업 문제에 대한 다음과 같은 규정에서 더욱 분명히 알 수 있다.

첫째, 중소기업 문제의 '문제'는 다름이 아닌 '모순'인데, 이때 모순은 자본주의 발전과정에서 일어나는 産業構造上의 모순이며 자본의 운동법칙이 가져오는 모순이다.[1] 자본주의의 발전, 이에 따른 산업구조의 高度化와 그 과정에서 생기는 모순의 하나가 중소기업 문제이며, 따라서 중소기업 문제는 '역사적' 성격을 지닌다. 자본주의의 역사적 전개과정에서 각 단계의 모순의 발생과정을 파악할 필요가 있는데, 이는 각 단계에서 지배적 자본이 종속적 자본을 해체 몰락시키고 종속 이용하면서 이루어지는 자본의 운동법칙의 한 측면이 중소기업 문제가 되기 때문에[2] 그것은 결국 중소기업 존립문제이다.

둘째, 종속적 경제제도인 중소기업 문제의 성격은 역사적 및 발전단계별 자본주의 유형 속에서 중소기업의 '위치와 역할'을 제시하는 것이다.[3] 이때 중소기업 문제의

---

1) 이때 산업구조는 자본이 그 속에서 운동하는 구조(틀)를 의미한다.
2) 伊東岱吉, 〈中小工業問題の本質〉, 藤田敬三·伊東岱吉 編, 《中小工業の本質》, 有斐閣, 1960, p.29.

성격을 규정하는 조건으로는 ① 지배적 경제제도의 발전단계와 그 정도 ② 종속적 경제제도의 존립형태와 존립의 정도 ③ 지배적 경제제도의 발전단계와 종속적 경제제도의 존립형태의 상호관계 등이 있다. 여기서도 중소기업 존립문제가 중소기업 문제의 기본이 되고 있음을 알 수 있다.

셋째, 중소기업 문제를 산업구조상의 모순으로 규정하는 한, 중소기업 문제는 산업구조의 변화에 따라 그 성격이 변할 수 있다. 특히 산업구조의 고도화는 자본의 유기적 구성의 고도화를 의미하고, 그에 따라 '자본의 역할'이 더욱 강화되면서 모순현상으로서의 중소기업 문제는 심화될 수밖에 없다. 그러나 산업구조가 경공업 중심에서 중화학공업 중심으로 고도화하는 과정에서 나타나는 이러한 현상은, 다시 산업구조가 知識 情報集約的으로 변하는 현대자본주의에서는 새로운 특성을 보이게 된다. 중소기업 문제의 특성이 이처럼 변화하는 가운데 그 기본이 되고 있는 중소기업 존립문제도 변화한다.

2. 자본주의 전개와 중소기업 존립문제의 변화

근대화과정에서 제기된 일본 중소기업 문제는 在來産業 문제에서, 小工業 문제로 다시 中小工業 문제가 되었는데, 그 중심이 된 과제는 지배적 경제제도에 대한 종속적 경제제도의 존립문제 그리고 그 변화였다.

첫째, 재래산업문제는 1870년대 후반 산업자본 확립기에 근대적 移植工業과 재래공업의 대립관계 속에서 전자가 후자를 압도 도태시키고 후자의 역할이 쇠퇴하는 데 대한 문제의식이 기본이었다.

둘째, 소공업 문제는 1900년대, 전후 경공업 중심의 대기업시대에 제기된 문제였다. 대기업이 도태시키고 하청, 외업부로 이용되는 소규모생산의 정체와 고정화에 대한 문제의식이었지만, 일반적인 소공업소멸론을 넘어서 그 기술적 경제적 존립조건을 제시함으로서 소공업존립론이 나왔다.

셋째, 중소공업 문제는 1920년대의 중공업 발전단계에 독점자본이 형성되면서 나타난 문제이다. 거대 대기업이 독점을 전개하면서 중소공업은 과당경쟁과 자금난 등 지속적인 경영난에 부딪히면서 이것을 산업상의 문제로 인식하게 되었다. 아직 독점자본이 중소기업을 지배 수탈하는 것을 그 기본적 특징으로 하는, 본질적 중소기업 문제에는 이르지 못한 맹아적 형태에 불과한 量的 문제였으나, 독점적 대기업과 중소

---

3) 朴玄埰, 〈中小企業問題의 認識〉, 《創作과 批評》, 창작과 비평사, 1976, 여름, pp.386~387.

공업의 대항관계에서 일어난 중소공업의 존립문제가 그 기본이었다.

이처럼 지배적 경제제도와 종속적 경제제도의 관계를 반영하는 중소기업의 존립문제는 일본중소기업의 중심적 과제였고, 두 경제제도의 성격변화에 따라 중소기업문제와 존립문제도 바뀌었음을 알 수 있다.

또한 중소기업의 존립문제는 중소기업 문제를 해명하기 위한 論理構造인 중소기업 이론의 형성과 그 흐름에서도 주된 내용이 되고 있다. 포괄적으로 보아 중소기업이론은 초기의 중소기업 소멸론에서 잔존론으로, 그리고 오늘날에는 적극적인 존립론이 되었는데 그 내용은 다음과 같다.

첫째, 중소기업 소멸론은 19세기 후반 산업자본주의 단계에서 나온 이론으로서 독점의 문제를 바탕으로 한 것이 아니기 때문에, 大工業에 대한 小工業(중소기업이 아님)의 존립의 문제로서 설정된 특징을 지니고 있어서 엄밀히 말하면 소기업 소멸론이다.

① 여기에는 먼저 마셜(A. Marshall)이 《經濟學原理》(初版, 1890)에서 대규모 경제의 유리성 때문에 소기업(small business)의 소멸이 불가피하다고 본 견해가 있다.

② 마르크스(K. Marx)는 《資本論》에서 자본주의적 축적의 일반적 법칙에 따라, 대자본이 소자본을 구축한다고 보았다. 대규모 생산과 함께 자본의 분열·분산 경향도 있지만, 자본의 집적과 집중에 따른 소자본 구축을 주된 경향으로 지적하였다.

③ 신역사학파는 경제발전단계설의 입장에서 수공업 내지 소공업몰락론을 주장하였다. 슈몰러(G. Schmoller)와 좀바르트(W. Sombart), 그리고 뷰허(C. Bücher) 등[4]은 수공업 단계가 대공업 단계로 이행하면서 이전의 수공업자 가내공업 및 매뉴팩처 등 소경영이 소멸하는 것을 당연시하면서 이에 대한 문제를 제기하였다.

둘째, 19세기 후반부터 20세 초에 걸친 독점자본주의 단계에서는 중소기업 잔존의 문제가 중소기업 이론의 주된 과제였다.

① 마셜은 그의 《經濟學原理》 2판 이후 대규모 경제의 유리성에도 불구하고 소기업이 지속적으로 잔존하는 이유를 설명하였다. 그리고 플로렌스(p.S. Florence)는 소기업이 잔존하는 것은 비합리적이며, 불가피한 것임에도 불구하고 소기업이 존속하는 이유를 제시하였다.[5]

② 슈타인들(J. Steindl)은 독과점 등과 관련하여 중소기업의 잔존을 설명하였다. 소기업비합리성이론에 바탕을 두고 있으면서도 어느 산업의 독과점 상태가 일정한

---

4) C. Bücher, *Industrial Evolution*, trans. by S. Morley Wickett, New York, Henry Holt, 1901. Chap. V.

5) P. S. Florence, *The Logic of British and American Industry*, London, 1958, Chap. 2.

수의 소기업의 존속을 보증하는 경향이 있다고 보고 소기업의 잔존조건을 제시하였다.[6] 그리고 시로스·라비니(P. Sylos-Labini)도 독과점 구조 속에서 독과점적인 기업이 비효율적인 경쟁적 주변기업을 온존시켜 초과이윤을 얻는다고 지적하였다.[7]

③ 마르크스경제학에서는 독점자본 단계에서 중소기업이 독점자본의 수탈의 대상으로서 유지 온존한다고 보았다. 이 때문에 중소기업은 그 자본축적이 낮아지지만 독점자본의 간접적 수탈대상으로서 구축 소멸과 동시에 잔존 이용의 경향이 지속된다고 보았다.

셋째, 중소기업의 적극적 존립론이다. 현대자본주의에서는 중소기업이 일정한 존립조건을 갖고 적극적으로 존립하여 경제구조 속에 정착한다는 견해이다.

① 불완전 경쟁적 시장구조가 중소기업의 존립을 가능하게 한다는 것이다. 로빈슨(J. Robinson)의 불완전 경쟁 이론[8]이나 체임벌린(E. H. Chamberlin)의 독점적 경쟁의 이론[9]에서 볼 수 있듯이 비가격적 요인에 따른 불완전 경쟁적 요인의 형성, 또는 생산물의 차별화와 지역적 요인으로 시장의 불완전성이 지속되고 그것이 중소기업의 존립조건이 되고 있다는 것이다.

② 중소기업의 적정규모론적 존립이다. 산업별 특성에 따라서는 대규모 경제가 한계가 있고, 오히려 중소기업이 경영상 이점을 발휘할 수도 있다는 견해이다.[10]

③ 사회적 분업론이다. 단순히 미시적 적정규모에 그치지 않고 산업구조가 고도화하면서, 한편에서는 대기업이 점차 거대화하지만, 다른 한편에서는 적정규모가 소규모인 산업분야를 다양하게 전개하면서 중소기업에 적합한 분야를 확대하고, 이들 부문에 중소기업이 적극적으로 존립한다는 것이다. 구체적으로, ㉠ 지식의 경제자원화와 인적 자원의 중요성 증대, ㉡ 탈공업화와 수요창조시대로의 이행, ㉢ 집중화의 경향이 분산화 경향 때문에 포위되는 현대경제의 구조적 다양성 등으로 대기업이 성장하면서도 중소기업도 더욱 늘어난다[11]는 지적은 사회적 분업론을 뒷받침한다.

---

6) J. Steindl, *Small and Big Business*, Oxford, 1947, 米田淸貴·加藤誠一 譯, 《小企業と大企業》, 巖松堂, 1969, pp.123~130.

7) P. Sylos-Labini, *Oligopoly and Technical Progress*, Cambridge, Massachusetts, Havard Univ. Press, 1962, pp.44~45.

8) J. Robinson, *The Economics of Imperfect Competition*, Macmillan, 1969, pp.89~90.

9) E. H. Chamberlin, *The Theory of Monopolistic Competition*, Havard Univ. Press, 1962, pp.56~57.

10) E. A. G. Robinson, *The Structure of Competitive Industry*, London, 1964, p.10.

11) E. D. Hollander and Others, *The Future of Small Business*, New York, 1967, p.xviii.

제2절 독점자본 단계의 중소기업 존립문제

자본주의 발전과정에서 산업구조의 고도화에 따라 지배적 경제제도(자본)와 종속적 경제제도(자본)의 특성이 변하면서, 그 존립형태와 상호관계가 정해지고 중소기업 존립문제도 다르게 형성되었다. 이에 오늘날 소기업 존립문제를 재검토하여 새롭게 인식할 필요가 있다.

중소기업의 존립문제는 그 存立條件과 存立形態가 주된 논의의 대상이 되었다. 독점자본 단계에서는 자본의 집적과 집중의 법칙이 관철되면서도 자본의 분산 분열의 경향이 수반되면서 지배적 경제제도가 된 독점자본과 종속적 위치가 된 중소기업 사이의 상호관계가 중소기업 존립문제의 중심이 된다.

독점이 지배하는 자본주의에서는 자유경쟁이 지배하던 경제에서보다는 자본축적 구조가 더욱 다양화 적극화된다. 독점이윤을 쌓는 원천이 다각화됨으로써 새로운 부차적 모순을 만들고, 또한 구조적 모순과 갈등은 더욱 격렬해진다.

자본과 노동 사이에 이루어진 기본적 모순 속에서 총이윤과 총잉여가치의 창출이 독점자본 단계에서는 보다 가속화되었다. 또한 중소자본이 창출한 잉여가치를 독점자본이 수취하는 데서 오는 자본과 자본 사이의 모순이라는 새로운 자본축적의 구조가 전개된다. 중소자본은 독점자본에게 수취 당한 잉여가치의 몫을 중소기업에 종사하는 노동자에게 떠넘김으로써 그들의 존립기반을 조성한다. 즉 상대적 과잉노동을 기반으로 하는 저임금 노동을 고용하여 이들로부터 잉여가치를 수취하는 것이다.

독점을 정점으로 하는 이러한 피라미드형 階層的 축적구조 속에서는 사회적 총이윤과 총잉여가치의 창출기반이 다각도로 확충되면서 독점자본의 축적기반은 더욱 적극적이고 다각적으로 만들어진다. 여기에 자본축적의 관점에서 본 독점자본 단계의 중소기업 존립문제의 본질이 있다.

자본주의 발전과정에서는 자본의 集積·集中이라는 기본적 경향과 分裂·分散이라는 반대경향이 교차하면서 자본이 축적된다. 한편 자본주의 단계에서는 자본과 노동 또는 자본과 자본 사이에 생산관계적 시각(지배종속·착취대립관계)은 일관되지만, 독점자본주의 단계에서는 생산력적 시각(협동·상호의존관계)도 빠질 수 없다.[12]

이는 독점자본 단계에서는 사회적 총노동의 분업적 구성을 특징으로 하는 생산의 사회화가 새로운 특성이 되고, 분업과 경쟁의 형태도 변하면서 계층적 축적구조가 되

---

12) 末岡俊二, 《中小企業の理論的分析－中小企業成長論批判》, 文眞堂, 1974, p.8.

기 때문이다. 결국 생산의 사회화가 심화되면서 자본의 집적·집중과 분열·분산의 경향이 교차하는 독점자본 단계에서는, 독점과 중소기업의 관계가 생산관계적 측면을 기본으로 하면서도 생산력적 측면을 포함하는 대립과 의존의 이중적 관계를 지닌다.

　이때 독점과 중소기업의 관계를 분석하는 중소기업의 존립문제는 자본과 노동의 관계만이 아니라, 독점자본·중소기업·노동의 관계까지를 포함하는데, 그 구체적 내용을 정리하면 다음과 같다.[13]

① 독점적 공업과 중소공업의 관계
　㉠ 중소자본가군과 독점적 자본가군의 관계(잉여가치의 재분배문제)
　㉡ 독점적 공업과 중소기업 노동자군의 관계(하청임금의 지연과 저임금 문제)
　㉢ 중소기업 노동자군과 독점적 공업의 노동자군의 관계(규모별 임금격차 문제)

② 중소공업 내부의 관계
　㉠ 중소자본가군과 노동자군의 관계(저임금과 관련한 잉여가치 생산의 문제)
　㉡ 중소자본가군 상호간의 문제(중소자본가 상호간의 과당경쟁 문제)

　이러한 내용은 독점자본과 중소자본의 관계를 잉여가치 배분이라는 특성에서 본 것이며, 또한 중소공업자본과 그 노동자의 관계도 자본축적과 잉여가치생산의 특성에서 보는 등 생산관계적 시각으로 살펴본 것이다. 그러나 독점자본과 중소자본의 관계를 산업구조의 측면에서 규정하거나 중소자본과 그 노동자의 관계도 착취형태가 아닌 고용형태 또는 경영형태로 보는 등 生産力的 시각으로 보기도 한다.

　즉 [그림 13-1][14]에서 보는 바와 같이 독점과 중소기업의 관계는 ‘상호의존성 속의 대립관계’ 또는 ‘대립 속의 상호의존 관계’를 그 특징으로 하며, 이것이 독점자본 단계에서 중소기업 존립문제의 특성을 반영하는 것이다. 이는 독점자본 단계에서는 중소기업의 존립이 산업자본 단계에서와는 달리 독점자본의 ‘필요성과 의도’가 크게 작용하는 적극적 의미를 나타내는 것이다.

　그리고 여기서 우리는 독점과 중소기업의 관계, 즉 중소기업 존립문제에서 그 존립형태론과 존립조건론이 검토해야 할 두 가지 과제임을 알 수 있다. 중소자본이 위로 독점자본과 맺은 관계에서 존립형태론을, 그리고 아래로 중소자본이 그들의 노동자와 맺은 관계에서 존립조건론을 논의할 수 있다.

---

13) 稻葉 襄, 《中小工業經營論》, 森山書店, 1962, p.172.(末岡後二, 위의 책, p.10 참조)
14) 末岡俊二, 위의 책, p.11.

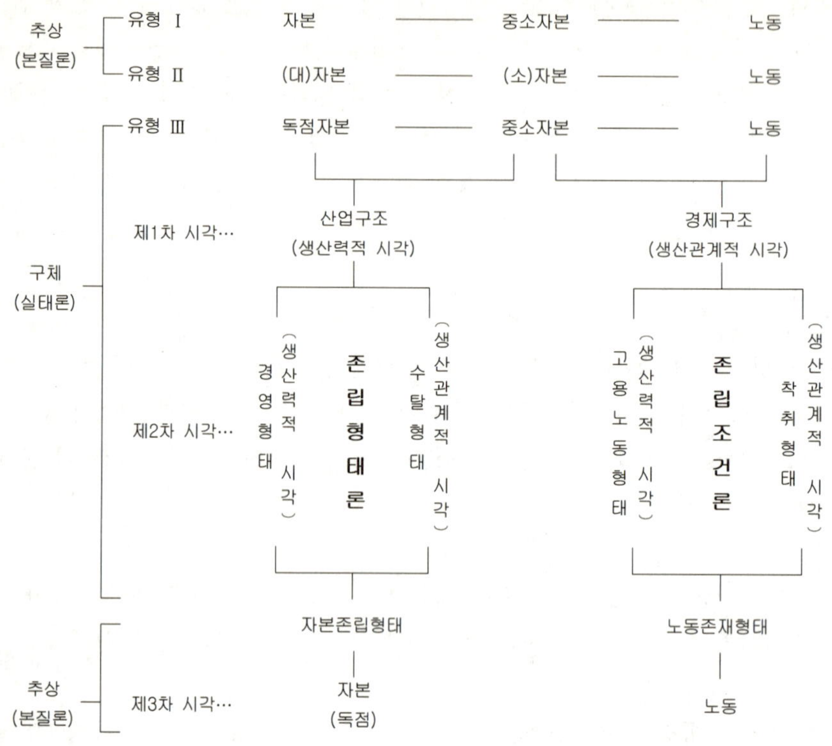

[그림 13-1] 독점과 중소기업의 관계

제3절 중소기업의 존립조건론

1. 여러 가지 견해

1902년에 설립한 日本社會政策學會는 일찍이 소공업 존속론을 제기하면서 소공업이 존속 가능한 분야와 조건을 논의했다. 독일 사회 정책학파(신역사학파)의 소공업소멸론이 실증적으로 검증되지 않고, 오히려 소공업이 끈질기게 존속[15]하면서, 輸入小工業論을 이으면서도, 새로운 소공업 존속에 대한 견해를 밝힌 것이다. 그 내용을 보면

---

15) 예컨대, 베른슈타인(E. Bernstein)과 카우츠키(K. J. Kautsky) 사이의 이른바 修正資本主義論爭에서 베른슈타인의 소경영존속과 그 조건의 제시를 들 수 있다. 이에 대해 카우츠키는 소멸하는 것은 '자본으로서의 소경영'인 낡은 소경영임에 반해, 신생 존속하는 소경영은 '노동자적 소경영'인 새로운 소경영임을 지적하면서 여전히 마르크스가 《자본론》에서 제시한 소자본가의 구축 소멸이 경제사의 주된 흐름이라고 주장하였다.

① 존속가능한 분야—기술적 요인
   ㉠ 재화의 성질이 개인적인 기호와 요구에 크게 지배받는 생산부문
   ㉡ 가공이 다기다양한 작업을 필요로 하는 부문
   ㉢ 원료의 성질이 획일성을 갖기 곤란한 생산부문
   ㉣ 노동이 집중적으로 작용하는 부문

① 존속가능한 여러 조건—경제적 요인
   ㉠ 시장이 지역적이기 때문에 생산이 제한받는 것
   ㉡ 수요가 적으면서도 시장의 변동이 매우 커서 대량생산이 적합하지 않은 부문
   ㉢ 수요가 계절적으로 변동이 심한 부문 등[16]

한편 1930년대 초 플로렌스(P. S. Florence)는 小企業非合理性論[17]을 구체화하면서 대규모생산의 능률성에도 불구하고 비합리적 존재인 소기업이 많은 산업에서, 높은 비중을 차지하는 것을 국민경제적 모순이라고 보았다. 그러면서 그는 소규모생산과 조직이 폭넓게 존속하는 이유를 다음과 같이 들고 있다.

첫째, 대규모생산과 조직이 물리적으로 실현될 수 있지만, 실제로 작용하지 않는 수많은 분야가 존속하는 것은 역사적, 심리학적, 사회학적 요인 때문이다. 물리적 기술적 고려에서 인간의 본성이 생산의 조건에 완전히 적응할 때 능률적 생산이 이루어지고 대규모생산의 능률성이 이루어진다. 그러나 역사적, 심리학적, 사회학적 여러 요인은 소비자와 생산자로서의 인간의 행동에 영향을 주어 이론과 산업현실이 일치하지 않게 함으로써 소규모생산이 존속하는 비합리적 현실이 지속된다.

둘째, 산업구조 면에서 수송 통신과 기술의 비능률적 조건 때문에 일어나는 시장의 제약과 공급원의 제약으로 소규모공장이 존립하는 데는 역사적 근원이 있다.

셋째, 현실적으로 일어나는 지체(a lag)가 소규모공장을 존속시킨다. 시장의 고수나 마찰에 기인하는 소비자의 늦은 적응성이 그것이며, 생산의 측면에서는 조직의 급성장을 따르지 못하는 여러 가지 어려움도 지체의 현실적 원인이다.[18]

이러한 소기업 비합리성론을 기본적으로 지지한 슈타인들(J. Steindl)은 1940년대 후반 小企業成長 斷層論으로 마셜(A. Marshall)을 비판하고 소기업의 존립조건을 제시하였다.

---

16) 山田文雄, 《工業經濟學》, 協同出版, 1957, pp.66~67.(北澤新次郎·末岡俊二 著, 《獨占と中小工業の理論》, 東京同文書院, 1971, pp.157~158 참조)
17) 제8장 2절에 상세한 설명이 있음.
18) P. S. Florence, *The Logic of Industrial Organization*, London, Kegan Paul, 1933, pp.45~47.

첫째, 기업이 그 존립기반을 완만하게 잃어가기 때문인데, 그 기본적 요인은 소기업은 대기업이 발전하는 정도에 따라 그 기반을 잃기 때문이다. 기업이 대규모 경제를 실현하는 데 필요한 자본을 축적하는 데는 상당한 시간이 걸리고, 따라서 소자본을 희생하여 대자본이 발전하는 과정은 점진적이다.

둘째, 불완전 경쟁은 소기업의 시장을 보호함으로써 소기업을 존립하게 하는 중요한 요인이다. 시장의 불완전성은 수송비와 같은 합리적 요인에 따른 경우도 있고, 생산물의 특성의 차이, 소비자가 갖는 특정의 생산물에 대한 기호, 특정의 기업에 대한 애착과 관습 등 불합리한 요인에 따라 형성되기도 한다.

셋째, 노동시장의 불완전성은 생산물시장보다 더욱 중요하다. 대부분 소기업은 조직되지 않은 저임금 노동을 공급받고 있는 산업에 속해 있다. 여기서는 가격에 대한 압박을 임금에 떠넘기고, 따라서 노동절약적 방법으로 기술적 진보를 택하려는 움직임이 거의 없다. 또한 어떤 산업에서는 대기업과 경쟁하고 있는 소기업이 대기업보다 낮은 임금의 노동력을 기반으로 하여 존립하기도 한다.

넷째, 어느 산업에서는 산업의 독점적 상태가 일정한 수의 소기업 존속을 보증하는 경향이 있다. 즉, 가격선도자(price leader)가 된 대기업은 대개의 경우 전체 공급 가운데 극히 적은 부문밖에 차지하지 않는 소기업을 배제해도 그것으로 얻을 이익이 거의 없다. 따라서 소기업이 존속해도 대기업의 지배력에 아무런 영향이 없다. 한편 산업에 독점이 존재하지 않는다는 결정적 증거를 소기업의 존속이 제공한다. 따라서 소수의 독과점기업이 실질적인 지위를 강화하면서도 이를 숨기기 위한 정치적 이유에서 소기업을 존속하게 한다.

다섯째, 소기업은 대기업의 관용으로 존속한다. 소기업이 대기업과 하청업자의 관계에서 거래하는 경우에는 대기업이 외관상 독립성을 부여한데 불과하다.

여섯째, 소기업은 소기업가의 도박적 태도 때문에 존속한다. 소기업가는 대단히 낮은 보수를 얻으면서도 비정상적으로 높은 위험을 부담한다는 점에서 확실히 도박자이다.[19]

한편, 돕(M. Dobb)은 독점자본 단계에서 소자본이 독점자본의 의도와 필요에 따라 매우 넓게 존속한다고 보면서 중소기업의 존립조건을 다음과 같이 제시하였다.

① 기술적 후진부문

② 상품제조에서 기술적 조건이 대기업의 기업단위에 유리하지 않아 중소기업의 기술적 특수성이 인정되는 경우

---

19) J. Steindl, 앞의 책, 米田淸貴·加藤誠一 譯, 앞의 책, pp.123~129.

③ 거대기업과 그와 경쟁하는 소기업 사이에 모든 산업의 판매 정책에 대하여 대기
  업의 지배력을 인정한다는 일시적 타협이 있는 경우
④ 소기업이 대기업의 특수한 부분품을 공급하고 일정한 생산단계를 보조하는 등 소
  기업과 대기업 사이에 근대적 선대제도(modern putting-out system)가 작용하여
  소기업이 대기업의 하청업체(sub-contractors)의 역할을 하는 경우 등이다.[20]

아로노비치(S. Aaronovitch)는 독점단계에서 독점자본과 국가 정책의 억압에도
불구하고 중소기업이 존립하는 조건을 제시하였다. 구체적으로 다음과 같다.

① 독점기업이 업무의 일부를 하청이라는 구실로 소기업을 지배하고, 가격을 계약
  자(독점기업)에게 유리하게 결정할 수 있는 경우
② 대결합기업이 어느 시기에는 유리하지 않은 경우
③ 소기업이 존립하는 것이 정책적으로 독점기업에 好條件이 되는 경우 등[21]

2. 중소기업의 존립조건과 저임금 노동

20세기 초 이후 전개된 중소기업의 존립조건에 대한 다양한 견해를 살펴보았거니
와, 독점자본 단계에서는 중소기업의 존립이 독점기업의 의도와 필요로 이루어지고
있으며 금융 및 국가 정책도 독점의 이익을 옹호하면서 중소기업에 차별적 조치를 취
한다는 점을 지적하였다. 독점기업이 중소기업을 지배하고 억압하면서도 중소기업의
존립을 가능하게 하는 조건을 규정하는 근본적 요인을 분석할 필요가 있다. 즉 중소
기업 지배를 통하여 독점이윤을 실현할 수 있게 하는 객관적 조건이 중소기업의 존립
조건으로 규명되어야 하는데, 그것이 바로 低賃金勞動이라는 것이다.

첫째, 독점기업이 새로운 기계시설과 기술을 받아들일 때 중소기업의 저임금 노
동이 그 한계를 결정한다는 점이다. 일찍이 마르크스는 자본가가 기계를 사용하는 것
은 노동에 대한 지불을 절약하여 비용을 줄이기 위해서이며, 따라서 노동자의 임금이
낮을수록 자본가는 기계사용을 억제한다는 점을 지적한 바 있다.[22] 이것은 독점단계에
서도 마찬가지이다. 독점기업은 새로운 기술이 최대한의 이윤을 약속할 때 이를 채용
하지만 그렇지 않을 때는 중소기업을 이용한다. 따라서 독점기업은 한편에서는 중소

---

20) M. Dobb, *Studies in the Development of Capitalism*, London, Routledge & Kegan Paul 1st
   Pub. 1946, 2nd ed., 1963, p.347.
21) S. Aaronovitch, *Monopoly, A Study of British Monopoly Capitalism*, London : Lawrence &
   Wishart, 1955.(佐藤金三郎·高木秀玄 譯, 《獨占》, 理論社, 1955, p.189)
22) K. Marx, *Capital, A Critique of Political Economy*, Vol. Ⅰ, trans. by Samuel Moore and
   Edward Aveling, New York, International Publishers, 1967, p.392.

기업을 도태 구축하지만, 다른 한편에서는 중소기업을 이윤확보의 수단으로 이용하기 위하여 그것을 잔존시킨다.

이때 저임금 노동의 존재는 중요한 조건이 된다. 중소기업이 존립하는 것은 중소기업의 저임금 노동이 있기 때문이며 독점기업은 이를 바탕으로 최대한의 독점이윤을 얻는다. 독점기업이 중소기업을 하청계열기업으로 선정 이용하는 것도 하청기업의 저임금 노동을 우회적으로 이용하려는 의도와 필요성 때문이며, 이때 중소기업의 존립조건은 바로 저임금 노동이다.

둘째, 독점자본 단계의 피라미드형 계층적 축적구조 속에서 중소기업의 존립조건도 결국은 저임금 노동이다. 자본의 집적·집중과 독점이 이루어지는 과정에서 중소기업은 자본주의 이전의 낡은 생산형태(수공업, 근대적 가내노동, 근대적 매뉴팩처 등)로 존속하면서 독점을 정점으로 하는 자본축적의 하부구조를 이루기도 하였다. 그러나 오늘날의 중소기업은 '낡은 자본주의'가 아닌 '새로운 자본주의'의 하부구조를 이루면서 오히려 적극적으로 신설, 증가하는데, 그것은 사회적 분업의 발달에 따라 생산부문이 다양화하여 중소기업의 존립부문이 새롭게 만들어진 결과이다.

독점단계에서 중소기업의 존립영역은 언제나 독점기업의 진출 가능성에 직면해 있고, 결국 중소기업은 독점기업의 위협이 적은 분야로 몰리면서 이 분야에서는 중소기업의 과당경쟁이 필연적으로 일어난다. 중소기업의 일부는 경쟁에 이기기 위하여 기업규모를 확대하고 새로운 기술을 들여오기도 하지만, 전체적으로는 기계보다는 노동력에 의존하는 영역에 집중한다. 즉 중소기업은 자본의 유기적 구성이 낮은 부문에 모이는데, 이때 중소기업의 존립은 저임금 노동을 그 기반으로 한다.

셋째, 중소기업의 저임금 노동은 두 가지 측면에서 독점이윤을 축적하는 기반이 된다. 먼저 독점기업은 중소기업이 직접 고용한 저임금 노동을 바탕으로 창출한 잉여가치를 이전하여 자본축적대상으로 한다. 또한 중소기업의 열악한 노동조건은 독점기업이 직접 고용하는 노동자의 임금을 낮추는 등 노동조건의 악화에 영향을 줌으로써 독점기업의 자본축적에 도움을 준다. 이러한 저임금 노동은 자본축적과정에서 형성되는 상대적 과잉노동과 산업예비군이 그 기반이 된다.

자본축적에 수반한 可變資本의 감소는 상대적 과잉인구를 만들고, 산업예비군을 누적시키며, 노동조건은 그 압력으로 더욱 악화된다. 이러한 현상은 대기업 노동자보다는 중소기업 노동자에게 더욱 심하다. 왜냐하면 중소기업은 독점에 따른 수탈을 그들이 고용한 노동자에게 떠넘기기 때문에, 결국 중소자본가는 저렴한 노동력을 무제한으로 착취하여 그들 경쟁력의 유일한 토대로 삼는다.[23] 그 결과 중소기업은 그 존립을 지속하는데, 이는 중소기업의 저임금 노동이 중소기업의 존립조건이 된다는 것을 말해준다. 또한 중소기업의 노동조건 악화를 수반하는 중소기업의 존립조건은 독점기업과 중소기업 노동자의 임금격차로 나타난다.

넷째, 독점자본 단계의 중소기업 문제는 그것이 독점자본이 중소기업을 지배하는 지배와 종속의 문제인데, 이때 중소기업을 독점자본과 노동의 結節點이라는 시각에서 중소기업의 존립조건을 논의할 수 있다. 일본의 경우, 중소기업 문제는 영·미 등 서구와는 달리 단순히 독점자본과 중소자본의 대립·지배·종속만의 문제가 아니다. 중소기업은 봉건적 유제와 전기적 특성을 가진 경제구조 속에서 독점기업이 저임금 노동(cheap labor)을 폭넓게 우회적으로 이용하여 독점이윤을 흡수하기 위한 불가결의 기구가 된다.

중소기업에 남아 있는 전기적 생산관계는 독점자본의 압력을 중소공업의 노동자에게 떠넘기는 결절점이 된다. 특히 독점자본이 국제적 자본에 종속하여 하청화한 경우에는 국제적 독점자본의 압력을 국내의 중소기업과 그 노동자에게 떠넘기게 된다. 이때 전가의 최종적인 귀착대상은 폭넓게 존재하는 중소기업의 저임금 노동자이다. 이들은 또한 독점기업이 고용하는 조직노동자의 힘을 분열시켜 노동조건을 악화시키면서 저임금 노동의 기반을 확대한다.[24] 이처럼 연쇄적으로 만들어진 저임금 노동은 중소기업존립의 客觀的 條件이 된다.

제4절 중소기업의 존립형태와 하청논쟁

1. 중소기업의 존립형태

중소기업의 존립조건이 중소기업과 그 노동자의 관계로 규정되는 것임에 비해, 중소기업의 존립형태는 지배적인 대자본 또는 독점자본이 중소기업과 맺은 관계의 형식이다. 저임금 노동을 존립조건으로 하는 중소기업이 창출한 잉여가치를 대자본

---

23) 위의 책, p.475.

24) 伊東岱吉, 〈中小工業問題の本質〉, 藤田敬三·伊東岱吉 編, 《中小工業の本質》, 有斐閣, 1960, pp.70~71. 일본자본주의 전개의 구조적 특성에 대한 논쟁에서 一般性을 주장한 勞農派의 시각을 반영한 것이 중소기업 문제의 분석에서는 有澤廣已 등에 의한 存立條件論으로 제기되었다.(시각은 다르지만 末松玄六의 適正規模論도 존립조건론에 포함될 수 있다) 이에 대하여 特殊性을 주장한 講座派의 흐름이 小宮山琢二와 藤田敬三의 存立形態論으로 나타났다. 중소기업 문제의 분석에서 전자는 本質論的 접근(일반성 → 특수성)으로, 후자는 發生史論的 접근(특수성 → 일반성)으로 전개되면서, 그것의 통합과정으로 이어진다는 것이다.(末岡俊二, 앞의 책, pp.3~4)

또는 독점자본이 독점이윤으로 취하는데, 그것을 실현하는 근거가 바로 중소기업의 존립형태이다. 구체적으로 先貸(客主)制度, 下請制度, 企業系列制度(또는 系列化) 등의 형태를 갖는데, 그 역사적 변천과정을 보면 다음과 같다.

① 중소기업 존립형태, 특히 하청 제도의 역사적 원형은 선대(객주)제 가내공업 또는 자본제 가내노동이다.

② 상업자본이 가내공업을 지배하는 형태에서 시작하여, (산업자본화한) 상업자본이 임노동을 사용하는 매뉴팩처를 지배하는 선대객주제 매뉴팩처가 나오고

③ 이것이 工場工業을 지배하는 형태가 되어 선대객주제 공장공업이 되며

④ 결국은 대공업 자신이 중소공장을 지배하는 下請制 工業으로 발전하였다.

이러한 발전형태는 어느 단계에서나 밑으로부터의 생산자의 발전에, 위로부터의 상업자본 또는 특권적 자본이 寄生的으로 대응함으로써, 밑으로부터의 상향적 발전을 위로부터의 발전이 종속화하여 기생적으로 수탈하는 형태이다.[25]

돕은, 독점자본주의가 고도화한 서구자본주의에서는 이러한 중소기업의 존립형태가 특히 전쟁 경제에서 近代的 先貸制度의 형태로 이루어진다고 지적하였다.[26]

오늘날 중소기업의 존립형태는 독점자본과 중소자본이 맺는 관계(지배 종속 또는 상호의존의 관계)로 이루어지는데, 독점자본이 중소자본을 수탈하는 형식이라고 보는 것이 정치경제학적 시각이기도 하다. 따라서 중소기업의 존립형태론은 중소기업의'위치와 역할'에 대한 중소기업 문제의 본질을 밝히는 데도 중요한 의미를 지닌다.

두 가지의 존립형태론을 검토해 볼 수 있는데, 먼저 중소기업 이론에서 대표적인 것으로 주목받고 있는 小宮琢二의 견해는 다음과 같다.[27]

(1) 중소공업의 독립형태

(2) 중소공업의 종속형태

① 지배자가 선대객주(問屋) 또는 상업자본, 수출무역자본, 백화점자본 등인 경우 (선대객주제)

㉠ 하청업자의 생산이 자본가적이 아닌 것(旧先貸客主制 工業 또는 家內工業)

㉡ 하청업자의 생산이 자본가적인 생산의 내용을 갖춘 것(新先貸客主制 工業)

② 지배자가 대공업 또는 공업자본인 경우(下請制 工業)

이러한 존립형태는 중소상업을 제외하고, 독점자본과의 관계에서 논의한 것이 아

---

25) 伊東垈吉, 《中小企業論》, 日本評論社, 1968, p.56.

26) M. Dobb, 앞의 책, p.347.

27) 小宮山琢二, 《日本中小工業硏究》, 中央公論社, 1941, pp.6~7.

니며, 또한 독점형태도 문제의 대상에서 제외시켰다. 산업자본 확립이라는 시각에서 이루어 진 것으로서 근대성과 전근대성을 나누어, 전자에서 후자로 바꾸는 기본적 경향이 중소기업 문제의 본질에서 중요한 관건이라는 입장을 취하였다. 따라서 공업부문의 하청 제도에 한정하는 일반적 성격을 지니고 있다.

다른 하나는 중소기업 문제를 독점자본주의 일반의 문제로 파악하고 독점자본이 중소상업을 포함한 중소기업 전체를 그 자본축적의 대상으로 보아 중소기업 존립형태를 규정, 독점자본과 중소기업의 관계를 분류한 北原 勇의 견해이다. 여기서는 중소기업이 생산한 잉여가치가 독점이윤이 되는 근거와 원인을 하청 제도라는 특정의 존립형태만으로 설명한 것이 아니다. 독점자본 단계에서 자본과 이윤율의 階層化 메커니즘이라는 관점에서 존립형태를 분류한 것으로[28] 그 내용은 다음과 같다.

① 같은 산업부문에서 독점자본과 종속기업의 경쟁관계
② 서로 다른 산업부문에서 독점자본과 중소기업의 관계
  ㉠ 독점가격에 따른 수취관계
  ㉡ 하청 제도에 따른 수취관계
③ 과당경쟁 상태에 있는 중소기업을 독점자본이 사회적으로 이용하는 관계
④ 은행자본과 결합한 독점자본이 금융자본으로서, 중소기업을 수탈하는 관계
⑤ 국가독점자본주의 아래에서 국가권력이 체제적으로 중소기업을 수탈하는 관계

2. 小宮山과 藤田의 하청논쟁

1) 小宮山의 견해

이처럼 두 가지 존립형태를 제시할 수 있으나 중소기업 존립형태론은 하청 제도의 성격에 관한 논쟁, 즉 下請論爭에서 깊이 있게 다루어졌다

먼저, 小宮山琢二는 중소기업 문제를 산업자본 확립이라는 시각에서 논의하여 일본 공업의 생산력 전개를 지향하는 입장에서 다루었다. 그는 중소기업의 종속적 형태와 하청생산관계를, 하청을 지배하는 자본과 그 종속적 위치에 있는 자의 역사적 성격에 따라 나누었는데, 이 분류가 지니는 특성은 다음과 같다.

첫째, 중소공업을 독립형태와 종속형태로 나누되 중소기업 문제의 주된 대상이 되는 종속형태는 지배자본의 성격과 기능에 따라, 그것이 상업자본인 경우는 선대객

---

28) 中村秀一郎, 〈獨占資本主義の構造と中小企業問題〉, 楫西光速·岩尾裕純·小林義雄·伊東垈吉 編, 《講座中小企業 2》(獨占資本と中小企業), 有斐閣, 1968, pp.37~38 참조.

주제 공업으로, 그리고 산업자본 및 공업자본인 경우는 下請制 工業으로 분류하였다.

둘째, 新·旧先貸客主制는 무엇보다도 하청업자의 시대적 경제적 성격에 따라 구분하는데, 신선대객주제와 하청제 공업은 하청업자가 명백히 資本家의 성격을 띤다. 이때 신선대객주제는 선대객주가 생산공정의 일부를 장악하고, 기계제 대공업생산의 이점을 바탕으로 이루어진다.

셋째, 하청제 공업의 특징은 다음과 같다.

① 하청은 생산공정 중에 결합하는 것이다. 이에 대하여 先貸客主는 원칙적으로 생산의 외부에 있고, 신선대객주제는 생산의 부문공정을 자기의 지배 아래 확보하는 경우에도 생산을 상업적 금융적으로 지배한다는 점에서 하청제 공업과는 다르다.

② 하청공업의 경우는 지배의 근거가 생산 외부에서 前期的 收取가 아니고, 거대공업자본의 소공업자본에 대한 압도이다.

③ 母工場과 하청공장은 생산공정에서 有機的 관련을 맺는다.

④ 하청공업은 산업자본으로서 조건을 갖추고 대공업에 종속되지만, 그것이 사회적 분업에 따르는 한, 等價交換으로 대공업과 관계를 맺을 수 있다. 따라서 하청공업은 신선대객주제의 근대성이 더 순수하게 나타난 형태이다.[29]

이처럼 하청의 속성을 생산외부에서 전기적 수취가 아니라, 생산공정상의 유기적 결합으로 보는 경우에는, 모공장과 하청공장 사이에 使用價値的 관계(생산력적 관계 : 협동 상호의존관계)가 필연적으로 전면에 나타난다.[30] 즉, 모공업이 생산자의 지위를 확보하고 생산자의 양심이 필요함에 따라

① 선대객주와 같이 낮은 비용만을 주장하지 않고, 하청공장의 기술을 고려하여 합리적인 단가를 결정하지 않을 수 없는 경우

② 모공장에 지급하는 원재료가 일정한 규격의 자료를 사용하도록 하는 기술적 요구에 바탕을 두는 경우

③ 모공장이 원재료와 자료를 선대하지 않고, 작업의 기술적 성격 때문에 하청공장이 모공장과 관련을 맺는 경우 등 선대객주제 공업에서 볼 수 없는 새로운 현상이 나타난다는 것이다.[31]

그리고 모공장과 하청공장 사이의 생산분화와 사회적 분업, 또는 한 생산부문 안의

---

29) 小宮山琢二, 앞의 책, p.29.[巽 信晴, 〈中小企業の存立形態と下請制〉, 加藤誠一·水野 武·小林靖雄 編, 《經濟構造と中小企業》, 現代中小企業基礎講座 1, 同友館, 1976, p.102 참조]

30) 莊園進, 〈下請制度〉, 楫西光速·岩尾裕純·小林義雄·伊東垈吉 編, 앞의 책, p.207.

31) 小宮山琢二, 앞의 책, p.30.(末岡俊二, 앞의 책, p.99 참조)

특수분업이 이루어지면서 생산물의 교환은 價値交換(시장관계)을 통하여 이루어진다. 결국 선대각주제 공업은 주로 상업자본에 의한 원재료 및 자료의 先貸에서 오는 不等價交換的 수탈이 문제였다. 그러나 하청제 공업에서는 대공업자에 생산자적 시각이 필요해지면서 하청공업과 等價交換이 이루어진다. 따라서 생산공정의 유기적 결합관계에서 서로 기술적 지배종속만이 문제로 남는다는 것이 小宮山 이론의 핵심이다.

따라서 하청제 공업에서는 모공장과 하청공장 사이의 관계를 價値的 等價관계(산업자본 - 공업자본의 紳士的 측면)와 기술적 지배종속관계(산업자본의 지배적 측면)로 나누어 규정된다. 여기서는 부등가교환의 관계를 통한 잉여가치의 수탈이 모공장과 하청공장 사이에 이루어지지 않는다고 보고, 다만 기술적 관계에서 지배종속 관계만을 문제삼는다. 기술적 관계에서는 양자의 원조와 협력, 나아가 상호의존관계가 이루어질 수도 있는 것으로 보기 때문에 결국 모공업과 하청공업의 관계를 생산력적 관점에서 설명하였다.

2) 藤田의 비판

이러한 小宮山의 이론에 대해서는 여러 비판이 제기되었지만 대표적인 것은 藤田敬三의 하청이론이다. 이를 살펴보면 다음과 같다.

첫째, 그는 하청은 요컨대 자본주의에서 지배적인 자본의 중소공업 지배형태[32]라고 보고 小宮山의 가치적 등가교환 관계라는 주장을 비판한다. 그리고 하청은 구체적으로는 외부에서, 다시 말하면 유통 면에서 지배받는 형태 가운데 하나[33]로서 이른바, 商業資本의 小經營(소상품생산자)지배의 최고단계에서 나오는 공업의 특수한 형태라는 것이다. 즉, 선대객주제 매뉴팩처의 高次 단계에서 상업자본의 공업자본 지배의 연장인 기계제 공업의 선대객주에 의한 지배, 또는 공장 購買部의 지배를 오늘날의 하청이라고 하였다.[34]

둘째, 小宮山이 구분하여 사용한 신선대객주제 공업은 구선대객주제 공업과 마찬가지로 상업자본이 지배하는 사실을 의미하므로, 이를 구분하여 사용한 전자의 개념은 상업자본의 공업자본 지배의 단계를 분명히 하는 데 적합하지 않다고 보았다. 또한 모공장인 대공장이 중소공장을 지배하는 경우만을 하청제 공업이라고 보는 것은, 상업자본이 공업자본 지배의 최고형태라는 본질을 은폐하고, 공업 外部에서의 지배라는 하청제의 본질의 일관성을 흐리는 것이다. 따라서 모공업 구매부의 상업 자본적

---

32) 藤田敬三, 〈日本中小工業と下請制の本質〉, 藤田敬三·伊東垈吉 編, 《中小工業の本質》, p.122.
33) 위의 글, 위의 책, p.123.
34) 위의 글, 위의 책, p.127.

성격과 선대객주제의 상업 자본적 성격은 원래 구별할 이유가 없다.[35]

셋째, 藤田은 이처럼 하청제의 본질이 상업자본적 지배라고 지적하면서, 공업 생산형태의 발전단계와 그 생산형태를 지배하는 여러 가지 단계를 구분하고 있다. 즉 상업자본의 공업지배 형태는 低次 단계와 高次 단계의 두 가지가 있는데, 선대객주제 공업지배는 두 가지 단계에 걸쳐 있으며, 선대객주제 가내공업과 선대객주제 매뉴팩처(선대객주제 하청)의 두 가지가 단독 또는 복합적으로 나타난다는 것이다. 이 상업자본 지배의 고차 형태에서 산업자본의 일부(구매부)인 상업자본이 매뉴팩처 또는 공장을 지배하는 형태가 工場制 下請이라는 것이다.([그림 13-2])[36]

藤田은 이처럼 하청을 상업자본의 공업지배가 발전한 형태로 본 것이다. 상업자본이 공업지배를 하는 원시적 형태는 선대객주제 가내공업이며, 좀더 높은 단계는 선대객주제 매뉴팩처였는데, 이때 지배받는 기업인 매뉴팩처에서는 상당수의 노동자가 고용되어 그들 사이에 분업하고 협업하는 생산형태와 노동자 착취가 이루어지고 있었다.

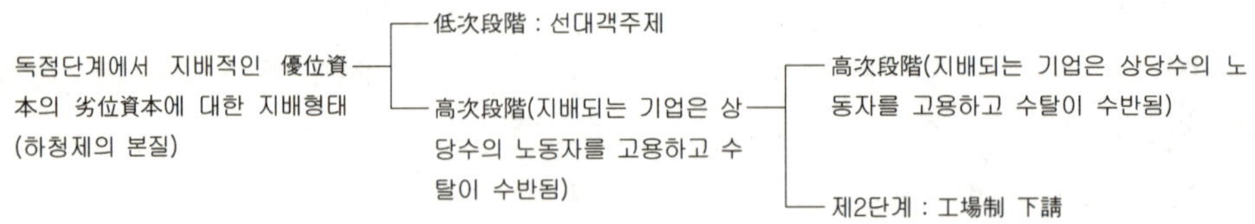

[그림 13-2] 하청 제도의 전개와 형태

이어서 하청제 공업은 선대객주제 매뉴팩처 단계에서 상업자본이 공업자본을 지배하는 형태가 연장된 것으로서 기계제 공업에 대한 선대객주의 지배 또는 대공장 구매부의 지배에 불과하다. 특히 대공장의 구매부는 모기업이 산업자본이건, 상업자본이건 상관없이 상업자본의 성격을 가진 것으로 보았다. 즉 지배하는 자본이 선대객주인지, 무역상사의 상업자본인지, 또는 모공장 구매부의 상업자본인지는 문제가 되지 않는다는 것이 藤田의 주장이었다.

이처럼 藤田은 하청제 공업은 매뉴팩처 및 대공업단계의 상업자본과 산업자본이 공업을 지배하는 형태이기는 하지만, 그 자체가 공업의 생산형태는 아니라고 본다. 독점자본 단계의 하청제의 본질은 거대자본이 자본고정화를 경계하고 낮은 비용을 추구하며 중소공업을 상업자본적으로 지배하는 것이라고 규정한다. 다시 말하면 독점자본이 노동자를 자기의 작업장 내부에 포함하지 않고 外業部的으로, 간접적으로 이용

---

35) 위의 글, 위의 책, p.128.
36) 加藤誠一·水野 武·小林靖雄 編, 《經濟構造と中小企業》, 同友館, 1976, p.104.

하는 것이 하청제의 본질이라는 것이다.

결국 小宮山은 선대객주제를 新·舊로 구분하여 차이를 두지만, 양자를 다 같이 '과거지향적'으로 보되, 하청공업은 '미래지향적'으로 보아 지배자본과의 생산력적 관계, 즉 상호의존적인 등가교환관계의 실현가능성을 지적하였다. 이에 비해 藤田은 구선대객주제 공업과 신선대객주제, 하청은 소상품생산자 지배와 매뉴팩처 또는 소공업지배라는 생산형태의 관점에서는 차이가 있지만, 그 지배의 내용이 상업자본적 지배라는 점에서는 본질적으로 차이가 없으며, 그것은 대공업(산업자본)의 소공업지배인 공장제 하청의 경우에도 마찬가지라고 하였다.

제5절 중소기업의 존립형태와 企業系列化論爭

1. 하청 제도와 기업계열 제도

1) 藤田의 견해

하청논쟁에서 나온 견해의 차이는 기업계열화에 관한 인식에도 일부 반영되었고, 하청논쟁에 대한 평가도 부분적으로 포함하였다.

제2차 세계대전 뒤, 일본자본주의 발전과정에서 특히 자동차 공업과 그 하청부품공업에서 보여주는 바와 같이, 모기업과 하청기업 사이에는 이전보다 더욱 높은 생산기술상의 관련이 필요해졌다. 그러면서 중소기업의 생산력 수준을 높이는 것이 바로 독점자본 축적의 과제가 되었다. 그 결과 중소기업 문제의 이해가 종래의 先貸客主制와 하청 제도에서 기업계열화에 대한 인식으로 바뀌었고, 이에 대한 논쟁이 이어졌다.

즉, 기업계열화 문제에서 藤田敬三과 小林義雄은 서로 다른 견해를 가졌다.

藤田은 계열제도는 하청 제도에 견주어 더 높은 차원의 것이고, 하청 제도 내부에서 형성 발전한 것이면서도, 하청 제도와는 완전히 다른 측면이 있다는 점을 강조하면서 '계열과 하청의 차이'를 다음과 같이 지적하였다.

첫째, 계열이란 말은 하청의 단순한 대명사가 아니다. 하청은 모기업이 비용을 낮추고 손쉽게 위험을 줄이기 위하여 이용하는 현 단계의 특징적 경영방식이며, 또한 모기업은 하청공장에 대하여 어떠한 경쟁적인 요인도 가질 필요가 없다. 하청기업들이 受注競爭을 계속하고 대체로 곧바로 될 뿐만 아니라 모기업의 생산도 단순히 하청 이용의 단계에 그치고 있기 때문이다.

이러한 하청 제도는 국내시장을 중심으로 이루어졌으며, 대기업의 경쟁도 생산량의 측면에서만 이루어졌다. 이때 하청기구는 질보다 양을 기준으로 삼았고, 저비용과 자본절약으로 독점기업이 효과적으로 자본을 축적하게 하는 것이 주요 과제였다.

그런데 전후에 獨占体들의 경쟁이 심해지고 다시 국제독점자본들의 경쟁이 치열해지면서 새로운 기술과 기계를 발명, 도입하고 수많은 새로운 상품이 나왔다. 그리고 한국전쟁 뒤 경기변동이 불가피해지면서 독점체는 자기의 생산물을 단순히 낮은 가격의 상품으로 유통시키는 것이 아니라 높은 질을 가진 상품을 좀더 확실하게 자기의 책임 아래 유통시켜야 했고, 이에 따라 생산에서 유통에 이르는 전면적 합리화가 불가피해졌다. 이런 상황에서 종래의 下請的 經營構造의 전면적 개조가 企業系列化의 과정으로 이루어졌다.[37]

둘째, 모기업이 생산 면에서 직접적인 책임을 회피하면서도 계열기업의 생산에 깊이 관여하지 않을 수 없는 기업계열적 결합을 요구한 것은, 단순히 부품의 外注로 이윤획득 기회를 양적으로 추구하는 것을 목적으로 하는 하청적 결합 요구와는 본질적으로 다르다. 경영·기술 면에서 모기업과 계열기업 사이의 밀접한 관계는 당연히 인적, 기술적, 자본적 연결을 그만큼 강화하는 경향을 갖는다. 이렇게 되면 계열제도는 하청 제도와는 완전히 다른 측면을 갖게 되고, 거기에는 급격한 질적 변화가 일어난다는 것이다.[38]

2) 小林의 비판

이처럼 藤田은 하청 제도와 계열제도는 다르다는 점을 이론적으로 표현하였는데, 이는 그가 하청을 상업자본의 공업지배의 발전된 형태라는 과거지향적 주장을 한 데서 나온 결과로 보인다. 小林義雄은 이러한 藤田의 견해를 비판하였다. 즉, 기업계열화와 종래의 전속적 하청을 특별히 구별할 만한 이유가 없다는 점을 다음과 같이 지적하였다.

첫째, 실제 기업 사이에 이루어지는 지배종속관계 가운데 하청 제도로부터 벗어나서 그 반대물이 될만한 성질을 지닌 기업계열이라고 할만한 것은 존재하지 않는다. 만약 그러한 것이 있다면 그것은 이미 기업 사이의 지배종속의 범위를 벗어나, 지배종속관계에서 독점체 내부로 이행하여 그 구성체로 편입한 것인데, 그러한 예는 많지 않다.[39]

---

37) 藤田敬三, 〈日本産業における企業系列〉, 大阪市立大學校 商學部, 《經營研究》, 第29호, 1957. 7, p.16.

38) 藤田敬三, 〈再じ企業系列について〉, 《大阪經濟論集》, 第21號, 大阪經濟大學, p.7.

39) 小林義雄, 《企業系列の實態》(獨占資本の相互提携と支配強化), 東洋經濟社, 1958, p.10.

둘째, 기업계열 또는 계열화에는 크게 두 가지가 있다. 하나는 대기업과 중소기업의 지배종속을 수반하는 관계인데, 이것은 하청관계에 속하지만 종래의 하청관계에 견주어 더 조직적이며 긴밀한 관계를 지닌다. 다른 하나는 대기업 상호간의 관계인데, 이른바 업무제휴라는 것이며 '그룹화'라고 부르는 관계이다. 기본적으로 전자는 독점자본이 중소기업지배를 위한 것이고, 후자는 독점자본 자체의 조직 또는 독점자본 상호간에 이룬 조직이다.[40]

셋째, 藤田이 기업계열에 특이한 중요성을 부여하면서 하청 제도와 구별하는 것은 요컨대 하청 제도에 대한 그의 견해에 문제가 있기 때문이다.[41] 최근의 기업계열을 종래의 하청 제도와 근본적으로 다른 높은 차원이며 새로운 성격을 갖는 것으로 특별히 중요시하는 것은, 종래의 하청 제도를 선대객주제 매뉴팩처와 같은 본질을 지닌 뒤떨어진 성격의 것으로 보는데 그 원인이 있는 것으로 보인다. 하청 제도를 상업자본의 공업지배 형태로 보고, 더구나 오늘날의 하청 제도를 선대제 매뉴팩처 시대의 상업자본의 공업자본 지배형태의 연장으로 보는 한, 하청 제도의 내부에 상업자본의 지배가 아닌 공업자본의 지배로밖에 볼 수 없는 점이 나타날 때는 그것을 하청 제도라고 부를 수 없다.[42]

넷째, 藤田의 주장은 기업계열의 이해에서 온 것이 아니라 하청 제도의 잘못된 이해에서 비롯한 것이다. 藤田은 하청 제도에서 모기업의 지배를 상업자본적인 것으로 보고 뒤떨어진 성격의 것으로 보았다. 그러나 일본에서는 이미 전쟁 이전부터 독점자본이 지배적이었고, 그 독점자본이 어느 정도 뒤떨어진 요소를 지니고 있기는 했다. 그렇다고 독점적 공업자본의 독점자본으로서의 수탈을 상업자본적인 전근대적 특성으로 보는 것은 이해할 수 없다.[43] 또한 하청 제도에 대하여 일반적으로 알고 있는 것과는 달리, 매우 오래 전의 것을 근거로 하여 전속적 하청을 포함한 오늘날의 독점자본주의 아래의 하청 제도의 본질을 논의하는 것은 무리가 있다.[44]

결국 小林은, 하청제 공업은 모기업 공업자본에 대한 중소공업의 종속형태이며, 특히 독점자본을 정점으로 하는 지배의 계열에 있는 것으로 이해하고, 이것은 기본적으로 구미 여러 나라의 하청 제도와 같은 성격을 지니는 것으로 생각하였다.[45] 즉, 그

---

40) 위의 책, pp.12~13.
41) 위의 책, pp.9~10.
42) 위의 책, p.9.
43) 위의 책, p.17.
44) 위의 책, p.7.
45) 위의 책, p.8. 이러한 견해에 대해서는 일본 중소기업 문제의 특수성을 도외시한 것이라는 비판
    이 있다.

는 기업계열과 하청 제도, 특히 전속하청과의 본질적 구별을 인정하지 않았다. 藤田이 하청 제도의 뒤떨어진 성격을 강조하면서 대조적으로 계열화의 근대성을 강조한 데 반해, 小林은 하청 제도의 근대성을 강조하면서 기업계열과 하청 제도 사이에는 큰 차이가 없다고 보았다.

2. 하청 제도의 형태와 그 성격

기업계열화 논쟁에서 우리는 하청 제도와 기업계열제도는 질적으로 다른 차이를 지니고 있다는 주장(藤田의 견해)에 대하여, 기업계열과 하청제 공업, 특히 전속적 하청 사이에는 본질적으로 구분을 인정할 필요가 없다는 견해(小林의 주장)를 확인할 수 있었다.

그러나 후자의 견해를 인정하면서도 하청의 형태에 따라서는 뒤떨어진 측면(전근대성)으로서 상업자본의 공업지배 형태를 부분적으로 인정하는 견해도 있었다. 즉, 하청 제도의 범주 안에는 기업계열제도와 차이가 있는 부분이 부분적으로 포함되어 있다는 것이다. 하지만 오늘날 하청 제도의 주요범주인 하청제 공업은 기업계열과 이질적인 반대물은 아니라는 점도 지적 받고 있다.

앞서 하청논쟁에서 나온 것처럼 小宮山의 견해에 따르면, 그 생산형태가 자본가적 생산의 내용을 지닌 하청 중소공업이 상업자본에 종속되는 것을 신선대객주공업이라고 하되, 지배의 주체가 산업자본이 된 경우를 하청제 공업이라고 하였다. 형식적으로는 공업자본이 그 제품의 조립 또는 제조에 필요한 부분품 제작의 일부 또는 전부를 外業部(outside department)에 이전하는 것으로서, 그 종속형태가 생산의 근거를 가진다는 점에서 하청제 공업은 신선대객주제공업과 다르다.

신선대객주제 공업과 하청제 공업을 지배자의 차이에 따라 형식적으로 구분하는 것이며, 특히 공업자본이 지배자인 하청제 공업에서는 모기업과 하청공업 사이에 등가교환을 전제로 하는 近代的 相互依存關係가 이루어질 수 있다는 점을 보여주었다.

그러나 이러한 하청제 공업 가운데도 전형적인 외업부적 지배가 존재하는데, 하청의 형태 가운데 포괄적 하청이 그것이다.

하청의 형태를 포괄적 하청, 混成的 하청, 有機的 하청의 세 가지로 구분한다. 대공장이 자기공장에서 제작하는 완제품을 하청하는 포괄적 하청의 경우는, 선대객주가 중소공장에 일정한 제품을 생산 조립 완료하는 과정까지 떠맡겨 자기의 상표로 판매하는 것과 비슷하기 때문에 선대객주제 공업에 가깝다. 그러나 지배자가 공업자본의 기능을 하는 대공업인 경우에는 하청제 공업의 범위에 들어간다.[46]

이러한 포괄적 하청은 생산공정상의 유기적 결합보다는 중소하청기업으로부터 주로 低費用을 바탕으로 하는 상업자본적 이윤을 얻기 위해 생겨났다.[47] 따라서 이 경우는 하청제 공업의 범위에 들어가지만, 상업자본의 공업지배의 형태와 같은 성격을 지니고 있기 때문에 하청의 형태 가운데 前期的 수취를 그 성립의 근거로 하는 범위라고 할 수 있다.

그러나 혼성적 하청과 유기적 하청[48]은 그 성립 근거가 생산공정상의 관계를 지니면서 어느 정도의 유기적 결합을 특징으로 한다. 따라서 이들은 상업자본적 이윤획득을 추구하는 전기성을 배제하고, 또한 그 생산물을 가치대로 교환하는 등가교환의 실현 가능성을 내포하고 있다고 보았다.

이러한 규정에 대해서는 독점과 독점가격의 엄연한 존재를 무시한 고찰이라는 비판이 있다. 하청제 공업의 본질이 긍정적 측면을 지녔음에도, 특히 戰前의 일본의 경우에는 여기에 부수되는 전기적 요소의 영향과 독점자본의 작용을 가볍게 볼 수는 없다는 것이다.[49]

그런데 모공장과 하청공장이 생산공정에서의 관계를 통하여 어느 정도 유기적 결합관계를 맺는 경우에는 그 성립의 근거에서 전기성을 배제할 수 있다고 본 점에서는 小宮山, 藤田, 小林 등이 공통된 견해를 지니고 있다. 小宮山과 小林은 하청 제도에 부수되는 독점의 작용에 따른 전기적 요소에 주목하였던 것이다. 藤田은 하청 제도를 전기적 성격을 가진 것으로 이해하였지만, 기업계열제도는 독점의 지배 아래 중소공업이 유기적으로 조직화한 것이고 생산공정상에 관계를 맺으면서 조직화한 것이어서 더욱 근대적이며 하청 제도와 다른 새로운 성격을 지니는 것으로 이해하였다.

3. 독점자본의 지배와 하청·기업계열제도

1) 기업계열화와 중소기업의 근대화

연속성이라는 면에서 보면 하청 제도(특히 전속적 하청)와 기업계열제도는 동일한

---

46) 小宮山琢二, 《日本中小工業研究》, p.30.

47) 위의 책, p.32.

48) ① 混成的 하청 : 모공장의 제작범위에 들어가지만, 그것이 독립적인 부문이거나 또는 특수한 기술과 설비를 필요로 하여 전문공장에 그 제작을 위탁하는 경우의 하청, 다시 말하면 社會的 分業으로 경영하는 중소공업을 모공장이 자기생산과의 혼성적 관계에서 이용 지배하는 경우

② 有機的 하청 : 모공장의 제작범위에 속하지만, 제작수량, 加工精度, 납기 등의 관계에서 각종 부분품의 일부 또는 전부의 가공 또는 제작을 하청하는 경우(위의 책, pp.33~34)

49) 小林義雄 編, 앞의 책, pp.33~34.

내용을 지니고 있다. 다만 중화학공업의 급속한 전개와 독점자본주의 확립과정에서 독점자본이 중소공업을 지배하는 형태로서 하청제 공업이 기업계열화로 되었을 뿐이다.

따라서 오늘날의 하청 제도를 통틀어서 선대객주제 지배(전기적 수탈)로 보는 것은 무리이며, 그것은 독점으로 초과착취가 일어난 한 가지 형태로 보아야 한다. 즉 오늘날의 하청 제도는 그것이 독점지배의 한 가지 형태라는 점에서는 기업계열 제도와 차이가 없다. 다만 하청 제도의 범위 안에 있는 전기적 요소의 영향을 부분적으로 인정하여 전기적 요소와 밀착한 독점지배의 형태라고 볼 수 있다.

그런데 이른바 기업계열 논쟁은 중소기업의 근대화라는 정책과제와 함께 나왔다는 데 주목할 필요가 있다.

하청 제도와 기업계열 제도에 관해서 상업자본의 중소공업 지배는 前期性, 그리고 산업자본(또는 독점자본)의 중소공업 지배는 近代性을 지닌 것으로 보고, 전자를 후자로 바꾸는 것을 근대화라고 보았다. 여기서 후자, 즉 산업자본이 지배자인 하청제 공업에서는 모기업의 생산, 기술상의 필요를 하청기업에 반영하지 않을 수 없다. 하청 공업의 낮은 생산력 수준은 모기업은 물론 전반적인 생산력 수준의 발전을 저해하는 요인이 되기 때문이다. 특히 중화학공업의 발전에 따른 급속한 기술발전 과정에서 하청기업의 기술수준 향상은 긴급한 과제가 되었다. 이에 모기업이 자기의 생산력과 기술수준에 맞도록 하청기업의 기술수준을 높일 것을 요구하면서 중소기업 근대화라는 과제가 기업계열 논쟁으로 떠올랐다.

기업계열화는 모공장과 하청기업의 관계가 專屬的 下請으로 발전하면서 이루어지기 시작하였다. 전속적 하청관계의 발전으로 하청관계는 고도화되고 상업자본적 지배에서 벗어나 근대화된 하청 제도가 이루어졌다. 많은 대공장이 중소하청공장에게 자금융자 등을 통하여 하청공장을 전속화하려고 하청공장을 배양하였고, 그 결과 대공장은 하청공장과 점차 연계를 강화하면서 급속한 생산력 확충을 시도하였다.[50]

이를 위해 종래 浮動的 下請의 형태에서 벗어나 전속적 하청으로 발전시킬 필요가 생겼다. 부동적 하청은 대공업이 중소공업을 상업자본적으로 지배한다는 측면을 지니지만, 전속적 하청은 바로 대공장이 공업자본적으로 이용하는 것이라고 규정할 수 있다.[51] 이러한 전속적 하청은 모공장으로부터 자금, 기술원조 등을 받아 기술이 고도화되어 생산력 수준이 상승하면서 근대화하고, 여기서 바로 기업계열화의 필요성이 제기되었다.

---

50) 小宮山琢二, 앞의 책, p.99.
51) 위의 책 p.99.

2) 독점자본의 지배와 하청·기업계열 제도

그런데 대공장의 공업자본적 이용인 전속적 하청이 생산력 향상과 근대화 방향에 기여하기 위해서는 모공장과 하청공장의 관계가 등가교환에 기초를 둔 근대적 상호 의존관계로 변해야 한다. 대공장의 하청 이용은 고정자본의 절약, 경기변동시 위험회피, 전문생산에 따른 비용절감 등의 이유 때문에 자본주의 전개과정에서 일반적 현상이 되고 있다. 그러나 독점자본주의 아래에서는 독점의 지배력 때문에 모공장과 하청공장의 관계가 불평등하고 그 거래관계는 不等價交換이 되고 있다.

특히 특권적으로 세워진 대공업의 급속한 자본축적을 바탕으로 성립한 독점자본주의에서는, 독점자본이 부등가교환을 강제하면서 초과이윤을 창출하려고 하기 때문에 산업자본의 자생적 발전이 억압받는다. 이때 독점자본과 관계를 맺은 전속적 하청제 공업은 특권적 대공업의 계보에 속한 독점자본의 寄生的 성격 때문에 자생적 발전이 억압받고 그 생산력 수준은 당연히 낮아진다. 결국 독점자본이 중소공업을 하청이용하는 것은 전문적 기술을 이용하여 비용절감을 하려는 것보다는 초과이윤을 수취하려는 목적을 지닌다.

산업자본이 전개되고 사회적 분업이 발달하지만 자본의 집적과 집중이 이루어지면서 독점자본주의가 성립한다. 독점은 초과이윤을 추구하면서 사회적 분업의 형태로 하청을 이용하여, 결과적으로 독점을 정점으로 하는 자본축적기구로 하청을 이용하고 부등가교환이 정착한다는 것이 그 도식적 설명이다.

독점기업의 초과이윤 추구와 독점자본의 기생적 성격은 독점단계의 보편적 성격이다. 특히 특권적 대공업을 기초로 이루어진 독점자본은 사회적 분업의 하나인 하청 이용에서도 생산력보다는 독점자본의 기생적 성격을 더욱 강화시킨다. 그 결과 산업자본이 지배자인 하청제 공업, 나아가 대공업의 공업자본적 이용을 통한 생산력 향상이 독점자본의 기생적 성격 때문에 왜곡된다. 독점은 전기적 요소를 부분적으로 내포하는 열악한 생산력까지 이용하게 되고, 독점과의 전속적 하청관계 형성도 전체적인 생산력 발전에 크게 기여하지 못하는 결과를 가져온다.

하청제 공업의 생산력 수준은 독점의 기생적 성격 때문에 나아지지 않고 전속적 하청제와 기업계열화 형태에서도 그러한 문제점은 남아 있게 된다. 그리고 독점과 전속적 하청 및 기업계열관계를 맺은 중소공업은 그들이 독자적인 시장대응 능력이 억압받는 가운데 독점자본의 기생성은 더욱 강해진다.

독점의 자본축적과 생산력 전개과정에서 하청공장도 계층분화가 일어난다. 浮動的 하청, 專屬的 하청(기업계열화), 그리고 시장에 대해 독자적인 대응능력을 갖는 중소공업 등이 나온다. 이때 부동적 하청은 물론이고 전속적 하청(기업계열)도 독자적으로 시장에 대응할 능력을 지니지 못하기 때문에 독점자본과 모공장의 일방적인 초과이윤 축적의 대상이 된다.

특히, 독점단계에서 전속적 하청은 생산공정에서 유기적 결합을 기초로 하면서도 독점의 기생적 기구가 된다. 이 기생적 기구의 대상과 성격은 전기적 요소를 포함하기 때문에 하청제 공업이 전속적 하청이 된다고 해서 그 전기적 성격이 모두 없어지는 것은 아니다. 이점은 독점자본이 위로부터의 특권적 대공업의 발달에 기초를 두고 이루어졌을 때 더욱 특징적으로 나타난다.

결국 하청제 공업과 기업계열제에 관한 이해는 다음과 같이 집약할 수 있다.

첫째, 하청제 공업과 기업계열제는 다 같이 지배자가 산업자본(생산자본)인 모공장과 하청공업의 관계이며, 모공장에 대한 하청공업의 종속의 근거가 생산공정상의 유기적 관계에 있다는 점에서 상업자본의 공업지배 형태와는 구분된다.

둘째, 독점단계, 특히 특권적 대기업의 축적을 바탕으로 하는 독점자본주의에서는 독점자본의 초과이윤 수취의 성격 때문에 하청제 공업이나 기업계열제가 다 같이 근대적 생산력 향상이라는 생산력적 측면과 함께 독점의 기생적 성격을 강하게 지닌다. 그러나 그 기생성은 생산공정의 기술적 결합관계에 기초를 두기 때문에 상업자본적 착취와는 다르다.

셋째, 독점자본의 기생적 성격은 그 초과이윤 축적의 대상을 전기적 요소까지 확대하기 때문에 하청제 공업뿐만 아니라 독점단계의 전속적 하청(기업계열화)에도 부분적으로 전기적 요소를 포함한다.

넷째, 결국 하청제 공업의 전기성이 어느 정도 인정되지만 기업계열과 하청제 공업, 특히 전속적 하청 사이에 본질적 구분이 있는 것은 아니다. 즉 자본주의가 독점단계에 이르고 중화학공업을 전개하면서 독점지배의 한 가지 형태인 하청제 공업이 새로운 조건에서 더욱 발전한 것을 기업계열제도라고 부르게 된 것이다. 이것은 고도로 발전된 생산력의 요구에 따른 것이지만, 그렇다고 독점의 기생적 성격으로 이루어지는 하청제 공업의 본질이 변한 것은 아니다.[52]

---

52) 北田芳治, 〈日本中小企業の特質〉, 楫西光速·岩尾裕純·小林義雄·伊東垈吉 編, 《講座中小企業 I 》(歷史と本質), 有斐閣, 1969, pp.267~277 참조.

제6절 중소기업 존립문제의 새로운 인식

1. 중소기업 존립문제 인식의 전환과 과제

중소기업의 존립문제는 중소기업 문제의 기본이 되고 있다. 중소기업 문제는 자본주의 발전과정에서 일어나는 산업구조의 모순이며, 자본의 운용법칙이 가져오는 모순이라고 규정할 수 있다. 또한 종속적 경제제도인 중소기업의 문제는 자본주의의 역사적 및 발전단계별 유형 속에서 중소기업의 위치와 역할을 제시함으로써 그 성격을 밝힐 수 있다. 이때 중소기업 문제의 성격은 지배적 자본이 종속적 자본을 구축 도태시키고 또는 잔존 이용하면서 일어나는 자본운동의 한 측면이며, 또한 지배적 경제제도와 종속적 경제제도 사이의 상호관계 및 종속적 경제제도의 존립조건 등을 분석의 대상으로 한다.

결국 지배적 경제제도인 대기업 또는 독점자본의 발전에 따른 종속적 경제제도인 중소기업의 존립조건과 존립형태가 중소기업 문제의 기본이다. 이에 따라 중소기업 존립문제는 자본주의 발전단계에 따라, 그리고 산업구조의 고도화 과정에서 변화하고, 특히 산업구조가 지식 정보 집약적인 현대자본주의에서는 새로운 특성을 보인다.

이는 먼저 일본의 근대화과정에서 제기되었던 중소기업 문제의 전개과정에서 확인할 수 있다. 그리고 중소기업 문제를 해명하기 위한 논리구조인 중소기업 이론의 형성과 흐름에서도 중소기업 존립문제의 변천과정을 살펴볼 수 있다. 이에 따라 오늘날 중소기업 존립문제를 재검토하고 새롭게 인식할 필요성이 있다.

중소기업 존립문제는 그 존립조건과 존립형태가 주된 논의의 대상이 되었다. 독점자본 단계에서는 독점을 정점으로 하는 피라미드형 계층적 축적구조 속에서 중소기업 존립문제의 본질을 논의하였다. 독점과 중소기업의 관계를 분석하는 중소기업 존립문제는 독점자본·중소기업·노동자의 관계까지를 포함하였다. 중소기업이 위로 독점자본과 맺은 관계에서 그 존립형태를, 그리고 아래로 중소자본이 그들의 노동자와 맺는 관계에서 그 존립조건을 논의하였다.

20세기 초 이후 다각적인 중소기업의 존립조건이 이론적으로 나오면서 중소기업 이론의 흐름을 주도하였다. 그러나 독점자본 단계의 특징으로는 독점기업이 중소기업 지배를 통하여 독점이윤의 실현을 가능케 하는 객관적 조건의 규명에 초점을 맞추었는데 그것이 바로 低賃金勞動이다. 독점기업은 중소기업이 직접 고용한 저임금 노동을 바탕으로 창출한 잉여가치를 이전 수취하여 자본축적의 대상으로 하기 때문에 이 단계에서 저임금 노동은 중소기업의 객관적 존립조건이 된다.

이때 중소기업이 창출한 잉여가치를 대자본 또는 독점자본이 초과이윤으로 수취하는 機構가 바로 중소기업의 존립형태이다. 자본주의 발전과정에서 중소기업의 존립형태는 다양하지만, 주로 先貸客主制度, 下請制度, 企業系列制度 등이었다. 이들 제도의 성격에 대해 학계에서 치열한 논쟁이 있었으며, 대표적인 것이 하청논쟁과 기업계열 논쟁이다.

하청제 공업은 지배의 근거가 생산 외부의 前期的 收取가 아니라 모공장과 하청공장 사이의 생산공정상 유기적 결합이라고 보는 견해가 있다. 여기서는 사용가치적 관계(생산력적 관계)가 전면에 나타나면서 전기적인 부등가교환이 아닌 등가교환의 가능성을 서로 내포하고 있다고 보며, 다만 기술적 지배종속만이 문제로 남는다는 것이다. 이에 대해 하청제 공업은 외부에서, 流通 면을 통하여 지배하는 형태 가운데 하나이며, 이른바 상업자본의 소경영(소상품생산)지배의 최고 단계에서 나오는 공업의 특수한 형태라는 비판이 있다. 즉 상업자본이 공업자본을 지배하는 형태가 발전한 최고형태가 하청제 공업이라는 것이다.

한편, 기업계열제도를 하청 제도와 구분하여, 전자는 후자에서 발전한 것이지만 높은 차원의 것이고 양자는 질적인 차이가 있다는 주장이 나왔다. 하청 제도는 질보다 양을 기준으로 전기적 수취의 본질을 지녔음에 비해, 기업계열은 독점체의 경쟁과 특히 국제독점자본의 경쟁이 심해지면서 모기업이 제품의 질적 향상을 위하여 계열기업의 생산에 깊이 관여하면서 나타난 경영·기술 면에서 모기업과 계열기업의 밀접한 인적, 자본적, 기술적 관계를 반영하는 것으로 보았다.

이에 대하여 하청 제도, 특히 전속적 하청과 기업계열제도는 특별히 구분할 만한 이유가 없다는 비판이 있었다. 두 가지를 구분하는 이유는 하청 제도를 전기적 상업자본의 공업지배의 한 형태라고 규정한 과거지향적 견해에 따른 것인데, 독점자본의 단계에서 독점자본적 하청제 공업의 지배를 상업자본적인 전근대상황으로 보는 것은 잘못이라는 비판이 있다. 하청 제도의 형태에 따라(예컨대 혼성적 하청) 뒤떨어진 면이 있지만, 대체로 오늘날의 하청(특히 전속적 하청)은 그 성립의 근거가 생산공정상의 관계를 지니면서 어느 정도 유기적 결함을 특징으로 하기 때문에 기업계열제도와 질적으로 구분할만한 이유가 없다.

그런데 모공장과 하청공장에 생산공정의 유기적 결합이 이루어지는 경우에는 그 성립의 근거에서 전기성을 배제할 수 있고 그 생산물을 가치대로 교환하는 등가교환의 실현가능성을 내포하고 있다는 점에서는 대체로 공통된 견해를 보이고 있다. 문제는 독점자본의 작용을 가볍게 볼 수 없다는 점이다. 특히 기업계열제도가 중화학공업

의 발전에 따른 급속한 기술발전 과정에서 하청기업의 기술수준 향상을 통한 근대화
와 생산력 제고를 목적으로 하면서도, 독점자본의 초과이윤 수취가 강하게 작용하고
있다는 점을 무시할 수 없다.

기업계열제도에서 하청공장이 생산력 향상과 근대화에 기여하기 위해서는 모공
장과 하청공장이 등가교환에 바탕을 둔 근대적 상호의존관계를 맺어야 한다. 즉 독점
자본의 초과이윤 수취를 추구하는 기생적 성격을 억제하고, 근대적 생산력 향상이라
는 생산력적 측면을 제고해야 한다는 것이다. 기업계열제도는 고도로 발전한 생산력
의 요구에 따른 것이지만, 거기에는 독점자본의 기생적 성격이라는 본질이 있다.

2. 산업구조 고도화와 중소기업 존립문제의 새로운 인식

산업구조가 고도화하고 자본의 유기적 구성이 고도화하면서 독점자본의 초과이
윤 수취와 기생적 성격은 더욱 강해지는 경향을 갖는다. 독점자본의 기생적 성격으로
중소기업과의 상호의존 관계는 필연화한다. 자본제적 공업은 근대 자본주의 초기에서
산업자본주의를 거쳐 독점자본 단계로 나아간다. 이 과정에서 대공업 또는 독점기업
은 중소공업을 이전에 자기와 단순한 대립물이라는 관계에서 떠나, 점차 대립과 의존
이라는 모순적 관계에 들어가도록 한다. 이 대립과 의존의 모순적 관계는 대립을 포
함하면서도, 외적 형태는 상호의존하는 것으로서, 실제로는 타자에 기대면서 자기를
보존하는 것이다.[53]

하청계열관계에서도 본질적 영역에서는 독점자본의 기생적 성격이 지속되지만
이것은 어디까지나 중소공업과의 상호의존관계 속에서 지속될 수 있고, 그것은 독점
자본을 존속하게 하는 의존적 자기보존의 특징을 점차 강하게 만든다. 산업기술과 생
산력의 발전은 독점자본과 중소공업 사이의 관계(하청계열관계)에서 생산관계적 대
립보다는 상호·의존관계의 성향을 강하게 만들고 있다. 이것은 산업구조의 고도화 과
정에서 더욱 현격하게 나타난다.

중화학 공업화에 따른 산업의 성격과 생산력 발전은 하청계열관계에서 모공장의
기생적 성격을 억제하도록 만든다. 기업계열관계에서 모공장에게 생산력적 시각이 필
요하고 모기업과 하청기업 사이에 더 밀접해진 생산공정상의 유기적 결합관계 속에
남아있는 기술적 지배종속관계에 변화가 일어난다.

1980년대 중반 한국의 기계공업을 중심으로 하청계열제도의 변천에 대한 한 연구

---

53) 松井辰之助, 〈中小企業の本質とその存在形態 — 存在形態にわける領域的本質と歴史的本質との
　　二重性を中心として〉, 藤田敬三·伊東垈吉 編, 《中小工業の本質》, 有斐閣, 1960, p.240.

보고서는 다음과 같은 내용을 담고 있다. 모기업이 都給去來(하청계열관계)를 하는 중요한 이유가 과거에는 저임금에 바탕을 둔 낮은 단가제품의 이용이나 손실의 분산 등이었다. 그러나 최근에는 모기업이 受注企業(하청계열기업)의 전문기술이나 설비투자 등 자본전략 등이라는 것이다. 이에 따라 모기업이 수급기업을 정할 때 과거에는 낮은 비용, 낮은 단가 등이 중요 기준이었으나, 현재에는 품질 및 精度를 가장 중요한 기준으로 삼고 있다는 것이다.

이것은 모기업이 부품의 가격보다는 품질을 중요시하면서 낮은 가격, 낮은 품질의 부품보다는 값이 비싸더라도 품질이 좋은 제품을 선호하는 경향을 반영한 것이다. 여기에 모기업이 수급기업의 전문기술에 관심을 갖지 않을 수 없는 이유가 있다는 것이다. 결과적으로 모기업과 수급기업이 종속적인 관계에서 대등한 관계로 이행하는 경향을 나타낸다는 지적이다.[54]

이러한 과정은 독점자본이 그 자본축적의 새로운 기반을 마련하는 과정이라고 이해할 수도 있다. 그러나 산업구조가 고도화하면서 모기업과 하청기업 사이의 생산공정상의 유기적 결합관계가 깊어지고 하청계열기업의 생산력 향상과 함께 그에 따른 모기업의 생산력적 시각이 높아지고 있음을 알 수 있다. 그리고 그 속에서 기술적 지배종속관계의 변화 가능성을 엿볼 수 있다.

이러한 점은 중화학공업의 진전이 하청계열관계를 하청중소기업에게 유리하도록 질적으로 변화시킨다는 다음과 같은 주장에서 더욱 적극적으로 나타나고 있다.

첫째, 사회적 분업의존체계가 확립되기 때문이라는 것이다. 조립가공산업의 확대로 사회적 분업이 심화되면서 하청기업에의 의존도를 높이는데, 이것은 부품생산을 모기업에서보다 하청기업에서 하는 것이 규모이익을 가질 수 있기 때문이다.

둘째, 하청기업이 전문화하고 거래처가 늘어난다는 것이다. 사회적 분업체제가 확립하여 부품생산에서 하청기업이 경영기술자원을 축적하고 생산력을 발전시킨다. 이 때문에 하청기업의 전문화가 빨라지고 거래처는 늘어나면서 하청전문기업의 존립조건을 유리하게 만든다.

셋째, 거래가격의 형성조건을 바꾼다. 대기업의 수요독점과 하청기업 사이의 과당경쟁이라는 종래의 하청계열관계의 특징이 변화한다. 모기업의 수요독점 상태가 느슨해지고 전문기업이 나오면서, 하청기업 사이의 경쟁상태도 완화되어 거래 조건이 하청기업에 유리해진다. 즉, 전문화는 모기업과 하청기업의 상호관계를 대등하게 하는 계기가 되고, 따라서 가격형성조건도 하청기업에게 점차 유리해진다는 것이다.[55]

---

54) 배경일, 〈도급제도의 변천－기계공업을 중심으로 하여〉, 중소기업은행, 《기은조사월보》, 1984년 9월호, p.7.

중화학공업이 성숙하고 산업구조가 知識 情報 集約的(knowledge·information intensive)으로 바뀌는 단계에서 중소기업의 존립문제는 더욱 크게 변화한다. 산업구조에서 자본의 역할이 상대적으로 줄어들고 지식·정보의 기능이 커지면서 여기에 적응하는 중소기업의 존립조건도 달라질 수밖에 없다. 종래의 저임금 노동이라는 객관적 존립조건보다는 지식·정보 집약적 노동이 중요한 존립기반이 되지 않을 수 없다.

또한 하청계열관계라는 중소기업의 존립형태에서도, 수직적 관계에서 수평적 관계로 그 성격이 변화한다. 즉 대기업을 정점으로 중견기업, 중소기업, 영세기업으로 이어지는 피라미드형의 수직적 관계에서, 기업들이 서로 대등한 분업관계를 맺는 수평적 관계로 바뀐다.

그렇다고 자본의 기생적 성격이 전혀 없다고 볼 수는 없다. 그러나 상대적으로 지식과 정보의 기능이 강해지면서 중소기업의 존립문제에서도 생산관계적 시각보다는 생산력적 시각으로 그 중심이 바뀌는 것을 볼 수 있다. 결국 지배종속과 착취 대립관계의 시각에서 협동과 상호의존관계의 시각으로 중소기업 존립문제를 새롭게 인식할 필요가 있다.

---

55) 淸成忠南, 《現代中小企業の新展開》, 日本經濟新聞社, 1972, pp.132~136.

제14장 小零細企業 문제의 새로운 인식

제1절 소영세기업 문제의 제기

중소기업은 異質多元的이다. 이러한 특성은 중소기업 범위 안에 소영세기업이라는 산업적 범주를 독자적으로 정할 필요를 갖게 한다. 또한 소영세기업 문제라는 경제구조의 모순이 나오면서 이에 대한 이론적 체계의 정립과 정책적 대응방안을 찾게 되었다.

우리는 중소기업 문제의 성격을 다음과 같이 규정했었다.

첫째, 중소기업 문제의 '문제'는 다름 아닌 '모순'인데, 이 모순은 자본주의 발전과정에서 일어나는 산업구조의 모순이며, 자본의 운동법칙이 가져온 모순이다. 자본주의의 발전, 이에 따라 산업구조의 高度化와 그 과정에서 생기는 모순의 하나가 중소기업 문제이다. 따라서 중소기업 문제는 '역사적' 성격을 지닌다. 자본주의 발전의 각 단계에서 지배적 자본이 그렇지 못한 자본을 해체 몰락시키고 從屬·利用하면서 이루어지는 자본의 운동법칙의 한 측면이 중소기업 문제라는 것이다.[1]

둘째, 중소기업 문제는 자본주의 발전의 일반적 발전단계에 따라, 그리고 국민경제의 특수성에 따라 종적, 횡적으로 유형화하여 인식할 필요가 있다. 일반적 경제법칙은 서로 다른 조건에서, 서로 다른 현상으로 구체화하기 때문이다. 이는 같은 경제적 개체들이라도 서로 다른 역사적 조건, 서로 다른 발전단계에 따라 자기 역할 또는 위치가 다르다는 것을 뜻한다. 결국 종속적 경제제도로서 중소기업 문제는 역사적 또는 발전단계별 자본주의 유형에서 중소기업의 '위치와 역할'을 제시하는 것이다.[2]

셋째, 중소기업 문제가 산업구조상의 모순이라면, 산업구조의 변화에 따라 그 성격이 달라질 수 있다. 특히 산업구조의 고도화는 자본의 유기적 구성의 고도화를 의미하기 때문에 그에 따라 자본의 역할이 더욱 강해지고 모순현상으로서 중소기업 문제는 더욱 심해질 수밖에 없다. 그러나 산업구조가 경공업 중심에서 중화학공업 중심으로 고도화하는 과정에서 이러한 현상은, 산업구조가 다시 知識·情報集約的으로 변하는 현대자본주의에서는 새로운 특성을 보인다.

소영세기업 문제를 자본주의 발전과정에서 나오는 산업구조의 모순으로 규정하

---

1) 伊東垈吉, 〈中小工業問題の本質〉, 藤田敬三·伊東垈吉 編, 《中小工業の本質》, 有斐閣, 1960, p.29.
2) 朴玄琛, 〈中小企業問題의 認識〉, 《創作과 批評》, 창작과비평사, 1976 여름, pp.386~387.

는 관점에서는, 중소기업 문제 인식의 세 가지 틀을 소영세기업 문제에도 적용할 수 있다고 본다. 다만 중소기업의 일부를 가지고 일관해서 '중소기업 일반'으로 규정하던 소기업 또는 소영세기업을 별도로 구분한 이유를 해명하는 것은 소영세기업 문제를 독자적으로 인식하는 바탕이 되는데, 그것은 다음과 같은 두 가지 측면에서 살펴볼 수 있다.

첫째, 정책적 인식이다. 중소기업을 중기업, 소기업 또는 소영세기업으로 구분하는 것은 경제개발 과정에서 '중소기업 문제 일반'이 아니라, 소영세기업 문제라는 새로운 구조적 문제가 나타나 정책대상으로서 차별화의 당위성이 있었기 때문이다.

둘째, 이론적 인식이다. 소영세기업 문제는 소영세기업이 중소기업과 다른 질적 특성을 지니고 있다는 데 바탕을 두고 있다.

먼저 소영세기업 문제에 대한 정책적 인식을 살펴보면 다음과 같다. 일본은 1963년에 〈中小企業基本法〉을 제정하면서 처음부터 小規模企業이라는 계층규정(제23조)을 정하여 일반의 중소기업과 다르게 배려할 필요가 있다고 보았는데, 그것은 다음과 같은 이유에서였다.

첫째, 일반 중소기업이 기업의 체질개선을 꾀하고 생산성과 거래조건을 개선하여 종업원의 경제적 사회적 지위를 높일 것을 기대하는 경제 정책적 관점이 기본이다. 소규모기업은 그 기업기반이 취약하기 때문에 일반 중소기업에 대한 정책 태도와는 달리 사회보장적 입장에서 이른바 사회 정책적 배려를 더한다.

둘째, 소규모기업의 범위를 20명(제조업 기준) 이하로 정한 것은, 10명 미만 정도의 중소기업의 소득은 근로자의 임금소득과 같을 정도로 사업주의 가족의 생계를 유지하는데 지나지 않으며, 사업의 존속 또는 성장에 필요한 자본의 재생산과 같은 확대재상산을 기대할 수 없기 때문이라고 하였다.[3]

이것은 일본에서 소규모기업의 정책적 인식의 특성 및 그 범주 설정의 근거를 설명한 것이다. 한편 우리나라는

① 〈중소기업기본법〉을 1966년에 제정하였는데, 이 때는 소기업에 대한 별도의 규정이 없었으며 다만 零細企業을 종업원 수 5명 이하의 사업체로 규정하고, 그에 대한 시책의 강구를 규정하였다.(제9조)

② 그 뒤 1982년에 개정한 〈중소기업기본법〉에서 중소기업자의 범위를 소기업자와 중기업자로 나누고 소기업(제조업의 경우 종업원 20명 이하)의 그 경영 개선과 발전을 위하여 정부가 필요한 시책을 강구하도록 규정하였다.(제9조 1항)

---

3) 日本中小企業廳, 《中小企業基本法の解說》, 日本經濟新聞社, 1966.(中山金治, 《中小企業近代化の理論と政策》, 千倉書房, 1983, p.66 참조)

③ 그리고 1995년의 개정에서는 소기업의 범위를 시행령에서 규정하도록 하면서 더욱 확대하였다.(제조업의 경우 상시 종업원 수 50명 이하) 이러한 추이는 경제개발 과정에서 나온 소영세기업 문제의 정책적 인식을 반영한 것이다.

한편, 중소기업 일반과 다른, 소영세기업의 질적 특성이 자본 및 그 계층적 성격에 따라 나누어지면서 소영세기업 문제가 제기되었다. 구체적으로 다음과 같다.

첫째, 중소자본은 약소자본이지만 본질적으로 고용노동에 의존하는 자본제 기업이어서 지배적 자본이 수탈할지라도 스스로의 계층적 지위에 따라 하층에 그것을 떠넘길 수 있다. 이에 반해 소영세기업은 가족노동을 주로 하는 자영업주이고 약간의 고용노동을 사용하는 경우에도 착취자 성격이 약한 中間的 階級이다. 자본주의 발전 과정에서 소영세기업은 자본가와 노동자로 '계급분화'의 진행 대상이 되는데, 이는 자본가 내부의 '계층분화'와 차이가 있다.[4] 따라서 근대화 정책을 받아들이는 방향도 다르다. 중소기업에게는 도산과 신설을 촉진하며 자본제 기업 간 계층적 축적의 기반을 마련하는 것이지만, 영세층이 많은 소영세기업에게는 賃金勞動者化를 의미한다.

둘째, 오늘날 중소기업 가운데서 분화하여 논의하고 있는 소영세기업은 그것이 산업자본주의 단계에서 의식했던 小企業問題[5]와는 그 의미가 다르다. 역사적으로 소공업 문제의 대상은 가내공업이었고, 자본의 문제라기보다는 수공업 또는 가내노동의 문제로서, 근대적 대규모 공업의 전개에 따라 경쟁 도태하는 이들을 의식하여 나온 문제였다. 즉 대기업과 소기업 사이에 만들어진 大小工業 問題였다. 그러나 독점자본주의 단계에서는 독점자본 또는 대기업이, 지배에 이용하고 재생산하는 존재로서 중소기업을 의식하여 中小企業問題가 나왔다.

독점단계에 와서 소영세경영의 상당부문이 공장화되어 중소공업의 실질을 이루고 하청·재하청의 조직에 편입하여 '중소기업 문제 일반' 속에 들어왔다. 즉 독점자본에 지배받는 위치에 있다는 점에서 소영세기업은 중소기업과 공통의 성격을 지니게 되었다. '중'은 '대'와 '소'의 중간이 아니고, 오히려 '소'와 하나가 되어 '대기업'에 대한 '중소기업'이 되었다.[6] 이점에서 '소영세'는 '중소'와 동질성을 지니게 되었다.

셋째, 이 단계에서 독점자본 또는 대기업과 중소기업의 관계는 경쟁·도태가 아니라 잔존·이용이며 기계적 교체가 아니라 相互制約 依存的인, 同時的으로 존재하는 관계라는 것이다.[7] '중소기업 일반'이라는 동질성에도 불구하고 현실 정책에서 중견기업

---

4) 市川弘勝 編著, 《現代日本の中小企業》, 新評論, 1969, p.241.

5) 伊東垈吉, 〈中小工業問題の本質〉, 藤田敬三·伊東垈吉 編, 앞의 책, p.30.

6) 山中篤太郎, 〈中小企業本質論の展開〉, 위의 책, p.7.

7) 山中篤太郎, 위의 글, 위의 책, p.9.

또는 소영세기업을 중소기업 일반에서 구분하는 것은 이들에 대한 차별 정책을 통하여 경쟁도태나 잔존이용의 법칙을 이루는 새로운 조건과 場을 추구하려는 것이다.

소영세기업에게 경쟁도태는 勞動力流動化의 바탕이 되어 저임금 노동으로 잉여가치 창출의 기초를 마련한다. 그러나 자본주의가 크게 진전한 사회에서도 전근대적 소영세경영이 소생산자 또는 가내노동으로 존립형태를 변화하지 않고 계속성을 유지한다. 이때 이들을 어떻게 근대화하고 자본축적에 이용하도록 구조개선 하느냐 하는 과제가 소영세기업 문제로 제기된다.

결국 소영세기업에 대한 차별적 근대화 정책으로 그것의 경쟁 도태를 추진하면서도 새로운 단계의 자본축적 기반을 마련하기 위해 이들은 어떻게 잔존이용 하느냐가 소영세기업 문제의 주요한 정책적 특성이 된다. 중소기업을 중견기업, 중기업, 소기업, 영세기업으로 재편성하여 지배적 자본의 지배영역과 지배대상을 확대 다양화하는 가운데 소영세기업 문제가 제기 형성된다. 즉, '중소기업 일체'로서가 아니라, 그 分化를 통한 새로운 자본축적의 계층적 질서가 필요해지면서 정책적으로 소영세기업 문제가 나온 것이다.

제2절 소영세기업의 구성과 그 성격

1. 소영세기업의 구성과 그 성격

중소기업을 분화하여 소영세기업에 대한 차별 정책으로 새로운 자본축적의 기반을 마련하려는 가운데 나온 '소영세기업 문제'는 소영세기업이 지닌 독자적 범주와 질적 특성을 전제로 한다. 異質多元的으로 이루어진 중소기업은 다음과 같은 내용을 지닌다. 독점단계의 중소기업은 독점자본 때문에 산업자본의 독립성을 잃은 근대적 대공업(거대한 독점적 대경영에 견주어 상대적으로 중규모공업 - 中工業)과 現代的 小工業(근대적 小工業과 종래의 小經營) 등 중층 다원적으로 이루어져 있다. 이들은 다같이 독점자본 단계에서 독점자본의 지배력 때문에 문제성 있는 기업이 되고 있다는 공통점을 지니면서 이른바 '중소기업 문제'의 본질을 이룬다.

그런데 독점단계의 소규모 공업, 즉 현대적 소공업(소기업)은 수공업적 가내공업과 매뉴팩처 등 특수한 분야에 잔존하고 있는 종래의 小經營과, 종래의 소경영에 기계와 전력을 이용하는 近代的 小工業 등으로 이루어져 소영세기업 구성의 기본을 형성한다. 다시 근대적 소공업는 다음과 같은 것을 포함한다.[8]

① 근대적 매뉴팩처와 근대적 가내공업 가운데 전동력이 보급되면서 소자본으로 동
   력화가 가능해지고 산업자본 단계에서 기계의 도입이 늘어난 것
② 동력화의 기초 위에서 수공업적으로 생산하는 것
③ 부분적으로 기계를 도입한 것
④ 기계화되었지만 그 기계가 뒤떨어져 수공업적 숙련을 아직 필요로 하는 것
⑤ 부녀자 등의 저임금 노동을 사용하기 위해 간이기계를 도입한 것 등

이러한 현대적 소공업을 전형적인 현대적 소기업인 현대적 매뉴팩처와 현대적 영세공업으로 분류하기도 한다. 다시 현대적 영세공업은 자본제 단순협업을 주요 작업 내용으로 하는 현대적 수공업과 자기노동으로 경영하는 현대적 영세경영으로 나누기도 한다.[9]

이처럼 소영세기업은 다양하지만 그 공통점은 다음과 같이 지적할 수 있다.

첫째, 소영세기업은 가족노동을 주로 하는 자영업주이고 약간의 고용노동을 사용하는 경우에도 착취자 성격이 약한 중간적 계급의 특성을 지닌다. 자본주의 발전과정은 소영세기업에게는 자본가와 노동자로의 계급분화의 진행을 의미하며, 근대화 정책은 零細層이 많은 이들에게는 賃金勞動者化의 촉구를 의미한다.

둘째, 기업순환과정의 특성에서 동질성이다. 즉 영세기업에서 소기업으로의 상승, 소기업에서 영세기업으로 하강은 흔히 있는 현상이다. 중기업과는 달리 소영세기업은 확대재생산이 한정적이고, 독립성이 약하며, 기업의 개인적 성격이 강하여 경제계산이 성립해도 본래 의미에서 확립된 것이 아니라는 공통성을 지닌다.[10]

2. 소기업과 영세기업

소영세기업이라는 산업적 범주가 공통성을 지니고, 또한 현실적으로 소기업과 영세기업을 구분하는 것은 어렵다. 그러나 그 질적인 특성은 다르다. 즉, 소기업은'자본에 의한 경제계산의 구조'를 갖는 소규모 기업이다. 이에 대하여 영세기업은 가족노동을 중심으로 생산, 판매 및 서비스에 종사하는 '기업 이전의 경영'으로서 '자본과 노동의 분화과정에서 중간적 존재'이다. 다시 말하면, 생업(가내노동)과 기업의 중간적 존재가 바로 영세기업이며, 오히려 '영세경영'이라고 하는 편이 적당한 표현이라는 것이다.[11]

---

8) 伊東垈吉, 앞의 글, 藤田敬三·伊東垈吉 編, 앞의 책, p.42.
9) 稻葉 襄 著, 《中小企業の經濟理論》, 森山書店, 1969, p.7.
10) 淸成忠南 著, 《現代日本の小零細企業》(發展と倒産のメカニズム), 文雅堂銀行研究社, 1967, p.14.

　　소기업과 영세기업을 이와 같이 구분하는데 중요한 기준이 되는 것은 '자본과 노동의 분화과정'이 어느 정도 이루어졌느냐인데, 이것을 표시한 것이 [그림 14-1]이다.

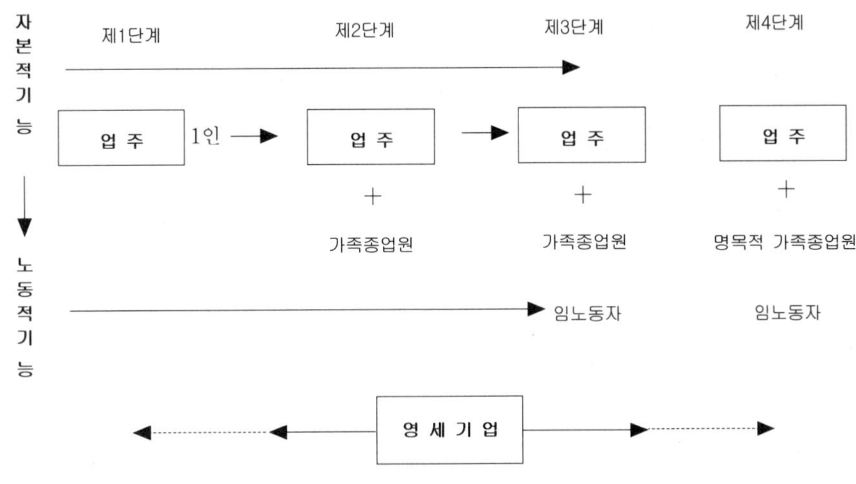

[그림 14-1] 자본과 노동력의 분화과정

자료 : 國民金融公庫 調査部《日本の小零細企業》, 東洋經濟新報社, 1967. p.96에서 재인용.
　　(國民金融公庫,《調査月報》, 1963. 5,〈零細企業の本質について〉)

　　제1단계에서는 자본과 노동이 미분화되어 있고 임금과 이윤은 명확히 나누어지지 않아 소득범주로 보면 業主所得이다.

　　제2단계에서는 대부분의 경우 가족종업원이 있지만 이들에게는 노동시장에서 성립하는 임금 수준에 따른 임금을 지불하지 않고, 업주나 가족종업원을 포함한 노동비용은 생활비용의 개념으로 여겨진다.

　　제3단계에서는 업주의 노동과정에 대한 참여가 한정되고 자본적 기능이 명확히 나타난다.

　　제4단계에서는 노동과정에 종사하는 것은 임금노동자뿐이고, 업주는 자본가의 기능만을 하게 되어 자본과 노동의 분화가 명확해진다.

　　제1단계와 제2단계는 생업적 특징이 강하고 이윤범주도 아직 성립하지 않는다. 기업의 속성을 자본에 따른 경제계산의 구조, 자본의 자기중심운동과 자본축적으로 본다면, 이러한 점은 제3단계에서 맹아적으로 나타나고 제4단계에서 명확해진다. 이처럼 기업적 속성이 제4단계에서 명확해지지만, 이 단계에서도 고용하는 임금노동자의 수가 많지 않은 경우에는 그 생업적 특성이 남는다. 이 때 기업으로서의 확대재생

---

11) 國民金融公庫 調査部,《日本の小零細企業》, 東洋經濟新報社, 1968, p.1.

산의 가능성이 없는 경우에는 이윤도 개인자산으로 축적되어 생업적 특징을 벗어나지 못한다.

결국 '자본과 노동의 분화과정의 중간적 존재'로서 영세기업은 제4단계의 기업의 일부에서도 나타난다고 볼 수 있다. 그러나 자본제적 경영형태로서 최소규모의 기업인 '소기업'은 제4단계에서 형성되는데, 그 특징은 다음과 같다.

① 영세기업이 자본제 이전의 경영형태임에 비해, 소기업에서는 이윤계산이 이루어지고 임금노동자가 고용되며 가계와 경영이 분리된다.

② 제조업에서는 생산에 기계를 사용한다.

③ 시장 면에서 영세기업과 같이 소비자시장으로부터 단절되지는 않지만, 市場性을 갖지 못하는 부품가공에 종사하는 소기업은 모기업에 여전히 종속한다.

④ 따라서 저생산성, 경영불안정성, 열악한 노동조건 등은 소기업에서도 특징으로 남는다.

⑤ 특히 노동 집약적 소기업의 경우, 노동력 부족의 영향을 받을 때 가족노동에 의존하는 영세기업보다 경영불안정성이 더욱 클 수도 있다.[12]

[표 14-1] 제조업의 기업유형

유형화의 종류 \ '기업' 유형	가내노동	영세공업	소공업	중공업	대공업
생산물	부품가공	부품가공	부품가공	완성부품	완성품
생산공정	부분공정	부분공정	부분공정	일관공정	일관공정
노동수단	도구	도구 또는 간단한 기계	도구 또는 만능 기계	전용기계 장치	전용기계 장치
숙련의 성질	반노동력	숙련노동력 도제	숙련노동력 비숙련노동력 도제	숙련노동력 반숙련노동력 비숙련노동력	숙련노동력 반숙련노동력 비숙련노동력
종업원 구성	가족	업주·가족 종업원·도제	고용노동자	고용노동자	고용노동자
경영담당자	–	업주	업주	업주	기업가
자본구성	–	개인자산	개인자본	동족자본	주식자본
시장조건	선대객주· 모공장(재하청)	선대객주· 모공장(재하청)	모공장 (1차하청)	일반시장 (자립)	일반시장
가격형성	가공임	가공임	가공임	시장가격	독점가격
소득범주	공임	업주소득	임금·이윤	임금·이윤	임금·이윤
소득수준	비숙련노동력의 임금수준	숙련노동력의 임금수준	평균이윤 이하	평균이윤	특별이윤
성격	노동자적	직인적	자본가적	자본가적	독점자본가적

자료 : 渡會重彦 編,《日本の小零細企業》(上), 日本經濟評論社, 1977, p.46.

---

12) 위의 책, pp.94~101.

한편 제조업에서 기업의 유형을 가내노동, 영세공업, 소공업, 중공업, 대공업 등 다섯 가지로 유형화하여 기업의 특징을 설명하기도 한다.[13] 이 구분에 따르면 가내노동은 그 성격이 노동자적이고, 영세공업은 職人的이며, 소공업 이상이 자본가적 기업의 성격을 지닌다. 이에 따라 소득범주는 가내노동의 경우 工賃, 영세기업의 경우는 업주소득, 소공업 이상에서는 賃金·利潤의 형태가 된다.

그러나 생산물, 생산공정, 노동수단, 자본구성, 시장조건, 가격형성 등에서는 소기업과 영세기업 및 가내노동의 동질성이 나타나고 있다.

3. 영세기업의 본질

한편 영세기업(또는 영세경영)의 본질에 대한 논의를 검토해보면 다음과 같다.

첫째, 영세경영의 기업적 성격과 生業을 분리하여 이해하려는 견해이다. 日本學術振興會(1962년 10월)에서 논의한 결론은, 영세기업의 본질은 '기업'과 다른 '생업'적인 것이다. 이때 기업이란, ① 임노동을 고용하고, ② 이윤계산을 하며, ③ 이윤추구를 하는 것이다. 이에 비해 생업은, ① 가족노동을 주로 하고, ② 이윤계산을 하지 않으며, ③ 가계유지와 수익확대를 목적으로 하는 것이라고 규정하였다. 영세층의 가내노동적 성격을 공통적으로 지적한 것이다. 한편, 기업적 범주를 규정하는 가운데 영세기업을 생업적인 것과 분리, 이해하려는 견해도 있다. 이를 살펴보면,

① 영세 '기업'이란 자가노동 중심의 층보다는 그 위에 '자본'과의 관계에서 중간적인 것으로 보는 편이 적당하며, 따라서 영세기업과 자가노동경영(생업)을 구분하는 것이 이론적으로, 정책적으로 바람직하다.[14]

② 영세하고 소규모이지만 기업의 형태를 가지는 것에 개념의 초점이 있으므로 그 가운데 생업적인 것은 포함하지 않는 편이 정책적으로나 연구에 편리하다.[15]

둘째, 영세공업을 중소기업, 특히 소공업과 분화하는 개념으로 사용하지 않는 견해이다.

① 영세공업의 개념을 확립하지 않고 중소공업이 가진 零細性의 구조적 특징을 분명히 하려는 것이다. 〈자본적 경제계산성〉이라는 분석시각에 따라 자본제 기업과 비교해서, 기업 이외의 것 또는 기업으로서 미숙한 것으로 규정하였다.[16]

---

13) 渡會重彦 編, 《日本の小零細企業》(上), 日本經濟評論社, 1977, p.46.

14) 伊東垈吉, 〈日本中小企業研究史〉, 《日本にねける 經濟學の100年》(下卷),　日本評論社,　1959, p.361.

15) 藤田敬三, 《日本産業構造と中小企業》, 1965, p.392.

② 자본제 경영형태를 갖고 있으면서도 자본으로서의 운동법칙을 관철할 수 없는 것을 중소자본공업이라고 보고, 이에 대하여 자본의 운동법칙을 관철할 수 없을 뿐만 아니라 자본제적 경영형태를 지니지 못하는 미숙, 불충분한 것을 영세공업으로 규정하였다.[17]

셋째, 영세기업 문제를 구체적으로 職人문제와 가내노동문제로 이해하는 견해로서, 기업적 본질과 생업적 성격을 구분하지 않는 것이다.

① 영세기업은

㉠ 선대상인이 직인적 생산형태를 이용하고 종속화시킨 선대제 가내공업과

㉡ 공장의 外業部를 형성하는 근대적 가내노동 및

㉢ 영세공장군 등의 세 가지로 구성되는 것으로 보았다.[18]

이 견해는 대자본 지배기구 안에 이들 영세공업의 종속성이 점차 강화되면서, 그 지배 아래 수많은 가내노동이 재형성되고 사실상의 노동자로 재생산되는 등 영세공업의 변화과정을 재생산의 측면에서 분석한 것이다.

② 다음에 중소기업의 하층을 소공업, 영세공업, 가내노동의 세 가지로 나누고 이를 이윤과 소득범주로 구분하는 견해이다.

㉠ 소공업은 평균이윤 이하이며 자본가의 성격을 갖는 기업으로서 기업가 소득은 임금과 이윤의 두 부문을 포함한다.

㉡ 영세공업은 숙련노동력의 임금수준밖에 얻지 못하는 계층으로서 職人的 성격을 갖는 경영이다.

㉢ 가내노동은 노동자의 성격을 띠고 임시 일용노동자 만큼의 임금수준을 얻는 공업소득자(半프롤레타리아층)로 유형화한다.[19]

따라서 영세공업은 이윤범주가 성립하지 않고 사실상의 노동자에 가까운 층으로 보았다. 여기서는 영세공업의 본질을 직인적, 아니면 자가노동력의 상품화에서 구함으로서 생업과 가내노동, 양자를 포괄하는 개념에 가깝다.

영세기업의 본질에 대한 여러 가지 논의가 있지만 문제의 핵심은 영세기업이 단지 전자본제적 경영의 잔존물이 아니고, 종속성이 심화되면서 재생산에 적극적으로 이용되고 기여하는 현대자본주의 속의 近代的 存在로 평가해야 한다는 점이다. 영세경영은 국민생활에서 불가결의 존재로 점차 확대되고 있으며, 때로는 상위자본에 의

---

16) 山中篤太廊, 〈中小企業と經濟計算〉, 《一橋論叢》, 第42號, 第5卷, p.14.
17) 瀧澤菊太郎, 《日本工業の構造分析》, 春秋社, 1965, p.482.
18) 氏原正治郎·高梨昌, 〈零細企業の存立條件〉, 《國民金融公庫調査月報》, 1966년 12월호, 第57號.
19) 江口英一, 〈零細企業とその人びと〉, 《經濟》, 1966년 7월호.

하여 외업부로서 근대적 가내노동, 수공업 등으로 편성되어 무한한 자본축적의 기반
이 되고 있다.

제3절 자본축적과 소영세기업 문제

1. 소영세기업 문제와 독점자본주의

소영세기업 문제를 분석하는 시각은 크게 두 가지이다. 하나는 소영세기업 문제
를 독점자본의 자본축적 과정과 메커니즘 속에서 분석하려는 추상적 측면이다. 다른
하나는 국민소득의 향상과 수요구조의 다양화, 고급화 및 그 양적 증대 현상과 관련
하여 분석하려는 실증적 사실적 측면이다. 이 두 가지는 학문적 경향의 줄기와 관점
의 차이를 반영하기도 하지만, 대체로 초기에는 전자의 분석시각이 주된 흐름을 이루
면서 소영세기업 문제를 사회경제적 시각으로 해석하였다. 그러나 후기에 오면서 이
러한 흐름과 함께 소영세기업의 증대 원인과 존립분야 및 존립조건을 실증적 자료를
가지고 과학적으로 분석하려는 경향이 나왔다.

'자본과 노동의 분화과정'을 기준으로 한 소기업과 영세기업의 개념적 구분은 정
책대상의 분화의 필요성 때문에 중요한 의미를 지닌다. 그러나 오늘날 독점자본 단계
에서 소영세기업은 자본주의 전개과정에서 분해의 대상, 즉 前資本主義的 경제의 잔
존물이 아니라, 종속성을 심화시켜 殘存 利用하는 현대 자본주의의 '근대적 존재'로
이해한다. 이런 의미에서 소영세기업은 계층적 지배체제 또는 분업체제와 국민생활의
기초가 되는 불가결의 존재라고 할 수 있다.

독점자본주의 아래에서 소영세기업 문제는 다음과 같이 이해할 수 있다.[20]

첫째, 소영세기업 문제는 독점자본주의 일반의 문제이다. 이때 일어날 수 있는 한
나라 소영세기업 문제의 특수성은 독점자본주의에 공통적으로 일어나는 소영세기업
문제가 그 나라 자본주의 특수한 경제구조 속에서 어떻게 특수한 모습으로 나타나는
지의 문제이다. 즉 一般性이 어떠한 특수한 형태를 지니는지의 문제이다.

둘째, 소영세기업 문제는 기본적으로 독점자본주의의 구조적 모순의 산물로 받아
들여진다. 따라서 한 나라 소영세기업 문제는 그 나라 자본주의의 구조적 모순의 산
물로 파악해야 한다. 독점자본주의에서 경제구조의 기본적 모순은 자본 대 노동의 모

---

20) 平田喜久雄 著, 《現代中小企業論》, 中央經濟社, 1981, pp.28~31.

순이지만, 독점자본주의가 발전하면서 기본적 모순은 다양한 종속적 모순(부차적 모순)을 일으킨다. 소영세기업 문제도 이러한 종속적 모순의 한 가지 형태이다.

　　독점자본주의 경제구조에는

①독점자본 - 노동자

②독점자본 - 중소자본 - 노동자

③독점자본 - 중소자본 - 영세기업(사실상의 노동자)

④독점자본 - 중자본 - 소자본 - 노동자

⑤독점자본 - 소자본 - 노동자

⑥독점자본 - 소자본 - 영세기업(사실상의 노동자) 등

다양한 종속적 관계가 있고 그 속에서 여러 모순이 나온다. 이 때 소영세기업 문제는 주로 독점자본의 중소자본과 영세기업에 대한 지배 종속관계, 즉 자본 대 자본의 관계로 나타난다. 그래서

①독점자본과 노동자

②중소자본과 노동자(또는 영세기업)

③독점자본과 중소자본

이라는 三重構造 속에서, 소영세기업은 독점자본이 노동자를 지배하는 結節關係를 이룬다. 이때 소영세기업은 독점자본에 대한 피수탈자이면서 노동자에 대한 착취자(특히 소기업의 경우)가 되는 이중적 성격을 지닌다.[21] 따라서 소영세기업 문제는 자본대 노동이라는 기본적 모순의 필연적 존재형태인 종속적 모순이다.

셋째, 독점자본주의에서 소영세기업의 신생과 잔존, 즉 소영세기업의 존재의 필연성은 독점자본주의의 일반적 경제법칙으로 해명할 수 있다. 여기서는 소영세기업이 독점자본 단계의 사회적 자본의 불가결한 부분이며, 자본축적 기반으로 존속한다는 점을 명확히 한다.

2. 독점자본의 축적과 소영세기업의 작용

오늘날에는 소영세기업을 경쟁·도태와 더불어 잔존·이용의 대상으로 규정하고, 그것을 독점자본의 자본축적을 위한 재생산구조의 한 부문으로 보아 그 존립의 적극적 의미를 분석하고 있다. 여기서 독점자본의 자본축적 메커니즘에 속하는 소영세기업의 작용을 알아보기 위하여 다음과 같은 두 가지 측면을 규정한다.

---

21) 이때 소영세기업의 수탈자적 성격(자본의 속성)은 중소자본이나 독점자본보다 상대적으로 약하다고 보고 있다. 왜냐하면 영세기업(경영)은 사실상의 노동자 성격을 갖는 경우가 많기 때문이다.

첫째, 소영세기업 가운데 소기업은 노동을 고용하여 생산활동을 하고 잉여가치를 창출하는, 즉 자본과 노동이 나누어져 있는 존재라고 본다.

둘째, 영세기업은 자기의 노동과 가족노동에 주로 의존하여 생산활동을 하는 자본과 노동의 분화과정에 있는 중간적 존재라고 본다.

이렇게 볼 때 질적 특성을 달리하는 소기업과 영세기업의 가치창출 과정은 서로 다르고, 따라서 사회적 자본축적 과정에서의 작용도 다를 수밖에 없다.

먼저 소기업의 경우를 살펴보면,[22] 소기업은 노동자를 고용하고 그 노동으로 생산한 가치 가운데 일부를 임금으로 지불하고 나머지를 잉여가치로 얻는다. [그림 14-2]에서와 같이 상품의 가치 생산과정을 네 가지 부문으로 구분할 때, (1)과 (2), 즉 공정설비, 기계 원재료, 원료 등은 불변자본으로서 생산수단을 이전·회수하는 것이 되고 새로운 가치를 늘리는 것은 아니다. 가치는 노동을 가지고 이루어지는 (3)과 (4) 부문에서 증가한다.

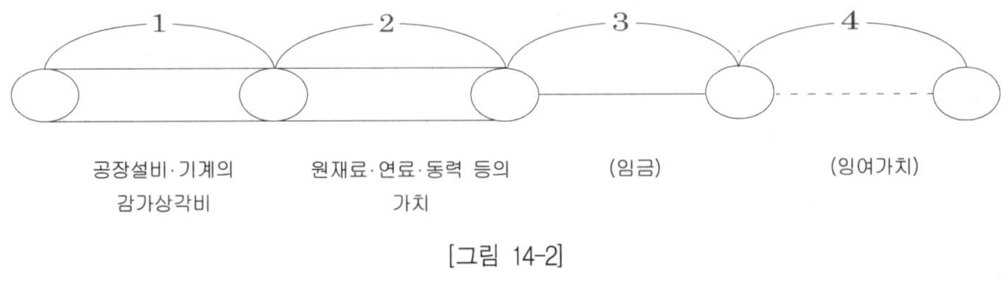

[그림 14-2]

이때 소기업가는 자본가이므로 노동자가 생산한 가치 가운데 (3)을 임금으로 지불하고 (4)를 잉여가치로 얻는다. 소기업은 임금이 낮을수록 더욱 큰 잉여가치를 얻는다. 그렇게 소기업자가 노동자를 고용하여 직접 얻은 잉여가치는 다시 독점자본과 대기업 등 지배적 자본으로 흘러가고 그 가운데 많은 부문이 독점자본의 축적기반이 된다. 즉, 소기업 노동자가 창출한 잉여가치를 직접 취득하는 자는 소기업 자본가이지만, 그 잉여가치의 궁극적이며 주된 취득자는 독점자본가 등 지배적 자본가이다.

이와 같은 과정은 소기업이 지배적 자본과의 거래에서 불리한 조건을 맺음으로써 이루어진다. 원재료를 높은 가격으로 구입하고, 제품을 낮은 가격으로 판매하며, 하청단가의 인하 등을 통해 소기업자의 소득이 대기업에 흘러 들어가는 '잉여가치의 사회적 재분배'가 이루어진다. 이것이 대기업 또는 독점자본이 소기업을 자본축적의 바탕

---

22) 上林貞治郎 編,《中小零細企業論》, 森山書店, 1977, pp.62~69.

으로 삼는 과정이다.

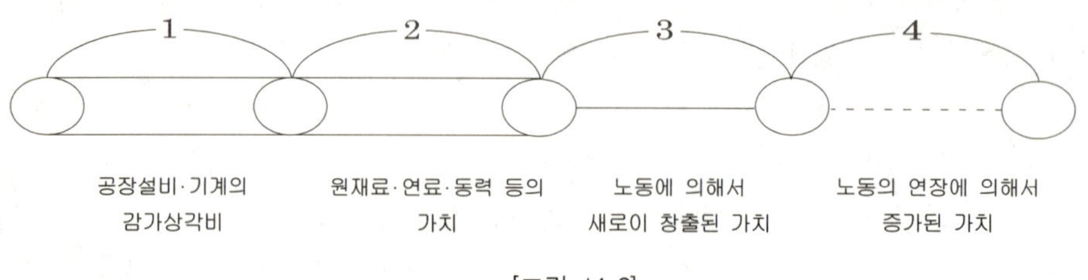

[그림 14-3]

영세기업은 소생산자와 가내공업 및 하청공업을 포함한다. [그림 14-3]에서 보면 (1)과 (2)의 부문은 소기업과 같다. 그러나 (3)은 소생산자가 자기의 노동으로 창출한 가치이며 그 자신의 소득이 된다. 장시간 노동으로 노동이 연장되면 (3)은 (4)로 이어지고 새로운 가치가 늘어나며 소득도 늘어난다. 이들이 생활비를 절감하여 저축을 하면 자기노동에 기초를 둔 재산을 형성한다.

대체로 영세기업도 소기업과 마찬가지로 높은 원재료 가격, 낮은 제품가격과 하청단가의 인하 등 불리한 거래조건 속에서 지배적 자본에 가치를 빼앗기는 과정에 있다. 그러나 이들은 자기노동 또는 가족노동에 기초를 둔 생산을 하고 있으며 자본과 노동이 분화되지 않았기 때문에 착취당한 잉여가치를 전가할 대상이 없다는 특징을 갖고 있다.

소생산자와 가내공업 및 하청가공업자는 다 같이 노동자적이며 단순상품생산자라는 공통점을 지니고 있다는 점에서 동일한 계급에 속하고, 또한 대자본, 독점자본, 상업자본 및 선대제 상인 등 지배적 자본과 대립하고 있다. 특히 가내공업과 가내노동의 경우, 상업자본 또는 산업자본과의 대립관계가 더욱 분명해지는데, 그것은 이들이 뿌프롤레타리아 또는 사실상의 노동자이기 때문이다.

한 나라의 재생산과정에서 소생산자 등 영세기업은 원재료, 연료, 동력, 기계설비 등을 직접 또는 간접으로 산업자본으로부터 높은 가격에 구입한다. 반면에 제품의 판매와 하청가공은 낮은 가격을 강요당하고 산업자본과 상업자본에게 자기노동의 성과를 빼앗기면서 이들의 잉여가치와 이윤창출의 원천을 제공한다. 다시 말해 영세기업은 독점자본과 대기업이 그들의 잉여가치를 생산하고 이윤을 얻는 메커니즘의 기초가 된다. 이와 같은 과정에서 소영세기업은 독점자본 단계에서 사회적 자본축적의 기반이 되며, 그 존립의 계속성을 필연화한다.

3. 소영세기업 존립의 필연성

소영세기업은 독점자본 단계의 자본축적 기반이어서 그 존속은 필연적이며, 때문에 방대한 규모로 존속하고 그 수도 증가하고 있다. 따라서 이에 대한 원인과 메커니즘을 분석할 필요가 있다. 이에 따라 소영세기업의 절대적 수의 증가와 함께 그 존립 분야(활동영역, 산업분야)와 존립조건 이론적으로 분석하였다.

이를 구체적으로 살펴보면,

첫째, 소영세기업의 존립분야의 잔존과 확대의 경향인데, 이는 다음과 같이 설명할 수 있다.

① 자본주의가 발전하고 자본의 집적·집중의 법칙이 진행하여 최저필요 자본량이 늘어나는 경향이 있지만, 소영세기업이 존립 가능한 여러 분야도 끊임없이 잔존, 확대하는 경향이 있다는 것을 말한다. 그 원인은 자본의 집적·집중법칙 전개의 불균등성에 있으며 극단적인 저임금 기반의 존재, 생산과정의 기술적 성격, 일상 소비재 시장의 협소화 등이 생산의 기계화 및 새로운 생산방법의 도입을 막거나 늦춤으로써 집적·집중의 속도가 늦어지는 분야가 나오는 데 있다.

② 자본주의 발전과 함께 소영세기업이 존립 가능한 분야가 새로 확대 재생산된다는 점이다. 사회적 분업이 발달하면서 국내외의 시장이 늘고 이것이 소영세기업이 존립 가능한 분야를 확대재생산하는 경향을 이루는데, 그 주요 요인은

㉠ 국민의 생활수준이 올라가면서 수요가 다양해지고, 소비재 생산부문 및 유통 서비스 부문에 다양한 소규모기업 분야를 만드는 것

㉡ 발전하는 산업이 그들과 관련한 생산수단, 생산부문, 특히 부문품, 반제품 등을 생산하는 부문에 다종 다양한 소규모 사업분야를 만들어내는 것

㉢ 시장의 세분화, 과잉생산, 과잉자본의 경향이 격화하면서 비생산부문의 비대화 경향이 커져 소매상업 및 서비스부문의 확대를 촉진하는 것 등이다.

둘째, 소영세기업의 존립조건에 대한 규명이다. 존립분야의 증가는 주로 소영세기업 증대의 '수요적 요인' 때문이지만, 존립조건의 확대재생산은 '공급적 요인' 때문이라고 할 수 있다. 이는 소영세기업의 주된 경쟁능력인 저임금기반의 존재와 그 확대재생산의 경향을 말한다. 이러한 경향을 불러오는 요인은

① 자본축적의 진행과 자본의 유기적 구성의 고도화에 따른 상대적 과잉인구의 형성과 그 확대재생산 경향

② 농민층의 분해

③ 소영세기업의 방대한 존재에 따른 노동자의 분산화 조성이다. 이때 분산되어 있

는 소영세기업에 편성된 노동자는 계급화, 조직화의 가능성이 낮고 자본에 대한 대항력도 약하다. 대기업으로부터 유출하여 과잉화된 상대적 과잉인구가 이 분야에 모여들고 여기서 노동자 사이의 경쟁이 더욱 격해지면서 이들의 조직화는 방해받고 그 결과 저임금 기반을 재생산한다.[23]

④ 소영세기업층은 한편에서는 소자본가로 올라가고, 다른 한편에서는 임금노동자로 몰락하여 노동의 공급층을 이룬다. 그러나 소영세기업층의 분해로 증가하는 임금노동자 유입이 소영세기업을 전반적으로 무너뜨리는 것은 아니고 소영세기업과 임금노동자 계층을 밀접하게 관련시키면서 소영세기업을 재생산하는데, 이러한 노동력 시장의 존재가 소규모생산을 존속시킨다.[24] 즉 이러한 노동력 시장의 존재가 소영세기업이 잔존하는 강력한 기초조건을 이룬다.

제4절 경제개발과 소영세기업 문제

1. 근대화와 제1단계 이중구조 해소론

중소기업의 범주에서 소영세기업을 구분하여 이에 대한 차별 정책을 펴는 것은 소영세기업의 경쟁·도태와 잔존·이용의 법칙을 관철하고 자본축적의 새로운 條件과 場을 추구하는 것이다. 경쟁 도태는 노동력유동화의 기초가 되어 저임금 노동으로 잉여가치를 창출하는 기초를 마련한다. 그러나 자본주의가 진전하고 경제개발이 이루어지는 과정에서도 자본제 이전적인 소영세경영이 소생산자 또는 가내노동의 형태로 여전히 존립한다. 또 소기업도 오히려 양적으로 늘어나고 그 존립분야도 늘어나면서 이들을 어떻게 근대화하고 자본축적에 이용하느냐 하는 과제가 생긴다.

근대화 정책은 뒤떨어진 경영형태를 지닌 소영세기업을 경쟁 도태의 대상으로 삼는다. 그러나 다른 한편에서는 지속적으로 존립하고 있는 소영세기업을 어떻게 근대화해 잔존 이용하느냐 하는 것이 또한 오늘날 소영세기업 문제와 정책의 기본 특성이다. 그런데 경제개발 과정에서는 중소기업 범주 안에서 규모에 따른 불균형적인 발전과 隔差問題가 나오기에 이르렀다. 이것은 중소기업 정책이 상위규모 중소기업지원에 치우친 결과이기도 한데, 그 때문에 소영세기업에 대한 분화적 인식과 차별 정책의

---

23) 北原 勇, 〈資本蓄積における中小企業〉, 楫西光速·岩尾裕純·小林義雄·伊東垈吉 編, 《講座中小企業 2》(獨占資本と中小企業), 有斐閣, 1960, p.88.
24) 巽 信晴, 《獨占段階における中小企業の研究》, 三一書房, 1960, p.25.

당위성이 더욱 제기되었다.

한편으로는 전근대적 소영세기업을 경쟁, 도태시켜 노동력유동화 현상을 불러오고 이것이 저임금기반을 제공하면서, 다른 한편으로는 뒤떨어진 경영형태를 개선하여 계층적 자본축적구조의 기반을 구축하려는 잔존 이용의 추구 등 두 가지 방향이 현실적인 근대화 정책으로 나타났다. 그런데 근대화 정책은 경제구조가 근대적 부문과 전근대적 부문으로 이루어져 있으며, 후자를 근대화해 경제개발을 촉진하려는 의도에서 비롯하였다.

즉, 전근대부문의 적극적 개선과 그 이용이라는 정책인식을 바탕으로 하고 있다. 중소기업 또는 소영세기업의 근대화 정책은 이들을 전근대부문으로 인식하는 가운데, 이 부문의 경쟁·도태와 잔존·이용으로 지속적 경제발전을 추구하려는 것이었다. 이러한 기조를 이론적으로 뒷받침한 것이 중소기업 문제에 대한 二重構造論的 인식이었고, 1957년도 일본의 《經濟白書》가 이를 구체화했다.

경제개발의 모형으로 이중경제구조(dualistic economy)를 이론적으로 분석 체계화한 사람은 루이스(W. A. Lewis)이다.[25] 오늘날의 저개발국에 폭넓게 존재하는 잠재실업(disguised unemployment)을 자본축적의 바탕으로 활용함으로써 경제개발을 할 수 있다는 두 사람의 학자가 1950년대 초에 나왔는데, 앞서의 루이스와 넉시(Ragna Nurkse)[26]가 그들이다. 이 두 사람의 이론 가운데 우리가 다루는 주제와 관련하여 주목을 끄는 것은 루이스의 이중경제모형(dual economy model)이다.

루이스는 1954년에 발표한 논문에서, 농업부문에 있는 무한한 잠재실업을 낮은 임금(생존수준 임금)으로 공업부문이 고용하여 공업부문의 자본축적이 늘고, 나아가 잠재실업이 공업부문으로 흡수된 농업부문은 자본제 농업이 가능해진다고 주장하였다. 즉, 잠재실업이 공업부문의 상대적 이윤소득을 늘려 자본축적의 바탕을 마련하고 농업부문의 근대화와 함께 경제개발로 가는 길을 열어준다는 것이었다.

한 나라의 경제가 전근대적이고 전통적 부문(traditional sector)인 농업과 근대부문(modern sector)인 비농업(공업)이라는 異質的 구조를 가지고 병존한다는 것을 전제로 하는 루이스의 이중구조 모형은, 농업은 전자본주의적이고 생산의 목적은 가족노동으로 生計勞動을 하는 것이며, 많은 潛在失業을 안고 있다고 본다. 이에 반해 공업부문은 자본주의적 산업이고 화폐화된 부문으로 이윤이 그 생산의 목적이라는 것

---

25) W. Arthur Lewis, "Economic Development with Unlimited Supply of Labor", *The Manchester School*, May 1954.

26) Ragna Nurkse, *Problems of Capital Formation in Underdeveloped Countries*, Oxford Univ. Press, 1953.

이다.

이러한 이질적인 두 부문이 병존하면서 농업부문의 잠재실업이 어떻게 근대화부문의 자본축적에 기여하는지를 보여주는 것이 루이스의 이중구조모형이다. 우리는 이것을 '제1단계의 이중구조 해소론'이라고 규정한다.

2. 중소기업 문제와 제2단계 이중구조 해소론

1957년도 일본 《경제백서》가 규정한 이중구조의 내용이 루이스의 이중구조 모형에 근거를 두거나 그것을 받아들였다는 증거를 찾아보기는 어렵다. 그러나 루이스의 이중구조론이 농업과 공업 두 부문의 질적 격차(異質性)를 분석의 대상으로 한 것임에 비해, 일본 경제백서의 규정과 그 뒤 전개된 이중구조는 주로 공업부문 안에서 대기업과 중소기업 사이의 격차를 논의의 대상으로 한 점에 차이가 있다. 즉 대기업을 근대적 부문으로 본 데 반해 중소영세기업을 전근대부문으로 보고, 둘 사이의 격차의 해소문제를 다루고 있는 것이다. 그 주된 내용을 보면 다음과 같다.

일본의 경제(고용)구조는 한편으로 근대적 대기업, 다른 한편으로는 전근대적 노사관계에 따라 소기업 및 가족경영을 하는 영세기업과 농업이 양극에 대립하고 중간의 비중이 매우 낮다. 대기업을 정점으로 하는 근대적 부문에는 세계의 어떠한 선진국에도 뒤지지 않는 선진적 설비를 갖고 있다. 여기서 자본에 대한 노동의 필요량은 기술의 요구가 결정하고, 임금의 수준은 대자본과 강력한 노동조합들의 교섭이 좌우한다.

근대부문에서 떨어져 나온 노동력은 어떠한 형태로든 자본이 부족한 소영세기업과 농업이 흡수하지 않으면 안 되는데, 이 부문에서는 소득 저하로 자본과 노동의 결합정도가 변한다. 일단 취업의 상태를 취하기 때문에 이 부문에서는 실업이 밖으로 나타나지 않는다. 완전고용은 아니지만 全部雇傭이 된다. 노동력을 재생산할 만큼 임금을 지불하지 않아도 가계에 도움을 주는 한 노동을 지속한다. 그리하여 낮은 임금으로 고용된 노동력이 낮은 생산력을 지닌 용도로 흡수된다. 따라서 극히 생산력이 낮고 노동 집약적 생산방법을 갖는 부문(소영세기업과 농업부문)이 근대부문(대기업부문)과 공존한다. 말하자면 한 나라 안에 선진국과 후진국의 이중구조가 존재하는 것이다.[27]

농업과 공업 사이의 이중구조를 분석하면서 일본의 경우 1916~1919년 사이에 전

---

27) 日本經濟企劃廳,《昭和32年度 經濟白書－速すきた擴大とその反省》, 1957, 至誠堂, pp.33~35.

환점(turning point)이 있었다는 주장이 있고,[28] 이에 대하여 일본경제의 전환점은 전후에 이르렀다는 비판 등이 있다.[29] 어느 주장에 따르더라도 1950년대 말에는 일본에서 농업부문의 잠재실업자 풀을 이용하여 자본축적과 고도성장을 유지하기는 어려웠을 것이라는 인식이 가능하다. 결국 1957년도 《經濟白書》는 이러한 인식에 기초했으리라고 추론할 수 있다.

다시 말해, 고도성장을 위한 새로운 자본축적의 원천을 찾을 국민경제적 필요성이 대두되었고, 그 결과가 대기업과 중소기업 사이의 이중구조라는 인식과 그 해소를 위한 구조 정책으로 나타났다고 해석할 수 있다. 이를 위한 중소기업 근대화 정책은 결국 일본경제의 고도성장을 위한 디딤돌을 만드는 정책이었다.

구조개선 정책은 도산과 신설의 연속 속에서 이루어졌다.[30] 중소기업에 대한 차별 정책으로 생기는 도산과 그에 따른 勞動力流動化는 대기업과 합리적 중소기업의 저임금 노동의 공급 풀이 되었다. 농업부문의 잠재실업이 공업부문(도시부문)으로 이동, 생존임금 수준을 약간 상회한 정도의 임금노동으로 바뀐 뒤, 대기업(독점기업)과 구조 정책 및 근대화 정책의 혜택을 누린 중소기업이 공업부문에 잠재한 노동력을 그들의 자본축적의 기반으로 삼을 수 있게 되었다. 결국 저임금을 기반으로 한 독과점 대기업과 일부 중소기업의 자본축적을 위해 노동력을 유동화해 준 것이 중소기업 근대화 정책이었고, 우리는 이것을 '제2단계의 이중구조 해소론'으로 규정한다.

대기업과 중소기업의 관계는 경쟁 도태만이 아니고 잔존 이용의 관계이며, 기계적으로 교체되는 것이 아니라, 상호의존적으로 같이 존재한다는 점을 지적한 바 있다.

이는 이중구조 문제와 관련하여 다음과 같이 해석할 수도 있다. 이중구조라는 현상은 독점자본을 정점으로, 이들이 주도력을 행사하는 국민경제의 피라미드형 계층적 구조를 뜻한다. 대기업을 정점으로 하는 계층구성이 중소자본과 영세경영을 위에서 아래로 일관되게 지배 수탈하는 관계, 그리고 이러한 메커니즘을 통하여 기본적으로는 자본이 노동과 잉여가치를 수취하는 구조일 뿐만 아니라, 바로 독점자본을 정점으로 하는 자본의 운동법칙을 재생산하는 것이기도 하다. 따라서 이중구조는 본질적으로 一重構造라고 할 수 있다[31]는 것이다.

---

28) J. C. Fei & G. Ranis, *Development of the Labor Surplus Economy*, Yale Univ. Press, 1964 및 "Innovation, Capital Accumulation and Economic Development", *American Economic Review*, June 1963 등.

29) 南 亮進, 《日本經濟の轉換點》, 創文社, 1972.

30) 市川弘勝 編著, 앞의 책, pp.300, 302.

31) 伊東岱吉, 〈日本の中小企業構造と勞動問題の特質－歐米との比較〉, 楫西光速·岩尾裕純·小林義雄·伊東岱吉 編, 《講座中小企業 4》(勞動問題), 有斐閣, 1960, p.302.

이 지적에서 우리는 이중구조가 본질적으로 독점자본의 자본축적을 위한 메커니즘이고, 또 그것은 노동이 창출하는 가치를 자본이 수취하는 과정에서 실현된다는 것을 알 수 있다. 이 때문에 이중구조를 해소하기 위한 구조 정책 또는 근대화 정책은 국민경제의 주도적 경제제도인 독점자본의 자본축적을 위해 수많은 노동력 기반의 창출을 추구한다.

3. 소영세기업 문제와 제3단계 이중구조 해소론

대기업을 근대부문으로 보고 중소영세기업을 전근대부문으로 보는 이중구조론의 시각과 이를 해소하기 위한 중소기업 근대화 정책은, 중견규모 경영의 근대화 또는 능률주의에 기준을 둔 규모의 경제를 실현하는 방향으로 가기 때문에, 이질 다원적인 중소기업 가운데서 중기업에게 지원이 치우쳤다. 그래서 중기업 육성과 소영세기업의 정체 도태 몰락이라는 현상을 가져왔고, 중기업과 소영세기업 사이에 隔差問題가 불거지면서 이것이 새로운 차원의 이중구조 인식의 기틀이 되었다. 경제개발과정에서 나온 중소기업 근대화 정책과 이중구조의 해소방향은 소영세기업 부문을 상대적으로 침체시켜 성장의 잠재력을 약하게 만들고 새로운 이중구조를 이루게 하였다.[32]

후발경제에서 노동력을 풍부하게 안고 있는 부문은 전근대, 전자본제 부문이고, 이들 부문의 노동력을 저임금으로 개발부문으로 이동시키는 것이 개발 정책의 주안점이 되었다. 이는 산업예비군적 노동력 풀을 이루면서, 전자본제 부문을 근대화한다는 두 가지의 의미를 지니기 때문이다. 이와 같은 시각은 당연히 중소기업 근대화 정책에서 구조개선의 대상을 중소기업 일반이라고 보는 포괄적 관점에서 벗어나, 중소기업 문제를 分化的 관점에서 다루도록 만들었다. 중소기업 일반에 만들어진 새로운 이중구조를 알고, 소영세기업 문제를 差別的 시각에서 접근하려는 방향은 바로 이와 같은 점을 반영하였다.

중소기업 문제가 제기된 초기에는 대기업에 대한 중소기업 일반이라는 관점에서 중소기업을 일괄해서 정책의 대상으로 보았다. 그러다가 경제발전이 진행되면서 중소기업 범주 안에서 도산이 속출하고 계층분화가 발생하고, 構造的 斷層이 형성되었다. 그러면서 '중소기업'에서 '중견층'을 나누고, 다시 '소영세'를 분리하여 취급하였다. 일본에서는 1960년 이후 중소기업 범주 일반에서 분화경향이 나타났고 1963년에 〈중소기업기본법〉을 제정한 뒤에 中上層과 小零細를 구분하여 취급하기에 이르렀다.

---

32) 우리나라의 경우 이에 대한 실증적 분석은 大韓商工會議所 韓國經濟硏究센터, 《産業構造의 高度化와 小企業育成》, 경제연구총서 196, 1989, pp.112~114 참조.

우리나라에서는 1966년 〈중소기업기본법〉 제정 당시에 중소기업 범주 일반으로 규정하였고, 다만 零細企業(제조업의 경우 상시종업원 수 5명 이하)을 별도로 규정했을 뿐이다. 그러다가 1982년에 중기업과 소기업을 구분하였고, 1996년에는 소기업의 범주를 더욱 확대 규정하였다.

분화적 관점에서 차별 정책을 시행한 중소기업 근대화 정책은 그 중점을 중견기업의 발전에 놓고 소영세기업은 정리 도태의 대상으로 삼았다. 다시 말하면 중소기업 정책은 육성 정책을 전 폐업 정책으로 바꾸면서 소영세기업의 정리 도태문제를 다루기 시작하였다. 이러한 방향은 현대자본주의의 급격한 구조변화 속에서 전근대적 기업체질을 지닌 소영세기업이 정체 또는 쇠퇴하는 것은 필연적이라고 이해했기 때문이다.

근대화론자 또는 능률주의자들의 이러한 생각은, 소영세기업은 전 폐업의 대상이 아니라 현실 경제 정책에서 특수한 문제로 이해해야 한다는 구조론자의 생각과 대조적인 것이다. 소영세기업의 전근대성이나 정체성이 문제가 되는 것이 아니라 대기업이나 중기업의 발전을 위하여 이 낡은 층을 어떻게 이용하며 앞으로 어떻게 활용할 수 있느냐가 정책의 초점이 되어야 한다는 것이었다. 이것은 중소기업의 주요 정책대상을 지금까지의 중기업 중심에서 소영세기업까지 확대하려는 의도이다. 중소기업의 범위를 잔존 이용의 필요성에 따라 중견기업, 중기업, 소기업, 영세기업으로 나누어 재편성하고, 이에 기초하여 계층적 지배질서를 확립하는 것이 경제발전과 자본축적에 도움이 된다고 보았기 때문이다.[33]

이러한 의도에 따라 중소기업 범주 일반을 중기업, 소기업, 영세기업 등으로 나누어 근대화를 위한 차별 정책을 추구하는 것은 두 가지 의미를 지닌다.

첫째, 최저변의 근대화를 촉진하는 것이다. 자본축적에 필요한 피라미드형 계층적 구조에 편입되는 소영세기업을 근대화하여 지배 수탈의 구조를 확립한다. 특히 중소기업 근대화 정책에서 소외되었던 소영세기업의 근대화를 통하여 지배적 자본이 필요로 하고 국민경제의 근대화에 기여할 수 있는 소영세기업을 육성한다.

둘째, 소영세기업의 근대화는 필연적으로 육성과 동시에 도태를 수반하기 때문에, 도태대상이 되는 소영세기업(전자본제, 전근대적 경영)에 잠재해 있는 풍부한 노동력을 저임금으로 유동화함으로써 대기업과 중기업의 저임금 노동공급원을 마련하고 자본축적에 기여한다. 특히 영세기업 가운데에는 자가노동을 주로 하는 자영업주가 많고 이들은 약간의 고용노동을 사용하더라도 약소자본인 중소기업과는 다르다.

따라서 자본주의 발전과정 또는 경제개발 과정에서 계층분화가 이루어질 때, 영

---

33) 市川弘勝 編著, 앞의 책, pp.237~400.

세기업은 자본가 내부의 계층분화라기보다는 賃金勞動者化를 의미하는 계급분화의 대상이 되는 경우가 많다. 즉 자본주의 발전과정에서 계층분화는 영세기업의 경우, 자본가와 노동자로 나뉘는 계급분화가 된다. 중기업의 근대화는 자본가 안의 분화(계층분화)가 되지만, 영세기업의 근대화는 임금노동자를 창출하여 산업예비군 또는 실업자 풀을 이룬다. 이러한 노동력 유동화를 포함하는 소영세기업의 근대화를 우리는 '제3단계의 이중구조 해소론'으로 규정할 수 있다.

결국 소영세기업은 생업을 포함하는 중소기업의 최하층 전부를 일괄하여 표현하는 것으로 볼 때, 이를 정책대상으로 삼는 것은 이들이 현대자본주의에서 막대한 생산력을 지니면서 국민경제의 주요부문이 되고 있기 때문이다. 소영세기업의 중요성은 그들이 한편에서 경쟁 도태의 대상이 되면서도, 다른 한편에서는 잔존 이용의 대상이 된다는 점에 있다. 즉 소영세기업 정책은 경쟁 도태가 중심일 수도 있으며, 잔존이용의 근대화일 수도 있다. 이는 소영세기업이 경제개발과 자본축적의 기반이 될 수 있다는 점을 나타낸다.

우리는 지금까지 경제개발 과정에서 추구하는 이중구조 해소론을 세 단계로 나누어 검토하였는데, 그 공통점은 이것이 국민경제의 고도성장을 위한 디딤돌의 역할을 한다는 점이며, 그 내용은 다음과 같다.

첫째, 근대적 부문의 주도권을 장악하고 있는 독과점 대기업과 상호보완적 관계를 맺어 자본축적과 경제개발에 기여하기 위해서는 중소영세기업이 능률적인 근대적 경영형태를 지닐 필요가 있다.

둘째, 이를 위하여 한편에서는 이중구조 저변층의 근대화를 이루면서, 다른 한편에서는 국민경제의 고도성장을 위하여 필수적인 요건인 풍부한 노동력을 창출한다는 점이다. 자본축적과 부의 창출과정에서 마르지 않는 노동력의 저수지를 마련하려는 것이 이중구조 해소론의 또 하나의 목적이 된다.

이것은 상대적 과잉인구 창출과정이며 낮은 임금수준의 노동력을 공급하기 위한 산업예비군의 끊임없는 배출과정이기도 하다. 농업부문에서 공업부문(농촌부문에서 도시부문)으로 취업의 기회를 찾아 이동한 노동력은 대기업보다는 중소영세기업 부문에서 저임금의 노동력으로 잠재적 고용상태를 유지하였다. 중소영세기업 가운데 상위규모 중소기업이 근대화하면서, 다시 소영세기업 부문에 새로운 잠재실업 상태의 노동으로 고용을 유지하였다. 이것이 소영세기업 근대화의 대상이 되어 새로운 상대적 과잉인구와 산업예비군의 창출원천이 되면서 자본축적의 기반이 된다.

제5절 지식·정보 집약적 산업구조와 소영세기업 문제

1. 산업구조의 고도화와 소영세기업 문제의 전환

소영세기업 문제는 산업구조의 모순의 결과이며, 오늘날 소영세기업 문제는 자본주의가 고도로 발전하고 더 높은 자본축적을 이루면서 산업구조가 고도화하는 과정에서 생기는 모순의 한 가치 측면이다. 자본의 유기적 구성의 고도화를 그 특징으로 하는 중화학공업 중심의 산업구조에서는 소영세기업 문제는 주로 독점자본의 지배와 그 자본축적체계 속에서 다루어왔다.

경쟁·도태와 잔존·이용이라는 기본 틀 속에서 자본의 운동법칙을 기준으로 하여 소영세기업 문제를 인식한 것이다. 경쟁 도태는 노동력 유동화를 통하여 노동력의 마르지 않는 저수지를 마련하여 저임금 기반을 제공하는 것으로 보았다. 한편 소영세기업 근대화 정책은 계층적 자본축적 구조 속에 소영세기업을 편입시켜, 지속적으로 지배적 자본의 자본축적 기반으로 잔존 이용하려는 것이라고 보았다.

자본의 운동법칙과 역할을 중심으로 파악하는 이러한 소영세기업 문제는 중화학공업이 성숙하고, 나아가 지식·정보 집약적 산업구조가 전개되면서 새로운 측면을 보이기 시작하였다. 산업구조가 자본중심의 硬性産業(hard industry)에서 지식 정보중심의 軟性産業(soft industry)으로 바뀌면서, 산업구조상의 모순의 결과라는, 소영세기업 문제에 대한 인식을 바꿀 필요가 생겨났다. 산업의 순환과정에서 자본의 기능이 상대적으로 약해지고 지식 정보의 역할이 점차 강해졌기 때문이다.

즉 이전의 경쟁·도태와 잔존·이용이라는 소극적 인식에서 벗어나 소영세기업의 '위치와 역할'을 더 적극적으로 인식할 필요성이 생겨났다. 소영세기업의 존립분야나 존립조건 등 그 문제파악의 대상이 변하였기 때문이다. 소영세기업 문제를 독점자본의 자본축적 과정과 메커니즘 속에서 분석하려는 추상적 측면에서 벗어나, 국민소득의 향상과 수요구조의 다양화, 고급화 및 그 양적 증대에 따른 현상이라는 실증적, 사실적 측면으로 그 분석의 초점을 바꾸고, 여기에 다시 지식정보의 작용이라는 변화를 강조하는 시각이 나온 것이다.

일찍이 자본주의 경제의 전개에서 나타난 특징을 반영하여, 중소영세기업의 생성 발전과 분해 소멸의 현상을 多産多死와 社會的 對流現象이라는 시각으로 제시한 적이 있다.[34] 그런데 중화학공업이 성숙하고 지식 정보 집약적 산업구조가 이루어지면서 소영세기업의 교체현상과 사회적 대류현상은 더욱 늘어났는데, 그것은 역사상에 나타난 현상과는 다른 특징을 지녔다.

기술진보와 소득수준의 상승과 함께 수요의 다양화, 유동화는 사회적 분업을 심화시켜 소영세기업 분야를 만들어내고 소영세기업의 진입을 늘린다. 이들 분야에는 대기업의 지배가 확립되지 않은 경우가 많고, 이윤율도 높고, 자본축적도 가능하여 기업교체가 이루어지는 가운데 신규기업의 진입이 전개된다. 이때 새로운 유형의 소영세기업의 경영자는 새로운 기술이나 새로운 감각을 지닌 청년층과 고경력자라는 특징을 나타낸다.

① 중소기업(특히 개인기업) 수의 현저한 증가

② 중소기업 교체의 확대(사회적 기업회전율의 확대)

③ 중소기업 경영자의 세대교체의 진전

④ 중소기업의 기업 간 격차의 확대

⑤ 새로운 유형의 고생산성 기업의 증가와 그 성장 등

이러한 현상 속에서 소영세기업의 수가 급속히 늘었고 그 내부에서는 기업교체가 급격히 이루어진다는 것이다. 즉, 다산다사의 사회적 대류현상 속에서 많은 소영세기업이 소멸하면서도, 새로운 소영세기업이 신규 진입하는 신구 기업의 교체(rotation)가 지속된다. 이것은 산업구조의 고도화, 특히 중화학공업의 성숙과 지식·정보 집약적 산업구조가 전개되면서 더욱 두드러진 현상이 되고 있다.[35]

신규진입 기업의 진입요인을 보면 다음과 같다.

첫째, 소영세기업 분야가 확대된다는 점인데, 이는 두 가지 측면으로 파악한다.

① 경제가 고도성장하면서 새로운 소영세기업 분야가 확대된다. 일반적인 소득수준의 상승에 따라 수요의 다양화, 고급화, 개성화 뿐만 아니라 소영세기업에 적합한 수요가 확대된다. 즉 수요창조시대가 소영세기업에 유리하게 작용한다.

② 산업구조 고도화에 따른 노동력부족이 下請에 대한 의존을 확대시키고 이에 따라 소영세기업 분야가 확대된다.

둘째, 개업자금이 비교적 소액이라도 경영을 할 수 있다는 점이다. 즉 창업에서 자본의 역할이 줄어든다.

① 새로 등장하는 소영세기업 분야는 반드시 자본 집약적이 아니고, 노동 집약적이며 연구개발 집약적이라고 볼 수 있다. 전문능력을 지니면 자금이 적어도 경영을 할 수가 있으며, 전문능력을 지닌 사람은 비교적 독립하기 쉽다.

② 고성능기계가 보급단계에 들어가면서 낮은 가격으로 구입할 수 있으며, 각종의

---

34) 淸成忠南,《日本中小企業の構造變動》, 新評論, 1972, p.27.
35) 위의 책, p.231.

자동기계가 소영세기업에 적용될 수 있도록 소형으로 개발되고, 비교적 싼 가격에 구입이 가능하다.

셋째, 기술의 객관화가 계속되어 기술개발의 결과가 널리 보급된다. 일정한 교육을 받은 자는 책을 통한 기술의 습득(book learning)과 각종 교육과 강습회 등 기술습득 기회가 늘어나면서 지식숙련을 요하는 분야에 소영세기업의 진입이 촉진된다.

이러한 추세에 맞추어, 특히 산업구조의 지식집약화와 다양화의 시대에 소영세기업이 진출할 수 있는 지식집약산업의 주요 유형으로는

① 연구개발집약산업

② 고도조립산업

③ 패션(fashion) 산업

④ 지식산업

등을 들 수 있다. 또한 이들 유형에 따라 소영세기업이 존립할 수 있는 분야는 다음과 같다.

① 성장가능성형

수요의 탄력성이 크고 가격탄력성이 작으면서 잠재적 수요가 큰 분야로, 기술수준이 높고 전문지식을 활용하는, 장래 높은 성장이 기대되는 분야(예컨대 연구개발형 벤처 비즈니스 등)

② 특수고급형

수요의 탄력성이 크고 가격탄력성이 작지만 수요규모가 작고 전통적 기술, 意匠, 창의성 등을 활용하고, 고도로 취미적 상품을 공급하는 것(예컨대 고급주문 부인복 등)

③ 지역적 유효수요의존형

수요의 가격탄력성이 작고 소득탄력성은 반드시 큰 것이 아닌, 말하자면 필수적 성격의 것으로 지역주민의 생활의 편의를 위하여 역할하고 지역경제의 원활한 운영에 기여하는 것

④ 소규모생산 적응형

생산의 규모이익이 제한되어 있고 그 때문에 공장단위 및 점포의 크기가 어느 정도 이상으로는 커지지 않는 것 등36)

---

36) 日本中小企業廳, 《70年代の中小企業像》(中小企業政策審議會意見具申の內容と解說), 1972, p.58.

2. 지식 집약적 산업구조[37]와 소영세기업 문제의 새로운 인식

지식 집약적 산업구조에서 이루어지는 소영세기업의 존립분야에 대한 이러한 포괄적 제시는 소영세기업 문제 인식의 새로운 장을 열어주고 있다. 이러한 분야에 신규진입하는 소영세기업의 주류를 이루는 기업유형이 바로 벤처 비즈니스라고 보았고, 그에 따라 산업조직도 종래 수직적인 것에서 수평적인 것으로 바뀌었다.

벤처 비즈니스는 서구에서 다양하게 불리우던 지식집약형의 신기업을 의미하며, 하나의 새로운 시대의 기업유형의 '理想型'으로 일본에서 1970년대 초기 제시하였다.

벤처 비즈니스는 연구개발형 디자인개발형의 신기업이며, 기존기업으로서는 대응할 수 없는 새로운 수요와 새로운 사업기회를 붙잡을 수 있는 새로운 기업이다. 이것은 지금까지의 신기업과는 달리 경영자 자신이 고도의 전문적 능력을 갖고, 또한 재능 있는 사람을 모아 매력 있는 사업을 조직하는 능력을 갖고, 모험에 도전하는 기업가 정신을 갖는 것을 주요내용으로 한다. 그 가운데에는 고수입사업과 고성장기업이 많이 있지만, 경영자의 동기는 단순한 이윤동기만으로 설명할 수 없는 다양한 동기를 지닌다는 것이다.[38]

벤처 비즈니스는 중화학공업이 성숙하고 지식·정보 집약적 산업구조가 전개되면서 나타났다. 중화학공업의 성숙은,

첫째, 수요 면의 변화를 크게 한다. 1인당 소득이 높아지고 수요가 다양해질 뿐만 아니라 수요의 질적 변화가 커지고 또한 변화의 속도도 빠르다. 시장의 세분화 경향이 커지면서 소영세기업이 적응하기 쉬운 다품종 소량생산 분야가 새롭게 나타난다.

둘째, 공급 면에서 기술의 변화가 심해진다. 기본적인 기술혁신은 정체되어 있지만, 이미 개발된 기술의 결합으로 그것의 새로운 전개가 가속적으로 이루어진다. 중화학공업의 전개로 진전되었던 전문화를 기초로 하여 이에 다양한 결합이 가능해진다. 이는 점차 다양화하는 정보에 둘 이상의 고도기술을 결합하여 이루어지는데, 이 때문에 軟性(soft)기술에 대한 사회적 정보도 많아진다.

이처럼 수요·공급의 변화가 다 같이 격화되고 기업경영은 모험적이 되며 이 때문에 모험을 받아들일 수 있는 기업가의 기회가 늘어난다. 변동에 도전하고 적극적으로 모험을 받아들이지 못하면 높은 이윤을 기대할 수 없다. 그러나 안정을 지향하는 대기업이나 중기업은 변동에 대응이 늦고, 오히려 소영세기업의 신규진입이 이 분야에

---

37) 상세한 설명은 제10장 3절 및 4절 참조.

38) 中村秀一郎·淸成忠南·太田一郎 編, 《中小企業の知識集約化戰略》(大企業に勝た第三の經營ビジョン), 日本經營出版會, 1973, pp.28~29.

서 활발해진다. 결국 벤처 비즈니스가 등장하지 않을 수 없다.

벤처 비즈니스의 등장은 기존의 산업조직에 적지 않은 충격을 주었는데, 이를 살펴보면 다음과 같다.

첫째, 새로운 기업들이 관계를 갖도록 하는데, 대기업을 정점으로 하는 피라미드형 결합이 아니고, 소프트한 수평적 산업조직체계를 이룬다.

둘째, 전문기업의 여러 산업 간 전개를 볼 수 있으며, 따라서 산업조직이 복잡하게 교차한다.

셋째, 시스템에 참가하기 위하여 각 기업은 심한 경쟁에서 이겨야 한다. 배타적 계열기업으로서의 시스템 참가가 아닌 전문기능에 따른 참가이기 때문에 경쟁은 불가피하다. 즉 자본적 결합이 아니고 전문기능을 매개로 한 결합이기 때문에 당연히 능력본위이다.

넷째, 시스템들이 심하게 경쟁하며, 심한 차별화경쟁이 이루어진다. 기존의 독과점 기업집단에서와 같은 자본적 결합만으로는 경쟁력이 낮아진다. 그 결과 가격기구의 기능이 약해지고 비가격기구적 경쟁이 심하게 나타난다.[39]

중화학공업이 성숙하고 산업구조가 지식·정보 집약적으로 되면서 벤처 비즈니스가 등장하고 산업조직에도 큰 변화가 일어난다. 독과점 기업집단의 자본적 결합 중심의 산업조직은 시장구조의 효율성을 저해한다. 이러한 비능률적인 독과점 중심의 산업조직을 변화시켜 주는 기능을 하는 것이 벤처 비즈니스인데, 그 주류를 이루는 것이 소영세기업이라고 보았다.

산업구조가 지식 정보집약화하는 단계에서 이러한 유형의 소영세기업이 새롭게 제시되고 있으나, 과연 그것이 국민경제의 재생산구조라는 거시적 관점에서 소영세기업 문제 인식의 기본이 될 수 있느냐는 비판이 있을 수 있다. 그러나 이러한 기업유형이 자본중심의 독과점적 산업구조에 가격기구의 효율성을 불어넣는 계기를 마련하고, 사회적 대류현상 속에서 산업조직의 경직화를 방지하는 데 크게 기여하는 등 소영세기업의 위치와 역할을 적극적으로 인식시키는 계기를 마련해주고 있다.

---

39) 清成忠南, 〈ベンチア-ビジネス論〉, 越後和典 編, 《産業組織論》, 有斐閣, 1973, pp.240~243.

제4부 중소기업 문제와 정책

제15장 중소기업 문제의 성격과 그 역사적 전개

제1절 중소기업 문제의 성격과 유형

1. 중소기업 문제의 여러 형태

중소기업 문제의 성격을 밝히는 것은 중소기업 이론과 중소기업 정책의 출발점이기 때문에 매우 중요하다. 중소기업 이론은 중소기업 문제를 연구 분석한 결과로서, 자본주의 발전과정에서 나오는 모순현상인 중소기업 문제를 해명하고 규정하는 논리구조이다. 또한 중소기업 정책은 이러한 문제성과 모순을 해결하고 완화하는 등 대응방안을 제시하는 것이다.

그런데 중소기업 문제의 성격을 한마디로 규정하기는 어렵고, 따라서 여러 가지 형태로 제시되는데, 그것은 다음과 같은 이유에서다.

첫째, 문제를 제기하는 대상인 중소기업이 異質多元的 성격을 가지고 있다. 중소기업은 그 존립분야가 다양하고, 중소기업 범위 안에서도 중기업, 소기업, 영세기업, 가내공업 나아가 가내노동 등이 다원적 계층으로 이루어져 있고 이들의 경제적 특성도 여러 가지 모습으로 나타나고 있다.

둘째, 문제의 대상인 중소기업이 끊임없이 변화한다. 문제가 되고 있는 많은 중소기업이 시장에서 限界收益企業으로 존립하기 때문에 경기변동의 영향을 받아, 그 출생률과 사망률이 높은 多産多死의 경향을 갖고 있다. 또한 경제구조의 변화에 따라 사회적 대류현상이 진행되면서, 낡은 중소기업과 새로운 중소기업의 교체가 눈에 띄게 이루어지는 것도 중소기업 분야이다. 즉 중소기업 분야의 동태성이 문제의 내용을 다양하게 만든다.

셋째, 적극적이고 능동적인 관점에서 보면, 중소기업의 역할이 여러 가지라는 사실이 중소기업에 대한 문제의식을 다양하게 만든다. 일찍이 마셜(A. Marshall)은 중소기업은 경제발전의 원천이며 그들이 제공하는 힘과 탄력성은 영국경제 전체에 걸쳐 일어나고 있다고 지적한 바 있다. 그 뒤 자본주의 발전과정에서 자본축적의 기반으로 생산 고용 면에서의 역할, 선진경제에서의 활력 있는 다수 등 다양한 역할이 제시되어 왔고, 이런 능력을 높이는 것이 중소기업분야의 중요한 과제이다.

넷째, 경제구조의 현상과 특성에 따라 중소기업 문제는 변화한다. 자본주의의 발전정도와 그 나라 경제구조의 특성에 따라 중소기업 문제는 달라지고, 또 중소기업이 직면하는 국내외의 여러 조건의 변화 등 자본주의의 역사적 변화와 그 구체적 내용에 따라 서로 다른 성격을 보이는 것이 또한 중소기업 문제이다.

다섯째, 중소기업에 대한 학문적 시각에 따라서도 중소기업 문제의 성격은 크게 달라진다. 크게는 경영론적인 적정규모론적 분석의 시각과 경제학적 분석의 시각에 따라 중소기업 문제의 성격은 다르게 나타날 수 있다. 후자의 시각 가운데서도 여러 가지가 있을 수 있다. 즉 ① 시장경쟁관계적 시각 ② 인구문제적 및 노동문제적 성격 ③ 總資本構造論的 견해 ④ 마르크스적 자본의 제생산론적 관점 등이 그것이다.[1]

중소기업 문제는 이와 같은 이유로 다양한 내용을 지닐 수 있지만, 그것에 대한 접근이 '分離理解方式보다 綜合的 理解方式'으로 이루어지면서 '國民經濟構造의 모순'으로 중소기업 문제를 규정하기에 이르렀다.[2] 여기서 중소기업 문제는 '대기업 또는 독점자본에 대한 중소기업'의 본질을 그 성격과 존립조건 등을 가지고 규정하는 것을 주요 내용으로 하고 있다.

근대경제학적 중소기업 이론의 흐름에서 보면, 중소기업 문제는 초기에 '마찰적, 과도적 문제'에서 1930년대에 와서는 '국민경제적 모순의 문제'로 인식되고 있다. 전자는 경제이론상의 문제로 다루어졌고, 후자는 적극적 정책적 대응이 필요한 문제로 인식된 것이었다. 그리고 그 내용은 초기의 중소기업 소멸론(도태·구축)에서 잔존론(잔존·이용)으로, 다시 적극적 존립론(적극적 역할)으로 전개되었다. 이러한 중소기업 문제의 변화는 자본주의 발전에 따른 경제구조의 변화를 반영한 것이다.

2. 중소기업 문제의 시각과 성격

이질적이며 다원적인 요인으로 이루어져 있는 중소기업이 '중소기업 일체'라고 하는 '一体性'을 가질 수 있는 것은 그것이 대기업 또는 독점자본의 발전 때문에 만들어진 '일정의 산업군'이라는 점에서다. 중소기업은, 대기업 또는 독점자본의 발전에 따

---

1) 총자본구조론은 총자본의 競爭構造가 ① 支配(독점자본), ② 自生(대자본), ③ 從屬(중소자본)의 계층으로 이루어져 있다고 보고 이들 사이의 경쟁관계를 분석하되, 경쟁의 '場'인 시장관계보다는 '構造'라는 機構的 견지를 강하게 강조한다는 점이 특징이다. 이에 반해 마르크스적 관점은 총자본의 계층적 구성의 경쟁관계를 독점자본의 착취의 구조적 계층으로 파악한다.(山中篤太郎, 〈中小企業本質論の展開〉, 藤田敬三·伊東垈吉 編,《中小工業の本質》, 有斐閣, 1960, pp.13~20)
2) 이것은 중소기업과 독점자본 또는 대기업을 별개의 논리로 다루는 것이 아니고, 양자를 동일한 이론으로 접근하여 그 상호관계와 특히 접촉 국면에서의 모습, 나아가 역사적 관계 등을 규명하는 것이다.(위의 글, p.12)

라 발생한 명칭이고, 따라서 대기업 또는 독점자본과 상대적이며 그것과의 관계 속에서 그 일체성과 본질을 알 수 있다.

다양한 중소기업 문제의 본질도 기본적으로는 대기업 또는 독점자본과의 관계를 규정하는 가운데 밝힐 수 있다. 이는 다음과 같이 설명할 수 있다.

첫째, 중소기업은 대기업과의 경쟁으로 도태, 구축되는 기업집단이라는 것이 초기의 중소기업 문제의 성격이었다. 그러나 자본주의가 점차 고도화하면서 중소기업은 도태, 구축과 함께 지배적 자본이 잔존, 이용하는 위치로 존재하게 되었다. 이것은 중소기업을 주로 피수탈자의 위치로 보는, 중소기업 문제의 消極的인 규정이다. 그런데 현재 자본주의에서는 불완전 경쟁 이론, 적정규모론 또는 사회적 분업론에서 볼 수 있듯이, 중소기업은 적합한 경제분야에서 적극적인 역할을 하고 있으며, 대기업과 상호보완적 관계를 맺으며 존립하고 있다. 이렇게 보는 것은 중소기업 문제를 그 역할의 시각에서 파악하는 積極的인 규정이다.[3]

둘째, 중소기업 문제는 중소기업이 갖는 二元的 性格 때문에 두 가지 측면을 갖는다. 중소기업은 중소기업 노동자와의 관계에서는 수탈자의 위치에 있으면서도, 지배적인 자본과의 관계에서는 피수탈자의 위치에 선다는 것이 정치경제학적 성격 규정이다. 즉, 중소기업은 자본가의 성격을 지니면서 노동자에게서는 잉여가치를 수취하고 이것을 지배적인 자본(대기업 또는 독점자본)에게 수취당하는 종속적 위치에 선다.[4] 전자는 기본적 모순을 말하고, 후자는 종속적 모순을 말한다. 따라서 중소기업 문제는 기본적 모순과 종속적 모순을 포함하는 이원적 성격을 갖는다.

셋째, 중소기업이 지배적인 자본(또는 기업)과 맺는 관계는 두 가지 시각에서 분석할 수 있으며, 따라서 중소기업 문제도 두 가지 측면을 갖는다. 먼저 生産力的 시각인데 이것은 양자를 상호협동관계(상호의존관계)로 보는 것이다. 그리고 생산관계적 시각은 중소기업과 지배적 자본이 지배종속관계(착취·대립관계)를 맺는다고 보는 것이다.[5] 결국 중소기업은 지배적 자본과의 관계에서, 대립관계를 맺으면서도 상호의존성을 지닌다. 따라서 '對立關係 속의 상호의존성'을 지향하는 것, 즉 대립관계를 완화, 해소하면서 상호의존성을 제고하여 양자를 통일하는 것이 중소기업 문제의 본질이다.

넷째, 중소기업 문제의 해명에서도 '일반성과 특수성'의 문제가 있다. 경제학을 포

---

3) 정치경제학에서 중소기업 문제를 民族資本論的 시각에서 살피는 것도 그 적극적 성격 규정에 포함된다고 볼 수 있다.

4) 이때 중소기업은 독점자본과 중소기업 노동자를 연결하는 結節環 또는 結節點의 역할을 한다고 본다.(伊東垈吉, 〈中小工業問題の本質〉, 藤田敬三·伊東垈吉 編, 위의 책, p.70)

5) 이것은 마르크스경제학에서 생산력과 생산관계의 개념을 자본과 노동, 나아가 중소기업과 독점자본의 관계로 확대 해석한 것이다.

함한 사회과학의 이론적 요구는 그 사회가 안고 있는 모순관계의 해명에서 비롯한다. 사회적 모순관계를 보편적인 발전법칙에 따라 해명하려는 시각이 있는가 하면, 그것의 구체성에 집착하여 분석하려는 시각도 있다. 이것이 역사인식에서 일반성과 특수성의 문제이다. 사회과학의 연구대상인 중소기업 문제의 해명에도 일반성과 특수성에 따른 시각이 내재하기 마련이다.[6]

자본주의 경제의 보편적 발전단계에 따라 중소기업 문제의 성격이 어떻게 변화하였는지를 연구할 필요가 있을 뿐만 아니라, 국민경제적 특수성에 따라 그에 상응한 중소기업 문제의 연구도 필요하다. 따라서 중소기업 문제의 성격규명에는 일반성과 특수성의 두 시각을 반영할 필요가 있다.

이러한 중소기업 문제의 성격은 포괄적으로 다음과 같이 규정할 수 있다.

첫째, 중소기업 문제의 '문제'는 다름 아닌 '모순'인데, 이 때 모순은 자본주의 발전과정에서 일어나는 산업구조에서의 모순이며, 자본의 운동법칙이 가져온 모순이다. 자본주의의 발전, 이에 수반된 산업구조의 '高度化'와 그 과정에서 생기는 모순의 하나가 중소기업 문제이다. 따라서 중소기업 문제는 '역사적' 성격을 지닌다.

역사적 전개과정에서 보면, 자본의 본원적 축적의 단계, 산업자본의 확립기와 그 다음 자유경쟁적 산업자본주의 단계, 그 다음 독점자본주의의 단계, 현재의 국가 독점자본주의의 시기 등, 시대를 통한 모순의 발전과정을 파악할 필요가 있다.[7] 결국 각 단계에서 지배적 자본이 그렇지 못한 자본을 해체, 몰락시키고 종속, 이용하면서 이루는 자본의 운동법칙의 한 측면이 중소기업 문제라는 것이다.[8]

또한 우리는 후진자본주의의 특수성을 반영하는 모순현상으로서 중소기업 문제를 규명할 필요가 있다. 그런데 횡적으로 국민경제의 특수성을 반영하는 중소기업 문제는 다음과 같이 제시하기도 한다.[9]

① 영국과 미국 등 경제력이 집중된 나라의 중소기업 문제

② 서구대륙 등 수공업의 전통이 강한 나라의 중소기업 문제

③ 일본 등 후진적 조건에서 급속하게 성장한 나라의 중소기업 문제

④ 개발도상국 등 빈곤과 실업이 심각한 나라의 중소기업 문제

둘째, 위에서 논의한 바와 같이 자본주의 발전의 일반적 발전단계에 따라, 그리고

---

6) 일본 자본주의 논쟁에서는 勞農派가 一般性의 시각을, 講座派가 特殊性의 시각을 견지한 바 있다.

7) 이때 산업구조는 자본이 그 속에서 운동하는 구조(틀)를 의미한다.

8) 伊東岱吉, 〈中小工業問題の本質〉, 藤田敬三·伊東岱吉 編, 앞의 책, p.29.

9) 瀧澤菊太郎, 〈中小企業問題と政策の國際比較〉, 加藤誠一·水野 武·小林靖雄 編, 《經濟政策と 中小企業》, 同友館, 1977, pp.265~266.

국민경제의 특수성에 따라 종적, 횡적으로 중소기업 문제를 유형화하여 인식하는 것은 중요한 의의가 있다. 일반적 경제법칙은 서로 다른 조건에서 서로 다른 현상으로 구체화하기 때문이다. 이것은 같은 경제적 개체들이라도 서로 다른 역사적 조건, 상이한 발전단계에 따라서 자기 역할 또는 위치가 다르다는 것을 뜻한다.

결국 종속적 경제제도로서 중소기업 문제의 성격은 역사적, 발전단계별 자본주의의 유형 속에서 중소기업의 '위치와 역할'을 제시하는 것이다.[10]

그리고 중소기업 문제의 성격을 규정하는 조건으로 다음 세 가지를 들고 있다.

① 국민경제에서 지배적 경제제도의 발전단계 또는 정도

② 국민경제에서 종속적 경제제도의 존립형태, 존립의 정도

③ 지배적 경제제도의 발전단계와 종속적 경제제도의 존립형태 사이의 상호관계

중소기업 문제를 이렇게 규정하는 것은 앞서 그것을 '산업구조상의 모순'으로 본 시각보다 더욱 적극적 측면을 나타낸다. 모순이라고 하는 문제의 '위치'를 밝히는 데 그치지 않고, 그 '역할'이라는 적극적 의미도 강조했기 때문이다.

셋째, 중소기업 문제를 산업구조상의 모순으로 규정하는 한, 중소기업 문제는 산업구조의 변화에 따라 그 성격이 변화할 수 있다. 특히 산업구조의 고도화는 자본의 유기적 구성의 고도화를 의미하기 때문에 그에 따라 '자본의 역할'이 더욱 강화되고 모순현상으로서 중소기업 문제는 깊어질 수밖에 없다. 그러나 산업구조가 경공업 중심에서 중화학공업 중심으로 고도화하는 이러한 현상은, 산업구조가 지식·정보 집약적으로 변화하여 '지식·정보의 역할'이 크게 작용하는 현대자본주의에서는 새로운 특성을 보이게 된다.

제2절 본원적 축적과 중소기업 문제의 단서

1. 본원적 축적·小生産者의 분해·노동력 유동화

본원적 축적 또는 原始的 蓄積(primitive accumulation)은 자본제 생산이 이루어지기 이전의 생산수단의 축적을 의미하는 것으로서 자본주의적 생산의 출발점을 이

---

10) 朴玄埰, 〈中小企業問題의 認識〉, 《創作과 批評》, 창작과 비평사, 1976 여름, pp.386~387. 그리고 여기서는 오늘날 후진저개발국의 중소기업을 反外資·反買辦資本이라는 民族資本家的 성향을 갖는 자본으로 규정함으로써 民族經濟 확립하는 데 중소기업의 적극적 역할을 강조하고 있다.(p.400)

루는 축적이다. 자본주의적 생산은 한편에서는 다른 사람의 노동력을 구매하여 가치증식을 꾀하고 화폐. 생산수단 또는 생활자료를 소유하는 자(자본가)와, 자기의 노동력을 판매하는 자유로운 노동자가 존재하여, 그 양자가 대치하는 가운데 기초조건이 형성된다. 이러한 기초조건이 만들어지는 과정이 본원적 축적 또는 원시적 축적과정이다. 이 과정에서는 다음과 같은 특징이 나타난다.

첫째, 자본주의적 생산관계가 만들어진다. 생산수단의 소유자인 자본가와 노동력을 상품으로 판매하는 노동자라는 두 계급이 만들어져 자본제 생산의 기초를 구축한다.

둘째, 자본제 생산 이전에 경제활동의 주역이었던 직접생산자인 소생산자의 분해현상이 일어난다. 자신의 노동력과 생산수단을 다 같이 소유하면서 생산활동을 하였던 소생산자는 이 과정에서 분해되어 산업자본가가 되거나 임금노동자로 바뀐다.

셋째, 소생산자가 생산수단의 소유에서 분리되면서 동시에 생산수단의 집적이 이루어진다. 한편의 생산수단으로부터의 분리와, 다른 한편의 생산수단의 집적이 동시에 이루어져서 생산수단이 특정인의 수중에 집적되는 과정이 본원적 축적과정이다.

이 과정에서 집적된 생산수단은 자본제 생산의 기초인 산업자본을 이루고, 동시에 생산수단에서 분리된 직접생산자는 임금노동자가 되었다. 이처럼 본원적 축적과정은 자본주의 성립의 기본과정이었으며, 동시에 소생산자가 분해되는 역사적 과정이었다.

한편 소생산자의 분해로 방출되는 노동력, 즉 노동력 유동화는 본원적 축적과정에서 자본제 생산관계의 기초인 노동자계급을 이루는 데 그치지 않고, 그 뒤 자본주의 전개과정에서 계속된다. 즉, 노동력 유동화는 자본제 부문의 노동공급의 원천이고 자본축적의 기초가 된다.

자본의 집적·집중 등과 같은 자본의 운동법칙이 관철되는 가운데 중소영세기업의 도산과 구축이 이어지면서 유동화한 노동력은 특히 독과점 대기업의 노동공급의 기반이 되었다. 풍부하고 낮은 임금으로 공급되는 상대적 과잉인구가 자본재 생산을 위한 '노동력의 마르지 않는 저수지'(inexhaustible reservoir of disposable labor-power)[11]를 이루었다. 또한 그에 따른 저임금 기반은 중소기업의 존립조건이 되어 독점자본의 계층적 축적구조를 지속하도록 하는 등 중요한 중소기업 문제 인식의 대상이 되었다.

자본의 본원적 축적 과정에 대해서는 이론적으로 두 가지 설명이 있는데, 하나는 중산적 생산자층의 양극분해설이며, 다른 하나는 상업자본의 산업자본으로의 전화설이다. 산업자본의 형성과정에 관한 이러한 두 가지 유형에 따라 오늘날의 시각에서

---

11) K. Marx, *Capital, A Critique of Political Economy*, Vol. I, trans. by Samuel Moore and Edward Aveling, New York, International Publishers, 1967, p.643.

중소기업 문제를 설명해보기로 한다.

2. 中産的 生産者層의 양극분해와 사회적 대류현상

중산적 생산자층은 독립소상품 생산자층[독립자영농민층(yeomanry) 및 半農半工의 小匠人(small master)층]을 말한다. 이들은 자신이 전개한 상품생산의 발전에 따라 불가피하게 양극분해를 겪으면서 산업자본을 탄생시키고 자신들은 해체되기에 이른다. 그 결과 한편에서는 생산수단의 집적을 기초로 근대적 대농경영 및 매뉴팩처경영을 모체로 하는 산업자본이 진전되고, 다른 한편에서는 자유로운 임금노동자를 만들어낸다.[12] 이 견해에서는 社會的 對流라고 하는 현상을 다음과 같이 설명하였다.

자본주의 성립기에 사회적 대류라고 할 수 있는 현상이 있었다. 중산적 생산자층이라는 모태에서 양극분해로 끊임없이 산업자본가와 임금노동자가 생겨난다. 한편에서는, 임금노동자에게 아직도 독립소생산자로 재생할 수 있는 가능성이 남아 있음과 동시에 다른 한편에서는, 산업자본가로 올라선 사람도 결코 그 지위가 영속적인 것은 아니다. 산업경영(특히 매뉴팩처)도 거의 2~3대 안에 경영자나 소유자가 바뀌던가 또는 해체되었다. 뿐만 아니라 다행히 몰락하지 않고 부를 늘린 일부 사람들도 일반적으로는 산업경영을 확대하는 것보다는 조만간 그 경영을 바꾸어 상인 및 금융업자로 바뀌고, 다시 토지(내지 경영설비)를 구입하여 地代(내지 임대료)의 취득자로 상승하게 되었다. 이처럼 분해의 결과는 사회적으로 고정적인 것이 아니며, 따라서 끊임없이 재분해가 반복되는 가운데 총체적으로 중산적 생산자층의 양극분해가 진행된다[13]는 것이다.

자본주의의 본원적 축적기에 일어난 이러한 사회적 대류현상은 산업자본주의, 독점자본주의 그리고 오늘날의 현대자본주의에서도 지속된다고 본다. 특히 오늘날처럼 경제가 고도로 성장하고 산업구조가 급격히 변화할수록 새로운 기업과 낡은 기업의 교체가 활발하게 이루어지면서 사회적 대류현상은 더욱 뚜렷해지고, 이러한 사회적 대류현상의 상향이동도 활발하게 진행되는데, 이러한 중소기업계층의 특징을 우리는 본원적 축적기에서 발견할 수 있다.

---

12) 大塚久雄·高橋幸八郎·松田知雄 編,《西洋經濟史講座 Ⅱ》(Ⅰ. 總說 - 大塚久雄), 岩波書店, 1970, pp.5~14. 이 이행경로는 생산자가 상인 및 자본가(merchant and capitalist)가 되는 길로서, 마르크스(K. Marx)가 진정한 혁명적인 길(the really revolutionising path)이라고 지적한 바 있다.(K. Marx, *Capital*, Vol. Ⅲ, p.334)

13) 大塚久雄,《大塚久雄著作集》, 第4卷 - 資本主義社會の形成, 岩波書店, 1969, pp.241~242.

3. 先貸制 家內工業과 하청 제도

자본의 본원적 축적과정에 대한 또 하나의 설명, 즉 상업자본이 산업자본으로 전환되었다는 주장에서는 오늘날 下請制度의 원형을 알 수 있다. 이 견해는 유통경제의 발달에서 산업자본의 형성을 설명하려는 것인데, 그 과정은 다음과 같다.

화폐경제가 발달하면서 성장한 상업·지대 자본이 선대제도(putting-out system) 아래 선대제 상업자본이 되고, 다시 그 발전된 형태인 先貸制 家內工業(자본제적 가내노동)을 기반으로 산업자본으로 바뀌고, 그 결과 소생산자는 임노동자로 전환된다.

선대제도란 상인(상업자본)이 원료 반제품 또는 도구 및 자료를 소생산자에게 대여해주고 그 생산품을 일괄해서 수집 판매함으로서 이윤을 얻는 경영방식을 말하는 것으로, 슈몰러(G. Schmoller) 등 독일 신역사학파가 구상한 개념이다. 이것은 상인제조업자(merchant manufacturer)인 先貸商人이 시장판매용 재화를 판매하기 위하여 소생산자를 조직, 지배함으로써 성립한다. 즉 상인 또는 상업자본이 생산자를 지배하는 경영방식의 한 형태이다.

선대상인(전기적 상업자본)은 도시의 수공업자나 농촌의 부업노동자를 여러 가지 형태로 자기에게 종속시켜 家內工業 勞動者로 조직하였는데 그 형태를 단계별로 보면 다음과 같다.

첫째, 가장 완화된 지배의 형태로서, 가내공업 노동자가 독립생산자인 경우이다. 즉 가내공업 노동자는 자기 판매를 위해 생산하는 한편, 선대상인을 위해서도 부분적으로 생산하는 단계이다. 이 단계에서 先貸主는 상인의 기능을 갖는다.

둘째, 선대상인이 가내공업 노동자에게 買占, 獨占力을 행사하는 단계가 이어진다. 선대상인(선대주)이 이러한 독점력을 얻는 것은 많은 선대자금을 줌으로써 가능해지는데, 선대주는 선대자금의 대가로 가공한 상품을 노동자로부터 받는다. 여기서 노동자는 시장에서 완전히 격리되어 독립성을 잃고, 선대상인은 노동자를 지배함으로써 生産者의 기능까지도 갖게 된다. 대표적인 노동지배의 예는 생산비 인하를 위한 노동의 조직 및 배분 등이다.

셋째, 이 단계가 더욱 진행되면 선대상인은 원료를 선대하거나(임가공) 도구를 대여(賃機械)함으로써 노동자를 완전히 종속시킨다. 앞의 단계에서는 노동자는 자신의 원료를 자신의 도구로 가공하는 것이며 형식적으로는 독립해 있었지만, 이 단계에 오면 노동자는 생산수단을 잃고 사실상의 임금노동자로 전락한다.

이렇게 이루어진 先貸(客主)制 家內工業은, 기업가 형태의 선대상인이 사실상의 임금노동자를 고용하여 판매 생산을 영위하는 資本制的 성격을 띠는 경우도 있고, 낡은 手工業的 분산경영을 그대로 유지하는 경우도 있다. 전기적 상업자본이 소생산자를 지배하는 마지막 단계에서 일어난 이러한 선대제 가내공업(또는 자본제적 가내노동)이 오늘날 독점단계의 '본래적 하청 제도'의 역사적 원형이다.[14]

즉, 前期的 상업자본인 선대상인은 생산자에게 원재료를 직접 분배하고, 어떨 때는 도구 및 설비 등도 대여하여 생산하였기 때문에, 소생산자(소상품생산자)는 선대상인의 '원초적 하청'이 되고 '사실상의 임금노동자'가 되었으며, 선대상인은 '사실상의 산업자본'이 된다. 이때 선대상인은 유통과정에서 不等價交換을 통하여 수탈할 뿐만 아니라, 생산과정에서 지도권을 장악하여 소생산자의 작업장의 剩餘勞動을 직접 이용할 수 있게 된다. 따라서 전기적 상업자본의 지배 때문에 소생산자는 상품의 판매과정과 구매과정에서 완전히 분리되고 생산과정의 工的 부문에만 종사하는 사실상의 임금노동자가 되는 형태, 즉 자본제적 가내노동 또는 선대제 가내공업에서 오늘날 독점단계의 하청 제도의 역사적 원형이 발견된다는 것이다.

가내공업을 지배하는 형태에서 시작되어 '산업자본화'한 상업자본이, 賃勞動을 사용하는 매뉴팩처를 지배하고(先貸制 매뉴팩처), 다시 공장제 공업을 지배하는 형태(선대제 공장공업)에서, 대공장 자신이 중소공장을 지배하는 형태(엄밀한 의미에서 下請制工業)로 발전하였다는 것이다.[15] 따라서 하청 제도의 역사적 원형인 선대제 가내공업(또는 자본주의적 가내노동)은 자본주의 발전의 각 단계(소상품생산-매뉴팩처-공장제 공업)에서 공통적으로 존재하였고, 그것이 분산적 경영을 하는 대기업 경영이 외부를 수탈하는 바탕이 되었다는 것이다.

이러한 견해는, 하청은 자본주의에서 지배적인 자본의 중소공업 지배의 형태이며, 특히 유통으로 지배하는 형태 가운데 하나라고 보는 藤田敬三의 이론으로 이어졌다.[16] 즉, 상업자본이 소생산자를 지배하는 최고 단계에 나타나는 공업의 특수한 형태인 선대제 매뉴팩처에서 상업자본의 공업자본지배가 이어져, 선대상인(상업자본)이 기계제 공업을 지배하거나 또는 대공장의 購買部가 지배하는 것을 오늘날의 하청이라고 보았다. 즉 하청 제도는 상업자본적 지배가 그 본질이라고 보았다.

선대제도 아래서 상인자본이 소생산자를 지배하는 최고 단계에서 나타난 선대제 가내공업 또는 자본주의적 가내노동을 사실상의 산업자본 또는 사실상의 임금노동,

---

14) 伊東垈吉, 《中小企業論》, 日本評論社, 1968, p.56. 선대상인이 소생산자를 분해하고 선대제 가내공업(또는 자본제 가내노동)을 형성하는 과정을 레닌(V. I. Lenin)은 5단계로 나누어 설명한다.

15) 染谷孝太郎, 《日本中小企業の理論》, 白桃書房, 1977, p.117.

16) 藤田敬三, 〈日本中小工業と下請制の本質〉, 藤田敬三·伊東垈吉 編, 앞의 책, pp.122~123, 127. 下請論爭에 대해서는 제13장 제4절 참조.

그리고 양자의 관계를 사실상의 자본주의적 관계로 보는 것은, 봉건적 생산양식에서 자본주의적 생산양식으로 이행하는 두 가지 길(two fold) 가운데 상인이 생산자를 지배하는 경우를 강조한 것이다. 이 경로는, 진정한 자본주의적 생산양식의 진보를 방해하는 '보수 반동적인 길'로 평가받고 있다.

이에 반해, 생산자가 상인 및 자본가가 되어 농업 같은 자연경제에 대립하고 중세적 도시공업의 동업조합적 수공업에 대립하는 경로는 역사적으로 그 사례가 많지는 않지만 '진정한 혁명적인 길'이라는 것이다. 일반적으로 자영농민, 수공업자등의 소(상품)생산자 가운데서 '사실상'이 아닌 '본래의 산업자본과 본래의 임금노동 그리고 본래의 자본주의적 관계'가 이루어진다는 것이다. 이 경로에서는 하청 제도의 역사적 원형이 전형적으로 발생된 것은 아니다.[17]

제3절 산업자본주의 단계의 小工業 問題

1. 小經營 問題의 과도적 성격

본원적 축적기에 소생산자가 분화되고 선대제 가내공업 또는 자본주의적 가내노동이 나오지만, 그 스스로가 지닌 단점 때문에[18] 매뉴팩처(manufacture), 즉 공장제 수공업이라는 경영형태가 나왔다. 그 바탕 위에서 기계에 의한 工場制度가 들어오면서 산업혁명이 이루어졌다.

산업혁명은 산업기술의 발전을 매개로 하여 공업경영 형태를 수공업 가내공업 또는 매뉴팩처로부터 근대적 대공업으로 바꿔놓았다. 기계 도입과 함께 산업혁명은 기업규모의 급격한 확대와 함께 기업규모 사이에 경쟁을 할 수 없는 斷層을 만들어 小經營 問題를 일으키는 계기를 마련하였다.

그러나 기계를 이용한 공장제 공업의 도입으로 수공업이 구축되면서 곧 바로 소경영 문제가 '본격적으로' 일어난 것은 아니다. 소경영문제는 기업 사이의 문제 또는 자본 사이의 문제로 성립하기 전에, 매뉴팩처 단계의 문제, 그리고 勞動問題와 분화되

---

17) 地主·商人 중심의 근대화를 이룬 일본이나 독일에서는 하청 제도가 크게 발달한 데 반해, 농민 수공업자 소상인을 중심으로 대두된 農村工業의 局地的 市場圈이 근대화의 토대가 되었던 영국이나 미국경제에서는 하청 제도의 뚜렷한 발전은 볼 수 없다. 이와 같은 역사적 사실은 본원적 축적기에 나타난 하청 제도의 역사적 원형과 관련성이 있는 것으로 볼 수 있다.

18) ① 생산물의 품질통제가 어렵다는 점, ② 기술개량과 노동의 합리적 관리가 어려운 점, ③ 재화의 운반에 많은 시간과 노력이 낭비되는 점 등이다.

지 않은 상태의 過渡期적 성격을 거쳤다.

매뉴팩처는 봉건사회 고유의 단순수공업(도시수공업과 농촌가내공업)에서 자본주의사회 고유의 기계제 대공업으로 이행하는 과도적 단계에 존재하는 것으로 자본제 생산(산업자본)의 초기적 형태이다. 즉 수공업과 공장공업의 중간에 존재하는 경영형태이다. 따라서 수공업에서 소생산자에게 결합해 있던 생산수단과 노동력이 분리되기 시작한 단계이다

이때 자본가는 작업장 도구 원재료 등 생산수단을 소유해야 했고, 또 임금노동자도 고용해야 했기 때문에 자본이 필요해졌으며 협업, 분업으로 이익을 누릴 수 있었다. 이 때문에 수공업자와 매뉴팩처 사이에는 이른바 '기업 사이의 단층'이 존재하지 않을 수 없었다. 그러나 산업혁명으로 기계가 들어오면서 출현한 대공장과 수공업자 또는 매뉴팩처 사이의 단층에 비하면 현격한 것은 아니었다.

산업혁명으로 받아들인 공장제도가 공업상태에 미친 영향에 대하여 애슐리(W. Ashley)는 두 가지 점을 지적하였다. 하나는 새로운 기계제품과 수공업제품의 경쟁으로 제기된 문제로서 手織機 職人의 실업사태이다. 다른 하나는 공업에서 기계의 비용이 커지면서 고용주와 피고용자 사이에 사회적 간격을 크게 만들었다는 점이다.[19]

즉 기계를 이용한 공장제도의 도입으로 공장제 공업이 수공업을 몰아냄으로써 職人의 실업사태가 일어났고, 동시에 근대적 공장설립에 필요한 최소자본량이 늘어나 피고용자가 자본을 축적하여 자본가가 될 가능성을 어렵게 만들었다는 두 가지 측면을 지적하였다. 그 결과 근대적 공장의 출현으로 수공업, 가내공업, 매뉴팩처는 몰락하지 않을 수 없었고, 그렇다고 임금노동자로 전락한 소생산자들이 근대적 공장을 설립하는 것도 불가능하였다.

이런 상태에서 임금노동자가 된 소생산자들의 실업문제는, 당시 영국에서 인클로저 운동(Enclosure Movement)으로 농촌에서 나온 실업자의 문제와 결합하여 사회적 불안요소가 되었다. 근대적 공장에서의 고용증가는 연소자, 부녀자 노동의 활용과 기계도입에 따른 노동수요의 상대적 감소 등의 요인 때문에 당시의 실업문제를 해소하는 데 충분치 못했다.

직인의 실업, 임금의 하락과 정부의 노동 정책에 대한 불만은 문제의 원인이 기계도입에 있다는 인식으로 이어졌고, 이것은 19세기 초반 영국에서 기계파괴운동(Luddite Movement)으로 구체화되었다. 이 운동은 소경영자 스스로 한 최초의 集團的 문제제기였다고 볼 수 있다.

---

19) W. J. Ashley, *The Economic Organization of England*, 1914, 裵福石 譯, 《英國經濟史》, 法文社, 1960, p.167.

그러나 러다이트 운동을 순수한 소경영문제의 제기로 볼 수는 없다.

첫째, 소경영문제는 본질적으로 자본 상호간 또는 기업 간의 문제인데, 이 운동을 주도한 계층은 이미 無産者로 전락한 수공업자였다는 점이다. 이들을 자본가적 기업가로서 소경영자로 볼 수 없기 때문이다.

둘째, 이 운동의 주된 내용이 노동문제와 결합해 있다는 점이다. 소경영문제가 노동문제와 분리되지 않은 상태로 제기된 것이기 때문에 소경영문제의 과도적 형태라고 볼 수 있다.[20]

2. 소공업 문제의 본격적 전개

19세기 초반에 수공업자와 수공업 노동자들이 집단적으로 제기한 과도적 형태의 소경영 문제는 19세기 후반에 와서 본격적인 소공업 문제가 되었다. 노동문제에서 분화하여 순수하게 소경영과 대경영, 또는 소자본과 대자본 사이의 문제로서 전개한 것이다. 그러나 그 성격은 국민경제의 특성에 따라 달랐다. 장기에 걸쳐 자생적 자본주의 전개의 길을 걸은 영국 및 미국과, 급격한 공업화를 위해 개량적 자본주의 길을 택한 독일 및 일본은 그 국민경제의 구조적 특성이 다르고, 따라서 구조적 모순인 소공업 문제의 성격도 다를 수밖에 없었다.

그러나 공통적인 점은 근대적 공장제도가 들어오면서

① 이전의 수공업, 가내공업 및 매뉴팩처는 존립기반을 잃어가면서 소멸하거나

② 공장과 중간도매상(warehouse) 등 대자본의 외업부(outside department)가 되어 그들의 下請的 지배에 편입될 뿐만 아니라

③ 부인노동, 아동노동, 미숙련노동 등 저임금 노동(cheap labor)에 의존하여 잔존하는 것 등이었다.[21]

마르크스는 1867년에 나온 그의 저서에서 이른바 '大資本에 의한 小資本의 구축론'을 제시함으로서 소자본소멸론을 주장한 바 있다. 자본주의적 축적의 일반법칙은 사회적 총자본의 개별적 재자본으로의 분열, 즉 자본의 분열·분산의 가능성을 제시하

---

20) 朴東燮, 《中小企業論》, 博英社, 1972, pp.11~16 참조.

21) K. Marx, *Capital*, Vol. Ⅰ, p.461. 원래 외업부란 매뉴팩처의 역사적 전개의 두 가지 경로 가운데 후자, 즉 단순협업의 한 직장 또는 작업장(workshop)을 중심으로 하여 외부에서 종속적인 여러 공장이 첨가되어 분업과 협업관계를 만들어 내는 경우에 생성된 개념이다. 이때 한 직장을 중핵으로 하여 소생산자 및 농가부업이 선대제의 그물에 퍼져 매뉴팩쳐로 전개될 때 이들을 외업부라고 말한다. 따라서 외업부는 자본가적 가내노동이며, 이때 중심적 직장의 소유주(매뉴팩처 경영주)가 농촌의 職元(clothier)이다.

면서도, 자본의 집적·집중과정에서 소자본은 대자본에 흡수된다는 점을 지적하였다.[22]

그는 또한 근대적 매뉴팩처(modern manufacture)와 근대적 가내공업(modern domestic industry) 개념을 받아들여, 근대적 대공업에 의한 소공업, 소경영의 직·간접적인 지배를 설명하였다. 종래의 숙련공 위주의 분업이 기계가 들어오면서 미숙련공 등을 이용하고, 이에 따라 종래의 매뉴팩처와 가내공업 등 낡은 생산형태에 변화를 가져온 것이 근대적 매뉴팩처와 근대적 가내공업이라는 것이다. 이들은 대공업단계 이전과 비교하여 이름 이외에는 공통점이 전혀 없이, 본질적으로 변화했다고 보았다. 즉 대자본의 外業部로 재편된 하청적 지배체제에 들어가게 되었다고 보았다.[23]

그리고 대규모 생산뿐만 아니라 근대적 매뉴팩처와 근대적 가내공업도 모름지기 저임금 노동이 그 잔존의 기초가 된다는 것이다. 그들의 分散性 때문에 반항능력이 줄어들고 대공업과 대농업에서 쫓겨난 과잉인구의 마지막 피난처로서, 열악한 노동조건 아래서 노동문제의 대상으로 등장한 것이다.[24]

이상의 내용이 산업혁명이 완성된 시기의 영국의 소공업 문제의 본질이다. 그런데 이는 소경영의 소멸문제와 함께 노동문제를 내포했다는 점에서, 앞서 산업혁명 초기에 대두된 과도적 문제로서 소경영 문제와 비슷하다. 그럼에도 이 단계에서는 본격적으로 소공업 문제의 성격이 형성됐다는 점에서 차이를 발견할 수 있다. 근대적 매뉴팩처나 근대적 가내노동 등 소경영의 주체가 대공업 또는 선대자본의 지배를 받으면서도 그들은 자본가로 성장하는 과정에 있었기 때문이다.

즉, 그들은 스스로 노동자가 아니라 오히려 노동운동의 공격대상으로서 자본가적 성향을 의식했던 것이다. 이러면서 소경영문제는 노동운동 또는 노동문제에서 분화되어 기업 사이의 문제 또는 자본 사이의 문제가 되었고 본격적인 소공업 문제로 전개되기 시작하였다.[25] 시기적으로는 19세기 말부터인데, 노동자계급이 공장노동자로서 통일적 성격(homogeneous character)을 지니는 그 시점이다.[26]

마르크스의 설명에서 본 것과 같이, 19세기 후반 영국에서 산업자본주의가 성숙한 단계에서 본격적으로 나온 소공업 문제는 국민경제의 구조적 모순의 성격을 띤 것이었다. 그러나 영국에서는 그러한 중요성을 인식하지 못하였고 過渡的, 摩擦的 모순으로만 간주하였는데 그 이유는 다음과 같다.

---

22) 위의 책, p.626.

23) 위의 책, p.461.

24) 위의 책, p.462.

25) M. Dobb, *Studies in the Development of Capitalism*, Routledge & Kegen Paul, 1st Pub. 1946, 2nd ed. 1963, p.265.

26) 위의 책, p.265.

첫째, 영국은 自生的 內發的 자본주의화 과정을 거친 나라여서, 자본축적도 수세기에 걸친 內在的 축적의 결과였고 산업혁명도 한 세기라는 장기간에 걸쳐 이루어졌다. 그 결과 수공업 가내공업 매뉴팩처 등 낡은 생산형태인 소공업의 소멸도 빠르게 이루어진 것이 아니었다.

둘째, 영국의 산업혁명은 독일이나 일본과 달리 국가의 중상주의 정책이 아닌 자유방임과 자유경쟁의 바탕에서 이루어졌다. 따라서 대공업이 소공업을 구축·도태하는 것은 기업들의 경쟁으로 이루어지는 당연한 결과로 생각되었다.

마셜은 그의 《經濟學原理》 제2판(1891년) 이후부터는 '소기업 잔존론'을 새로운 소기업 문제로 제기하였으나, 제1판(1890년)에서는 수공업과 가내공업 등 소기업이 공장제 대공업과의 경쟁으로 도태 소멸하는 것은 당연하다고 보는 '소기업 소멸론'의 입장이었다. 그 뒤 19세기 후반부터 20세기 초에 걸쳐 자본제 소공업을 포함한 소기업의 도태현상도 마셜은 '과도적 마찰적 모순의 문제'로 보았다. 따라서 그것은 '경제이론상의 문제'일 뿐 정책적 관심의 대상은 아니었다.

개량적 길에 따라 19세기 중엽 이후 산업혁명을 시작한 독일은 소경영의 도태·구축이라는 소공업 문제를 국민경제의 중요 문제로 인식하였다. 社會政策學會를 중심으로 한 新歷史學派는 경제발전단계설의 입장에서 수공업 단계가 대공업 단계로 이행한다는 관점에서 소공업에 대한 논의를 펴나갔다. 그들이 논의의 대상으로 하였던 소공업은 수작업을 주로 하여 경영하던 독립된 소규모의 노동조직 형태를 의미하는 것이었다. 즉 경영형태로 보면 수공업적 소경영이었다.

산업자본 확립기에 이러한 소공업은 당연히 대공업과의 경쟁에서 소멸한다고 보아 수공업 내지 소공업(소경영)몰락론을 전개하였다.

좀바르트(W. Sombart)로 대표되는 이들은, 당시 후진국 독일의 산업혁명 과정에서 근대적 대공장제도의 발달로 빠르게 몰락하는 구래의 수공업, 가내공업 및 매뉴팩처 등 소경영의 소멸 문제를 제기하였다. 이들은 이 문제를, 소경영이 당연히 소멸하는 것으로 인식하였기 때문에 경제문제로서보다는 소멸과정에서 불가피하게 따라오는 사회문제 또는 노동문제로 취급하였다.

3. 소공업의 잔존에 관한 논의

이상에서 논의를 한 산업자본주의 단계의 소공업 문제를 다시 정리해보면 다음과 같다.

첫째, 산업혁명이 안고 온 대공업의 원리에 따라 뒤떨어진 분야의 수공업과 가내공업은 매뉴팩처로, 그리고 매뉴팩처는 대공업으로 전환하는 데 따른 수공업 가내공업 및 매뉴팩처 등 소공업(소경영) 소멸의 문제

둘째, 마르크스가 지적한 바 있는 근대적 매뉴팩처와 근대적 가내공업의 문제, 즉 근대적 기계제 공장제도의 진출로 미숙련 저임금 노동을 사용하고 대공장과 중간도매상의 외업부가 되어 하청업체가 되는 등 대자본의 직접·간접의 지배를 받았던 소공업의 문제[27]

셋째, 대공업화로 전기적 수공업 및 가내공업, 나아가 매뉴팩처의 도산 때문에 나오는 실업자와 농촌이 자본주의화하여 일어나는 잠재실업자의 증가, 즉 본원적 축적과 함께 상대적 과잉인구가 전기적 생산형태 분야에 집중되어 그 잔존기반이 되고, 이들이 만드는 반실업자의 풀이 저임금 노동과 과잉노동의 특징을 나타내는 문제 등.

자본주의적 축적 과정에서 근대적 대공업에 따른 소공업의 구축 도태(소공업소멸론)가 산업자본주의 단계에서 소공업 문제의 중심이 되었지만, 저임금 기반의 존속과 대자본의 외업부로서 하청업제도로의 변질 등은 소공업의 잔존가능성을 말해준다. 사회적 총자본이 개별적 여러 자본으로 분열하는 것을 가능케 하는 여러 조건, 즉 잠재적 화폐자본의 존재, 시장수요의 분화 및 생산공정의 일부 독립(경영 안 분업이 사회적 분업으로 바뀌는) 등을 현실화함으로써 수많은 소기업(소경영, 소자본)이 계속 잔존해온 것이 역사적 현실이었다.

이러한 현실을 반영하여 소공업의 소멸론에 이어 소기업의 잔존에 관한 논의 또한 산업자본 단계의 소공업 문제의 중요 내용이 되었다.

마셜은 19세기 말 그의 《經濟學原理》(제1판)에서, 대규모 경제의 유리성에 따라 소기업(small business)의 도태 구축이 경제적으로는 합리적이라 보았으나, 제2판에서는 소기업잔존이라는 새로운 소기업 문제를 제기하였다. 단기간에 대공장이 많은 산업부문에서 경쟁자를 완전히 몰아내 버릴 것으로 기대할지 모르나, 여전히 사실은 그렇지 않은데, 이는 무엇 때문인가? 이것이 문제제기의 요점이었다.

마셜은, 대규모 경제의 유리성이라는 경제이론과, 소기업의 광범하고 지속적인 잔존이라는 현실 사이의 괴리를 설명할 필요가 있었다.

이에 그는 ① 생물학적 소기업의 성장, ② 대규모 경제의 한계, ③ 대규모 경제의 실현조건의 불비, ④ 소기업 존립의 독자적 유리성 등 경제이론상의 문제로 이를 다루었다.

---

27) 숙련노동자의 분업이 아닌, 미숙련 노동자의 사용과 그 종속성의 심화 등 대공업제도의 도입으로 변질된 소경영의 문제인데, 근대적 매뉴팩처는 자본제적 경영임에 비해, 근대적 가내공업은 사실상의 賃勞動이라고 볼 수 있다.

독일에서도 소기업은 구축되기보다는 오히려 그 수가 늘고 있다고 1882년과 1895년 사이의 통계를 비교하여 베른슈타인(E. Bernstein)이 지적하였다. 그는 카우츠키(K. Kautsky)와의 이른바 修正資本主義論爭[28]에서, 자본집중에 대한 마르크스의 지적에 대해서, 소자본가의 구축 소멸을 경제사의 흐름 속에서 증명할 수 없다는 점을 통계적 분석을 통하여 비판하였다.[29] 그러면서 그는 소경영이 존속하는 조건을 다음과 같이 들었다.

① 어느 업종에서는 대경영만이 아니라 소경영도 그 존속이 적합하다.
② 생산물을 소비자에게 쉽게 전달하는 데는 소경영이 더욱 유리할 수 있다.
③ 대량생산으로 원료가 저렴해지고 소경영의 발생이 용이해졌다.

베른슈타인의 이런 주장에 대해, 카우츠키는 이른바 '낡은 소경영'과 '새로운 소경영' 개념을 제시하면서 비판하였는데, 여기에는 소경영의 잔존에 대한 또 다른 견해가 들어가 있다. 즉, 카우츠키는 자본집중에 따라 일어난 새로운 소경영은 소멸한 낡은 소경영과 그 성질이 다르다고 지적하였다.

후자는 경영자 자신이 생산수단을 소유한 독립한 생산자로서 자본가 계급의 일원이며 자본가와 대항관계에 서 있다. 이에 견주어 전자는 중요한 생산수단을 자본가로부터 先貸받고 있으며 이러한 소경영은 자본에 봉사의무를 지니고 있다. 즉, 새로운 소경영은 자본가의 착취 대상이며 대기업 노동조직의 예비군으로서 노동자를 창출하고 과잉노동자를 저장하는 새로운 기능을 한다. 따라서 자본집중에 따라 나타나는 이들 새로운 소경영은 대자본에 구축당하는 낡은 소경영과는 구분해야 한다. 즉 낡은 소경영은 '자본으로서의 소경영'임에 반해 새로운 소경영은 '노동자적 소경영'이라는 것이다.

자본의 집중과정에서 지속적으로 잔존하는 소경영을 카우츠키는 새로운 소경영으로 규정하고 있는데, 이는 마르크스가 근대적 매뉴팩처나 근대적 가내공업 등의 개념규정에서 보인 것과 비슷한 시각이라고 할 수 있다.

산업자본주의 단계에서 대공업에 의한 소공업의 일방적인 도태 구축이 이론적, 실증적으로 부정당하면서 '새로운 소공업 문제'로서 그 '존속론'을 논의하기 시작하였다. 독일 사회 정책학회(Verein für Sozialpolitik, 1873년)의 영향을 받아 세워진 日本社會政策學會(1902년)는 독일 사회 정책학회의 소공업이론에 따르되 소기업존속론을

---

28) 제12장 4절 1항에 상세한 설명이 있음.
29) E. Bernstein, *Die Voraussetzungen der Sozialismus and die Aufgaben der Sozial Demokratie*, 1899, pp.94~108.(北澤新汰郎·末岡俊二 著, 《獨占と中小工業の理論》, 東京 同文書院 刊, 1971, p.157 참조)

논의하면서 그 존속분야와 존속조건을 제시한 바 있다.[30]

제4절 독점자본주의 단계의 중소기업 문제

1. 소기업 문제와 중소기업 문제

소기업 문제 또는 소공업 문제는 산업자본주의 단계에서 산업혁명 이후 기술개발에 따른 기계도입으로 이루어진 근대적 공장제 공업에 의하여 구축, 도태될 처지에 놓인 다음과 같은 경영형태의 문제였다.

① 중세 길드제에서의 도시수공업을 포함하여 수작업적 경영형태인 수공업

② 독점적인 도시의 수공업이거나 자립적인 농민경영, 또는 노동자의 가옥에서 가내노동자들이 하는 수작업적 가내노동

③ 숙련공의 분업에 기초한 매뉴팩처

④ 기계의 도입으로 그 생산공정이 미숙련공(저임금 노동)의 분업으로 이루어지는 매뉴팩처

⑤ 부인, 아동과 미숙련공에 의한 근대적 가내공업으로서, 공장 매뉴팩처 또는 선대상인의 外業部가 된 경영형태

이 가운데 근대적 매뉴팩처와 근대적 가내공업은 공장제도의 반작용으로 변혁되고 대공업의 직·간접 외업부로 재편되어, 대공업단계의 이전과 비교하면 명칭 이외에는 전혀 공통점이 없는, 본질적으로 변화된 것으로 보았다. 따라서 당시의 대자본은 대공업의 외업부 또는 중개인을 통한 간접적 지배라는 방법으로 우회적으로 전기적 생산관계를 유지하면서 저임금 노동을 착취하였다고 지적했다.[31]

대자본이 전기적 생산관계를 잔존시켜 이용하는 행태는 독점자본주의 단계에 와서 더욱 적극적으로 이루어졌다. 그 결과 독점단계의 경영형태는 더욱 다양하고 중층적으로 구성되었다. 즉, 독점단계에서 소경영문제의 대상이 되는 경영형태는 小規模工業뿐만 아니라 中規模工業을 포함하는 다양한 성격을 갖는 수많은 기업군을 포함하는데 이를 중소기업이라고 한다.

과거에 매뉴팩처나 가내공업이 대공업의 직·간접 외업부로서 그 발전이 기형적

---

30) 山田文雄, 《工業經濟學》, 協同出版, 1957, pp.66~67.(北澤新汰郎·末岡俊二 著, 위의 책, pp.157~158)

31) 伊東垈吉, 〈中小工業問題の本質〉, 藤田敬三·伊東垈吉 編, 앞의 책, p.34, 39.

이고, 그것이 독립된 산업자본으로 올라가는 것이 봉쇄된 것과 마찬가지로(또는 그 이상으로), 이들 소공장은 그 上位資本에게, 다시 궁극적으로는 지배적 자본인 독점자본에게 그 상승을 봉쇄당하였다. 여기에 독점적 산업자본으로 일단 상승할 수 있었던 것 또는 본래적인 대공업 형태로 발전한 것까지 독점의 압력으로 독립성을 잃고 또는 그 상승이 막혀, 이른바 '中'工業이 된 것이다.[32]

즉 근대적 기술을 기초로 근대적 공장제 공업의 형태를 갖춘 중규모기업은 자유경쟁 단계에서는 존립할 수 있었지만, 독점적인 거대한 대규모 경영이 나온 독점자본 단계에서는 대기업으로 올라가는 길을 봉쇄당한 채, 거대기업에 비하면 상대적으로 소경영의 위치를 면치 못하게 된다. 이들이 독점단계에서는 그 존립이 곤란한 문제성 있는 기업이 되고 독점단계의 소경영문제(중소기업 문제)의 대상이 된다.

이러한 중규모공업의 경영형태인 中工業(또는 중기업)과 소규모 공업의 경영형태, 즉 현대적 소기업(소공업)이 합해져 독점단계의 중소공업 또는 중소기업을 이룬다. 독점단계의 소규모 공업, 즉 현대적 소공업에는 수공업 가내공업 및 매뉴팩처 등 특수한 분야에 잔존하고 있는 종래의 소경영과, 종래의 소경영에 기계와 전력을 이용하는 近代的 小工業이 포함된다.

근대적 소공업에는 다음과 같은 것이 포함된다.[33]

① 근대적 매뉴팩처와 근대적 가내공업 가운데 전동력이 보급되면서 소자본으로 동력화가 가능하게 되고 산업자본 단계에서 더욱 기계의 도입이 가능하게 된 것

② 동력화의 기초 위에서 수공업적 생산을 한 것

③ 부분적으로 기계를 들여온 것

④ 기계화가 되었지만 그 기계가 낙후된 것이어서 수공업적 숙련을 아직 필요로 하는 것

⑤ 부녀자 등의 저임금 노동을 사용하기 위하여 간이기계를 들여온 것 등

이러한 현대적 소공업을 전형적인 현대적인 소기업인 현대적 매뉴팩처와 현대적 영세공업으로 분류하기도 한다. 다시 현대적 영세공업은 자본제 단순협업을 주요 작업내용으로 하는 현대적 수공업과 자가노동으로 경영하는 현대적 영세경영으로 구분하기도 한다.[34]

결국 독점단계의 중소기업은 독점자본 때문에 산업자본의 독립성을 잃은 근대적 대공업(거대한 독점적 대경영에 비하면 상대적으로 중규모공업-中工業)과 현대적 소

---

32) 伊東垈吉, 위의 글, 위의 책, p.42.

33) 위와 같음.

34) 稻葉 襄 著, 《中小企業の經濟理論》, 森山書店, 1969, p.7.

공업(근대적 소공업과 종래의 소경영) 등 중층적, 다원적으로 이루어져 있다. 이들은 다 같이 독점자본 단계에서 독점자본의 독점적 지배력 때문에 문제성 있는 기업이 된 것이고, 이것이 독점자본주의 단계의 중소기업 문제의 본질로 규정된다.

2. 경쟁·도태와 잔존·이용

앞에서 보았듯이 산업자본주의 단계의 '소'경영 개념은 수공업과 가내공업을 그 주요 구성내용으로 하고 있다. 신역사학파가 논의하던 小工業論도 기계제 공업으로 구축 소멸되는 수공업과 가내공업을 주요 대상으로 하였다. 그리고 그것은 주로 노동문제 또는 사회문제의 의미를 지닌 것이었다. 마르크스가 제기한 근대적 매뉴팩처나 근대적 가내공업의 문제도, 공장이나 중간도매상의 외업부로 변질된 매뉴팩처나 가내공업에서 부인, 아동 등 미숙련 노동의 저임금 노동에 따른 비참한 노동조건을 주로 지적한 것이었다.

오늘날의 '중소'기업 문제는 이와 다른 특징을 보이고 있는데, 여전히 노동문제의 양상을 포함하고 있으면서도 '경영적·기업적 과제'가 중심이 되고 있다는 점이다. 즉 중소기업 문제에서는 노동문제도 큰 지위를 차지하고 있지만, 현재에는 기업의 문제, 그리고 경영의 문제가 더 중요한 지위를 차지하고 있다. 산업자본 단계에서 소공업과 대립하는 것으로 생각했던 工場制 工業이 일부 독점자본 단계의 중소공업에 포함되기에 이르고, 이 공장제 공업이 지닌 노동문제가 중소기업 문제 가운데 포함되어 중소기업 문제의 경영적, 기업적 문제와 함께 복합적 의미를 갖게 된 것이다.

중소기업 문제는 소공업 문제보다 복잡하다. 산업자본 단계의 소경영은 수공업과 가내공업 그리고 매뉴팩처를 그 주된 구성요인으로 하였고 이들은 이것과 대립하는 공장제 공업에 의하여 경쟁·도태되는 것으로 이해해왔다. 결국 경쟁·도태 상황에 처한 소경영이 주된 문제가 되었고, 특히 소경영의 당연한 경쟁·도태는 역사학파의 기계적 공업발전단계설의 기계적 결론에 따른 것이었다.

그러나 독점단계에서는 소경영을 경쟁으로 도태시키는 지위에 있었던 동력과 기계를 사용하는 공장제 공업이 중소기업 가운데 중요한 부문을 점하게 되었다. 경쟁·도태로 소경영을 대체하는 것으로 생각하였던 공장제 공업이 소경영과 동시에 존재하면서 중소기업의 일부를 이루었다. 즉 중소기업은 수공업 가내공업 또는 매뉴팩처와 함께 공장제공업으로 이루어지고 있다.

그 결과 19세기 초 산업자본 형성단계에서 소경영을 구축하던 산업자본이, 독점자본 단계에서는 독점자본을 정점으로 하는 근대적 자본운동법칙 속에서 소경영과 함께 중소기업을 이루고 있다. 다시 말하면 독점단계의 중소기업의 일부는 경쟁 때문에 도태되는 것이 아니고, 오히려 자본제 전개의 궤도 속에서 이른바 지배적 자본의 작용에 따라 잔존하고 이용당하는 형태로 존속하고 있다. 또는 지배적 자본의 작용으로 새롭게 형성되어 이용당하는 중소기업(예컨대 하청공업의 형태)으로 존재한다.

결국 독점단계의 대기업(또는 독점자본)과 중소기업의 관계는 일반적인 경쟁·도태가 아니라 잔존·이용이며, 기계적인 교체가 아니라 相互 制約的이면서도 依存的인 관계이다.[35] 즉 한편에서의 경쟁·도태와 다른 한편에서의 잔존·이용을 지속하면서, 전체로서 중소기업이 존속하는 것이 독점단계의 중소기업 문제의 특징이다.

이는 독점적 대기업은 경쟁과 시장활동에서 자기의 이익에 맞지 않으면 끊임없이 약소기업을 배제·도태·구축하지만 동시에 경제적 기술적으로 자기에게 유리한 경우에는 약소기업을 종속·잔존·이용한다는 것을 반영한다. 따라서 현실적으로는 경쟁·도태와 잔존·이용이라는 상반된 경향이 교차하면서 중소기업 문제가 일어난다. 즉 중소기업 문제는 한편에서는, 독점적 대기업(독점자본)이 중소기업(소자본)을 구축 도태한다는 자본의 집적·집중 경향과 다른 한편에서는, 중소기업이 잔존 내지 증대하는 자본의 분열·분산 경향의 교차 속에서 통일적으로 파악해야 한다.[36]

독점자본 단계에서 산업자본 단계의 경쟁·도태와 달리, 잔존·이용이라는 새로운 중소기업 문제의 성격이 만들어지는 것은, 독점자본이 독점이윤의 축적을 위하여 중소자본이 생산한 잉여가치를 수탈하는 독점단계 특유의 구조적 모순 때문이다. 즉 독점자본 단계에서는 기본적 모순의 격화와 함께 종속적 모순이 새롭게 발생하면서 자본축적의 법칙이 관철된다. 이것은 독점이윤의 축적을 위한 것이며, 이 과정에서 종속적 모순, 즉 독점자본이 중소기업이 생산한 잉여가치를 그 자본축적의 기반으로 삼는다는 구조적 모순이 독특하고 새로운 중소기업 문제를 형성한다.

이렇게 볼 때 독점단계 중소기업 문제의 핵심은 자본과 자본의 대항관계와 자본에 의한 자본의 이용 수탈관계이다. 따라서 중소기업 문제의 본질은 독점적 대기업을 정점으로 하는 현재의 산업구조 속에서 중소기업이 지니는 위치를 파악하고 독점적 대기업과 중소기업이 맺는 관계의 메커니즘과 내용을 규명함으로써 알 수 있다.

두 차례의 세계대전 기간을 대상으로 한 실증적 연구에서 밝힌 돕(M. Dobb)의 견해는 독점단계 중소기업 문제를 이해하는 데 도움을 준다. 산업의 집중화, 기업규모의 대형화에 따라 독점이 강화되는 가운데서도 소경영이 강인하게 잔존하고 있다는 논

---

35) 山中篤太郎, 〈中小企業本質論の展開〉, 藤田敬三·伊東垈吉 編, 앞의 책, pp.7~8.

36) 北原 勇, 〈資本蓄積運動にわける中小企業〉, 楫西光速·小林義雄·岩尾裕純·伊東垈吉 編, 《講座中小企業 2》(獨占資本と中小企業), 有斐閣, 1960, pp.77~78.

리상 모순된 현상의 특징에 대해서 그는 다음과 같이 설명하였다.

독점의 본질(quintessence of monopoly)은 그것이 지배할 수 있는 모든 분야를 지배할 때 그 목적을 이루었다고 할 정도로 모든 것을 포용하는 특성(all-embracing character)을 가졌음에도, 생산의 집중화와 독점적 또는 준독점적 조직형태와 병행하여 소기업(small firm)이 폭넓게 존재하고 있으며, 그 잔존하는 방식이 대단히 강인하다는 사실을 지적[37]하면서, 돕은 그 존립조건을 여러 가지로 설명하였다.[38]

특히 돕은 또한 독점자본의 중소기업 지배방법을 다음과 같이 쓰고 있다.

첫째, 중요한 것은 기업단위의 수와 경제적 비중이 아니라 독점은 산업의 핵심영역과 생산의 핵심분야를 통제하고 있다.

둘째, 독점적 대기업은 산업의 생산량 대부분을 통제하지 않더라도 실제로는 산업상의 지도적 위치를 차지하고 있다. 즉, 대기업은 명백히 경쟁관계에 있는 많은 소규모 독립기업(small scale independents)의 지배권을 장악하는 것이 가능하다.[39]

이것은 중소기업이 독점자본의 지배를 벗어난 영역에서 존립하더라도 그것은 불안정할 수밖에 없으며, 결국 독점자본의 '의도와 필요성'에 따른 '잔존·이용'이 독점단계 중소기업의 가장 중요한 존립조건이라는 것을 지적하고 있다.

3. 중화학공업화와 階層的 축적구조

중소기업 문제는 자본의 운동법칙에 따르는 과정에서 나오는 구조적 모순인 동시에 산업구조의 모순이다. 따라서 자본주의 발전단계에 따라 그리고 산업구조의 변화에 따라 내용은 차이가 있다.

자본주의 발전과정에서 보면, 산업자본주의 단계가 경공업 중심의 산업구조였다면 독점자본주의 단계는 중화학공업이 산업구조의 중심이 되고 있다. 중화학공업이라는 산업구조는 자본의 유기적 구성(organic composition of capital)이 높은 것을 그 특징으로 한다. 불변자본이 가변자본보다 비중이 높아지면서 자본이 초과이윤을 취득하기 위한 노력은 치열해지고, 동시에 기본적 모순은 물론 종속적 모순도 깊어진다.

이러면서 자본은 독점자본 단계에서 그 경제를 이루는 여러 요인에 대하여 자본축적 동기를 달성하기 위한 치열한 작용을 하게 된다. 독점의 초과이윤을 얻기 위한 노력이 다원적, 중층적으로 이루어지는 것이다. '경쟁·도태와 잔존·이용'이라는 상반

---

37) M. Dobb, 앞의 책, pp.341~342.
38) 위의 책, p.347.
39) 위의 책, p.342.

된 경향이 교차하면서도 중소기업이 창출한 잉여가치를 독점자본이 취득하는 '잔존·이용'의 내용은 산업자본 단계와 다른 형태로, 또한 더욱 적극적으로 실현된다.

'잔존·이용'은 生産力的 관계와 生産關係的 관계라는 두 가지의 상반된 측면이 교차하면서 이루어진다. 독점자본과 중소기업은 양자가 서로 협동하고 의존하면서 생산능률을 높이고 생산력을 증진하는 측면을 지니는 관계를 맺게 된다. 반면에 독점자본이 중소기업을 지배하고 착취하는 과정에서 후자는 전자에 종속하면서 양자는 서로 대립하는 관계가 된다. 즉 '상호의존 속의 대립관계'라는 특성이 독점자본 단계에 중소기업 문제로 더욱 현격하게 작용한다. 물론 여기에는 상호의존관계를 증진하면서 지배·종속이라는 대립관계를 완화시키려는 정책적 문제의식을 수반한다.

독점자본은 의도와 필요성에 따라 중소기업과 '상호의존 속의 대립관계'를 맺으면서 중소기업을 잔존·이용하는 가운데 독점자본 단계의 중소기업 문제를 일으킨다. 특히 산업구조가 중화학공업 중심이 되면서 그 산업적 성격을 기반으로 독점과 중소기업의 관계는 새로운 양상을 띠게 된다.

먼저 자본 대 노동 사이의 모순(기본적 모순) 속에서 잉여가치의 창출은 산업자본주의보다 독점자본주의에서 더욱 가속화한다. 여기에 중소자본이 창출한 잉여가치를 독점자본이 가져가는 데서 오는 자본과 자본 사이의 모순(종속적 모순)이라는 새로운 축적 구조가 전개된다.

중소자본은 독점자본에게 빼앗긴 잉여가치의 몫을 중소기업 노동자에게 떠넘김으로써 그들의 존립기반을 만든다. 상대적 과잉노동을 기반으로 하는 저임금 노동을 고용하여 이들로부터 잉여가치를 얻는 것이다.

이때 중소기업 존립의 기초가 되는 상대적 과잉인구는 자본구성의 질적 변화의 산물이다. 자본축적이 최초에는 자본의 양적 확대로서 나타났지만, 점차 자본구성의 질적 변화, 즉 자본의 가변적 부문(가변자본)을 희생하고 자본의 불변적 구성부문(불변자본)을 늘린다. 그 결과 자본의 유기적 구성이 고도화되면서 상대적 과잉인구 또는 산업예비군이 만들어지고, 그것이 중소기업의 존립조건을 만들어낸다.

자본구성의 질적 변화, 즉 자본의 유기적 구성의 고도화는 산업구조의 변화라는 측면에서 보면 중화학공업화와 병행하여 더욱 뚜렷하게 실현되었다. 즉 중화학공업화는 상대적 과잉인구와 저임금 노동의 공급으로 중소기업의 존립기반을 제공해주고, 독점자본 단계에 와서 독점기업이 중소기업의 잉여가치를 수취하는 기초를 제공하는 등 새로운 축적구조를 전개하도록 하였다.

이때 중소기업은 독점자본과 노동의 結節環 또는 結節点이라는 해석도 있다. 이러한 지적은 자본 대 자본의 모순(종속적 모순)의 산물인 중소기업 문제는 중소기업부문에서의 자본 대 노동의 모순(기본적 모순)을 기반으로 하고 있다는 것을 의미한다.

독점자본은 여러 가지 대상과 방법으로 독점이윤을 얻는데 그 대상을 보면,

① 비독점 부문의 자본가(특히 중소기업)

② 노동자(독점부문 및 비독점부문 포함)

③ 농민과 수공업자 등의 소상품생산자

④ 일반 국민

⑤ 국제적으로는 독점자본에 종속되는 국가와 후진국, 그리고 후진국의 자본가 노
   동자와 일반 국민 등

한편, 독점자본이 얻는 경제적 내용은

① 독점자본과 중소기업이 경쟁관계에 있는 동일 생산분야에서의 수취

② 서로 다른 생산분야에서 독점가격을 통하여 높은 원재료가격과 낮은 제품가격의
   방법에 따른 독점이윤의 수취

③ 下請·系列조직에 따른 수취

④ 정책 지원에 따른 중소기업의 지배 수탈, 즉 조세 국가재정투융자에 의한 독점이
   윤의 수취

⑤ 독점자본의 금융지배에 따른 중소기업의 수취 등[40]이다.

이 가운데 주로 중소기업 문제의 논의 대상은 ①②③에 관한 것이다.

이처럼 독점단계의 자본축적은 중소기업부문을 구성하는 다원적 대상에 대한 계
층적, 중층적 구조 속에서 이루어진다. 특히 중화학공업이라는 산업적 특성은 하청·
계열화조직을 통한 계층적 축적구조를 이루었다. 하청·계열조직은 독점단계(중화학
공업단계)의 자본축적 구조를 나타내는 대표적 중소기업의 존립형태로 발전하였다.

중소기업은 생산활동에서 여러 가지 형태로 다른 기업과 관계를 맺는데, 그 한 가
지가 하청계열화이다. 이 제도는 자본주의가 개량적 길로 전개된 일본과 독일에서 더
욱 특징적으로 나타났다.

어떤 기업(모기업)이 생산활동에 필요한 물품을 자기 기업에서 생산하지 않고 다
른 기업에 위탁할 때, 그 기업이 지배하거나 또는 계열관계에 있는 업체(하청·계열기
업)로 위탁대상을 정하는 경우에는, 모기업과 하청·계열기업이 지배종속관계를 갖는
것이 보통이며, 대등하지 않은 거래관계를 맺는다. 이에 반해 시장이나 독립적인 구매
대상기업을 통해 구입하는 경우(사회적 분업관계)에는 대등한 거래관계를 맺는다.[41]

---

40) 中村秀一郎, 〈獨占資本主義の構造と中小企業問題〉, 楫西光速·小林義雄·岩尾裕純·伊東岱吉 編,,
   앞의 책, pp.37~38 참조.

41) 모기업과 하청기업의 관계가 더욱 긴밀해지는 경우를 계열화(articulation)라고 말하며, 구체적으

일본에서는 하청계열관계가 지배적인데 반해, 미국에서는 사회적 분업이 지배적인 기업 간 거래형태이다.[42] 일본과 독일 등의 나라에서 하청계열조직이 발달하고 있는 것은 급속한 경제발전과 그에 상응한 자본축적이 필요했기 때문이다. 즉, 하청계열제도가 특히 이들 나라에서 독점자본 단계의 자본축적의 기반이 되었고, 이것이 대표적인 중소기업 문제로 제기된 것이다. 독점자본이 중소기업과 대등하지 않은 거래관계, 즉 지배종속관계를 통해 자본을 축적하고 동시에 생산력을 늘리는 양면적 관계를 전개한 것이다. 이처럼 하청 제도를 이용한 독점자본의 지배체제 강화라는 점에서는 일본과 독일은 공통적이다. 그러나 독일의 경우, 하청관계의 橫的 확대는 진전되었지만 再下請이라는 縱的 종속은 상대적으로 엷고, 모기업에 대한 하청기업의 의존도도 일반적으로 낮으며, 특정한 기업의 전속적 하청도 높지 않다.[43]

이에 비해, 더 강력한 자본축적 기반이 필요하였던 일본경제는 階層的 축적구조라는 특유의 자본축적구조를 이루었다. 계층적 축적구조 속에서 독점기업과 중소영세기업 사이에는 다른 선진경제보다 심한 이윤율 격차와 지배종속관계가 형성되었는데, 이는 일본경제가 지닌 과제를 뒷받침하기 위한 것이었다.

제2차 하청 이하에서는 중소기업은 물론 생업적 소영세기업과 가내노동에 이르기까지 하청지배제도에 편입된 계층적 축적구조가 이루어진 것이다. 이는 일본 독점자본주의의 자본축적 구조의 특수성을 반영하는 것이었고, 경제적 모순이 계층에 따라 하청 기업에게 더욱 늘어나면서 전가되는 등 그만큼 중소기업 문제는 뚜렷하게 부각되었다.

제5절 현대자본주의와 중소기업 문제

1. 국가독점자본주의와 중소기업 문제

현대자본주의도 독점자본주의이기 때문에 기본적으로 독점자본 단계의 중소기업 문제가 지속되고 있다. 다만 독점자본주의가 고도화된 단계에서 국가가 경제에 정책적 개입을 하는 새로운 양상이 전개되면서 이른바 국가독점자본주의의 특성이 나타

로는 모기업의 출자·융자·중역파견 등이 이루어지는 경우이다.

42) 佐藤芳雄 編, 《低成長期における外注·下請管理》, 中央經濟社, 1980, pp.136~137, 157.

43) 巽 信晴, 〈西ドイツの下請と賃金隔差問題〉, 加藤誠一·小林靖雄·瀧澤菊太郎 編, 《先進國の中小企業比較》, 有斐閣, 1970, p.286.

나고 있다. 이에 따라 국가독점단계에 상응한 중소기업 문제가 제기되었다.

국가가 경제에 개입하게 된 이유는 경제력이 집중하고 독과점 구조가 심화되면서 자본주의 체제가 경직화되고 모순이 격화되었기 때문이다. 독점의 심화에 따른 모순의 격화는 자본주의체제에 위기를 불러왔고, 이것을 완화 해소하기 위해 국가의 경제에 대한 정책적 개입이 불가피하게 되었다. 이 단계에서 중소기업 문제는 독점자본단계의 체제적 위기를 해소하기 위한 '중소기업의 역할'이라는 시각에서 새롭게 제기되었으며, 다음과 같은 두 가지 각도에서였다.

첫째, 독점자본 단계에서 이루어진 독점에 의한 중소기업의 '경쟁·도태와 잔존·이용'이라는 중소기업 문제 인식의 기본방향을 더욱 적극화하였다. 정책 개입으로 중소기업을 기초로 하는 독점의 자본축적 기반을 확충함으로써 구조적 모순의 심화에서 오는 독점자본의 한계를 극복하려는 것이었다.

둘째, 자본집중과 국가의 경제 간섭 정책으로 독과점체제가 심화되면서 자유경쟁기업제도와 중산층이 소멸의 위기를 맞게 되었는데, 이를 완화 해소하기 위한 문제의식으로 중소기업의 역할을 강조하기에 이르렀다. 특히 1930년대 세계공황과 제2차 세계대전을 겪으면서 기본적 모순과 종속적 모순은 더욱 심화되고 독점자본과 노동자의 대립이 격화되었다. 이에 대한 대응책으로 중소자본 및 중간계급의 몰락과 불안정을 방지하여 사회적 정치적 안정세력으로 중산계급을 유지, 보호하는 '민주주의의 支柱'로 중소기업을 인식하게 되었다.

1938년부터 1941년에 걸친 미국의 경제력 집중조사위원회(Temporary National Economic Committee)의 조사분석 결과가 이를 반영한다. 여기서는 자유경쟁기업제도의 중요성을 확인하고, 중소기업 문제를 자유경쟁기업제도와 관련시켜 국민경제적 체제의 문제로 인식하였다.

1942년의 경제개발위원회(CED)가 중소기업은 미국 생활의 기초가 되는 자유의 표시이며 경제적 민주주의의 기초로서 이것이 없으면 정치적 민주주의도 없다고 지적[44]한 것도 바로 국가독점단계의 중소기업 문제를 반영한 것이다. 이런 기조는 1953년의 미국 〈중소기업법〉에 명시되었으며, 1970년대 초에는 중소영세기업을 '활력 있는 다수'로서 규정하기에 이른다.[45]

국가독점단계에서 중소기업을 사회적 정치적 안정세력으로 보면서, 다른 한편에서는 자유경쟁기업제도의 기초로 규정하는 것은 중소기업이 활동하는 '場'에서의 역

---

44) 末松玄六 編, 《海外の中小企業》, 有斐閣, 1960, p.64.
45) U. S. Small Business Administration, *The Vital Majority : Small Business in American Economy*, ed. by Deane Carson, 1973.

할, 즉 기업 외적 시장적 역할을 강조한 것이다. 독과점 시장구조의 경직성과 비능률성에서 오는 체제적 역기능을 완화 해소하기 위해서는 경쟁적 기업인 중소기업의 역할이 중요하다는 산업조직론적 인식이 그 바탕이 되었다.

이런 중소기업 문제의 인식은 1970년대에 와서 영국에서도 이루어졌다. 집중화된 경제에서도 중소기업은 현실적 잠재적으로 경쟁을 촉진하며, 독점에서 발생하는 비능률을 저지하여 경제 전체의 능률적 운영에 기여하는 것으로 중소기업을 보았다. 또한 중소기업의 苗床機能(seedbed function)이나 신진대사기능(쇄신기능)을 지적한 것도 같은 기조로 볼 수 있다.[46]

국가독점단계에서 한편에서는 정책적 지원 아래 중소기업을 기반으로 하는 독점의 자본축적 구조를 확충하면서도, 다른 한편에서는 체제적 위기를 완화하려는 대응 방안으로 중소기업의 역할을 강조하는 가운데, 중소기업의 존립이유로 제시된 스타인들(J. Steindl)의 주장은 중소기업 문제를 이해하는 데 도움을 준다.[47]

1940년대 후반, 국가독점단계에서 대기업으로 성장할 만한 가능성도 없고, 생산성도 낮으며, 이윤량도 적고, 장기적으로는 이윤율도 낮아서 경영 불안정성과 사멸의 위기에 있는 소기업의 잔존 이유에 대해서, 스타인들은 이를 바람직하지 못한 일련의 경제제도적 요인 때문인 것으로 진단하였다. 특히 그가 저임금, 하청 제도, 시장의 불완전성 등 독과점 구조 아래 중소기업의 존립조건이 되는 요인을 분석한 것은 주목할 만하다.

2. 산업구조의 전환과 중소기업 문제

자본주의가 국가독점적 특성을 갖고 전개되면서 여러 모순이 격화되는 가운데 산업구조의 변화가 또한 현대 자본주의의 전개 과정에서 진행되었다. 이에 따라 '산업구조상의 모순'인 중소기업 문제도 그 질적 변화가 뒤따랐다. 이 단계에 산업구조의 변화는 우선 중화학공업의 성숙과 지식·정보 집약적 산업의 발전을 그 주된 내용으로 한다. 硬性産業(hard industry)에서 軟性産業(soft industry)으로 바뀌면서 탈공업화를 지향하는 산업구조의 전환은, 바로 자본 중심 산업구조가 지식·기술·정보 중심 산

---

46) J. E. Bolton, *Small Firms, Report of the Committee of Inquiry on Small Firms*, Her Majesty's Office, 1971, p.84.

47) J. Steindl, *Small and Big Business, Economic Problems of the Size of Firms*, Oxford, Basil Blackwell, 1947.(米田清貴·加藤誠一 譯, 《小企業と大企業－企業規模の經濟的諸問題》, 嚴松堂, 1969, pp.123~129) 스타인들은 대규모 경제의 유리성을 신봉하고 '소기업 비합리성'을 주장하는 견해를 지니고 있었다.

업구조로 전환하는 것을 의미한다. 이에 따라 자본축적과정에서 제기했던 모순현상으로서의 중소기업 문제도 완화되는 모습을 보였고, 중층적 계층적 축적구조, 즉 수직적 피라미드형 산업조직이 점차 수평적인 산업조직으로 바뀌는 경향도 나타나고 있다.

이는 자본의 역할이 약화되고 지식·기술·정보의 기능이 강화되는 산업구조의 전환에서 온 결과이다.

먼저 중화학공업이 성숙하면서 하청계열제도의 질적 전환이 이루어진다는 설명이다. 중화학공업은 생산우회도의 심화와 조립가공산업의 발달을 통하여 하청계열관계를 양적으로 확대시킨다. 그런데 중화학공업이 더욱 진전되면서 하청계열관계는 하청중소기업에게 유리하도록 질적 변화를 가져온다는 주장이다.[48] 중화학공업이 성숙하는 단계에서 이러한 하청계열제도의 질적 변화는 중층적 축적구조의 수직적 하청계열관계를 수평적 관계로 바꾸는 작용을 한다.

다음에 중화학공업이 성숙하고 高加工度化를 거치면서 산업구조는 지식·정보 집약적인 경향을 보이게 되었다. 종래에 경공업 또는 중화학공업 중심의 硬性産業에서 지식·정보 집약적인(knowledge·information intensive) 軟性産業으로 그 중심이 이동하게 되었다. 산업구조의 고도화는 흔히 중화학공업화를 의미하였고 산업구조에 대한 논의는 중화학공업을 중심으로 이루어진 것이 일반적이었다.

그러나 균질적인 제품을 대량생산하여 비용삭감의 이익을 추구하던 중화학공업화의 방향에 한계가 있음을 인식하고 이에 대한 비관적 시각이 나왔다. 이것은 일찌기 마셜이 지식의 중요성을 강조하면서 지식은 생산의 가장 강력한 엔진이라고 지적한[49] 것을 떠올리게 하는 관점이었다.

경제활동에 인간의 지적 능력의 행사를 지향하는 지적 행동의 집약도를 높이고, 육체노동을 중심으로 하는 에너지 소비적 경제활동에서 과학기술의 성과에 바탕을 둔 知的 노동과 情報를 활용하는 방향으로 산업구조가 바뀌기에 이르렀다. 독점이 고도화되어 모순이 심화된 것을 정책적 개입으로 완화시키려는 국가독점자본 단계에서 그에 상응한 산업구조의 변화라고 할 수 있다. 대량생산의 이익을 추구하던 중화학공업화의 한계를 인식한 데서 나타난 지식 정보 집약적 산업은, 적어도 기업활동 규모라는 관점에서는 중소규모에 적합한 분야를 많이 제공하였고 또한 이러한 움직임이 중소기업에서 일어나게 되었다.

그 구체적 기업형태가 벤처기업(또는 벤처 비즈니스)이다. 벤처 비즈니스라는 용어는 서구에서 여러 가지 이름으로 쓰여지고 있던 知識集約型 新企業을 70년대 초 일

---

48) 淸成忠南, 《現代中小企業の新展開》, 日本經濟新聞社, 1972, pp.132~136.
49) A. Marshall, *Principles of Economics*, London, Macmillan, 8th ed. 1920, Rep. 1959, p.115.

본에서 정의하면서 사용하기 시작하였고 새시대의 기업유형의 理想型으로 제시되었다.[50] 신기술을 기업화하고 새로운 마케팅 기법과 새로운 경영형태를 전개하는 현대적 혁신기업이 벤처 비즈니스이다. 중화학공업화가 성숙하고 산업구조가 지식 정보 집약적으로 바뀌면서 등장하기 시작한, 고도로 지식 정보 집약적인 현대적 기업유형이며 혁신적 기업이다.

수요의 다양화, 시장의 세분화에 따른 다품종소량생산 등 수요 면의 변화와 연성기술(soft technology)의 발달과 그 통합화, 그리고 공급 면에서 기술의 변화는 벤처기업을 등장하게 하였다. 그리고 기존의 산업조직에 충격을 주고 변화시켰다.

독과점 구조 아래 자본 중심의 결합, 즉 대기업을 중심으로 하는 피라미드형의 수직적 결합이 아니라 전문능력을 바탕으로 하는 가벼운 수평적 기업관계가 전개된 것이다. 여기서는 자본의 기능이 약화되고 지식 정보의 작용이 강화된다. 따라서 자본의 운동법칙과 자본축적이 전개되는 과정에서 만들어진 구조적 모순으로서 중소기업 문제가 점차 완화되는 경향을 보인다.

독점자본이 중소기업으로부터 잉여가치를 수취하는 과정에서 생기는 모순인 중소기업 문제가 완화되면서 이것을 소극적으로 인식하게 되었다. 자본축적과정에서 독점자본과 중소기업의 생산관계적 모순에 대한 문제의식이 후퇴한 반면, 생산력적 시각에서 중소기업의 역할을 강조하는 중소기업 문제를 적극적으로 인식하게 되었다. 즉 지식 정보집약 산업에서 중소기업의 존립분야가 다양하게 확대되면서 중소기업의 역할이 활성화되고 그것을 적극적이고 능동적으로 인식하는 것이다.

결국 중화학공업화의 성숙과 지식 정보집약산업의 등장이라는 산업구조의 전환으로 생산력 측면에서 중소기업의 위치를 높여주었다. 이에 따라 독점자본과 중소기업의 생산관계적 모순이 완화되고, 생산력적 관점을 적극적으로 인식하도록 중소기업 문제의 성격이 변화된 것이다.

3. 적극적 存立論의 전개[51]

산업구조가 중화학공업이 성숙하는 단계에 접어들고, 또한 지식 정보 집약적 산업 중심으로 바뀌면서 중소기업의 적극적 존립에 대한 인식이 중소기업 문제의 핵심

---

50) 中村秀一郎·淸成忠南·太田一郎 編著, 《中小企業の知識集約化戰略》, 日本經營出版會, 1973, p.28. 우리나라에서는 1997년 8월에 〈벤처기업육성에관한특별조치법〉이 제정되면서 '벤처기업'이라는 용어가 법률적으로 규정되기에 이르렀다.

51) 제4장 2절 3항 참조.

으로 등장하였다. 물론 독점자본과 중소기업 사이의 생산관계적 모순이 기본적으로 사라진 것은 아니지만, 산업구조의 전환에 따라 이것이 소극적으로 되고 적극적인 중소기업 존립론이 전개되었다.

먼저 산업구조의 전환에 따른 중소기업의 적극적 존립근거를 보면 다음과 같다. 중화학공업이 진전되고 성숙하면서 조립가공산업이 발달하고 하청계열관계의 양적 확대가 실현된다. 이에 따라 효율성이 높은 하청 중소기업이 많이 존립할 수 있게 되고 모기업과는 물론, 하청 중소기업 상호간에도 보완적인 관계가 심화된다. 상호보완적 관계의 진전은 외부경제효과를 창출하고 사회적 분업을 더욱 깊게 한다. 특히 경영자원이 축적되고 노동력부족과 기술수준의 향상 등의 조건에 적응하는 하청 중소기업은 적극적으로 존립할 수 있게 된다.

硬性산업의 대량생산 이익추구의 한계를 극복하려는 지식 정보산업의 발달은 중소기업의 존립영역을 더욱 확대, 다양화시킨다.

수요의 다양화·개성화·고급화가 이루어지고 수요의 질적 변화의 속도가 빠르며 이에 따라 시장이 세분화하는 단계에서 대량생산공업은 성장의 굴절을 맞게 된다. 이러한 새로운 산업은 다품종소량생산 분야이기 때문에 중소기업에 적합하다.

공급 면에서 기술의 변화도 중소기업의 존립분야를 확대시킨다. 중화학공업이 성숙함에 따라 전문화를 전제로 한 기술의 통합화가 필요해진다. 점차 다양해진 수요에 복수의 고도화된 기술을 결합하는 軟性기술에 대한 사회적 수요도 확대된다.

급격히 변화하는 수요동향의 파악과 연구개발에는 중소기업이 대기업보다 유리하고, 질적으로 급속히 변화하는 시장정보에도 중소기업이 더 신속하게 대응한다. 연구개발과 디자인개발 등에도 조직보다는 개인의 창의력이 중요하기 때문에 중소기업이 유리하다.

한편 동태적 시각에서 중소기업의 존립론은 다음과 같이 설명할 수 있다.

① 현재의 동태적 경제(the modern dynamic economy)는 생산과 유통과정에서 차별화를 향하여 작용하는 확산적이고 지속적인 힘(pervasive and persistent forces)을 움직이게 하고, 그것은 계속해서 중소기업을 위한 새로운 기회를 창출한다. 진보된 기술이 경제에 침투하면서 생산성과 생활수준을 높이면서 생산물과 용역 시장을 확대한다. 기술이 발전하고 시장이 늘어날수록 전문화의 기회는 많아진다.[52]

② 이때 성장하는 시장과 변화하는 기술은 전문화된 경제를 위하여 새로운 기회를

---

52) E. D. Hollander and Others, *The Future of Small Business*, New York, Fredrick A. Prager, 1967, p.1.

만들며, 그래서 생산은 새로운 세대의 중소기업에 분할된다. 시장과 변화하는 기술의 계속적인 상호작용은, 경제자원과 경제력이 거대기업에 집중됨에도 불구하고, 대량생산과 대량유통경제(mass distribution economy)의 틈새(interstice)에서 중소기업을 위한 기회를 창출한다.[53]

③ 생산 유통 및 마케팅 기술이 발달하고 시장이 계속해서 성장하는 한, 統合과 差別化 要因(integrating and differentiating factors)의 상호작용은 중소기업을 위한 기회를 계속해서 창출한다고 기대할 수 있다. 통합의 요인은 대규모기업의 중소기업 침식을 촉진하지만, 반면에 차별화 요인은 중소기업이 경쟁할 수 있을 뿐만 아니라 전문화로 일어나는 규모의 외부경제(external economy of scale)가 서로 보강할 수 있는 틈새시장(interstitial markets)을 계속 제공한다.[54]

이처럼 동태적으로 경제가 발전하는 가운데 중소기업을 위한 존립영역이 적극적으로 제공된다고 보았다. 기술이 진보하고 소득수준이 높아지면서 수요가 다양화, 유동화하여 사회적 분업이 깊어지고 그것이 새로운 중소기업 분야를 조성하여 중소기업의 신규 진입이 늘어난다. 이러한 분야는 대기업의 지배가 확립되지 않은 경우가 많고 이윤율도 높으며 중소기업의 자본축적도 뚜렷하게 이루어진다.

반면 사양화하는 분야, 대기업으로 이행하는 분야, 그리고 중소기업분야이지만 기존의 기술이 뒤떨어진 경우에는 중소기업의 소멸이 대량으로 일어난다. 경제의 구조변화가 심할수록 多産多死 현상이 확대되고 社會的 對流現像은 뚜렷해진다. 따라서 현대자본주의에서 중소기업 문제는 중소기업 소멸론과 함께 새로운 중소기업의 형성과 발전을 통일적으로 이해하는 논리로 파악해야 한다.

경제성장은 대기업에 의한 중소기업의 구축을 일방적으로 촉진하는 것이 아니고 오히려 새로운 중소기업분야를 만들어준다. 이 경우 독과점 대기업의 지배가 반드시 강화되는 것은 아니다. 경제성장률이 높을수록 중소기업의 수는 늘지만 그 내부에서 새로운 중소기업과 낡은 중소기업의 격렬한 교체가 이루어지면서 전체로서 중소기업의 수는 늘어난다.

신규진입하는 중소기업의 경영자는 새로운 기술과 새로운 경영감각을 가진 젊은 층이며 소멸하는 중소기업자의 경영자는 노년층이어서, 이러한 신구기업의 교체는 경영자의 세대교체를 반영하기도 한다. 신구기업의 교체와 사회적 대류현상은 소기업의 중기업화, 나아가는 대기업으로 성장하는 중소기업의 상향이동이라는 특징을 나타낸다.[55]

---

53) 위의 책, pp.2~3.
54) 위의 책, p.4.
55) 이것은 마셜의 小企業成長論을 시인하는 견해이다.(淸成忠南,《日本中小企業の構造變動》, 新評

경제성장과정에서 개별기업 측면에서는 신구기업의 교체가 꾸준히 이루어지지만, 전체로서는, 중소기업분야는 언제나 존속하고 上向 擴大되는 경향을 보인다. 이런 경향은 산업구조가 중화학공업의 성숙과 지식 정보집약형으로 전환되면서 더욱 뚜렷하게 나타나고 있다.

독점자본 단계의 중소기업 문제는 경쟁·구축과 잔존·이용(자본의 집적·집중과 분산·분열)의 법칙성을 통일적으로 이해하는 가운데, 잔존·이용에서 일어나는 모순을 적극적으로 파악하는 것이었다. 한편 현재자본주의 단계에서 중소기업 문제는 낡은 중소기업의 소멸과 함께 새로운 중소기업의 형성과 발전이라는 신구기업의 교체에 대한 법칙성을 통일적으로 파악하는 것이다. 그러면서 전체적으로 중소기업 분야는 상향, 확대하는 경향이며 또한 중소기업은 적극적으로 존립한다는 것이 중소기업 문제인식의 기본이다.

결국 중소기업의 경쟁·도태와 적극적인 잔존·이용, 그리고 중소기업의 소멸과 신규진입 속의 상향 확대라는 중소기업 문제의 인식은, 정치경제학이나 근대경제학 등의 학문적 시각을 떠나, 적어도 형식논리 면에서는 공통성을 보이고 있다. 이를 연구 분석하는 것은 중소기업 이론체계의 기초를 제공한다.

論, 1972, pp.26~32)

제16장 중소기업 문제의 국제적 비교

제1절 자본주의 전개와 중소기업 문제의 유형

1. 자본주의 이행의 두 가지 길과 중소기업 문제

마르크스(K. Marx)는 봉건적 생산양식에서 자본주의적 생산양식으로의 이행에 대하여 두 가지 길을 제시하였다.[1]

하나는, 생산자가 상인 및 자본가가 되어 농촌의 현물경제는 물론 중세 도시공업의 동업조합적 수공업에 대해서도 對立的으로 되는 것인데, 이것을 진정한 혁명적 길(the really revolutionising path)이라고 하였다. 이것은 생산자가 능동적 주체가 되어 전기성을 극복하고 산업자본으로 성장, 자본주의의 틀을 만드는 길이다.

다른 하나는, 상인이 직접 생산자(소생산자)를 지배하는 방향이다. 이 길은 전기적 상업자본이 소생산자의 성장이라는 혁명적 사실에 대항하여 자기 지배를 유지하고 타율적으로 산업자본으로 전환한 것이었기 때문에 개량적일 수밖에 없었다. 이 길은 그 자체로서는 낡은 생산양식을 변혁하는 데까지 이르지 않고, 오히려 낡은 생산양식을 보존하고 존립하려는 경향을 띠게 되었다.[2]

혁명적인 길로 자본주의가 발전한 나라(특히 영국과 미국)에서는 기본적으로 산업혁명으로 기계제 생산과 대공업이 보급되면서 낡은 생산양식이 구축 도태되고, 동시에 농업에서도 자본주의적 발전과 농민층 분해가 이루어졌다. 그리고 국내시장이 형성 확대되고 산업자본이 한층 발전하면서 이에 적합한 여러 경제적 관계가 전개됨으로써 자본주의의 경제법칙을 비교적 순수하게 적용할 수 있었으며, 낡은 봉건제도가 잔존해도 그것은 미미한 정도에 그쳤다.

이에 비해, 改良的인 길로 자본주의가 전개된 나라(특히 독일과 일본)에서는 여러 前期的 관계가 다분히 남아 있었다. 상인 등의 전기적 자본이 낡은 생산양식을 기초로 수공업, 가내공업, 영세 매뉴팩처 등에 대량 잔존하였다. 또한 농민층 분해도 철저하게 이루어지지 않았으며 국내시장의 형성도 상대적으로 협소하였고, 여러 봉건적

---

1) K. Marx, *Capital, A Critique of Political Economy*, Vol. Ⅲ, New York, International Publishers, 1967, p.334.
2) 전자를 '아래로부터 혁명의 길', 후자를 '위로부터 개량의 길'이라고도 표현한다.

요소가 남아 있었다. 이런 상태에서 선진 자본주의의 경쟁압력을 받으면서 '밑으로부터'의 충분한 전개가 아닌 '위로부터'의 자본주의화를 강력하게 밀고 나갔다.

자본주의 생산으로 이행하는 두 가지 길은 이처럼 그 뒤 각 나라의 자본주의 발전의 길을 규정하게 된다. 이러한 자본주의 발전의 여러 조건의 기초 위에서, 다시 독점자본주의로 전환하는 방법에 따라 경제구조의 내용이 정해졌다. 그에 따라 각 나라 중소기업 문제도 서로 다른 내용과 특징을 지니게 된다.

2. 후진자본주의 전개와 중소기업 문제의 유형

독점자본주의로 이행하는 시기에는 세계시장이 발전하여 세계경제의 상호관련과 일체화가 이루어지면서 각 나라는 국제적 관점에서 국민경제를 재편성하고 강화한다. 선발자본주의(선진본주의)와 후발자본주의(후진자본주의)의 생산력 격차와 기술격차로 말미암은 경쟁압력에 대항하기 위해, 후진자본주의국가는 새로운 생산기술을 들여오고 이를 위한 생산조직을 급속히 조성해야 했다. 이들 나라는 신구 생산양식 사이에 구조격차와 그 파행성이 심하여 후진국적 歪曲性이 문제가 되었고, 이에 따라 중소기업 문제도 복잡한 내용을 갖게 되었다.

세계자본주의의 움직임 속에서 여러 자본주의는 독자적인 구조를 지니지만, 서로 이해의 보완과 대립을 보이면서 결정적인 영향을 끼치게 된다. 이때 후진자본주의는 ① 자체의 내부사정과 ② 좀더 결정적으로는, 선진자본주의의 外壓 때문에 자연적이고 순조로운 발전을 이룰 수 없다.

말하자면, 세계 속의 여러 지역 또는 여러 국가에서 자본주의가 전개되면 후진자본주의는 선진국의 외압으로 생산구조가 일정한 왜곡성를 갖게 되어 선진경제의 그것과 다른 형태를 나타낸다. 그런데 그것은 각 나라 또는 각 지역 안에 여러 가지 質과 量으로 존재하고 있는 前近代的, 전통적 관계에 대한 이해와 함께 분업관계의 왜곡성을 구조로서 고정화시킨다. 그 결과 산업구조상의 왜곡성을 지속적으로 내포하는 국민경제가 고착되는 특수한 자본주의가 전개되는데 이것이 바로 후진자본주의이다.[3] 이러한 후진자본주의 속에서 산업구조상의 생산관계적 모순으로 나타나는 중소기업 문제도 독특한 성격을 지니게 된다.

자본주의의 이러한 전개 속에서 중소기업 문제는 다양하게 나타난다. 국제적으로는 다음의 네 가지 유형으로 나누어 볼 수 있다.[4]

---

3) 大塚久雄 編, 《後進資本主義の展開過程》, アジア經濟硏究所, 1973, pp.6~9.

4) 瀧澤菊太郎〈中小企業問題と政策の國際比較〉, 加藤誠一·水野 武·小林靖雄 編集, 《經濟政策と

첫째, 미국과 영국형으로서, 경제력 집중이 이루어진 나라에서의 중소기업 문제이다. 혁명적인 길에 따라 자본주의를 전개한 이들 경제에서는 기업의 거대화, 경제력의 집중화, 경제의 독과점화 등이 경제발전과 복지에 나쁜 영향을 준다는 인식이 중소기업 문제의 배경이 되었다. 중소기업은 자유경쟁체제의 基軸(backbone) 역할을 하기 때문에 경제의 과점화와 경직화를 개선하여 경제에 활력을 주는 데 기여할 것이라는 시각이다. 특히 미국경제에서 이러한 특징이 현저하다.

둘째, 서구대륙형은, 수공업의 전통이 강한 나라에서 개량적 길에 따라 자본주의를 전개하면서 생긴 중소기업 문제라는 특징을 갖는다. 고도로 발달한 경제에 걸쳐 있는 兩極性(한편에서는 주문에 의한 개별생산 및 소량생산과 융통성이 풍부한 서비스, 다른 한편에는 획일적 대량생산과 제품의 대량판매)이라는 시각에서 출발한다. 대기업에 대한 중소기업이라고 하는 문제의식보다는, 오히려 가격을 중요시하는 대량생산과 대량판매에 대하여, 품질을 중요시하는 개별 및 소량생산, 서비스를 담당하는 데 초점을 맞춘다. 이런 초기적 후진적 조건에서, 독점화가 급속히 진행되면서 새로운 차원의 중소기업 문제가 전개된다.

셋째, 일본형인데, 이것은 후진적 조건 아래 급성장한 나라의 중소기업 문제라는 특징을 갖는다. 자본부족과 노동력 과잉의 여건을 지닌 국민경제가 후진적 조건에서 정부주도의 산업화와 급속한 고도성장을 이룰 때, 국민경제 가운데 높은 비중을 차지하는 중소기업은 대기업에 견주어 크게 낮은 생산성과 노동조건을 갖고 경영난과 경영불안정성을 면치 못한다는 데 중소기업 문제의 초점이 있다. 또한 대기업 중심의 고도성장과정에서 중소기업은 자본축적의 바탕이 되기 때문에 독과점 대기업과 중소기업 사이에는 지배 종속관계가 심화되고 부등가교환이 이루어지는 등의 중소기업 문제가 일어난다고 본다.

넷째, 개발도상국형인데, 이것은 빈곤과 실업이 심각한 나라의 중소기업 문제라는 특성을 갖는다. 빈곤과 실업을 해결하는 방안으로 대기업 중심의 경제개발방식을 택한 결과 부의 불공평한 분배와 개발의 지역적 불균형이 형성되고, 또한 고용창출효과도 높지 않다는 반성에서 출발한다. 그 결과 중소기업에 중점을 둔 개발방식을 탐구하고 중소기업을 육성해야 한다는 데 문제의 중심이 있다. 동시에 폭넓게 존재하는 소영세기업과 농촌공업의 역할을 중요시하여 이들이 직면한 문제와 그 육성방안을 논의하는 데 문제의 특성이 있다.

또한 이들 국가는 대부분 식민지지배를 경험하여 종속적 경제구조가 정착해 있다

中小企業》, 現代中小企業基礎講座 2, 同友館, 1977, p.265.

는 데 착안하여, 경제개발의 과제인 自立經濟의 실현과 근대적 생산력 기반을 확충하기 위해서는 중소기업육성이 바탕이 되어야 한다는 문제의식을 갖게 된다.

제2절 활력 있는 다수 : 미국의 중소기업

1. 독과점체제와 자유경쟁기업

자본주의로의 이행이 혁명적인 길로 진행된 미국 자본주의는 전형적인 자본주의 경제로 성장하였다. 초기에 영국 식민지지배의 잔재가 없었던 것은 아니지만 독립혁명(1776년) 이후 넓은 국토와 풍부한 자원을 바탕으로 농업에서는 물론 공업에서도 '內部成長型' 자본주의로 급속히 발전하여 독일이나 일본에서 볼 수 있는 後進的 歪曲性은 볼 수 없었다.

공장제도의 압도적 우위 속에서 부품의 상호교환성에 기초한 대량생산이 이루어지고 대규모적인 자본축적과 자본집중이 일어났다. 이것은 독일이나 일본에서처럼 대외경쟁의 수단으로서가 아니라 내부적 요구에 따라 독점의 형태로 이루어진 것이었고, 다른 나라에서 볼 수 없는 거대한 독점을 이루었다. 미국의 중소기업 문제는 이런 배경 아래 전개된 순수한 자본주의적 내용을 지닌 것이었다. 경쟁원리에 바탕을 두고 독점자본이 중소기업을 지배 또는 구축 도태시키거나 흡수 합병하는 것이 문제의 전면에 등장하였다.

그러나 이런 측면이 미국 중소기업 문제의식의 핵심적 내용은 아니었다. 미국의 중소기업 문제는 공업화과정에서 나온 경제의 집중화와 그에 따른 독점자본의 형성이라는 장기적 구조적 원인이 그 발단이 되었으며, 특히 1930년대 대공황 이후에 본격적인 관심의 대상이 되었다. 미국경제는 19세기 후반 이후 빠른 공업생산력의 증대과정에서 자본집적과 집중을 거듭함으로써 대기업 또는 독과점을 중심으로 하는 경제구조가 정착되었다.

특히 1873년 경제공황과 1914년 이후 제1차 세계대전, 1929년의 세계대공황 및 1939년 이후 제2차 세계대전을 통해 군수산업 중심의 자본집중과 국가의 경제개입 정책으로 독과점체제가 점차 심화되었다. 이에 自由競爭企業制度와 中産層의 소멸방지를 위한 문제의식으로 중소기업 문제가 제기되었다. 특히 1929년 이후 대공황으로 중소기업의 도산과 합병이 늘어나면서 본격적으로 중소기업 문제의식을 이루었다.[5] 1938년부터 1941년에 걸쳐 경제력집중조사위원회(임시국가경제위원회, Temporary

National Economic Committee, TNEC)가 조사분석한 보고서는 미국 중소기업 문제를 최초로 제기한 공식적 문헌이었다. 여기서는 과도한 경제의 집중이 가져오는 폐해를 지적하고 자유경쟁기업제도가 경제의 발전을 가져오는 바람직한 제도임을 재확인하였다. 나아가 자유경쟁기업제도를 유지하기 위해서는 소기업을 보호, 육성해야 한다는 소기업보호육성론을 주창하였다. 중소기업 문제를 자유경쟁기업제도와 관련시킴으로써 國民經濟的 體制의 문제로 규정하였다.

이 보고서는 중소기업의 도산의 원인에 대하여 ① 중소기업 경영자의 능력의 부족, ② 자본 부족, ③ 정부의 적절한 보호 정책의 결여 등을 들고 있다. ①은 풍부한 지식과 경험을 갖지 못한 상태에서 안이한 開業, ②에서는 개업 때의 자금 부족만이 아니라 개업 후의 자금난까지 지적하고 있다.

한편 중소기업의 도산을 막기 위하여

① 중소기업 개업에 필요한 지식, 훈련을 제공하는 개업지도

② 중소기업 경영자의 능력을 높이는 데 필요한 경영지도

③ 개업에 필요한 자금 및 개업 후 자금조달에 필요한 중소기업 금융시책

④ 대기업의 부당한 압력 및 불공정경쟁에 대한 규제강화

등 구체적 방안을 제시되었다.

이것은 그 뒤 미국 중소기업 정책의 기초가 되었다.

1942년에 조직된 경제개발위원회(The Committee for Economic Development, CED)는 중소기업은 미국생활의 기초가 되는 자유의 표시이며, 경제적 민주주의의 기초로서 이것이 없으면 정치적 민주주의도 있을 수 없다고 지적하였다.[6]

이러한 기조는 1945년 미국 상원 중기업특별위원회의 〈自由競爭企業의 유지〉라는 보고서에 이어졌다. 여기서는 중소기업의 보호육성의 필요성이 더욱 강조되었다.

이것은 1950년 트루먼(H. S. Truman)대통령의 중소기업대책 특별메세지[7]로 이어졌고, 그 뒤 1953년의 〈중소기업법〉(Small Business Act)에서 더욱 구체적으로 명시되었다.

결국 1930년대 이후 미국의 중소기업 문제는 단순히 '경제이론상의 문제'로서의 성격을 넘어서 경제 정책을 필요로 하는 '국민경제적 체제 및 모순의 문제'로 인식된 것이다. 중소기업 문제를 '과도적 마찰적 모순'의 문제가 아니라, 근본적인 경제제도와 관련된 문제로 의식한 것이다. 즉 중소기업이 도태 구축되고 소기업이 대기업으로 성

---

5) 위의 글, 위의 책, pp.278~279 참조.

6) 末松玄六 編, 《海外の中小企業》, 有斐閣, 1960, p.64.

7) 〈アメリカ大統領メッセージ〉(中小企業對策), 위의 책, pp.244~255.

장하는 것이 저해되며, 그것이 저이윤, 저생산성과 경영불안정을 가져온다는 현재의 '기업 내적인' 중소기업 문제만을 의식한 것이 아니다. 경제력 집중화가 촉진되어 자유경쟁기업제도가 위기에 처하면 국민의 복지를 저해한다는 문제의식을 바탕으로, 국민경제적 모순의 문제로 중소기업 문제를 의식한 것이다. 이것은 동태적인 기준에서 중소기업의 '기업 외적인 역할', 즉 기업활동의 '場'인 시장에서의 기능과 기업 사이의 관계(산업조직)의 효율성을 문제의식으로 삼게 하였다.

2. 중소기업의 보호·육성과 활력 있는 다수

1930년대 이후 전개된 미국의 중소기업 문제의식은 1953년의 〈중소기업법〉에 집약되었다. 이 법 제2조에 명시된 내용을 보면 다음과 같다.

첫째, 미국에서 민간기업 경제체제의 본질은 자유경쟁에 있다. 완전한 자유경쟁에 의해서만 자유시장, 기업참가의 자유 그리고 개인의 창의 및 독자적 판단의 표현과 기회가 보장된다.

둘째, 그러한 경쟁의 유지와 확대는 경제적 복지를 위한 것일 뿐만 아니라 국가안정의 기반이 되기도 한다. 이러한 안정과 복지는 중소기업의 현실적 및 잠재적 능력을 진흥하고 조성하지 않고서는 실현될 수 없다.

셋째, 자유경쟁기업을 보호 유지하기 위하여 정부에 필요한 물자와 용역의 조달 및 계약 가운데 중소기업이 공정한 부문을 할당받도록 보장하고 정부재산이 공정한 비율로 중소기업에 매각되도록 보장한다.

넷째, 나아가 미국경제 전체를 유지 강화하기 위하여 정부는 가능하면 중소기업의 이익을 지원하고 조언 및 보호하는 것이 의회가 선언하는 정책이다.[8]

그 뒤 미국의 소영세기업(small and little business)은 '활력 있는 다수(The Vital Majority)'로 규정되었다.[9] 미국 중소기업청 창립 20주년 기념논문집인 이 책의 서두에서 닉슨(R. Nixon) 대통령은 다음과 같이 쓰고 있다.

첫째, 소기업은 미국의 국민적 敎義(national creed)인 기회의 자유의 자랑스런 상징이다. 그것은 모든 미국사람이 스스로의 방법으로 어느 것이나 얻을 수 있는 기회를 나타내는 것이다.

둘째, 미국에서는 초기부터 소기업이 우리에게 가장 좋은 아이디어와 발상(best

---

8) 中小企業銀行, 《海外各國의 中小企業關係法》, 1965, p.14.

9) U. S. Small Business Administration, *The Vital Majority : Small Business in the American Economy,* ed. by Deane Carson, 1973.

ideas and inventons)을 공급하였고 산업과 과학의 성장을 크게 가속화시켰다.

셋째, 오늘날 소기업은 이 나라에서 가장 강한 힘의 하나로 성장하였다. 그것은 미국인구 반의 생계의 기초이다. 나는 언제나 소기업의 중요성에 대하여 강력한 개인적 신념을 지니고 있다.

넷째, 소기업은 생활의 안정과 만족의 큰 원천이다. 소기업은 미국의 활력의 근거 (the lifeblood of America)이다.

자유경쟁기업이라는 규정을 넘어서, 경제적 의미에서 중소기업을 ① 안정성과 만족, ② 기회의 자유보장, ③ 아이디어와 발상의 원천이며, ④ 국민의 생계기반일 뿐만 아니라, ⑤ 미국 활력의 근원으로까지 보고 있다.

이는 중소영세기업의 확충은 독과점구조에서 오는 비능률을 막고 시장효율, 즉 자본주의의 체제적 장점을 높이는 산업조직을 이루는 데 적극적 기능을 한다는 것과 관련있는 문제의식이다. 중소영세기업이 원자상적 산업(atomistic industry)이고 이들의 다수존재는 산업의 집중도를 낮출 뿐만 아니라 원자상적 시장구조(atomistic market structure)를 이루기 때문이다.

원자상적 시장구조를 이루게 하는 중소영세기업이야말로 경직화되어 가는 시장구조에 활력을 넣어주는 다수가 되어 자본주의의 체제유지적 역할을 한다고 보는 것이다. 고도로 집중화되면서 활력과 경쟁력을 점차 잃어가고 있는 미국경제에 중소영세기업은 경제활성화와 경제재건의 중요한 요소로 기대되었다.[10]

그런데 미국의 중소기업은 이러한 포괄적인 성격 속에서 몇 가지 서로 다른 측면이 규정되고 있다.

첫째, 미국의 중소기업은 현재 미국적 희망(American Dream)을 구현하는 대상이라는 것이다. 독립하여 소유하고 경영하며 그 산업분야에서 지배적이 아닌 소기업은,[11] 민주주의의 바탕이며 미국인의 희망으로서 거대대기업체체 또는 거대조직체제의 획일주의에 대한 대항적 존재가 되고 있다.

둘째, 중소기업은 산업구조와 기업활동 속에서 활력 있는 부문이 되고 있다. 경영전략 면에서는 성공의 상징이며 미국의 희망을 상징하는 것이 중소기업이고, 동시에 그들 사이에 심한 경쟁, 대기업과의 경쟁과 종속, 높은 신설과 도산, 활발한 진입과 퇴출 등으로 산업구조와 기업활동에 활력을 불어넣기도 한다.

---

10) J. Bain, *Industrial Organization*, John Wiley & Sons Inc., 1968, p.468. 한편 원자상적 존립을 하는 중소영세기업은 과도하고 파멸적 경쟁과 높은 사멸율(high rate of mortality) 때문에 산업조직의 비효율성을 가져온다는 지적도 있다.

11) 미국 〈소기업법〉(Small Business Act) 제3조.

셋째, 중소기업은 심각한 사회문제와 사회 정책의 대상이 되기도 하는데, 이것은 첫째 및 둘째와 대조적인 측면이다. 인종과 소수민족문제, 지역격차, 빈곤층과 실업문제, 위장실업, 여성의 평등한 사회활동 참가를 위한 여성경영기업지원 등은 사회문제의 성격을 지니는 중소기업 문제이다.

넷째, 중소기업은 분산되어 있는 그들의 힘을 결집하여 그들의 요구를 이루려고 하기 때문에 政治力學的 대상이 된다. 방대한 투표 수를 바탕으로 자주적 조직체를 결성, 그들에게 필요한 것을 이루려는 것이 중소기업이다.

이처럼 여러 측면에서 설명하고 있는 중소기업의 미국적 이념은 다음과 같다.[12]

첫째, 미국역사에서 대기업의 존재 때문에 일어나는 비즈니스계에 대한 욕구불만의 표적이 중소기업으로 말미암아 완화된다.

둘째, 소기업은 큰 재산은 아니더라도 근면한 모든 사람이 개인의 노력 여하에 따라서는 그에 상응한 재산을 얻을 수 있는 기회를 준다. 그것은 빈곤의 탈피 가능성을 제시하는 '미국적 희망'의 대상이다.

셋째, 따라서 어느 정도 사업적 수완과 용기를 발휘할 수 있는 사람에게 상류의 중산층에 이를 수 있는 가능성을 제공하는 것이 중소기업이다.

넷째, 중소기업은 미국의 대기업체제에 대한 서민의 비난을 완화시켜 정치적 안정을 구현하도록 해준다.

제3절 苗床機能과 신진대사기능 : 영국의 중소기업

1. 경제적 합리성의 추구와 낮은 중소기업 문제의식

영국의 중소기업은 20세기에 들어와서 전체 산업에서 차지하는 비중이 줄어들어 선진국 가운데 가장 낮은 비중을 보였다. 그러나 대기업과 비교하여 노동조건과 임금 생산성 격차가 크지 않았기 때문에 일본 등에서와 같은 중소기업 문제의식이 일어나지는 않았다. 1960년대에 이르기까지 금융문제를 제외하고는 중소기업에 대한 문제의식이 크게 제기되지 않았는데, 이는 영국경제의 역사적 발전과정의 특징과 여러 사회적 입법 및 제도의 성립에 기인한다.

영국은 세계자본주의 제국 가운데서 가장 일찍 '혁명적인 길'로 자본주의로 이행,

---

12) P. M. Ross, "The Small Business Ethics in America", *The Vital Majority*, ed. by Deane Carson, pp.25~26.

밑으로부터의 산업혁명을 이루어, 세계의 공장 역할을 하였다. 당시 영국은 면공업, 모직물공업, 철강업, 기계공업 등 근대적 대공업이 발전하면서 수공업과 가내공업 등 소경영은 기계제 대공업으로 대체되었다. 산업혁명이 점진적으로 철저하게 이루어지면서 소경영은 구축되었다. 당시 공장법과 노동조합운동의 진전은 아동 및 부녀노동을 제한하였고 저임금 노동을 억제, 추방하였다. 그 결과 여기에 의존하던 소경영과 가내공업, 가내노동은 점차 도태되었고 兩極分解가 촉진되었다. 일부는 기계제 대공업으로, 다른 부분은 공장의 임금노동자로 바뀌었다.

그럼에도 산업자본주의 단계에서 아직도 많은 소경영이 잔존하였다. 이는 산업혁명이 주요 산업에 한정되어 이루어졌으며 또한 산업혁명, 그 자체로 말미암아 새로운 소경영이 탄생했기 때문이다.

산업혁명 뒤 영국경제의 독점화는 미국이나 독일 등의 나라보다도 늦게 그리고 점진적으로 이루어졌다. 경제공황을 반복하는 과정에서 자본집중이 촉진되었다. 그리고 점진적인 독점화 과정에서도 독점자본에 흡수 합병되거나 정리 도태되는 중소기업이 많이 생겨났다. 그런 가운데 잔존하는 중소기업은 경제적 합리성을 추구하였기 때문에 대기업과 임금격차가 크지 않았다. 이는 〈최저임금법〉과 사회보장제도가 대기업과 중소기업의 임금격차와 노동조건의 격차를 줄이는 작용을 한 때문이기도 하였다.

이처럼 산업자본주의와 독점자본주의의 초기까지, 적어도 제1차 세계대전까지는 소경영과 중소기업의 구축, 도태가 진전되었지만 아직도 상당한 중소기업과 소경영이 남아 있었다. 영국에서 중소기업의 절대수와 그 비중의 저하는 1930년대 이후, 특히 제2차 세계대전 이후 근년에 이르기까지 급속히 진전된 결과이다.[13]

그런데 영국에서는 18세기 후반부터 시작된 산업혁명과정에서 많은 수공업과 가내공업이 기계적 대공업과의 경쟁 때문에 도태하는 '경제적 사회적 마찰'이 일어났다. 이에 대한 특별한 문제의식과 보호대책이 강구되지 않았는데 그것은 효율성이 낮은 수공업과 가내공업을 능률적인 대공업이 도태시키는 것은 당연하다고 보았기 때문이다.

사실 19세기 말까지 중소기업이 상당히 도태되었지만, 마셜(A. Marshall)이 그 지속적인 잔존문제를 제기할 만큼[14] 중소기업은 폭넓게 잔존하였다. 홉슨(J. A. Hobson)이 지적했듯이 저임금과 장시간노동에 의존하는 노동착취제도(sweating system)라고

---

13) 太田進一, 〈イキリス資本主義の發展過程と中小企業問題〉, 渡邊 睦·前川恭一 編, 《現代中小企業研究》(下卷), 現代資本主義叢書 28, 大月書店, 1986, pp.69~70.

14) A. Marshall, *Principles of Economics*, 2nd ed. 1891, Part IV, Chap. 8~12.

불리운 소영세기업도 많이 존재하였다.[15] 이것은 경제적으로 합리적이 아니며 사회적으로도 바람직하지 못하다고 보고 적극적으로 도태시키는 정책을 실시하였는데 그것이 바로 1909년의 〈최저임금법〉(Trade Board Act)이다.

슈타인들(J. Steindl)이 말한 것처럼 영국에서 산업혁명의 목표는 소규모생산을 대규모생산으로 대체하는 것이었다.[16]

이런 생각은 1930년대 플로렌스(P. S. Florence)가 제기한 대규모생산의 능률성과 小企業非合理性論[17]을 반영한 것이었다. 반면에 마셜과 홉슨이 문제를 제기한 이후 로빈슨(E. A. G. Robinson)이 적정규모론을 이루는 과정에서 볼 수 있듯이, 중소기업은 업종에 따라 경제적 합리성을 갖고 잔존할 수 있다는 이론적 체계가 세워졌다.[18]

이처럼 영국에서는 경제적 합리성과 효율성을 존중하고, 중소기업이 열등한 효율성을 지닐 때 높은 효율성을 갖는 대기업과의 경쟁 때문에 도태하는 것은 당연하다고 보는 것이 전통적 중소기업 문제의식의 핵심이었다. 다만 경쟁에서 중소기업에게 불리한 조건이 있는 경우에는 이것을 보정해주어야 한다는 생각이었다.

이러한 생각을 반영한 것이 바로 〈맥밀란보고서〉였다. 1931년에 발표한 맥밀란위원회(Macmillan Committee)의 보고서는 중소기업이 대기업보다 장기자금의 조달면에서 불리하다고 지적하고 이를 시정할 것을 권고하였다.[19] 이것이 유명한 맥밀란갭(Macmillan Gap)이며, 그 뒤 이 갭을 메우기 위하여 특별한 금융기관을 세웠다.

영국에서 중소기업은 상대적으로 비중이 높지 않았지만 그것이 광범하게 잔존하는 것을 산업조직상 비합리적인 것으로 보았는데, 이는 대규모생산의 효율성에 대한 믿음 때문이었다. 기업규모 단위의 능률성을 추구하는 영국형 산업조직론의 흐름을 기초로 한 것이다. 이것은 미국에서 '기업 간 관계(산업조직)'의 능률성을 추구하는 것과 대조적이다. 기업단위의 능률성과 '기업 내적 시각'에서 경제적 합리성을 추구한 결과, 중소기업의 도태, 구축 등 중소기업 문제를 마찰적 모순으로 간주할 뿐 국민경제적 문제의식에 이르지 못하였다. 정태적 시각의 효율성 기준은 중소기업의 적극적인 경제적 역할 등 동태적 문제의식으로 연결되지 못하고 소극적 중소기업 문제의식에 그치게 만들었다.

그럼에도 영국에서 중소기업 문제가 커다란 경제적, 사회적 혼란을 가져오는 국

---

15) J. A. Hobson, *The Industrial System*, 1909, p.187.

16) J. Steindl, *Small and Big Business*, 米田清貴·加藤誠一 譯,《小企業と大企業 - 企業規模の經濟的諸問題》, 嚴松堂, 1969, p.132.

17) P. S. Florence, *The Logic of Industrial Organization*, London, Kegan Paul, 1933, pp.11, 25.

18) E. A. G. Robinson, *The Structure of Competitive Industry*, 1931.

19) Macmillan Committee, *Report of the Committee on Finance and Industry*, 1931.

민경제적 문제가 되지 않는 것은,

① 19세기 후반 이후 200년이라는 장기간에 걸쳐 중소기업이 도태되면서, 잔존하는 중소기업은 대체로 합리성을 확보하였으며

② 그 결과 20세기에 와서는 경제 전체에서 차지하는 중소기업의 비중이 현저히 낮아졌다는 것과

③ 완전고용 정책과 사회보장 정책이 비교적 성과를 높였다는 것 등이다.

2. 〈볼튼보고서〉와 중소기업 문제

영국에서는 1960년대에 와서 중소기업 문제가 중요한 정책의 대상이 되었다. 이에 따라 1969년 7월에는 노동당정부의 상공장관이 중소기업조사위원회(볼튼 위원회)를 설치하였으며, 1971년 11월에 〈볼튼보고서〉를 발표하였다.[20]

이 위원회를 설치하기 이전에는 영국에서 중소기업분야에 대한 종합적 조사는 정부나 다른 어떤 기관도 하지 않았는데, 그것은 중소기업 문제의식의 소극성에 따른 것이었다. 그런데 국민경제에서 중소기업의 역할과 중소기업이 이용하는 여러 편의 및 중소기업이 직면한 여러 문제에 대한 검토와 필요한 권고를 목적으로 〈볼튼위원회〉를 세웠는데 그 배경은 다음과 같다.

첫째, 단기적 직접적인 것으로서, 1969년 국제수지 개선과 인플레이션 극복을 위한 금융긴축과정에서 중소기업은 은행신용의 규제와 기업 간 신용의 악화라는 이중의 어려움을 당하게 되었다.

둘째, 장기적 구조적인 것으로서, 제2차 세계대전 이후 영국경제의 정체와 국제적 기반의 격하가 중소기업을 크게 압박하였다. 특히 1960년대에 와서 이러한 정체를 개선하기 위해 국제경쟁력 강화방안으로 적극적인 기업합병을 추진하면서 기업규모의 확대와 독과점체제가 급속히 강화되었다.

셋째, 그 결과 독과점체제에 대한 반발과 경제의 경직화에 대한 우려가 나왔고, 〈독점금지법〉의 강화요청과 함께 독과점에 대한 대항력으로서, 또는 경제경직화를 완화하는 방편으로 중소기업을 중요시하는 문제의식이 높아졌다.

다른 선진국보다 중소기업의 비중이 현격히 작지만, 이러한 문제의식이 영국경제

---

20) 이 보고서의 명칭은 다음과 같다. *Small Firms, Report of the Committee of Inquiry on Small Firms*, by Chairman, J. E. Bolton, Presented to Parliament by the Secretary of State for Trade and Industry by Command of Her Majesty, London, Her Majesty's Stationary Office, 1971. 11. (중소기업은행 조사부 역, 《영국의 중소기업》(상·하), 1972)

에서 중소기업을 정책적 구조적 인식의 대상으로 만드는 계기를 제공하였다.

중소기업의 質的 정의의 요소로 이 보고서는 다음의 세 가지를 들고 있다.

① 시장점유율이 낮을 것

② 기업소유자가 개인의 판단으로 경영하는 것

③ 대기업의 일부가 아니라 독립하여 있는 것 등

이어서 영국 중소기업의 특징을 다음과 같이 들고 있다.[21]

① 중소기업의 대다수는 개인기업이거나 공동경영(조합)이며, 법인형태를 취하는 것도 대부분 동족회사이다.(이 점은 일본과 대체로 같다)

② 기업 합병 및 대기업에 의한 중소기업의 매수가 많다(일본의 경우는 중소기업의 집단화, 협업화, 계열화의 예가 많고, 합병은 낮은 비율에 지나지 않는다)

③ 중소기업의 자기자본비율은 56퍼센트로서 대기업과 비슷하지만 유통비율은 1.8로서 대기업의 1.6보다 높다.(일본에서는 중소기업의 자기자본비율이 대기업과 비슷하지만 14퍼센트밖에 되지 않으며 유동비율도 1.0으로서 대기업의 1.1보다 낮다)

④ 대기업과 중소기업의 임금격차는 20퍼센트에 그치고 노동환경도 양호하기 때문에 중소기업에서 근무하기를 바라는 사람이 많다. 중소기업의 노동조합 조직률이 낮고 파업 등도 적다.(일본에서는 임금격차가 40퍼센트나 되며, 노동조건도 대기업보다 뒤떨어진다)

⑤ 중소기업자의 대부분은 높은 교육을 받지 못하고 있으며 사회적 지위도 낮다.(일본의 경우는 중소기업업자의 학력이 높아지고 있으며 사회적 지위도 반드시 낮은 것은 아니다)

⑥ 대기업과 중소기업의 부가가치생산성의 규모격차는 20퍼센트로서 효율성에서 대기업에 크게 뒤지지 않는다.(일본에서는 생산성의 규모격차가 50퍼센트나 되며 효율성도 대기업보다 뒤떨어진다)

영국 중소기업의 특징을 이와 같이 지적한 이 보고서는 중소기업의 역할을 다음과 같이 쓰고 있다.

① 중소기업은 기업심과 독립심이 풍부한 사람에게 개업의 기회를 제공한다. 그들은 대기업에 고용되기를 좋아하지 않거나 적합하지 않지만, 경제에 活力을 주어

---

21) 위의 책, pp.5~27. 여기서는 그 내용 가운데 중요한 것을 집약하고 또 일본의 것과 비교한 瀧澤菊太郎, 〈中小企業問題と政策の國際比較〉, 加藤誠一·水野 武·小林靖雄 編集, 앞의 책, pp.273 참조.

　　서 크게 공헌한다.(제2장)

② 생산 및 판로의 적정규모가 작은 산업에서 중소기업은 가장 효율적인 기업형태
　이므로 많은 상공업이 중소기업으로 이루어져 있다.(제3장)

③ 중소기업은 소비자에게 제공하는 재화와 용역을 매우 다양하게 해준다. 왜냐하
　면 대기업이 개입하기에는 별로 가치가 없거나 경제성이 없는 소규모시장 분야
　에서도 중소기업은 번창할 수 있기 때문이다.(제3장)

④ 대기업보다 낮은 원가로 생산하여 대기업에 부품이나 반제품을 전문적으로 공급
　하는 역할을 한다.(제3장)

⑤ 집중화된 경제에서도 중소기업은 현실적, 잠재적으로 경쟁을 촉진하여 독점적
　이익과 독점에서 발생하는 비효율을 저지하는 역할을 한다. 그리하여 경제 전체
　의 효율적 운영에 기여한다.

⑥ 중소기업은 연구개발 투자가 적지만, 생산기술뿐만 아니라 서비스에서도 중요한
　혁신의 원천이 된다.

⑦ 중소기업은 전체로서 새로운 산업, 즉 혁신을 위한 전통적인 성장기반이 된다.

⑧ 중소기업은 기업가적 재능을 갖춘 자에게 기회를 제공하고, 지배적인 대기업에
　도전하고 자극을 줌으로써 대기업을 육성하는 養成基盤(苗床, seedbed)을 마련
　해준다.

　　이들 역할은 중소기업 자체의 효율성과 직접 관련이 있는 것과 없는 것으로 나눌
수 있는데, 영국 중소기업 문제의 새로운 인식에 중요한 의미를 주는 것은 바로 후자
이다. 효율성이 낮은 중소기업의 도태가 당연하다고 보는 이전의 중소기업 문제의식
을 유지하면서도 중소기업의 국민경제적, 기업 외적, 시장에서의 역할을 강조하고 있
다. 즉 독과점체제에 활력을 넣는 기능, 중소기업이 새로운 산업과 기업능력 및 장래
대기업의 양성기반이 된다는 묘상기능(seedbed function) 및 신진대사기능(쇄신기능,
regenerative function) 등을 강조하고 있다.

　　이것은 장기적 동태적으로 국민경제의 건전한 발전에 기여하는 중소기업의 역할
을 말한 것이다. 미국에서 중소기업을 자유경쟁기업으로 보는 것이나 활력 있는 다수
로 규정하는 문제의식에 접근하고 있는 것이다.

제4절 수공업 전통의 경제 : 독일의 중소기업

1. 자본주의 발전과 수공업경영의 자본주의적 재편성

개량적 길에 따라 자본주의로 이행한 독일경제는 뒤늦게 공업화를 추진하였고, 선진 영국이 장기간에 걸쳐 이루었던 근대공업의 발전을 단기간의 자본축적으로 이루지 않으면 안 되었다. 거대한 산업자본의 급속한 집적이 필요하였는데, 그 과정에서 前期的 형태의 수공업을 철저하게 분해하지 못한 채 근대적 공업화과정을 추진하였다. 근대화과정에서 독일의 산업구조는 소비재공업에서 생산재공업으로, 중소경영에서 대경영 중심으로 이행하였고, 많은 산업에서 대기업의 수가 늘어났다. 그러나 모든 산업에서 그러한 것은 아니었으며, 어떤 산업에서는 중소경영형태인 수공업이 늘어나거나 존속하였다.

이처럼 어떤 산업에서는 중소경영의 수가 줄었지만 다른 어떤 산업에서는 중소경영의 수가 늘어나는, 이른바 集積의 不均衡的 발전[22] 속에서 독일의 중소기업 문제가 생겨났다. 따라서 초기 중소기업 문제는 대경영과 중소경영의 경쟁적 존립에서 나왔다기보다는 전형적인 근대공업의 의미로서 대공업(공업경영, Industrie)에 대한 전통적 중소경영의 근대화형태인 수공업(수공업경영, Handwerk)의 관계에서 알 수 있는 특수한 성격을 갖고 있었다.[23]

수공업적 전통을 지닌 독일의 중소기업 문제의 초기적 성격은 그 뒤 자본주의 전개과정에서 변한다. 고도로 발달한 자본주의경제에서 독점화의 진전, 산업부문 사이의 불균등한 발전, 국가독점자본주의적 기능의 강화와 그 역할 속에서 새로운 성격의 중소기업 문제가 나왔고, 이점은 일본과 매우 비슷하다. 특히 제2차 세계대전 이후 독점자본의 부활과 발전과정 및 그 후의 본격적인 자본집중화 과정에서 중소공업경영은 계층분화되었고, 중소공업경영에 대한 독점자본의 지배체제가 강화되면서 새로운 차원의 중소기업 문제가 전개되었다.

독일에서는 일찍이 19세기 말에 신역사학파가 소공업(소경영)몰락론을 제기하였고, 그리고 수정자본주의 논쟁에서는 소경영의 존속문제가 고전적인 중소기업 문제로 제기되었다.[24] 그러나 근년에 와서 제기된 초기적 중소기업 문제의 핵심은 수공업의

---

22) 稻葉 襄 著, 《中小工業の經濟理論》, 森山書店, 1969, pp.90~92.
23) Industrie와 Handwerk의 성격은 이 책의 제3장 4절에서 설명하고 있음.
24) 상세한 내용은 제3장 4절 및 제12장 4절 1항에서 설명하고 있음.

계층분화와 자본주의적 재편성과정이라고 할 수 있다. 독일 수공업의 구조변화는 1950년대(특히 후반)부터 1960년대에 급속히 이루어졌고, 그 후에 확립된 산업구조와 그 발전방향에 따라 전통적 수공업에 바탕을 둔 독일 중소기업 문제를 변질시켰다.

1) 수공업경영의 여러 유형과 계층분화

전후 수공업경영의 변화발전과정은 크게 다음의 세 가지로 나뉜다.

① 收縮型인데, 이것은 경영 수와 종업원 수에서 감소경향을 나타낸 것이다. 이 유형에는 생산의 기계화와 기술의 근대화에 적응하지 못하는 수공업 직종(의류, 수공업, 제빵업, 제분업, 단추업 등)이 속한다. 경영 수로 볼 때 전체 수공업경영의 과반수를 차지한다.

② 集中型인데, 종업원 수는 늘어났지만 경영 수는 줄어든 것이다. 건축, 증개축 수공업 부문, 근대기술적 투자재와 소비재를 생산하는 수공업(가스, 수도수리업 등), 기계화가 이루어진 서비스업(드라이크리닝) 등이 여기에 속하며 전체 수공업경영의 15퍼센트쯤 된다.

③ 擴大型인데, 경영 수와 종업원 수가 다 같이 늘어난 유형이다. 여기에는 순수한 근대기술 지향형의 수공업(TV·라디오기술공, 자동차기계공, 기계제조공)이 속한다.

위와 같은 수공업경영부문의 서로 다른 발전과정 속에서 수공업 생산의 집적·집중과 계층분화가 급속히 이루어졌다. 그런데 수공업부문의 구조변화는 주로 소영세경영에서 이루어졌으며 이 부문에서 도산율도 가장 높았다. 그 결과 전통적인 수공업의 존립기반은 수공업의 자본주의적 발전과 재편성과정에서 붕괴되었다.

2) 장인(Master)제도의 붕괴

독일의 수공업경영은 手工業匠人을 정점으로 하는 신분제도(匠人-職人-徒弟)에 기초를 두고 발전하였지만, 전후 수공업의 발전과정에서 이 제도가 붕괴되었다. 수공업적 전문교육을 받은 종업원의 구성비가 점차 낮아졌는데, 그것은

① 경영규모가 커지면서 사무 및 관리노동이 필요하게 되었고

② 수공업이 주로 반숙련노동자가 수행하는 副業이 되었고

③ 상업활동의 비중이 늘었기 때문이다.

그 결과 큰 규모의 수공업경영에서 종업원 구성은, 그것과 비교한 공업경영과 큰 차이가 없게 되었다.[25]

이처럼 1950년대 이후 수공업의 발전과정에서 수공업적 숙련노동의 비중은 낮아

졌다. 또한 경영규모의 확대와 생산의 기계화가 이루어지면서 수공업경영의 신규개업에 필요한 자금규모도 크게 늘어났다. 장인시험에 합격하고도 실제로 독립수공업자로 개업하는 일이 매우 어렵게 되었다. 이에 따라 수공업 장인이 지니고 있던 두 가지 측면(기업가적 성격과 근로자적 성격)이 분열되었다. 자본주의적으로 발전한 수공업경영은 기업가적 성격을 띠게 되고, 정체 몰락한 수공업경영은 근로자적 성격(匠人의 賃金勞動者化)을 띠게 되었다.

이 과정에서 전통적 수공업의 생산양식에 기초를 두고 성문화되었던 1953년의 〈手工業經營條例〉는 현실에 맞지 않게 되어 1965년에 개정하였으며, 여기서는 수공업경영이 자본주의적으로 발전하는 데 필요한 여러 조건을 정리하였다. 즉, 다른 직종으로 경영을 확대하기 쉽게 하고, 수공업경영에 경영관리자 및 사무, 상업노동자의 도입이 쉬워졌으며, 수공업 유사경영의 규정에 따라 어느 직종에서는 장인 자격을 갖지 않아도 영업을 할 수 있게 되었다. 이런 가운데 일부 수공업 직종에서는 경쟁능력의 강화를 목적으로 개별경영의 독립성을 전제로 한 협동조직을 결성하기도 하였다.

3) 수공업경영의 대기업 종속과 상업활동

대기업에 대한 수공업경영의 종속은 1950년 이후 하청 제도의 전개로 폭넓게 이루어졌다. 이에 더하여 수공업 발전과정에서 새로운 경향으로 商業活動이 나타났다. 즉 수공업 발전과정에서 '상업적 매출액'이 늘어나는 경향을 보였다. 이런 경향은 단순히 수공업경영의 매출액 구성의 양적 변화만을 의미하는 것이 아니다. 수공업경영이 본래의 생산양식에서 벗어나 대공업경영의 생산양식의 한 구성요소로 편성, 교체되는 본질적 변화와 진전을 나타내는 것이다. 그 결과 대상사나 대공업적 경영을 하는 모공장과의 거래 전속화, 판로상 제약과 가격상 제약, 수공업경영의 경영 정책에 대한 외부 간섭이 이루어지면서 수공업경영은 독립성을 잃었다. 이것은 근대적 선대제도의 부활이라고 볼 수 있다.[26]

이처럼 독일의 수공업경영은 자본주의적 재편성과정에서 계층분화와 대기업에의 종속이 급격하게 진전되었다. 그리고 이와 관련되어 장인제도의 붕괴, 전통적 생산양식의 쇠퇴, 수공업적 숙련의 해체라는 질적 변화를 보였다.[27]

---

25) A. Schlaghecken, *Die Ökonmische DifferencezierungsprogreB in heutigen Handwerk*, Dunker & Humbolt, 1969, p.104.

26) 위의 책, pp.130~131.

27) 吉田敬一, 〈西ドイツの中小企業問題(Ⅱ)〉, 竹林庄太郎 編, 《現代中小企業論》, ミネルヴ書房, 1977, pp.288~291.

2. 새로운 중소기업 문제와 하청 제도

1) 하청 제도의 진전

50년대 이후 고도성장기에 독일에서는 본격적으로 독점자본이 부활하고, 특히 국가독점자본주의적 투자 정책으로 산업 사이에 불균형 발전이 심화되었다. 소영세경영의 몰락으로 중소공업경영의 계층분화가 이루어졌고, 다품종 부품생산과 조립산업에서는 상층경영을 중심으로 이들이 下請支配體制에 편입되었다. 그러면서 독점자본의 중소공업경영 지배방법이 중요한 역할을 하게 되었다.

50년대 말에서 60년대에 걸친 과잉생산공황 기간에 독점자본의 집중화가 더욱 본격화되었고, 중소공업경영에 대해 上層育成, 下層淘汰의 차별화 정책을 목적의식적 중소기업 정책으로 시행하면서 하청지배와 함께 새로운 중소기업 문제가 나왔다. 특히 경제의 국제화와 과학기술혁명의 영향을 받아 신제품이 등장하고 산업구조가 변화하는 가운데 중소공업경영은 파산, 도태하면서도, 다른 한편에서는 새로운 중소공업경영이 설립되는 도태와 신설이 교차하였다.

그런 가운데 전체적으로는 중소공업경영의 존립이 어려워졌고 하청지배체제 아래 종속화는 강화되었다. 70년대 이후 중소공업경영에는 더욱 많은 도산이 계속되었고 하청지배체제에 질적 변화가 나타났다. 개개의 경영을 대상으로 한 지배를 넘어서 한 공업부문을 지배하는 형태로 전면적 재편성이 이루어졌다.[28]

이 과정에서 독일 중소기업의 바탕이었던 수공업경영은 장인의 임금노동자화 진전, 생산의 기계화, 대공업의 하청화, 장인제도의 변질, 수공업적 숙련의 해제 등의 변화 속에서 그 독자적인 특징을 잃었다. 그 결과 수공업경영의 전통적 존재기반이 무너진 것은 앞에서 살펴본 바와 같다. 그리고 그 반사적 측면에서 새로운 중소기업 문제가 나왔다.

특히 하청 제도에 따른 독점자본의 지배체제 강화는 새로운 중소기업 문제의 주요요인이 되었다. 독점자본의 모순이 심해지는 가운데 중소기업에 대한 지배체제는 더욱 강화되었는데 이것은 모순을 하청기업에 떠넘기기 위한 것이었다. 그 몇 가지 방법을 들면 다음과 같다.

① 모기업과 업무제휴의 해소를 위협함으로써 하청업자를 유리한 다른 조달시장으로부터 분리한다.

② 1년 내지 2년의 하청계약으로 하청업자를 대기업의 고정가격에 묶어놓는다.

---

28) 前川恭一, 〈西ドイツの中小工業問題(I)〉, 竹林庄太郎 編, 위의 책, pp.259~261.

③여러 자재를 비축하도록 하는 등 다양한 의무를 줌으로써 하청업자에게 많은 비용을 부담시킨다.

④가격결정권을 모기업이 갖고 모기업의 계산에 따라 가격을 결정한다.

⑤모기업의 하청대금의 지불조건이 하청업자에게 불리하게 된다.

⑥생산이 감소하는 시기에는 모기업은 그 부담을 하청업자에게 떠넘기는데, 가격압력, 가공임절하, 발주하던 제품 및 부품을 자회사 안에서 생산하는 경향 등으로 하청업자를 위기에 빠뜨린다.[29]

이런 방법으로 독점기업과 대기업의 하청지배는 더욱 강화되었는데 독일에서는, 이것이 국가독점자본주의 차원에서 이루어졌다. 즉 중소기업의 종속성을 심화시키는 것을 개별독점자본의 차원을 넘어서, 그리고 개별 하청기업에 대한 지배를 넘어서, 국가독점자본적으로, 자본전체에 대한 것으로 고도화시켰다는 것이다.[30]

독일의 하청 제도에 대한 이상과 같은 총괄적 경향의 지적에 대해서는 다음과 같은 비판적 주장도 있다. 즉, 독일의 중소기업은 그 경제적 자립성이 강하고 하청기업의 경우에도 독립전문메이커가 많은 外注企業이며, 수공업경영에서도 일반 소비자에 크게 의존하여 비교적 안정적 지위를 확보하였다[31]는 것이다.

2) 독일 중소기업 문제의 특징 : 일본과의 비교

독일에서도 하청지배가 상당히 광범위하게 이루어졌고 하청기업의 종속성과 불안정성은 기본적으로는 일본과 다를 바 없다. 그러나 下請支配의 범위와 구조는 일본의 그것과 다르다.[32] 이를 살펴보면 다음과 같다.

①독일에서는 1950년대 이후 자동차 전기화학 등 주요 공업부문을 중심으로 하청지배가 강화되었지만, 일본에서와 같은 피라미드형 계층적 수탈구조는 아니다. 하청의 횡적 확대는 진전되었지만, 再下請, 再再下請이라는 종적 종속은 상대적으로 엷고, 발주기업(모기업)에 대한 하청기업의 의존율도 일반적으로 낮으며, 특정한 기업의 전속적 하청도 적다.[33] 또한 독일에서는 모기업과 부문품 공급기업이 사회적 분업을 하고 있으며, 지불 지연 등은 뚜렷이 볼 수 없다는 지적도

---

29) 吉田敬一, 앞의 글, 앞의 책, p.301.

30) 위의 글, 위의 책, pp.320~322.

31) 加藤誠一, 〈中小企業の定義と構造〉, 加藤誠一·水野 武·小林靖雄 編, 《經濟構造と中小企業》, 同友館, 1977, p.29.

32) 前川恭一, 吉田敬一 著, 《西ドイツの中小企業》, 新評論, 1980.

33) 巽 信晴, 〈西ドイツの下請と賃金隔差〉, 加藤誠一·小林靖雄·瀧澤菊太郎 編, 《先進國の中小企業比較》, 有斐閣, 1970, p.266.

있다.[34]

② 이에 반해, 일본에서는 중소공업의 60퍼센트 이상이 하청지배에 편입되어 있고, 그것이 1차 하청에 그치지 않고 계층적 구조를 이루고 있다. 2차 하청 이하의 생산가공형태에서는 비교적 단순한 노동 집약적 작업이 많고 가내노동을 중심으로 하는 생업적 소영세경영이 차지하는 비율이 높다. 따라서 여러 경제적 모순도 하위의 하청기업에 증폭, 떠넘겨져 그 경제적 부담은 아래 계층으로 갈수록 늘어난다. 더구나 중간단계에 상사나 선대각주가 개입하면 수탈이 더욱 강화됨으로써 최하층의 하청경영은 극히 열악한 경영조건을 지니게 된다.

한편 중소기업 정책에서 독일은 일본과 차이가 있다. 일본은 중소기업의 거래관계가 계층적 구조를 이루었고, 더욱 다면적인 시책을 강구하였다. 정부주도의 고도성장 정책을 추진하였고, 이를 위해 중소기업에 대한 통제가 불가피하였다. 그리고 경제적 모순의 전가도 계층이 내려갈수록 늘었기 때문에 정책의 관여가 심할 수밖에 없었다. 즉, 전면적인 입법조치를 포함하여 적극적인 정책개입과 지원이 중소기업 정책의 특징이었다.

이에 반해, 독일에서는 중소기업 정책이 自助의 원칙으로 사회적 시장경제(대기업 중심의 자유경쟁)의 틀 속에서 이루어졌다. 자유로운 시장경제에서 모든 기업의 출발점의 평등성을 꾀한 것이다. 독점자본의 경제적 위치를 사회적 시장경제 속에서 재건하되, 이러한 이데올로기 형성에 중소부르주아층을 정치적 동맹자로 끌어들인 것이다. 여기에는 독점자본의 약간의 양보와 반독점적 관념이 배려되어 있었고, 그런 의미에서 中産階級의 사회적 지위가 사회적 시장경제 속에 독점자본과 동일한 지주가 되었다. 즉 독점자본의 권력을 재건하기 위한 시장경제의 틀 속에 여러 계층을 정치적 동맹자로 확보하는 가운데 중소기업의 중요성을 강조하였다.

이것이 사회적 시장경제의 틀이다. 독점자본의 권력남용에 대한 대항적 경쟁자로서 중소기업의 중요성을 강조하고, 정책은 어디까지나 직접 개입과 법 제정보다는 사회적 시장경제의 틀 속에서 自助의 원칙에 따라 이루어졌다. 정책의 직접적 '助成'(경쟁력 강화)은 최소화하는 방향에서 이루어졌다.

그 결과는 중소기업의 존립기반의 악화로 귀결됨으로서 자유로운 사회적 시장경제의 틀이 중소기업에 밝은 전망을 주지 못하였다. 이에 초기에 자조노력을 기반으로 하는 개별기업의 조성에서 좀더 나아가 1970년대 초에는 構造政策에까지 이르게 되었다. 이로써 일본과 어느 점에서는 유사한 수준에 이르게 되었다.

---

34) 末松玄六, 〈市長經濟における中小企業の機能についてのドイツと日本の若干の比較〉, 위의 책, p.223.

그러나 중소기업자와 수공업자의 대부분이 사회적 시장경제의 틀에 영향을 줄 수 있는 각종 조직에 가입하여 그들의 지위개선을 꾀하였는데, 이것은 일본과 다른 점이다. 이것은 두 가지의 방향으로 나타나고 있다.

하나는, 사회적 시장경제 이념에 따라 대기업 중심의 정책에 반대하되 그 틀 안에서 반독점 정책을 전개하면서 시장경제의 개선을 꾀하는 것이다.

다른 하나는, 사회적 시장경제는 이미 중소기업이나 수공업 등 중산계급의 이념적 동반자가 될 수 없다고 보고, 노동자계급과의 동맹에 바탕을 둔 經濟民主化의 방향으로 나아가는 것이다.

제5절 이중구조 속의 계층적 축적구조 : 일본의 중소기업

1. 二重構造와 중소기업의 近代化論[35]

1) 독점자본의 축적기반 : 계층적 축적구조

독일과 마찬가지로 개량적 길에 따라 자본주의로 이행한 일본경제도 독점화 진전, 산업부문 간 불균형 발전과 경제적 모순의 심화, 국가독점자본주의적 기능의 강화 등 후발 선진자본주의의 특성을 공통으로 지니게 되었다. 그 속에서 독점자본의 축적기반 확대강화와 적극적인 대외적 진출을 위하여 다면적인 입법조치와 중소기업 정책을 전개한 것이 일본의 특징이다.

일본경제는 경공업 중심의 산업구조에서 급속히 중화학공업화를 추진하되, 서구 여러 나라가 이미 2차 대전 이전에 일정한 발전수준에 이른 공업부문(자동차, 산업용 기계 등)과 최신 공업부문(전기, 석유화학, 정밀기계 등)을 병행, 대규모투자를 하였다. 그 결과 이들 부문과 중소기업의 생산력 격차가 커졌고, 그 격차를 시정하는 문제가 제기되었다. 그리고 산업구조의 고도화를 추진하는 가운데, 수출산업과 독점자본의 하청업종을 중심으로 계층적 구조를 이루었다. 이것은 중소기업분야에 대한 다면적 입법조치와 시책의 강구 등 독점자본의 자본축적 기반을 강화하기 위한 국가독점자본주의적 정책의 뒷받침 속에서 이루어졌다.

일본에서는 주요 선진경제 가운데 가장 광범위하고 적극적인 국가자본주의적 성향을 띠면서, 그 독점자본의 지배와 축적을 보완하기 위한 중소기업의 도산과 신설

---

35) 제3장 2절 및 제11장에서 상세히 설명하고 있음.

(snap and build)이 반복되었다. 개방체제로 이행하면서 산업구조 고도화와 국제경쟁력 강화를 위한 구조개선과정에서 일부 중소영세기업은 몰락하고 도태했지만, 이를 상회하는 소영세기업이 신설, 창업되었다. 이는 독점자본을 정점으로 하는 피라미드형 계층적 축적구조가 중기업과 소영세기업에까지 만들어진 일본 자본축적의 특수성 때문이다.

이런 가운데 나온 일본 중소기업 문제의 특성은 일본 경제에서 오랜 역사를 갖고 있다. 자본주의 발전과정에서 중소기업을 둘러싼 여러 모순이 중소기업 문제를 이루는 근원이 되었다. 특히 산업계에서 대기업의 우월적 지배가 전면적으로 확립되면서 '중소기업 문제'는 본격적으로 등장했고, 일본에서는 이를 대체로 1920년대 후반 이후의 시기로 보고 있다.

일찍이 일본에서는 1870년대 후반 이후 산업자본 확립기에 在來産業問題가, 그리고 1900년을 전후하여 경공업 중심의 대기업시대에 小工業問題가, 1910년대와 1920년대에 걸친 중공업 확립기와 독점자본 형성기에 中小工業問題가 제기된 바 있다. 그러나 이 시기에도 중소기업 문제의 본질에는 이르지 못하였고, 量的 수준의 문제의식에 그쳤다.

그 뒤 1920년대 후반(1926년 이후) 경제적 공황을 거치면서 독점자본에 의한 중소기업의 직접적 지배체제가 들어섰고 구조적 모순인 '중소기업 문제'가 본격적으로 주목받기 시작했다. 또한 중소기업 문제에 대한 중소기업 정책이 분리, 독립된 산업정책으로 전개된 것도 이 시기 이후의 일이다. 특히 독점자본 단계에서 중소기업에 대한 독점의 지배제도인 하청 제도가 본격화되었는데, 이것은 독점자본의 자본축적기반을 구축하기 위한 계층적 지배구조 형성의 시발이었다. 초기에는 간접적 수탈관계였으나 1930년대 초 이후 하청 제도가 본격화하면서 직접적인 지배관계가 성립되고 독점자본이 확립, 발전하면서 중소기업 문제도 본격화되었다.

2차 대전 이후에도 형식적 체계에서 이러한 중소기업 문제의식은 이어졌다. 그러나 그것은 다른 성격을 지니게 되었다. 戰後 일본 독점자본주의의 재편성과 고도성장 과정에서 드러난 새로운 구조적 모순의 산물로서 중소기업 문제가 제기되었다.

戰後 일본경제는 한편으로 산업구조의 재편성과 고도화를 이루면서, 다른 한편에서는 고도성장을 이루는 두 가지 과제를 같이 전개하였다. 이를 뒷받침하려면 대규모 투자와, 강력한 자본축적의 기반형성과 정책전개가 필요했다. 이는 국가독점자본주의적 정책, 즉 위로부터의 정책으로 일본경제 특유의 계층적 자본축적기구를 통해 실현할 수 있었다.

독점자본의 축적기반을 정비 보완하는 장기계획이 지속되는 가운데 계층적 구조 속에서 독점기업과 중소영세기업 사이에는 다른 선진경제보다 더 심한 지배종속관계가 전개되었고, 이를 반영하는 중소기업 문제가 나타났다. 다양한 입법조치와 다면적 중소기업 정책은 일본경제가 지닌 과제를 뒷받침하려는 것이었다.

　계층적 축적구조 속에서 하청 제도는 1차 하청에 그치지 않고 再下請, 再再下請으로 이어졌다. 2차 하청 이하에서는 중소기업은 물론 생업적 영세경영과 가내노동까지 하청지배체제에 편입되었다. 이때 경제적 모순은 하층 기업에 더욱 많이 떠넘겨졌고, 이것이 일본 독점자본의 자본축적구조와 중소기업 문제의 특수성으로 반영되었다.

2) 이중구조와 중소기업의 근대화

　일본 독점자본주의의 구조적 모순의 특수성인 중소기업 문제가 이중구조로 파악되었다. 일본경제에서 이중구조는 독점자본과 중소기업 및 농업의 지배종속관계에서 발생하는 모순이며, 중소기업이 저임금 노동을 기반으로 축적한 가치를 독점자본이 우회적으로 수취하는 관계에서 생기는 문제라는 것이 정치경제학적 해석이었다.

　'戰後經濟最高'의 해인 1955년에 대한 평가에서 1956년도 일본 《經濟白書》는 지속적인 고도성장 정책(성장 정책)방향을 제시하면서, 동시에 그것을 저해할 수 있는 왜곡성을 지적하고 그 시정의 필요성을 인식하였다. 중소기업 문제, 낙후지역문제, 노동문제 등을 고도성장과정에서 해결해야 할 과제로 제시한 것이다. 즉, 일본 독점자본주의가 급속히 발전하는 과정에서 필연적으로 생기는 문제를 시정하는 것이 지속적 성장의 과제라고 보았다.

　고도성장과정에서 나온 隔差問題는 일본경제의 이중구조로 확인되었다. 일본 독점자본주의 발전의 특수성과 일본경제의 구조적 모순으로 지적된 이중구조문제를 《1957年(昭和 32年)度 經濟白書》는 구체적이고 적극적으로 제시하였다. 대기업을 정점으로 하는 근대적 부문과 극히 생산력이 낮고 노동 집약적인 생산방법을 지닌 전근대부문이 공존하는, 말하자면 한 나라 안에 선진국과 후진국의 이중구조가 존재하는 것과 같다고 하였다.[36] 그러면서 고용구조의 이중성, 생산성 격차, 임금 격차, 노동시장의 이중성, 무역구조의 이중성, 이중구조에 의한 사회적 긴장의 격화 등을 지적하였다.

　한편 이중구조를 해소하기 위해 다음과 같은 방향을 제시하였다.

　첫째, 경제의 어떤 부문을 근대화하여 성장률을 높이고 고용을 흡수할 수 있는가의 문제이다. 하나는, 대기업을 정점으로 하는 근대부문의 급속한 성장을 촉진하고 이를 기관차로 하여 비근대부문(전근대부문)을 이끌고 가는 것이다. 다른 하나는, 비근

---

36) 日本經濟企劃廳, 《昭和32年度 經濟白書》, 1957, pp.35～36.

대부문을 근대화하여 생산성을 높이는 방향이다. 이를 위해 비근대부문에 대한 '특별한 고려'를 하는 것이 이중구조 해소에 도움이 된다는 것이다.

둘째, 중규모경영의 근대화를 주장하였다. 영세규모의 경영까지 대상으로 하는 것은 이중구조를 적극 해소하기 어렵다고 보고 비중이 낮은 중규모경영의 육성강화 필요성을 제기하였다. 그리고 중규모기업의 역할로서 수출에서의 역할, 대기업의 보완적 역할, 높은 자본효율, 고용흡수력 등을 들었다.[37]

《經濟白書》의 이러한 주장은 그 뒤 〈국민소득배증계획〉(1960년)과 〈중소기업기본법〉(1963년)에서 '구조 정책으로서 중소기업근대화 정책'으로 구체화되었다. 즉 중소기업부문을 특별히 배려하는 구조 정책으로 중소기업을 근대화하여, 이중구조를 해소하는 것이 고도성장을 이루는 길이라고 보았다. 이것이 정책적으로는 고도성장 정책 - 이중구조 시정정책 - 중소기업 근대화 정책이라는 정책체계를 이룬다.

이러한 인식은, 일본경제의 이중구조가 근대적인 것과 전근대적인 것이 공존하고 있다는 평면적이고 현상적 파악에 따른 것이다. 그러나 일본경제의 이중구조의 특수성은 근대적인 것(독점자본)이 전근대적인 것(중소영세기업과 농업)을 지배 수취하는 바탕에서 성립하는 데 있다. 따라서 전근대적인 것은 어디까지나 전근대적인 것으로 잔존하고 다시 재생산되었다. 다시 말하면 일본 독점자본의 자본축적은 전근대적인 것을 지배하면서 이루어졌으며, 반면에 중소영세기업(농업포함)은 저임금 노동력의 존재와 과당경쟁, 그리고 독점자본의 지배 때문에 자본축적의 어려움이 지속되고 있는 것이다. 결국 이중구조를 일본 독점자본의 자본축적의 구조적 특징이라고 규정할 때, 그것의 해소는 이중구조 형성의 필연성에 대한 인식, 즉 일본 독점자본 특유의 자본축적법칙의 이해가 전제되어야 할 것이다.

3) 〈중소기업기본법〉의 문제의식

1963년에 제정된 〈中小企業基本法〉은 종전에 중소기업에 관한 여러 시책을 새로운 경제환경의 변화를 고려하여 집대성한 종합적 체계의 입법이었다. 이 법은 그 전문에서 다음과 같은 취지를 밝히고 있다.

① 중소기업은 광공업생산의 확대, 해외시장의 개척, 고용기회의 증대 등 국민경제의 모든 영역에서 중요한 역할을 한다.

② 생산성, 기업소득, 임금 등에서 보이는 기업 간의 현저한 격차가 중소기업의 경영안정과 종업원의 생활수준을 높이는 데 큰 제약이 되고 있다.

---

37) 위의 책, pp.38~40.

③ 무역자유화, 기술혁신의 진전, 생활양식의 변화 등에 따라 수급구조가 변화하고 경제가 급격히 성장하면서 노동력의 공급부족이 중소기업의 경제적 사회적 존립기반을 크게 변화시키고 있다.

④ 산업구조의 고도화, 산업의 국제경쟁력 강화에 따른 국민경제의 균형 있는 성장발전 과제와 이를 위한 중소기업의 성장발전을 도모할 필요가 있다.[38]

이에 대처하기 위해 중소기업에 관하여 다음과 같은 정책목표를 제시하였다.

① 중소기업이 국민경제에서 차지하는 중요한 역할에 비추어 국민경제의 성장발전에 맞추어 중소기업의 경제적 사회적 불리함을 시정한다.

② 중소기업자의 창의적 연구를 존중하며, 그들이 자주적으로 노력하게 하여 기업 사이의 생산성 등의 여러 격차를 줄이고 중소기업의 생산성과 거래조건을 개선한다.

③ 중소기업 종업원의 경제적 사회적 지위향상에 기여한다.[39]

이를 위하여 중소기업의 근대화와 고도화, 경영의 안정, 사업활동 불리의 시정, 소규모기업대책 등을 구체적으로 규정하였다. 〈중소기업기본법〉은 이처럼 광범위한 내용을 포함하고 있으나 그 핵심은 산업구조 고도화에 방향에 맞춘 중소기업의 구조 고도화와, 중소기업의 가치실현력을 높이기 위한 사업활동의 불리 시정이라는 두 가지로 집약된다. 소규모사업대책을 규정한 것은 직접 고도화 정책에 관련되지 않는 많은 업종과 영세층을 별도의 정책대상으로 정한 것이다.

대기업과 중소기업의 부가가치생산성 격차와 임금 격차로 상징되는 이중구조의 해소를 중소기업의 기본적 문제로 보고, 이러한 격차 시정 정책의 강구가 〈중소기업기본법〉의 기본적 성격을 규정하고 있다. 임금 격차는 노동력 부족으로 점차 축소될 것으로 보았기 때문에 결국 중소기업 문제 해소는 생산성 격차를 줄이는 데 집중되었다.

중소기업의 생산성은 낮은 물적 생산성과 취약한 가치실현력에 그 원인이 있고, 전자의 해결이 후자의 해결에 전제가 된다고 보았다. 이에 정책의 목표는 기계설비의 근대화와 기업규모의 확대에 모아졌다. 그 배경에는 중소기업은 過小, 過多하여 과당경쟁을 하기 때문에 낮은 이윤과 낮은 생산성에서 벗어나지 못한다는 중소기업관이 자리잡고 있었다. 〈중소기업기본법〉의 이런 문제의식은 제조업 중심의 기업규모 확대 정책으로 나타났고, 이중구조를 해소하기 위한 중소기업근대화 정책의 바탕이 되었다. 이것은 構造高度化政策에서 1960년대 말(1969년)이후에는 構造改善政策으로 그

---

38) 〈日本 中小企業基本法〉 前文, 中小企業銀行 企劃調査部,《海外各國의 中小企業關係法》, 1965, pp.77~78.

39) 〈日本 中小企業基本法〉 第1條, 위의 책, p.78.

중심이 바뀌면서 실시되었다.

2. 중소기업의 구조고도화와 구조개선

1) 중소기업의 구조고도화

〈중소기업기본법〉에서는 중소기업 기업규모의 적정화, 사업의 공동화, 공장과 점포 등의 집단화, 사업의 전업과 폐업 및 소매상업에서 경영형태의 근대화를 중소기업의 구조고도화라고 규정[40]하였는데, 포괄적 내용이 담긴 것이다. 그러나 이것을 좀더 상세히 말하면 중소기업고도화는 업종 안 및 업종 사이에, 중소기업과 그 구성을 부가가치생산성이 가장 높은 방향으로 시정하는 것이어서, 산업에서 중소기업의 구성을 합리적 방향으로 바꾸는 것이며, 따라서 고도화는 중소기업 근대화에 포함되는 개념[41]이라고 하였다.

중소기업 고도화 정책에는 설비의 근대화, 기술수준의 향상, 경영합리화 외에 규모의 적정화, 공동화, 협업화 등의 사업과 나아가 노사관계의 적정화 등 각종 시책이 포함되었다. 그런데 이들 시책은 모든 업종과 기업에 대한 것이 아니었다. 산업구조의 고도화와 중화학공업화에 방향에 맞추어 거기에 기여하는 업종과 기업, 그리고 수출공헌도가 높은 업종과 기업을 중심으로 이루어지는 것이었다. 여기에서 산업구조 고도화의 방향은 기본적으로 중화학공업화하였다. 이후에 산업혁신에 따라 高加工度化를 포함시켰다.[42]

중소기업이 생산성을 높이려면 기업단위의 규모적정화와 설비근대화뿐만 아니라, 중소기업이 지니는 수의 과다성과 규모의 과소성 등 구조적 문제를 감안하여 같은 업종 및 관련이 깊은 중소기업자가 서로 협력, 조합조직 등에 의한 사업의 공동화, 협업화, 집단화 등을 통해 근대화해야 한다고 보았다.[43] 즉 중소기업은 過小, 過多하기 때문에 개별기업의 적정규모화와 함께 집단화를 통한 適正規模化로 생산성을 높일 필요가 있고 이를 위한 것이 중소기업의 구조고도화 사업이었다.

1963년 〈중소기업근대화촉진법〉(이하 근촉법)이 제정되면서 중소기업 정책의 중점시책으로 된 구조고도화 사업은 다음과 같다.

---

40) 위의 법, 第3條.
41) 日本 中小企業廳 監修, 《中小企業施策讀本》, ぎょうせい, 1986. 3.
42) 竹內正己, 奧村榮, 〈中小企業政策の展開と課題—新しい中小企業政策の在り方を求めて〉, 藤田敬三·竹內正己 編, 《中小企業論》(新版), 有斐閣, 1977, p.302.
43) 日本 中小企業廳 編, 《中小企業施策のあらまし》, 財團法人 中小企業調査協會, 1973, p.180.

① 개별기업에 중점을 두고 조합조직 등에 의한 공동화, 협업화, 공장이나 점포를 집단화하는 사업이다.

② 설비의 근대화와 기업규모의 적정화 등의 목적을 효과적으로 이루기 위해 개별기업을 어떤 형태로 집단화하느냐는 것이다.

③ 이는 결국 개별기업을 빠르게 근대화하기 위하여 집단화를 추진하는 것이다.

　그러나 近促法에 의한 고도화시책에 대해서는

① 계획이 추상적, 획일적이어서 구체성이 부족하다.

② 개별기업의 임의적 노력 여하에 따라 필요성을 인식한 기업만이 근대화되고, 업종전체 또는 지역전체의 조직화된 근대화는 이루지 못한다.

③ 설비중심의 경향이 강하고 판매와 기술 면에 대한 고려가 약하다는 등의 비판과 문제점이 제기되었다.

2) 중소기업의 구조개선

　여기에 자본거래의 자유화에 의한 외국자본의 진출, 개발도상국의 경쟁력 강화, 노동력 수급의 어려움 등의 여건에 직면하여 업계 전체와 지역 전체의 구조개선이 필요하게 되었다. 1969년에 근촉법을 일부 개정하여 지정업종 가운데 국제경쟁력 강화에 필요한 업종을 선정, 이들 특정업종에 구조개선 조치를 취하면서 중소기업 정책은 구조고도화에서 구조개선으로 이행하였다.

　경제환경의 변화에 대처하여 중소기업의 경쟁력을 강화하는 경우에, 중소기업의 구조개선은 개별기업의 근대화만으로 충분한 것이 아니다. 공통의 문제를 가진 기업집단에 속하는 기업의 합병, 기업활동의 공동화, 생산품종의 교환, 기업의 전업과 폐업 등 생산과 판매의 양면에서 기업과 기업이 협조하고 활동을 조정하는 것이 필요하다. 그리하여 기업집단의 구조를 변화시킴으로써 기업집단 전체로서 근대화를 꾀하고, 나아가 장래에 자립할 수 있는 효율적인 업계의 구조를 확대한다는 것이다. 이러한 구조개선이 필요한 것은 중소기업의 수의 과다성과 과소성으로 개별적인 근대화 노력에는 한계가 있어서 근대화를 위해서는 다수기업의 협력이 필요했기 때문이다.

　이러한 구조개선사업의 특징은 다음과 같다.

① 구조개선사업에서는 적정규모화를 개별기업의 성장으로 하는 개별기업의 근대화만을 내용으로 하는 것이 아니라, 업계 전체 또는 지역 전체의 재편성을 요구한다.

② 종래의 근대화시책이 생산 면에서 설비근대화에 중점을 두었던 것을 반성하며 거래관계 개선, 기술개선 등 업종 또는 지역에 적합한 종합적 사업을 강구한다.[44]

③ 따라서 개별기업의 근대화만이 아니라, 업계 전체가 함께 노력하여 업계 전체의

관점에서 업종의 구조를 개선하려는 것이 특징이다.

④ 특정지역에 속하는 기업의 상당부분이 서로 협조하고 조화를 이루면서 근대화방안을 실시할 필요가 있다.

⑤ 고도화사업이 개별기업의 근대화를 중심으로 설비 중심주의였던데 견주어, 구조개선사업은 기업집단 전체의 근대화를 주류로 하여, 생산뿐만 아니라 판매시장 개척, 기술개발 등을 포함하는 종합적인 것을 지향한다.

이처럼 구조개선사업은 근대화의 대상을 개별기업에서 업계 또는 지역 전체로 확대하고, 생산만이 아니라 판매, 기술개발 등을 포함하여 근대화사업을 향후 철저히 시행하려는 것이었다. 그러나 구조고도화에서 구조개선에 이르는 일련의 중소기업근대화 정책은 기본적이며 공통적인 특징을 지니고 있다. 즉, 物的 生産第一主義의 발상에 의한 설비근대화 추진이며, 공동화 및 적정규모화, 즉 대형화 추구이다.[45]

중소기업의 구조고도화는 중소기업이 산업구조 고도화의 유력한 구성요인이 되도록 하는 것이었다. 사회 정책과 경제 정책을 분리하여 보호주의에서 벗어나 경제적 합리성을 추구함으로써 우량 중소기업은 육성하고 비능률 소영세기업은 정리 도태시키려는 것이었다. 상층육성, 하층도태를 추구하는 이 방향은 중소기업의 과당경쟁과 근대화 도산을 유발하였고, 그에 따른 노동력 유동화는 독점자본의 새로운 축적기반을 재편성하였다.

개별기업 근대화의 한계를 인식하고, 업종과 지역 전체의 종합적 근대화를 추구하였던 구조개선도 그 중점은 동일하였다. 상층육성과 하층도태를 지향하여 독점자본이 중소영세기업을 이용하여 어떻게 자본축적의 기반을 재편성하고, 새로운 계층적 축적구조를 편성하느냐를 목표로 하는 것이 중소기업근대화 정책이었다는 것이 자본축적의 관점에서 본 비판적 시각이다.[46]

3. 지식집약화와 활력 있는 중소기업

1) 근대화방향의 반성과 지식집약화

구조고도화에서 구조개선에 이르는 중소기업근대화 방향에 대해서는 다음과 같은 문제점이 제기되었다.

---

44) 竹內正己·奧村榮, 앞의 글, 藤田敬三·竹內正己 編, 앞의 책, pp.304~305.

45) 淸成忠南, 《現代中小企業の新展開》, 日本經濟新聞社, 1972, pp.252~257 참조.

46) 福島久一, 〈中小企業政策の現狀と課題〉, 市川弘勝·岩尾裕純 編, 《70年代の日本中小企業》, 新評論, 1973, pp.289~295 참조.

첫째, 대량생산공업이 확립되면서 대량의 시장수요가 전개되는 때는 생산제일주의적 설비근대화가 그런 대로 의미를 지닌다. 그러나 量産型 중화학공업이 성숙단계에 이르면 소득수준이 올라가면서 수요의 다양화·고도화·유행화가 이루어져 選擇的 소비시대로 이행한다. 이에 연구개발 집약적이면서 시장지향성을 강화하는 기업성장이 새로운 흐름이 된다. 단순히 새로운 기계를 도입하고 규모의 확대에만 의존하며, 마케팅능력과 제품개발능력이 결여된 物的 生産第一主義는 한계를 갖게 된다.

둘째, 물적 생산제일주의에 따른 적정규모화에도 문제가 제기되는데 이때 적정규모화는 대규모화를 의미하기 때문이다. 구조고도화와 구조개선에서 적정규모는 기술수준과 임금수준을 기초로 하여 성립하는 정태적 개념이다. 그러나 경영자의 능력에 따라 적정규모는 달라질 수 있으며, 같은 업종에서도 제품에 따라 적정규모가 다를 수 있기 때문에 획일적 적정규모를 산정하는 것은 의미가 없다. 특히 경제가 동태적으로 발전하고 기술과 임금의 변동이 뚜렷할 때 적정규모는 변화한다. 그리고 중소기업에 새로운 기계가 낮은 가격으로 보급되고 외부경제효과가 집적되는 사회적 분업이 전개되면서 적정규모는 축소되는 경향이 있으며, 이때 규모확대의 방향과 획일적 적정규모는 의미를 잃어버린다.

셋째, 공동화와 협업화에서도 물적 생산능력만을 기준으로 삼는 것은 문제가 있다. 규모확대에는 경영능력과 마케팅능력 및 기술능력이 매우 중요하다. 이는 인적 자원에 의존하는 것이기 때문이며, 인적 경영자원의 축적이 공동화와 협업화에 필수요건이 된다.

이러한 이유로 종래의 물적인 생산제일주의적 규모의 이익을 추구하는 중소기업 근대화 방향에 대해 반성하고 새로운 방향으로의 질적 전환을 모색하였다. 즉, 중소기업 문제의 중심이 물적 생산력에 중심을 둔 생산성 격차의 문제에서 산업의 高加工度化, 知識集約化에 적응하는 방향으로 이행하였다. 연구개발과 시장지향성이 기업성장을 주도하면서, 지식의 경영자원화가 새로운 산업구조 변화를 불러오고 이에 따라 산업의 지식집약화가 이루어지면서 이것이 중소기업 문제의식에도 반영되었다.

이런 방향은 1970년대 와서 일본 중소기업 문제에서 구체화되었다. 지식집약화산업(1973년), 소규모사업대책(1974년), 지역진흥의 문제(1975년) 등이 중소기업 문제로 제기되면서 종래의 근대화방향은 전환을 맞게 되었다. 이 가운데 지식집약화는 중소기업 문제 전환의 중심축이 되었다.

① 국제화 진전, ② 노동자의 의식 변화, 여가증대와 국민생활의 향상 등을 바라는 인간존중 사회, ③ 과밀화 공해 등 환경문제의 심각화, ④ 산업구조의 지식집약화 지향 등 네 가지를 중소기업을 둘러싼 여건의 변화라고 보았다.

이런 가운데 산업구조의 지식집약화에 따른 중소기업경영의 방향을 제시하였다.

① 수요의 다양화·개성화·고도화와 그에 따른 제품수명의 단축화 경향에 적응하기 위해 마케팅노력을 포함, 시장동향에 민감할 것

② 변화하는 시장동향에 적합한 상품을 좋은 자연환경과 노동환경에서 공급하면서 연구와 기술개발에 중점을 둘 것

③ 앞으로 상품개발은 소재, 제조공정, 제조기술 등이 점차 시스템화 경향을 띠게 될 것이므로 다른 산업부문과 상품분야의 연구기술개발의 움직임에도 민감할 것 등[47]

이는 1970년대 이후 일본 산업구조 고도화의 방향을 지식집약화 또는 연구개발집약형 산업의 전개라고 보면서 그 속에서 중소기업 문제를 규정한 것이다. 그리고 지식집약화 중소기업의 기수가 바로 벤처 비즈니스(venture business)라고 보았다.

2) 지역진흥과 활력 있는 다수·창조의 모체

이중구조론 - 중소기업근대화 - 구조고도화 - 구조개선 - 지식집약화로   이어지는 일본 중소기업 문제의식은 1980년대 와서 새로운 모습을 보였다.

① 양적 지향에서 질적 지향으로 전환이 이루어졌다. 이것은 고부가가치화 지향으로 경제효율이 우선임을 뜻한다.

② 창의성과 기동성의 발휘가 강조되었다. 국내외의 불안정 요인에 대처하려면 환경변화에 대한 대응이 중요하고, 이에 대한 방안으로 인재의 육성 확보와 신기술 도입 필요성이 제시되었다.

③ 중소기업을 '활력 있는 다수'로 적극적으로 평가하였다. 중소기업은 총체적으로 보아 왕성한 활력을 지니고 있어 산업구조의 변혁, 기술의 진보, 인적 능력 발휘 등의 묘상(seedbed)이며, 경제사회의 진보와 발전의 원천이라고 평가하였다.[48]

④ 1980년대에는 국민의 安住指向性이 높아지고 지역경제력 상승에 대한 요청을 배경으로 하여 지역진흥에 관심이 높아지고 있다고 보았다. 지역에 밀착하여 지역주민에게 고용기회를 창출 확보해주며, 일상생활에 재화와 서비스 제공 등 지역 특성에 맞는 중소기업활동이 기대된다는 것이다.

이러한 중소기업 문제의 제기는 국제화의 진전, 국민욕구의 다양화, 고용과 노동조건의 변화, 지역진흥에 대한 요청의 제고 등 네 가지 여건변화 요인에 따른 것이다.[49]

---

47) 日本中小企業廳,《70年代の中小企業像－中小企業政策審議會意見具申の內容と解說》, 通商産業調査會, 1972, p.61.

48) 中山金治,《中小企業近代化の理論と政策》, 千倉書房, 1983, pp.25~28 참조.

49) 日本中小企業廳 編《中小企業の再發見－80年代中小企業ビジョソ》, 通商産業調査會, 1980, pp.

결국 1980년대 일본 중소기업 문제의식은 중소기업근대화를 추진할 때 상층육성, 하층도태라는 차별적 경향에서 벗어나 '지역진흥과 활력 있는 다수론'에 이르고 있다.

90년대 와서는 이것이 한층 더 나아가 중소기업을 '창조의 모체'로 규정하고 있다. 90년대는 새로운 가치를 창출하는 창조력이 중요한 시기인데 경제사회에서 이러한 창조력과 活力을 이끄는 역할을 하는 것이 중소기업이라는 것이다. 따라서 '창조력과 활력'의 모체인 다수의 중소기업이 경쟁의 담당자로서 충분히 발전할 수 있는 조건을 확보하는 것을 90년대 중소기업 정책의 방향으로 정하였다. 그러면서 다음과 같은 다섯 가지 역할을 제시하였다.[50]

① 경쟁의 담당자로서 중소기업
② 풍부한 국민생활에 기여하는 중소기업
③ 창조적 도전의 場을 제공하고, 인간존중 사회에 공헌하는 중소기업
④ 개성 있는 지역사회 형성·발전에 공헌하는 중소기업
⑤ 국제화의 기반을 담당하는 중소기업

중소기업은 세계 일류 기술을 가진 중소기업, 하청관계의 중소기업, 생업적 영세기업 등 경영기반이 서로 다른 다양한 존재이지만 그 대다수는 '활력 있는 다수'이다. 활력 있는 중소기업은 경제사회의 진보와 발전의 기초인 자유로운 시장경제의 기본적 구성요소이다. 대기업과 독립된 다수의 중소기업이 경쟁함으로써 시장은 활성화되고 경제는 쇄신되며, 이것이 경제 발전을 건전하게 만든다. 90년대 중소기업에게는 이러한 경제과제를 극복하도록 더 자유로운 시장경제를 지탱하는 역할이 기대된다.

또한 중소기업은 모험성을 극복하여 스스로 새로운 사업을 전개하는 사람들이 기업가정신을 발휘하는 장이기도 하다. 독립·자립·자존의 정신으로 활발한 창업과 적극적 사업전개로 산업구조의 변혁을 선도하며 사회 전체의 창조적 도전의 분위기를 조성한다. 즉, 경쟁의 담당자이고, 경제사회의 활력의 원천이며, 창조의 모체가 되는 것이 90년대 중소기업의 기본적 역할이라고 보았다.

4. 일본 중소기업 문제의 특징 : 미국·영국과 비교

일본의 90년대 중소기업은 80년대 '활력 있는 중소기업'에서 더 나아가 경쟁의 담당자 그리고 창조성과 활력의 모체로 규정되고 있다. 그런데 일본경제의 고도성장과

3~12 참조.
50) 日本通商産業省·中小企業廳 編, 《90年代の中小企業ビジョソ - 創造の母體としての中小企業》, 平成 2年(1990年 6月), pp.4~8.

정과 산업구조 고도화과정에서 디딤돌이 되었던 중소기업은 자본축적과 경제발전의 기반역할을 하였다. 80년대 이후 90년대에 와서 선진적 중소기업 문제의식에 이르고 있지만, 일본의 중소기업 문제는 그 전개과정에서 보면 미국이나 영국의 그것과 비교하여 차이가 있다.

첫째, 독점적 대기업에 대한 중소기업 문제라는 점에서 일본 중소기업 문제는 미국의 그것과 유사한 점이 있다. 그러나 미국과 영국에서는 경제의 독점화와 경직화를 문제삼았기 때문에 자유경쟁제도를 유지, 확대하여 경제에 활력을 불어넣는 역할을 중소기업에 기대하였다. 이에 견주어 일본에서는 경쟁의 결여나 부족이 아니라, 과당경쟁이 문제가 되었던 것이 1970년대까지의 특징이었다.

둘째, 일본에서 독과점 대기업에 대한 중소기업 문제는 주로 중소기업이 독점자본의 자본축적기반으로 작용하는 데서 오는 문제이다. 일본 특유의 계층적 축적구조 속에서 독점자본과 중소영세기업 사이의 지배, 종속 문제가 일본 중소기업 문제의 성격이었다.

셋째, 영국과 미국은 소규모기업의 비중이 낮고 규모별 격차도 크지 않다. 이에 반해 일본은 중소기업, 특히 소영세기업의 비중이 높고 생산성, 노동조건, 수익성, 자금조달 면에서 규모별 격차가 크고 따라서 경영의 불안정성이 심하다.

넷째, 일본에서는 중소기업이 독점적 대기업보다 상대적으로 비중이 높고 그 국민경제적 역할이 크기 때문에 중요한 문제가 되었다. 이에 비해, 영국과 미국은 중소기업의 비중이 낮고, 따라서 중소기업 정책대상에서도 상대적으로 그 중요도가 낮은 대조적 성격을 지니고 있다.

다섯째, 1980년대 이후 일본경제에서도 경제력이 집중된 데 따른 과점화와 경제의 경직화 문제가 제기되었다. 한편 중화학공업화가 성숙되면서 규모별 격차문제도 어느 정도 줄어드는 경향을 보였다. 이에 따라 미국, 영국과 같은 성격의 중소기업 문제, 즉 묘상기능과 활력 있는 다수론에 이르고 있다. 그러나 일본의 '활력 있는 중소기업'에는 국제화 과정에 구조변혁의 관점이 더해졌다는 특징이 있다. 즉 '국제적 시각'에서 능동적으로 대처할 수 있는 기업체질과 산업구조의 실현에 중소기업 전체의 활력을 요청하고 있는 것이다.[51]

결국, 중소기업 문제의식은 정책적으로 보면 보호 정책(후진경제)에서 구조 정책(중진개발도상경제)을 거쳐 산업조직 정책(선진경제)으로 성격이 변화했음을 알 수 있다.

---

51) 日本中小企業廳 編,《中小企業の再發見》, pp.23~24.

제17장 경제 정책과 중소기업 정책

제1절 경제 정책과 중소기업 정책

1. 경제 정책의 목표와 중소기업 정책의 성립

정책이란 주어진 목표에 대하여 지향하는 수단의 총화를 의미한다. 정책을 결정하기 위해서는 세 가지, 즉 ① 목표, ② 수단, ③ 정책의 주체를 정하지 않으면 안 된다.[1]

정책의 주체(국가 또는 공공단체)가 소극적으로는 경제구조가 지닌 구조적 문제점 또는 모순의 해소 완화를 대상으로 하면서, 적극적으로는 경제적 복지를 실현하는 방안이 경제 정책이다. 따라서 경제구조와 그 모순의 내용에 따라 경제 정책은 규정된다. 경제구조는 자본주의를 그 기본으로 하고 있고 오늘에 와서는 독점자본주의가 그 바탕이 되고 있다. 경제 정책은 이러한 자본주의의 안정과 그 유지 및 발전을 목적으로 한다. 독점자본 단계의 지배적인 경제제도는 독점자본이므로 경제 정책은 독점자본의 이익을 옹호하고 증대하는 경향을 띠기 쉽다. 결국 자본주의국가에서 경제 정책은 자본의 논리에 따라 자본주의 내지 독점자본의 발전을 위한 정책으로 기울어지기 쉽다.

자본주의 경제는 독립적이며 객관적 실체인 경제질서와 경제법칙을 지닌다. 경제 정책은 이 질서와 법칙을 폐기하거나 변경시키는 것은 아니다. 그 질서와 법칙에 따라 자본주의적 모순을 어느 정도 해소해 그 법칙을 관철하고 발전을 촉진하려는 것이 자본주의적 경제 정책이다.

자본주의 발전에는 자본주의적 모순과 문제점의 형성·발전, 그것의 止揚과 해결, 그리고 새로운 모순의 발생이라는 과정이 따르게 되는데, 이것은 자본주의적 경제법칙의 전개과정이기도 하다. 자본주의적 모순은 새로운 모순을 발생시키는 가운데 해소되는 것이므로 모순의 지양 내지 해소는 새로운 모순이 만들어지는 것을 전제로 한다. 따라서 자본주의적 경제 정책은 모순의 지양 정책이며 해소 정책인 동시에 새로운 모순을 만들어내는 것이기도 하다. 자본주의 경제가 모순의 형성, 발전 해소와 그리고 새로운 모순의 발생이라는 변증법적 구조와 과정을 통해 발전한다는 경제법칙 속에 경제 정책이 필요하게 된다.

---

1) K. E. Boulding, *Principles of Economic Policy*, Prentice-Hall, 1958, p.1.

한편 자본주의 발전법칙의 전개과정은 여러 모순의 전개과정이기도 하다. 그런데 현실적으로 자본주의적 경제 정책은 이러한 여러 모순의 형성에 대응하여 전개되기 때문에 다양한 형태를 갖는다. 이것은 경제 정책이 추구하는 모순의 지양, 해소는 기본적 모순을 별개의 부차적인 자본주의적 모순으로 전환함으로써 실현할 수 있다는 것을 의미하는 것이기도 하다. 자본주의적 모순의 해소가 별도의 자본주의적 모순으로 전환되는 가운데 이루어질 수 있다는 것은, 일반경제 정책과 별도 경제 정책의 관련성을 말해준다. 결국 다양한 경제 정책이 성립할 수밖에 없다.

중소기업 정책 성립의 필연성과 그것의 일반경제 정책과의 관련성을 바로 여기서 알 수 있다. 중소기업 정책은 자본주의적 여러 모순이 변증법적으로 전개되는 과정에서 국가의 경제 정책이 자본주의적 모순을 중소기업에 전환, 해소하려는 별개의 구체적 현실적 정책이다.

이것을 일본의 사례를 들어 설명하여 보기로 한다. 일본은 戰後 국민경제의 고도성장 정책을 수행하였다. 그 결과 산업구조 고도화와 독점자본의 집중과 지배가 심화되었고, 본래 일본 자본주의에 내재해 있던 이중구조를 격화시켰다. 구조적 모순인 이중구조를 시정하는 일은 일본경제의 안정적 성장을 위해서 필수 조건이었다. 이때 고도성장 정책의 보완적 정책으로 이중구조 시정 정책인 중소기업근대화 정책을 수립하였다. 결국 중소기업근대화 정책은 일본경제의 안정적 성장과 고도성장을 위한 별도의 정책으로 전개된 것이다.

경제 정책은 자본주의적 모순을 해결하기 위한 방안의 제시이고, 자본주의적 모순은 자본주의 발전과정에서 다양하게 발생한다. 이것의 완화, 해소는 일반 경제 정책만으로는 완전히 실현하기 어렵고 별도의 경제 정책과 유기적, 보완적 기능을 통해서만 가능하다. 중소기업 문제는 독점자본주의의 구조적 모순의 한 형태이며, 이것을 해결하기 위한 방안이 중소기업 정책이다. 이런 점에서 경제 정책과 중소기업 정책은 유기적 보완적 관련이 있으며 그것이 중소기업 정책 성립의 근거가 된다.

즉, 중소기업 문제는 자본주의 발전과정에서 발생하는 부차적 모순이며, 중소기업 정책은 자본주의적 모순의 해결을 위하여 국민경제적 모순이 중소기업에 전환, 전가된 부차적 모순을 해결하기 위한 방안이다.

2. 중소기업 문제와 중소기업 정책

중소기업 정책의 대상은 중소기업 문제이다. 중소기업 정책은 소극적으로는 자본주의 발전과정에서 발생하는 구조적 모순의 한 형태인 중소기업 문제를 해결하고, 적극적으로는 중소기업의 역할을 높이기 위하여 제시하는 방안이다. 따라서 중소기업 정책은 무엇보다도 중소기업 문제의 성격에 의하여 규정된다. 즉 중소기업 문제의 본질을 해명하는 것이 중소기업 정책을 해명하는 전제가 되는 것이다.

중소기업 문제는 자본주의가 생성 발전하는 과정에서 나온 하나의 문제이다. 오늘날 독점자본 단계에서는 경제의 전 과정에 결정적 영향을 미치는 것, 즉 지배적 경제제도는 거대한 독점적 기업이다. 이보다 劣位에 있는 것이 중소영세기업군인데 이들은 독점적 대기업에 종속적 경제제도로서 여러 가지 어려움에 직면해 있다. 중소영세기업의 어려움이 일반화되고 문제화되어 인식된 것이 중소기업 문제이다.

독점자본 단계 이전에는 대자본과 소자본 사이에 형성된 문제가 있었다. 단순히 양적으로 대·소의 구분에 그치지 않고, 질적으로 앞선 근대적 대자본과 뒤떨어진 소자본 사이에 모순이 나타났다. 근대적 대공업 출현에 따른 매뉴팩쳐나 가내공업, 가내노동 등 소기업(소경영)의 도태, 소멸, 그리고 그것의 변혁 문제가 중소기업 문제(소공업 문제)였다.

그 뒤 자유경쟁과 산업자본주의 시대를 거치면서 자본 간의 경쟁과 생산 및 자본의 집중이 촉진되어 독점자본과 거대한 독점기업이 생겨났다. 자본주의는 독점자본 단계로 이행하였다. 이전의 대자본과 소자본의 평등한 경쟁관계는 크게 변화하였고, 자본을 이용한 자본의 지배수탈관계를 의식하게 되었다.

독점적 대기업은 경쟁과 시장활동에서 자기의 이해에 반하면 끊임없이 중소영세기업을 배제, 도태, 구축한다. 동시에 경제적 기술적으로 유리한 경우에는 그것을 종속, 잔존, 이용한다. 따라서 현실적으로는 경쟁·도태와 잔존·이용이라는 상반된 경향이 맞물리면서 중소기업 문제가 나타난다.

여기에는 두 개의 모순이 포함된다. 전체 경제구조의 지배적 경제제도인 독점자본이 종속적 경제제도인 비독점자본을 지배, 수탈하는 문제가 그 하나이다. 다음에는 독점자본에 이르지 못한 비독점자본 내부의 중소·영세기업(또는 대·중소·영세기업) 사이에 일어나는 모순이 있다.[2] 즉, 독점자본을 정점으로 하는 중소기업·영세기업·가내노동에 이르는 피라미드형 축적구조에서 중소영세기업이 어려움을 겪게 되고 이것이 독점자본 단계의 중소기업 문제이다.

중소기업 문제의 핵심은 자본과 자본의 대항관계(경쟁 도태)와 자본에 의한 자본의 이용·수탈관계(잔존·이용)이다. 따라서 중소기업 문제의 본질을 파악하려면 독점적 대기업을 정점으로 하는 현대 산업구조에서 중소기업이 차지하는 위치를 파악하

---

2) 伊東垈吉, 《中小企業論》, 新評論, 1967, p.188.

고, 독점적 대기업과 중소기업이 맺는 관계의 메커니즘과 그 내용을 이해해야 한다.

자본주의적 축적의 일반적 법칙[3]에 따르면 대자본은 소자본을 구축 흡수한다. 그러나 독점자본 단계에 와서도 중소기업이 광범하게 잔존하는데, 그 이유를 설명하는 것이 오늘날 중소기업 문제의 해명과 정책대응에서 중요하다. 중소기업의 도태·소멸과 동시에, 현실적으로 중소기업의 존립하는 조건과 독점자본이 중소기업을 잔존·이용하는 문제를 통일적으로 파악하는 것이 필요하다.

자본주의 발전과정에서 대자본과 소자본의 관계는, 한편에서는 대자본에 의한 소자본의 구축·수탈(자본의 집적·집중 경향)으로 나타나지만, 다른 한편에서는 소자본의 신생·증대(자본의 분열·분산 경향)으로 나타난다. 이 두 가지 경향을 통일적으로 파악하는 것이 필요하다.[4] 특히 독점자본 단계에서는 독점기업이 생산부문의 다양화를 추진하여 기술적 사회적으로 중소기업의 존립(잔존·신생·증대)를 가능케 하고 이를 이용하는 여러 조건이 만들어진다.

즉, 경쟁·도태와 잔존·이용이라는 두 가지 측면의 중소기업 문제에 대한 대응방안이 중소기업 정책이다. 그런데 고도로 발달한 자본주의에서 중소기업 문제는 흔히 중소기업이 前期的, 비합리적인 존재이며, 따라서 도태와 재편성의 대상이라는 소극적 성격을 지니는 것으로 본다. 그것은 독점자본주의의 모순이 복잡하게 전개되는 것과 관련있다. 그러나 중소기업은 경기변동의 완충대(buffer) 역할을 하기도 하고 독점자본의 초과이윤의 원천이 되기도 한다. 따라서 중소기업의 광범위한 존재는 자본세계의 지배질서에 불가결한 의미가 있다는 적극적 성격을 갖게 된다.

중소기업 정책의 목적은 중소기업을 포함하는 자본세계의 지배질서를 강화하고 독점자본의 이윤확대 요구에 따라 그 지배대상과 지배영역을 확대 촉진하는 것이다. 그 속에서 경쟁·도태와 잔존·이용의 법칙이 작용한다. 이때 중소기업 문제를 해결하는 방향, 즉 중소기업 정책은 독점에 의한 중소기업의 지배·이용의 근대화의 방향이며 그 가능성을 추구하는 것이다. 그것은 한편에서 경쟁·도태 정책을 추구하면서, 다른 한편에서는 자본축적기구의 유지와 강화를 위한 잔존·이용의 근대화를 지향한다.

중소기업 정책은 이러한 방향에 따라 자본축적에 필요한 부문을 육성하고 불필요한 부문을 도태시키면서 중소기업을 재편성한다. 그런데 상층이 하층에 기생하는 형태가 자본축적의 기본인데, 그런 가운데 만들어지는 모순은 다시 하층 중소기업을 끊임없이 재생산하게 만든다.

---

3) K. Marx, *Capital*, Vol. I , Chap. ⅩⅩⅤ, International Publishers, 1977, p.626.

4) 北原 勇, 〈資本蓄積運動における中小企業〉, 楫西光速·岩尾裕純·小林義雄·伊東垈吉 編, 《講座 中小企業 2》(獨占資本と中小企業), 有斐閣, 1968, pp.61~93.

　결국 고도로 발달한 자본주의의 재생산기구 속에서 중소기업은 자본축적의 원천이 되고, 잔존·이용되는 적극적인 구성요인이기 때문에 광범위하게 존재하게 된다.

　이처럼 중소기업이 지배·이용의 근대화의 대상이 될 수 있는 것은 중소기업이 지니는 다양한 역할 때문이다. 즉, 중소기업 정책은 자본주의 발전과정에서 발생하는 구조적 모순인 중소기업 문제를 완화, 해소하는 소극적 측면을 지닌다. 나아가 중소기업이 지니는 역할을 높여 자본축적과 자원의 효율적 배분에 기여하도록 하는 적극적 측면을 지니기도 한다. 이때 중소기업 문제는 중소기업의 위치와 역할을 인식하는 것이라는 포괄적 개념으로 해석되는 것이다. 중소기업 정책은 중소기업의 이러한 위치와 역할을 대상으로 한다.

제2절 산업 정책과 중소기업 정책

1. 경제 정책의 유형과 중소기업 정책

　자본제 국민경제의 자본축적이 이루어지는 가운데 생겨나는 문제점을 해소하면서 새로운 발전방안을 제시한 것이 경제 정책이다. 중소기업 정책은 자본주의 전개과정에서 이루어진 '경제구조의 한 가지 모순'인 중소기업 문제에 대응하면서 그 역할을 높이려는 정책방안이다. 이때 중소기업 정책은 국민경제적 모순이 중소기업 문제로 전환 형성됨에 따라 그것에 대응하는 별개의 정책이라고 할 수 있다.

　즉, 중소기업 정책은 국민경제의 문제점을 해소하면서 그 성장 발전 등 일반경제 정책의 목표를 이루는 데 기여해야 한다. 따라서 중소기업 정책은 일반 경제 정책의 부분 정책이며, 양자는 고립적이 아닌 상호보완적 유기적 관련성을 지니면서 조화 있게 시행해야 한다.

　경제 정책과 중소기업 정책의 관련성에서도 볼 수 있듯이 경제 정책의 대상이 되는 구조적 모순인 경제문제는 가변성을 지니며 또한 다양하게 전개된다.

　첫째, 경제구조가 역사적으로 변천함에 따라 구조적 문제가 변화할 뿐만 아니라, 선진경제와 개발도상경제가 지니는 경제문제의 특성이 동일할 수 없다.

　둘째, 경제문제의 인식에 대한 시각의 차이도 정책의 유형을 다양하게 만든다. 즉 경제 정책의 구체화는 경제구조의 문제(경제적 사실)-문제의 성립(문제의식의 이론 체계)-정책형성(목적의식의 현실화) 과정을 거치기 때문이다.

　셋째, 그리고 경제문제를 일으키는 경제분야가 서로 다른 것도 정책유형을 다양하게 만든다.

이처럼 경제문제 및 문제의식의 가변성과 다양성은 여러 가지 경제 정책을 전개하게 한다. 이것을 유형화하는 것은 효율적인 정책대응을 위해 필요하다.

첫째, 국민경제적 문제의 해소라는 일반적 목표를 대상으로 하는 일반 경제 정책과 그 가운데 특정한 문제의 해소를 대상으로, 특수한 수단을 강구하는 특수 경제 정책을 들 수 있다.

둘째, 정책의 대상범위가 국민경제 전체인 거시적 경제 정책과, 산업의 특수한 부분 등 국민경제의 한 부분을 대상으로 하는 미시적 경제 정책으로 나누기도 한다.

셋째, 秩序政策(Ordnungspolitik)과 過程政策(Prozesspolitik)의 구분이 있다.

① 질서 정책은 사회에 대한 제도적 구조 또는 경제적 질서를 설정하고 이를 유지하는 정책인데, 그 테두리 안에서 경제과정 그 자체의 목적을 추구한다. 스미스(A. Smith) 이래 자유주의적 경제 정책은 경쟁적 시장구조에 합치되는 제도적 구조를 확립 유지하는 것이었으므로 이는 경쟁적 질서 정책이라고 볼 수 있다. 이것은 기본적으로 스미스의 자연적 자유(natural liberty) 체계에서 유래한 것으로서, 국가의 부자연한 간섭이 경쟁질서를 방해하는 것이라고 하여, 오히려 정책을 소극적으로 해석하였다.

② 과정 정책은 정부 정책에 따라 경제과정이 직접 지향하는 목표, 즉 높은 성장률과 높은 고용수준의 실현 등을 의도하는 정책이다.[5]

넷째, 양적 정책, 질적 정책, 개혁으로 나누는 것이다. 틴버겐(J. Tinbergen)은 경제 정책에 이용하는 政策手段을 기준으로 경제 정책을 세 가지로 나누었다.

① 量的 정책은 구조와 기반을 기초로 것으로 하여, 그 테두리 안에서 바라는 여러 목적을 실현하기 위하여 여러 현상을 규제하는 정책을 말하며, 재정, 무역, 금융 정책이 여기에 속한다.

② 質的 정책은 사회조직에 대한 요소의 결합이라고 규정되는 구조를, 기반의 테두리 안에서 변경시키는 것을 목적으로 하는 것으로서, 반독점이나 조세체계를 변화시키는 정책을 말한다.

③ 改革은 인간사회의 가장 기초적인 요소인 基盤(정치적 가치, 인간 상호간의 본질적 관계와 결부되는 언론, 인권, 경제적 민주주의 등을 포함)의 변경을 목적으로 하는 정책으로서, 사회보장, 화폐개혁, 국유화 정책 등이 포함된다.[6]

---

5) 新野幸次郎, 《産業構造論》, 新評論, 1970, pp.61~62.

6) J. Tinbergen, *Economic Policy : Principles and Design*, 4th revised, Rand Macnally, 1967, p.16.

경제 정책의 이러한 유형에 비추어보면 중소기업 정책은 주로 특수경제 정책, 미시적 경제 정책, 질서 정책 그리고 질적 정책의 범주에 해당하는 것으로 볼 수 있다. 또한 구조 정책의 성격이 강한 것이 중소기업 정책이다.

2. 산업구조 정책과 중소기업 정책

국민경제를 이해하는 데 산업을 등장시킨 사람은 비교적 많다. 그 가운데 마셜(A. Mashall)은 대표적 기업(representative firm) 개념을 정하여 산업 전체의 움직임을 대표하는 전형적인 평균적 기업의 행동분석으로 산업의 개념을 대치시켰다.[7] 오늘날에는 산업을 다음과 같이 규정하고 있다.

거시적 측면에서는, 국민경제를 일정한 기준에 따라 몇 개의 활동부문으로 분할하여 그 구성단위를 산업이라고 한다. 미시적 측면에서는, 여러 기업을 일정한 기준에 따라 하나로 통합하여 그 기업집단의 단위를 산업이라고 한다. 분류의 기준은, 수요의 측면(미시적 측면)에서는 요구되는 여러 상품 간의 代替補完關係이며, 공급의 측면(거시적 측면)에서는 재화의 生産技術上의 類似性에 따른다.[8]

산업 개념을 이처럼 두 가지 측면에서 규정하지 않을 수 없는 것은, 산업이 국민경제 전체라고 하는 거시적 경제단위와 개개의 기업이라고 하는 미시적 경제단위의 中間單位에 위치해 있기 때문이다. 이 두 가지 측면의 개념을 다소 동태적으로 종합하면 산업활동의 특성을 다음과 같이 설명할 수 있다. 경제주체인 기업의 행동 결과는 산업이라는 集計單位의 형태를 갖는다. 산업 거시경제의 구성요소가 되는데, 여기서 거시경제의 구성상(산업구조)의 형태 및 변화를 살펴볼 수 있다. 이를 통해 ① 산업 내부에서 기업 간의 관련을 알 수 있으며, ② 개별산업의 특징과 그 구성을 분석하고, ③ 나아가 국민경제의 구조적 특징을 이해할 수 있다.[9]

한편, 산업은 사회의 각종 필요성을 충족하기 위해 생산물과 용역을 산출하는 사회적 활동부문이며 동시에 각 활동부문의 사회적 관련의 체계라고 불리기도 한다. 여

---

7) A. Mashall, *Principles of Economics*, 8th ed. 1920, Rep. 1959, p.317.

8) 베인(J. Bain)은 산업을 다음과 같이 규정한다. 기업(엄밀히 말하면 기업의 생산물)은 대체로 여러 가지 소집단(subgroup)으로 분류되는데, 각 소집단 내의 생산물은 상호간에 긴밀한 대체재이거나 상대적으로 약한 대체재이다. 이러한 소집단은 직접 간접적으로 잠재적인 경쟁적 판매자 집단인데, 이러한 소집단을 산업이라고 한다. 엄밀하게 말해서 공동의 구매자에게 공급하는 '판매자 집단 또는 대체적 생산물의 집단'을 산업이라고 한다(*Industrial Organization*, John Wiley & Sons, 2nd ed. 1967, p.6)

9) 宮澤健一, 〈産業構造〉, 《經濟學大辭典 Ⅱ》, 東洋經濟, 1980, p.229.

기서 산업은 생산의 사회적 분할이라는 점과 동시에, 분할된 각 부문 간의 관련이라는 두 가지 의미를 동시에 포괄하고 있다.

생산의 사회적 분할이라는 의미의 산업은 그 실체가 국민경제의 생산력 수준과 생산관계적 측면의 상호작용을 반영한다. 그리고 그것은 대기업, 중기업, 소기업, 영세기업이라는 기업규모로 이루어져 있다. 자본주의경제가 발전하면서 본격적으로 나타난 산업활동은 구조적 모순을 드러냈고, 그에 대한 방안이 산업 정책이었다. 따라서 산업 정책은 국민경제의 생산력 수준과 생산관계의 상호작용, 그리고 기업 사이의 관계에서 만들어지는 경제적 문제점을 해소 완화하는 데 그 목적이 있다.

산업 정책은 경제 정책의 한 분야로서 여러 산업을 직접 대상으로 하는 정책이다. 내용 면에서는 여러 산업간의 구조와, 여러 산업 내의 시장구조, 시장행동 및 시장성과의 개선 및 유지를 목적으로 하는 정책이다. 그런데 산업에는 재화와 용역의 공급을 행하는 모든 산업의 활동이 포함되고, 산업 정책은 이러한 산업을 대상으로 하는 정책이기 때문에 중소기업 정책도 그 한 분야에 포함된다.

산업 정책은 그 정책의 목표를 어디에 두느냐에 따라 효율성 및 공정성 추구형과, 성장촉진형 등 두 가지로 나뉜다. 전자는 효율성과 공정성을 실현하려는 것이므로 〈독점금지법〉을 철저히 합리적으로 운영하는 질서 정책이다. 특정의 시장행동 및 시장구조를 규제하여 일정의 시장성과를 확보하려는 산업조직 정책이 그것이며, 질적 정책의 성격을 갖는다. 중소기업 정책 가운데 일부도 이 범주의 정책에 포함된다.

이에 견주어 후자, 즉 성장촉진형 산업 정책은 산업구조 정책(흔히 과정 정책 내지 양적 정책의 성격)과 밀접한 관련을 맺는다. 예컨대 幼稚産業保護 등과 관련하여 산업구조 정책을 전개하는 경제에서는 生産力主義的 관점이 우선한다. 그 결과 독점금지 정책 등 질서 정책이 하위 정책이 되기도 한다. 그러나 당해 산업의 성장촉진이 우선이기 때문에 이것과 다른 산업 사이의 자원분배상 공평성문제가 제기되기도 한다.

성장촉진형 산업구조 정책은 상대적으로 낙후된 1차 산업과 2차 산업 가운데 중소기업 부문을 적극적 정책대상으로 한다. 이중구조 해소와 중소기업 근대화 정책에서 볼 수 있듯이 중소기업에 '특별한 배려와 원칙'을 정책적으로 실시하기 때문이다. 이것은 단기적으로는 효율성과 공정성의 결합을 소홀히 할 수도 있다.[10] 그러나 장기적으로는 구조개선 정책으로 해당 산업의 고도화와 근대화가 실현됨으로서 산업구조 고도화라는 국민경제적 목표에 기여할 수 있다.

산업구조정책 실시의 타당성 여부에 대한 지적도 있다. 시장기구에 위임하는 경

---

10) 新野幸次郎, 〈産業政策の課題と體系〉, 加藤 寬·中村秀一郎·新野幸次郎 編, 《經濟政策》(3), 有斐閣, 1975, pp.17~20.

제에서 산업구조는 무수한 기업행동의 결과이기 때문에 계획적 자원배분을 정책적으로 유도할 필요는 없다는 것이다. 산업구조는 가격기구의 자원배분기능에 따라 만들어지는 것이며, 기업들의 경쟁의 결과이기 때문에 산업구조를 전환하는 주체도 기업의 행동이라는 것이다. 이것은 산업조직론을 연구하는 사람들의 주장이다.

그러나 개량적 길에 따라 자본주의로 이행한 국민경제와 개발도상경제는 대체로 시장기능이 경쟁력과 효율성을 높이는 방향으로 작용하고 있지 않다. 경공업-중화학공업-고가공도화산업-지식 집약적 산업으로 이어지는 산업구조의 고도화 및 그 전환과 이를 위한 자본축적기능을, 시장기능과 자율적 기업행동에만 의존해서는 선진경제를 따라잡기 어려운 것이다. 산업구조의 정책적 유도의 불가피성이 여기에 있다.

산업구조는 생산에 관계되는 산업부문의 구성과 상호관계로 표현된다. 이러한 산업구조가 성장촉진의 목적에 합치하지 않을 때 산업구조 문제가 발생하는데, 이를 해소 완화하려는 것이 산업구조 정책이다. 중소기업 정책은 산업구조상의 한 가지 모순인 중소기업 문제를 해소 완화하려는 것이기 때문에 산업구조 정책의 일환이 된다.

산업구조에는 자본과 노동, 자본재 요소와 비자본재 요소, 자본 내부에서도 상업자본, 금융자본, 산업자본, 산업자본 안에서도 생산재와 소비재부문의 자본, 자본 일반에서도 독점자본과 중소자본, 민족자본과 외국자본 등 여러 요소가 결합하여 발전요인을 구성한다. 즉, 산업구조는 이들 실체적 여러 요인이 그 안에서 움직이는 구조이고 이들의 상호작용으로 동태적 성격을 갖는다.[11]

산업구조 안에서 실체적 요인의 상호작용은 산업구조상의 모순 즉, 산업구조 문제를 이루고 이것이 바로 산업구조 정책의 대상이 된다. 산업구조의 후진성이나 帝國經濟의 外壓에 의한 歪曲性에서 발생하는 근대화와 자립적 산업구조의 과제도 이로부터 제기된다. 산업구조상의 한 가지 모순인 중소기업 문제도 산업구조 안의 실체적 요인의 작용의 결과이며, 그로부터 중소기업 정책이 요구된다.

3. 산업조직 정책과 중소기업 정책

1) 산업조직 정책의 성격과 유형

시장을 중심으로 하는 기업군의 집합을 산업이라고 한다면 산업조직(industrial

---

11) 산업구조는 생산부문을 이루는 특수한 생산관계로서의 경제제도인데, 이것은 자본이 그 안에서 움직이는 틀이다. 자본은 낡은 것을 자기에게 적응하도록 분산하고, 이용하도록 재편성, 종속시킨다.(伊東垈吉, 〈中小工業問題の本質〉, 藤田敬三·伊東垈吉 編, 《中小工業の本質》, 中小企業叢書Ⅴ, 有斐閣, 1960, p.31) 그 과정에서 구조적 모순을 이루며, 여기에 산업구조 정책 성립의 근거가 있다.

organization)은 산업의 내부에서 여러 기업 사이에 맺는 시장적 관련을 뜻한다. 산업 내부에서 맺어지는 시장적 관련은 자본주의 경제질서에서는 시장을 통한 경쟁과 협조라는 두 가지 측면을 갖는다. 경쟁이 지나칠 때는 과당경쟁이 나타나고 기업 간의 협조가 지나치면 독점의 문제를 일으킨다.

산업조직에 대한 정책적 실천적 의미는 시장구조, 시장행동, 시장성과를 기준으로 하여[12] 과당경쟁을 완화하거나 지나친 독점을 규제하는 데 있다. 따라서 구체적인 정책에는 경쟁촉진(to promote competition) 및 독점규제와, 경쟁제한 정책(policy to restrict competition)의 두 가지 유형을 있다.[13]

오늘날 독점자본주의에서는 독점이 심화되어 그에 따른 시장질서의 위해가 불거짐에 따라 경쟁제한보다는 경쟁촉진, 즉 反獨占政策이 산업조직 정책의 중심과제가 되고 있다. 그러나 중소기업이 지니는 과당경쟁적 성격 때문에 경쟁제한적 과제도 매우 중요하다.

산업조직 정책은 다음과 같은 성격을 띤다.

첫째, 산업 전체보다는 산업 내부의 기업 사이의 상호관계에 치중하는 미시적 성격을 띤다. 기업들의 상호작용 속에 포함되어 있는 實體性에 대한 인식이나 法則性[14]은 도외시하고 탈가치적, 기계론적으로 산업조직을 본다.

둘째, 경쟁적 시장질서를 가능한 한 현상 유지하는 것을 목적으로 하기 때문에 질서·체제유지적 성격을 갖는다.

자본주의경제의 구조적 변화 때문에 고전적 완전 경쟁모형의 현실적 타당성이 떨어지자, 그에 대한 차선책으로 제시된 유효경쟁(wokrable competition)[15] 이론이 시장질서의 모형으로 제시되었다. 그러나 이것도 실체론적 시도가 아니며, 독과점의 심화가 가져올 수 있는 시장질서 파괴적 결과를 개선하려는 개량주의적 노력이고 체제유지적 방안의 개념이다.

셋째, 산업조직에 대한 실천적 방안은 반독점 등 독점의 문제를 다루고 있으면서도, 독점의 근본적 구조에 대한 분석보다는 독점의 심화와 폐해를 방지하려는 노력이다. 여기서 反獨占은 어느 정도 독과점의 필연성을 인정하면서 다른 한편에서 독과점

---

12) J. Bain, 앞의 책, pp.7~13 참조.

13) Richard Caves, *American Industry : Structure, Conduct, Perfomance*, 3rd ed. Prentice-Hall, 1972, pp.54~75.

14) 기업 사이(대기업 상호간, 대기업과 중소기업 상호간)의 경쟁과 협조의 문제성을 자본주의 경제 질서의 구조적, 실체적 모순의 산물로 보는 견해이다.

15) J . M. Clark, "Toward a Concept of Workable Competition", *American Economic Review*, June, 1940.

이 가져오는 파멸적 결과만을 규제하려는 유효경쟁 질서의 개념이다.

자본주의적 시장경제질서 아래에서 산업조직 정책은 경쟁촉진적 유형과 경쟁제한적 유형이 있다.[16] 두 가지 유형과 중소기업 정책의 관련성을 살펴보기로 한다.

2) 경쟁촉진적 유형과 중소기업 정책

경쟁촉진적 산업조직 정책은 시장에서 독점의 금지를 중심적 과제로 하는 산업조직에 대한 경제 정책이다. 진보와 효율화라는 산업조직 정책의 포괄적 목적에 따라 당해 산업에서 독과점의 비능률을 규제하여 가능한 한 최고의 성과를 실현하려는 것이 이 정책의 목적이다. 그러기 위해서 독점의 폐해를 가져올 수 있는 시장구조와 시장행동을 규제하는 등 정부가 적극적으로 개입하는 것이다.

이 정책의 목적을 실현하기 위한 법제도적 장치가 〈독점금지법〉[17]이다. 공정하고 자유로운 경쟁을 촉진하고 부당한 시장독점과 불공정한 거래방법을 배제함으로써 사업자의 창의를 발휘하도록 하고 기업활동을 활발하게 하는 것이 이 법의 주된 목적이다. 따라서 독점금지 정책이 중소기업을 특히 보호의 대상으로 하는 정책은 아니다. 중소기업에 대해서도 부당한 시장독점과 경제질서의 부당한 교란행위를 금지시키고 있기 때문이다.

그러나 독과점 심화에 따른 시장질서의 경직화를 막기 위하여 경쟁원리 도입과 경쟁법칙의 공정화를 추진하는 이 정책의 경제적 의의는, 대기업의 시장독점으로부터 경제적으로 약한 위치에 있는 자의 이익이 부당하게 침해받는 것을 막는 것이다. 이는 경제적 약자인 중소기업, 농업, 일반소비자의 이익을 보호한다. 그리고 현실적으로 부당한 시장독점은 흔히 대기업이 하고, 중소기업은 그 피해자가 되는 경우가 많기 때문에 〈독점금지법〉은 중소기업에 대한 보호 정책 또는 不利是正政策으로서 중요하다.

중소기업이 직면하는 어려움이 대기업의 부당한 압박에 따른 것일 때, 〈독점금지법〉은 중소기업이 당면한 불이익을 제거해준다. 〈독점금지법〉은 자유로운 사기업체제와 경쟁질서를 통하여 중소기업의 건전한 발전을 촉진하고, 반면에 건전한 중소기업의 발전이 경쟁원리의 촉진을 목적으로 하는 독점규제원칙의 기반을 다져줌으로써, 상호간에 경제 정책의 이념을 보완하면서 새롭게 만들어낸다.

〈독점금지법〉이 대기업의 압박으로부터 중소기업을 보호해주는 방법은 다음과 같다.[18]

---

16) 산업조직이론의 전개과정에서 보면 전자가 주류를 이루고, 후자는 예외적인 것으로 간주한다.
17) 우리나라에는 1976년에 제정된 〈물가안정 및 공정거래에 관한 법률〉(물가안정법)에서 시작하여, 그 뒤 1980년에 제정된 〈독점규제 및 공정거래에 관한 법률〉(獨占規制法)이 있다.

① 부당한 시장독점의 배제(카르텔 및 트러스트의 금지 등)

② 시장지배력의 남용 방지 : 대기업과 중소기업의 거래에서 대기업이 우월적 지위
   를 남용하여 중소기업의 자유로운 사업활동 등에 제약을 가하는 행위를 규제하
   는 것

　　㉠ 차별거래 금지

　　㉡ 배타적 조건의 거래금지

　　㉢ 부당한 제약조건의 거래금지

③ 경쟁질서를 교란하는 경쟁방법의 금지(부당한 고객 유인행위, 부당한 경품행위,
   부당한 광고와 표시의 방지 등)

④ 하청거래 등에서 지배력 남용(하청대금의 지불지연)의 금지 등

3) 경쟁제한적 유형과 중소기업 정책

진보와 효율화를 추구하는 산업조직 정책의 또 하나의 유형은 경쟁을 제한하고
독점을 촉진하는 정책이다.

선진경제에서는 이들 정책이 예외적이지만, 개발도상경제에서는 상당히 중요한
의의를 지닌다. 이들 경제에서는 국민경제의 생산력 기반이 취약하고 기업규모의 영
세성 때문에 낮은 생산효율이 일반화되어 있다. 또한 기업 간 과당경쟁 때문에 비능
률과 경제적 낭비가 심하게 나타나고 있다. 따라서 자유로운 기업활동에만 의존하는
경우 진보와 효율화에 바람직하지 않은 산업분야에 독점금지규정을 적용하지 않거나,
정부가 경쟁을 직접적으로 제한하고 독점을 보호 조장하기도 한다.

이러한 정책대상의 산업분야는 ① 공공사업과 ② 原子狀的 시장구조의 산업분야
로 나눌 수 있다. 이 가운데 중소기업 정책과 관련이 있는 것은 후자이다.

원자상적 산업(atomistic industry)에 대해서는 경쟁제한적 정책을 실시하여 산업
활동의 진보와 효율화를 추구한다. 상대적으로 소규모 기업이 다수 존재하고 집중도
가 낮아 원자상적 시장구조(atomistic market structure)를 갖는 분야로서는 제조업
가운데 중소영세기업 외에 농업, 판매업, 서비스업 등을 들 수 있다.

이들 산업분야에서는 경쟁원리가 오히려 과당경쟁을 일으키고 규모의 경제성을
이루지 못하여 바람직한 시장성과를 이루지 못한다. 이러한 시장구조, 즉, 과도하고
파멸적인 경쟁 때문에 양호한 성과에서 이탈하는 유형은 다음과 같다.[19]

---

18) 加藤誠一 編,《中小企業問題入門》, 有斐閣, 1976, pp.137~146.

19) J. Bain, 앞의 책, pp.469~470.

① 소기업(small business)의 높은 사멸율과 만성적인 과소소득이 발생하는데, 그것은 판매자 집중이 늘어남에 따라 대기업이 소기업을 구축한 결과 그 분야가 구조적으로 변화하는 과정에서 일어난다.

② 한 산업에서 기업 및 노동자에 대하여 과소소득이 일어나는데, 그것은 수요에 비해 설비능력과 노동력이 만성적으로 과잉되는 데 따른 파멸적 경쟁의 결과이다.

③ 소홀한 자원의 보존을 들 수 있다. 이것은 무수한 소기업이 공공의 자원을 상호 경쟁적으로 채굴하거나 또는 적절한 자원보존을 유지할 만큼 기업소득이 충분하지 못하기 때문이다.

즉, 과당경쟁은 수요에 견주어 설비능력 및 노동력의 만성적 과잉을 발생시키고, 이 때문에 기업과 노동자의 만성적 과소소득이 발생한다. 그리고 대기업에 의한 중소기업의 구축과 같은 산업 내의 구조적 변화, 중소기업의 높은 사멸율 및 만성적 과소소득, 자원보존의 소홀한 관리 등을 발생시켜 낮은 시장성과를 가져온다. 이러한 분야에서 경쟁제한적 정책의 강구가 필요하다는 것이다.

이에 대한 정책수단으로서 농산물 가격지지 및 소득지지 정책이 이루어진다. 중소기업부문에서는 下請系列化 및 기업합병, 그리고 각종 협업화(조직화) 촉진 정책이 제시된다.

경쟁질서의 유지 및 확립보다는 규모의 경제성 실현과 생산력 제고가 우선적 과제인 국민경제(특히 개발도상경제)에서는 경쟁제한적 정책이 중요한 의미를 지닌다. 개발도상국에서는 국민경제의 생산력을 증강하는 방향으로 산업조직을 택하기 때문이다. 특히 개방경제에서는 국제경쟁력의 기준이 경제발전에 중요하기 때문에 국내시장이 소규모일수록 경쟁제한적 경향이 나타난다. 따라서 소비자(또는 중소기업)보다는 생산자(또는 대기업)를 보호, 육성하려는 성격이 강하다. 경제 정책의 목표로 효율성과 공정성보다는 성장의 추구를 우선하기 때문이다.

제3절 중소기업 정책의 유형과 수단

1. 중소기업 정책의 가변성과 다양성

앞에서 중소기업 정책을 경제 정책의 목표에 따라 크게 두 가지로 나누어 설명하였다. 경제 정책이 성장지향형인 경우에는 구조 정책적 중소기업 정책을 받아들이고, 효율성과 공정성을 목표로 할 때는 조직 정책적 중소기업 정책을 받아들인다.

중소기업 정책은 ① 자본주의 경제구조의 문제(경제적 사실) → ② 중소기업 문제의 성립(문제의식의 이론적 체계) → ③ 중소기업 정책 목표의 형성(목적의식의 성립) → ④ 중소기업 정책의 형성(목적의식의 현실화)이라는 네 가지 과정을 통하여 형성, 실현된다. 각 과정에서 다양성이 형성될 수 있기 때문에 중소기업 정책은 여러 가지 형태를 띠게 된다.

첫째, 경제구조의 변화에 따라 중소기업 정책은 변화한다. 중소기업 정책은 중소기업 문제의 해결방안이기 때문에 중소기업 문제에 따라 규정된다. 중소기업 문제는 자본주의의 구조적 모순의 산물이기 때문에 자본주의 경제구조의 현상적 변화에 따라 달라진다. 자본주의의 역사적 발전과정에 따라 중소기업 문제가 변화한다(일반성의 문제). 또한 그 나라 자본주의의 발전정도(특수성의 문제)와 그것이 직면하는 국내외의 여러 조건의 변화(국제성의 문제)에 따라서 중소기업 문제가 규정된다.

둘째, 중소기업 문제에 대한 문제의식의 차이에 따라 중소기업 정책은 변화할 수 있다. 중소기업 정책을 규정하는 중소기업 문제는 엄밀히 말해서 경제적 사실, 그 자체가 아니고 경제적 사실에 대한 문제의식의 논리적 체계이다. 경제적 사실이 중소기업 문제가 되는 것이 아니고 특정의 문제의식 때문에 특정한 중소기업 문제가 생긴다. 경제구조에서 중소기업이 특정의 상태에 있는 경우 또는 특정의 문제를 안고 있는 경우에 경제적 사실로서 중소기업 문제가 형성되지만, 문제의식 즉, 문제를 보는 시각에 따라 중소기업 문제의 성격이 달라지게 된다.

셋째, 이러한 문제의식의 논리구조와 이론적 체계에 따라 정책의 목적의식이 구체화되고 현실화된다. 더구나 중소기업 정책은 모든 중소기업 문제에 대한 것이 아니고, 어떤 의미에서 해결이 요구되는 문제에 대해서만 책정된다. 이때 정책의 목적의식(목표)은 중소기업 정책의 유형을 결정한다.

이를 좀더 구체적으로 설명하면 다음과 같다.

자본주의 발전과정에서 중소기업의 경영난이라는 경제적 사실이 중소기업 문제로 발생한다. 그런데 여기에 대한 정책을 수립하는 경우에는 그 경영난의 원인이 무엇인지 하는 문제가 제기된다. 이것은 경영난이라는 경제적 사실을 어떻게 파악하는가 하는 문제의식에 따라 달라진다. 중소기업 경영난을 중소기업 자체의 경영의 불합리성, 저생산성, 낮은 기술에 그 원인이 있다고 파악하는지, 또는 독점자본에 의한 중소기업의 지배수탈의 문제로 파악하는지에 따라 중소기업 정책은 달라진다.

또한 생산성 격차, 임금 격차, 이윤율 격차, 기술수준 격차 등 경제적 사실을 반영하는 이중구조문제도 이것을 중소기업의 전근대성으로 파악하는지, 또는 독점자본에 의한 중소기업의 지배수탈의 체계로 보는지, 즉 이중구조를 파악하는 문제의식에 따

라 정책은 달라진다. 전자로 보는 경우에는 이중구조 정책은 중소기업근대화 정책이
될 것이고, 후자로 보는 경우에는 반독점 정책, 조직화 정책, 최저임금제 등을 제시할
수 있다.

2. 중소기업 정책의 유형

중소기업 문제의 해소, 완화를 직접적인 과제로 하는 국가(또는 공공기관)의 정책
이 중소기업 정책이다. 그러나 그 성격과 유형은 경제발전단계나 국민경제의 특성에
따라 다양하다. 중소기업 문제가 다양한 내용을 지니고 있고, 또 경제 정책의 목표가
하나가 될 수 없는 것처럼 중소기업 정책의 목표도 다양하다. 목표 가운데 어느 것은
다른 목표와 동시에 추구할 수도 있다. 그러나 어떤 목표를 이루기 위해서는 다른 목
표를 희생하지 않으면 안 되는 경우도 있다. 어쨌든 여러 목표 사이에서 선택해야만
하는데, 어려운 것은 사회적 선택을 해야 한다는 점이다.[20]

중소기업 정책도 경제 정책의 일부이며 다양한 목표를 지닌다. 모든 목표를 이룰
수 있는 획일적이며 유효한 중소기업 정책을 찾기는 어렵다. 여기서는 중소기업 정책
의 유형을 세 가지로 나누어 제시하고자 한다.

1) 보호 정책

보호 정책(Schutzpolitik)은 계층으로서의 중소기업이 시장에서 도태되는 것을 방
지, 보호하는 정책이다. 유럽 여러 나라, 특히 독일에서는 이 정책을 중산계급 정책
(Mittelstandpolitik)으로 전개하였으며 사회 정책(Sozialpolitik)의 일부로도 해석하였
다. 舊中産階級과 소상품 생산자의 사회적 불안해소와 보호를 궁극적 목표로 하는 것
이다. 따라서 경제적으로는 소극적 정책이라고 할 수 있다.

이 정책은 경제 전체의 이익을 떠나 특정집단의 이익을 보호하려는 것이다. 존재
하는 것은 모두 소멸되어서는 안 된다는 보수적 목적을 지닌 것이다.

따라서 보호 정책의 극단적인 경우는 경제적 자연보호지배(wirtschafticher
Natureschutzgebiete)를 창출하는 것을 뜻하기도 한다. 보호 정책은 낮은 생산성의 기업
경영을 보존시키고 지불능력이 한계에 이른 기업경영을 존속시킴으로써 선진공업과
후진공업 사이의 임금격차 시정을 어렵게 하고, 나아가 광범위한 사회적 분업에 의존하
는 대기업의 발전을 저해할 수도 있기 때문에 근대화론자들의 비판의 대상이 되기도

---

20) K. E. Boulding, 앞의 책, p.19.

한다.

그러나 보호 정책이라고 해서 적극적인 의미가 전혀 없는 것은 아니다. 보호 정책에는 단순한 救濟的 보호 정책만이 아니라 育成的 보호 정책도 있다. 幼稚産業등 특정산업의 중소기업 경쟁력을 강화시켜 주는 정책이 후자의 경우이다. 이 점에서는 보호 정책도 경제 정책의 성격을 지닌다.

또한 전자, 즉 구제적 보호 정책도 적극적이고 긍정적인 평가를 받을 수 있다. 이때는 중소기업의 경제적 기능보다 사회적 기능을 강조하기도 하는데, 이런 의미에서의 중소기업 정책의 기조는 경제적 영역보다는 경제영역 이전의 영역에서 행해진다.

한편 보호 정책이 저임금 기반을 지속적으로 조성하여 자본축적의 기능을 한다는 점에서 보면 반드시 前經濟的(metaökonomischen)인 것으로만 규정할 수는 없다.

2) 적응 정책

적응 정책(Anpassungpolitik)은 동태적으로 변화하는 시장경제에 적응할 수 있는 중소기업을 '조성'해주는 정책이다. 따라서 적응 정책은 중소기업의 경쟁력을 적극적으로 높여서 전체 경제의 생산력 수준에 적응시키는 것을 목적으로 한다. 이런 의미에서 構造政策(Strukturpolitik)이며, 근대화와 합리화를 위한 정책이다.

이 정책의 특징은 적극적으로 경쟁력의 강화에 정책의 중점을 두는 데 있다. 이 경우 원칙적으로 시장경제의 원리가 전개되지만 때에 따라서는 거시적 또는 미시적 계획화원리가 도입되기도 한다. 최근에 산업 정책적 관점에서 중소기업 정책(특히 근대화 또는 합리화 정책)을 추진하는 것은 이를 말한다.

적응 정책의 목표는 구체적으로 경제적 사회적 변화에 따른 여러 조건에 중소기업을 적응시키는 것이다. 개별기업이나 업종별로 적응과정의 촉진을 지도하며, 경제적 기술적 진보에 중소기업이 원활하게 적응하도록 하는 것이다. 따라서 적응 정책은 중소기업의 경쟁력을 적극적으로 높여 선진부문과 후진부문 사이의 생산성, 소득 및 임금격차를 해소하려는 산업 정책이며, 중소기업근대화 정책이다.

보호 정책이 현상유지를 추구하는 기조를 지니는 데 반해, 적응 정책은 생산성 향상과 경쟁력 강화로 시장경제에 대한 대항력을 창출하고 유지하려는 정책이다. 이 정책은 일본의 경우에 이중구조론, 적정규모론, 중견기업론 등 중소기업근대화론을 정책적으로 구체화한 것으로 나타났다. 그 결과 중소기업에 대한 강력한 합리성 및 근대화를 추구하는 반면, 전통적인 전근대적 중소기업의 도산을 촉진하여 사회적 대류현상을 적극화하는 작용을 하였다.

그런데 독일에서는 적응 정책이 중소기업 경영자에게 경영문제와 시장문제를 쉽게 인식시켜 적응의 출발점을 밝혀주고, 서서히 시장경제의 원칙(사회적 시장경제의 틀)에 맞추어 행동하도록 지도하는 것을 목적으로 하였다. 이른바 自助의 원칙에 따라 '적응을 조성'해주는 방향으로 시행되었다. 이때 적응 정책은 중소기업을 위한 독점적인 시장대항력의 창출, 유지나 경제적 특권을 목적으로 한 것이 아니었다. 어디까지나 시장경제를 전제로 중소기업의 취약부분을 강화해주려는 것이 독일 적응 정책의 초기 특징이었다.

중소기업이 새로운 경제환경, 즉 독점자본의 확충, 산업구조의 고도화, 국제화의 진전에 따른 개방경제의 지향 등 경제여건의 변화에 적응하는 것은 결코 쉽지 않다. 따라서 이에 적응하여 새로운 균형에 도달하는 것, 즉 원활하게 적응하는 것은 가장 중요한 경제문제가 된다. 이것은 중소기업의 생산성을 높이고 경쟁력을 강화시키는 등 구조변화를 통해 실현할 수 있다. 결국 적응 정책은 새로운 균형에 도달하기 위한 적극적, 동태적 정책이며, 소극적 방위 정책이 아니다.

3) 不利是正政策

불리시정 정책은 秩序政策으로서 시장에서 중소기업의 不利是正, 즉 대기업과 평등한 조건의 창출을 목적으로 하는 産業組織政策의 특성을 갖는다. 다 같이 시장경제를 전제로 하고 있지만, 적응 정책이 동태적 정책인데 반해 불리시정 정책은 정태적 질서 정책이다. 시장에서 중소기업의 적극적 적응을 목적으로 하는 적응 정책과는 달리, 이 정책은 시장질서 자체의 변화를 통하여 중소기업의 소극적 적응을 꾀하는 것이므로 질서 정책으로서의 성격을 갖는다.

적응 정책은 적극적인 경쟁력 강화 정책이지만, 불리시정 정책은 소극적인 경쟁조건 정비 정책이다. 그리고 경쟁의 출발점을 평등하게 해주어 중소기업에 적절한 경쟁조건을 만들어주는 것이 불리시정 정책의 목적이다.

불리를 시정하는 방법에는 두 가지가 있다. 하나는 중소기업에 대한 대기업의 경쟁제한적 행동을 금지하는 것이다. 다른 하나는 대기업에 대하여 중소기업이 단결, 대항력을 갖는 것이다.

이때 후자는 대기업과 중소기업의 양측에 독점 내지 과점을 발생하게 하여 본래 목표인 경쟁조건의 창출과 그 지속을 어렵게 할 수도 있다. 극단적인 경우에는 당면한 문제점을 보완하는 對應的 성격을 갖게 되어 보호 정책의 경향을 띨 수도 있다.

결국 이 정책은 중소기업의 軍備擴張 또는 再軍備가 아니고, 본래적인 대기업의 시장지배력의 軍備縮小 내지 무장해제에 그 출발점을 두고 있다.

3. 정책의 관련성과 정책수단

1) 중소기업 정책의 관련성

(1) 정책의 성격과 중소기업 정책의 관련성

보호 정책, 적응 정책, 불리시정 정책 등 세 가지 중소기업 정책 가운데 현실적으로 중소기업 정책은 앞의 두 가지, 즉 보호 정책(특히 구제적 보호 정책)과 적응 정책의 대항관계와 관련성에 의하여 규정된다. 그리고 중소기업 정책 시행상의 문제점도 두 정책의 성격의 차이와 그 관련성에서 발생하는 경우가 많다.

국민경제적 관점에서 보면 구제적 보호 정책은 소극적인 것이고 적응 정책은 적극적이다. 그러나 市場適合的인 중소기업 정책, 즉 적응 정책에는 일정한 한계가 있다. 중소기업의 경제적 사회적 성격에 비추어 중소기업의 이해는 국민경제 전체의 이해와 일치하지 않을 수도 있으며, 적응 정책을 강행하는 것이 오히려 전통적·전근대적 중소기업 등의 저항을 일으킬 수도 있다. 이에 대하여 보호 정책을 강행하는 것이 경제 전체의 이익에 반하는 '경제적 자연보호지대'를 창출하는 것이 될 수도 있다.

따라서 현실의 중소기업 정책은 두 가지 정책목표 사이에서 타협점을 도출하여 실시해야 한다. 어느 쪽의 요소가 강하게 작용하느냐에 따라 중소기업 정책의 방향이 결정된다. 현상유지적인 보호 정책을 강하게 시행하면 적응 정책의 효과는 줄어들고, 적응 정책을 강화하면 약소기업이 도태될 것이다. 즉, 두 가지 정책은 원리적으로 다른 것이어서, 현실적으로는 여러 경제계층의 이해대립과 힘의 관계에 따라 정책이 결정될 수밖에 없다.

두 가지 정책의 대항관계는 복잡하다. 경제발전의 단계와 유형을 고려하여 정책을 선택해야 한다. 특히 후진자본주의에서는 어느 단계에는 중소기업을 의도적으로 보존 이용함으로써(이른바 二重構造의 이용) 대기업의 자본축적에 이용하기도 한다. 이런 의미에서 보호 정책도 특정단계에서는 반드시 소극적 보수적 의미를 갖지는 않는다.

반대로, 주로 선진경제에서는, 반독점 정책의 일환으로 중소기업의 보호 정책을 주장하기도 한다. 중소기업이 갖는 경쟁촉진적 역할이 적극적 평가를 받기 때문이다.

한편 보호 정책은 경쟁력이 낮은 도태대상의 중소기업을 보호하는 소극적 성격을 지니는 정책이라는 점에서 현대의 중소기업 정책으로서는 뒤떨어진 정책이며 사회 정책의 일부로 보기도 한다. 그러나 보호 정책은 경우에 따라서는 경제적으로 적극적 역할을 하기 때문에 경제 정책의 성격을 지니기도 한다. 따라서 두 가지 성격, 즉 사회 정책과 경제 정책을 획일적으로 분리할 수만은 없다.

결국 중소기업 정책은 사회 정책(주로 보호 정책적 성격)과 경제 정책(적응 정책적 성격)의 상호작용에 의하여 결정된다. 중소기업 정책에서 이처럼 사회 정책과 경제 정책의 상호규정적 대항적 관계는 경제발전과정에서도 중요한 의미를 지닌다. 그러나 경제 정책(적응 정책)은 주로 성장력 있는 중소기업을 대상으로 하지만, 사회 정책(보호 정책)은 주로 성장력이 약한 중소기업을 대상으로 한다는, 기본 흐름이 달라지는 것은 아니다.

⑵ 기업규모 및 산업의 성격과 정책의 관련성

정책이 대상으로 하는 중소기업은 異質多元的인데 이것이 정책목표의 설정과 정책의 관련성을 정한다.

보통 중소기업이라는 기업군에는 중소자본과 영세경영이 있고, 특히 중소자본에는 다시 중기업과 소기업을 포함하며, 중견기업이라는 별도의 범주가 정해지기도 한다. 대기업을 정점으로 하여 자본축적이 이루어지고, 기업규모가 커지면서 중소기업의 범주를 확대하기도 하며 소영세기업은 소멸, 신생을 반복하면서도 전체적으로는 증가하고 있다.

경제가 발전하면서 社會的 對流現象이 확대되고 기업계층이 분화되면서 중소기업은 더욱 다양해진다. 사회적 대류현상 속에서 상승하는 기업도 있고 하강하는 기업도 있는데 이것은 기업의 모든 규모에 걸쳐 동태적으로 이루어진다. 중소기업의 계층과 실태에 대한 이러한 이해를 바탕으로 중소기업 정책의 목표와 유형을 선택해야 한다.

중소기업의 다양한 구성을 기준으로 볼 때, 흔히 보호 정책은 소영세계층을 대상으로 하고, 적응 정책은 상위의 중소기업을 대상으로 하는 것으로 이해하고 있다. 보호 정책은 보호와 구제를 필요로 하는 최하층을 대상으로 하는 것이고, 적응 정책은 성장성이 높은 중기업을 대상으로 하는 정책이라고 생각하기 때문이다.

그러나 기업규모의 대소와 기업의 능률성이 반드시 일치하는 것은 아니다. 따라서 기업규모와 계층구분에 따른 정책유형의 규정이 획일적으로 이루어질 수는 없다. 오히려 기업규모라는 횡적 시각에서, 산업정책에서의 업종별 정책으로 시각을 바꾸어 보는 것이 필요하다. 이에 戰略的 산업과 斜陽化 산업이라는 구분을 제기할 수 있다. 전자는 성장력 있는 기업(산업)으로서 적응 정책의 대상이 되고, 후자는 성장력이 없는 기업(산업)으로서 구제적 보호 정책의 대상이 된다.

2) 정책의 유형과 수단

한편 정책의 유형과 정책수단을 경쟁조건 및 생산성과 관련시켜 본 것이 [표 17-1]의 내용이다.

[표 17-1] 정책목표와 정책수단

정 책	대 상	경 쟁 관 계	생 산 성
적응정책	┌ 대기업 └ 중소기업	경쟁제한방지 ┐ 　　　　　　├→ 독금법 경쟁제한방지 ┘ 경쟁제한 → 공동화	향상 → ┐ 　　　　├ 감세·금융·보조금 향상 → ┘　경영지도, 기술지도, 　　　　　　기능양성
보호정책	┌ 대기업 └ 중소기업	경쟁제한방지 → 독점금지법 경쟁제한 → 참입규제	향상저지 → 각종의 영업규제 현상유지 → 감세·금융·보조금

자료 : 淸成忠南,《日本中小企業の構造變動》, p.51.

　　첫째, 적응 정책을 시행하기 위한 경쟁관계를 살펴볼 때, 경쟁제한을 방지하고 경쟁을 촉진하기 위해 중소기업에 〈독점금지법〉을 적용할 수도 있는데 이것은 소극적인 의미를 지닐 뿐이다. 왜냐하면 원래 중소기업은 시장에서 경쟁촉진적이기 때문이다. 반면에 적극적으로 공동화, 협업화 등의 정책수단으로 경쟁제한 정책을 실시하여 중소기업의 시장질서 적응력을 높일 수 있다.

　　둘째, 생산성을 높여 적응 정책을 시행하려고 할 때 감세, 금융지원, 보증금 지원 등의 수단을 강구할 수 있다. 여기에 경영지도, 기술지도, 기능공 양성 등의 방법이 있다.

　　셋째, 중소기업의 보호 정책을 실시하기 위해서는 경쟁관계에서 경쟁을 제한할 필요가 있다. 이것은 과당경쟁에 따른 중소기업의 도산을 막기 위한 것인데, 시장에 중소기업의 진입을 규제하는 방안을 강구할 수 있다.

　　넷째, 중소기업의 보호 정책은 생산성 측면에서 현상유지의 방향으로 전개될 수 있다. 여기에는 감세, 금융지원, 보조금 지급 등의 수단이 필요하다.

　　결국 경쟁관계에서 경쟁제한이라는 정책수단은 적응 정책이나 보호 정책에서 모두 사용한다. 조세감면, 금융지원, 보조금 등 정책수단도 마찬가지지만, 보호 정책은 주로 그 규모가 하위의 중소기업에 평등하게 적용되는데 반해, 적응 정책은 특정 정책목표에 따라 선택적으로 적용되는 경향이 강하다고 볼 수 있다. 정책수단의 선택적, 중점적 적용은 중소기업 정책대상의 차별화를 의미한다.

　　경쟁관계에서 중소기업 정책을 시행하는 것은 포괄적으로 보아 불리시정 정책의 강구이다. 그 목표는 정태적 경쟁조건의 창출이며, 그 대상은 선택적 중점적이 아니라 중소기업 일반이다. 흔히 불리시정 정책은 그 과제의 특성만으로는 보호 정책으로 보기 어렵다. 그러나 대상이 광범하게 시장경제를 전제로 한다는 점에서 보면 보호 정책과 상통하는 면도 있다. 이러한 불리시정 정책은 보호 정책과 적응 정책의 한 가지 정책수단으로 해석될 수도 있다.

제4절 자본주의 전개와 중소기업 정책

1. 산업자본 및 독점자본 단계의 중소기업 정책

현실의 중소기업 정책은 어느 나라에서나 대체로 보호 정책과 적응 정책이라는 두 가지 정책 사이를 오가면서 전개된다. 다만 그 나라 경제발전 단계에 따라 어느 것이 주로 선택되느냐가 결정될 뿐이다. 서로 대항관계에 있는 두 가지 정책은 자본주의경제의 전개과정을 통하여 일관되게 이루어졌으며, 그 대항관계는 중소기업 정책의 현실적 적용상의 문제점을 형성하는 원인이 되기도 하였다. 즉 자본주의 전개과정에서 중소기업 정책의 특징적 측면이 부각되었다.

자유경쟁이 지배적이었던 産業資本主義 단계에서는 중소기업의 사회적 도태를 촉진하는 적응 정책이 강한 경향을 나타냈는데 그것은 영업의 자유가 있었기 때문이다. 그러나 이 단계에서도 기계제 공업의 발달로 상대적 과잉인구가 생겨나고 이것이 소영세경영의 존속기반을 마련해주면서 보호 정책의 요구도 강하게 나타났다. 특히 소영세경영의 도태가 모순 현상으로 여겨지면서 더욱 그러했다.(경쟁 도태의 적응 정책)

이것은 後進資本主義에서도 동일하다. 소영세기업이 분해되지 않고 광범위하게 존속되는 상태에서 선진경제를 따라잡기 위해서는 오히려 이것을 유지, 온존시켜 그것의 능동적 역할을 활용하는 것이 필요하기 때문이다. 그 결과 육성적 보호 정책이 시행되었다.

고전적인 독점자본주의 단계에 들어서면 보호 정책이 전면에 부각된다. 중소기업은 상대적 과잉인구 흡수라는 중요한 의미를 지니는데, 특히 경제공황의 시기에 두드러진다. 상대적 과잉인구의 조건 아래에서 저임금 기반을 이용하여 중소기업이 존속하는 것이 경제적 사회적으로 폭넓게 인정받는 것이다. 또한 자원의 효율적 이용이라는 관점에서 중소기업에 의한 노동 집약적 생산방법의 채택이 긍정적으로 평가되는데, 이것도 결국은 저임금 노동력의 활용이다.

이런 사정은 후진자본주의 경제에서도 두드러지게 나타난다. 한편에서는 과점적 대기업의 발전과 다른 한편에서는 중소기업의 광범위한 존재라는 이른바 이중구조를 형성한다. 중소기업에 대해 보호 정책을 취하고, 격화되는 노사의 대립을 완화시키기 위한 安全瓣으로서 보호 정책을 中産階級政策으로 추진하기도 한다.

그러나 대기업을 중심으로 산업합리화가 진전되고 이와 관련을 맺는 특정 중소기업에도 합리화가 요청되어 적응 정책을 추진하지 않을 수 없다. 독점단계가 진전, 심화되면 자본축적에 따른 생산력의 발전과 사회적 분업의 심화는 새로운 중소기업분야를 발생시키고 이와 더불어 대량생산공업(조립공업)이 발전한다. 우회생산을 확대해 부분품과 반제품을 공급하는 다수의 중소기업을 발생시키면서 이들에 대한 적응정책이 추진되기에 이른다.(잔존 이용의 적응 정책)

2. 현대자본주의와 중소기업 정책

고전적 독점자본 단계의 중소기업 정책의 보호 정책적 기조는 관리통화제가 채용되는 現代資本主義에서 큰 전환을 맞게 된다. 완전고용 정책이 정착되는 시기에는 노동력부족이 문제가 되고, 이에 따라 자원의 효율적 재분배를 목적으로 하는 중소기업정책으로서 적응 정책을 강조하기에 이른다. 저임금의 우회적 이용을 가능케 하는 보호 정책을 대신하여 노동력 부족상황에 대처하기 위한 도산과 신설이라는 적응 정책이 전면에 나타난다.

저임금 노동력의 이용이 한계에 이르고, 오히려 열악한 중소영세기업을 정리 도태시킴으로써 그것의 賃金勞動者化(勞動力 流動化)가 시도되는 것이다. 여기에서는 자원의 효율적 이용의 관점에서 자원의 최적배분이라는 시각이 강하게 나타난다. 생산성이 낮고 대기업과 합리적인 분업관계를 맺지 못하는 중소기업을 배제하는 경향이 생기게 된다. 경제적 합리성을 지니고 경제적 효율성이 높은 중소기업을 육성하면서 다른 중소기업을 도산, 구축하고 이들을 임금노동자화 시키는 중소기업 근대화 정책이 바로 적응 정책으로 전개된다.

단순한 완전고용뿐만 아니라 높은 기술의 근대화와 합리화를 강제하면서 현저한 기업집중을 촉진한 독일에서, 생존능력이 없는 중소기업에 특권을 주지 않은 것은 이를 말해준다. 채산성이 없는 限界企業의 법적 보호와 그 존재의 보증을 거부한 것이다. 즉 확대되는 집중화경향 속에서 중소기업이 경쟁력을 배양할 수 있는 중소기업 정책을 강구하였다.

독일에서는 전통적 수공업 정책의 과제를, 경제적 약자를 인위적으로 유지시키는 것이 아니고, 사회적 시장경제의 질서에 적용하도록 건전한 수단에 의하여 성장능력이 있는 중소기업으로 발전시키는 것이라고 보았다. 즉 보호 정책을 거부하고 적응 정책을 주장하였다. 이 가운데 自助는 국가의 원조에 우선한 것이며, 국가는 自助를 위해 원조(Hilfe zum Selbshilfe)하는 것을 적응 정책의 기조로 하였다.

오늘날에는 근대화 정책이 각 나라 중소기업 정책의 전면에 강하게 나타나고 있다. 근대화의 내용도 전근대성에서 탈피 또는 초기의 자본주의화에 그치지 않고, 現代

的 수준에 도달하는 것을 의미한다. 그러면서 자원의 최적배분이라는 견지에서 경제적 합리성에 수반된 중소기업자의 임금노동자화가 의식적으로 시도되기도 한다.

현대자본주의에서는 완전고용 정책의 정착과 자본축적의 진전에 따라 일어난 노동력 부족이 각 나라에서 전통적인 중소기업의 존립조건을 크게 변화시켰다. 이에 따라 어느 선진자본주의 국가에서나 중소기업 정책은, 자원 재분배라는 견지에서 적응 정책의 경향을 강화하였다. 자본주의 전개와 경제발전이 이 단계에 이르게 되면 노동력 부족의 기초 위에 자본축적을 진전시켜야 하고 이에 따라 자원의 재배분이 불가피하다. 따라서 중소기업 정책은 일반 경제 정책과 관련성이 더욱 깊어지고 독립적, 고립적 중소기업 정책은 거부되기에 이른다. 오히려 국민경제적 관점이 강조되면서 중소기업 정책은 경제 정책의 일환으로 중요성이 인식된다.

중소기업 정책은 일반 경제 정책의 구성요소로 파악되고 그에 대한 요구와 목표도 경제 정책의 그것을 벗어날 수 없다. 중소기업 정책은 하나의 고립된 정책이 아니고 일반 경제 정책과 유기적 관련성을 지닐 수밖에 없다.[21]

3. 경제발전과 중소기업 정책유형의 전환

자본주의 전개과정에서 중소기업의 고전적 정책유형, 특히 보호 정책과 적응 정책이 서로 대항관계를 이루면서 전개된 것은 중소기업 정책인식의 대상인 중소기업 문제의 변화에 따른 것이다. 산업자본주의 단계의 중소기업의 구축·도태라는 문제가 독점자본 단계에서는 도태·구축과 잔존·이용이라는 문제로 바뀌었다. 현대 자본주의에서는 중소기업의 새로운 존립영역이 확대되고 그 역할이 적극화되면서, 그에 상응한 중소기업 문제와 정책이 요구되고 있다.

즉, 중소기업 정책의 대상인 중소기업 문제의 변화는 정책인식의 전환을 가져오고 그 결과, 정책유형 사이의 대항관계와 정책유형의 전환이 불가피해진다. 경제의 발전과 성장과정에 따라 중소기업 정책유형의 전환이 이루어지는 것도 마찬가지 이유이다. 경제발전과정에서 중소기업 정책은 보호 정책(후진경제)의 성격에서 구조 정책 또는 적응 정책(개발도상경제)의 성격으로, 나아가 산업조직적 중소기업 정책(선진경제)으로 전환되는 것으로 보고 있다.

첫째, 중소영세기업의 비중이 높고 그 역할이 절대적인, 초기의 후진경제에서 중소기업 정책은 전체적으로 보호 정책의 기조를 유지하는 가운데, 그들 가운데 경쟁력

---

21) 淸成忠南, 《日本中小企業の構造變動》, 新評論, 1972, 第3章, 〈中小企業政策の展開〉 참조.

강화의 대상이 될 수 있는 특정 중소기업에 대해 육성적 보호 정책을 강구하게 된다

둘째, 경제개발을 본격적으로 전개하고 산업구조의 고도화를 추구하는 개발도상
경제에서 중소기업 정책은 중소기업의 근대화(구조 고도화와 구조개선) 정책을 강력
히 시행하게 되고, 따라서 구조 정책 내지 적응 정책이 그 기조를 유지하게 된다.

셋째, 산업구조의 고도화가 진전됨에 따라, 중화학공업이 발전하고 그것이 성숙
하는 단계에 이르면 독과점구조가 정착하여 그에 따른 문제점이 제기된다. 즉 산업조
직론적 정책인식이 제기되기에 이른다. 이 단계에서 중소기업 정책은 산업조직론적
성격을 지니게 된다. 중소기업 정책은 독과점 구조의 경직성을 완화하고, 산업조직을
활성화하는 중소기업의 역할을 정책인식의 대상으로 한다.

이 단계에서 중소기업 문제는 도태·구축과 잔존·이용의 근대화를 넘어선다. 광범
위한 중소기업 존립영역의 확대와 중소기업의 새로운 역할을 포괄하는 중소기업 문
제의식이 형성되면서 그에 상응한 새로운 중소기업 정책유형이 전개된다.

지식 정보집약 산업사회의 혁신의 기수로서 ① 활력 있는 다수, ② 刷新機能과 苗
床機能, ③ 경쟁적 시장구조의 적극적 담당자, ④ 창조성과 활력의 모체로서 작용하는
중소기업에 대한 정책이 형성 전개된다.

이를 포괄적으로 보아 産業組織的 중소기업 정책이라고 규정하고 있다. 이것은
고전적 유형의 산업조직 정책이었던 不利是正政策의 소극적 수준과는 다른 차원의
성격이다. 산업조직의 개선과 활성화에 중소기업의 역할과 기여가 강조되는 적극적인
성격의 산업조직적 중소기업 정책인 것이다.

경제발전과정에서 이러한 중소기업 정책유형의 전환은 일본 경제의 사례에서 알
수 있고, 한국 경제의 경우도 비슷하다. 일본의 경우는 1950년대 후반에서 1960년대에
이르는 구조 정책에서, 1970년대의 지식집약화를 거쳐, 1980년대에는 활력 있는 중소
기업론에 이르고 있다. 1990년대에는 창조의 모체와 시장경제의 적극적 담당자로서
중소기업을 규정, 이를 뒷받침하는 중소기업 정책을 전개하였다.

결국 자본주의 전개과정에서 또는 경제발전과정에서 중소기업 정책유형은 정책
인식의 대상이 되는 중소기업 문제의 전환에 대응하면서 전개되었다.

제5부 한국중소기업 문제와 정책의 전개

제18장 후진자본주의와 한국중소기업 문제의 전개

제1절 후진자본주의와 중소기업 문제

1. 중소기업 문제의 일반성과 특수성

오늘날 중소기업 문제의 성격은 대체로 다음과 같이 규정되고 있다.

중소기업 문제를 국민경제의 구조적 모순으로 보는 것이다. 19세기 초 이후 산업자본 단계에는 공장제 대기업에 의하여 小經營이 구축되는 것이 일반적 특징이었다. 그러나 오늘날의 독점자본 단계에는 독점을 정점으로 하는 자본의 운동법칙 속에서 중소기업은 일방적으로 경쟁에 의하여 도태되는 것이 아니다. 오히려 중소기업은 자본제가 전개되는 과정에서 이른바 지배적인 자본의 작용으로 잔존하고 이용되면서 존속을 지속하고 또 새로이 탄생하고 있다.

이 가운데 독점적 대기업과 중소기업은 경쟁 도태만이 아니고 잔존 이용이라는 특성 속에서 기계적 일방적인 교체가 아니라 상호제약적이면서도 의존적인 관계를 맺으면서 존재한다.[1] 즉 독점적 대기업과 중소기업이 상호의존적이면서도 대립적인 관계를 맺는 가운데 국민경제의 구조적 모순으로서 중소기업 문제를 이룬다.

자본주의의 전개과정에서 보면 중소기업 문제는 산업자본주의 단계에서는 경쟁 도태라는 위치에서 형성되었다. 그러나 독점자본주의 단계에서는 경쟁·도태와 잔존·이용이 교차하면서 중소기업의 문제가 생겨났다. 이것은 중소기업 문제는 자본주의가 발전하면서 점차 경쟁 도태되는 소극적인 측면으로부터 중소기업의 역할(잔존·이용)이 강조되는 적극적 측면으로 변화했으며, 또한 그러한 역사적 의미를 갖는다.

한편 산업구조의 전환에 따른 중소기업 문제의 변화에서도 이런 점이 확인된다. 경공업 중심의 산업구조(경쟁·도태)에서보다는 자본의 유기적 구성이 고도화된 중화학공업 중심의 산업구조에서는 독점이윤을 얻기 위한 독점자본의 작용이 강화되면서 구조적 모순으로서 중소기업 문제(잔존·이용)는 더욱 심화된다. 그런 가운데 중화학공업이 성숙하고 산업구조가 지식·정보 집약적으로 전환되면서 자본의 역할이 약화되고 그에 따라 구조적 모순으로서 중소기업 문제(경쟁·도태와 잔존·이용)보다는 중

---

1) 山中篤太郎, 〈中小企業本質論の展開〉, 藤田敬三·伊東垈吉 編, 《中小工業の本質》, 有斐閣, 1960, pp.8~9.

소기업의 역할과 적극적 존립이 강조되었다.

경쟁·도태―잔존·이용―적극적 존립으로 이어지는 중소기업 문제의 흐름, 그리고 낡은 중소기업의 소멸과 새로운 중소기업의 신규진입 등 신구기업의 교체 속에서 이루어지는 중소기업의 동태적 변화와 같은 중소기업 문제는 경제법칙으로서의 중소기업 이론이 해명해야 할 현상이다. 이러한 중소기업 문제는 국민경제의 구조적 모순, 산업구조상의 모순, 또는 중소기업의 위치와 역할 등의 그 기본적 성격을 지니면서도, 서로 다른 역사적 조건과 상이한 발전단계에 따라 상이한 현상으로 구체화되었다. 그런 의미에서 중소기업 문제는 '역사적'인 성격을 지닌다.

이것은 중소기업이 동일한 경제주체이지만, 역사적 조건과 발전단계가 다르면 그 위치와 역할이 서로 다르게 나타난다는 것을 의미한다. 그러기 때문에 중소기업 문제의 성격을 규명하는 데 '일반성과 특수성의 문제'가 제기된다.

경제학을 포함한 사회과학에서의 이론적 요구는 그 사회가 안고 있는 모순관계의 해명에서 비롯된다. 그런데 사회적 모순관계를 보편적 발전법칙에 따라 해명하려는 시각이 있는가 하면 그것의 구체성에 집착하여 분석하려는 시각도 있다.[2] 이것이 역사인식에서 일반성과 특수성의 문제이다. 그런데 중소기업 문제도 그것이 과도적 마찰적 모순이건 또는 국민경제적 모순이건, 경제구조의 한 모순으로 파악되는 한, 거기에는 일반성과 특수성의 문제에 따른 시각이 나오지 않을 수 없다.

중소기업 문제는 자본주의 발전과정에서 나오는 구조적 모순(산업구조상의 모순), 또는 그 위치와 역할이라는 일반적 성격을 지니면서도, 동시에 한 나라 자본주의의 구조적 모순이라는 특수한 문제이기도 하다. 즉 국민경제적 특성을 반영하는 것이기도 하다. '일반성과 특수성'의 문제에서 일반법칙은 특수성으로밖에 나타나지 않으며, 따라서 특수성은 일반법칙의 관철형태라고 인식할 필요가 있다.[3]

일반적 본질적인 것은 추상적이며, 그것의 具體化와 현실적 관철은 특수한 형태를 취하면서 존재한다. 즉, 중소기업 문제의 일반적 성격은 모든 자본주의 경제가 필연적으로 지니는 것이지만, 각 나라의 역사적 조건의 차이에 따라서 그 관철형태는 특수한 성격을 갖게 된다. 여기에 후진자본주의와 한국 중소기업 문제의 성격을 규명할 필요성이 제기된다. 이것은 귀납과 연역의 통일이라는 과학적 방법론에서 과도적인 한 단계를 선정하여 둘의 통일을 기하는 형식논리적 과정이기도 하다.

---

2) 일본 자본주의 논쟁에서는 勞農派가 일반성의 시각을, 講座派가 특수성의 시각을 견지하였다. 전자는 일본자본주의 분석에서 일반법칙의 관철, 즉 법칙성을 존중하는 반면, 후자는 특수성의 해명을 통하여 일반법칙의 관철형태를 해명하려는 것이었다.

3) 平田喜久雄 著, 《現代中小企業理論》, 中央經濟社, 1981, p.8.

2. 地主·商人型 자본주의와 小經營 문제

후진자본주의는 자본주의 전개의 두 가지 길인 小生産者型과 지주·상인형 중 후자의 길을 택하면서 전개된 자본주의를 말한다.

세계사에서 최초로 自生的(또는 內發的) 근대화를 이룬 英國는 봉건체제 및 전통적 사회에서 지배적 지위를 차지하였던 영주와 지주, 그리고 그들과 이해를 같이하는 舊來의 상인이 있었지만, 이들이 근대화의 개시에서 중심적 역할을 한 것은 아니었다. 이들 사회계층을 쇠퇴시키면서 자기의 지위를 확립한 獨立自營農民層, 그리고 이들과 밀접한 분업관계를 맺은 농촌의 職人層(小匠人)이 자본주의의 순조로운 성장에서 중심 역할을 하였다. 이렇게 전개된 것이 자본주의 발전의 소생산자형이며, 선진자본주의이다.

이에 대하여 일본과 독일의 산업화 과정에서 보여주는 특징적 양상이 지주상인형이다. 이들 국가에서는 절대왕정의 단계에서 산업화가 전통사회의 체제적 이해와 결부되어 영국의 경우와는 정반대로 소생산자형의 길이 압도되고, 이질적인 구조적 특징을 갖는 半봉건적 자본주의사회(半전통적 산업사회)가 확립되었다. 이것은 발전의 중심적 역할을 전통사회의 지배적 계층을 이루었던 지주·상인이 담당하였기 때문에 전통적 사회의 여러 관계가 온존한 결과이다. 이렇게 전개된 것이 자본주의 발전의 지주상인형이며, 후진자본주의이다.

세계의 여러 지역 또는 여러 국가에서 자본주의가 전개되면 그들 상호간에 이해의 대립이 근본적 속성으로 되면서, 후진자본주의는 선진자본국주의의 외압 때문에 산업구조 안에 일정한 왜곡성이 형성되어 선진국의 그것과 다른 형태를 갖는다.

그리고 그것은 각 나라의 국내 또는 지역에서 여러 가지 質과 量으로 존재하는 前近代的 전통적 여러 관계의 이해에 결부되어 분업관계의 왜곡성을 구조로서 고정화시킨다. 그 결과 산업구조의 왜곡성을 지속적으로 내포하는 국민경제, 그리고 이러한 구조를 체제로서 고착시키는 특수한 자본주의가 전개되는데, 이것을 바로 후진자본주의라고 하였다.[4)]

후진자본주의(특히 독일과 일본 등 후발선진자본주의)에서의 소경영문제를 분석하기에 앞서 그 특징을 좀더 설명해 보면 다음과 같다.

---

4) 大塚久雄 編, 《後進資本主義の展開過程》(第一章 總說－後進資本主義とその諸類型), アジア經濟
   研究所, 1973, p.10. 소생산자형의 자본주의를 先發先進자본주의라고 보고, 지주·상인형의 후진자
   본주의는 독일·일본 등 後發선진자본주의를 말하며, 신생저개발후진국에서의 자본주의를 식민지
   자본주의로 본다.

첫째, 산업혁명이 소생산자형의 길에 따라 이루어질 때 중소의 산업경영자는 산업화의 중심적 역할을 담당한다. 이에 대하여 지주상인형의 길에 따를 때 중심적 산업경영자의 역할을 하는 지주와 상인은 전통사회의 전기적 특권과 관련하여 初期獨占의 특징을 나타낸다.[5]

둘째, 소생산자형의 길에서 볼 수 있는 자본주의의 자생적 성장의 흔적은 전혀 또는 약간의 맹아밖에 발견되지 않는다. 여기에 선진자본주의 국가들의 상업적 산업적 영향으로, 한편에서는 자본과 기술을 들여오고 다른 한편에서는 전통적 사회관계의 기초 위에 있는 현지의 노동력을 활용하는 비자립적 양상을 지닌다.

셋째, 지주상인형의 자본주의에서는 전통적이며 전근대적인 사회적 지배관계가 그대로 상업적으로 이용되고 낡은 토대 위에서 산업경영이 조직된다. 이 산업경영은 완전히 근대적이거나 자본주의적은 아니지만, 선진자본주의의 지배의 기초 위에서 그 일환으로 자본주의적 성격을 이어받게 된다. 그리고 임금노동에 기초를 두고 있다는 의미에서 자본주의적 산업경영을 하는 것이지만, 주위의 전통적 여러 관계와 대립적이 아니고 오히려 결부되어 있고 그 토대 위에서 운영된다.

넷째, 후진자본주의는 대외적으로 선진자본주의에 의하여 상업적 금융적으로 크게 지배받기 때문에 경제적 자립성이 없고, 대내적으로는 낡은 전통적 사회경제의 여러 관계가 어느 정도는 변화되지만 근본적으로 단절되지 않고 있다.

다섯째, 후진자본주의는 선진자본주의로부터 자본 및 기술을 들여오고 그것으로 산출하는 산업경영의 생산물도 선진국에 수출하기 때문에, 이들 산업들은 선진자본주의가 형성한 經濟帝國圈과 그를 위한 국제적 분업관계의 부분으로 편입되기에 이른다. 그 결과, 수출산업이 비정상적으로 비대화된 산업구조는 그 왜곡성이 뚜렷해져서 국민경제를 갖지 못하고 독립적인 국민경제를 이루지 못하는 산업구조가 된다.[6]

그리고, 지주·상인이 중심 역할을 담당하는 후진자본주의는 다음과 같은 방향으로 전개되었다.

첫째, 主體의 측면에서는, 정부가 지주·상인과 결탁하여 주도적으로 자본주의화를 추진하였다. 소생산자형의 자생적 내발적 자본주의와 달리 정부가 주도하는 '위로부터의 근대화'가 추진되었고, 급속한 자본주의화를 위하여 강력한 자본축적구조가 이루어졌다. 이른바 殖産興業政策이 그 대표적인 예이다.

---

5) 위의 책, p.18.(초기독립의 성격은 주 41) 참조)
6) 위의 책, pp.28~29. 여기서 국민경제는 '국민적 규모에 있어서 사회적 분업의 결합'을 의미한다. 그리고 국민경제의 산업구조는 민족을 기반으로 하고 있어서 민족과 역사적으로 내적 관련을 맺고 있다고 보았다.(위의 책, pp.99~104)

둘째, 산업구조 면에서는, 선진국으로부터 들여온 자본과 기술이 중심이 되는 移植工業 또는 輸入工業이 자본주의화의 주축을 이루었다. 그 결과 전통산업과 이식공업 사이에 단층과 경쟁관계가 만들어졌고, 선진국이 경제적 帝國을 이루기 때문에 산업구조의 왜곡이 고정화된다.

셋째, 기업규모 면에서는 대공업이 주축이 되어 근대화가 이루어졌다. 근대적 공장제 공업을 중심으로 하는 대공업이 자본제화의 기반이 되었고, 이에 따라 소경영은 상대적으로 소외될 수밖에 없었다.

이런 가운데 지주상인형의 후진자본주의(후발선진자본주의)에서 제기된 소경영 문제로서는 독일에서 19세기 중엽에 신역사학파가 전개한 小工業(小經營)沒落論을 들 수 있다. 뒤늦게 산업혁명을 시작한 당시 후진국 독일에서는, 산업혁명과정에서 근대적 대공장제도 때문에 급속히 몰락하는 전통적 수공업, 가내공업 및 매뉴팩처 등 소경영 문제가 제기되었다. 이들의 소경영에 대한 논의는 소경영이 당연히 소멸된다고 여겼으며, 따라서 당시 소경영문제는 경제문제로서보다는 소멸과정에서 불가피하게 부수되는 사회문제 또는 노동문제로 취급되었다.

그러나 18세기에서 19세기에 걸쳐 독일의 소공업(소경영)이 일반적으로 도태되지 않았다는 통계적 증명(E. Bernstein)과 함께 '전통적인 수공업의 근대화 형태'인 수공업경영(Handwerk)이 독일 수공업을 상징하게 되었다. 전형적인 근대공업의 의미로서 공업경영(die Industrie)에 대응되는 개념인 수공업경영은 다음과 같은 몇 가지의 특징을 지니고 있다.

① 주문적 생산에 따르는 독립적 개인기업
② 어느 정도의 기계화 속에서도 결국에는 숙련노동과 기술에 의존하는 점
③ 경영자가 직접 생산공정에 창조적으로 참여한다는 점 등

경영자의 능력과 노동의 역할을 강조하면서 공업경영과 구분되었던 수공업경영은 1950년대 후반부터 1960년대에 걸친 자본주의의 재편성과정에서 변질되었고, 그 존립기반도 크게 무너졌지만 독일 중소기업 문제를 상징하는 중요한 대상이었다.

明治 초기 일본의 산업화 과정에서 제기된 在來産業문제도 지주·상인형 후진자본주의의 소경영문제의 특수한 한가지 유형이다. 외부로부터 이식되어 온 근대산업에 의하여 재래산업이 몰락하는 현상을 문제로 제기하고, 그에 대한 산업 정책으로서 보호 정책을 제기하였다.

당시 일본은 세계의 자본주의 발전단계에서 뒤떨어져 있었기에 급속하게 근대화하는 것이 필요하였다. 이를 위하여 明治정부는 재래산업을 중심으로 하는 경제적 기반을 근대산업으로 전환할 목적으로 수입기계공업을 국내에 이식하는 식산흥업 정책

을 전개하였다. 이러한 급속한 위로부터의 정책은 근대적 이식공업인 대공업과 고유의 재래산업이 조화를 이루지 못한 산업구조를 형성하였다.

1881년에 강행한 본원적 축적 정책이 대공업의 형성과 함께 재래산업의 급속한 분해와 몰락을 가져온 데 대하여 재래산업문제(固有工業論)가 경제적 사회적 문제가 되었는데, 그 대표적인 견해가 前田正名의 《所見》(1892년)에서 전개되었다. 그는 그 많은 부문이 세계에 과시하는 특산물로서 수출상품이 되었던 고유공업이 대공업화 정책으로 희생되고 있다는 점을 지적하면서, 재래산업에 대한 보호장려, 점진적 개량, 수출화 등에 관하여 구체적인 시책을 주장하였다.[7]

3. 二重構造論과 중소기업의 근대화[8]

1950년대 후반 일본에서 논의했던 이중구조론은 일본자본주의의 특수성을 반영하는 중소기업 문제였다. 중소영세기업부문 등을 前近代部門으로 보고 대기업을 근대화된 부문으로 규정하면서, 전근대적인 중소기업부문을 근대화시켜 이중구조를 해소시키는 것이 일본경제를 지속적으로 고도성장시키는 방안이라는 정책적 인식이 이 논의에는 담겨 있었다. 특히 중소기업의 위치와 기능, 규모별 격차 등의 문제를 국민경제구조의 메커니즘 속에서 종합적으로 이해하고, 중소기업 문제를 국민경제의 구조적 문제로 파악하려는 구조론적 시각이 여기에는 담겨 있었다.

1957년도 일본의 《經濟白書》[9]가 이중구조 문제를 본격적으로 제기한 이후 그에 대한 분석과 논의가 시작되었다. 여기서는 이중구조의 존재에 대한 지적과 함께 그 해소를 통하여 지속적인 국민경제의 고도성장의 방안을 내놓았다는 점에서 구조 정책으로서의 중소기업 정책, 즉 중소기업 문제에 대한 구조론적 정책인식의 기틀을 제공하였다.

《經濟白書》는 이중구조의 내용으로 ① 고용구조의 이중성과 특수성, ② 기업규모별 생산성 격차, ③ 기업규모별 임금 격차, ④ 노동시장의 이중성, ⑤ 무역구조의 이중성, ⑥ 이중구조에 따른 사회적 긴장의 격화 등을 제시하였다. 특히 이 가운데 고용구조의 특수성을 지적한 내용은 일본경제에 대한 진단을 잘 표현하고 있다. 즉 일본과 같이 농업과 중소기업이 광범하게 존재하는 나라에서는 低生産性과 低所得의 不完全就業의 존재가 문제로 되기 때문에, 선진국에서와같이 완전실업자의 多寡로 고용상태

---

7) 北澤新次郎·末岡俊二 著, 《獨占と中小企業の理論》, 東京 : 同文書院, 1961, p.156.
8) 제11장 및 제16장 5절에서 상세히 설명하고 있음.
9) 日本經濟企劃廳 編, 《昭和32年度 經濟白書》, 至誠堂, 1957.

를 측정하지 못한다. 말하자면 한 나라 안에 선진국과 후진국의 이중구조가 존재하는 것과 같다[10]는 것이다.

구조적 질적 문제인 이러한 이중구조를 해소하기 위하여 다음과 같은 방안을 내놓았다.

즉 어느 부문을 근대화시켜 높은 성장률과 고용흡수를 이룰 것인가에 대해서는, 대기업을 정점으로 하는 근대부문의 급속한 성장을 도모하는 외에, 전근대부문 자체를 근대화하여 생산성을 높이는 두 가지 방안이 제시되었다. 특히 농업과 중소기업의 비중이 높은 경제에서는 전자의 방법만으로는 오히려 이중구조의 격차를 더욱 확대시킬 수 있다고 보고, 전(비)근대 부문에 대한 특별한 고려를 해야 이중구조가 해소될 수 있다고 보았다.[11] 이를 배경으로 전개되었던 중소기업 근대화 정책은 바로 지주상인형의 人本資本主義가 근대화와 산업구조의 고도화를 추구하였던 길이었다.

구조론적이고 정책적 인식의 대상이었던 이중구조의 형성에 대한 논의를 보면 다음과 같다.

영국과 같은 선진국의 경제개발과정에서는 기술진보와 근대화가 장기적이고 점진적이며 自生的이었기 때문에 전근대 산업과 근대적 산업간에 二極集中이 일어나지 않았다. 그러나 뒤늦게 경제개발을 하는 나라에서는 선진국이 장기간에 개발한 기술을 일거에 수입하여 모방하게 됨에 따라 재래산업과 신기술을 채용한 기업 사이에 생산성과 임금의 격차 등 이중구조가 나온다는 것이다. 이러한 역사적 배경을 이해하여 제시된 이중구조의 형성요인은.

① 일본 노동시장의 특징
② 이중구조 형성에 대한 생산물 시장의 역할
③ 자본집중과 융자집중에 따른 이중구조의 형성 등[12]이었다.

한편 뒤늦게 산업혁명을 시작한 일본자본주의가 급속한 산업혁명을 특수하게 단기간에 빠른 형태로 이행하는 과정에서 나온 것이 이중구조라고 지적 받기도 하였다.

① 자본에서는 만성적 부족과 자기저축의 불충분
② 노동에서는 계급분화의 왜곡과 상대적 과잉인구의 방대한 발생
③ 기술에서는 전통기술의 축적과 근대적 수입기술의 괴리
④ 그리고 시장적 깊이와 크기가 결여된 상태에서 일본경제는 중화학공업과 양산체제로 이행하지 않으면 안 되었다.

---

10) 위의 책, pp.33~36.
11) 위의 책, pp.38~39.
12) 篠原三代平, 《産業構造論》, 筑摩書房, 1970, pp.58~60, 65~73.

이와 같은 여건에서 다음과 같은 방안이 강구되었다.

① 자본부족을 은행독점과 국가의 힘으로 보충하고(위에 의존)

② 기술의 미성숙을 외국에 의존하여 보완하며(밖에 의존)

③ 저임금의 과잉노동을 이용하는 한편(아래에 의존)

④ 산업구조의 취약성을 무역으로 보충하려고 제국주의적 진출을 시도하면서(옆으로 침략) 급속한 추적의 과정을 거쳐 일본자본주의는 발전하였다.

이것이 일본 자본주의의 특수성이 만들어진 과정이었으며, 동시에 이중구조라는 중소기업 문제가 나온 근본원인이라는 것이다.[13]

한편 이중구조의 성격에 대한 설명에서는 다음의 두 가지가 주목을 끈다.

첫째, 一重構造論이다. 《經濟白書》가 지적한 바는 이중구조를 단순히 이질적 부문의 병존현상으로 규정하고 있으나 이러한 구조관에는 문제가 있다는 것이다. 이중구조라는 현상은 자본주의 발전의 불균형성의 문제이며 일본의 특수한 역사적 조건에서 나온 것으로서 둘은 결코 二重이 아니고 一重의 표리일체, 즉 一重의 구조를 형성하고 있다는 것이다.[14]

이것은 근대적 조직은 전근대적 영역을 기반으로 하여 처음부터 존립할 수 있을 뿐만 아니라 그 발전과정에서 끊임없이 전근대적 영역을 재생산한다는 것, 즉 둘이 상호의존적이고 밀접하게 관련되었다는 점에서 구조라고 할 수 있으며, 하나의 有機體를 구성하고 있는 것이라고 일중구조를 설명하였다.

한편 이중구조라는 현상을 독점자본을 정점으로 하여 이것이 주도력을 행사하는 국민경제의 피라미드형 계층적 구조라고 보는 견해도 일종의 일중구조를 반영한다. 대기업을 정점으로 하는 계층구성이 中小資本과 零細經營을 위로부터 아래로 일관되게 지배·수탈하는 관계, 그리고 이러한 메커니즘을 통하여 기본적으로 자본이 노동을 포함하여 잉여가치를 수탈하는 구조일 뿐만 아니라, 바로 독점자본을 정점으로 하는 자본의 운동법칙을 재생산하는 것이기도 하다.

따라서 이중구조는 내면적으로 들어가 통일적으로 보면 일중구조라고 할 수 있다는 것이다.[15] 이러한 견해는 이중구조의 해소를 위한 중소기업의 근대화도 독점자본이 중소기업을 잔존·이용하기 위한 근대화로 보는데, 결국 이것은 자본축적의 시각이라

---

13) 長州一二, 〈二重構造分析の方法論〉, 伊東光晴 執筆·編集, 《日本經濟分析の再檢討》, 廣文社, 1966, pp.57~58.

14) 小林良正, 〈日本經濟の二重構造について〉, 《經濟セミナ》 1960년 2월호, pp.3~5.

15) 伊東垈吉, 〈日本の中小企業構造と勞動問題の特質－歐米との比較〉, 楫西光速·小林義雄·岩尾裕純·伊東垈吉 編, 《講座中小企業 4》(勞動問題), 有斐閣, 1960, p.302.

고 할 수 있다.

둘째, 傾斜構造論이다. 여기서는 일본경제는 서로 격리된 두 개의 이질 부문이 겹쳐 있는 것이 아니고 기업규모의 大小 순서에 따라 연속적 경사적 임금격차가 성립되어 있고, 농촌부문에도 경지면적의 크기에 따라 연속적 경사적 소득격차가 있다. 그 위에 공업부문의 임금격차 경사는 그대로 농업부문의 소득격차와 중복된다는 의미에서 이중구조가 아니고 경사구조라고 부를 수 있다는 것이다.[16]

이러한 이중구조의 경사구조적 현상을 후진국 일반의 '이원적 구조'와 구분해서 해석하기도 한다. 후진국의 경우는 근대산업의 발전과 전근대산업의 잔존이 극단적인 모습으로 대치하는 특징을 보이지만, 대기업부문은 전체 경제의 小部分에 그친다. 이에 견주어 일본경제는 대기업, 중기업, 소기업이 각각 경제에서 큰 비중을 차지하면서 그들간에 연속적 소득격차를 보이고 있다.

정체상태에 있는 후진경제의 이중구조와는 달리 일본경제의 이중구조는 근대화과정에 진입하여 고도성장을 추구하는 경제의 이중구조라고 규정한 것이다.[17] 즉 연속적 경사적 임금격차와 소득격차를 일본 이중구조의 특징으로 들고 있는 것은 이중구조의 역할을 일본 경제의 성장과 관련하여 동태적 메커니즘에서 파악하려는 의도를 반영한 것이다. 이렇게 볼 때 중소기업의 근대화를 통한 이중구조의 해소라는 정책인식은 중소기업 문제를 경제발전적 시각에서 파악한 것이다.

4. 하청 제도와 階層的 축적구조

돕(M. Dobb)은 1946년 간행된 그의 저서에서 독점자본주의 단계에서 중소기업(small firms)이 존속하는 몇 가지 이유를 설명하는 가운데 하청업체(subcontractor)로서 역할을 하기 때문이라는 점을 지적하였다. 즉 대기업제품의 특수한 부분품을 공급하고, 성수기에 대기업의 일정한 생산단계를 보조하는 일종의 근대적인 하청 제도(modern putting-out system)인 대기업의 하청업체로서 존립한다는 것이다.[18]

이것은 독점자본 단계에서 중소기업의 일반적인 존립형태로서 하청 제도를 지적한 것이었다. 그러나 이러한 하청 제도는 특히 개량적 자본주의화의 길에 따라 근대화를 이루었던 후진자본주의(지주·상인형 자본주의)에서 더욱 뚜렷하게 전개되면서 중소기업 문제의 핵심 과제가 되었는데, 그 이유는 다음과 같다.

---

16) 大川一司, 〈過剰就業と傾斜構造〉, 《經濟の進步と安定》, 中山伊知郎氏還曆記念論文集, 1958 참조.
17) 篠原三代平, 《日本經濟の成長と循環》, 創文社, 1968, p.20.
18) M. Dobb, *Studies in the Development of Capitalism*, Routledge & Kegan Paul, 1963, p.347.

첫째, 오늘날 연구에서 하청 제도의 역사적 原型이라고 규정되고 있는 先貸制(先貸客主制) 家內工業 또는 자본제 가내노동은 주로 商人資本이 産業資本으로 전화하면서 자본주의가 성립하였던 국민경제에서 전개되었다는 점이다. 소생산자가 산업자본가로 되는 길을 걸으면서 전형적인 자본주의가 발달하였던 경제의 모형에서는 선대제 가내공업이 적극적으로 검출되고 있지 않다. 이러한 선대제 가내공업은 그 뒤 지주상인형 자본주의경제에서 자본축적의 기구로서 하청 제도가 크게 발달하였던 사실의 역사적 배경으로 되고 있다.

둘째, 오늘날 각 국민경제에 대한 실증적 연구에서도 이러한 점을 확인할 수 있다. 미국의 기계공업에 관한 한 연구에 따르면, 기업이 생산활동에 필요한 물품을 외부에서 구입할 때 市場購入이 外注·下請보다 그 비율이 훨씬 높으며, 따라서 구매를 시장구입으로 분류한다는 것이다. 구매를 시장구입과 외주로 분류한 사례의 연구에서 보면 외주 비율은 10~20퍼센트에 불과한 것으로 나타나고 있다. 즉 미국의 경우는 구매의 개념이 외주·하청보다는 시장구입에 중점을 두고 있는 데 대하여, 일본의 경우는 구매의 개념이 외주·하청에 중점을 둔다는 것을 알 수 있다.[19]

이것은 미국에서는 기업간 분업이 기본적으로 시장에서의 거래관계를 통하여 대등한 거래조건 아래 독립적인 기업 사이에 이루어지는 데 반해, 일본에서는 기업간 분업이 지배 종속관계를 갖는 기업 사이에 이루어지는 外注·下請制度가 중심이 되어 있음을 의미한다. 즉 개량적 자본주의의 길에 따라 발전한 경제인 일본이나 독일에서는 기업간 분업의 형태 또는 자본축적의 기구로서 하청 제도가 본격적으로 전개되었음을 알 수 있다.

셋째, 뒤늦게 출발한 자본주의의 급속한 자본축적에 대한 요구를 반영하는 것이었다. 뒤늦게 산업혁명을 이루어야 했고, 또 선진자본주의에 대한 급속한 추적의 과정은 당연히 높은 자본축적을 요구하였다. 특히 독점자본 단계에서는 잉여가치의 수취를 통하여 자본축적을 하는 형태에서, 후진자본주의는 선진자본주의와 다른 특수성을 지니게 되는데, 그 구체적 형태가 하청 제도이다.

독점단계에서는 잉여가치의 수취가 자본과 노동 사이의 기본적 형태(모순)에 그치지 않고 산업자본주의에서 나타나지 않았던 다양한 모순이 발생한다. 독점이윤의 수취를 늘리기 위하여 그 대상을 확대하기 때문이다. 하청 제도는 독점자본의 이윤축적 과정의 확대, 다양화 과정에서 나오는 종속적 모순의 한 형태이다. 후진자본주의에서는 독점이윤 축적의 요구가 더욱 치열하기 때문에 하청 제도가 광범하게 전개된 것이다.

---

19) 佐藤芳雄 編,《低成長期における外注·下請管理》, 中央經濟社, 1980, pp.136~137, 157.

한편, 하청 제도는 독점자본의 이윤축적 기구를 이루는 생산관계적 측면을 지니는 반면에, 독점자본과 하청기업 사이의 상호보완적인 관계의 전개 속에서 생산력을 높이는 작용을 한다. 이러한 두 가지 측면을 가진 기능을 통일하여 후진자본주의의 자본축적의 기구로 된 것이 하청 제도이다. 그리고 하청 제도는 系列化로 전개되면서 그 기능을 더욱 적극화하였다.

후진자본주의의 하청 제도는 그 나라 경제의 특수성을 반영하여 서로 다른 양상을 보였는데, 일본과 독일의 차이가 그것이다. 일본에서는 階層的 重層的 축적기구로서 하청 제도가 전개되었다. 독점자본이 이윤추구의 대상을 확대하고 다양화하는 과정에서 지배종속의 여러 관계가 단계적으로 확대 심화된 것이다.

일본에서는 중소기업이 하청 제도에 편입된 비중이 높을 뿐만 아니라 그것이 1차 하청에 그치지 않고 계층적 구조를 이루는 특징을 보였다. 2차 하청 이하에서는 비교적 단순한 노동 집약적인 생산가공형태가 많고, 가내노동을 중심으로 하는 생업적 소영세경영이 차지하는 비율도 높다. 따라서 경제적 여러 모순도 아래 계층의 하청기업에 더욱 증폭 전가되고, 계층적 축적구조하에서 최하층 하청경영의 경제적 부담은 가장 심하여 극히 열악한 거래조건을 지니게 되었다.

이에 대하여 독일은, 하청 제도의 횡적 확대는 진전되어 있지만 再下請, 再再下請이라는 종적 종속은 상대적으로 엷고, 모기업에 대한 하청기업의 의존률도 일반적으로 낮으며, 특정한 기업에의 전속적 하청도 극히 적다는 점이 지적되었다. 또한 독일의 하청 제도에서 모기업과 부품공급기업과는 사회적 분업을 행하고 있으며 지불지연 등의 사례도 적다는 지적도 있다.[20]

이처럼 독점자본의 자본축적기구로서 하청 제도가 후진자본주의인 일본과 독일에서 중요한 요소로 전개되었지만 그 전속의 정도와 이용의 범위 등에서는 차이가 있다. 즉 하청 제도는 독점자본 단계의 후진자본주의의 주요한 자본축적기구라는 성격을 띠기는 하지만, 구체적 하청구조의 전개는 그 나라 독점자본의 축적양식에 따라 규정되고, 지배영역의 넓이와 깊이도 그에 따라 결정된다는 것을 알 수 있다.

---

20) 加藤誠一·小林靖雄·瀧澤菊太郎 編,《先進國の中小企業比較》, 有斐閣, 1970, pp.223, 266.

제2절 植民地 資本主義와 중소기업 문제

1. 식민지 자본주의와 경제의 二重構造

자본주의의 역사적 발전유형은

① 한 사회가 가진 내재적인 사회적 생산력의 발전에 따라 자본주의가 전개된 고전적 유형(小生産者型)

② 한 사회의 내재적인 사회적 생산력에 따르지 않은 移植型的 유형(지주상인형) 등 크게 두 가지로 나눈다.

이식형적 유형은 다시 선발후진자본주의 국가들에서 전개된 유형과 식민지 종속으로 자본제화의 계기가 주어진 유형으로 나눌 수 있다. 이때 전자는 앞에서 논의한 후진자본주의이고, 후자는 여기서 논의할 식민지 자본주의이다. 자본주의가 이식형적으로 전개되는 경우에는 그것이 내재적인 사회적 생산력의 발전에 따른 자연적 질서의 과정이 아니기 때문에 자본주의 경제제도가 낡은 사회에 이식, 접합되는 것이다. 그 결과, 한 나라 국민경제를 구성하는 여러 경제제도 사이에 상호 관련관계가 결여되고, 그에 따라 필연적으로 경제의 이중구조가 형성되지 않을 수 없다. 이것이 식민지 자본주의에서 중소기업의 위치와 역할을 규정하는 중요한 계기가 되었다.

자본주의 발전의 계기가 외생적인 것이었기 때문에 전근대적 봉건적 遺制가 청산되지 못한 가운데, 식민지 지배의 확대 심화로 전개된 식민지 경제구조는 다음과 같은 특성을 갖는다.

첫째, 그 주된 생산력 기반은 국내의 자생적인 것이 아니라 밖으로부터 들어온 것이었기 때문에 對宗主國 分業的인 특성을 갖고 있었고, 생산관계는 봉건적인 것 대신에 새로이 전개된 전근대적인 半封建的 생산관계로 대체되었다. 결국 봉건적 또는 반봉건적 隷從은 자본제적 시장합리성으로 완전히 대체되지 못했고, 국민에 대한 지주계급의 억압 위에 기업관습을 첨가하여 이중의 착취를 이루기 위한 생산관계를 만들었다.

둘째, 이러한 생산관계는 지배층이 식민지 수탈의 매개자로서 외국기업가이거나 그들의 국내협력자(their domestic counterparts)[21]들이었기 때문에 반봉건적이면서도 선진국 자본과 결탁된 것이었다. 따라서 낡은 생산관계를 청산하는 대신에 이를 보존

---

21) P. A. Baran, "On the Political Economy of Backwardness", *Selected Articles in Economic Development*, SNU, 1965, p.30.

시킨 채 그 위에 종주국의 식민지 수탈관계를 접합시킨 것이었다.

셋째, 따라서 식민지 경제는 국내적으로 균형과 분업에 의한 단일화된 국민경제적 통합의 바탕을 갖지 못하였다. 도시는 원자재와 저임금의 노동수탈을 위한 부분가공형태의 공업과 식민지 지배를 위한 식민지 관료 등의 고립된 생활권이 되었다. 이에 대하여 농촌은 대다수 국민의 구성원인 농민층이 전근대적 생활과 전근대적 생산양식을 지닌 채 도시권과는 관련을 갖지 못하였다. 그리고 경제적으로는 원격지간의 상업에 의하여 직접적으로 종주국의 공업과 관련을 맺게 되었다.[22]

그 결과 도시와 농촌, 공업과 농업, 공업부문 및 기업들 사이에 斷層을 이루고 관련관계를 결여한 이중사회 내지 이중구조를 이루었다. 국민경제가 동질적인 통합이 아닌, 이중구조가 될 수밖에 없었던 것은 식민지 자본주의 전개과정에서 외생적으로 주어진 자본주의 제도가 낡은 사회를 분해할 수 있는 능력을 제한하고 있었기 때문이었다.

① 내생적인 힘으로 밑으로부터의 資本制化한 것이 아니기 때문에 국민경제가 상호 긴밀한 분업관계를 이룰 수 없었고,

② 기술도 이식적인 것이기 때문에 한 나라 국민경제의 조건에 맞지 않아 사회적 생산력 수준과 수요충족에 맞는 고용기회를 창출하지 못했고,

③ 농업에서도 개혁을 가져올 만큼 民富의 축적기회와 조건이 주어지지 못하였다.

결과적으로 국내적 분업이 결여되어 농업과 공업이 불균등하게 발전하면서, 도시와 농촌이 서로 고립된 생활권을 이루고, 식민지 초과이윤을 얻기 위한 외국자본과 그 협조자인 매판자본은 식민지 지배권력과 결탁하여 商人資本的 수탈을 하였다. 이 과정에서 민족경제는 소멸, 위축되었으며 이와 관련하여 중소기업 문제가 형성되었다.[23]

2. 民族經濟의 잠식과 중소기업 문제

식민지 경제구조의 생산력 기반은 한편에서 확대 성장하는 外國資本과 買辦資本, 그리고 다른 한편에서는 이들이 축소 잠식하는 소수의 民族資本으로 구성되었다.

---

22) 邊衡尹, 〈韓國經濟의 診斷과 反省 — 自主的 近代化의 方向과 韓國經濟〉, 《新東亞》 1971년 11월호, p.67.

23) 朴玄埰, 〈中小企業問題의 認識〉, 《創作과 批評》, 1976 여름, p.395. 원래 민부(common weal)란 독립자영농민층(yeomanry)이 소상품생산자로서 '맹아적 이윤'을 축적한 부를 말한다. 즉, 민부는 농민적 소상품경제에서 농촌공업의 상대적 자립화와 발전의 기초가 되었다. 이것이 소부르주아적 농민층의 분해와 三分割制의 전개에 따라 借地農業家에 의해 '자본가적 부'로 바뀐, 축적된 것이 고전적 자본주의 전개과정의 경제사적 경험이었다.

그 속에서 공업은 원자재 및 시장관련이 국내적 분업기반을 갖지 못하였기 때문에 농업과 깊은 관련을 맺지 못하는 移植工業의 형태를 취하고, 따라서 공업에 의하여 전근대적인 농업이 근대화로 유인되는 것을 기대할 수 없게 된다. 일반적으로 이식공업은 높은 자본장비도를 갖기 때문에 농업부문에서의 상대적 과잉인구를 흡수할 기능도 갖지 못하며, 그 결과 근대적 형태의 공업과 전근대적 형태의 농업 사이에 이중구조가 해소되지 못하는 가운데 식민지 수탈이 지속된다. 한편 식민자본의 초과이윤을 추구하는 노력은 막대한 경제잉여를 일방적으로 종주국에 이전시킴으로써 경제 내부로부터의 사회적 생산력의 발전과 이를 위한 자본축적을 기대할 수 없게 한다.

국민경제를 외국자본이 지배하는 영역과, 식민지 국가의 민족적 생존기반인 민족경제로 이루어지는 것으로 볼 때 민족자본은 민족경제의 주된 생산력 기반이 된다. 식민지 지배는 종주국 자본의 외연적 확대와 동시에 민족자본의 소멸의 과정으로 빚어지는 민족경제의 잠식을 의미한다.

따라서 식민지 지배를 받는 나라에서 자본주의적 국민경제의 형성과정, 즉 자본제화 과정은 식민지의 전근대적 경제가 자생적 기초 위에서 자율적으로 발전하는 과정이 아니다. 오히려 민족경제 내부에 생성되어 사회적 생산력을 발전시킬 약간의 가능성마저도 외국자본에 의해서 소멸되는 민족자본의 소멸과정이며, 민족경제의 잠식과정이다. 그 결과 국민경제는 종주국 자본이 지배하는 영역과, 민족자본을 기반으로 하는 민족경제가 분리되기에 이르며, 동시에 외국자본에 의한 민족경제의 잠식이 이루어진다.

결국 식민지 지배 아래서 자본제화한 국민경제의 생산력 기반은 다음과 같은 상태에 놓이게 된다.

① 국민경제의 사회적 생산력의 담당주체는 외국자본가와 매판자본가 및 소수 민족자본가로 구성되며,

② 민족경제의 담당세력은 민족구성원의 대다수를 차지하는 獨立小生産者로서 中小生産者와 농민, 그리고 여기에 외국자본이 장악하는 공업에 취업하고 있는 賃金勞動者 계층이며,

③ 이때 민족경제가 기초를 두고 있는 경제제도는 전근대적인 小經營 양식과 賃勞動所得을 기초로 하는데,

④ 이때 민족경제는 자립적인 기반을 갖지 못할 뿐만 아니라, 이를 포함하는 국민경제도 이중구조와 산업구조의 파행성, 그리고 대외의존적인 특성을 지니게 된다.

식민지 국민경제의 이러한 구조 속에서 중소기업의 위치와 역할은 다음과 같다.[24]

첫째, 중소기업은 통일된 국민경제적 구조의 한 구성부문으로 되는 것이 아니다.

식민지 국민경제의 이중구조 속에서 낡은 잔존형태를 지닌 민족경제의 사회적 생산력의 담당주체가 된다.

둘째, 지배적 경제제도인 외국자본은 자본제적인 양상과 외부의 규제를 받으며 존립하는데 반하여, 중소기업은 국지적 분업에 기초를 둔 전근대적 경영양식을 지니고 있다. 외국자본의 운동양식이 상업자본적인 것에서 산업자본적인 것으로 변화하면서, 전근대적 중소기업은 경쟁으로 소멸되거나 근대적인 모습으로 전환하여 그 잔존을 추구하지만 그 결과는 종속의 과정으로 된다.

셋째, 중소기업은 국민경제의 후진부문인 민족경제의 공업생산력의 담당자이기 때문에 민족경제의 축소과정에서 끊임없는 소멸과 생성이라는 對流現象 속에서 존립을 유지한다. 국민경제의 이중구조의 기초로 된 중소기업은 외국자본의 침식 확대에 따라 그 영역이 축소되면서도, 동시에 식민지 민중의 생활상의 수요에 따라 생성되면서 재생산기반을 유지한다.

넷째, 중소기업은 근대적인 경제제도로서가 아니라 국민경제의 낙후한 前近代的 경제제도로 존재한다. 이것은 중소기업이 국민경제의 이중구조의 기초를 이루고 있다는 것을 반영하며, 중소기업이 단순히 '중소규모의 근대적 기업'이 아니라 경제제도를 달리하는 전통적 공업의 형태로 존립한다는 것을 뜻한다. 초기에 지배적인 것이었던 이러한 전통적 공업의 존재는 외국자본의 지배영역의 확대에 따라 민족경제의 지배영역이 축소되면서 근대적인 工場制 工業에게 그 위치를 양보하고 종속적 위치가 된다.

다섯째, 중소기업의 역할은 補完企業으로서가 아니라 競合企業으로 존재한다. 식민지 경제가 통일된 경제구조가 아닌 이중구조의 특성을 지니기 때문에 중소기업은 국민경제의 분업체계에서 中間媒介項으로 존재하는 것이 아니라, 이중구조의 저변을 이루면서 외국자본과 경합하면서 존속한다. 식민지 민중의 빈곤한 후진적 생활영역을 기반으로 존립하기 때문에, 중소기업은 생산재로부터 소비재에 이르기까지 수많은 영역에 존립한다. 여기에 자기재생산의 기반을 갖고 외국자본의 지배영역에 저항하면서 民族資本으로서의 성향을 지니는 것이다.[25]

---

24) 고전적 유형으로 전개된 자본주의에서 중소기업의 역할은 다음과 같이 규정되었다. ① 農村工業, ② 補完企業, ③ 균형 잡힌 국민경제 구조를 위한 기초로서 中間媒介項, ④ 독자성을 갖는 중소규모의 기업.(朴玄埰, 위의 글, 위의 책, pp.391~393)

25) 위의 글, 위의책, pp.396~398.

3. 민족운동과 民族資本論[26]

민족자본과 매판자본(또는 예속자본)의 범주를 논의하는 것은 식민지 또는 半植民地 상태에 있는 후진자본주의(식민지자본주의)에서 의미를 지닌다. 후진자본주의(후발선진자본주의)의 경우 외압 때문에 사회발전이 불가피하게 왜곡되었다고 하더라도 식민지 지배를 경험하지 않았던 근대 자본주의 국가에서는 국내시장의 내재적 발전의 기초 위에 서 있기 때문에 자본의 존재양식은 민족적이다. 그러나 식민지 내지 반식민지 상태에 있는 후진자본주의에서는 '부르주아 민족운동'의 계급적 기초를 규정하는 실천적 명제와 함께 민족자본의 범주가 정해진다.

중소기업은 식민지 지배 아래서 외국자본 지배영역과 대립되는 민족경제의 공업생산력의 기초를 이룬다. 민족자본은 외국자본의 침식 확대에 저항하면서 민족의 생활상의 요구에 그 존립의 기반을 두고, '부르주아 민족운동'의 계급적 기초가 된다. 이처럼 민족자본의 성향을 갖는 것이 중소기업이다. 따라서 민족자본 문제는 식민지 자본주의 중소기업 문제를 논의하는 중요한 대상이다.

민족자본이라는 용어는 넓은 의미에서 민족자본과 좁은 의미에서 민족자본이라는 두 가지 의미로 사용된다.

첫째, 넓은 의미에서 사용되는 민족자본은 지배받은 민족이 소유하는 모든 자본을 말한다. 이를 좁은 의미의 개념과 구분하기 위하여 土着資本이라고 부르기도 한다. 그리고 이에 대립되는 개념은 外來資本 내지 移植資本이다. 이 범주에 포함되는 민족자본은 그 활동형태가 아주 추상적인 자본의 논리로 설명될 수밖에 없고, 식민지적 상황의 특징을 구체적으로 해석하는 도구로서 독자적 의미는 비교적 적다.

둘째, 좁은 의미에서의 민족자본은 실천적 과제를 고려하여 사용되는 개념이며, 그에 대립되는 개념은 買辦資本 내지 隷屬資本이라고 할 수 있다.[27] 정치사적 관점에서 보아 反帝투쟁 편에 서 있는 자본을 민족자본이라고 보고, 제국주의 편에 서 있는 자본은 매판자본 또는 예속자본이라고 본다. 親帝·反帝라고 하는 정치사적인 실천적 과제가 두 가지 범주로의 자본의 구분을 요구하고 있는 것이다. 이 기준에 따르면 현실적으로 다양한 존재형태를 갖고 있는 토착자본은 다시 매판자본(또는 예속자본)과 민족자본으로 나누어진다.[28]

---

26) 제3장 4절 3항 참조.

27) 매판자본은 주체적인 자본의 타산에 기초하여 외래자본의 활동을 보조하고 그 중간이윤을 얻는 데 반해, 예속자본은 처음부터 한층 예속적인 자본이다. 따라서 예속자본이라는 표현은 매판자본이라는 용어보다 더 과격한 어조를 띠고 있다.

식민지에서 완전히 좁은 의미의 민족자본의 규정에 꼭 들어맞는 자본은 단순재생산적인 영세자본 외에는 존재하지 않는다고 볼 수 있다는 것이다. 식민지 소부르주아, 즉 계층적으로는 식민지적 自作農과 같은 위치에 있는 존재만이 좁은 의미의 민족자본에 적합한 계층이다. 물론 자본의 규모가 클수록 통치체제와의 관련이 밀접해지고 식민지 통치 아래에서 민족운동에 가담하기는 곤란할 것이다. 그러나 개별자본가의 민족운동에 대한 정치적 자세는 경제적 측면과 개개인의 정치의식 또는 동포애에 대한 자세가 종합되어 결정되는 것이기 때문에, 반드시 자본의 규모에 따라 변동하는 것은 아니다. 한국의 경우 명백한 예속자본과 자영업을 벗어나지 못하는 영세자본을 제외하면, 대다수의 토착자본은 자본규모의 大小와 관계없이 기본적으로 예속적임과 동시에 민족적이었다는 것이다.[29]

이처럼 부르주아 민족운동이라는 실천적 과제를 중심으로 규정된 민족자본을 자본 규모 등 현실적인 기준에 따라 구분하기는 매우 어렵다. 이에 따라 자본의 경제적인 역할을 기준으로 민족자본의 개념을 규정하기에 이르렀다.

① 객체적인 조건에서 原資材 관련과 市場 관련 등 그 재생산의 기반이 국내적 분업관계를 더욱 깊이 갖는 자본.

② 주체적인 조건에서 국민경제 내부에서 생성되어 민족경제의 사회적 생산력 기반이 되면서 외국자본 및 예속자본에 대립되는 자본.

이 같은 민족자본의 규정적 속성, 즉 기본적으로는 자기 생산의 기반을 국내시장 및 국내 산업자재에 두면서, 부차적으로는 자국민에 의하여 소유되는 자본이라는 기준에서 볼 때 중소기업 민족자본 또는 민족자본가적 성향을 갖지 않을 수 없다.[30]

제3절 한국 중소기업 문제의 성격과 그 전개 (Ⅰ)

1. 일제 식민지하 중소기업 문제

1) 전통 수공업의 몰락과 식민지적 재편성

한국 중소기업 문제의 성격은 봉건제도 아래 조선시대에 발전하였던 전통산업이

---

28) 梶村秀樹, 〈식민지에 있어서 민족자본과 예속자본〉, 藤瀬浩司 지음, 장시원 편역, 《식민지 반봉건사회론》(한울총서 9), 한울, 1984, pp.371~372.
29) 위의 글, 위의 책, p.376.
30) 趙容範 著, 《後進國經濟論》, 博英社, 1976, p.291.

일본의 식민지 침략으로 받은 타격을 살펴보는 데서 시작할 수밖에 없다.

조선조의 공업형태는 관영수공업, 민간경영의 전업적 수공업, 농민의 부업적 家內手工業 등 크게 세 가지로 편성되어 있었다. 고려시대의 수공업과 편성내용에서 큰 차이가 있는 것은 아니었으나 조선조 후기, 특히 17세기 후반 이후에는 관영수공업이 쇠퇴하면서 私營手工業이 발달하는 특징을 보이기 시작하였다. 즉 민간경영의 전업적 수공업의 생산규모가 확대되고 농민의 副業的 수공업도 그 제품이 다양해지면서 그 비중이 증대되었다.

이것은 상품화폐경제의 일반적 발전에 따른 현상이었다. 국지적 시장을 이루어, 이를 기초로 하는 농촌상업의 중개자였던 褓負商과 客主, 旅閣이라고 불리는 상인층이 출현하였으며, 여기서 형성된 거대상인자본을 배경으로 18세기 후반에 이르면 수공업에서 선대제적 공업경영형태가 나타나기도 하였다. 이러한 상품경제 일반의 전개와 수공업의 발전은 농촌 내부에서 농민층의 분해를 촉진하고 토지 및 노동력을 상품화시켜 새로운 경제관계를 이루었으며, 자유스러운 임금노동자 계급의 형성도 진전되었다. 즉 조선 후기 수공업은 그 발달과정이 매우 완만하기는 했지만 그 자체 내에 자율적인 근대화의 요인과 내생적인 힘을 지녔던 것으로 볼 수 있다.

개항 이후 영국 綿布의 중계무역으로 시작된 일본자본의 한국시장 침투는 근대화의 싹을 지니면서 성장의 계기를 찾고 있던 한국의 수공업, 특히 도시 주변의 지배층을 위한 사치품생산 수공업에 큰 타격을 주었다. 그러나 영국 면포는 土布에 견주어 耐用性이 뒤떨어졌기 때문에 대중소비적인 土布手工業에 큰 압박을 주지는 않았다. .

土布生産 수공업은 1890년대 이후 일본이 본격적으로 공업화하여 일본제품인 小幅白木綿이 등장하면서 전면적인 타격을 받았다. 농촌공업제품인 土産綿布는 직접적인 생산자인 농민의 필수품으로서 대량적인 수요가 있고 영국산 면포는 이를 대체할 수 없었기 때문에 그 생산과 상품화는 지속되었다. 그러나 소폭백목면은 조선 土布시장에 맞도록 품질을 낮추어서 생산한 것이었기 때문에 조선 수공업에 큰 위협이 되었다.

토포생산업자들은 임금절하와 일본 綿紡絲를 수입하는 방식으로 저항하였다. 그러나 1894년 청일전쟁 이후 정부가 자주성을 잃으면서 정부의 국내산업 보호는 기대할 수 없게 되고, 토포생산 수공업 등 토착산업은 몰락의 길에 직면하게 되었다.

여기에 1905년의 화폐개혁은 일본인의 자본의 원시적 축적을 위한 중요한 계기였다. 특히 농민 및 독립수공업자들을 포괄적으로 생산수단과 생활자료로부터 분리시키고 그들을 임금노동자로 전환시켜 자본관계의 굴레 밑에 묶어두는 과정이었다. 그 결과 일본인과 소수의 매판적 토지거래상인에게 화폐가 집중되었으며 한국 수공업의 몰락과 동시에 일본에 의한 자본제화의 계기가 마련되었다.

그러나 한국경제의 이러한 식민지적 재편성 과정은 구래의 수공업이 재편성되거나 이것을 자본제적 기업으로 발전시켜서 이루어진 것이 아니었다. 근대화의 맹아였던 토착수공업이 몰락하고 그 자리에 일본자본이 이식되고, 일부 토착지주자본이 산업자본으로 전환되는 과정에서 이루어졌다. 즉 한국에서의 근대산업은 전통산업과 별개의 기반에서 성립하였다. 외국자본에 자극을 받아 소수의 민족자본이 근대공업에 참여하였으나 그것은 그 산업적 특성에서 보면 전통산업과 아무 관계없는 새로운 기반 위에 발생한 것이었고, 따라서 근대산업과 전통산업 사이에는 계보적인 연속성을 갖지 못한 斷層이 만들어졌다.

그 결과 일제가 식민지를 재편성하는 과정에서, 한국 자본주의에는 농촌에서의 전근대적인 가내수공업과 일본자본에 의한 근대적 공업이라는 半봉건적, 이중구조적 요소가 만들어지기에 이른다. 이 과정에서 한국인이 근대적 형태를 갖춘 중소 영세공장을 세웠지만, 전체 공업생산에서 주력은 전근대적 공업생산 양식의 가내수공업에 의존하였다. 이들 공업 가운데 민족계와 가내수공업은 계속 도태되었다.

2) 민족계 중소 영세경영의 소멸·생성·잔존과 이중구조

식민지 지배로의 재편성시기에 조선의 공업생산력은 다음과 같은 특징을 지녔다.

첫째, 그 구성을 보면 약간 대규모인 일본인기업, 일반적으로 중소기업 상태인 한국인기업 및 자본주의적 경제제도로의 맹아를 가지면서도 외국자본이 들어오자 가내수공업으로 전락하거나 가내수공업 상태에 정체하고 있었던 토착수공업 등 3대지주로 되어 있으며

둘째, 일본인 기업의 상대적 비중이 높아지면서, 이식된 근대적 형태인 한국인 중소기업을 일본자본에 종속시키고 토착수공업을 더욱 열악한 상태로 몰아넣었으며

셋째, 그러나 토착수공업이나 중소기업을 완전히 몰락시키지는 못하였고, 특히 재래식 수공업 생산은 여전히 공업생산의 큰 구성을 차지하고 있었다.

근대적 공장형태의 중소기업은 일본자본에 대한 예속의 심화와 열악한 생산조건에서 자영생산자들의 저임금생산은 그 첫째 존립기반이었다. 그리고 일본제품의 대량진출이 없거나 미약한 특수분야(예컨대 메리야스, 양말 등)에서 중소기업은 존립할 수 있었다. 그리고 대기업의 힘이 미치지 못하는 분야를 찾아 일부에서 소멸하고 일부에서 생성하는 끊임없는 對流現象을 되풀이하면서 잔존하였다.

특히 농촌의 부업적이고 토착적인 가내공업이 무시할 수 없는 정도의 위치를 지킬 수 있었던 것은 위에서 본 중소기업의 존립조건에 더하여, 토착공업이 지니는 특

수한 조건이 있었기 때문이다. 일본상품은 가격이 상대적으로 비쌀 뿐만 아니라 그것
을 사용해야 할 농민이 상품에 대한 지식이 없고, 또 전통적인 생활관습의 변화를 원
치 않는 점, 즉 한국 농민의 생활상의 필요와 농촌의 폐쇄성 및 보수성 때문에 저항이
토착수공업을 계속 잔존시키도록 하였다.

한편 會社令이 폐지[31]되면서 광범위한 분야에 걸쳐 민족계 중소기업이 창설되었
는데, 그 원인은 다음과 같다.

첫째, 일본자본이 제1차 세계대전 뒤 적극적으로 한국에 진출하였는데 그로 말미
암아 민족기업가들이 큰 충격을 받았다.

둘째, 민족계 기업에 대한 자본동원의 가능성이 높아졌다. 토지자본의 축적 가능
성과 근대적인 민족계 금융기관의 지원을 받을 수 있었다.

셋째, 제품시장의 확대이다. 토착수공업이 부업적 가내수공업으로의 전락, 소멸한
것은 민족계 중소기업에 대한 새로운 시장의 창출과정이다. 국민의 생활양식, 특히 의
류생활 분야에서의 변화는 국내시장의 확대를 촉진하였다. 또한 일본의 거대자본이
진출하기 이전, 자본주의 경제제도가 기능을 수행할 수 있도록 권력의 비호 아래 이
전의 자급자족적 경제를 대체하는 市場圈이 확보되는 시기였다.

넷째, 교육기관의 발달과 일본자본의 진출과정에서 전문적인 기술자와 기능공을
민족 스스로 공급할 수 있게 되었다.

다섯째, 근대적 경영지식과 합리적인 기업가 정신을 갖춘 기업가의 존재이다.

민족계 중소기업은 전통산업과 산업적 기술적 연속성은 결여되었으나 토착적 수
공업과 함께 '단절의 역사'가 아닌 '연속의 역사'의 디딤돌이 되었다. 1930년대에 일본
독점자본을 중심으로 일본자본의 한국진출이 더욱 적극화하고, 특히 중화학공업 분야
에서 근대적 공장이 건설된다. 그러나 근대적 공업(대기업)이 상당히 발전하였음에도
불구하고 중소기업이나 가내공업의 비중은 여전히 높았다. 이것은 근대적 공업이 內
包的 工業化 과정의 산물이 아니고, 일본공업의 단순한 연장이며 분업관계에서 본다
면 일본공업의 이식에 불과했기 때문이다. 따라서 한국의 영세한 중소기업은 원료가
공을 중심으로 일본자본주의의 구조적 취약을 보완하는 역할을 수행하면서, 끊임없이
소멸과 생성을 계속하는 대류현상 속에서 잔존하였다.

이와 같은 수많은 소영세기업 위에 내적 관련 없이 외부로부터 이식된 근대적 대
기업은 식민지 한국의 이중구조를 이루는 근본적 요인이었다. 즉 한국에 진출한 일본
독점자본은 원료와 시장을 독점하여 식민지 초과이윤을 얻음으로써 한국에서 중소기

---

31) 1911년 제정되어 1920년 3월에 철폐되었다.

업 및 민족자본의 기반을 잠식하였으며, 한국 산업들의 균형적 발전을 저해하였다.

그런 가운데 1930년대 말부터 해방에 이르는 기간에 취해진 중소기업 정책, 즉 ① 군수산업에 중소기업을 동원, ② 근대전쟁의 기술적 성격의 인식과 中小下請工業의 정리, ③ 중점적인 대량생산과 고도기술화의 철저화로 자재 및 노동력 관계가 어렵게 되었으며, 거기에 중소기업의 철저한 관리 등이 시행되었다. 특히 원자재의 부족, 그리고 확보·관리의 문제로, 중점생산이 불가피해지면서 중소기업과 가내공업의 전반적 몰락을 가져왔다.[32]

2. 해방 뒤 중소기업의 再起와 援助의 부정적 영향

일본의 식민지 지배 아래에서 일본 공업제품의 시장으로서 또한 식량과 원료의 공급원으로서 재편된 한국경제는 자본 및 기술의 대일의존과 공업구조의 파행성이라는 특수성을 유산으로 이어받았다. 8·15 해방은 경제적 측면에서는 일본 독점자본의 지배로부터 상품시장의 해방이며, 자본시장의 해방 그리고 식량 및 원료공급원으로부터의 해방을 의미하는 것이었다.

이것은 식민지 지배에서 이중구조의 상층부를 이루었던 근대적 대기업, 즉 해방 전에는 일본자본의 소유였으나 이제는 한국에 귀속된 것 또는 일부 한국인이 소유하였던 소수의 근대적 대기업은 물론, 이중구조의 하층부를 이루었던 한국인 소유의 중소기업 및 토착수공업, 즉 일본독점자본에 예속되어 불안정하게 존립하였던 다수의 민족자본으로서 중소영세공업 등 모든 구성요인에 새로운 발전의 잠재적 계기를 주는 것이었다.

특히 일제시대 이중구조의 후진 부분으로서 그 저변을 이루었던 민족계 중소기업과 토착수공업 등 민족자본은 국지적 시장이라는 새로운 기반에서 재기할 수 있었다.

그런데 해방은 동시에 일본자본과 기술의 철수에 이어 미국 원조의 도입이라는 두 가지 여건을 이들에게 안겨 주었고, 그 속에서 재편성 과정을 걷지 않을 수 없었다.

우선 일본이 한국으로부터 철수하면서 대기업과 그 시설은 일본자본의 철수와 기술자의 퇴거로 거의 도산하였으며, 일본경제의 재생산구조 속에서 그 기능을 수행하던 많은 중소기업도 자본·기술·원료가 부족하여 휴업과 폐업이 불가피하게 되었다. 이것은 식민지에서 이루어졌던 한국경제구조의 취약성을 반증하는 것이다. 다만 그런 대로 정상적 운영을 할 수 있었던 것은 시장·원료·자본·기술 등을 국내경제에 의존하

---

32) 朴東燮 著,《中小企業論》, 博英社, 1972, 제3장 참조.

고 있던 수공업과 가내공업 등 순수한 의미에서의 민족기업들뿐이었다. 이들은 해방 후의 경제적 공백기에 국지적 시장을 기반으로 재기의 계기를 맞고 있었다.

미국 軍政에 의한 원조는 다음과 같은 성격을 지닌 것이었다.

첫째, 생산 정책의 부재를 그 기본성격으로 하였다. 원조물자와 경쟁관계에 서지 않은 제품을 생산하는 중소기업 및 대기업이라고 할지라도, 해방이 가져다준 재생산 구조의 파행성이 심화되면서, 많은 기업이 재기하는 데 정부의 생산 정책과 지원을 필요로 하였다. 그런데 생산 정책의 부재는 생산의 정체와 몰락을 가속화시켰다.

둘째, 소비재 중심의 원조물자의 범람으로 시장이 크게 잠식되었다. 원조물자가 들어오면서 직접·간접으로 시장을 침식당한 중소기업은 쇠퇴하기 시작하였으며, 그 충격 속에서 중소기업은 자연적 조정과정을 맞게 되었다.

셋째, 원조는 국민의 소비수준을 높임과 동시에 소비구조를 대외지향적으로 만들 었으며, 그 결과 극심한 물자부족 속에서 국민경제 자체에서 싹트기 시작한 민족기업 의 맹아를 억압하는 역할을 하였다.

넷째, 원조물자는 각종 특혜와 결부되어 자본의 원시적 축적의 계기를 마련하였 고, 특히 이것이 소수의 대기업에 집중됨으로서 이들은 급속하게 성장하였다. 그 결과 여기에서 소외된 중소기업은 상대적으로 위축되었다. 특히 미국의 잉여농산물을 위주 로 도입된 원자재를 소수 기업가가 특혜적으로 독점함으로써 이들과 경쟁하는 중소 기업을 도태시켰다.

물론 원조로 도입된 원자재를 가공하는 중소기업을 재기시키는 등 그 긍정적 영 향을 전혀 부정할 수는 없다. 그러나 전반적으로는 생산 정책의 부재와 원조물자의 도입은 새로운 기반 위에서 재기하려는 중소기업에 부정적 영향을 주었다.

이런 과정에서도 모든 중소기업이 정체하거나 몰락한 것은 아니다. 국지적 시장 (지역적 시장)에 기반을 둔 중소기업은 원조의 영향을 크게 받지 않는 범위에서 다소 의 자본축적의 애로에도 불구하고 재기, 생성하기 시작하였다. 즉 국민의 최소한의 생 활유지를 위한 시장의 확보는 한국 공업발전의 새로운 기반이 되었으며, 이러한 새로 운 기반 위에서 과거의 생산시설이 복구되고 부분적으로는 새로운 기업이 생성되었 다. 특히, 빨리 복구된 기업은 과거에 일본자본과 관련 없이 자본·원재료·시장 등을 상대적으로 국내경제에 기반을 두고 잔존해온 중소기업이었으며, 신생하는 기업들도 국내시장에 자립적 기반을 가진 민간자본에 의한 기업이었다.

이때 아쉬운 것은 적절한 정책의 부재였다. 중소기업은 국민경제를 자립적으로 재편성하도록 하는 잠재력을 가지고 재기하고 신생하였지만, 이를 뒷받침하면서 경제 자립을 지향하는 주체성 있는 경제 정책이 결여되었다. 오히려 외국원조에 기생하는 안이한 정책이 추구되었고, 이것은 새로이 생성된 중소기업의 몰락을 촉진하는 요인이 되었다.

3. 官僚獨占資本의 형성과 중소기업 문제

소비재 중심의 원조는 국산품에 대한 유효수요를 외국재화에 이전시킴으로써, 취약한 국내산업을 위축시키고 특히 중소기업의 존립기반을 침식하였다. 그런데 이러한 원조가 휴전 이후 산업의 부흥과정에서 그 성격이 전환되었다.

첫째, 원조로 도입되는 물자가 소비재에서 식량·원면·원당·유지 등 중간재로 옮아갔고, 그에 따라 새로 건설되는 국내공업을 소비재의 최종가공형태로 규정하였다.

둘째, 원조는 그와 관련된 對充資金에 기생하는 자본의 급속한 집중을 불러오는 물질적 배경이 되었다.

셋째, 원조는 기존 시설의 불하(귀속재산 불하)와 결합하여 낮은 생산력 위에서 소수의 독점적 대기업을 이루게 하였다.

재정적자에 기초하는 재정자금 방출과 금융자금은 이러한 소수의 대기업에의 자본의 집중을 가속화시켰다. 여기에 비현실적인 저환율 정책, 저임금 정책, 저금리 정책과 앙등하는 인플레가 겹쳐 원조와 재정금융자금에 의존하는 소수기업이 독점자본이 되었으며 이것이 지배적 경제제도로 등장하였다. 이를 관료독점자본이라고도 부른다.[33]

이 시기의 독점은 제분·제당·방적·비누 등 미국의 잉여농산물 원조에 기생하는 것이 주축을 이루었고, 그 외에 합판·고무 등 수입원자재의 특혜에 기초를 둔 것도 있었다. 이들 1950년대 한국 재벌은 ① 관료독점성, ② 매판성, ③ 상인자본적 성격, ④ 가족경영적 폐쇄성을 지닌 것으로 지적되었다. 즉 이들은 중소기업을 불황의 방파제로 이용하고, 저임금을 기초로 정치권력과 유착한 상태에서 독점적 지위를 확보하고, 원조물자 가공업과 무역에 종사함으로써 관료의존성, 해외의존성, 상업성을 드러내고 폐쇄적인 가족경영을 그 속성으로 하고 있다는 것이다.[34]

이러한 관료독점자본의 형성에도 불구하고 중소기업은 1950년대 말까지 대부분의 업종에서 우위를 차지하고 있었다. 그러나 1958년부터 재정긴축을 통한 경제안정

---

33) 근대적 사회의 전통적인 자본주의 발전의 단계로서 독점자본의 개념이 아니고, 한국에서 1950년대 독재정권 아래에서 재정수단과 원조자금을 二大支柱로 하고, 여기에 관료의 비호 아래 기생한 독점자본을 말한다. 경제사에서 볼 수 있는 初期獨占의 특성에 가깝다.

34) 金大換, 〈1950년대 韓國經濟의 연구 — 工業을 중심으로〉, 《1950年代의 認識》, 한길사, 1981, pp. 249~250.

을 추구하는 과정에서 종속적 경제제도인 중소기업의 문제가 크게 부각되었다.

첫째, 한편으로는 동일한 소비재 부문에 군림하고 있는 대기업의 지배로, 다른 한 편으로는 중소기업 상호간의 과도한 경쟁 때문에 침체를 면치 못하게 되고, 부분적으로 정리되기에 이르렀다.

둘째, 독점적 대기업과 금융이 결합하면서(1957년 은행귀속주식의 민간불하) 낮은 수준에서나마 독점자본이 그 기능을 하게 된다. 이에 중소기업은 독점자본의 진출분야가 확대됨에 따라 대기업과 경쟁하게 되고, 또한 중소기업분야에서는 중소기업 상호간에 과당경쟁을 하면서 어려움을 겪었다.

셋째, 중소기업은 그 생산성이 대기업보다 훨씬 낮음으로써 그 기반이 위축되었다. 중소기업과 대기업의 현저한 생산성격차는 대기업과 중소기업 사이에 뛰어넘을 수 없는 斷層을 만들었고, 거기에 금융독점과 잉여농산물을 중심으로 하는 각종 특혜가 베풀어지면서 대기업은 결정적 우위를 누리게 되었다.

이처럼 독점자본이 형성되면서 중소기업의 정체와 소멸이 지속되었다. 한국자본주의 발전의 특수성에 기인하는 저임금 기반이 그 쇠퇴를 지연시켜 주었지만, 그것이 중소기업의 안정적 존립을 보장하는 것은 아니었다. 1950년대 말의 중소기업은 상대적으로나 절대적으로 정체와 소멸을 지속하였고, 이것은 그 시기 자본축적과정의 모순과 중소기업 문제의 심화·확대를 반영하는 것이었다.

즉 한편에서는, 귀속재산불하와 재정금융의 특혜적 지원 아래 원조물자를 최종가공하면서 형성된 독점적 대기업, 즉 관료독점자본이 지배적 경제제도로 등장하였다. 다른 한편에서는, 원조물자의 부정적 영향 속에서도 자생적 기반 위에서 재기한 중소기업이 종속적 경제제도의 위치를 갖게 되면서 둘 사이에 구조적 모순이 전개되었다. 이것이 1950년대 말 한국 중소기업 문제의 성격이었고, 이를 배경으로 하여 1960년대 초 민주당 정부는 중소기업 문제를 의식하고 이에 따른 정책을 마련하였다.[35]

4. 中産層論爭에서 제기된 중소기업 문제[36]

1) 중산층의 消滅論과 育成論

1966년에 전개된 중산층논쟁은 다양한 중소기업 문제의식을 제기하였다. 제1차 5개년계획이 종료되고 다음 단계의 본격적인 경제개발계획을 추진하는 시점에서, 1966년 초 대통령의 연두교서와 여당과 야당의 정책기조연설로 부각된 중산층, 또는 좁게

---

35) 朴東燮, 앞의 책, 제4장 참조.
36) 제2장 1절 2항 및 제20장 1절 3항 2) 참조.

는 중소기업 문제가 학계의 논쟁으로 이어졌다. 여당(공화당)의 〈大工業開發主義 또는 大企業建設主義〉에 대한 야당(민중당)의 〈大衆資本主義 또는 中小企業主義〉의 대응에서 비롯된 이 논쟁은 〈近代化와 中産層〉이라는 시각으로 전개되었다. 정책의 측면에서 보면 1966년에 〈中小企業基本法〉이 제정되어 중소기업 정책이 체계적 본격적으로 전개되는 시점이어서 더욱 큰 의미를 지닌다.

논쟁은 경제개발과정에서 중산층, 즉 중소기업의 '필연적 소멸'을 주장한 것이 발단이 되었고, 여기에 대하여 중소기업의 육성론을 주장하는 견해가 제기되면서 논쟁은 가열되었다. 중소기업의 소멸과 육성의 문제는 초기적이고 고전적인 중소기업 문제인데, 그것이 우리나라에서는 1960년대 중반에 학계의 논쟁으로 부각된 것이다. 1950년대 말에 이미 관료독점자본(대기업)과 중소기업 사이에 구조적 모순이 형성된 시점에서 제기된 중소기업 문제였던 것이다. 먼저 중소기업 소멸론의 견해를 들어보면 다음과 같다.

첫째, 독립적인 생산수단의 소유자 가운데 하나인 중산층은 경제적으로는 중소기업의 형태로 나타난다. 이들 중소기업은 효율적인 생산단위인 대기업의 발달이 불완전하여 시장수요를 충족시킬 수 없을 때 그 부분을 공급함으로써 생존할 수 있다. 따라서 중소기업을 보호 육성하는 것은 효율적인 생산을 할 수 있는 대기업의 발전을 저해하게 한다. 중소기업은 역사적 반동적 역할을 하기 때문에 중소기업이 도태되어 그 시장점유가 줄어들수록 소비대중에게는 값싼 생산물이 공급될 수 있다.

둘째, 중소기업 존립의 제2조건은 저임금에 있다. 노동법의 그물을 피하여 전근대적인 노동착취를 함으로써 중소기업은 대규모생산경제라는 이점을 가진 대기업과 대항한다. 그러나 노동자 희생이 사회정의에 비추어 오래 방치될 수 없고, 역사의 흐름이 이를 오래 두지도 않는다. 저임금에 발을 디딘 중소기업의 소멸이 하루가 빠르면 복지사회의 도래도 하루가 빨라진다.

반동과 부정의 화신인 중소기업도 한편 생각하면 경제적 희생자이며, 대기업과의 계열화에 연명하는 중소기업의 제3의 조건은 이를 밝혀준다. 중소기업이 대기업과 계열화함으로써 그 사이에는 자본 및 조직면에서 主從關係가 생기고, 경제원칙의 냉혹한 작용에 의하여 그들 사이에는 부등가교환이라는 착취관계가 생긴다. 그뿐만 아니라 경기순환의 쿠션이 됨으로써 대기업을 위해 불황의 총알받이가 되어 쓰러진다.

이러한 이유로 한국경제의 근대화를 위해서는 중소기업의 소멸이 불가피하며 대기업 육성에 우선순위를 두어야 한다는 것이다.[37]

---

37) 林鍾哲, 〈近代化와 中産層―經濟學的 考察)〉,《朝鮮日報》1966년 1월 29일자.

　　그러나 이러한 주장은 자본의 집중에 따라 중소기업은 필연적으로 소멸될 운명에 있다는 고전적 이론을 배경으로 하고 있지만, 실증적인 자료는 이를 뒷받침하지 않는다. 즉 중소기업의 우선 육성을 주장하는 입장은 자본의 집중에도 불구하고 중소기업은 오히려 비대화하고 있다는 각 나라의 현실을 제시하고 있다.

　　첫째, 자본의 집적과 집중에 따라 대자본에 의한 소자본의 구축과 수탈이 이루어지고, 그 결과 중소기업은 역사적 필연적으로 몰락할 운명에 있다는 것이 고전적 견해이다. 그러나 독점자본 단계에서 이러한 주장을 하는 것은 고전이론을 너무 직선적으로 해석하는 것이며, 이론적 발전과 실증적 반증을 외면하는 것이다. 독점의 진전에도 불구하고 오늘날 중소기업은 선진자본주의에서도 소멸하지 않을 뿐 아니라 절대수가 오히려 늘어나고, 업종도 다양화되고 있다.

　　둘째, 독점자본 단계의 중소기업 문제는 이를 좀더 동태적으로 파악할 필요가 있다. 독점자본 그 자체가 중소기업의 잔존을 요구하는 성향이 있으며, 국민경제 내에서 중소기업이 잔존할 측면이 온존하기 때문이다. 그러나 개별자본으로서 중소기업은 매우 불리하고 취약하기 때문에 끊임없이 몰락 도태 소멸되지만, 다시 탄생한다. 독점의 진전에도 불구하고 중소기업의 수적 증가라는 반대경향이 나타나는 것은, 대기업에 의한 중소기업의 구축이라는 일반적 경향이 관철되고 있지만, 그것이 중소기업의 잔존 및 새로운 탄생이라는 반대경향과 교차하는 가운데 관철되기 때문이다. 즉 한국에서 독점이 진전되어도 중소기업은 여전히 잔존할 것이지만 그것은 대기업의 압박 속에서 언제나 불안정한 상태로 소멸과 탄생을 반복할 것이다.

　　셋째, 한국의 중소기업은 독점이 고도로 진전된 뒤에 잔존하는 형태의 중소기업과는 다른 특수성을 가지고 있다. 우리나라의 대기업은 중소기업이 발전하면서 형성된 것이 아니라 대부분이 정치권력과 결탁하여 특혜 속에서 출현한 것이다. 한편, 중소기업은 대기업과는 관계없이 국민경제의 방대한 생산부족을 충당하기 위하여 출생하였으며, 모든 업종에서 생산을 분담하고 있다. 즉 초기자본주의 시대의 생산형태가 하등의 유기적 관련 없이 동시적으로 공존하고 있다. 그리하여 우리나라 중소기업의 지위와 역할은 상대적으로 매우 크다.

　　넷째, 중소기업의 비중이 크지만 그 안정성은 매우 취약하여, 대부분은 대기업의 진전으로 개방적인 경쟁관계에 있다. 특히 대기업은 외국자본에 위압되거나 종속되어 외국자본과의 경쟁을 피하면서 대내적으로 그 시장을 개척한다. 중소기업의 생산담당 영역을 침범함으로써 단기간에 폭리를 추구하는 경향을 가지고 있다. 즉 외국자본에 종속된 대기업이 국내시장을 기반으로 생성한 중소기업의 영역을 침식함에 따라 경쟁관계가 형성된다.

이때 기술주의로 말미암아 개별기업과 국민경제를 혼동해서는 안 된다. 기업은 생산성의 증대가 바로 그 기업의 생산의 극대화를 결과한다. 그러나 국민경제에서는 생산의 극대화가 노동생산성의 향상과 더불어 고용의 증가를 통하여 이루어진다. 대기업의 육성에 의하여 생산성이 증대되어도 중소기업의 몰락에 의하여 실업자가 발생하고 고용이 감소하면 한국경제의 효율적 근대화는 이룰 수 없게 된다.

한국의 근대화를 촉진하기 위해서는 중소기업을 육성하되, 자본이 부족하고 상대적으로 노동이 과잉된 조건에서 근대화를 추진해야 하는 여건에서 대기업과 중소기업이 상호보완적으로 성장할 수 있도록 구조를 개편할 필요가 있다. 그리고 중소기업과 대기업이 외국자본의 종속에서 탈피하여 독자적 주체성을 확보, 민족산업자본으로 기능하도록 개편되어야 한다는 것이다.[38]

2) 근대화와 民族産業資本論

중산층논쟁에서 논의된 민족산업자본의 개념은 중소기업의 민족자본론적 시각을 반영한 것이어서 당시 중소기업 문제의 인식에 새로운 방향을 제시하였다. 즉 한국의 근대화 과정에서 중소기업의 역할을 강조하는 근거로서 중소기업의 민족자본적 성격을 강조한 것인데, 그 내용을 보면 다음과 같다.

근대화와 중산층의 관계를 말하기 위해서는 반드시 근대화와 자본의 기능의 관계를 밝히지 않으면 안 된다. 왜냐하면 중산층은 기본적으로 자기의 자본을 운용하는 과정에서 근대화를 위하여 공헌할 수 있는 측면을 갖기 때문이다. 자본주의를 전제로 할 때, 역사적으로 경제의 근대화는 근대자본주의의 성립을 의미하며, 기술적인 측면을 강조하면 그것은 한마디로 공업화라고 말할 수 있다. 이런 의미에서 근대화를 측정하는 보편적 기준은 국민총생산의 규모(특히 제2차 산업의 상품의 규모)이며, 이것은 기본적으로 노동생산성의 증대, 고용량 증대를 동시에 추진하여 이룰 수 있다.

이러한 근대화를 추진할 수 있는 자본형태는 엄밀한 의미에서 산업자본뿐이다. 우리는 종종 자본형성이 공업화라는 선입견을 가지고 있으나 이것은 큰 착각이다. 자본의 사회적 기능분화 가운데서 산업자본만이 가치를 증식하는 기능을 가지고 있다. 즉 산업자본만이 생산과정을 통하여 노동력과 생산수단을 결합시켜 가치가 증식된 새로운 재화를 생산하고 새로운 사회적 부를 창출한다.

한편 상업자본은 가치를 증식하거나 새로운 부를 창출하지 못하고, 단지 산업자본이 생산한 재화를 시장에서 판매하여 상업이윤(또는 양도이윤)을 추구하는 과정에

---

38) 愼鏞廈, 〈韓國近代化와 中産層의 改編〉, 《政經硏究》 1996년 4월호(통권15호), pp.112~115, 117.

서 오직 가치나 부의 소유를 이전시키는 사회적 기능을 수행할 따름이다. 상업자본은 산업자본에 종속되어 산업자본의 순환을 원활히 할 때에 한해서만 산업자본을 통하여 근대화에 보조적 역할을 할 수 있다.

근대자본주의의 '근대'라는 의미는 산업자본이 지배하는 사회경제체제를 의미하는 것이다. 만일 상업자본이 산업자본에 종속되지 않고 산업자본을 자기에게 종속시키는 경우에는 자본주의는 근대성을 상실하고 전근대적 자본주의가 성립되며 근대화는 저지된다.

이러한 사실은 각 나라의 역사적 경험을 통하여 잘 증명된다. 중산층은 초기자본주의 시대에는 근대화의 주도적 담당계층이었으며, 그 가운데서도 베버(Max Weber)가 말하는 산업적 중산자층(industrioller Mittelstand)이 근대화의 핵심이었다. 산업적 중산자층을 중심으로 한 신흥산업자본은 그들의 자유로운 자본축적 활동을 저해하는 봉건제도, 高率의 지대, 상인자본의 지배, 지방주의, 중세적 이데올로기 등에 대항하여 싸우면서 이를 붕괴시켰다. 한편 자기들을 주체로 하여 경제적 자유주의와 정치적 자유주의를 창조하고 국민적 통일을 이루었으며, 근대 공장제를 중심으로 한 거대한 기계문명을 탄생시켰다.

그러나 이처럼 산업자본이 근대화의 추진력이라는 역사적 사실이 증명되었다 할지라도 외형적으로 모든 산업자본이 근대화를 감당할 수 있는 것은 아니다. 오늘의 후진자본주의에서는 가장 강조하여 생각해야 할 조건이 있다. 그것은 산업자본이 주체성을 가지고 독립하여 산업이윤을 추구할 때만이 산업자본의 본래의 기능을 수행할 수 있다는 것이다.

즉 후진국에서 근대화를 추진할 수 있는 자본형태는 民族産業資本뿐이다. 만일 한나라의 산업자본이 외국의 대산업자본이나 금융자본에 종속되면, 그것은 외형적으로는 산업자본의 형태를 갖출지라도 그 내용은 외국자본을 위한 상업자본의 기능을 수행하는 것으로 되고 만다. 이 경우의 종속적 산업자본은 자국의 부를 증식시키는 역할보다는, 타국의 부를 증식시키기 위하여 자국내의 외국자본의 시장을 개척하고, 타국 상품의 가공을 청부받는 기능을 담당하게 된다. 이러한 종속적 산업자본은 타국의 근대화를 위하여 공헌할지는 몰라도 자국의 근대화를 저해하게 될 것은 명약관화한 일이다.

이러한 사실에 비추어 볼 때 한국의 자본주의적 근대화를 추진할 수 있는 담당층은 한국의 민족산업자본임을 알 수 있다. 한국의 중산층에서 산업자본의 형태에 해당하는 것은 수공업자와 중소광업자이며, 상업자본의 형태에 해당되는 것은 중소상인이다. 중소상인은 근대화의 측면에서는 공헌적이 아니며, 수공업자는 산업자본의 형성과정에서 스스로 분화되어 버린다. 그러므로 한국 근대화를 추진할 수 있는 중산층은 외국자본에 종속되어 있지 않은 한국의 中小鑛工業者라는 것이다.[39]

이상은 근대화과정에서 중산층 또는 중소기업의 역할을 민족산업자본의 성격과 기능분석에 의하여 규정한 내용이다. 이것은 중소기업에 대한 민족자본론적 성격을 말한 것으로서, 중소기업을 근대화라는 당위적 과제를 담당할 계층으로 본 실천적 정책적 의미를 지닌 것이었다.

중소기업 문제를 민족자본문제로 제기한 것은 이미 1950년 초 일본에서 있었던 일이다. 미국의 지배 아래 있던 당시 일본의 내외 정치정세의 분석과 그 정치노선과 결부되어 민족자본의 이론이 나왔다. 중소기업층의 대다수가 일본의 非獨占的 非買辦的 대자본가와 함께 식민지 종속국인 일본의 민족혁명에 노동자계급의 동맹군이 되어 민족부르주아를 이룬다는 것으로서 실천적 성격을 지닌 것이었다.[40]

중산층논쟁에서, 근대화과정에서 중소기업의 역할을 강조하면서 중소기업을 민족산업자본으로 본 것은, 특히 후진자본주의의 근대화와 관련하여 주목할 만한 내용이다. 1960년대 한국경제의 근대화 과제는 먼저 전근대적 생산력 기반을 근대적으로 개선하는 동시에, 종속적 경제구조를 탈피하여 자립경제의 기반을 확립하는 것이었다. 특히 1950년대에 관료독점자본의 형성으로 빚어진 前期的 獨占 또는 初期獨占的[41] 경제구조의 파행성을 극복하는 것이 무엇보다 우선적 과제였다. 근대화와 관련하여 그 주체로서 민족산업자본의 개념을 정립하고, 그 적극적 역할을 제시한 것은 자주적 근대화의 방안으로 경제의 구조적 모순을 시정하는 방안을 제시한 것이다.

3) 중소기업의 역할·계열화·매판자본

이 논쟁에서는 중소기업의 역할, 그리고 계열화와 買辦資本에 대한 논의도 있었다. 중산층의 육성을 주장하는 사람들은 중소기업의 역할을 긍정적으로 보고, 특히 후진자본주의에서의 역할을 강조하였는데, 주요 내용을 보면 다음과 같다.

---

39) 위의 글, 위의 책, pp.109~110.
40) 楫西光速·岩尾裕純·小林義雄·伊東岱吉 編,《講座中小企業Ⅰ》(歷史と本質), 有斐閣, 1969, p.217. 이 책에서는 민족자본론이 중소기업의 이론연구에는 별로 도움을 주지 못한 것으로 지적된다.
41) 전통사회의 특권과 결부되어 나타난 초기독점은 그것이 주도하는 산업화의 진전의 효과가 다른 산업에 크게 파급되지 못해 여러 부문 사이에 산업의 불균형이 매우 커지는 특징을 나타낸다.(大塚久雄 編, 앞의 책, p.18) 초기독점은 원래 절대왕정에서 초기 자본주의 시대의 특징이다. ① 도시독점이나 길드독점이 아닌 전국화된 개인적 독점, ② 국왕의 절대권력에 따라 뒷받침되는 독점으로, 독점이윤의 일부를 헌납하는 조건하의 독점, ③ 국왕의 총신이나 국왕에게 특별한 공납을 바치는 개인 또는 집단이 누리는 독점 등.

첫째, 상업자본 및 유통부문이 기형적으로 비대화하면서 상업자본과 산업자본이 대항관계를 이룬 것이 한국경제의 현실이다. 상업자본이 산업자본을 지배하는 상업자본주의적 현상이 만연되는 가운데, 독점자본은 중소기업을 압박하면서 그들의 제품판매를 위하여 유통부문의 비대화를 조장하는 경향이 있다. 그러므로 한국의 內資動員을 위해서는 상업자본을 산업자본으로 바꾸는 것이 1차적 과제인데, 중소광공업은 산업자본의 기능을 수행하기 때문에 한국 근대화에 크게 공헌하고 있다.

둘째, 한국은 국민총수요에 견주어 총생산이 언제나 부족한 과소생산 상태에 있으며, 대기업의 생산시설은 총수요를 충당할 능력이 없다. 이러한 조건에서 중소광공업은 부족한 국민총생산의 높은 비율을 분담하고 있다.

셋째, 한국은 노동의 무제한한 공급이 가능한 상대적 과잉노동 상태에 있으며, 국민총생산의 극대화는 노동생산성 증대뿐만 아니라 고용량 증대를 동시에 추진해야 이룰 수 있다. 중소기업은 노동생산성이 낮은 반면에 노동 집약적 생산방법을 통하여 유휴노동력을 흡수함으로서 국민총생산의 극대화에 큰 역할을 하고 있다.

넷째, 한국경제는 최근 독점의 진전에 따라 富의 편중과 독점자본에 의한 소비대중의 수탈이 가속적으로 이루어지고 있어 국내시장을 스스로 파괴하는 작용을 하고 있다. 중소기업은 소득의 불평등분배를 완화하고 국내의 유효수요의 창출을 조성함으로써 국민소득의 원활한 순환을 크게 돕고 있다.

다섯째, 한국의 독점자본에 의한 대기업은 자본과 기술과 원료의 많은 부분을 외국자본에 의존하고 있는 데 대하여, 중소광공업은 외국자본에 대한 의존도가 낮으며, 국내의 타산업과 긴밀히 관련되어 국민경제 속에 깊이 뿌리내리고 있다. 따라서 중소기업은 한국경제의 자립도를 높이고 있으며 투자효율에서도 파급효과가 대기업보다 더 크다[42]는 것이다.

또 이 논쟁에서 논의된 중소기업 문제로서는 계열화 문제가 있다. 계열화는 이 논쟁의 발단이 되었던 〈近代化와 中産層〉난에서 공화당이 적극적 중소기업육성방안으로 제시한 것이었다. 중소기업은 기간산업과 계열화하여야 하며 기간산업과 계열화하지 아니한, 즉 대기업과 단절 내지 분리된 중소기업 자체의 단독적인 육성은 실패를 가져올 뿐만 아니라 역사 역행적인 중소기업 정책이라고 규정하였다.[43] 이에 대하여 중소기업은 대기업과 계열화됨으로써 그 사이에는 자본 및 조직면에서 主從關係가 생기고 경제원칙의 냉혹한 작용에 의하여 그들 사이에는 不等價交換이란 착취관계가 생기며, 경기파동의 쿠션이 된다는 비판적 지적이 제시된 바 있다.[44]

---

42) 愼鏞廈, 〈韓國近代化와 中産層의 改編〉, 앞의 책, p.111.
43) 金成熺, 〈近代化와 中産層〉, 《朝鮮日報》 1966년 1월 26일자.

이에 대하여 근대화의 관점에서 계열화에 대하여 더 적극적인 해석이 나왔다.

첫째, 인적 자원의 과잉상태를 나타내고 있는 아시아적 후진국에서는 고용면에서 노동 집약적 기술형을 택하거나, 아니면 자본 집약적 기술의 노동집약화, 즉 대기업과 중소기업 사이의 계열화를 요구하게 된다.

둘째, 시장조건이 제약되기 때문에 대부분의 경우 대량생산을 회피하지 않을 수 없고, 가격문제를 생각하는 한 현대기술을 도입하지 않을 수 없게 된다. 즉 量産을 회피하면서 현대기술이 갖는 생산성의 장점을 아울러 고려하자면 자본 집약적 기술의 노동집약화, 즉 계열화가 필요하게 된다.

셋째, 계열화에 의하여 중소공업을 근대화하자면 상대적 低賃金이 전제가 되며, 조립을 맡은 대기업의 구매자 독점적 성격에 의하여 중소공업은 수탈의 대상이 될 수 있고, 그리하여 경기변동의 쿠션이 되는 것도 사실이다. 그러나 그것은 정책의 문제이지 계열화 자체를 논란할 본질적 문제는 아니다.[45]

넷째, 대기업주의와 중소기업주의를 대칭하여 대기업에 의한 중소기업의 계열화를 중소기업주의로 생각하는 것은 잘못이다. 중소기업의 계열화는 자본 집약적 선진 기술을 들여오면서 노동 집약적으로 변형한 것으로 생각해야 한다.

다섯째, 중소기업이 대기업의 쿠션으로 이용되고 있는 경우 장기적 경기파동의 이면에서 그것이 대기업의 착취의 대상이 될 수 있는 잠재성이 있지만, 장기적 경기 상승의 국면에서는 경기변동의 쿠션이 크게 문제될 것이 없다. 중요한 것은 계열화에 의하여 일본이나 서독은 지금까지의 번영을 이룩하고 있다는 사실이다.

여섯째, 대기업에 의한 중소기업의 계열화는 대기업의 장점을 살리는 동시에 생산능률을 더 높이고 아울러 고용문제를 해결시켜 준다. 노동 집약적 기술로 변형하지 않고 매판적 소비재 가공업에서 대기업이 무자비하게 중소공업을 도산시키는 것은 오히려 자원의 낭비이다. 대기업이 진출할 곳은 매판적 소비재 가공업이 아니고서도 얼마든지 있고, 매판성을 탈피하여 민족자본으로 전환할 수 있는 투자기회가 얼마든지 있는 것이다.[46]

다음에 이 논쟁에서는 買辦資本에 대하여 독특한 견해가 피력되었다.

무엇보다도 대기업은 매판자본이고 중소기업은 민족자본인 것처럼 도식적으로 나누는 것은 잘못이라는 것이다. 소비재가공업에 집중하여 선진국 대자본과 下請的

---

44) 林鍾哲, 앞의 글.

45) 朴喜範, 〈中産層育成論에 관한 再論〉(林鍾哲教授 所論에 부친다), 《靑脈》 1966년 6월호, pp.143~146.

46) 위의 글, 위의 책, pp.148~151.

産業關聯을 맺음으로써 그 경제적 '果實'의 대부분을 선진국에 귀속시키는 것이라면 대기업이든 중소기업이든 매판자본이 된다. 따라서 해외로부터 도입되는 半製原料를 단순히 가공하여 국내시장을 주대상으로 판매하는 기업이라면 이 범주에서 벗어나지 못한다고 규정하였다.

다음에는 매판자본이라고 해서 그것을 반드시 죄악으로만 규정할 수 없다고 보았다. 계획적 고려가 없는 자유경제체제에서는 그 근대화 과정 초기에 선진자본에 예속되는 매판적 가공업을 불가피하게 하기 때문이다. 이러한 체제의 경우 매판자본이 없다고 하면 그것은 벌써 후진국이 아니라 선진국인 것이다. 다만 이에 대한 평가기준은 바로 그 매판성을 탈피하는 과정에 있느냐, 아니면 더욱 예속화하는 과정에 있느냐에 있다.

자유경제체제에서 근대화 내지 경제개발 초기에 산업구조의 부분적인 매판성 내지 예속성은 불가피한 것이며, 또 그것이 기업규모의 크기에 따라 나누어지는 것도 아니라는 주장이다.

제4절 한국 중소기업 문제의 성격과 그 전개 (II)

1. 이중구조의 특수성[47]

이중구조가 중요한 중소기업 문제로 제기된 것은 1957년 일본의 《經濟白書》에서였다. 여기에는 중소기업 부문을 전근대부문으로 보고 이것을 근대화하는 것이 일본경제의 높은 성장을 지속하는 데 필수적이며, 그러기 위해서는 중소기업부문에 대한 특별한 배려가 필요하다는 정책적 구조적 인식이 담겨 있었다. 즉 근대화론의 일환으로 이중구조문제가 제기되었던 것이다. 그 뒤 일본의 이중구조는 일본 자본주의 전개 과정에서 형성된 구조적 모순이며, 또한 일본 자본주의의 특수성을 반영하는 것으로 규정되었다.

이중구조는 이처럼 한 나라 자본주의 전개과정에서 형성되는 구조적 모순이며 그 나라 국민경제의 특수성을 반영하는 것이다. 한국경제는 일본경제와 다른 자본제 전개의 과정을 겪었기 때문에 당연히 이중구조의 특수성이 지적될 수밖에 없다. 일제의 식민지 지배에서 종주국인 일본의 식민지 자본이 민족 중소기업 및 토착 수공업을 구

---

47) 제3장 2절 1항 2)참조.

축 도산시키는 과정에서 서로 경쟁적 관계에 있는 이중구조를 이루었다. 그리고 해방 뒤에는 원조물자에 기생하면서 관료독점자본의 성격을 지닌 독점적 대기업이 자생적 중소기업 분야를 침식하는 가운데 경쟁관계와 단층이 만들어졌다. 이런 것은 일본의 이중구조에서는 나오지 않았던 성격들이었다. 이러한 특수성은 그 뒤 한국경제에서 이중구조의 성격을 규정하는 근원이 되었다.

한국경제에서 이중구조에 대한 구체적이고 적극적인 규정은 1959년 7개년 계획의 전반 계획으로 작성된 〈경제개발3개년계획(안)〉에서 발견되는데, 그 내용을 보면 다음과 같다.[48]

① 공업구조의 특성은 소규모기업의 종업원과 대규모기업의 종업원이 많고 중규모 기업의 종업원이 적은 二極集中型을 이루고 있어서 선진국의 대규모기업 집중형 과 대조적이다.

② 영·미 등 선진국은 중소기업의 생산성이 대기업의 90퍼센트인 데 비해, 한국은 중규모기업이 70퍼센트, 소규모의 그것은 60퍼센트에 그치는 등 생산성격차가 심하다.

③ 대기업에 견주어 중소기업의 급여액은 62퍼센트에 그치는 큰 격차를 보이고 있 는데, 이러한 임금격차가 중소기업이 대기업과 경쟁할 것을 가능하게 해준다.

이 내용에서 이중구조를 대기업과 중소기업 사이의 격차문제로 보는 것이나 또 고용구조의 二極集中을 지적한 것 등은 당시 비슷한 시기에 일본의 중소기업 문제로 서 이중구조에 대한 인식과 유사한 바가 있다. 따라서 여기서 한국 이중구조의 특수 성을 발견할 수는 없다.

일본경제의 이중구조는 정체상태에 있는 후진경제의 이중구조가 아니라, 근대화 과정에 진입하여 고도성장을 추구하는 경제구조의 특성을 반영하는 연속적, 경사적 구조였다고 지적되고 있다. 경제개발과정이 추진되고 있었던 한국경제의 경우에도 그 현상적 특징은 유사하다.

그러나 1970년대 중반에 《經濟白書》가 지적한 한국 이중구조 특성은 다음과 같 은 점에서 일본의 그것과 차이가 있다.

첫째, 산업구조 면에서 다른 특성을 갖고 있다는 점이다. 막대한 규모의 외국자본

---

48) 《經濟開發3個年計劃(案)》은 간행물이며 구체적으로 집행된 내용도 아니다. 여기서 지적된 二極 集中型은, 일본에서 논의된 후진국 일반의 이중구조, 즉 대기업이 아직 낮은 부문을 차지하고, 중소 기업 부문이 압도적이라고 규정한 '二元的 構造'와는 다르다. 오히려 대기업과 소영세기업 및 농업 이 양극에 대립하고, 그 중간의 비중이 아주 낮다고 본 《1957年度 日本 經濟白書》의 지적(p.35)에 가깝다. 그리고 경제발전이 진행된 나라의 이중구조, 즉 傾斜構造의 특성과 유사하다고 볼 수 있다.

을 도입, 정부의 정책적 지원 아래 형성된 경공업 중심의 공업구조는 전반적으로 원자재와 시설재를 수입에 의존하는 가공수출체제와 결부됨으로써 공업부문 상호간의 유기적 연관관계가 결여된 약점을 지니고 있다. 즉 경제의 고도성장과정이 가공형 산업구조에 바탕을 두고 있기 때문에 생산재산업과 소비재산업, 수출산업과 내수산업 등이 각각 유기적 관련 아래 상승적으로 성장하는 구조적 탄력성이 부족하다.[49]

둘째, 산업구조상의 관련성 결여와 함께 기업구조 면에서는 대기업과 중소기업 간에 뚜렷한 발전격차를 보이면서 기업구조가 이중적으로 만들어졌다. 특히 산업의 이중구조 심화현상은 대기업과 중소기업, 근대적 기업과 전근대적 기업 사이의 상호보완적 생산관계를 결여하게 하여, 자원의 비효율적 사용과 전후방 연관효과 및 외부경제의 소멸을 불러왔다.[50] 즉 이중구조가 대기업(근대적 부문)과 중소기업(전근대적 부문) 사이의 발전격차 문제뿐만 아니라, 상호보완적 관련성의 결여라는 특징을 보이고 있다는 것이다.

셋째, 공업부문간 또는 기업부문간 발전격차와 관련성 결여라는 이중구조의 특성은 자본축적 면에서는, 외국자본의 도입과 재정금융상의 정책적 지원에 그 원인이 있다는 점이다. 1950년대까지의 원조물자의 가공, 1960년대 이후에는 借款資金에 의존하는 경제성장은 경제구조를 대외의존적 가공형으로 만들었다. 그 결과 원자재와 시설재를 주로 외국에서 수입하여 가공하는 대외지향적 체제가 중심이 되는 분업체계가 정착되었다.

넷째, 그런 가운데 외국자본에 주로 의존하는 대기업과 민족자본, 또는 민족자본적 성향의 중소기업 사이에는 상호보완적 관련성이 심화될 수 없었고, 대외분업 지향적 대기업과 대내분업 지향적 중소기업 사이에는 오히려 경쟁적 대립적 관계가 형성되었다. 즉 자본의 기능 면에서 보면 외국자본 또는 예속자본적 성격의 독점 대기업과 민족자본 또는 민족자본적 성향의 중소기업 사이의 이중구조라는 특성이 나타났다.

다섯째, 원자재와 시설재를 주로 해외로부터 수입에 의존하는 가공형 공업구조에서는 대기업과 중소기업의 연관관계는 부진할 수밖에 없다. 즉 우리나라의 하청계열 관계는 일본에 견주어 그 진전이 낮은 정도에 그칠 수밖에 없다.

여섯째, 이에 대하여 우리나라의 중소기업과 대기업은 그 존립양식에 차이가 있다는 점이 지적되기도 하였다. 한국의 중소기업은 그 설립과정에서부터 자본경영 면에서 대기업에 대한 종속관계에 그 존립기반을 갖는 것이 아니라, 독자적인 존립양식을 갖추고 있으며, 이 점에서 일본의 중소기업과 차이가 있다는 것이다.[51] 이것은 자생

---

49) 경제기획원, 《경제백서》(1976년판), pp.442~446.
50) 위의 책, pp.446~447.

적으로 입지하여 육성 발전된 중소기업의 존립기반을 외국자본을 도입한 移植 대기업이 잠식하여 서로 경쟁대립관계를 이루고, 이것이 중소기업 문제가 되는 모습을 지적한 것이다.

결국 일본의 이중구조는 하청계열관계의 뚜렷한 진전에서 볼 수 있듯이 대기업과 중소기업 사이에 상호의존관계와 지배종속관계의 이중구조라는 성격을 지녔다고 볼 수 있다. 이러한 이중구조를 바탕으로 하여 고도성장과정에서 자본축적이 이루어졌다는 점에서 '일중구조'라는 지적도 나오고 있다.

이에 반해 한국의 이중구조는 산업부문간 또는 기업규모(대기업과 중소기업) 사이에 관련성이 결여되어 있으며, 특히 대기업과 중소기업 사이에는 경쟁대립관계를 특징으로 하는 이중구조의 모습을 보였다. 경공업 중심의 이식공업적 가공적 대기업은 자생적 중소기업분야를 침식하면서 성장하였으며, 둘 사이에는 보완성이 크게 결여되었다는 것이 1970년대 중반 한국 이중구조에 대한 평가였다.

그러나 산업구조가 고도화되고 중화학공업이 발달 성숙되는 단계에 이르면 그 산업적 특성 때문에 대기업과 중소기업 사이에 분업관계가 발전된다. 둘 사이에 상호보완된 관계를 높여서 국내 생산력기반에 분업관계가 심화되면 이중구조가 완화되고 나아가 산업체제의 효율성도 높아진다.

2. 중소기업의 민족자본가적 성향[52]

민족자본은 식민지 또는 半식민지 상태에 있는 후진국에서 민족해방운동의 실천적 주체를 설정하는 과정에서 정립된 개념이다. 중소기업 이론 연구에서 민족자본론은 미국의 지배 아래 있었던 1950년대 일본에서 나왔는데, 중소기업가층의 대다수가 비독점적 비매판적 계층으로서, 종속상태에 있던 일본의 민족혁명에 노동자계급과 동맹군이 되는 민족부르주아를 이룬다는 것이었다.[53] 그리고 중산층논쟁에서는 중소기업이 민족산업자본으로서 근대화의 주체가 될 수 있다는 주장을 제시하였다.

그러나 식민지 하에서도 민족자본의 규정적 속성에 꼭 들어맞는 자본은 단순재생산적인 영세자본(식민지 소부르주아, 즉 계층적으로는 식민지적 자작농 등) 이외에는

---

51) 高承濟, 〈工業化로의 産業構造 改編〉, 全國經濟人聯合會 編, 《韓國經濟政策三十年史》, 社會思想社, 1975, pp.691~692.

52) 제3장 3절 3항 참조.

53) 우리나라에서도 중소기업을 포함한 중산층에 진보성과 실천성을 부여하고, 이들이 이 시대의 주요모순을 극복하는 주체가 된다는 이른바 中民理論이 전개된 바 있다.(한상진, 《중민이론의 탐색》, 문학과지성사, 1991, p.63)

없다는 지적이 있었다. 이것은 민족자본의 개념을 현실적으로 적용하는 데는 한계가 있다는 것을 말하여 준다. 따라서 중소기업 문제의 분석에서 민족자본의 개념을 발전적으로 해석하여 이를 현실적으로 적용하기 위하여 제시된 것이 중소기업자의 '민족자본가적 성향'의 규정이다. 민족자본을 민족경제의 생산력적 기반으로 보되 중소기업 문제를 이에 관련시켜 인식하려는 것이다. 특히 해방 뒤 1970년대 중반까지 한국 자본주의의 전개과정에서 변화된 중소기업의 특성을 분석하고, 여기에서 민족자본가적 성향을 확인하였다.

1970년대 후반 민족경제론적 시각에서 중소기업을 민족자본 또는 민족자본가적 성향을 갖는 것으로 규정한 내용을 보면 다음과 같다.

중소기업 문제의 인식에서 민족자본가적 성향을 강조하는 것은 후진 저개발국에게는 중요한 뜻을 지닌다. 그것은 한나라 국민경제에서 자주·자립을 위한 요구를 실현하는 경제적 기초가 민족자본에 있기 때문이다. 전후 경제협력이라는 이름 밑에 신생국에서 다국적기업으로 그 명맥을 유지하고 있는 외국자본은 지난날의 식민지시대에 못지 않은 경제적 해악을 조성하고 있다. 그들은 자기 지배영역을 확대하여 후진 저개발상태에 있는 여러 민족의 생활기반인 민족경제를 축소·소멸의 과정으로 내몰고 있다. 그리고 이 과정에서 중소기업은 상당부문이 외국자본의 확대와 하청계열화와 같은 분업 관련이거나 자본지배에 의하여 독립성을 잃어가고 있다. 그러나 이 때문에 중소기업의 민족자본가적 성향이 부정되는 것은 아니다.

중소기업 문제의 인식에서 중소기업이 민족자본, 그 자체로서가 아니라 민족자본가적 성향을 가진 자본으로 여겨지는 것은 바로 이와 같은 경제적 상황을 고려한 데서 나왔다. 우리는 일찍이 민족자본은, 민족경제의 사회적 생산력의 주체이고 민족경제를 자기 재생산의 기반으로 하는 국민경제의 일부 구성이기 때문에, 끈덕지게 민족경제를 잠식, 축소하는 비민족적 외국자본 및 매판자본과 대립하고, 자기 재생산의 기반을 확충하기 위해 자주적 민족경제를 추구하면서, 이를 제약하는 정치·경제·사회·문화적 여러 요인을 거부하는 것을 그 성격으로 하는 자본이라고 규정하였다.

원래 민족자본은 자기생산의 기반을 국내시장 및 국산원자재에 두는 자본이라는 것을 기본적 속성으로 하면서 자국인이 소유하는 자본이라는 것을 부차적 속성으로 한다. 이에 대하여 민족자본가적 성향은 비록 이와 같은 규정적 속성을 갖는 것은 아니지만, 外資 및 買辦的 大企業과의 관계에서 경제적 잉여의 수취를 둘러싼 이해의 대립을 가지면서, 그를 기초로 민족자본가적 성향, 즉 反外資·反買辦의 성향을 갖는 자본을 뜻하는 것이다.

한 민족이 자립하기 위해 민족자본은 빼놓을 수 없는 기초이다. 그리고 이것은 민족경제의 확립 바로 그것이다. 중소기업이 민족자본가적 성향을 지닌다고 할 때 민족기업을 보호하고 육성하는 문제는 바로 민족경제를 확립하는 데 중요한 전제이다.[54]

전후 새로운 국제분업체계를 구체화시킨 것은 원조와 경제협력이라는 이름 아래 이루어진 자본운동이었다. 원조-공공차관-민간차관-직·합작 투자라는 형태적 변화를 거치면서 외국자본은 한국을 포함한 후진 저개발국에서 자유로운 경제활동을 전개하였다. 이러한 경제협력의 과정은 국민경제의 주된 사회적 생산력을 외자 및 외자관련 매판자본에게 장악당한 채 민족자본은 경영조건이 열악한 업종과 일부 내수산업에서 부단한 생성과 소멸의 과정을 거치면서 그 명맥을 유지하게 되었다. 그리고 중소기업은 외국자본과 자본으로서 결합하거나 분업관계에서 하청계열기업이 되지 않으면 소멸과 쇠잔의 운명에 처하였다.

외국자본이 이 과정에서 지배적 경제제도가 되면서 중소기업은 종속적 경제제도의 위치에서 더욱 열악한 조건 속에 잔존하고, 자본종속과 하청계열화 등으로 그 성격과 형태가 변화된다. 그러나 외국자본이나 매판자본의 지배영역 확대에 저항하고 경제잉여를 배분하는 데 이해가 상충하기 때문에, 중소기업은 민족자본 그 자체의 규정적 속성은 아니더라도 反外資·反買辦資本이라는 민족자본가적 성향을 지니는 자본이 된다는 것이다. 따라서 민족자본가적 성향은 경제협력시대, 즉 해방 뒤 1970년대까지 전개된 한국 자본주의 구조와 중소기업의 변화에서 인식된 중소기업 문제이다.

3. 하청계열 구조의 변화

하청계열관계는 기업들의 거래에서 우위에 있는 기업(모기업)과 열위에 있는 기업(하청계열기업) 사이의 거래형태이기 때문에 대등하지 않은 거래를 하고 그 때문에 지배종속관계를 이루는 것을 그 특징으로 한다. 그리고 이러한 하청계열제도는 개량적 길로 자본주의를 전개한 일본과 독일에서 전형적으로 발전하였다는 점을 국민경제의 특성에 따른 고찰에서 알 수 있었다. 우리나라에서도 기업활동에 필요한 물품을 시장거래를 매개로 하는 것이 아닌, 지배종속관계를 갖는 하청계열업체로부터 주로 조달하는 것을 그 특징으로 하고 있다.

특히 하청계열화는 독점자본이 중심이 되는 중화학공업 단계에 심각하게 제기되는 중소기업 문제임을 우리는 일본 자본주의의 전개과정에서 확인할 수 있다. 일본의 경우는 1930년대 초에 독점자본주의가 확립 발전되면서 하청 제도가 본격화되었고,

---

54) 朴玄埰, 앞의 글, 앞의 책, pp.403~404.

또한 독점자본과 중소기업 사이의 지배수탈관계를 반영하는 중소기업 문제가 본격화되었다.

중화학공업은 자본주의 전개과정에서는 독점자본주의 단계의 산업구조의 성격을 나타낸다. 중화학공업은 자본의 유기적 구성이 높아지는 산업구조이기 때문에 자본의 집중이 심화되고 독점자본의 형성이 불가피해진다. 중화학공업의 산업적 특성은 기업 사이의 분업관계를 확대 심화시키는 가운데, 독점자본의 격렬한 이윤추구에 따라 기업간 분업관계를 하청계열제도로 발전하도록 만든다. 다양한 그리고 적극적인 자본축적 기반을 확대하여 잉여가치의 수취를 극대화하는 것이 독점자본의 본질이기 때문이다.

특히 하청계열제도는 후진적 자본축적구조를 반영한다. 개량적 길로 자본주의를 전개한 국가에서 이 제도가 발달하였고, 일본에서는 계층적 중층적 축적구조로 하청계열관계를 이루었다. 이것은 급속한 자본축적을 요구하는 국민경제의 특수성 때문이다.

우리나라에서도 일찍이 하청계열제도가 정책적 대상이 되었다. 1959년에 〈경제개발3개년계획(안)〉은 공업구조의 체질강화를 위해서는 하청공업으로 중소기업의 근대화와 발전이 수반되어야 한다고 지적한 바 있다. 그리고 1962년의 〈제1차 경제개발5개년계획〉은 중소기업, 수공업은 초기에는 동업조합조직을 통하여 발전을 획책하되, 점차 대기업의 성장과 더불어 하청공업제도를 육성한다고 규정하였다.[55]

그리고 1966년에 제정된 〈중소기업기본법〉은 "생산의 전문화 및 분업화와 효율적인 상호보완을 위하여 대기업과 중소기업과의 계열화조성에 필요한 시책을 강구해야 한다"고 규정하였다.(제18조) 그 뒤 1975년에는 〈中小企業系列化促進法〉을 제정하였다. 이 법은 모기업과 수급기업 사이의 계열화를 촉진하여 분업에 의한 상호이익을 증진함과 아울러 都給代金의 지급지연 등을 방지함으로써 중소기업을 보호하여 국민경제의 균형 있는 발전을 기하는 데 목적을 두면서(제1조), 하청계열화를 촉진하기 위한 종합적인 법체계를 갖추었다.[56]

이러한 법적 뒷받침과 정책적 노력에도 불구하고, 1976년도 《경제백서》는 우리나라 산업구조의 문제점으로 산업간, 기업간 상호보완적 관련성의 부족을 제기하였다. 그것은 산업구조가 경공업 중심으로 되어 있었으며, 동시에 외국자본과 원조를 도입하여 가공하는 가공형 수출체제와 결부되어 있었기 때문이라는 지적도 있었다. 이것은 대기업과 중소기업이 자본과 경영면에서 종속관계가 아닌, 서로 이질적인 존립양

---

55) 대한민국정부, 《第1次經濟開發5個年計劃》(1962~1966), 1962, p.24.
56) 이 법은 1995년에 〈중소기업의 사업영역보호 및 기업간 협력증진에 관한 법률〉로 통합 재정된다.

식을 갖고 있기 때문이라는 분석도 있었다.

그러나 1973년 〈중화학공업화선언〉 이후 산업구조가 중화학공업 중심으로 고도화되면서 하청계열제도의 기반이 크게 확충되기 시작하였다. 그러면서 1980년대 중반에 와서는 하청계열구조에 변화가 일어났다는 점이 지적되었다.

중화학공업구조에서 독과점적 대기업(모기업)은 안정적인 하청기업을 확보하는 것이 그들의 이윤창출과 자본축적의 과제이다. 독과점기업들은 새로운 이윤의 원천이 되는 하청계열기업인 중소기업과 새로운 관계를 안정적으로 맺는 것이 필요하다. 즉 모기업들은 도급조직을 합리화하는 한편, 기술개발·자금조달 등에서 수급기업인 중소기업을 지원하여 원가절감과 품질향상을 시키는 것이 안정적이고 지속적인 분업의 이익을 창출하고, 동시에 자본축적의 기반을 확립할 수 있다.

이에 따라 도급조건이 확대 심화되었는데, 그 이유는 다음과 같다.

첫째, 수요구조가 다양화하고 변동함에 따라 모기업은 과거보다 다양한 제품을 비교적 소량으로 생산 공급할 필요가 있게 되었다. 즉 모기업은 비용을 절감하고 위험을 분산하기 위하여 다품종소량생산에 적합한 중소수급기업에 발주를 늘리게 되었다.

둘째, 제조원가의 상승이 누적되면서 모기업은 감량경영을 할 필요가 있게 되었으며, 이에 따라 도급거래가 확대되었다.

셋째, 기술혁신의 진전으로 제품의 개량 및 신제품의 개발이 이루어짐에 따라 모기업은 주로 제품의 개발·설계·조립을 담당하고, 그 제조는 수급기업에 맡김으로써 투자효율을 높일 수 있었다.

넷째, 도급거래가 확대되어 수급기업의 수주량이 늘어나고 부가가치가 증대되면서 기술이 축적되어 수급기업의 체질이 강화되었는데, 이것은 결국 모기업의 경쟁력을 강화하는 결과를 가져왔다[57]는 것이다.

이러한 이유로 우선 하청계열화의 기반이 크게 확충되었다. 1971년에 18.0퍼센트에 그쳤던 수급기업의 비율이 1985년에는 42.5퍼센트로 상승하였으며, 1990년에 와서는 70퍼센트를 웃돌게 되었는데, 이러한 추세는 1980년대에 들어와서 더욱 뚜렷하게 나타났다.

하청계열 구조의 이러한 양적 확대와 함께 모기업과 중소기업의 관계가 안정적으로 되었으며 또 질적으로 변화되었다. 모기업은 수급기업의 기술이 부품의 품질을 통하여 제품의 품질에 영향을 미치는 것은 물론 부품의 가격이 제품의 가격과 경쟁력, 나아가는 이윤의 결정적 요인이 된다는 것을 인식하고 도급관리를 강화하기에 이른

---

57) 배경일, 〈도급제도의 변천 ― 기계공업을 중심으로 하여〉, 중소기업은행, 《기은조사월보》 1984년 9월호.

것이다. 이것은 반사적으로 수급기업인 중소기업에 영향을 주게 되었다. 중소기업에게 경영자원과 기술축적을 실현시킴으로써 경쟁력을 강화하고, 모기업과 대등한 거래관계를 맺는 기회를 마련하였다.

한편, 모기업이 도급거래를 이용하는 이유에도 큰 변화가 나타났다. 과거(1979년 이전)에는 저임금의 이용이나 경기변동의 손실분산 등이 주된 이유였으나, 최근에는 모기업이 수급기업의 전문기술을 이용하고 설비투자 등 자본전략을 위하여 도급거래를 하고 있다는 것이다. 이는 모기업이 부품의 가격보다는 품질을 중요시하고, 또한 모기업과 수급기업이 종속적인 관계에서 대등한 관계로 이행하고 있음을 나타낸 것이다. 그리고 모기업이 수급기업을 선정하는 기준이 과거에는 '낮은 단가'였으나 현재는 '품질 및 精度'로 되어 있다. 이것은 저가품질의 부품보다는 다소 값이 비싸더라도 품질이 좋은 제품을 선호하기 때문이며, 이러한 사실은 수급기업의 전문기술을 이용하려는 모기업의 도급거래 이유와도 연관성이 있는 것이라는 지적이다.[58]

한국에서 하청계열 구조의 이러한 변화는 산업구조가 고도화되고 독과점구조가 심화되면서, 그에 상응하여 하청계열관계도 재편성되고 고도화되는 일반적 현상을 보인다. 그러나 이것은 독과점자본이 그 자본축적의 새로운 기반을 마련하는 과정인 것이며, 이와 같은 구조적 변화가 1980년에 중화학공업, 특히 기계공업 부문에서 이루어지고 있는 것이 중소기업 문제의 한가지 특징이다.

4. 벤처기업, 활력 있는 多數論의 대두

벤처기업, 활력 있는 다수론은 자본주의 발전과정에서 보면 독점자본주의가 고도화되어 국가독점자본 단계에 이르고, 그리고 산업구조면에서 보면 중화학공업이 성숙하여 그것이 지식·정보 집약적으로 전환되는 시점에서 중소기업 문제를 인식하면서 정립된 개념이다. 또한 시기적으로는 1970년대 초에 각각 일본과 미국에서 제기되었다.

1973년 미국 중소기업청 창립 20주년기념논문집인 《活力있는 多數》(The Vital Majority)라는 간행물[59]은 미국의 소영세기업(small and little business)을 '활력 있는 다수'로 규정하였다. 이 책의 머리에 닉슨(R. Nixon) 대통령이 쓴 내용의 요지를 보면 다음과 같다.

---

58) 위의 글, p.7.

59) U. S. Small Business Administration, *The Vital Majority : Small Business in the American Economy*, ed. by Deane Carson, 1973 ; 제16장 2절 2항 참조.

첫째, 중소기업(소영세기업)은 우리나라의 국민적 敎義인 기회의 자유의 상징이며, 미국사람이 스스로의 방법으로 어느 것이나 취득할 수 있는 자유를 나타낸다.

둘째, 중소기업은 우리에게 가장 좋은 아이디어와 발상을 공급하였고, 산업과 과학의 성장을 가속화시켰다.

셋째, 이 나라에서 중소기업은 가장 강한 힘의 하나로 성장하였고, 우리 인구의 半의 生計의 기초이다.

넷째, 중소기업은 매우 중요하며 생활의 안정과 만족의 원천일 뿐만 아니라 미국의 활력의 근거(the lifeblood of America)이다.

이러한 지적은 중소영세기업이야말로 고도로 집중화되어 경직화된 경제구조에 활력을 넣어 줄 수 있는 다수가 되어 자본주의에 대한 체제유지적 작용을 함을 의미한 것이다. 영국에서도 비슷한 시기에 중소기업의 기능을 다음과 같이 지적하였다.[60]

첫째, 집중화된 경제에서도 중소기업은 현실적으로, 잠재적으로 경쟁을 촉진하며 독점에서 발생하는 비효율을 저지하여 경제 전체의 효율적 운영에 기여한다.

둘째, 중소기업은 중요한 혁신의 원천이며, 전체로서 새로운 산업, 즉 혁신을 위한 전통적 성장기반이다.

셋째, 중소기업은 기업가적 재능을 가진 자에 대하여 기회를 제공하고 지배적인 대기업에 도전하고 자극을 줌으로써 대기업을 육성하는 양성기반(苗床, seedbed)을 마련하여 준다.

독과점체제에 활력을 넣는 기능, 새로운 산업과 기업능력 및 장래 대기업의 자연적 양성기반이 된다는 묘상 기능(seedbed function)과 신진대사 기능(쇄신 기능)을 통하여, 중소기업이 국민경제의 건전한 발전에 기여하는 것으로 보았다.

1980년에 와서 일본에서도 중소기업을 활력 있는 다수로 적극적으로 평가하였다. 중소기업은 총체적으로 왕성한 활력(vitality)에 의하여 산업구조의 변혁, 기술의 진보, 인적 능력의 발휘 등의 묘상이며, 경제 사회의 진보와 발전의 원천이라고 평가한 것이다.[61] 그러나 일본에서 제기된 활력 있는 다수론이나 묘상론은 미국이나 영국의 경우와 차이가 있다. 일본은 국제화가 진전되는 가운데 구조개혁을 위한 활력 있고 경쟁력 있는 중소기업을 모색하고 있는 것이다.[62] 즉 산업조직론적 역할론에 구조론적 중소기업의 역할론의 견해가 동시에 반영되고 있는 것이다.

---

60) J. E. Bolton, *Small Firms, Report of the Committee of Inquiry on Small Business*, Her Majority's Stationary Office, 1971, p.84. 제16장 3절 2항 참조.
61) 日本中小企業廳 編,《中小企業の再發見》(80年代中小企業ビジョン), 通商産業調査會, 1980, p.10.
62) 위의 책, pp.23~24.

한편 벤처기업은 1970년대 초 일본에서 벤처 비즈니스라는 개념으로 정립되었다. 서구에서 여러 가지 이름으로 쓰이던 지식 집약적 신기업을 법률상 행정상의 정의와는 관계없이 하나의 새시대 기업유형의 이상형으로 제시한 것이었다.[63] 중화학공업화가 성숙되고 산업구조가 지식정보 집약적으로 바뀌면서 새로운 유형의 중소기업이 많이 등장하였고, 그 가운데 지식정보 집약적 혁신기업을 벤처 비즈니스라고 정의하였다.

벤처 비즈니스는 신기술을 기업화하고 새로운 마케팅 기법과 새로운 경영형태를 전개하는 현대적 혁신기업이다. 이것은 자본주의 역사에 나타났던 일반적인 혁신기업이 아니고 고도로 지식 집약적 산업구조에서 나타나는 현대적 비즈니스로서 혁신기업이며 결코 단순히 투기적 기업이 아니라는 것이다.

이것이 우리나라에서는 벤처기업으로 불리고 법적으로는 1997년 〈벤처企業育成에관한특별조치법〉이 제정되면서 정책대상으로 구체화되었다. 그리고 1998년 '국민의 정부' 경제청사진은 '활력 있는 다수로 중소·벤처기업 육성'을 중소기업 정책의 핵심으로 제시하였다.[64]

학계에서는 이미 1970년대 후반에 지식집약형 중소기업으로 벤처 비즈니스가 논의되었고, 1980년대 중반에는 이에 대한 약간의 실증적 분석도 있었다.[65] 그것이 1990년대 후반에 와서 본격적인 중소기업 문제로 구체화된 것은 무엇보다도 산업구조가 크게 전환되었기 때문이다. 즉 1970년대 이후 추진한 중화학공업이 성숙되었고, 이어서 지식정보 집약적 산업구조로의 전환이 벤처기업론을 정책적으로 실현할 수 있게 된 산업적 배경이다.[66] 그런데 우리나라에서 1990년대 후반에 제기된 벤처기업론과 활력 있는 다수론은 다음과 같은 의미를 지니고 있다.

첫째, 국민경제의 세계화에 맞추어 산업의 국제경쟁력을 강화하기 위한 것이다. WTO체제 이후 점차 커져가는 개방의 압력과 무한경쟁시대에 대응하기 위해서는 산업기반을 지식정보 집약적으로 전환하는 것이 필요했고, 그 바탕으로 벤처 중소기업을 활력 있는 다수로 바꿀 필요가 있게 되었다.

둘째, 산업구조가 질적으로 바뀌면서, 특히 IMF체제 이후 중소기업 분야에서 낡

---

63) 中村秀一郎·淸成忠南·太田一郎 編著,《中小企業の知識集約化戰略》(大企業に勝つ第三の經營ビジョン), 日本經營出版會, 1973, p.23.

64) 대한민국정부,《국민과 함께 내일을 연다》, '국민의 정부' 경제청사진(DJnomics), 한가람출판사, 1998, p.269.

65) 李敬儀,《한국경제와 중소기업》, 까치, 1977, pp.52~54 ; 중소기업은행 조사부,《中小企業創業實態調査》, 1985.

66) 정책적으로는 〈제4차 5개년계획〉이 시작되는 1977년부터 지식 및 정보산업개발을 통한 공업구조의 고도화를 정책목표로 정하였다.(경제기획원,《경제백서》 1976년판, p.429)

은 기업이 도태되고 새로운 기업이 창설되는 新舊 기업의 교체, 즉 사회적 대류현상이 동태적으로 급격히 이루어졌다. 이러한 구조조정에 맞추어 새로운 기업유형으로 제시된 것이 혁신기업인 벤처기업이며, 벤처기업의 활성화로 기업의 지식정보 집약화를 통한 체질개선의 계기를 삼고자 하였다.

셋째, 산업구조의 전환과 구조조정과정에서 유동화되는 노동을 벤처기업 육성으로 흡수하려는 것이다. 벤처기업은 지식정보 집약적이면서도 중소기업에 적합한 분야에 쉽게 창업될 수 있을 뿐만 아니라, 지식노동 집약적이어서 고용창출의 효과가 크기 때문이다.

넷째, 그 동안 국가독점자본주의적 경제발전과정에서 정착된 경제체제의 비효율성을 극복하기 위한 것이다. 재벌중심의 경제구조와 독과점구조의 심화로 시장경제질서가 크게 위협받자 경제에 경쟁적 요인을 들여와 활력을 주어야 했다. 즉 벤처 중소기업을 활력 있는 다수로 인식하지 않을 수 없게 되었다.

다섯째, 자본과 저임금 노동에 바탕을 둔 物的 生産力 제일주의의 한계를 극복하기 위한 것이다. 그 동안 중화학공업(또는 경공업)은 자본 집약적 대규모경영과 물적 생산력을 자본축적의 기반으로 삼는 것이었는데, 그것이 한계에 다다르면서 새로운 자본축적의 원천으로 지식정보 집약적 노동의 생산력을 추구하게 된 것이다.

제19장 援助經濟와 중소기업 정책(1945~1960년)

제1절 원조경제와 중소기업 문제

1. 식민지 경제구조의 특징과 정책과제

1) 식민지경제구조의 특징

해방 이후 한국경제는 일제 식민지 지배에서 정착되었던 식민지 경제구조를 이어 받게 되었는데 그 일반적 특징은 다음과 같다.

첫째, 식민지경제의 주된 생산력 기반은 국내의 자생적인 것이 아니다. 밖으로부터 들어온 것이었기 때문에 對宗主國 분업적인 특성을 갖고 있다. 또한 생산관계는 봉건적인 것 대신에 새로운 전근대적인 半封建的으로 확립되었다. 봉건적 반봉건적 예종(feudal and semifeudal servitudue)은 자본제적 시장합리성과 완전히 대체되지 않았고, 저개발국 국민에 대한 舊來의 수탈자인 지주계급의 억압 위에 기업관습을 더하여 이중으로 착취하기 위한 생산관계를 이루었다.

둘째, 이러한 생산관계는 지배층이 식민지 수탈의 매개자로서 외국기업가이거나 그들의 국내협력자들[1]이었기 때문에 반봉건적이면서도 선진국 자본과 결탁된 것이었다. 따라서 낡은 봉건적 생산관계를 청산하는 대신에 이를 온존시킨 채 그 위에 종주국의 식민지 수탈관계를 정착시킨 데 지나지 않는다.

셋째, 따라서 식민지경제는 국내적으로 균형적인 분업에 의한 단일화된 국민경제 통합의 바탕을 갖지 못하였다. 도시에는 원자재와 저임금 노동을 수탈하기 위한 부분 가공형태의 공업과 식민지 지배를 위한 식민지 관료의 고립된 생활권을 이루었다. 이에 대하여 농촌은 대다수 국민의 구성요인이 되고 있는 농민층이 전근대적인 생활과 전근대적인 생산양식을 지닌 채 도시권과는 관련을 갖지 못하였다. 그런 가운데 약탈 무역에 의하여 종주국과 관련을 갖는 등 이중적 사회구조가 이루어졌다.

넷째, 대외적 관련에서는 수출 또는 무역이 자본주의의 내재적 발전, 즉 일정한 봉쇄지역에서 자본주의적 농업 및 공업이 발전하고, 이것이 더 한층 발전하여 그것이 外延的 확대(새로운 지역에의 자본주의적 확대)로 전개된 것이 아니다. 역사의 어느

---

1) P. A. Baran, "On the Political Economy of Backwardness", *Selected Articles in Economic Development*, SNU, 1965, p.30.

시기에나 볼 수 있는 원격지간의 분업 및 산업관계의 구체적 형태였다.[2]

이와 같은 식민지 경제구조의 생산력 기반은, 한편에서 확대 성장하는 외국자본과 매판자본, 다른 한편에서는 이들에 의하여 축소 잠식되는 소수의 민족자본으로 구성되었다.

식민지 경제구조에서 공업은 그 원자재 및 시장 관련이 국내적 분업기반을 갖지 않기 때문에 농업과 깊은 관련을 갖지 못하는 이식공업의 형태를 취한다. 따라서 공업이 전근대적인 농업을 근대화로 유인하는 것을 기대할 수 없게 된다.

일반적으로 이식공업은 높은 자본장비도를 갖기 때문에 농업부문으로부터 상대적 과잉인구를 흡수할 기능도 하지 못하며, 근대적 형태의 공업과 전근대적 형태의 농업간의 이중구조가 형성, 해소되지 못하는 가운데 식민지 수탈이 지속된다. 한편, 식민자본의 초과이윤을 추구하는 노력은 막대한 경제잉여를 일방적으로 종주국으로 이전하기 때문에 경제 내부로부터 사회적 생산력의 발전과 이를 위한 자본축적은 기대할 수 없게 된다.

2) 식민지 경제구조의 극복과 자립경제의 길

한국경제가 해방 뒤 일제 식민지 지배로부터 이어받았던 경제구조의 특징도 이러한 것이었다. 자생적 근대화의 기반이 마련되지 못한 상태에서 후진자본주의적 전개와 식민지 종속화의 길을 밟았던 한국경제가 해방 이후 당면한 경제개발의 과제는 무엇이었을까? 그것은 식민지 수탈을 위하여 대내적으로 정착했던 반봉건적 생산력 기반을 청산하고, 대외적으로는 식민지 지배 아래 만들어졌던 종주국과의 종속적 생산관계를 단절하는 것이 주요 내용이었다. 즉, 半봉건성과 종속성을 내포한 경제가 안고 있는 대내적 및 대외적 모순을 극복 완화하는 것이 바로 식민지 경제구조 극복과 경제개발의 과제였다.

이것은 다름 아닌 자립경제 수립의 방향인데, 이를 좀더 설명하면 다음과 같다.

첫째, 대외적으로는 자본주의의 범세계화과정(국제분업주의의 실현과정)에서 국가간, 특히 선후진국 사이에 경제잉여를 둘러싼 이해의 대립이라는 구조적 모순을 극복하여 경제잉여의 불평등한 누출을 방지하려는 노력의 과정이다. 이것은 국민경제가 외국자본 또는 매판자본에 대항하여 자립성을 갖도록 자립적인 자본의 논리를 갖는 민족자본을 육성하여 종속적인 생산관계를 극복함으로써 이루어진다.

---

2) 邊衡尹, 〈韓國經濟의 診斷과 反省－自主的 近代化의 방향과 한국경제〉, 《新東亞》 1971년 11월 호, p.67.

둘째, 국내적으로는 전근대적이고 경제 외적인 규제로부터 사회적 생산력을 해방시켜 근대적 생산력을 개발 확충하는 것이다. 이는 대내적인 富의 축적기반을 확립하여 자생적 확대재생산을 지속적으로 전개시키는 과정이다. 대내적으로 상호관련적 분업체계에 기초를 둔 균형 있는 성장을 추구하여, 통일화된 재생산구조의 확대를 실현함으로써 이것을 이룰 수 있다.

셋째, 자립경제는 봉쇄경제가 아니며 자급체계임을 유의해야 한다. 사회적 분업의 관점에서 볼 때 대내적 분업의 결합이 주된 생산력 기반이 되고, 대외적인 것은 대내적인 것을 보완하는 부차적인 것에 그쳐야 한다. 이때 대내적인 분업과 대외적인 분업 사이의 갈등이라는 명제가 제기될 수 있지만, 자립경제는 전자를 주된 요인으로 하는 산업구조의 형성, 즉 시장 및 소재 관련이라는 분업체계가 국내 생산력 기반을 주축으로 이루어지는 것을 전제로 한다. 높은 국내분업과 낮은 대외분업의 추구가 그 구체적 방향이 된다.

넷째, 경제가 외국자본과 매판자본, 그리고 이들을 비호하는 정치권력이나 관료의 前期的 간섭 없이 자율적으로 순환되어야 한다. 이것은 경제외적이며, 전기적 요인에 의하여 부당하게 경제잉여의 수취가 이루어지지 말아야 한다는 것을 뜻한다.

다섯째, 사회계층 면에서 볼 때 자립경제는 자립적 성격을 갖는 중소기업자와 영세경영자, 농민, 노동자와 중산층 등 근로민중의 건전하고 광범위한 육성을 그 기반으로 한다. 이들은 반외세, 반독점적 성격을 지녀 자립적 생산력의 기반이 되고, 나아가 자주적 생산관계를 확립하도록 하는 사회적 바탕이 되기 때문이다.

자립경제나 경제개발의 방향을 이와 같이 볼 때 그것은 식민지 지배를 겪은 저개발국 자본주의의 순환행정에 병행적으로 존재하여 상호규제하는 구조적 모순, 즉 기본적 모순과 부차적 모순을 극복 내지 완화하는 길이다.

2. 美軍政의 경제 정책과 중소기업 문제

중소기업 문제는 자본주의 전개과정에서 나온 구조적 모순의 산물이며, 중소기업 정책은 이것을 극복 완화하는 방안이다. 해방 뒤 한국경제에서 중소기업 문제는 후진적 식민지적 경제구조의 모순 속에서 만들어진 것이었고, 중소기업 정책은 그에 대한 대응방안으로 인식될 수 있어야 했다. 이것은 후진적 식민지적 경제구조가 지닌 모순을 극복하는 과제는 다름 아닌 자립경제를 확립하는 것이었고, 중소기업 정책도 그 속에서 전개되었어야 한다는 것을 의미한다.

해방은 일제 식민지 지배의 경제유산을 이어받은 한국경제가 갖는 저생산력 공업구조의 파행성과 對日 예속 등 구조적 취약성을 시정하는 계기였다. 민족의 자립적 노력으로 자립적이고도 균형 있는 경제발전을 이룰 수 있는 계기이기도 하였다.

해방은 경제적 측면에서 일본 독점자본의 지배로부터 상품시장의 해방이며, 자본시장의 해방, 그리고 원재료 및 식량공급원으로부터의 해방을 의미하는 것이었다. 이에 따라 세 가지 측면에서 일본 독점자본에 예속되어 불안정하게 존립하던 다수의 민족자본 성향을 가진 중소영세기업, 그리고 해방 이전에는 일본자본의 소유였으나 이제는 한국경제에 귀속된 근대적 대기업이 자주적이고 내포적 발전을 할 수 있는 잠재적 계기가 바로 해방이었다.[3]

중소기업 정책은 당연히 이러한 잠재적 계기를 현실화함으로써 중소기업이 국민경제의 주된 생산력 기반이 되는 방향으로 인식되었어야 했다. 그리고 그것은 후진적이며 식민지적 경제구조의 모순을 극복하는 길이기도 했다.

그런데 해방 뒤 정부수립에 이르기까지 한국경제에 대한 경제 정책의 주체는 미군정 당국이었으며, 이들은 해방 뒤 한국경제 발전의 방향을 정하는 주요한 역할을 하였다.[4] 미군정의 경제 정책방향과 성격은 다음과 같다.

첫째, 장기적 관점에서 생산기반의 확대를 통한 경제자립보다는, 정치적 사회적 안정을 위한 임시 구호적 성격을 띤 것이었다.

둘째, 따라서 소비재 중심의 점령지역구호(Government and Relief in Occupied Area, GARIOA)가 그 물질적 기초가 되었다.

셋째, 구호적 성격이었던 대부분의 원조는 한국민을 기아와 질병으로부터 구출하고 극심한 물자부족을 메워줌으로써 경제파탄을 수습하는 데는 어느 정도 기여하였다. 그러나 생산 정책을 실시하지 않고 원조물자 공급에 치중했다는 문제점이 제기될 수 있다.

넷째, 그 결과 생산은 확대되지 않은 채 국민의 소비수준은 높아졌으며, 동시에 소비구조는 대외의존적으로 되었다.

다섯째, 원조물자의 국내시장 범람으로 국민경제 자체에서 싹틀 수 있었던 민족기업과 중소영세기업의 맹아가 재기할 수 있는 국민경제의 시장기반을 잃게 되었다.

즉 소비재 중심의 원조는 국산품에 대한 유효수요를 외국재화에 이전시킴으로써 국내분업 관련을 갖는 취약한 중소영세기업을 위축시키고 민족기업과 토착자본의 성장을 크게 압박하였다. 이로써 국민경제는 對日 의존구조에서 對美 의존구조로 재편성되었다. 또한 농업과 공업 사이의 국내적 분업관련이 끊어져 공업이 성장해도 농업

---

3) 朴東燮, 《中小企業論》, 博英社, 1972, p.140.
4) 韓國産業銀行 編, 《經濟政策의 構想》, 1956, p.21.

은 저개발을 지속하게 되는 시장적 조건을 이루었다.[5]

결국 미군정의 경제 정책은 민생안정과 경제안정에 목표를 두고 생산 정책의 부재를 그 기본 성격으로 하였다. 그 속에서 소비재 중심의 원조 정책은 중소영세기업의 시장을 잠식함으로써 생산을 정체시키고 그 몰락을 촉진시켰다. 그리고 이러한 미군정의 정책기조에서 본질적 중소기업 문제의식이나 그에 대한 정책은 형성될 수 없었다.

미군정은, 한편으로 적극적인 원조를 제공하면서도, 다른 한편으로는 管理企業體를 불하하기 시작하였다. 이러한 귀속재산 불하는 한국 자본주의의 담당자를 만들어 냈다는 역사적 의의를 지니고 있다. 그런데 그것이 주로 식민지시대의 연고자 — 이른바 우호적인 한국인 — 와 미군정시대의 관리자 등에게 우선적으로 불하되었기 때문에 결국은 귀속재산의 접수 및 관리 그 자체가 불하의 방향을 결정하였다. 미군정의 이러한 방향에 따라 시작된 한국의 공업화는 독점화와 의존화의 길을 촉진 전개하였다.[6]

한편에서는 생산 정책의 부재 속에 소비재 중심의 원조 정책으로 국내적 존립기반을 잠식당한 중소영세기업은, 다른 한편에서는 귀속재산 불하로 이루어진 의존적 독점적 대기업과 상호보완이 아닌 대립관계에 서지 않을 수 없는 구조적 모순을 지녔던 것이며, 이것이 해방 뒤 한국 중소기업 문제의 특징이었다. 그러나 이 기간에 이러한 중소기업 문제는 의식되지 않았고 이에 대한 정책적 논의도 이루어지지 않았다.

3. '前期的 獨占'및 官僚獨占資本의 형성과 중소기업 문제

1) 전기적 또는 관료독점자본의 형성

1948년에 정부가 수립되면서 경제 정책의 주체는 한국 정부로 넘어왔다. 경제 정책의 목표는 인플레 수습과 경제안정에 있었으며, 그 주요한 정책수단은 미국의 對韓援助와 財政金融政策이었다.

정부 수립 뒤 중소기업은 군정기에 침체를 면치 못하였던 섬유공업, 고무신류, 그리고 타이어공업, 그 밖에 최종소비재인 塗料, 동식물유지, 연료 등 화학제품 공업, 전구, 농기구 등 일부 산업에서 원조물자를 기반으로 재기하기 시작하였다.

그리고 일본인 소유였던 근대적 대기업이 우리 기업인에게 넘겨졌다. 격심한 인플레이션에서 귀속재산이 그 가치 이하로 불하된 것은 산업재건이라는 면보다 일종

---

5) 朴贊一, 〈미국의 經濟援助의 성격과 그 경제적 歸結〉, 金潤煥 外 共著, 《韓國經濟의 展開過程 — 해방 이후 70년대까지》, 돌베개, 1981, pp.77~78.

6) 李鍾燁, 〈美軍政 經濟의 역사적 성격〉, 宋建鎬 外 共著, 《解放前後史의 認識》, 한길사, 1980, p.487.

의 원시적 축적의 방편으로 이용하면서 특권적 경제를 이루는 계기가 되었다.

그 결과 군정기에 불안정하게 존립하였던 중소영세기업과 귀속재산불하로 소수에게 특권적으로 주어진 근대적 생산시설은 다같이 원조물자와 결부되어 그 활동이 전개되었다. 여기서 ECA 對充資金 지원에 의한 정책적 재건 계기가 주어졌으나 한국전쟁으로 중단되었다.

휴전 뒤 중소기업 문제는 자본축적이 재정금융과 외국원조를 주축으로 이루어질 수밖에 없는 제약조건 속에서 이해할 수 있다. 전쟁을 계기로 한국경제는 재정의 역할이 늘어났고, 국민경제의 부담능력 이상으로 재정이 확대되면서 자본축적은 財政獨走型으로 전개되었다. 또한 전쟁으로 파괴된 생산력의 복구와 악성인플레의 진정은 미국원조에 의존하여 착수, 수습의 실마리를 찾았다.[7]

이 시기의 자본축적과정은 정상적인 자본주의적 축적방식이 아니며, 선진국의 중상주의 정책에서 볼 수 있는 원시적 자본축적이었다.

원조로 도입되는 물자가 소비재에서 식량, 原綿, 原糖, 油脂 등 중간재로 옮겨감에 따라 새로 건설되는 국내공업은 최종가공형태를 취하게 되었다. 이에 따라 원조는 이에 기생하는 자본의 집중을 가져오는 물적 기반이 되었다. 그리하여 원조는 기존시설(귀속재산)의 불하와 결합하여 낮은 생산력 위에서 소수 독점적 대기업을 만들었다. 赤子財政에 기초하는 재정자금 방출과 금융자금 지원은 이러한 소수자에게 자본의 집중을 가속화시켰으며, 비현실적인 低換率政策, 低賃金政策, 低金利政策과 상승하는 인플레는 원조와 재정금융에 의존하는 소수기업을 독점자본으로 성장시켰다.[8]

한국전쟁 뒤 산업부흥기에서 1950년대 말까지 전개된 소수의 독점자본은 서구 선진자본주의의 독점자본이 산업자본주의가 성숙한 결과로 나타난 것과는 달랐다. 정상적인 자본축적으로 산업자본주의를 확립하기도 전에 방대한 규모의 귀속재산, 원조, 재정금융지원이라는 특권적 요소와 합쳐져 단시일에 독점자본이 만들어졌다. 이들 독점자본은 그들이 확립한 강력한 지위와는 대조적으로 많은 취약점을 가지고 있었다.

그들은 외형상 독점으로 시장경쟁을 제한하고 금융자본과의 결합은 물론 강력한 영향력을 가진 정부와의 긴밀한 유대로 관료독점 내지 국가독점자본주의적 성격까지 구비하고 있었다. 그러나 최종소비재산업을 기반으로 하고 있다는 취약성, 그리고 금융, 원료, 기술의 비자립성 내지 대외예속성이라는 결정적 약점을 지니고 있었던 것이 이 시기의 독점자본이었다. 따라서 본질적으로 이는 서구 자본주의 이전의 단계, 즉

---

7) 洪性囿, 〈韓國經濟의 資本蓄積過程과 財政金融政策〉, 1953~1963, 《經濟論集》 第Ⅲ卷 第3號, 서울商大, 1964, pp.110~113 참조.

8) 朴東燮, 앞의 책, pp.152~153.

중산주의시대에 횡행하였던 '전기적 독점'과 다름이 없다는 것이다.[9]

2) 1950년대 공업화과정의 특징과 중소기업 문제

1950년대 한국의 공업화과정에 대하여는 다음과 같은 특징이 지적된다.

첫째, 공업화과정에서 자유주의적 경제원리의 채택은 특정재벌을 비호하는 데 집중되었다. 이것은 재벌기업에 대한 특혜(자유)와 중소기업, 농민, 노동자에 대한 통제라는 두 측면을 바탕으로 한 것이었다. 재벌에 대한 특혜는 정치자금의 제공이라는 반대급부로 보장받고, 이러한 관계를 전제로 재벌의 형성 및 자본축적의 체제가 완결되어 관료독점체제라는 특징을 만들어냈다. 경제에 대한 정부의 관여 확대가 관료자본을 이루게 하고, 그 결과 비생산적 독점화를 가져왔다.[10]

둘째, 1950년대 한국 공업화는 자주적 발전이 아니었다. 해방과 더불어 미국경제의 재생산구조 안에 편입하여 공업화과정에서 자본, 기술을 비롯한 모든 면에서 미국경제에 의존하지 않을 수 없었다. 식민지 경제구조를 탈피하지 못한 가운데 日帝에서 미국으로 그 의존대상이 바뀜으로써 대외의존성이 온존, 강화되었다.

셋째, 식민지 지배 아래서 나온 불평등이 없어지지 않고 오히려 계층간, 산업간, 지역간, 그리고 재벌기업과 중소기업간 격차가 커져갔다. 이런 불평등은 정치권력과 재벌이 주체가 되어 중소기업, 농업, 노동자를 희생시킴으로써 공업화를 이룬 결과였다.

넷째, 1950년대 형성된 한국의 재벌은 관료독점성, 매판성, 상인자본적 성격, 가족경영적 폐쇄성 등을 지니고 있다. 이와 같은 재벌의 발전은 대외의존성의 심화, 대내적인 불평등의 확대라는 사회경제적 모순으로 나타났다.

결국 재벌은 중소기업을 불황의 방패로 이용하고, 또한 저임금을 기초로 정치권력과 유착한 상태에서 독점적 지위를 확립하였다. 이들은 원조물자 가공업과 무역에 종사함으로써 관료의존, 해외의존, 상업성, 폐쇄적 가족경영을 드러내면서 1950년대 한국경제의 대외의존성과 불평등을 고착시켰다.[11]

1950년대 중소기업 문제는 이러한 독점자본의 축적과정과 공업화과정에서 만들어진 구조적 모순의 결과였다. 독점자본과 재벌이 진출분야를 확대하면서 중소기업은 이들과 경쟁하게 되었다. 또한 중소기업 분야에서 群生하는 중소영세기업은 과도한 경쟁(過當競爭)을 전개하고 쇠퇴하면서 중소기업 문제가 구체화되었다.

---

  9) 鄭允炯, 〈經濟成長과 獨占資本〉, 金潤煥 外 10人 共著, 《韓國經濟의 展開過程》, 돌베개, 1981, pp.147~148. 이것은 初期獨占的 특성이다.

10) 洪性囿, 《韓國經濟의 資本蓄積過程》, 고려대 아시아문제연구소, 1965, p.219.

11) 金大煥, 〈1950년대 韓國經濟의 연구—工業을 중심으로〉, 《1950년대의 認識》, 한길사, 1981 참조.

중소기업은 그 생산성에서 대기업과 큰 격차를 보이면서 존립기반이 위축되어 갔다.([표 19-1]) 현저한 생산성 격차는 대기업과 중소기업 사이 斷層을 만들었고, 거기에 대기업에 대한 재정금융의 지원에 따른 금융독점과 잉여농산물을 중심으로 하는 각종 특혜가 주어지면서 독점적 대기업은 중소기업보다 결정적 우위를 갖게 되었다.

[표 19-1] 제조업의 규모별 부가가치구성비와 부가가치생산성 비교

구성비 규 모	1958		1960	
	구성비(%)	생산성(천 원)	구성비(%)	생산성(천 원)
5~9	12.1	42.4	12.9	57.3
10~19	13.8	53.0	15.7	70.9
20~29	7.6	48.9	7.8	64.0
30~49	10.2	52.7	10.6	71.9
50~99	12.3	57.4	9.9	73.7
100~199	10.9	60.4	9.4	71.4
200명 이상	33.1	89.7	33.7	121.9
전 제 조 업	100.0	57.8	100.0	75.9

자료 : 韓國産業銀行,《鑛工業센서스》, 1958·1960.

이처럼 전기적 독점 또는 관료독점자본이 성숙함에 따라 이들과 경쟁관계에 있던 중소기업의 정체와 소멸은 필연적이었다. 저임금기반이 중소기업의 존립을 연장시켜 주지만 안정적 존립을 보장하는 것은 아니었다. 이것은 독점적 대기업과 중소기업의 관계가 상호보완적이 아니라, 대립적 단층적이었기 때문에 더욱 그러하였다.

이런 현상은 대기업과 중소기업의 균형 있는 발전과 경제자립을 향하는 주체성 있는 경제 정책이 결여되고, 외국원조에만 기생하는 안이한 정책을 추구하면서 더욱 심화될 수밖에 없었다. 그 결과 국민경제의 자립적 재편성을 가능하게 할 잠재력을 지닌 중소기업의 再起와 新生을 억제함은 물론 새로 생성된 중소기업의 도산을 촉진하였다.

제2절 금융지원 중심의 중소기업 정책

1. 금융대책적 중소기업 정책

이처럼 1950년대 중소기업 문제는 전기적 성격을 지닌 독점자본의 형성과 그 과정에서 이루어진 구조적 모순의 산물이었다. 그리고 이를 뒷받침한 것이 막대한 외국

원조였으며, 재정금융 정책이었다. 뚜렷한 생산 정책이 결여된 가운데 재정금융 정책이 주된 정책수단이었던 산업부흥에서, 중소기업 문제에 대한 대응방안도 금융 정책으로 집약될 수밖에 없었다.

만성적 재정인플레가 계속되고 생산이 위축되었던 휴전 뒤 복구기에 물적 생산력의 증강은 무엇보다 시급한 과제였다. 그런데 당시 원조물자가공 등으로 생활필수품의 공급을 담당하던 생업적 소규모기업 등 중소기업은 당시 중점기업의 육성에 밀려 정책대상에서 제외됨으로써 심각한 자금난과 경영의 어려움을 겪었다. 이에 1952년 중소기업에 대한 금융상의 조치가 이루어졌는데, 이것이 중소기업에 대한 최초의 정책대응이었으며, 초유의 중소기업금융 정책이었다. 당시의 경제 정책이 인플레 수습을 위한 재정금융 정책을 주축으로 하였던 이유로 중소기업 정책도 금융대책으로 일관되었으나, 그보다는 중소기업 문제에 대한 적극적 인식이 부족한 결과라고 보아야 할 것이다.

그 결과 1950년대 중반에 이르기까지 중소기업 정책은 재정금융 정책의 테두리를 벗어나지 못하는 금융대책에 머무르고 있었는데 그 내용을 보면,[12]

① 중소기업자금 '실링'제도의 제정(1952년)

② UNKRA(국제연합한국재건단, United Nations Korean Reconstruction Agency) 계획에 의한 중소제조업 및 광업에 대한 융자기금설정(1953년)

③ 생활필수품생산자금취급요강〉의 작성 및 실시(1954년)

④ 중요산업생산자금취급요강〉의 제정(1955년)

⑤ 〈생활필수품생산자금취급요강〉을 〈중소기업생산자금취급요강〉으로 대체(1955년)

⑥ 〈중소기업육성자금취급요강〉을 금융통화위원회에서 제정(1956년)

이상과 같은 중소기업에 대한 금융조치는 일반적인 융자조건을 구비하지 못하고 있는 중소기업에 금융혜택을 주고자 한 것이었다. 특히 1954년 헌법 가운데 경제조항이 자유경제원칙으로 개정됨에 따라 경제 정책이 자유기업주의원칙과 자유가격원칙을 표방하면서 원조와 재정금융은 대기업에 치우치고 중소기업의 경영난은 높아졌다. 이에 생활필수품생산에서 절대적 비중을 차지하고 있던 중소기업에 대한 금융면에서의 구제가 요청되었던 것이다.

당면한 자금난을 완화시키기 위하여 중소기업에 대한 금융 정책이 강구되었는데, 그것도 UNKRA자금을 제외하고는 금융부문의 短期性運轉資金의 공급이 위주였다.

---

12) 中小企業銀行, 《中小企業銀行五年史》, 1966, pp.34~39.

따라서 이러한 금융시책은 단편적인 경기대책 내지 도산위기를 모면시키는 보호 정책적 입장을 벗어나지 못하였으며, 이 시기의 중소기업 정책은 이러한 금융대책이 중심이 되어 전개되었다.

소비재산업을 중심으로 하여 미국에서 수입되는 원조물자를 가공하는 대기업과 미국원조로 원자재 확보의 기초를 마련한 중소기업 등 원조물자 가공형 기업성장이 촉진되었다. 그런 가운데 국민경제의 자립적 재편성의 잠재력을 지닌 중소기업은 원조 및 구호물자로 도입되는 완제품과 가공형 소비제품에 국내시장을 빼앗김으로써 그 성장의 위축을 면치 못하였다. 이러한 중소기업 문제에 대한 인식이 금융대책에 반영된 것은 아니었다. 오히려 국민생활에 긴급한 생활용품의 수요를 충족시킨다는 점에서 미국의 원조물자를 가공하는 중소기업에 금융지원이 집중되었다.

2. 〈중소기업육성대책요강〉

이러한 가운데 1956년 4월 상공당국은 중소기업에 대한 근본적인 종합대책의 수립에 착수하였고 〈중소기업협동조합법〉의 입안도 추진하였다. 1956년 8월에는 대통령취임식에서 경제 정책의 기본방침의 하나로, 중소기업의 육성을 약속한 것을 계기로 하여 중시기업의 종합육성책이 구상되면서 〈中小企業育成對策要綱〉이 작성되었는데 이것이 우리나라 중소기업 정책사상 최초의 중소기업종합육성계획(안)이었다. 그 주요 내용을 보면,[13]

① 중소기업협동조직의 강화대책으로서 협동조합법을 제정하고,

② 자금대책으로는 금융자금 외에 귀속재산수입, 비료대금, 도시금융조합자금, 對充資金 등에서 융자재원을 확보하며,

③ 중소기업에 대한 인정과세를 폐지하고 자진신고납부제로 개선하며, 이를 위해 〈자산재평가법〉을 신속히 제정하는 동시에,

④ 물품세를 개정하여 중요 제조업에 대한 직접세의 감면조치를 확대하고, 법인의 재투자를 위한 내부유보금에 대하여는 면세를 고려하며,

⑤ 판로의 개척을 위하여,

　ㄱ 군납의 확대를 기하고

　ㄴ 〈상품판매시장법〉을 제정하여 공동판매장을 설치하고

　ㄷ 상품의 품질향상과 규격의 통일을 기하고

---

13) 위의 책, pp.39~40.

㉣ 상업어음제도의 적용범위를 확대하고

㉤ 국산품과 같은 종류의 외래품 수입을 억제하며, 모범공장 및 우량국산품장려
제도를 강화할 것

등이다. 비록 그 일부만이 그 뒤 단편적으로 시행되는 데 그쳤지만, 이 요강은 종합적
이고 다각적인 중소기업육성에 대한 정책내용을 담고 있었다. 그래서 중소기업 문제
의식을 적극적으로 제기하는 계기를 마련하였으며, 그 뒤 중소기업육성 정책의 기본
방향을 제시하였다. 그리고 부흥위원회와 재무분과위원회를 통과한 이 요강은 중소기
업 정책을 일반산업 정책으로부터 분화하는 것을 전제로 한, 중소기업육성을 위한 종
합 정책이었다는 의미를 지니고 있다.

그러나 이 요강은 예속화 및 독점화하고 있는 대기업과 중소기업의 관계 등 구조
적 모순이라는 문제의식을 바탕으로 하지 못했다는 점에서는 당시 금융 정책적 성격
과 큰 차이가 없었다. 그것은 1957년 이후의 安定恐慌期에 거의 실시되지 못하였는데,
이는 새로운 문제의식에 의한 재편성을 요구하는 것이기도 하였다. 그 뒤 중소기업
정책은

① 귀속재산처리특별회계적립금을 재원으로 한 〈중소기업운전자금융자취급세칙〉
의 제정 실시(1957년)

② ICA 소규모공업자금융자(1958년)

③ 중소기업육성자금취급요강〉의 폐지와 일반자금융자제로의 통합(1958년)

④ UNKRA 중소기업융자기금에 관한 협정의 체결과 이에 의거한 〈UNKRA 중소
기업운용자금취급세칙〉의 제정으로 UNKRA 기금에 의한 二元化된 融資制의 통
합(1959년)

등의 형태를 취하였다. 이처럼 중소기업에 대한 정책은 당면한 자금난의 해소에 중점을
둔 금융대책에 그쳤다. 그러나 이 기간에 중소기업 금융은 재정자금을 바탕으로 한 양
적 확대의 특징 속에, 장기저리의 시설자금융자를 실시함으로써 질적 변화를 가져왔다.

그럼에도 불구하고 금융면의 시책에 머문 중소기업 정책은 안정 정책과 안정공황
속에서 위축되어 가는 중소기업에 대한 구체적 대응방향을 제시하지 못하였다. 즉 중
소기업은 정부의 기간산업과 대기업 위주의 공업 정책으로 등한시되었으며, 원조물자
를 가공하는 신규 대기업이 점차 중소기업분야에 진출함으로써 그 경제활동이 침식
당하였다. 그리고 농촌구매력이 감퇴되어 중소기업시장이던 농촌시장이 협소해졌고,
외래품의 범람으로 중소기업의 국내시장이 잠식당하였다.

정부의 지원과 외국원조를 바탕으로 성장한 대기업제품이 독점 및 과점화됨에 따
라 독과점가격으로 그들이 생산하는 원재료를 사용하는 중소기업은 거래조건이 악화

되었고, 근대화된 새로운 시설을 갖춘 대기업에 견주어 노후화된 낡은 시설로 경쟁해야 하는 불리함을 감수해야 했다.[14]

이처럼 중소기업의 불리함을 극복해야 할 중소기업 정책이 구현되지 못한 가운데, 대기업의 발전과 중소기업의 침체라는 상반된 경향이 지속되면서, 대기업과 중소기업의 격차는 확대되고 중소기업의 상대적 지위는 저하되었던 것이 1950년대 말의 실태였다.

제3절 〈經濟開發三個年計劃(案)〉의 중소기업 정책

1. 계획의 목표와 중소기업 문제의식

한편 1959년에 7개년 계획의 전반 계획으로 작성된 〈경제개발3개년계획(안)〉은 이러한 문제의식을 좀더 반영했다는 점에서 주목을 끈다. ① 생산력의 극대화, ② 국제수지의 개선, ③ 고용기회의 증대, ④ 국민생활수준의 향상, ⑤ 산업구조의 근대화 등을 계획목표로 하여 자립경제체제의 확립이라는 장기적 문제를 해결할 수 있는 기초로서, 자립화의 기반 조성을 목적으로 하는 이 계획은 중소기업 문제에 대하여 깊이 있는 분석과 정책방향을 제시하였다.

계획의 목표와 지침에서 식량의 자급실현을 규정한 데 이어, 중소기업의 육성발전을 꾀하여 생활필수품의 자급과 고용기회의 증대를 기한다고 하면서 이를 다음과 같이 설명하고 있다.

이 계획의 시발점을 생산력의 증강에서 구하고 있는 만큼 산업구조를 고도화하는 면에서 자본수익률이 높은 산업건설에 중점을 두어야 할 것이며, 자본 집약적 투자가 필요하다. 그러나 경제성장의 기반을 조성하기 위해서는 전기·금속·기계·화학공업 등 일부 기간산업에 중점적 투자를 한정하면서 중소기업에 대한 노동 집약적 투자를 해야 한다. 공업화의 초기에 농업진흥에 의한 구매력의 증강과 중소기업의 발전은 생산과 소비를 서로 확약함으로써 국내시장을 육성하는 길이 된다고 하였다.

이러한 규정은 중화학공업은 대기업이, 그리고 경공업은 중소기업이 담당하는 분화적 산업체제를 통한 산업구조의 고도화를 지향함과 동시에 농업과 공업(중소기업)이 상호수요를 창출하는 국내시장에서의 균형 있는 성장을 꾀하고 있다. 이어서 중소

---

14) 위의 책, p.45 참조.

광공업의 구체적인 발전책을 제시하면서 중소기업에 대한 문제의식을 들고 있다.[15]

① 중소 광공업은 국민경제 가운데 높은 비중을 차지하고 있다.

② 공업구조의 특징은 소규모기업의 종업원과 대규모기업의 종업원이 많고, 중규모 기업의 종업원이 적은 二極集中型을 이루고 있어 선진국의 대규모 기업집중형과 대조적이다.

③ 영·미 등 선진국은 중소기업의 생산성이 대기업의 90퍼센트인 데 대하여, 우리 나라의 경우는 대기업에 대하여 중규모기업의 생산성은 70퍼센트, 소규모의 그 것은 60퍼센트에 그치는 등 생산성 격차가 심하다.

④ 대기업에 견주어 중소기업의 급여액은 62퍼센트에 그치는 격차를 보이고 있는 데, 이러한 임금격차가 중소기업이 대기업과 경쟁하는 것을 가능하게 한다.

⑤ 중소기업의 발전은 생산력의 증강뿐만 아니라 취업기회를 창출시켜 준다는 점에 서 중소기업 문제는 경제문제인 동시에 사회문제이다.

2. 중소기업의 정책방향

이와 같은 중소기업에 대한 문제인식에서 출발하여 다음과 같이 중소기업의 발전 방향을 제시하고 있다.

① 공업구조의 체질강화를 위해서는 下請工業으로서 중소기업의 근대화와 발전이 수반되어야 한다.

② 중소기업과 대기업 사이의 여러 격차는 중소기업의 설비와 기술의 후진성, 경영 의 비합리성 등 중소기업 경영내부적 측면과 동시에 경영외의 환경이 중소기업 에 불리한 데에도 연유한다. 따라서 중소기업발전책은 중소기업의 내부와 외부 의 양면에서 강구되어야 한다.

③ 경영 내부문제로서는 중소기업의 저기술, 저능률, 저임금으로 대표되는 열악한 경영과 노동조건의 개선이 강구되어야 한다. 설비의 개선, 회계방식의 근대화, 생 산계획의 수립방법, 기술개선 등 광범위한 경영합리화와 능률향상책이 강구되어 야 한다.

④ 중소기업에 불리한 경영환경으로서는 중소기업의 신용력 부족에 따른 금융의 곤 란성과 더불어 원료구입과 제품판매의 불리한 입장, 나아가 중소기업 상호간의 치열한 경쟁을 들 수 있는데, 이들 어려움을 해소시켜야 한다.

---

15) 大韓民國政府, 《經濟開發三個年計劃(案)》, pp.315~323.

⑤ 중소기업의 대기업에 대한 경쟁력을 배양하기 위해서는 금융력의 강화와 조정사업, 공동경제사업의 추진이 요청된다.

㉠ 금융력의 강화를 위해서는 현재 다기한 중소기업 자금원의 일원화와 적기에 원활한 자금공급을 할 수 있는 中小企業專擔金庫의 설립이 필요하다.

㉡ 조정사업과 공동경제사업은 동업자 조합에 의하여 조합원이 행하는 생산 가공 판매 등 사업활동의 내용에 대하여 각종 제한을 가함으로써 조합원 상호간의 과도한 경쟁을 배제하고 그 경영의 불안정을 극복하는데 목적이 있다. 이를 위해서는 우선 동업자의 協同組合 설립이 선행되어야 하며, 이와 같은 제한행위에는 법령으로 강제성을 부여하고 주무당국에 의한 감독권이 필요하다.

㉢ 공동경제행위는 협동조합이 조합원의 경영합리성과 경쟁력의 유지 고양을 목적으로 하는 사업을 말한다. 이를 위해서는 〈중소기업단체조직법〉과 이에 따른 조합법의 제정 시행이 요청된다.

계량적 계획방법에 의하여 장기적이고 종합적인 체계로 짜여진 이 계획서에는 중소기업 문제가 상당히 깊이 있게 담겨 있으며, 그 정책상 비중도 크게 다루어지고 있다. 이것은 1950년 말의 중소기업 문제의 심각성과 중요성을 반영하는 것이라고 하겠다. 비록 그것이 시행되지는 못했다고 하더라도 그 뒤 중소기업 정책의 기본방향을 제시해 주는 것으로 평가된다. 특히 중소기업과 대기업 사이의 여러 격차 분석과 고용구조의 이극집중 등의 지적은 비슷한 시기에 일본의 중소기업 문제에 대한 인식과 유사한 바가 있어서 주목된다.[16]

제4절 民主黨 政權下의 중소기업 정책

1. 중소기업육성 정책의 적극화

1950년대의 자본축적과정을 통해 형성한 구조적 모순으로서 중소기업 문제는 1950년대 말에 와서 더욱 확대 심화되었다. 더구나 1950년대 말의 안정공황기에 중소기업은 심각한 경영난을 겪게 되었고, 기업규모간 구조적 모순이 첨예화되면서 종래의 소극적 중소기업 정책에 대한 반성이 높아졌다. 권력과 결탁한 독점자본에 대한 국민적 비판과 국민생활 안정에 대한 요구는 1960년의 4·19혁명으로 이어졌고, 이에

---

16) 《1957年度 日本經濟白書》는 이것을 이중구조문제로 규정하였고, 그것은 그 뒤 《構造政策으로서 中小企業近代化政策》의 시발점이 되었다.

따라 중소기업육성에 대한 논의가 활발하게 이루어졌다.

중소기업전담행정기구의 설치, 중소기업조직화의 태동, 지도사업의 착수에 이어서 중소기업육성에 대한 종합대책이 수립되기에 이르렀다.[17]

① 중소기업전담행정기구의 설치 : 과도정부 아래서 1960년 7월에 상공부 안에 중소기업행정을 전담하는 기구로 中小企業課를 신설하고 중소기업 정책의 자문기구로서 中小企業審議會를 설치하였다. 이로써 소극적이고 임기응변적이던 중소기업 정책이 그 기본방향을 정립하는 행정적 기초가 마련되었다.

② 중소기업 금융의 확대 : 재정금융안정계획, 대충자금, 귀속자금에서 중소기업자금 방출이 적극적으로 확대되었으며, 일반 시중은행 등 금융부문에서도 중소기업자금대출이 늘어났다.

③ 신용보증제도 : 對充資金을 재원으로 한 중소기업자금의 방출에서 정부는 중소기업자의 취약한 신용력을 보완하는 조치를 마련함으로써 중소기업금융제도상의 중요한 계기를 마련하였다. 이 제도는 그 후 〈中小企業銀行法〉 제정시에 계승 발전되었으며, 오늘날 '信用保證基金'의 모태가 되었다.

④ 중소기업 조직화의 태동 : 이미 중소기업자의 공동이익 증진을 위하여 업종별로 임의단체인 협회를 마련, 자유당 말기에는 각 협회의 실무자 기구를 대한상공회의소 안에 둔 바 있었다. 이 업종별 공업단체는 62개에 이르렀는데, 1960년 7월에 이를 전국적으로 규합하여 全國中小企業中央團體聯合會를 창설하였다. 이 기구는 그 뒤 중소기업조직화의 선구적 역할을 담당하였으며 그 기반이 되었다.

⑤ 중소기업에 대한 지도사업의 실시 : 1961년에 중소기업의 경영 및 생산기술에 관한 지도사업이 착수되었다. 중소기업센터를 각 도에 한 개씩 설치하고 중소기업체의 지도사업을 전담하여 중소기업의 생산성을 높이고 경영을 합리화하기 위한 경영 및 기술지도를 하였으며, 한국생산성본부에서도 기업진단을 실시하였다.

2. 중소기업육성을 위한 종합정책의 수립

1961년 3월에 〈중소기업육성을 위한 종합대책〉이 발표되었는데, 이 종합대책은 종래의 단편적이고 산발적이던 중소기업육성대책을 종합화, 체계화시킨 것이었다. 따라서 금융대책뿐만 아니라 세제·기술·경영 등 수많은 분야에 걸쳐 일관된 정책목표 아래 종합되어 향후 정책방향을 제시하였다.

---

17) 中小企業銀行, 앞의 책, pp.46~50 참조.

① 중소기업의 조직강화책 : 중소기업의 조직을 강화하여 그 공동이익을 늘리기 위하여 전국중소기업중앙단체연합회를 발전적으로 해체하고 중소기업협동조합을 창설하며, 정부는 그 발전을 위해서 금융면 및 세제면에서 적극적인 조장책을 강구한다.

② 중소기업의 체질개선책 : 중소기업의 체질을 개선하고 생산성을 높이기 위해서, 첫째로 중소기업진단제도를 확립하고, 둘째로 설비근대화 및 기술지도책을 강구한다. 진단제도 확립을 위해서는 〈중소기업합리화촉진법〉을 제정하고, 설비근대화를 위해서 중소기업용 기계설비의 특별상각제도 등을 추진한다는 것이다.

③ 중소기업금융 정책 : 첫째, 중소기업의 발전을 위해서 중소기업전담금융기관을 설치하여 융자체계를 일원화한다. 둘째, 중소기업의 신용력을 충실화하기 위해서 〈중소기업신용보험법〉을 제정 실시하여 중소기업신용보험제도를 확립한다. 셋째, 자금의 효율성을 높이기 위하여 종래의 분산융자를 지양하고, 〈중소기업 중 중요업종의 중점육성에 관한 대책요강〉을 작성하여 중점 융자를 지향한다.

④ 판로의 개척 : 첫째로 공동판매제도의 실시, 둘째로 군수물자 국내조달과 해외판로의 개척, 셋째로 밀수의 방지, 넷째로 품질향상과 규격의 통일화를 기한다.

⑤ 조세부담의 경감책 : 중소기업에 대한 소득세 법인세 및 물품세 등을 경감하는 한편 기계설비에 대한 특별상각제도를 적용, 조세부담을 경감한다.

이 종합대책은 1956년 8월에 부흥위원회에서 통과한 〈중소기업육성대책요강〉을 수정한 것이며, 당시에는 그 실현성에 많은 문제점을 지니고 있었다. 그러나 이 종합대책은 피상적이기는 하지만 중소기업 문제에 대한 높은 시대적 요구를 반영한 정책의도를 담고 있다는 점에서 그 의의가 있으며, 그 뒤 중소기업 정책의 기본방향을 설정하는 것이 되기도 하였다.

제20장 계획적 개발·산업구조 고도화와 중소기업 정책(1961~1979년)

제1절 계획적 개발과 중소기업 정책

1. 근대화의 이념과 개발전략

1) 계획적 개발의 과제와 중소기업 문제의 인식

5·16 이후에 전개된 계획적 개발은 일제 식민지 지배와 해방 뒤 1950년대에 이르는 과정에서 자리잡은 한국자본주의의 구조적 모순에 대한 인식에서 출발해야 하였다. 원조경제 아래에서 급속한 자본축적이 가져온 경제구조의 파행성과 공업구조의 취약성을 극복하는 것이 근대화의 이념으로 출발한 계획적 개발의 과제였다. 여기서는 1950년대 독점자본의 축적과정에서 정체된 중소기업과 농업을 개발하여 자립경제와 민족자본의 물질적 기초를 확립하는 내용이 포함되었어야 했다. 이런 의미에서 근대화와 계획적 개발의 과제는 다음과 같은 방향으로 설명할 수 있다.[1]

첫째, 근대화를 총체적인 사회적 변혁으로 인식해야 한다는 점이다. 일제시대에 이루어지고 그 뒤 원조경제에서 더욱 고정화된 국민경제의 이중구조와 대외의존성을 교정하기 위하여 강력한 조치를 수행해야 한다. 근대화를 단순한 공업화로 인식하고 공업화를 위하여 외국자본을 중요시하는 입장에서 선진국의 이해를 반영하는 불균형 성장 정책과 대외개방 정책을 아무런 구속도 없이 시행하는 것은, 국민경제의 자립화 방향과 상응하지 않는 많은 부정적 측면들이 있다는 점을 의미한다.

둘째, 근대화를 담당할 민족자본 육성의 중요성을 인식하는 것이다. 근대화, 즉 공업화로 보고 국민경제의 대외개방을 당연한 귀결로 보는 입장에서는 외국자본의 성격이나 국적은 거의 문제가 되지 않는다. 그러나 이러한 입장은 경제개발계획의 집행과정에서 당연히 외국자본과 외자관련기업을 우대할 것이기 때문에 경제성장률은 높아질 수 있겠지만 중소기업은 정체 몰락하게 될 것이다. 이에 외국자본과 자본의 논리로써 대항할 수 있는 국가자본이나 민족자본의 육성이 개발의 과제로 제기된다.

셋째, 개발과정의 집행에 필요한 투자재원을 지나치게 외국자본에 의존하지 않는

---

1) 邊衡尹, 〈韓國經濟開發計劃의 방향〉, 《韓國經濟의 診斷과 反省》, 지식산업사, 1980, p.38.

자세가 필요하다. 외국자본은 원조든, 공공차관 또는 상업차관, 직·합작투자의 어느 형태이건 초과이윤의 논리를 관찰하기 때문이며 국내자본이 적은 풍토에서는 더욱 그러하다.

넷째, 계획적 개발을 통한 공업화를 이루는 데는 반드시 경제구조의 개선이나 공업화에 따른 성장과실의 均霑에 대한 대책이 있어야 한다. 선건설 후분배 정책을 바탕으로 하는 성장위주 정책은 공업의 대외의존 증대와 함께 소득분배의 불균형도 가져오기 때문에 이중구조의 청산과 국민적 참여 속의 國富 창출을 기대할 수 없게 한다.

계획적 개발의 과제를 이렇게 볼 때 근대화를 추진하는 과정에서 중소기업에 대한 정책적 인식은 매우 중요하며 그것은 다음과 같다.

첫째, 자본축적의 논리에 비추어 중소기업이 이해되어야 한다. 일반적으로 자본의 집적, 집중이라는 자본주의적 축적의 일반적 법칙이 관철되는 가운데 대자본에 대한 소자본의 관계, 그리고 오늘날의 독점자본주의에서는 자본의 집적·집중과 분열·분산의 법칙이 작용하는 가운데 독점자본이 중소자본과 맺는 관계에서 중소기업이 인식될 수 있다. 이것은 중소기업 문제의 일반성을 강조하는 입장이다.

둘째, 그 나라 국민경제의 경제사적 배경 속에서 중소기업이 이해되어야 한다. 특히 대부분의 개발도상국은 戰前에 그들이 경험했던 식민지 경제구조와 전후에 자본주의 범세계화과정 속에서 그들 국민경제가 특수한 경제구조를 지니게 되었는데, 그 속에서 중소기업 문제를 인식할 필요가 있다. 이것은 중소기업 문제의 특수성을 강조하는 입장이다.

셋째, 국민경제의 방향에 대한 역사적 합목적성의 관점에서 중소기업이 이해되어야 한다. 앞의 첫째와 둘째는 중소기업 문제를 일반성과 특수성의 관점에서 자본주의 전개과정에서 나오는 구조적 모순의 산물로 인식하는 것이다. 그리고 이에 대한 정책인식은 이러한 구조적 모순에 대한 대응방안의 마련에 그 목적이 있다.

그런데 역사적 합목적성(또는 경제개발과정)에서 중소기업 문제를 인식하는 것은 중소기업의 역할을 적극적으로 규정하는 것이다. 개발도상국의 경우 역사적 합목적성을 자립경제의 확립 또는 근대화의 실현이라고 볼 때 이 과제를 실현하기 위한 중소기업의 능동적 역할을 살펴볼 수 있다. 이때 여러 가지 중소기업의 역할이 제시될 수 있지만 특히 우리의 관심대상이 되는 것은 중소기업의 민족자본 또는 민족자본가적 역할에 대한 인식이다.[2]

---

2) Eugene Staley and Richard Morse, *Modern Small Industry for Developing Countries*, New York : McGraw-Hill, 1965, Part 3 참조.

2) 개발전략의 기본방향

그런데 1960년대 이후에 전개된 계획적 개발은 이러한 과제와 문제의식을 실현하는 방향으로 이루어진 것이 아니었다. 그것은 한국경제의 개발전략을 규정하는 기초적 조건에 대한 다음과 같은 인식에 바탕을 두고 있다.[3]

① 자본주의적 경제개발의 주체가 될 산업엘리트로서의 민간기업이 충분히 성장하지 못하였기 때문에 정부가 경제개발을 주도한다.

② 저저축률 → 저투자율 → 저생산성 → 저소득수준 → 저저축률이라는 低水準均衡의 함정에서 벗어나서 빈곤의 악순환을 단절하는 데 필요한 자본축적의 원천을 국내적으로는 저임금기반과 정부저축 및 인플레에 의한 강제저축에서, 그리고 대외적으로는 외국자본의 도입에서 구한다.

③ 경제개발에 필요한 기술은 외국기술의 도입에 의존한다.

④ 인적 자원은 전문기술노동보다는 양적으로 풍부한 과잉노동력을 활용한다.

⑤ 국내자원이 빈약하다고 보고 주로 수입에 의하여 필요한 자원을 충당한다.

⑥ 개발에 필요한 시장은 내수시장보다는 주로 해외시장의 개척에서 구한다.

경제개발 조건에 대한 이와 같은 인식은 다음과 같은 개발전략을 택하도록 하였다.

① 시장경제라는 자본주의경제의 체제적 기반에 제약을 가하여 관료주의적 계획경제를 정착시키고 시장이라는 조정기구를 명령으로 대체하는 官主導的 경제개발전략

② 생산력수준을 높이기 위해 생활수준의 전반적인 상승을 최대한 억제하고 선성장·후분배를 지향하는 성장제일주의적 개발전략

③ 기술혁신, 기술향상, 근로자의 참여의식 제고 등 성장의 內延的 요인보다는 자본 토지 단순노동의 양적 증대 등 성장의 외연적 요인에 의존하는 外延的 성장전략[4]

④ 분업체계면에서는 대내적 분업의 심화에 의한 대내지향적 공업화보다는 대외적 분업을 지향하는 대외지향적 공업화

⑤ 균형성장보다는 허쉬만(A. O. Hirschman)의 불균형성장전략에 따랐다.[5]

이 가운데 대외지향적 성정은 수출선도형 성장 또는 무역의존형 성장이라고도 하는데, 이는 일반적으로 수출확대율이 경제성장률보다 크고 따라서 무역의존도가 높아 무역(수출)이 경제성장을 선도하는 경우를 말한다.[6] 그리고 허쉬만류의 불균형성장은

---

3) 金潤煥, 〈韓國經濟의 座標〉, 邊衡尹·金潤煥 編著, 《韓國經濟論》, 유풍출판사, 1977, pp.29~33 참조.

4) 林鍾哲, 〈官主導型 外延的 成長戰略의 成就와 限界〉, 《政經文化》 1981년 10월호, p.97.

5) A. O. Hirschman, *The Strategy of Economic Development*, Yale Univ. Press, 1958.

연관효과(linkage effect)가 큰 산업에 중점 투자하여 이를 경제개발의 선도부문으로 삼는 것이다. 연관효과를 前方연관효과와 後方연관효과로 나누되, 초기에 연관효과의 극대화는 일반적으로 후방연관효과가 큰 소비재산업을 발전시킴으로써 실현된다고 보았는데, 이는 결국 수입대체산업에서 수출산업으로 전략산업을 전환하는 수출지향형 공업화론([표 19-2] 참조)과 그 맥락을 같이한다.

그런데 불균형성장 정책은 산업면에서는 농업보다는 공업을, 분업관계면에서는 국제분업주의를 우선하여 수입대체산업에서 수출산업으로, 그리고 기업규모면에서는 量産體制에 따른 이익을 추구하여, 구체적으로 중소기업보다는 대기업 편중적으로 전개되었다.

이러한 정책인식과 개발 정책의 방향은 〈제1차 5개년계획〉 이후에 계획적 개발의 방향에 그대로 반영되었다. 〈제1차 5개년계획〉은 모든 사회경제적 악순환을 시정하고 자립경제를 이루기 위한 기반을 구축하는 데 기본목표를 두면서 다음과 같은 계획의 방침을 밝혔다.[7]

① 경제체제는 되도록 민간인의 자유와 창의를 존중하는 자유기업의 원칙을 토대로 하되, 기간부문과 그 밖의 중요부문에 대하여는 정부가 직접적으로 관여하거나 또는 간접적으로 유도 정책을 쓰는 '지도 받는 자본주의체제'로 한다.

② 한국경제의 궁극적 진로를 산업의 근대화를 통한 공업화에 둔다.

③ 생산력의 극대화와 자본공급의 확보를 위해서는

㉠ 국내자원을 최대한으로 동원하고 소요외자의 조달은 外資導入에 중점을 두고 외자유치를 위한 적극적인 노력을 기한다.

㉡ 국내노동력을 최대한으로 활용하여 자본화한다.

㉢ 자본축적을 위한 범국민적인 강력한 저축운동을 전개한다는 것 등이다.

'지도받는 자본주의체제'가 경제체제의 특징으로 부각되면서 계획적 개발은 국민경제의 구조적 불균형의 시정을 기하되, 그것은 산업의 근대화를 통한 공업화 정책의 추구로 실현되는 것으로 보았다. 그리고 이를 위한 적극적인 외자도입과 수출증대 정책, 그리고 국내노동력의 자본화, 즉 저임금 노동력을 바탕으로 한 자본축적 정책은 이 계획 이후 계속적인 방향이 되었다.

그 뒤 지속적으로 이루어진 계획적 개발의 공업부문에 대한 정책을 보면 [표 20-1]과 같다. 이를 보면 먼저 수입에 의존하던 것을 국내에서 생산하여 대체하고, 다

---

6) H. G. Johnson, "Economic Development and International Trade", Money, *Trade and Economic Growth*, Havard Univ. Press, 1967.

7) 大韓民國政府, 《第1次 經濟開發5個年計劃》 서문, 1962, pp.15~16.

시 이를 수출산업화하는 과정으로 되어 있다. 그런데 이러한 과정은 소비재로부터 시작하여 중간재를 거쳐 자본재, 나아가는 지식 및 정보산업으로 이행되도록 하는 형태를 취하여 이른바 '産業發展의 雁行形態'[8]를 따르고 있음을 알 수 있다.

[표 20-1] 공업화와 투자 정책

	제1차 5개년계획 1962~1966	제2차 5개년계획 1967~1971	제3차 5개년계획 1972~1976	제4차 5개년계획 1977~1981
공업화유형	소비재 수입대체	소비재 수출, 중간재 수입대체	자본재 및 중간재 수입대체	공업구조 고도화, 지식 및 정보산업개발
투자방향	수입대체산업 육성 수출제일주의 공업화추진	수출구조개선, 기술개발기반 구축	중화학공업 추진, 중간재 국산화, 기술개발여건 조성	기술 및 숙련노동 집약적 사업개발, 기계류 국산화 본격화, 기술개발 및 활용
주요신규 성장산업	화섬사, 비료, 시멘트, 정유, P.V.C 전력	합성섬유, 석유화학, 화공약품, 기계류, 철 강, 전자, 요업	기계, 철강, 전자, 조선	산업용기계, 철강, 전자기 품 및 부품, 조선
수출입 유 형 ┌수출 └수입	소비재 자본재, 중간재	소비재, 중간재 중간재, 자본재	소비재, 중간재 중간재, 자본재	소비재, 중간재, 플랜트 원자재, 자본재

자료 : 경제기획원, 《경제백서》, 1976, p.429.

2. 〈제1차 경제개발5개년계획〉의 중소기업 정책과 그 구조정책적 전개

1) 〈제1차 경제개발5개년계획〉의 중소기업 정책

산업기반의 확충을 통하여 산업구조를 고도화(공업화)하고 공업체질 내지 공업체제를 합리화 및 개선시키는 〈제1차 경제개발5개년계획〉기간 동안의 공업 정책의 기본방향 속에서, 중소기업 정책방향은 다음과 같이 간단하게 나와 있다. 즉 중소기업, 수공업은 초기에는 同業組合組織을 통하여 발전을 획책하되 점차 대기업의 성장과 더불어 下請工業制度를 육성한다는[9] 것이다.

정책내용만으로 보면 중소기업의 조직화와 하청공업육성 등 두 가지를 말한 데 그치고 있으며, 그것이 앞에서 설명한 개발계획의 방향과 구체적인 연관성을 보이고 있는 것도 아니었다. 그러나 계획적 개발이 시행되면서 중소기업 정책이 개발계획의 일부로 규정되고 있는 것은 중요한 의미를 지닌다. 1950년대 중소기업 정책의 시행은 금융정책을 중심으로 하여 단편적인 경기 정책 내지 일시적인 도산의 위기를 해소하기 위한 보호 정책적 테두리를 크게 벗어나는 것이 아니었다.

---

8) 赤松要, 〈わか國 産業發展の雁行形態〉, 《一橋論叢》 第38卷 5號, 1956. 11.

9) 大韓民國政府, 《第1次 經濟開發5個年計劃》(1962~1966), p.24.

　　1950년대 말에는 일제의 유산인 귀속재산불하기업 또는 외국원조에 의한 신규의 대기업이 점차 중소기업분야에 진출하여 서로 마찰현상이 발생하게 되었다. 이에 중소기업 문제는 경기순환과정에서 일어나는 일시적인 문제(과도적 마찰적 모순)가 아니라 국민경제의 구조적 모순의 문제가 되었으며, 경제발전을 위하여 해결해야 하는 기본적 정책과제로 여겨졌다. 여기에 1960년대에 와서 적극적인 경제개발을 추진하면서 중소기업 정책은 사회 정책적 성격을 떠나서 개발부문에 대한 보완 정책적 성격을 지니게 되고 일관성 있는 경제 정책으로 의식되었다.

　　특히 국민경제의 고도성장과 산업구조의 고도화 정책에 병행하여 중소기업 정책은 이와 깊은 관련성을 지니면서 이를 뒷받침하는 정책이 되었다. 그리고 개방체제의 진전과 수출제일주의 추진은 산업의 국제경쟁력 강화를 불가피하게 만들면서 중소기업 정책은 그에 상응한 구조 정책의 일환으로 전개되었다. 그에 따라 중소기업 정책은 다양하게 전개하였는데, 그 내용은 다음과 같다.[10]

① 중소기업전담금융기관인 中小企業銀行의 설립(1961년 8월)

② 기업환경의 개선과 정비

　　㉠ 外來品의 국내시장 잠식을 막기 위하여 〈특정외래품판매금지법〉의 제정(1961년 5월)

　　㉡ 過當競爭의 방지와 판로확장을 위하여 〈중소기업사업조정법〉의 제정(1961년 12월)

③ 중소기업의 조직화를 위하여 〈중소기업협동조합법〉의 제정(1961년 12월)

④ 경영합리화를 위한 기업지도

⑤ 수출전환 정책의 추진(1964년 하반기 이후 단계별 육성시책)

⑥ 공업단지조성을 위한 〈수출산업공업단지개발조성법〉의 제정(1964년 12월)

⑦ 家內工業센터의 설치운영 및 지방특화산업 육성(1965년 이후)

⑧ 중소기업에 대한 외자도입의 추진(1965년 이후)

⑨ 중소기업 금융의 기능강화를 위한 〈금융부문자금운용규정〉의 개정(1965년 제17차 금융통화운영위원회 : 일반은행의 총대출금 가운데 30퍼센트 이상을 중소기업에 융자하도록 함)

⑩ 관납품의 중소기업단체수의계약제도(1965년 이후)

⑪ 중소기업의 중점육성 정책 실시 등이다.

---

10) 중소기업은행, 《중소기업은행10년사》, 1971, pp.91~104 참조.

2) 전면적 보호육성 정책에서 선별적 육성 정책으로 전환

계획적 개발의 전개와 더불어 이상과 같이 여러 가지 중소기업 정책이 시행되었다. 그 초기에는 금융기관과 협동조합 등 제도개선과, 기업환경의 개선 등 전면적이고 집단적인 보호육성 정책을 전개하였다. 그러나 개발 정책의 본격화에 따라 중소기업 정책도 소극적인 보호육성 정책에서 적극적인 선별적 육성 정책으로 전환하였다.

국제수지개선을 위한 수출전환 정책, 개발계획의 추진으로 건설되는 기간산업의 보완분야로 육성하기 위한 중점육성 정책, 공업의 지방분산과 그 집적의 이익을 추구하는 공업단지 정책 등 국민경제에 대한 구조 정책의 일환으로 전개되기에 이른다. 이것은 1960년대 중반 이후에 시행된 중소기업의 중점육성 정책의 다음과 같은 내용에서 확실하게 그 특징이 나타난다.

중점육성계획은 중소기업 정책을 전면적 보호육성 정책이 아니라 적정분야에서의 육성 또는 적극적인 성장 정책으로 전환하도록 하여, 구조개편 정책으로 전개하는 계기를 마련하였다. 이 계획은 중소기업을 업종별 성격에 따라 다음과 같은 세 개의 그룹으로 나누고 각 그룹에 대하여 차별적 정책을 시행하도록 하고 있다.[11]

① 중소기업으로 육성할 A급 업종

 ㉠ 대규모시설을 필요로 하지 않는 업종

 ㉡ 부속품 또는 부분품제조업

 ㉢ 원료가공단계에 속하는 업종

 ㉣ 勞動集約的 업종

이들 업종에서는 기술향상 및 품질향상을 통한 전문화와 대기업과의 계열화를 촉구하고, 대기업의 이 분야 진출을 억제하도록 한다.

② 대기업으로 육성할 B급 업종

 ㉠ 원료생산분야의 업종

 ㉡ 조립공장 및 생산원가면에서 대기업이 현저하게 유리한 업종

 ㉢ 거대시설을 필요로 하는 업종

이들 업종에서는 중소기업의 난립을 억제하고, 그 기업규모를 적정규모까지 확장시킴으로써 앞으로 대기업으로 성장 발전시킨다.

③ 업종전환을 요하는 C급 업종

 ㉠ 시설이 과잉된 업종

---

11) 중소기업은행, 《中小企業銀行五年史》, p.69. 이것은 1973년에 시행되는 '중소기업근대화지원체제의 확립'에 그 기조가 이어진다.

ⓛ 시설이 노후하고 기술이 낙후된 업종

ⓒ 수출이 불가능한 업종

ⓔ 대기업과 경쟁상태에 있으며, 앞으로 중소기업으로서 유지되기 곤란한 업종

이들은 수출산업이 될 수 있는 신규산업 등 다른 업종으로 전환하도록 한다. 그리고 이상의 세 가지 그룹을 국민경제적 중요성에 비추어 상·중·하로 다시 구분하였다.

① 상위업종 : 수출특화산업품목, 성장산업품목 등 주요품목, 수출 및 군납품목 가운데 외자가득률이 높고 수출증대전망이 뚜렷한 품목, 수입대체품목, 기타 중요 산업용 중간재 및 기구 등의 생산업종

② 중위업종 : 생활필수품 및 준생필품 가운데 대중소비품과 제2차 제품의 보조 및 가공업종

③ 하위업종 : 준생필품으로서 중요도가 낮은 품목과 서비스업에 유사한 업종 및 단순한 가공업 등이다.

이상과 같이 우선도를 정하고 금융지원을 비롯하여 경영 및 기술지도사업 등 각종 지원대책에 차등을 둠으로써 중소기업의 구조개편을 이루도록 하였다.

다양한 내용을 포함하고 있지만 이 중점육성계획의 초점은 수출전환업종, 대기업의 하청계열화업종과 일부 수입대체업종으로 중소기업의 구조개편을 의도하고 있다. 그러나 종전에 국내수요를 기반으로 하여 광범하게 존속해온 중소기업이라고 하더라도 원조와 외자에 의하여 새로 설립된 대기업과 경쟁관계에 있는 경우에는 이를 지원대상에서 제외시켜 결국 도태·전환시키도록 하고 있다. 중소기업부문에 대한 외국자본의 도입과 함께 중소기업을 대외분업적 방향으로 전환시키면서, 저임금기반의 노동집약적 중소기업을 신생 대기업의 자본축적 기반으로 삼고자 하는 구조 정책의 초기적 특징이 이 중점육성 정책에 포함되어 있다. 이는 향후 개방화에 대비하고 독점적 대기업 중심의 국민경제의 고도성장 정책과 그를 위한 자본축적기반으로 중소기업을 이용하려는 정책의도이며, 원조경제에서 이루어진 구조적 모순을 자립경제의 방향으로 극복하려는 구조개편은 아니었다.

3. 중소기업근대화 정책의 전개

1) 〈중소기업기본법〉에서 중소기업 정책

우리나라 헌법에서도 제5차 개정헌법 이후 소극적이긴 하지만, 중소기업에 대한 규정을 하였다.(제21장 제1절 (2) 참조) 그러나 중소기업 육성의 체계적인 법체계는 〈중소기업기본법〉의 개정에서 비롯되었다. 1966년에 제정된 이 법은, 중점적 육성

정책에서 시행되기 시작한 구조 정책으로서의 중소기업 정책을 본격적으로 전개하는 법적 기반이 되었다. 이 법은 중소기업의 나아갈 방향과 시책의 기본을 규정함으로써 중소기업의 성장발전을 촉구하고, 그 구조개선과 국제경쟁력을 강화시켜 국민경제의 균형 있는 발전에 기여함을 목적으로 제정된 것이다.(제1조)

이 법은 중소기업의 이상과 같은 목표와 주체 및 대상에 관하여 규정하고 있는 외에도 중소기업의 구조개선, 사업활동의 不利是正, 금융 및 세제상의 과제, 중소기업의 조직화와 행정기구 등에 관한 것 등을 포괄적이고도 체계적으로 규정하고 있다. 정책내용의 체계에 따라 제정 당시 이 법의 내용을 살펴보면 다음과 같다.

① 중소기업의 구조고도화 등
　　㉠ 경영관리의 합리화(제10조)
　　㉡ 기술의 향상 및 전문지도기관의 육성(제11조)
　　㉢ 품질향상(제12조)
　　㉣ 작업환경의 개선(제13조)
　　㉤ 시설의 근대화(제14조)
　　㉥ 사업전환의 촉진(제14조의 ②)
　　㉦ 중소기업의 협동화와 지방에 소재하는 중소기업의 육성(제15조)
　　㉧ 기업규모의 適正化(제16조)
　　㉨ 專門化 및 系列化의 조성(제18조)
　　㉩ 유통기구의 합리화(제21조)
② 사업활동의 불리 시정
　　㉠ 都給去來의 적정화(제19조)
　　㉡ 중소기업의 사업분야 확보(제20조)
　　㉢ 공제제도의 확립(제20조의 ②
　　㉣ 수출의 진흥(제22조)
　　㉤ 정부수주기회의 확보(제23조)
　　㉥ 수입품의 조정(제24조)
　　㉦ 중소기업의 조직화(제27조)
③ 小企業對策
　　㉠ 법제정 초기에는 零細企業(제9조)
　　㉡ 개정(1982년) 후에는 소기업대책(제9조)
④ 금융 및 세제
　　㉠ 중소기업금융의 확보(제25조)

ⓒ 세제의 적정화(제26조)
⑤ 행정기관 및 중소기업단체
  ㉠ 중소기업의 조직화(제27조)
  ㉡ 행정기관의 확충
  ㉢ 중소기업 정책심의회(제29조~제35조)

이 법은 전체적 틀에서 일본의 〈중소기업기본법〉과 유사한 바가 있다. 일본의 〈중소기업기본법〉은 중소기업의 사회적 경제적 제약에 의한 불리의 시정이나 기업 사이에 존재하는 생산성, 기업소득, 노동임금 등 여러 격차를 시정하고 거래조건을 개선할 목적으로 하는 것을 규정하여[12] 중소기업근대화 정책의 법적 기초임을 분명히 하고 있다.

즉 대기업과 중소기업 사이의 부가가치 생산성과 임금격차로 상징되고 있는 이중구조의 해소, 즉 중소기업 근대화를 〈중소기업기본법〉의 기본적 과제로 보았다. 이를 위해서는 중소기업의 생산성향상과 함께 취약한 가치실현력의 보완이 병행되어야 한다고 보았다.

우리나라의 〈중소기업기본법〉에는 이에 대한 명시적 규정은 없었으나 법체계의 내용으로 보아 중소기업근대화 정책을 반영하고 있다.

한국경제의 이중구조적 특성에 대하여는 이미 1959년에 작성된 〈경제개발3개년 계획(안)〉에 규정된 바가 있다. 그리고 1960년대 계획적 개발 이후 양적 고도성장이 추진되면서 중소기업의 기존 존립기반의 위축, 존립조건의 변동, 이중구조의 심화에 따라 이에 대처할 필요성이 생겼고, 따라서 양적 성장에서 질적 성장으로 전환하고자 하는 정책의식이 일어나게 되었다. 이에 따라 산업내부에 경영구조면에서 합리화의식이 높아졌다. 또한 국민경제의 고도화와 더불어 중소기업 정책도 구조고도화의 방향으로 전개되기에 이르렀다.[13] 이러한 정책의식의 요구에 따라 〈중소기업기본법〉이 제정된 것으로 보아야 할 것이다.

구조 정책으로서 중소기업 근대화 정책은 중소기업의 고도화 정책으로부터 시행되는데, 이는 중소기업 구조의 고도화를 의미하며 산업구조의 고도화 정책에 속한다.

즉 중소기업의 고도화는 산업구조의 고도화에 적응하여 업종 안 또는 업종 사이에, 중소기업과 그 구성을 부가가치 생산성이 높은 방향으로 시정하는 것이며, 산업구조에서 중소기업의 구성을 합리적 방향으로 전환하는 것이다. 따라서 고도화는 중소기업 근대화에 포함되는 개념이다.

---

12) 〈日本 中小企業基本法〉 序文.
13) 중소기업은행, 《중소기업은행10년사》, p.110.

〈중소기업기본법〉은 산업구조의 고도화 정책에 맞추어 중소기업의 고도화 정책을 전개하려는 법적 기반이며, 구조의 고도화(생산성 향상)와 사업활동 不利의 補正策 등 두 가지 흐름의 정책내용을 포함하고 있다.

특히 중소기업의 구조고도화는 설비의 근대화, 기술의 향상, 경영관리의 합리화, 기업규모의 적정화 등에 의하여 중소기업의 생산성을 향상하고 경제력을 높이는 방안을 담고 있다. 이것은 뒤늦게 근대화를 추진하면서도 고도성장과 산업구조의 고도화를 이루는 과정에서 만들어지는 국민경제의 불균형성과 이중구조문제의 해소, 즉 중소기업의 근대화를 정책적으로 인식하기 때문이다.

우리나라에서 〈중소기업기본법〉이 제정된 1960년대 중반기에 경제환경이 반드시 일본의 그것과 같은 것은 아니었지만 이 법이 중소기업의 구조고도화에 대한 정책인식을 배경으로 하고 있다는 점에서는 동일하다고 볼 수 있다. 계획적 개발을 추진하면서 대기업 중심의 고도성장은

① 중소기업 존립기반의 위축 및 존립조건의 변동

② 외국자본과 기술에 의한 신규의 독점적 대기업과 기존의 중소기업 사이의 여러 격차와 마찰에 따른 이중구조적 모순

③ 소비재를 중심으로 한 수출구조의 기반 조성

④ 기술개발기반 조성의 필요성

⑤ 중간재의 수입대체 정책 추진에 따른 대기업과 중소기업간의 하청계열 관계의 형성 요구

⑥ 무역자유화에 대비한 국제경쟁력의 강화 등 경제환경이 변화하였고, 여기에 적응하는 중소기업의 구조고도화 정책이 요구되었다.

그리고 기본법에는 중소기업의 구조고도화에 상응한 사업활동의 不利是正政策이 반영되었는데 그것은 산업조직 정책적 특성도 갖는다.

그런데 일본의 경우에는 중소기업의 근대화를 추진하는 〈중소기업기본법〉이 제정된 것과 병행하여 그것의 실천을 뒷받침하는 〈중소기업근대화촉진법〉이 제정되었으나 우리나라에서는 그렇지 못했다. 다만 뒤늦게 1978년에야 〈중소기업진흥법〉이 기본법의 실천법적 성격으로 제정되었을 뿐이다.

우리나라의 〈중소기업기본법〉은 제정 뒤 국내외 경제여건의 변화를 반영하여 1995년(1월 5일)에 全文改正되었다. 전문 제21조, 부칙으로, 양적으로는 축소 개정되었는데, 주요 시책 내용이 하위법으로 이양되고 創業과 國際化의 촉진 등의 내용이 새롭게 추가, 삽입되었다.

2) 두 가지 중소기업 정책방향과 〈제2차 경제개발5개년계획〉의 중소기업 정책

(1) 두 가지 중소기업 정책 방향

〈중소기업기본법〉이 제정될 시점에 중소기업 문제의 심각성 인식과 그에 대한 정책방향은 이른바 中産層論爭[14]에 그대로 반영되었는데 이것은 우리나라 중소기업 문제의 성격을 이해하는 데 큰 의미를 지닌다.

이 논쟁은 당시 여당인 共和黨과 야당인 民衆黨의 정책기조에서 발단되었다. 대공업 중심의 공업화와 부의 축적을 위하여 선성장·후분배가 필요하다는 공화당의 경제 정책이 반대중적이고 반사회적인 빈부의 양극화현상을 가져왔다고 비판한 민중당이 중산층의 정당임을 자부하면서 중소기업의 보호육성과 부의 균등한 분배를 주장하는 정책을 제시한 데서 이 논쟁은 비롯되었다.

민중당은 중소상공인·중농·봉급자·지식인 등 중산층의 안정과 이익의 증진 없이는 민주주의는 영원히 토착화할 수 없으며, 사회안정을 바랄 수 없다고 하였다. 이를 위해서 먼저 농촌경제의 발전을 조장하면서 중소기업은 물론 대기업의 주식소유가 널리 대중에게 분산 귀속되고 경제적 부의 축적이 수많은 국민대중에게 배포되도록 하는 자본의 大衆化와 중소기업의 우선육성주의를 경제 정책의 방향으로 제시하였다. 공화당도 한국의 근대화와 사회안정을 위하여 중산층의 확대 보호를 주장하고 이를 위하여 중소기업육성의 당위성을 강조하였지만, 그 접근방법에서는 서로 근본적인 차이가[15] 있었다.

공화당의 중소기업 육성방안은 다음과 같다. 중소기업은 기간산업(주로 독과점대기업)과 계열화로 육성되어야 하며, 대기업으로부터 단절 내지 분리된 중소기업 자체의 단독육성 정책은 역사 역행적이다. 또한 중소기업은 수출산업과 수입대체산업으로 전환되어야 하며, 계열화된 중소기업을 위해 수출공업단지를 조성하고 수출을 촉진할 방침[16]을 제시하였다.

이에 대하여 민중당의 정책방향은 다음과 같다.

① 일부 국영기업을 제외한 국영과 민영의 대규모기업 주식을 분산시키고,

② 신규 건설에서는 대규모 자본조성 방법보다는 중소규모에 주력하는 동시에 국가의 모든 혜택을 중소기업의 육성 강화에 집중하며,

③ 농촌경제의 병행발전, 특히 중농의 보호와 細農의 中農化에 치중하고 공산품의

---

14) '中産層論爭'의 상세한 내용은 孫世一 編, 《韓國論爭史 Ⅲ》, 청람문화사, 1976, pp.440~552에 수록되어 있다. 그에 대한 설명은 제18장 3절 4항 참조.

15) 〈近代化와 中産層〉, 《朝鮮日報》 1966년 1월 25일자.

16) 金成熺, 〈近代化와 中産層〉, 《朝鮮日報》 1966년 1월 26일자.

시장확대를 기하며,

④ 자본이 영세하고 기술과 경영능력이 미숙한 바탕 위의 대기업 건설주의는 특혜와 낭비, 그리고 국민의 희생을 강요하는 반면, 중소기업주의는 우리의 기업능력에 알맞은 동시에 기업의 소유가 많은 사람과 넓은 지역으로 확산될 수 있으며,

⑤ 이러한 중소규모의 노동 집약적 기업 건설은 우수하고 값싼, 풍부한 노동력이 그 성공을 뒷받침해주면서 고용효과를 빠르게 볼 수 있고,

⑥ 국제시장에서 선진국을 누르고 판로를 확대할 수 있는 것은 중소기업에 의한 노동 집약적 산업이라는 것이다.[17]

두 당의 이러한 정책기조 속에서 공화당은 불균형성장적 대기업주의를 추구하고 있으며, 민중당은 중소기업과 농업을 바탕으로 한 균형성장 정책방향을 지향하였음을 알 수 있다.

(2) 〈제2차 5개년계획〉의 중소기업 정책

1967~1971년에 걸친 〈제2차 5개년계획〉에는 전자의 정책기조가 반영되었다. 이 계획은 장기개발전략을 ① 수출증대로 자립달성, ② 자본동원의 극대화, ③ 효율적 인력활용, ④ 안정기조를 유지하면서, 경제의 발전진로를 공업화를 통해 확대된 개방체제에 두되, 개방체제의 자립적 유지는 수출증대를 통해서만 이룰 수 있다고 보았다. 즉 개방체제 아래 수출증대를 통한 공업화로 경제의 진로를 규정하였다.

한편 산업 내부에서는 근대기업과 전근대적인 중소기업과의 병존과정에서 일어나는 이중구조의 문제를 중요한 정책적 과제로 제기하였다. 이에 더하여 대규모기업의 증가를 전망함으로써 기업집중 또는 독과점의 진행을 예상하였다. 따라서 경제 정책의 범위는 지금까지 생산력 증강 위주로부터 경제발전과정의 진일보에 따르는 사회경제적 불균형 등을 시정 완화하는 방향으로 확대되어야 한다고 하였다.

이어서 산업구조를 근대화하고 자립경제의 확립을 더욱 촉진시키는 데 기본목표를 둔 이 계획은 ① 식량자급, ② 공업구조 고도화의 기틀 마련, ③ 수출달성과 수입대체 촉진으로 국제수지개선의 기반 확립, ④ 고용증대, ⑤ 과학 및 경영기술의 진흥으로 기술수준과 생산성 제고 등을 그 중점으로 삼았다.[18]

이를 바탕으로 중소기업부문에 대하여는 다음과 같이 규정하였다.

---

17) 金大中, 〈近代化와 中産層〉, 《朝鮮日報》 1966년 1월 27일자.
18) 經濟企劃院, 《第2次 經濟開發5個年計劃(案)》(1967~1971), 1966, p.9, pp.27~29. 이중구조 문제가 정책적 과제로 인식되었으나 이것은 부차적인 것에 그쳤다. 중소기업 정책방향제시에서 적극적이며 중심적 과제로 되지 못하였다.

① 생산면이나 수요면에서 상호지원적인 수요와 투자의 창조효과를 크게 하는 부분은 중소기업부문이다.

② 대부분 기존시설인 중소기업은 전산업에 대한 비중이 크므로 대기업에 대하여 중소기업의 계열화 및 전문화가 이루어지면 이 두 부문은 완전히 생산면에서 상호보완관계에 서게 된다.

③ 중소기업 가운데서 수출산업으로 전환이 가능한 것을 수출산업으로 개발하면 새로운 투자소요 없이도 경제성장에 기여한다.

④ 중소기업은 대부분이 노동 집약적이어서 이 부문의 성장개발은 수많은 노임의 지급과 소득의 평준화를 높은 수준으로 유지토록 하여 수요를 촉진하고 수요유형을 변화시킨다.[19]

중소기업부문에 대한 이러한 진단의 결과 다음과 같은 정책과제를 제시하였다.[20] 국제경제환경의 변화와 개방체제로의 이행에 따라 국내산업의 경쟁력을 강화하도록 계속 노력하되,

① 중소기업을 육성하기 위하여 대기업과 중소기업과의 계열화를 촉진하고, 기존시설의 활용과 설비의 신설 개량을 통해서 가동율을 높이며 생산성을 증대시킨다.

② 수출 및 수입대체산업으로 발전할 업종과 노동집약도가 높은 중소기업을 지원하는 데 중점을 두며,

③ 이를 위해서는 공장확장 및 운영에 필요한 자금공급, 경영합리화를 위한 기술지원, 원활한 원료공급, 시장확대 등 정책수단이 강구된다.

④ 대기업에 의한 시장독점으로부터 보호를 유도하여 자립적 성장의 바탕을 마련한다.[21]

⑤ 지역간의 소득격차를 해소하기 위하여 지역별 특화산업을 육성하고 공장의 지방분산을 촉진하여 지역개발을 꾀한다는 것 등이다.

이러한 정책들은 개방경제체제로 지향하는 틀 속에서 시행되었으며, 그 제도적 기초가 1967년에 채택된 〈네거티브 리스트 시스템〉(Negative List System)이다. 이 제도는 그동안 보호무역의 그늘에서 비정상적으로 성장해온 국내산업의 체질을 개선하고 국제경쟁력을 강화시켜 수출증진을 꾀하는 동시에 수입자유화의 확대로 소비자를 보호한다는 명분 아래 시행되었다. 종전의 〈포지티브 리스트 시스템〉(Positive

---

19) 위의 책, p.47.
20) 위의 책, pp.121~122.
21) 위의 책, p.47.

List System)의 무역방식을 바꾼 이 제도는 무역 정책의 일대 전환을 가져온 것이었다. 이것은 〈제2차 5개년계획〉이 ① 수출제일주의의 지속, ② 수출진흥 정책의 다양화, ③ 무역자유화 정책의 추구라는 무역 정책의 특징을 지닌 데서 온 결과였다.[22]

무역자유화로의 이러한 획기적 전환은 모든 산업 정책에 크게 영향을 주었으며, 중소기업의 구조고도화 정책에도 그러하였다. 1965년 한일국교정상화에 의하여 한국경제는 그동안 미국에 치우쳐 있던 외국자본의 도입선에 일본을 포함시킴으로써 외자도입선을 실질적으로 다변화하고 개방화하였다. 여기에 무역자유화를 위한 '네거티브 리스트 시스템'을 채택함으로써 한국경제는 대외지향적 개발전략을 본격화하게 되었다.

지배적 경제제도인 독과점대기업은 이러한 개발전략에 맞추어 자본축적의 양식을 전환하였고, 종속적 경제제도로서의 중소기업의 구조고도화는 그에 상응한 방향으로 이루어졌다. 대외적으로는 특혜적 외자도입과 대내적으로는 재정금융상의 혜택이 대기업 자본축적의 바탕이 되었으며, 또 다른 자본축적의 원천은 중소기업과의 하청계열관계를 심화시키는 것이었다.

이에 따라 1960년대 후반에 전개된 중소기업시책의 주요내용은 다음과 같다.

① 계열화 및 전문화의 본격화

② 중소기업의 수출진흥

③ 시설의 근대화

④ 지방공업의 육성 및 단지화

⑤ 企業合併의 조성

결국 근대화 정책으로서 중소기업 정책은 초기의 전면적 보호육성 정책으로부터 선별적 육성을 지향하는 구조 정책으로 이행되어 왔다. 구조 정책으로서 중소기업근대화 정책은 중소기업의 구조고도화에 그 중점을 두게 되었으며, 그 대상은 중소기업 가운데 수출산업과 수입대체산업, 그리고 대기업과의 하청계열화산업에 집중되었다. 이것은 그동안 다양하게 전개된 중소기업의 근대화 및 합리화 정책의 중점이 이들 분야로 집중된 것이며, 그것은 중소기업 정책이 계획적 개발의 틀 속에서 시행된 당연한 결과이기도 하다.

이렇게 볼 때 중소기업 정책은 구조 정책적 성격을 지니면서도 대기업 중심의 개발전략 아래에서 독과점 대기업의 자본축적의 바탕이 되고 국민경제의 고도성장을 위한 디딤돌 정책 역할을 하였다. 이러한 정책기조가 관철되는 가운데 대기업과의 관

---

22) 吳萬植, 〈輸出産業 體質强化와 國際化(1967~1971)〉, 全國經濟人聯合會 編,《韓國經濟政策三十年史》, 社會思想社, 1975, pp.398~401.

계에서 끊임없이 발생되는 생산관계적 모순에 중소기업은 대응해야 하였다. 그러나 그 결과는 중소기업의 도산과 신설, 업종전환과 합병 등으로 이어졌고, 정책은 이를 통하여 지배적 경제제도인 대기업 중심의 자본의 집적·집중과 분열·분산이라는 자본주의적 축적의 일반법칙이 관철되도록 하였다. 이것이 이 기간의 중소기업 구조고도화 정책의 특징이었다.

제2절 산업구조의 고도화와 중소기업 정책

1. 공업구조 고도화의 계기 : 중화학공업화의 추구

1960년대 이후 고도성장이 대외지향적 공업화 정책에 따라 이루어졌음은 앞에서 살펴본 바와 같다. 그러나 경공업 중심으로 정부주도 아래, 특혜적 지원 정책과 저임금 기반 위에서 급속히 성장하였기 때문에 구조적 취약성과 열악한 경영구조를 지닐 수밖에 없었다. 민간자본과 기술의 축적이 매우 불충분한 조건 속에서 막대한 外資와 財政投融資를 배경으로 성장한 경제가 튼튼한 대외경쟁력을 갖고 정상적으로 성장하기는 어려운 일이었다. 그 결과 경공업 중심의 수출주도형 고도성장은 한계에 이르게 되었다.

경제의 대외종속성과 경제력의 집중, 경제부문 및 국민계층의 불평등의 심화 등 구조적 취약성이 있는 가운데, 인플레의 악순환, 高利私債의 성행, 기업 재무상태의 취약, 기업담보능력의 부족 등 여러 가지 문제가 나타나면서 산업과 기업의 합리화가 필요해졌다. 특히 국민경제적으로는 인플레와 경기침체, 그리고 국제수지 악화라는 '魔의 三角現象'이 나타나면서 고도성장을 주도하던 기업들이 부실화하는 등 불황의 조짐이 1970년대 초에 나타나기 시작하였다.

이에 대한 정책적 대응이 8·3조치(1972년 8월 3일)와 유신체제(1972년 10월 17일)였다. 특히 8·3조치는 대외개방을 더욱 촉진하여 외자도입을 극대화하고 국내 자본축적을 촉진하기 위하여 기존 독과점 기업 가운데 부실기업에 대하여 방대한 혜택을 부여함으로써 경제성장을 촉진하려는 것이었다. 그리고 유신체제에서는 노동쟁의를 불법화하여 저임금기반을 지속, 자본축적의 원천을 제공하는 방향으로 구조적 모순을 해결하려고 하였다.[23]

---

23) 鄭允炯, 〈유신체제와 8·3조치의 성격〉, 박현채·정윤형·이경의·이대근 편, 《한국경제론》, 까치, 1987, pp.175~201.

한편 산업 정책의 측면에서 경제적 어려움의 타개방안이 수출주도형 중화학공업 건설의 추진으로 이어졌는데, 이것도 새로운 특혜적 자본축적의 계기를 제공함으로써 전개되었다. 저임금을 기반으로 하는 경공업 위주의 성장전략이 국내외적 여건의 변화로 한계에 달하였다고 인식됨에 따라 고도성장을 유지하기 위한 대책이 불가피하였다. 이에 따라 수출주도의 고도성장을 지속하면서 산업구조의 고도화라는 명분으로 중화학공업화를 추구하게 되었다.

경공업 위주의 수출주도 고도성장이 한계에 부딪힌 것은 국내산업과 기업의 구조적 취약성에 그 원인이 있지만 여기에 대외적 요인이 수반된 것도 한 요인이었다. 1973년 이후 석유파동은 선진국 경제를 스태그플레이션으로 몰아넣으면서 개발도상국의 노동 집약적 경공업제품에 대한 수입규제조치가 강화되었고, 주로 미국과 일본 등 선진국에 의존하던 수출이 타격을 받게 되었다. 여기에 후발 개발도상국 경공업 수출제품의 추격과 한국상품시장의 잠식은 한국의 수출에 큰 영향을 주게 되었다.

이런 과정에서 생겨난 국제분업체제의 변화는 한국이 중화학공업화를 추진할 수 있는 계기를 만들어주었다. 즉 경공업(후진국), 중공업(선진국)의 분업체제를 유지해 오던 기존의 국제분업체제가 1970년을 전후해서부터 선진국의 脫공업화현상에 따라 중화학공업 가운데 조립가공형 산업이나 조립공정의 일부가 후진국으로 이전하는 형태로 변화하게 되었다. 후진국으로 이전되는 중화학공업은 노동 집약적 산업, 공해산업, 그리고 최종소비재의 조립가공분야로서, 선진국에서 사양화되고 있는 산업이었는데, 이들 분야에서 중화학공업의 진전이 주로 가능하였다.[24]

국제분업체제의 변화에 따른 이러한 중화학공업과 산업구조의 고도화는 저임금을 기반으로 하여 수출주도의 고도성장을 지속시키는 전략으로 이루어졌다. 즉 개방체제를 지향하면서 산업구조의 고도화와 중화학공업화를 전개하였다.

자본주의적 개발방식을 택하고 불균형성장과 대외지향적 개발을 추진하는 개발도상경제가 산업구조의 고도화에 성공하려면 그 나라의 국민경제가 산업구조, 공업구조, 무역구조를 대응시키면서 구조전환을 해나갈 수 있는 능력이 있어야 한다. 국민경제가 무역구조를 경제의 흐름 속에서 국내 또는 해외에서 발생한 사태에 적응시키면서 대응하는 능력, 즉 轉換能力[25]을 갖고 있어야 한다.

다시 말하면 무역구조를 국내의 산업구조, 공업구조에 적응시키면서 경제환경의 변화에 적응할 수 있는 능력[26]을 국민경제가 갖출 때 개방체제 아래에서 산업구조의

---

24) 金大煥, 〈국제환경의 변화와 중화학공업의 전개〉, 위의 책, pp.208~209.

25) C. P. Kindleberger, *Foreign Trade and the National Economy*, 1962, p.99.

26) 邊衡尹, 〈産業構造와 轉換能力〉, 《經濟論集》 第16卷 4號, 1977. 12, p.518.

고도화, 즉 구조전환을 이룰 수 있다.

그런데 개방체제에서 산업구조의 고도화는 무역구조의 형태에 따라 제품사이클 이론(product cycle theory)[27]과 雁行的 産業發展形態論으로 설명될 수 있다.

제품사이클이론에 따르면, 산업의 발전단계와 제품 수명에 따라 생산(도입기) → 수출(성장기) → 역수입(성숙기)의 과정을 거치는 것이 선진경제에서 일반적 무역형태이다. 이에 대하여 개발도상경제에서의 무역패턴은 수입 → 국내생산(수입대체) → 수출이라는 형태를 갖게 되고 산업구조는 이에 따라 수입대체산업에서 수출산업으로 전환된다.

그런데 그 이행형태는 소비재 중심의 경공업제품으로부터 중화학공업제품으로 점차 이행하여 산업구조는 1차산업 중심에서 경공업 중심으로, 다시 중화학공업 중심으로 변화하는 雁行的 형태로 발전하게 된다.

이 두 가지 이론, 즉 제품사이클이론에 의한 '생산 → 수출 → 역수입'(선진공업국의 경우)과 산업발전의 안행형태론에 따른 '수입 → 국내생산(수입대체) → 수출'(개발도상경제의 경우)의 두 패턴에서, 개발도상국은 수입 → 국내생산 → 수출이라는 기본적 과정을 거쳐 공업화가 이루어짐을 알 수 있다. 그런데 이 패턴은 경공업제품의 수입 → 경공업제품의 국내생산 → 경공업제품의 수출이라는 과정을 초기적 특징으로 한다. 그 뒤 중화학공업제품의 수입 → 중화학공업제품의 국내생산 → 중화학공업제품의 수출이라는 과정이 안행적 형태로 이어지면서 산업구조가 고도화되는 것이다.

한국경제가 1970년대에 와서 중화학공업화의 계기를 얻게 된 것은 탈공업화단계에서 선진국 중화학공업 가운데 성숙기를 넘어선 조립가공형 산업의 일부가 후진국으로 이전되는 과정에 있음을 말하는 것이다. 이에 따라 국제분업체계상의 변화가 일어나 한국경제에서 중화학공업이 건설될 수 있는 계기가 주어진 것이다.

2. 중화학공업화와 중소기업의 구조개편

1) 중화학공업화의 과제와 〈제3차 경제개발5개년계획〉의 중소기업 정책

〈제3차 경제개발5개년계획〉은 성장, 안정, 균형의 조화 속에 자립적 경제구조의 실현과 지역개발의 균형 등을 위하여 농어촌경제의 혁신적 개발, 수출의 획기적 증대와 함께 중화학공업을 건설하여 공업구조를 고도화하는 것을 목표로 하여 수립되었다. 이것은 그동안의 외자의존적 대외개방적 공업화가 불러온 대외적 불균형과 함께

---

27) R. Vernon, "International Investment and International Trade in Product Cycle", *Quaterly Journal of Economics*, June 1966.

대내적인 산업 사이의 불균형(농공 사이의 불균형, 공업부문 안의 불균형, 대기업과 중소기업 사이의 불균형 등), 그리고 공업구조의 취약성 및 외자기업 부실화의 노정을 중화학공업의 건설로 보완 극복하려는 것이었다.

그런데 대내외의 구조적 불균형 극복이라는 요구와 함께 고도성장의 결과가 가져온 산업구조상의 조건은 중화학공업의 건설을 가능한 방안으로 제시하도록 하였다. 경공업제품 수출위주의 성장과정에서 경공업제품의 생산이 확대됨에 따라 소재 및 생산재 등 중화학공업부문에의 後方聯關 압력이 창출 강화되었다. 이러한 공급측면의 압력과 더불어 생산재의 국내수요가 최소생산규모에 이르러 중화학공업화의 기초적인 국내조건이 만들어졌다. 여기에 선진국 중화학공업 가운데 일부를 후진국에 이전한다는 국제분업체제상의 변화가 겹쳐 중화학공업화를 할 수 있었다.

이것은 정책적으로는 1973년의 〈重化學工業化宣言〉을 그 기점으로 한다. 중화학공업의 건설은 국민경제의 자립적 발전과 확대재생산하는 데 그 의의가 있다. 그것은 각 산업부문에 생산재를 공급해 주고 관련산업의 발전을 자극함으로써 산업구조를 고도화하고 經濟剩餘의 대외유출을 줄이도록 하기 때문이다. 그런데 1970년의 산업연관표에 나타난 중화학공업의 구조적 취약성은 다음과 같이 지적할 수 있다.[28]

첫째, 중화학공업부문에서는 원자재의 해외의존도가 높고 우회생산도가 낮은데, 이는 기존의 중화학공업이 내구소비재 위주의 최종가공산업이기 때문이다.

둘째, 前後方關聯效果가 낮아 다른 공업의 자립을 뒷받침할 基礎素材나 자본재 공급산업으로서의 성격이 취약하다. 그리고 기존 공업의 자본성격[外資中心]과 기술체계[선진국 경공업의 이식]로 보아 그것의 원자재나 중간재와 시설재를 외자공여국으로부터 계속 수입해야 하는 조건 아래에 있다.

셋째, 중화학공업이 국내공업과는 고립된 채, 저임금에 의존한 선진국 중화학공업의 하청산업적 성격을 띠고 있어서 輸入誘發力이 몹시 높고 수출률은 극히 낮다.

대내적 분업관계에서가 아니라 국제분업체제에 편승하여 전개된 수출주도형 중화학공업화는 기존의 구조적 취약성을 더욱 심화시켰고, 중화학공업 건설의 본래 의의를 살리지 못하였다. 노동 집약적 산업, 공해산업, 그리고 내구소비재의 조립가공분야 등에 주로 국한된 중화학공업의 내용이 이를 말해준다.

그럼에도 불구하고 중화학공업화가 이루어지면 중소기업은 산업구조내의 소비재 산업으로서, 또는 生産財工業의 부품을 공급하는 중화학공업으로서 母企業과 유기적 관련관계를 이루어 그 존립하는 분야가 확대된다. 중화학공업에서 우회생산의 심화와

---

28) 裵翰慶, 〈經濟開發計劃과 自立經濟의 確立〉, 全國經濟人聯合會 編, 앞의 책, 1975, pp.21~22.

조립가공산업의 확대는 수많은 사회적 분업체제를 만들어낸다. 그리고 중화학공업은 그 자체의 대규모화 경향에 따라 대기업 중심의 산업체제를 전개하지만, 동시에 피라미드형 산업체제를 구성하여 중소영세기업과 관련을 맺는다.

그 결과 중화학공업화는 경제력을 집중시키고 높은 자본의 집적과 집중을 통한 독과점구조를 확립토록 하여 독점자본이 지배하는 재생산구조를 정착시킨다. 이때 중소기업은 자본의 논리면에서 독점자본의 자본축적 구조에 편입된다. 이것은 중화학공업 건설을 통한 산업구조 고도화가 중소기업 계열화의 조건을 조성함과 동시에, 종래에 경공업 분야에서의 독과점이 중화학공업분야까지 확대되면서 독과점구조의 심화와 함께 독점자본의 축적이 새로운 단계로 전개되는 것을 의미한다. 그리고 자본·시장·원자재 관련에서 대외의존적 중화학공업화는 경공업과 함께 산업구조의 전반적 대외의존을 가속화시키는 독과점형성을 추진하는 것이 된다.

즉 중화학공업화는 특히 기계·자동차·전기기기 등 조립생산부문에서 독과점대기업의 보완적 역할을 하는 관련된 下請系列 中小企業群의 형성을 기초조건으로 한다. 따라서 농어촌경제의 혁신적 개발, 수출의 획기적 증대 및 중화학공업의 건설을 주축[29]으로 하는 산업 정책의 기조에서, 중소기업 정책은 중소기업을 수출산업으로 지속적인 역할을 하게 하고 대기업의 계열기업으로 재편성하는 것으로 집약되고 있다. 그리고 이러한 방향으로 중소기업의 구조를 개편함과 동시에 이들 정책대상 중소기업에 대하여 합리화와 근대화 정책을 집중적으로 실시하였는데, 이것은 독점자본의 새로운 축적의 기초를 이루는 것이기도 하였다.

이에 따라 〈제3차 5개년계획〉에서는 구체적으로 다음과 같은 중소기업 정책을 채택하고 있다.[30]

① 수출 및 지방특화산업의 중점육성

② 시설근대화 및 경영합리화

③ 대기업과의 계열화 조성과 공업단지 활용

④ 기업합병 또는 협업화 조성

⑤ 신용보증기금 조성

이들 정책은 외자의존적 加工貿易型의 수출신장 정책 등 대외지향적 공업화 정책이 가져온 구조적 문제점을 중소기업의 구조개편으로 보완하려는 것이었다. 그리고

---

29) 여기서 농어촌경제의 혁신적 개발은 농공간 불균형의 시정이라는 측면 외에, 농촌의 潛在的 過剩勞動力을 공업부문에 유출시키는 '勞動力流動化'의 의미가 있음에 유의할 필요가 있으며, 이것은 저임금을 바탕으로 하는 중화학공업화의 기초조건이 된다.

30) 經濟企劃院, 《第3次 經濟開發5個年計劃》(1972~1976), 1971, pp.65~66.

그동안 정책수행과정에서 기존 중소기업의 저항으로 이루지 못한, 외자의존적 대기업에 대한 중소기업의 예속을 촉진시키면서 자본축적을 위한 수직적 산업체제, 즉 계층적 자본축적구조를 더욱 철저하게 관철하려는 것이었다. 중화학공업화는 저임금기반과 이러한 자본축적의 구조를 통하여 시도되었다.

2) 중소기업의 구조개편과 정책방향

중소기업의 구조개편을 위한 구체적 정책은 상공부가 제6612호로 공고한 중소기업의 유형구분으로 중소기업근대화지원체제를 확립하는 데서 시도하였다. 이는 중소기업의 적정규모를 측정하기 위한 여러 지표(생산성·수익성·시장성 및 원가상의 요강)를 기준으로 하여 기존 중소기업의 여러 업종을 고유중소기업형(제1유형), 전문계열화형(제2유형), 대기업화형(제3유형)으로 나누고, 이들 유형에 맞추어 중소기업의 적정사업분야를 확보하기 위한 중소기업 구조개편 정책이었다.

각 유형의 내용은 다음과 같은데, 정책기조는 1964~1965년에 시행되었던 중소기업중점육성대책과 비슷하였다. 다만 專門系列化型이 더 적극적으로 제시된 점이 특징이다.

① 고유중소기업형 : 중소기업규모에서 가장 유리한 경쟁력을 갖거나 대기업과 경쟁적 존립이 가능한 품목을 생산하고 대기업의 시장침투방지, 시설근대화, 기술혁신, 영세기업 적정규모화의 지원대상이 되는 업종이다. 주로 지역시장이나 제품차별화에 따라 그 수요기반이 확보되고 있는 중소기업을 들고 있다.

② 전문계열화형 : 대기업과 관련하여 개발되는 전문화 및 계열화의 생산체제 위에서 제품의 규격화와 표준화 등 품질관리와 기술의 고도화가 필요한 품목을 생산하고, 생산재공업 또는 중공업의 기반확충의 일환으로 대기업과 병행하여 육성할 업종이다. 노동 집약적인 생산공정에서 주문생산과 하청생산형태가 대종을 이루는 중소기업이다.

③ 대기업화형 : 생산성 및 수익성이 규모의 확대에 따라 상승하는 품목을 생산하는 업종으로서 주로 장치공업 및 조립공업이다. 이는 국제적 수준으로 기업규모를 확대하고, 적정규모에 미달하는 기업은 합병조성, 업종전환 등을 점진적으로 추진해야 할 업종이다.

한편 이 가운데 고유중소기업형과 전문계열화형에 대해서는 중점육성대상품목 100개를 선정하여 각 품목별로 단위업체당 적정규모, 단위제품의 품질개선 및 노동생산성의 목표와 표준시설 등에 대한 여러 지표를 설정하는 등 이른바 중소기업구조근대화지표를 고시하였다. 그리고 이 지표에 따라 각 대상품목을 생산하는 기업의 경영기반강화 및 기업합리화를 도모하도록 하였으며, 이에 따라 관계기관이 중점지원계획을 수립하고 또 집행하도록 하였다.[31]

이러한 유형별 육성시책은 1966년에 제정된 〈중소기업기본법〉을 바탕으로 하여 그 정책내용을 시행하기 위한 〈중소기업근대화계획〉의 추진에 해당된다고 볼 수 있다. 이것은 1978년에 제정된 〈중소기업진흥법〉으로 이어지는, 중소기업근대화계획 추진의 중간단계로서의 성격을 갖는 것이기도 하다.

그러나 구체적 정책실시에서는 ② 및 ③에 중점이 놓여 있으며, 또 유형구분의 기준설정도 적정규모 또는 능률지표에 따르고 있기 때문에 자립적 경제개발의 잠재적 가능성이 되고 있는 중소기업의 적극적 육성이라는 인식과는 거리가 있다. 오히려 그것은 기존의 중소기업을 정책적으로 분해하고, 상층부 중소기업 육성, 하층부 중소기업 도태라는 계층분화를 통하여 수출주도형 중화학공업시대에 독과점기업의 자본축적기반으로 전환시키려는 중소기업구조개편 정책인 것이다.

결국 중화학공업의 보완적 기능을 할 수 있는 적정규모의 중소기업, 즉 중규모 및 중견규모 중소기업의 육성에 중점이 놓이면서 중소기업근대화 정책이 전개되지만, 정책의 흐름은 1960년대 이후의 그것들이 그대로 지속된다. 왜냐하면 전반적인 개발 정책의 기초에 본질적 변화가 없었기 때문인데, 그 주된 내용은 다음과 같다.

① 전문화 및 계열화 시책의 적극적 전개
② 수출진흥 정책의 적극화
③ 기업합병의 조성
④ 지방특화산업 육성, 공업단지 조성, 가내공업센터, 영세기업 육성 등 지방공업육성대책의 시행
⑤ 시설근대화 시책

기타 협동조합의 체질개선, 공동사업의 강화, 구매촉진을 위한 중소기업조직화의 강화, 그리고 기업진단, 기술지도사업을 통한 경영합리화 정책이 소극적이나마 강구되었다.[32]

특히 1975년 12월에 제정된 〈중소기업계열화촉진법〉은 모기업과 수급기업 사이의 계열화를 촉진하고 도급거래질서를 확립함으로써 분업에 다른 상호이익증진과 중

---

31) 상공부, 《中小企業에 관한 年次報告書》, 1973, pp.139~193 참조. 이와 같은 조치는 법적규제는 아니라고 하더라도 일본에서 〈중소기업근대화촉진법〉에 기초를 둔 〈中小企業近代化基本計劃〉에 의한 업종지정과 당해 업종에서의 適正規模 실현을 강행하는 근대화 정책의 본격적 전개와 유사한 바가 있다.
32) 이상의 시책내용은 상공부 간행, 각 연도의 《중소기업에 관한 연차보고서》 참고.

소기업 근대화를 도모하려는 것이었다.

또한 1976년 12월에는 〈중소기업기본법〉을 개정하여 중소기업의 범위를 확대하였다.[33] 경제규모의 확대에 따른 것이기는 하지만 중화학공업의 보완적 기능을 할 중견기업 육성을 위한 법적 조치였다고 볼 수 있다. 이 때문에 정책적 지원이 중소기업 가운데서도 상층부에 치우침으로써 중견기업·중기업·소영세기업 등 기업규모간 단층과 격차가 더욱 커지는 계기가 되었다.

이 기간에는 이상과 같은 構造高度化政策과 不利是正政策 이외에도 보호 정책이 불황시의 대책으로 강구된 바 있다. 1972년 〈경제의 안정과 성장에 관한 긴급명령 제13호〉에 의한 8·3조치에 따라 중소기업부문에도 자금난 완화를 위한 저리자금이 방출되었으며, 유류파동 이후 경기침체에 따라 중소기업이 불황에 접어들자 우선적으로 채택한 것이 중소기업의 가동안정[34]이라는 보호 정책이었다.

〈物價安定및 公正去來에관한法律〉[35]의 제정은 전반적인 독과점의 규제와 함께 시장질서에서 중소기업의 不利是正을 위한 질서 정책으로서 중소기업 정책을 시행하는 데 틀을 제공하였다. 이것은 산업조직 정책적 중소기업 정책을 시행하는 데 중요한 기점을 마련하였다.[36]

3. 自力成長構造와 중소기업의 진흥

1) 《경제백서》의 이중구조문제 제기[37]와 〈제4차 경제개발5개년계획〉의 중소기업 정책

1970년대 중반 한국경제에 대하여는 다음과 같은 문제점이 지적되었다.[38]

첫째, 한국경제가 당면한 여러 문제는 경제구조적 측면과 관련되고 있는데, 대외적으로는 해외의존도 심화와 국제수지의 적자누증을 들 수 있고, 대내적으로는 산업간 및 부문간 불균형성장에 따른 이중구조의 문제로 집약된다.

---

33) 제조업은 종업원 규모 기준으로 중소기업범위를 상시종업원 200명 이하에서 300명으로, 그리고 자산액 규모는 5천만 원에서 5억 원으로 대폭 확대 개정하였다.

34) 상공부, 앞의 보고서, 1976, p.6 참조.

35) 이 법은 1975년에 제정되었는데, 물가안정을 목표로 하여 독과점 사업자의 가격규제에 치중하고 경쟁촉진이라는 독점금지 정책의 본래적 영역은 소홀히 하였다. 그 뒤 1980년 12월 31일에 제정된 〈독점규제및공정거래에관한법률〉에 따라 독점금지 정책의 제도적 기반이 마련되었다.

36) 이에 관한 내용은 중소기업은행, 〈不公正去來行爲規制의 意義〉, 《調査月報》 1976년 8월호, pp. 9~16 참고.

37) 제3장 2절 1항 및 제18장 4절 1항 참조.

38) 경제기획원, 《경제백서》, 1976, pp.411~447 참조.

둘째, 경제의 구조적 불균형은 그동안의 개발전략이 공업화와 수출진흥에 역점을 두었기 때문에 농업부문의 상대적 성장 둔화에 따른 식량수입부담, 대기업과 중소기업, 수출산업과 내수산업 및 지역간 불균형 등 산업생산부문간의 불균형성으로 나타났다. 그 결과 생산 내부 또는 기업 내부의 구조면에서도 규모·생산 및 경영기술과 금융 등 여러 부문에서 경제규모의 확대에 상응하는 질적 개선이 이루어지지 않아 동태적 성장요인이 결여되어 있다.

셋째, 산업구조의 취약성, 특히 공업구조의 취약성 및 무역구조와 관련된 문제점을 들 수 있다. 막대한 규모의 외자를 도입, 정부의 정책적 지원 아래 형성된 경공업 중심의 공업구조는, 전반적으로 원자재나 시설재를 수입에 의존하는 加工輸出體制와 결부됨으로써 공업부문 상호간에 유기적 연관관계가 결여된 약점을 지니고 있다.

넷째, 수출중심체제에서의 낮은 기업능률과 국제경쟁력의 약화경향을 문제점으로 들 수 있다. 급격한 공업화 촉진과 수출체제의 형성과정에서 한국의 수출산업은 저임금을 토대로 금융·재정·무역·외환 등 광범위한 정부의 지원체제에 의존해 왔다.

다섯째, 한국의 기업은 기업자금의 내부축적이 부족한 상태에서 생산설비 및 운전자금을 외자도입과 금융차입으로 조달하였기 때문에 이자비용이 생산원가 가운데 큰 비중을 차지하며, 설비투자의 급격한 확대로 원리금상환이 기업경영에 큰 압박을 주고 있다. 그리고 산업조직면에서는 과당경쟁과 시설과잉현상을 보인 산업 및 기업들이 편재하는 반면, 다른 한편에서는 독과점기업이 나타나 다른 국내기업과 유기적 관련성을 이루지 못하는 등 자원의 배분면에서 비효율성이 존재한다.

여섯째, 한국공업구조의 문제점은 생산재산업과 원자재산업, 수출산업과 내수산업 등이 각각 유기적 관련 아래 상승적으로 성장하는 구조적 탄력성 부족과 더불어, 대기업과 중소기업 사이의 뚜렷한 발전격차로 기업구조가 이중적으로 만들어져 있다는 점이다. 소득집중도·출하집중도·고용집중도 등이 이미 기업의 성숙단계를 지나 독점 내지 기업집중도가 높은 선진국 양상과 유사한 패턴을 보이고 있다.

이와 같은 산업의 이중구조 심화현상은 대기업과 중소기업, 근대기업과 전근대기업간의 상호보완적 생산관계를 약화시켜 자금의 비효율적 사용과 전후방 연관효과 및 외부경제의 소멸을 불러오고 있다. 또한 기업의 성장을 제한하여 안정적 생산기반의 구축과 동태적 비교우위를 유지하는 데 문제가 되고 있다.

《경제백서》의 한국경제의 구조적 취약성과 이중구조문제에 대한 이와 같은 지적은 1957년 《日本經濟白書》에서 다룬 이중구조문제 등 일본경제에 대한 진단과 같은 내용 및 시각에서 이루어진 것은 아니다. 외자의존과 재정금융의 특혜적 지원 아래 가공형 수출주도의 대외개발전략을 추진하는 가운데서 만들어진 구조적 불균형성과 부문간, 기업간의 유기적 관련성 결여와 함께, 대기업과 중소기업 사이의 이중구조문제를 지적한 것이다.

그럼에도 불구하고 일본에서는 1957년 《일본경제백서》에서 이중구조문제가 제기된 이후 중소기업근대화 정책이 본격화되었고, 우리나라에서는 1976년 《경제백서》에서 위와 같은 문제점이 지적된 이후 〈중소기업진흥법〉이 제정되었다.

한국경제가 지닌 이러한 문제점에 대한 지적을 안고 〈제4차 경제개발5개년계획〉이 작성되었다. 이 계획은 자력성장구조를 확립하고 사회개발을 통하여 형평을 증진시키며, 기술을 혁신하고 능률을 높일 것을 목표로 하였다. 특히 자원파동 이후 세계적 경제환경의 변화 속에서 자력성장구조를 실현하기 위하여 투자재원의 자력조달, 국제수지 개선과 함께 산업구조를 더욱 고도화하는 것을 당면과제로 제시하였다.

산업구조의 고도화에는 경영능력과 기술인력의 공급능력을 확대함으로써 技術 및 熟練勞動集約的 산업이 비교우위를 갖는다고 보았다. 산업 정책은 이러한 비교우위에 입각하여 고용효과가 큰 기계·전자·조선 등 기술 및 숙련노동 집약적 산업 중심으로 산업구조를 개선해야 하며, 그 결과 자본재와 중간재의 생산기반이 확충되면 국제경쟁력도 강화될 것으로 보았다.[39]

이 계획에는 앞서 지적했던 경제구조에 대한 문제점을 공업구조 고도화로 자력성장구조를 이루어 해소하려는 정책의지가 엿보인다. 그러나 계획의 시행과정에서는 〈제3차 경제개발5개년계획〉에서 착수한 중화학공업에 대한 육성 정책을 좀더 적극적으로 추진하는데 정책의 중점이 놓인다. 그리고 그것도 재원조달에서 해외자금의 유입에 크게 의존하고 개발방향도 큰 변화를 보이지 않게 됨에 따라 구조적 파행성을 완화시키지는 못하였다.

이러한 정책방향에 따라 중소기업 부문에 대한 정책은 다음과 같이 제시되었다.[40]

① 〈中小企業系列化促進法〉을 적극 활용하고 모기업체가 필요로 하는 부품·부속 및 반제품의 생산가공을 중소기업체가 전담하도록 유도하고, 대기업의 기술이 중소기업에 전파되도록 할 것이다.

② 중소기업의 구조개선을 촉진하기 위하여 노후시설의 대체 등 시설근대화를 위한 자금지원을 강화하고 기업합병과 성장산업으로의 사업전환을 유도할 것이다.

③ 중소기업의 기술혁신과 생산성 향상을 위하여 각종 연구기관 및 대학을 활용하여 경영 및 기술지도사업을 본격적으로 전개할 것이다.

④ 도심지 공해업소의 지방분산시책과 관련 중소기업전용단지 또는 업종별 集團化

---

39) 大韓民國政府, 《第4次 經濟開發5個年計劃》(1977~1981), 1976, pp.13~16 참조.
40) 위의 책, pp.63~64.

團地를 조성하고, 단지 안에 공동이용시설과 시험시설을 설치하여 제품을 평준화하고 품질을 높여 전문화·계열화를 촉진할 것이다.

2) 〈중소기업진흥법〉 제정과 중소기업 근대화의 촉진

이처럼 〈제4차 경제개발5개년계획〉은 중화학공업화의 본격적 전개에 따라 계열화 및 전문화시책에 중점을 두었으며 시설근대화, 기술혁신, 기업합병, 사업전환 등 중소기업구조고도화 정책을 규정하고 있다. 특히 중소기업전용단지 또는 업종별 집단화단지 조성시책은 중소기업 정책이 구조고도화 외에 구조개선 방향을 지향하고 있음을 반영한다.

이러한 기본계획에 따라 시행된 주요 중소기업 정책은 다음과 같다.

(1) 〈중소기업진흥법〉의 제정과 중소기업진흥공단의 설립

① 〈중소기업진흥법〉의 제정

중소기업의 근대화 및 협동화사업과 중소기업에 대한 지도 연수사업 등을 실시함으로써 중소기업의 진흥을 도모하고 아울러 균형 있는 국민경제 발전에 기여(제1조)하기 위하여 1978년 12월 5일자 법률 제3126호로 〈중소기업진흥법〉이 제정 공포되었다. 전문 44조로 되어 있는 이 법에 포함되어 있는 주요 중소기업 정책의 내용은 다음과 같다.

- ㉠ 산업구조의 고도화와 국제경쟁력 강화 및 국민경제의 발전을 촉진하기 위하여 근대화가 절실히 요청되는 업종을 중소기업 가운데서 우선육성업종으로 지정하고 이에 대한 대책 강구(제3조)
- ㉡ 업종별 시설기준을 고시하고 지원하며 우선육성업종을 영위하는 중소기업자 가운데 발전가능성이 있는 자의 시설근대화, 경영합리화 및 기술향상 등을 위한 〈중소기업근대화계획〉의 수립 및 근대화사업의 추진(제5~7조)
- ㉢ 경제사정의 현저한 변화에 따라 사업전환이 요청되는 중소기업에 대하여 사업전환대상업종을 지정하고 필요한 대책 강구(제9~10조)
- ㉣ 중소기업의 설립을 촉진하고 중소기업을 설립한 자가 성장 발전할 수 있도록 〈創業조성지원계획〉의 수립(제11조)
- ㉤ 중소기업자의 집단화, 시설공동화, 기업합병의 촉진 등을 위한 협동화기준을 정하여 그 실천계획을 수립(제13~14조)하고 협동화 실천계획을 추진하기 위하여 단지조성사업을 시행(제15~24조)
- ㉥ 중소기업에 대한 지도 및 연구사업의 체계적 추진(제6절)

ⓐ 지방중소기업 및 민속공예산업의 육성(제7절)

◎ 중소기업진흥기금의 설치 및 운용(제3장)

② 중소기업진흥공단의 설립

그리고 〈중소기업진흥법〉이 정한 정책을 효율적으로 추진하기 위하여(제36조) 1979년 1월에 중소기업진흥공단을 설립하였다.

〈중소기업진흥법〉은 1966년 제정된 〈중소기업기본법〉에 대한 시행법의 성격을 지닌다. 기본법이 제정된 이후 1973년에 유형별 중점육성시책을 거쳐 10여 년 만에 그 시행법이 제정된 것이다. 이것은 일본의 경우 1963년에 〈중소기업기본법〉이 제정되면서 바로 중소기업구조고도화를 위한 시행법인 〈중소기업근대화촉진법〉이 제정된 것과 대조를 보인다. 결국 우리나라 중소기업근대화 정책의 추진은 체계적이지 못했고, 그 정책의식도 충분히 성숙되지 못한 상태에서 법체제의 정비도 소극적이었음을 알 수 있다.

이 법의 정책내용은 중소기업근대화 정책 가운데 구조고도화에 치중되어 있으나 협동화사업 등에서 볼 수 있듯이 구조개선의 측면도 포함하고 있다. 그런데 〈中小企業振興法施行令〉은 우선육성업종의 지정대상을

㉠ 산업구조의 고도화와 계열화 촉진에 필요한 업종

㉡ 수출촉진 또는 수입대체효과가 높은 업종

㉢ 국제경쟁력이 높은 업종으로서 전략적으로 개발할 필요가 있는 업종

㉣ 국민생활을 안정시키고 높이는데 필요한 업종

등으로 하였다. 이것은 〈중소기업진흥법〉이 정한 중소기업근대화 정책의 중점방향이 개방체제하의 산업구조 고도화와 수출주도형 중화학공업건설의 보완적 기능을 하는 중소기업에 놓여 있음을 말해준다.

(2) 중소기업관계법의 개정 및 제정과 지원시책

또한 중소기업기본법을 개정(1978. 10. 5)하여 중소기업 범위에 노동 집약적 업종의 경우 특별규정을 두어 융통성을 부여하였고, 기타 중소기업계열화촉진법을 비롯한 중소기업관련법의 개정이 있었다. 특히 〈중소기업제품구매촉진법〉(1981. 12. 31)의 제정은 중소기업제품의 안정된 판로를 확보하기 위한 것이었다.

〈중소기업진흥법〉이 제정된 이후 중소기업 근대화 및 협동화사업이 적극적으로 추진되는 가운데 중소기업에 금융지원을 확대하기 위하여 신용보증제도의 개선과 시중은행 및 지방은행의 중소기업에 대한 의무대출비율을 각각 35퍼센트와 55퍼센트로

높이고 단자회사의 중소기업어음 할인비율을 30퍼센트 이상이 되도록 하였다.

중소기업근대화 정책은 〈중소기업진흥법〉의 제정 이후 좀더 체계적이고 적극적으로 시행되었다. 自力成長構造를 실현하기 위하여 전개된 다양한 중소기업 정책은 對外指向的 重化學工業 육성을 통한 산업구조의 고도화와 독과점기업을 보완하고 그 자본축적의 기반을 마련하였다. 그러나 경제의 대외적 종속성과 독과점구조를 심화시킴으로써 자립적 경제구조의 잠재적 기반이며, 경쟁적 시장의 당당자인 중소기업의 상대적 지위는 크게 개선되지 못하였다.

제21장 산업구조의 기술·지식 집약화와 중소기업 정책(1980~1999년)

제1절 산업구조의 기술집약화와 중소기업 정책

1. 산업기반의 확충과 중소기업 정책

1) 1980년대 경제과제와 〈제5차 경제사회발전5개년계획〉의 중소기업 정책

1980년대 중소기업이 대처해야 할 경제여건은 다음과 같이 지적되었다.[1]

① 무역구조의 변화와 국제시장에서 격심한 경쟁적 시장형태의 출현

② 중소기업의 전문화, 계열화 필요성의 확대

③ 상품의 수요구조의 변화(소비구조의 고급화, 다양화로 다품종 소량품목 수요 증가)

④ 자원과 에너지가격의 점진적 상승

⑤ 공해방지와 환경보전에 대한 비용부담 증가

⑥ 종업원의 임금인상 등 후생복지에 관한 압력의 가중

1980년대 중소기업의 경제여건 변화에 대한 이러한 전망과 함께 1970년대까지의 고도성장과정에 정착된 경제구조의 긍정적 부정적 특성이 또한 1980년대 중소기업 정책의 전개를 규정하는 요인이 되었다. 1970년대의 고도성장 추구는 중화학공업화 정책에 따라 이루어졌다. 중화학공업의 급속한 성장과 더불어 산업구조·공업구조·무역구조를 고도화시키고 이것이 고도성장을 주도하였지만, 다른 한편에서는 중화학공업화가 국민경제의 구조적 문제를 일으키고, 이것이 기존 산업구조의 취약성을 더욱 심화시킨 것도 사실이다. 중화학공업화의 국민경제에 대한 부정적 귀결은 다음과 같이 지적되었다.[2]

첫째, 그동안의 중화학공업화는 국내산업 사이의 불균형을 심화시켰다. 중화학공업에 대한 편중지원은 상대적으로 농업 및 경공업을 비롯한 내수산업의 부진을 불러왔을 뿐만 아니라 중화학공업 부문에서도 불균형을 가져와 국민경제의 산업기반을

---

1) 상공부, 《중소기업에 관한 연차보고서》, 1981, pp.117~118.
2) 金大煥, 〈국제환경의 변화와 중화학공업의 전개〉, 박현채·정윤형·이경의·이대근 編, 《한국경제론》, 까치, 1987, pp.225~231.

취약하게 하였다. 특히 소재 및 생산재 부문의 낙후는 중화학공업에 필요한 투자재 대부분을 수입에 의존함으로써 투자가 투자를 부르는 등 자율적 성장메커니즘을 확립하지 못하게 하였다. 또한 가공원자재 중심의 원재료수입으로 수입구조를 경직화시켰고, 그 결과 중화학공업의 국내 後方聯關效果를 높이지 못하였다.

둘째, 중화학공업화의 진전은 오히려 산업의 대외경쟁력을 떨어뜨렸다. 이것은 투자의 회수기간이 긴 중화학공업에 대한 집중적인 투자로 투자효율이 저하된 데 그 원인이 있는데,

① 급속한 중공업건설로 공급능력이 수요를 상회함과 아울러 일천한 기술축적에 따라 가동률이 낮았던 점,

② 업종의 선택에서도 에너지 多消費型 중화학공업에 집중됨으로써 생산성이 저하된 점,

③ 회임기간이 장기인 중화학공업에 대한 집중투자로 투자재원 공급이 어려워짐으로써 통화증발을 가져와 인플레이션의 악순환을 불러왔다는 점에 기인한 것이다.

셋째, 중화학공업화는 국민경제의 대외종속성 심화로 귀결되었는데, 이것은 무엇보다도 중화학공업화가 외국자본에 의존하여 추진되어 온 데에 기인한다.

넷째, 독점재벌의 비대화를 더욱 촉진시켰다. 재벌기업은 중화학공업화 초기단계에서는 참여가 소극적이었으나, 특혜적 편중지원에 따라 중화학공업에 적극 참여하였고 이에 힘입어 비대화되었다. 원래 수출지향적 국제규모의 중화학공업 건설이 정부에 의하여 추진되었기 때문에 중소기업은 처음부터 배제될 수밖에 없었고, 독점재벌에 모든 특혜적 지원이 집중되었다.

다섯째, 중화학공업화는 국가의 상대적 자율성을 크게 약화시키는 국민경제적 내용을 이루었다.

중화학공업화가 가져온 이러한 부정적 측면은 당시 한국경제가 해소해야 할 당면과제로 제시되었고, 이것을 극복하는 것이야말로 약화된 성장기반을 확충하여 지속적인 고도성장을 가능하게 하는 방향이었다. 이를 위하여 무엇보다도 중요한 것은 국내분업관련을 기준으로 하여 전략업종을 선정하고 관련된 부문 및 소재산업을 발전시켜 국내분업 관련을 누적적으로 높이는 것이었다. 결국 대기업과 중소기업 사이의 상호보완적인 대내적 분업관계를 심화하여 산업기반을 확충하고 나아가 국민경제의 대외종속성 탈피와 경제력 집중 완화를 실현하는 것이 중소기업육성의 방향으로 귀결되었다.

양적 고도성장과정에서 제시된 대기업과 중소기업의 성장격차의 심화 및 공업내부의 불균형, 지방산업의 취약 등 지역간 불균형, 경제력 집중에 따른 소득분배의 불

균형과 부품공업의 낙후 등 여러 문제점이 균형 있는 경제발전과 지속적인 성장체제
에 취약점으로 작용하였다고 보았다. 변화하는 세계산업의 동향에 효율적으로 대응하
여 동태적 비교우위에 입각한 선진공업구조로의 질적 발전을 이루기 위해서는 이러
한 문제점을 시정하여 합리적이고 균형 있는 공업구조로 전환하지 않을 수 없는 과제
를 안게 되었던 것이다.[3]

　이것은 중소기업의 건전한 발전 없이는 대기업의 성장도 안정적 바탕을 마련할
수 없으며, 국민경제의 안정적 지속적 성장도 기대할 수 없다는 것을 의미한다. 이에
중소기업의 기술수준 향상과 체질개선을 통하여 중소기업의 경쟁력을 배양하고 동시
에 새로운 중소기업의 구조고도화와 산업재편성의 과제가 제시되기에 이른 것이다.

　〈제5차 5개년계획〉은 이러한 과제를 안고 중소기업 정책을 규정하였다. 선진공업
구조의 실현을 위한 기본 정책의 방향에서 중소기업을 산업의 底邊이라고 보았다. 즉
산업의 저변을 이루는 중소기업에 대한 지원을 적정화하고 경영기술지도를 강화하여
중소기업의 자생적 발전여건을 조성한다는 것이다.

　특히 기계공업의 발전을 위해서는 안정된 수요기반, 기술수준의 향상과 함께 중
소부품공업의 발전이 이루어져야 한다고 보았다. 이에 따라 소규모 전문기계공장을
육성하여 부품업체의 전문계열화를 추진함으로써 기계공업의 저변을 확충하고 기계
류의 국산화를 촉진할 것을 규정하였다.[4] 그리고 이 계획이 제시한 구체적인 중소기
업부문에 대한 시책 내용을 보면 다음과 같다.[5]

　이제까지 대부분의 중소기업은 고도성장과정에서 상대적으로 기술·정보·금융에
대한 접근기회가 부족하였고, 기술수준은 낙후되고 대기업과의 합리적 계열화가 이루
어지지 않아 발전이 늦은 부문으로 남아 있다. 따라서 앞으로 중소기업이 산업고도화
과정에서 산업조직의 견실한 저변을 이루도록 건전하게 육성함으로써 내실 있는 공
업구조를 이루어 나갈 것이다. 중소기업에 대한 정책지원방식은 지나친 보호나 특별
지원에서 비롯되는 기업체질의 약화가 일어나지 않도록 중소기업의 자생적 체질강화
와 발전능력 함양에 중점을 두도록 할 것이다.

　① 금융자율화를 통하여 금융기회를 균등히 하고, 세제지원의 공평성을 높여 건전
　　한 경쟁기반을 조성하여 중소기업 스스로 기술수준과 제품의 질을 높여 생산성
　　이 높아지도록 유도할 것이다.

　② 중소기업의 뒤떨어진 기술 및 경영분야에 대한 지도기능을 대폭 강화하기 위하

---

3) 大韓民國政府,《第5次 經濟社會發展5個年計劃》(1982~1986), 1981, p.50.
4) 위의 책, pp.51~52.
5) 위의 책, pp.57~58.

여 중소기업진흥공단, 한국생산기술사업단의 기능을 재편하고, 지도기관간의 협조체제를 마련하여 기술 및 경영지도, 정보제공, 상담 등 서비스 기능을 대폭 강화할 것이며, 기술 집약적 소기업의 육성을 위하여 기술개발주식회사를 중심으로 한 企業化金融(venture capital)을 확충 정착시킬 것이다.

③ 소규모 기계부품업체의 전문화를 유도하기 위해서 규모가 작은 중소기업에 대하여도 각종 지원 및 유인제도가 공평하게 배분되도록 하고, 특히 대기업과의 공정한 거래관계 및 분업적 협력관계를 유지하여 대기업과 중소기업이 서로 공존공영할 수 있는 신뢰와 협동관계가 이루어지도록 할 것이다.

④ 중소기업의 시설근대화를 위하여 노후시설개체를 촉진하고 공동공장건설 등 중소기업 상호간의 공동노력을 제도적으로 뒷받침할 것이다.

2) 〈中小企業振興長期計劃〉의 수립과 관계법의 개정 및 제정

이를 바탕으로 하여 〈제5차 5개년계획〉 기간 중 시행된 주요 중소기업 정책은 다음과 같다.

(1) 〈중소기업진흥장기계획〉의 수립

장기적 안목에서 중소기업이 지향해야 할 좌표와 지원 정책의 지속적 발전을 강구하고 중소기업을 적극적으로 진흥 육성시켜 대기업과의 불균형에서 비롯된 산업구조상의 취약점을 보강, 균형적이고 조화 있는 국민경제의 안정적 성장을 촉진하기 위하여 1980년대(1982~1991) 중소기업의 육성방향과 비전을 제시하는 〈중소기업진흥장기계획〉(1982. 4)을 수립하였다.

① 중소기업의 범위 조정 : 중소기업자 가운데 규모에 따른 범위의 구분이 없어서 중소기업시책이 상대적으로 규모가 큰 중소기업에만 집중되어 온 점을 감안, 규모가 작은 소기업의 육성 발전을 위하여 소기업 개념을 정하였다. 또한 업종의 특성을 감안, 노동 집약적인 업종은 중소기업자의 범위를 700인까지 확대할 수 있도록 하는 반면, 일정한 자산규모로서 외형상 중소기업으로 보기 어려운 기업은 종업원 300명 이하라고 하더라도 중소기업에서 제외시키도록 하였다.

② 중소기업자의 사업활동영역을 보호측면의 영역과 우선지원측면의 영역으로 구분하여 보호와 지원이 조화롭게 운영되도록 하였다.

③ 기존의 중소기업 육성시책의 발전과 함께 새로운 시책의 개발을 강구하였다.

㉠ 기술수준과 수급구조의 변화에 따라 새로운 전망이 있는 사업분야로의 중소기업의 전환

    ⓛ 중소기업공제사업기금의 설치

    ⓒ 공동구매 및 판매사업 추진

    ⓔ 소기업 육성시책 등

④ 협동조합의 기능 강화, 중소기업진흥공단의 역할 증대, 지방행정기관의 본격적 중소기업 지원기능의 강화 등 지원조직을 전문화하고 기능을 강화하였으며, 이를 위해 〈중소기업관계법〉을 개정하고 〈소기업특별대책법〉의 제정을 도모하도록 하였다.(1997년에 〈소기업지원을위한특별조치법〉 제정)

(2) 憲法의 중소기업육성 규정

제5공화국 헌법(1980. 10)은 국가의 중소기업 보호 육성에 관한 의무를 표명하였다. 물론 헌법에 중소기업에 관한 규정이 이것이 처음은 아니다.

① 제5차 개정 헌법(1962. 12. 26)은 "국가는 농어민과 중소기업의 자조를 기반으로 하는 협동조합을 육성하고 그 정치적 중립성을 보장한다"고 하였다.(제115조)

② 유신헌법(1972. 12. 27)도 '농민·어민과 중소기업자의 자조조직을 육성한다'고 규정하였다.(제120조 2항)

즉 헌법은 협동화와 조직화에 관한 사항만 독립적으로 규정하고 기타 중소기업 시책 일반은 개별적인 관계법과 시행령에서 정하게 하였다. 그러나 제5공화국 헌법은 이러한 소극적 차원을 넘어서 적극적인 중소기업관을 표명하였다.(제124조)

㉠ 국가는 중소기업의 사업활동을 보호·육성하여야 한다.(제2항)

㉡ 국가는 중소기업의 자조조직을 육성하여야 하며 그 정치적 중립성을 보장한다. (제3항)

이전의 자조조직의 육성 조항 이외에 중소기업의 육성 의지를 강력하게 표명한 것이다. 이와 같은 내용은 그 뒤 헌법에 계속해서 반영되었다. 그래서 현행 헌법(제123조)은

① 국가는 중소기업을 보호·육성해야 한다.(제3항)

② 국가는 농어민과 중소기업의 자조조직을 육성해야 한다. 그리고 자율적 활동과 발전을 보장한다(제5항)고 규정하였다. 즉 적극적인 중소기업의 육성 의지를 표명함과 함께 자조조직의 육성에 대해서도 규정하며 능동적인 시책 수립을 유구하고 있다.

(3) 중소기업관계법의 보완·제정 및 개정

① 〈중소기업기본법〉의 개정(1982. 12. 31 ; 법률 제3650호)

㉠ 중소기업의 범위를 중기업과 소기업으로 구분하고 소기업 육성시책의 강구 (제2·9조 및 별표)

㉡ 중소기업의 창업을 지원하고 창업된 중소기업을 육성하기 위한 창업조성지원 정책의 제도화(제9조 ②)

㉢ 成長限界業種을 영위하고 있는 중소기업자의 사업전환 촉진대책 강구(제14 조 ②)

㉣ 중소기업의 도산 방지와 공동구매사업을 지원하기 위한 중소기업 공제제도의 확립(제20조 ②)

㉤ 지역 사이의 균형 있는 발전을 강구하고 중소기업의 지방이전을 촉진하기 위 한 지방중소기업 지원시책과 민속공예산업을 육성하기 위한 시책 강구(제15 조 ②)

㉥ 중소기업 전문지도기관의 육성(제11조 ②)

㉦ 중소기업 정책심의회의 기능강화와 기능별 분과실무위원회의 설치(제29·33조)

② 〈중소기업진흥법〉의 개정 : 〈중소기업기본법〉에서 새로이 강구된 사업전환촉 진, 창업조성 지원, 지방중소기업 및 민속공예산업에 대한 지원시책을 추진할 수 있도록 하고 이를 위하여 중소기업진흥공단의 기능을 강화(1982. 12. 31 ; 법률 제3651호)

③ 〈중소기업계열화촉진법〉(1982. 12. 31 ; 법률 제3652호)의 개정

㉠ 모기업, 수급기업체, 관계기관으로 中小企業系列化促進協議會 설치(제15조 ②)

㉡ 모기업체 단위별 수급기업체협의회의 구성(제15조 ②)

㉢ 모기업체의 수급기업체에 대한 준수사항 확대(제13조)

㉣ 獨占規制 및 公正去來에관한法律〉의 처벌요구 근거 마련(제13조 ②) 등

④ 〈中小企業事業調整法〉의 개정(1982. 12. 31 ; 법률 제3653조)

㉠ 대기업의 침투를 강력히 규제할 수 있는 중소기업 고유업종의 기본개념 명시 (제6조 ②)

㉡ 중소기업자의 사업조정신청이 있는 경우 사업조정시까지 대기업에게 임시사 업정지권고권의 제도화(제8조 ②) 등

⑤ 〈중소기업협동조합법〉의 개정(1982. 12. 31 ; 법률 제3654호)

㉠ 중소기업공제사업기금의 설치

㉡ 協同小組合 新設의 제도화[6]

---

6) 상공부, 《中小企業에 관한 年次報告書》, 1983, pp.130~136 참조.

⑥ 〈下都給去來公正化에관한法律〉을 제정하여 하도급에 관한 공정거래풍토 조성 (1984. 12), 이 법은 〈중소기업계열화촉진법〉(1975. 2. 제정)과 더불어 효율적 하청계열화 구성의 두 지주임.

⑦ 〈中小企業創業支援法〉제정(1986. 5. 12 ; 법률 제3831호)
　　㉠ 중소기업의 설립 촉진
　　㉡ 창업 중소기업자에 대한 지원 강구
　　㉢ 농촌지역의 중소기업 설립 촉진 등의 목적

3) 成長基盤 확충과 산업조직의 활성화를 위한 시책

⑴ 유망중소기업의 발굴 지원

그동안의 경제 정책이 규모의 경제에 바탕을 두고 중화학공업 등 대기업 부문에 투자를 집중함에 따라 산업의 밑바탕이 되는 중소기업의 경제적 지위가 낮아져 산업 전체의 국제경쟁력 확보에 문제가 대두되었다. 이에 상대적으로 정체된 중소기업을 본격적으로 육성하되 한정된 재원으로 효율적 육성을 위하여 성장가능성이 높고 받아들일 태세가 되어 있는 성장유망 중소기업을 1983년부터 발굴하여 지원하였는데,

① 발굴대상은 〈중소기업기본법〉 제2조 1항에 따라 중소기업 가운데 제조업을 영위하는 업체로서
　　· 기초 소재 및 부품 생산업체
　　· 첨단기술 보유업체
　　· 수출촉진 또는 수입대체가 획기적으로 이루어질 수 있는 업체
　　· 각종 전문공장으로 지정 받은 업체
② 발굴기준은
　　· 조금만 지원하면 국제경쟁력을 갖출 수 있는 업체
　　· 발굴지원으로 생산성이 크게 높아질 수 있는 업체
　　· 발굴지원으로 경영 및 기술제약요인이 크게 보강될 수 있는 업체
　　· 발전가능성이 높은 신규창업 업체 등이었다.[7]

한편, 유망중소기업의 발굴지원제도와 병행하여 1985년 3월부터 중견 수출업체의 발굴지원업무를 추진하였다. 이들에 대하여는 금융 기술지원, 정보제공, 연수, 해외시장 알선, 행정지원 등 종합적 지원이 이루어졌다.

---

7) 위의 책, 1984, p.131.

⑵ 중소기업의 창업조성 지원

창업기회의 확대는 새로운 기술의 기업화를 촉진하고 고용기회를 창출하며, 능력 있는 창업희망자에게 기업을 경영하게 하여 경제의 활성화와 중소기업의 저변을 확대하게 하고, 산업구조의 고도화와 산업기반의 안정화에 기여한다는 취지에서 이 정책이 시행되었다. 더구나 우리나라에서는 다음과 같은 이유로 중소기업의 창업촉진시책이 더욱 중요성을 가진다고 보았다.

첫째, 우리나라의 사업체 수는 일본·대만 등에 견주어 상대적으로 적어 산업구조와 노동시장구조가 취약하다.([표 21-1] 참조)

둘째, 신규 노동인구의 계속적인 증가로 고용기회의 창출필요성이 늘어났다.

셋째, 대기업에 대한 경제력 집중이 점차 심화되어서 산업구조의 불균형을 이루고 산업체제가 경직화하여 이를 완화 쇄신할 필요성이 있다.

이러한 요구에 따라 1982년 12월 31일 〈중소기업진흥법〉을 개정할 때 이에 대한 제도적인 기초를 마련하고, 상공부 고시 제84-11호(1984. 3. 27)에 의거하여 중소기업진흥공단을 통하여 창업조성 지원사업을 추진하였으며, 중소기업은행·국민은행·신용보증기금 등을 창업조성 지원기관으로 지정한 바 있다.[8]

[표 21-1] 국별 제조업 중 중소기업체 수 및 종업원 수 비교

국 별 단 위 구 분		한 국 (1983)	일 본 (1981)	대 만 (1981)
인 구 수 (A)	천 명	39,951	117,650	18,000
1인당 국민소득	US $	1,884	9,684	2,563
중소기업체 수 (B)	개	139,098	868,334	118,884
중소기업 종업원 수 (C)	천 명	1,420	9,552	2,164
B / A	-	3.48	7.38	6.6
C / A	퍼센트	3.55	8.12	12.02

자료 : 중소기업진흥공단, 《중소기업에 관한 연차보고서》, 1985, p.132 참조.

그 뒤 적극적 추진을 위한 제도적 도입이 요청되어 1984년 12월에 국회에 제출한 〈中小企業創業支援法〉이 1986년 5월 12일에 제정 공포되기에 이르렀으며, 그 법이 규정한 사항 가운데, 창업중소기업에 대한 지원대책의 주요내용은 다음과 같다.

㉠ 창업자에 대한 지원(자금 세제 지원, 창업절차의 간소화)

㉡ 창업기술기금의 설치 운용

---

8) 위의 책, 1985, pp.130~132.

　　ⓒ 중소기업 창업투자회사의 육성

　　ⓔ 중소기업 상담회사의 육성

　　ⓜ 창업지원심의회의 설치 운영

　　ⓗ 중소기업 창업민원실의 설치 운영 등

⑶ 소기업에 대한 지원

　　양산체제와 규모의 경제를 지향하는 고도성장 아래에서 대기업과 중소기업 사이에 발전의 불균형이 심화되었을 뿐만 아니라, 중소기업의 범위 안에서도 중견 또는 중기업과 소영세기업 사이에 구조적 격차가 커졌다. 이는 중소기업 가운데서도 상대적으로 규모가 큰 범위에 정책의 지원효과가 집중되었기 때문이다. 중소기업 범위 안에 별도로 소기업 또는 영세기업의 개념을 도입하여 이들에 대한 분화적 정책지원을 함으로써 중소기업의 균형 있는 발전과 나아가 산업구조의 불균형을 시정할 필요가 있게 되었다.

　　이에 따라 〈중소기업기본법〉을 개정(1982. 12. 31)하여 중소기업의 범위를 중기업과 소기업으로 나누고, 제조업·광업·운수업·건설업의 경우는 종업원 20명 이하, 상업 기타 서비스업은 5명 이하를 소기업으로 분류하여 이에 대한 금융지원과 세제상의 혜택을 주는 조치를 강구하였다.

　　유망중소기업을 발굴 지원하면서도 창업지원 정책과 소기업의 육성 정책을 강화한 것은 그동안 대기업에 치우친 고도성장이 산업기반을 취약하게 하여 안정적 성장체제가 지속될 수 없다는 판단에 따른 것이다. 잠식된 성장기반을 보완 조성하기 위해서는 산업의 저변을 이루는 중소기업과 특히 소영세기업을 많이 육성해야 하고, 이를 통하여 새로운 자본축적의 바탕을 마련하려는 노력이 필요하다고 보았다.

　　또한 1970년대 초 이후 중화학공업화가 적극적으로 추진되면서 산업구조가 고도화되었지만, 다른 한편에서는 독과점적 시장구조가 더욱 심화된 것도 사실이다. 중소영세기업의 활발한 창업지원에는 이러한 시장구조의 경직성을 완화하려는 정책의도도 담겨 있는 것으로 해석된다.

4) 근대화사업의 지속적 추진

⑴ 근대화사업과 우선육성업종의 지정 확대

　　개별 중소기업의 시설근대화, 경영합리화, 기술경영지도, 정보제공, 연구 등 종합적인 지원으로 중소기업의 체질을 개선하기 위하여 근대화사업을 추진하였는데, 이는 〈중소기업진흥법〉이 제정된 이후 지속된 시책사업이었다. 즉 〈중소기업진흥법〉에 의하여 상공부장관은 산업구조의 고도화와 계열화 촉진에 필요하거나 산업연관도가 높고 경쟁력 제고가 요구되어 우선적으로 육성할 필요가 있는 업종을 우선육성업종으로 지정하였다.([표 21-2] 참조)

[표 21-2] 중소기업우선육성업종

비교우위업종	정책개발육성업종
○ 산업연관효과가 높은 것 ○ 부가가치가 높은 것 ○ 업체수가 많은 것 ○ 종업원 비중이 큰 것 ○ 출하액 비중이 큰 것	○ 수출전략효과가 큰 것 ○ 수입대체효과가 큰 것 ○ 계열화 촉진상 필요한 것 ○ 육성이 시급히 요청되는 취약업종

자료 : 《중소기업에 관한 연차보고서》, 1984, p.141

(2) 협동화사업

동종 또는 관련업종을 영위하는, 규모가 작은 중소기업이 5개 이상(대도시 이외의 지역은 3개 이상) 모여 공동으로 근대화하도록 협업화사업을 추진하였다. 이들은 일정한 지역에 집단적으로 공장을 이전하기도 하고(공장집단화), 개별적으로 설치하기 어렵거나 설치하더라도 적정규모가 되지 않아 시설 관리·운영에 어려움을 겪게 되는 高價의 생산시설이나 공해방지시설 등을 공동으로 설치하도록 한다(시설공동화). 규모의 적정화를 위하여 기업의 통합 합병을 실시하기도 하며(기업합병), 공동기술개발과 공동판매 등 경영협업화 등을 통하여[9] 자본·경영 및 기술을 협력함으로써 생산성을 높이고 규모의 경제를 이루어 경쟁력을 높이도록 하였다. 중소기업진흥공단은 협업화사업에 대하여 부지매입비, 공장건축비, 기계 및 시설설치비 등 소요자금을 지원하는 외에 기술 경영지도와 정보제공 등을 실시하였다.

이 같은 중소기업 근대화사업은 아직도 개별기업 중심의 구조고도화 수준에 머무르고 있으며, 업종 전체 또는 지역 전체라는 구조개선단계에는 이르지 못한 것이었다.

5) 대기업과 중소기업의 협력체제 촉진

(1) 부품공업의 육성

수입유발적 산업구조를 개선하고 산업의 저변을 확대하여 산업의 경쟁력을 높이기 위하여 부품공업의 육성 정책을 지속하였으며, 이를 위하여 〈中小企業系列化促進法〉에 의거, 계열화 대상품목을 고시하였는데 그 기준은 다음과 같다.

---

9) 위의 책, 1986, p.130.

일정품목을 모기업이 생산하는 것보다 중소수급기업이 생산하는 것이 유리한 품목으로서,

① 개발에 경제성이 있는 품목
② 장기안정적 공급이 요망되는 품목
③ 관련 중소기업에 파급효과가 큰 품목 등이었다.

(2) 모기업과 수급기업의 협력체제 강화

① 중소기업계열화촉진협의회의 설치 : 도급거래관계에서 모기업, 수급기업, 관련협동조합(단체) 사이에 분쟁이 발생할 때 이를 자율적으로 조정 해결할 수 있는 기구로서 모기업, 수급기업, 협동조합(단체), 학계 및 관계기관의 대표로 구성하는 중소기업계열화촉진협의회를 중소기업협동조합중앙회 안에 설치하였다.(1983. 10. 24)[10]

② 모기업 단위별 수급기업체협의회의 구성 확대 : 모기업과 수급기업이 대등한 거래관계를 유지하고 도급거래상의 분쟁사항을 자율적으로 조정하며, 나아가 상호 기술·정보의 교환 및 공동기술개발 등을 촉진하기 위하여 1983년 이후 수급기업체협의회를 구성토록 하였다.

③ 모기업의 수급기업 지원확대의 유도

④ 도급거래관계의 공정거래질서 확립 : 모기업과 수급기업간의 분업적 협력증진을 통한 상호공동이익을 추구하는 중소기업계열화 정책의 기본방향은, 첫째로 모기업마다 소재에서 완성품에 이르는 일관생산체제에서 벗어나 부품은 전문수급기업에게 위탁함으로써 부품생산의 전문성과 규모의 경제를 확보하고, 둘째로 모기업과 수급기업간의 협력체제를 정비하여 모기업의 수급기업에 대한 지도 육성 및 수급기업의 품질개선, 원가절감의 노력 확대를 유도하며, 셋째로 모기업의 우월적 지위 남용에 따른 불공정거래행위를 억제하는 데 주안점을 두었다.[11]

6) 중소기업의 국제화와 기술개발

(1) 중소기업의 수출산업화 및 해외진출 확대

① 중소기업제품의 수출촉진
  • 소량·소액 수출 등 중소수출업체의 저변 확대

---

10) 위의 책, 1984, p.151.
11) 위의 책, 1987, pp.177~178.

- 中堅수출기업육성 촉진
- 부분품공업의 수출산업화
- 중소기업 해외시장개척의 지원

② 중소기업 기술인력의 교류 확대

③ 합작투자유치 및 해외투자 촉진[12] : 지금까지의 상품수출 중심에서 중소기업의 국제화라는 시각으로 전환되었다. 부분품공업의 수출화를 촉진하기 위하여 합작투자를 유치하고 중소기업의 해외진출까지를 정책대상으로 하였다. 부분품공업의 수출과 함께 중소수출업체의 저변확대로 수출기반 확충을 시도하였다.

⑵ 중소기업의 기술개발촉진

① 중소기업의 기술개발지원
- 技術集約型 중소기업의 발굴육성
- 국책연구개발사업의 추진
- 벤처 캐피탈 지원 활성화
- 산업기술연구조합의 설립
- 세제 지원

② 경영기술지도와 연수사업의 확대

③ 기술정보제공기관의 다변화 등.[13]

특히 중소기업의 기술집약화에 유리한 분야는 다음과 같다.

① 규모의 경제가 작용하지 않는 분야

② 자본집약도가 낮은 분야

③ 시장수요가 세분화되는 분야

④ 고부가가치 소재와 부품분야로서 기술인력을 활용하는 소규모 전문생산업종.[14]

2. 기술집약화와 중소기업 정책

1) 〈제6차 경제사회발전5개년계획〉의 중소기업 정책

⑴ 산업저변의 내실화와 중소기업 육성

능률과 형평을 토대로 한 경제선진화와 국민복지의 증진을 목표로 정한 〈제6차

---

12) 위의 책, 1985, pp.188~212.
13) 위의 책, 1985, pp.158~175.
14) 위의 책, 1986, pp.172~173.

5개년계획〉은 ① 경제사회의 제도 발전과 질서의 선진화, ② 산업구조의 개편과 기술입국의 실현, ③ 지역사회의 균형발전과 국민생활의 질적 향상 등을 계획의 중점추진 과제로 정하였다. 이 가운데 산업구조의 개편과 技術立國의 실현을 위한 과제 가운데 기계류·부품 및 소재생산 중소기업의 획기적 성장발전계획을 포함하였다.[15]

〈제6차 5개년계획〉의 주요 정책방향 가운데 산업구조조정 촉진과 기술입국의 실현을 위해서는 비교우위에 입각한 산업구조조정 촉진과 더불어 중소기업 육성을 통한 산업저변의 내실화를 정책방향으로 제시하였는데, 내용은 다음과 같다.[16]

① 기계류·부품 및 소재생산 중소기업의 집중육성으로 수입대체를 촉진하고 장차 세계의 부품공급기지로 발전

② 技術集約的 중소기업의 創業 촉진으로 경쟁력 있는 중소기업체 수를 대폭 확대

③ 중소기업의 금융기회 확대와 신용대출 관행의 정착

④ 계열화 촉진과 下都給去來의 공정화를 통한 대기업과의 협력적 보완관계 발전 (계열화율 : 1984년 42퍼센트 → 1991년 60퍼센트)

⑤ 공공지원기관은 공통 애로사항인 기술개발과 기술인력의 양성공급에 주력

기본 정책방향의 해설자료 가운데 중소기업육성을 통한 산업저변의 내실화에 대해서는 다음과 같이 설명되어 있다.[17]

① 1970년대 대기업 위주의 중화학공업육성 정책은 중소기업에 대한 자원배분을 상대적으로 위축시켜 건실한 산업저변구축의 제약요인으로 작용하였고, 특히 부품·소재산업 기반이 이루어지지 않은 상황에서 조립가공산업을 육성함으로써 수입유발이 확대되는 등 산업구조의 불균형과 취약성 유발.

② 1980년대 들어 정부는 이와 같은 산업구조의 취약성을 보완하고 산업민주주의의 실현을 뒷받침하기 위하여 중소기업에 대한 의무대출비율의 제고, 신용대출 확대, 각종 재정지원 확대 등으로 금융기회 확충에 주력하는 한편, 下都給去來 公正化를 위한 제도적 장치를 마련하고 다수의 경쟁력 있는 중소기업을 육성하기 위하여 창업지원제도를 발전시키는 등 다각적 노력을 기울임.

③ 그리하여 중소기업의 건실한 발전을 뒷받침하기 위한 제도적 장치는 상당히 마련되었고, 중소기업의 생산·수출·고용 등 국민경제에서 차지하는 비중도 크게 높아졌으나, 업종에 따라서는 아직도 기술수준이 낮고 경영기법이 낙후되어 있는 실정.

---

15) 經濟企劃院, 《第6次 經濟社會發展5個年計劃》(1987~1991), 1986. 9, p.9.

16) 위의 책, p.14.

17) 위의 책, pp.85~87.

④ 중소기업이 겪고 있는 어려움을 크게 나누어 보면, 시설투자를 원활히 뒷받침할 수 있는 금융기회문제, 품질 고급화와 생산성 향상을 위한 현장기술의 개발문제, 하도급관계에서 부당한 대우와 대기업의 중소기업업종 침투문제, 시장정보와 마케팅 능력문제 등이 있음.

　㉠ 우선 금융기회 확대하기 위해 종래와 같이 금융기관의 의무대출비율 제고, 신용대출 확대 등을 통한 지원방안도 계속 확충하여 나가되 기본적으로 중소기업의 담보능력 부족, 금융기관의 대기업 선호경향 등 여러 여건상의 어려움을 감안하여 신용보증기금의 보증능력을 강화하고, 중소기업 전담 금융기관의 자금여력을 키워주는 한편, 담보 위주의 대출관행개선 등 중소기업 지원시책이 일선창구까지 일관성 있게 스며들도록 함.

　㉡ 중소기업의 기술개발을 추진하기 위하여 중소기업진흥공단·산업연구원·지방공업시험소의 기술정보 제공 및 현장기술 지도기능을 대폭 강화하고 산업기술연구조합의 결성 등 공통 애로기술개발을 위한 업계의 공동노력을 효과적으로 지원.

⑤ 대기업과의 협조적 보완관계

　㉠ 부품 및 소재생산에서 중소기업 역할이 높아짐에 따라 대기업과의 계열화 및 하도급거래의 공정화문제가 과제로 대두.

　㉡ 계열화비율을 1984년의 42퍼센트에서 1991년에 60퍼센트 수준까지 높이되, 지정계열화품목을 합리적으로 조정하고 수급기업협의회를 구성하여 건전하고 협조적인 계열화관계가 정착되도록 계속 유도하는 한편, 1985년에 제정한 〈하도급거래공정화에 관한 법률〉을 토대로 하도급 대금지급 등 하도급거래에서 불공정행위를 규제.

⑥ 중소기업 고유업종제도의 보완 발전

　㉠ 중소기업 고유업종제도는 중소기업영역에 대한 대기업의 침투를 방지한다는 장점이 있는 반면, 기본적으로 경쟁을 제한한다는 단점도 함께 내포.

　㉡ 이 제도는 중소기업 고유영역을 정하여 대기업의 참여를 직접 규제하여 폐해를 시정한다는 점에서 과도기적 제도로 인식되어야 함.

　㉢ 그러나 대기업의 문어발식 사업확장과 중소기업영역에 대한 대기업의 침투문제는 현실적인 문제로서 이러한 현실여건과 기술혁신 및 수입개방 정책 등 대내외 여건변화를 고려하여 고유업종제도의 실효성을 높이면서 구체적인 업종은 발전적으로 보완 개편해 나감.

⑵ 중소기업 정책의 방향

중소기업육성을 통한 산업저변의 내실화에 대한 정책설명에 기초하여 〈제6차 5개년계획〉은 다음과 같이 이에 대한 정책방향을 제시하였다.[18]

① 중소기업 저변확대를 위한 집중적인 투자유도

　㉠ 중소기업부문에 대한 투자배분비율을 1984년의 29.7퍼센트에서 1991년에는 40퍼센트 수준 이상으로 제고

　㉡ 1986년에 제정된 〈중소기업창업지원법〉을 바탕으로 중소기업창업지원시책의 본격적 추진

　· 중소기업 창업투자회사의 적극 육성

　· 冒險企業 株式去來制度의 도입

　· 창업절차 간소화의 지속적 추진

　㉢ 재정 금융 및 세제지원의 확충

　· 중소기업 지원을 위한 정부기금 지원의 확충

　· 금융기관의 사업성 평가기능 강화 등 신용대출풍토 조성을 위한 제도적 기반 강화

　· 신용보증기금의 보증능력을 강화하고 제2금융권의 중소기업지원 강화

　㉣ 창업 중소기업 및 중소기업 창업을 지원하는 중소기업창업지원회사에 대한 조세 지원

② 중소기업의 기술향상 촉진과 산업정보의 원활한 제공

　㉠ 내실 있는 기술지도 확대

　· 공업진흥청·중소기업진흥공단·정부출연연구기관 등 기술지도기관의 체계적이고 종합적인 기술지도 추진

　· 대기업 우수 퇴역기술자를 적극 발굴 활용

　· 지방공업시험소의 기능을 보강하여 지방중소기업 기술지원기관으로 육성

　㉡ 연구개발의 활성화

　· 기술개발 지원 재정자금을 중소기업부문에 집중지원

　· 국공립연구기관 보유기자재의 중소기업 적극 활용

　· 기계 전자부품 등 핵심전략부문의 중소기업체에 근무하는 고급인력에 대한 병역특례 등 기술인력 확보를 위한 유인책 강구

　· 기업부설연구소의 설립요건 완화

---

18) 위의 책, pp.220~224.

ⓒ 산업기술정보 제공의 확대
- 정보기관 연계강화로 정보유통의 원활화 촉진
- 주요정보의 데이터베이스화를 추진하여 정보유통전산망 구축
- 고유업종에 대한 외국인투자 제약요인 완화 등 중소기업의 해외기업과의 합작투자를 촉진하여 선진기술정보의 적극 도입

③ 중소기업과 대기업의 협력증대

㉠ 계열화시책의 내실화
- 산업구조변화 및 신기술출현 등에 따라 지정계열화 업종 및 품목을 합리적으로 조정
- 수급기업협의회 구성을 확대하여 모기업과 수급기업간 자율적 협조분위기 확산(1986년 65개 → 1991년 100개)
- 모기업과 수급기업의 공동직업훈련 실시 유도 및 중소기업진흥공단과 모기업의 공동기술지도 확대

㉡ 중소기업 사업영역의 합리적 보호
- 기술혁신 수입개방 정책 등 대내외 여건변화를 고려하여 고유업종을 단계적으로 조정하여 지정제도를 탄력적으로 운용
- 대기업의 중소기업에 대한 불공정거래행위 규제강화 등 공정거래 확립을 통한 중소기업보호 강화

④ 중소기업의 국제화 촉진

㉠ 중소기업 수출촉진을 위한 제도적 지원 확충
- 수출입절차 간소화의 지속적 추진
- 무역진흥공사 및 고려무역의 중소기업지원 강화

㉡ 중소기업인의 국제화 인식 제고
- 해외유관단체 및 기관과의 교류 확대
- 각국과의 민간경제협의회 개최시에 중소기업인 참가 확대

⑤ 중소기업인의 자조적 협동기능의 강화

㉠ 중소기업협동조합의 조직 및 운영에 대한 자율성 증대
- 조합업무에의 과도한 정부개입 및 감독 축소
- 협동조합의 건전한 발전을 저해하는 각종 사업자 단체의 역할 정비

㉡ 중소기업의 공동활동에 대한 지원 강화
- 조합의 업종대표기능 강화
- 정보제공, 교육 등 조합의 간접서비스 제공에 대한 정부지원방안 강구

ⓒ 협동조합의 조직체계 건실화
- 업종별, 기능별로 전문화 다양화 유도
- 상업 서비스업의 조직화 확대
- 전국조합 중심의 조직체계를 지방조합 중심으로 유도

ⓔ 단체수의계약제도의 합리적 운영
- 중소기업간 경쟁여건의 조성
- 단체수의계약에 대한 대기업 참여비율의 지속적 인하
- 단체수의계약 수수료율을 점진적으로 인하

⑥ 지방중소기업의 육성

ⓐ 지방공업화의 기반구축
- 도로 공업용수 통신 등 간접시설의 확충
- 지방중소기업 지원기구의 확충
- 시·군·도의 공업행정기능 강화
- 지방의 대학·전문대학·공업학교와 중소기업간의 산학협동체제 구축

ⓑ 농공지구사업의 지속적 추진
- 농공지구 대상지역을 중소도시에까지 확대
- 1991년까지 100개 이상을 지정하고 1,500개 이상 기업 유치
- 농공지구 입주업체에 대한 자금지원 확충

ⓒ 지방공예산업의 육성
- 공예품 전문생산업체의 지정확대 및 지원의 내실화
- 올림픽 상품개발과 연계하여 추진
- 종합전시판매장의 설립확대를 통한 판로지원 확대

ⓔ 지방중소기업에 금융지원 확대
- 금융기관의 지방조성자금 역내환류 유도
- 한국은행 자금지원시 지방우대제도 확대 실시

중소기업육성을 통한 산업저변의 내실화라는 주제 아래 정한 〈제6차 5개년계획〉 가운데 중소기업 정책은 이처럼 포괄적이고 구체적인 내용이어서 이전보다 적극적인 정책의지를 표명하고 있다. 이것은 제1차에서 제5차에 이르는 '5개년계획'에서의 중소기업 정책이 기본적인 방향과 중점적 정책만을 규정했던 것과는 대조적이다.

그러나 그 내용은 1980년대 전반과 중반에 시행되었던 중소기업 정책의 골격을 체계 있게 정리하는데 그쳤을 뿐 새로운 것을 제시한 것은 아니었다. 이는 일반 경제정책의 흐름에 근본적 변화가 있는 것도 아니었고, 산업저변의 내실화를 강화시키기

위한 중소기업 정책도 이미 성장기반 확충 등의 정책착상으로 제시된 바 있으며, 정책시행의 지속성이라는 의미로도 해석할 수 있을 것이다.

2) 구조조정과 기술집약을 위한 중소기업 정책

〈제6차 5개년계획〉이 정한 이와 같은 중소기업 정책은 그 뒤 골격이 그대로 이어졌다. 구조조정을 위한 법의 제정 등 새롭게 제시된 몇 가지 중소기업 정책을 지적하면 다음과 같다.

(1) 노사간의 협조강화 및 고용안정의 추진

사회민주화의 과정에서 추진된 중소기업의 안정적 경영활동에는 중소기업공제사업이나 중소기업제품의 판로확보를 위한 구매촉진 등 종전의 시책 외에 노사분규의 원만한 해결이 중요한 문제로 제기되면서 노사간의 협조강화와 고용안정을 위한 다음과 같은 방안이 강구되기 시작하였다.[19]

① 노사분규에 따른 애로중소기업에 대한 금융·세제 지원

② 노사협의회의 운영

③ 노무관리 교육 및 정보제공

④ 중소기업 미혼여성노동자 아파트 건립 지원

고용안정을 위한 중소기업의 기술·기능인력 확보의 방안은 다음과 같다.[20]

① 중소기업 기술, 기능인력 양성 및 수급계획 수립과 이를 위하여 중소기업협동조합중앙회에 전문기구 설립

② 기술, 기능인력 양성기관의 확충

③ 중소기업의 기술인력 확보 및 양성을 위한 지원

④ 중소기업 기술, 기능인력에 대한 병역특례 부여

(2) 소기업의 자립성장 기반구축

1982년에 〈중소기업기본법〉이 개정된 후 소기업에 대한 지원시책이 지속되는 가운데 그에 대한 체계적 정책이 제시되었다.[21]

① 소기업전담기구를 상공부와 대한상공회의소에 신설하고, 특히 상공부에는 小企

---

19) 상공부, 《중소기업에 관한 연차보고서》, 1988, pp.226~227 ; 같은 보고서, 1989, pp.236~238 ; 같은 보고서, 1990, pp.232~235.

20) 위의 책, 1990, pp.236~237.

21) 위의 책, 1989, pp.225~256.

業課 신설 검토 등 소기업에 대한 지원행정 강화

② 소기업 자금지원 공급의 원활화

③ 세제지원의 보완

④ 소기업 경영개선사업의 적극 추진

⑤ 마케팅 지원강화

⑥ 소기업의 조직화를 위한 소기업간의 협동조합(소조합) 결성 추진

　한편 국제화·지방화·기술집약화시대에 대응하기 위하여 소기업을, 특히 기술집약형 소기업의 기반확충을 통해 산업구조의 고부가가치화와 국제경쟁력 제고에 기여하도록 하였다.[22]

⑶ 전문수급기업의 육성과 대기업 사업의 중소기업 이양[23]

　① 전문수급기업의 육성

　　· 모기업의 수급기업에 대한 경영관리, 공정개선, 공장자동화, 해외진출전략 등 경영 전반에 관한 경영컨설팅 실시의 방안 강구

　　· 중견기업과 소기업간의 도급거래 증진 : 모기업(대기업)－중견기업－중기업－소기업으로 이어지는 도급구조의 重層化와 고도화를 추진하여 완제품생산 모기업을 중심으로 하는 斷層的 하청거래(1차 하청거래) 지양

　　· 모기업과 수급기업간의 공정한 도급거래의 정착 촉진

　　· 모기업 부품의 표준화

　　· 모기업이 영위하는 부품생산의 일부를 수급기업에 이양 촉진

　② 대기업 영위사업의 중소기업이양 촉진

　　· 〈중소기업의경영안정및구조조정촉진에관한특별조치법〉에 의거

　　· 〈대기업사업중소기업이양촉진계획〉 수립(1989. 9.)

　　· 독과점 산업구조의 시정, 경제력 집중의 완화, 대기업과 중소기업간 합리적 기능 분담 － 산업의 유효경쟁촉진과 산업능률 제고

　　· 중소기업협동조합중앙회와 전국경제인연합회에 이 사업의 전담창구 설치

　　· 중소기업 구조조정기금과 신용보증기금의 우대보증 등 각종 지원시책 강구

⑷ 〈中小企業構造調整法〉의 제정과 三高 구조로 전환을 위한 기술개발 및 정보화

　① 〈중소기업의경영안정및구조조정촉진에관한특별조치법〉(중소기업구조조정법)

---

22) 위의 책, 1990, pp.288.

23) 위의 책, pp.254~259.

을 제정하였다. 경제여건의 변화에 따라 경영상태가 현저하게 악화된 중소기업의 경영안정을 꾀하고, 기술개발과 정보화를 적극 추진함으로써 중소기업의 경쟁력 강화와 구조조정을 촉진하기 위하여 이 법이 제정되었는데, 그 주요내용은 다음과 같다.[24]

㉠ 중소기업구조조정기금의 설치·운영(제2장 제3~7조)

㉡ 중소기업의 경영안정지원(제3장)

· 사업전환 등 구조조정의 시간여유가 없는 경영악화 중소기업에 대한 〈긴급경영안정지원계획〉수립 및 세제지원(제8·9조)

· 사업전환계획의 수립(제10조)

· 유휴시설의 해외이전 지원(제11조)

· 고용안정 정책 강구(제12조)

· 경영·기술지도 및 교육훈련(제13조)

· 공장용지의 우선공급(제14조)

· 직업훈련의 지원(제15조)

㉢ 중소기업의 기술개발촉진(제4장)

· 중소기업의 기술개발계획 수립(제16조) 등 기술개발사업촉진

· 생산기술연구원의 설립(제22~25조)

· 대기업 사업의 중소기업 이양촉진(제5장 제26~28조)

㉣ 세제지원과 신용보증기금 등의 지원(제29조~30조)

이 법은 〈중소기업진흥법〉(1978. 12. 5)이 제정된 이후 두 번째의 〈중소기업근대화촉진법〉에 해당한다. 이 법은 중소기업의 구조조정(구조고도화)를 위하여 특히 기술개발, 정보화, 대기업사업의 중소기업이양 등을 강조하고 있다.

② 고기술·고생산성·고부가가치(三高) 생산구조로의 전환 촉진

㉠ 〈중소기업기술개발계획〉 수립시행(1989. 8. 〈중소기업구조조정법〉에 의거)[25]

· 기술개발자금 지원 확대

· 기술인력양성 지원

· 기술종합화(다른 업종간 기술교류) 촉진

· 기술개발제품의 우선구매 촉진

---

24) 1989년 3월 23일자 법률 제4092호로 공표된 전문 제6장 32조, 부칙 제8조로 구성된 법으로 일부 규정(제1조, 제22~25조 등)을 제외하고는 1994년 12월 31일까지 그 효력이 지속되는 限時法이다. (위의 책, 1989, pp.393~407 참조)

25) 위의 책, 1990, pp.130~136.

ⓛ 중소기업정보화의 촉진(중소기업구조조정법에 의거)[26]

· 〈중소기업정보화 5개년 계획〉(1989~1994)의 수립

· 중소기업정보화의 추진체계수립

· 중소기업 정보화센터의 설립

설비 근대화와 자동화 등 물적 생산성뿐만 아니라 기술개발력의 확충과 정보화, 마케팅 능력 등 지적 경쟁력을 높이는 것은 중소기업을 고기술·고생산성·고부가가치 등 이른바 三高産業으로 바꾸는 데 필수적 요건이 된다. 특히 기술력·경영력·정보력 등 지적 경영자원을 획기적으로 확충하여 고임금시대에 대응하면서 생산성을 높이고, 기술·지식집약형 중소기업의 창업과 육성, 그리고 경쟁력이 취약한 기업의 사업전환 등이 3고의 산업구조로 중소기업을 전환시키는 데 필요하다고 보았다.[27]

제2절 산업구조의 지식집약화와 중소기업 정책

1. 〈제7차 경제사회발전5개년계획〉의 중소기업 정책

〈제7차 5개년계획〉의 중소기업 정책은 기업경영과 산업조직의 효율화라는 틀 속에서 '중소기업의 경쟁력을 강화'하는 것을 목적으로 하였다. 대기업과 중소기업의 협력관계를 발전시키고 중소기업의 경쟁력 강화에 주력하되, 限界企業의 退出과 역동적인 기업의 생성과 소멸이 이루어져 경쟁력 있는 기업의 創出이 추진되도록 한다는 것이다.[28] 그러나 이 계획내용은 '문민정부'로 정권이 교체되면서 폐기되고 〈신경제 5개년계획〉이 수립되었다. 〈제7차 5개년계획〉에서 중소기업 정책은 다음과 같다.[29]

앞으로 산업구조 및 세계시장 변화에 신축적으로 대응해 나가기 위해서는 중소기업의 육성이 필수적인 과제이다. 중소기업은 경제력집중 현상을 완화하여 경제의 有效競爭을 촉진하고 여건변화에 신축적으로 대응할 수 있는 튼튼한 경제구조의 바탕이 된다는 점에서 우리 경제발전의 중요한 원동력이다.

산업구조적 측면에서 보면 1990년대 우리 산업은 전기·전자, 일반기계, 자동차 등 전자·기계류 산업이 성장을 주도할 것으로 전망된다. 특히 이러한 산업은 부품·소재

---

26) 위의 책, pp.140~142.

27) 위의 책, p.126.

28) 大韓民國政府,《第7次 經濟社會發展5個年計劃》(1992~1996), 1986, 1992, p.74.

29) 위의 책, pp.82~85.

분야의 발전 없이는 경쟁력 확보가 어려우므로 전문 중소부품업체의 역할이 더욱 중요해질 것이다. 또한 앞으로 세계시장 수요가 多品種 小量需要 중심으로 전환되고 완성품보다는 부품·소재의 수출이 증대될 것으로 예상되므로 중소기업의 역할이 더욱 필요하다.

1) 구조조정시책의 적극 추진

중소기업의 기술개발 및 생산자동화, 사업전환, 창업촉진 등 구조조정시책을 더 적극 추진해 나갈 것이다. 이를 위하여 중소기업 구조조정기금을 1992년 말까지 1조 원 규모로 조성하고 계속 재정지원을 확대할 것이다.

중소기업의 기술개발을 중점 지원해 나가되, 특히 제2차 기계류·부품·소재 국산화계획을 중소기업의 공통애로기술 중심으로 추진해 나갈 것이다. 공장자동화 기술을 개발하여 1996년까지 1,700개 중소기업에 보급하고 자동화 시설투자와 인력양성을 확대해 나갈 것이다.

또한 기술개발비를 매출액의 5퍼센트 이상 투자하는 기술선진화 중소기업을 향후 10년간 2,000개 선정하여 지원하고 매년 技術集約型 中小企業 중심으로 5,000개 이상의 신규창업이 이루어지도록 유도하면서 경쟁력 약화 업종에 대하여는 사업전환을 유도해 나갈 것이다.

2) 組立大企業과 部品中小企業間의 협력관계 발전

산업의 초기개발단계에서는 기술집약도가 낮은 조립가공 위주의 대기업 중심으로 발전하게 되나 어느 정도 수준에 이르게 되면 관련부품산업의 발전 없이는 경쟁력이 한계에 이르게 된다.

선진국, 특히 일본의 자동차회사 등은 효율적인 계열화체제를 구축하고 있는 데 반해, 우리 대기업은 규모가 작고 비관련업종에 광범위하게 다각화되어 있어 제품개발, 품질관리, 마케팅 등에서 경쟁력이 크게 뒤지고 있다. 특히 대기업의 조립산업과 중소기업의 부품산업이 균형발전하지 못함으로써 조립대기업이 부품조달을 주로 수입에 의존함에 따라 국제수지적자의 구조적 요인으로 작용하고 있다.

향후 수급기업의 생산 및 기술력을 높이기 위해 모기업의 수급기업에 대한 기술이전 및 기술지도를 강화하고 제2차 기계류 국산화계획은 제조업체인 중소기업과 수요업체인 대기업을 연계하여 추진할 것이다.

또한 부품중소기업의 경쟁력을 높이기 위해 조립대기업의 부품중소기업에 대한 10퍼센트 미만의 지분참여를 허용하여 기술·인력·자금상의 협력관계를 지속적으로 발전시켜 나갈 것이다.

아울러 건전한 계열화관계를 정립하기 위해 납품대금의 지급지연 등 불공정 하도급거래에 대한 감시기능을 강화해 나갈 것이다. 이를 위하여 공정거래위원회의 조사기구를 확대개편하고 불공정 하도급거래에 대한 정보수집 능력을 확충해 나갈 것이다.

이러한 실례를 표로 간단히 살펴보자.

[표 21-3] 조립대기업과 부품중소기업간 관계 비교

	대기업과 중소기업간의 관계
미 국	• 조립대기업이 주요부품을 자체생산 조달 • 그 결과 조립대기업의 규모가 지나치게 커지고, 부품생산 중소기업간의 경쟁요소가 미약하여 효율성 저하
일 본	• 조립대기업과 독립관계에 있는 중소기업이 부품생산 공급 • 조립대기업은 부품생산 중소기업의 소액주주로 참여하여 기술개발, 인력 및 자금지원 • 그 결과 부품생산 중소기업은 지속적인 품질향상과 시장의 안정성을 확보
한 국	• 조립대기업이 부품중소기업과의 협력관계를 심화시키지 못하고 많은 부품을 대일 수입에 의존 • 그 결과 부품 중소기업의 시장안정성이 확보되지 못하고 조립대기업의 경쟁력도 약화

3) 자금·인력·입지난 등 경영 애로요인 타개

중소기업이 겪고 있는 자금·인력·입지 등의 애로를 적극 타개해 나갈 것이다. 중소기업의 자금난 완화를 위해서 금융기관의 중소기업 의무대출비율을 45퍼센트로 확대하고 중소기업은행의 자본금을 확대해 나갈 것이다.

담보력이 부족한 영세 중소기업에 대한 신용보증 확대를 위해 신용보증기금 및 기술신용보증기금을 확대 지원하는 한편, 중소기업 공제사업기금을 늘려 경영을 안정시킬 것이다.

중소기업의 인력난 완화를 위하여 '技術大學' 제도를 도입하고 중소기업진흥공단 연수원의 훈련과정 확대, 업종별 전문직업훈련원의 연수기능 강화 등을 통해 전문인력의 공급확대에 주력할 것이다.

중소기업의 입지난 해소를 위하여 중소기업용 소규모 공단조성과 임대공단 및 아파트형 공장 공급을 확대해 나갈 것이다.

4) 소기업 및 지방중소기업의 중점 육성

전체 제조업체 가운데 종업원 20명 이하의 소기업은 1988년 현재 업체수 면에서 85.9퍼센트를 차지하고 있으나 종업원 수 및 생산액 면에서는 각각 18.2퍼센트 및 6.7퍼센트에 불과하며, 수도권 집중경향으로 중소제조업체의 42.5퍼센트가 수도권에 집중되어 있다. 앞으로 중소기업의 저변을 확대하고 지방화시대에 대비하기 위하여 소기업 및 지방중소기업의 육성에 더 중점을 둘 것이다.

소기업육성을 위해서 소기업의 創業과 專門化를 유도하면서 기술적 분업구조가 강화되도록 소기업에 특화된 지원제도를 중점 추진할 것이다. 이를 위해 각종 금융기관 중심으로 유망 소기업을 매년 300개 이상 발굴하여 자금지원 및 기술지도를 확대하고, 신용부 무담보 소액지원자금을 확대하면서 신용보증을 원활히 하여 나갈 것이다. 나아가 지역별 특성에 맞도록 지방중소기업을 육성 발전시켜 나가기 위한 가칭 〈地方中小企業育成法〉제정을 검토할 것이다.

2. 〈신경제 5개년계획〉의 중소기업 정책

1) 〈신경제 100일계획〉에서의 중소기업 정책

〈신경제 5개년계획〉에서 중소기업 정책은 두 부분으로 나누어져 있다. 먼저 경제활력 회복과 경쟁력 강화를 위한 〈신경제 100일계획〉은 일곱 가지 중점과제를 제시하고 있다. 그 가운데 중소기업을 내실 있게 육성하기 위하여 '중소기업의 구조개선'을 추진한다는 것이 중점과제의 하나로 제시되고 있다. 이것은 오히려 短期的 정책의 성격을 지닌 것으로 그 내용은 다음과 같다.[30]

> ◇ 경기활성화의 효과가 중소기업부문에서 가장 크게 나타날 수 있도록 중소기업의 구조개선을 추진
>
> ◇ 아울러 중소기업이 지원제도를 손쉽게 이용할 수 있도록 중소기업 지원제도 재정비

(1) 중소기업 구조조정 촉진

① 정부재정의 절감분을 포함하여 약 1조 4천억 원에 상당하는 공공재원을 조성하여 중소기업 관련 제품구매와 자동화·합리화·기술개발 등 구조조정사업에 투입

② 특히, 중소기업의 구조조정사업을 대기업과 공동으로 추진하거나 중소기업이 대기업과 튼튼한 계열·협력관계를 이루도록 하는데 중점 지원

(2) 금융규제 개선을 통한 자금난 완화

① 중소기업에 대해서는 여신금지업종의 부동산을 제외한 모든 부동산에 대해 담보취득 허용

② 중소기업에 대한 은행의 상업어음 할인한도제 폐지

---

30) 大韓民國政府, 《新經濟5個年計劃(93~97)》 — 參與와 創意로 새로운 跳躍을, 1993. 7. 2, pp.21~23.

③ 향후 6개월 동안 중소제조업체가 할인 의뢰하는 모든 어음의 재할인기간(대기업 발행어음 포함)을 현행 90일에서 120일까지 연장

④ 중소기업의 회사채 발행은 지급보증을 받은 경우 평점에 관계없이 전액 허용하고 증권회사의 중소기업 회사채 지급보증규모를 확대

⑤ 현행 유망중소기업 설비자금(2500억 원)이 조만간 소진될 전망이므로 2500억원을 추가지원

⑥ 상반기 중 10억 달러 규모의 외화대출 자금이 중소기업체에 승인 또는 집행될 수 있도록 각 은행에 특별창구 개설 운용

⑶ 중소기업의 판로지원

① 23개 정부투자기관의 1993년 중소기업 물자구매 예산의 65퍼센트(1조 원 규모)를 상반기 중 조기 집행

② 무역진흥공사에 중소기업 자기상표 수출지원센터를 설치 운영

 - 국내 및 주요 해외시장에 중소기업제품 상설전시장을 설치(무역협회, 무역진흥공사가 지원)

⑷ 중소기업 지원제도 정비

① 복잡다기한 현행 중소기업 자금지원제도를 통폐합

② 특히 정부의 구조조정기금도 현재 업종별·지역별·사업별로 분산 사용되고 있는 것을 구조조정 효과가 큰 분야에 집중 사용하는 방식으로 개편

③ 세제지원제도도 알기 쉽게 개선하고 7개 지방국세청에 서류작성 등을 대행해 주는 '조세상담센터'를 설치 운영

④ 출연연구소가 개발한 기술을 중소기업에 무상으로 양허하는 방안을 마련하여 실시

⑤ 중소기업진흥공단내에 중소기업의 사무자동화와 생산자동화를 지원하는 '情報化事業團' 설치

⑥ 정부구매제도를 개선하여 중소기업의 新技術 開發製品을 안정적으로 사줄 수 있도록 제도적으로 뒷받침

⑸ 지방중소기업에 대한 신용정보 제공체제 마련

 신용보증기관의 각 지방점포에서는 그 지역의 중소기업에 대한 신용조사자료를 보유 관리하고 있기 때문에 이를 활용하여 중소기업이 거래희망 기업에 대한 정보를

손쉽게 제공받을 수 있는 체제 구축

⑹ '중소기업 애로타개위원회' 설치
  ① 부총리 또는 상공부장관 주재로 관계부처 장관, 금융기관장, 중소기협중앙회장,
    경제단체장 등이 참여하여 월 1회 정례적으로 개최
  ② 이상의 모든 육성시책과 제도개선 사항이 실제로 현장에 침투되고 있는지 점검

2) 〈신경제 5개년계획〉의 중소기업 정책
    성장잠재력의 강화를 목적으로 선정한 경제시책의 13개 중점과제로서 '중소기업
의 경쟁력 강화'를 들고 있다. 이것은 문민정부 중소기업 정책 가운데 長期的 성격을
지닌 것으로서 그 내용은 다음과 같다.[31]

⑴ 구조고도화 촉진 및 생산기술력 강화
  ① 유망 중소제조업체에 대한 구조개선사업을 지속 추진
  ② 중소기업 특성에 맞는 자동화·정보화사업 확대
    ㉠ 사업단계별로 전문업체, 공공기관간의 연계지원체제를 구축
    ㉡ 중소기업진흥공단·생산기술연구원·산업기술정보원 등의 기술연수 및 대외기
      술협력을 확대
  ③ 기술력 강화 및 개발기술의 사업화 촉진
    ㉠ 공공기관의 기술지도사업을 체계화하고 모기업의 수급기업에 대한 기술지도
      를 적극 유도
    ㉡ 기업과 대학, 연구기관간 공동기술개발을 확대하고 기반시설 확충
    ㉢ '기술자 풀제' 도입 및 기술훈련기관의 기술연수 확대
  ④ 기술집약형 창업의 촉진을 위해 창업보육센터 설립 확대 및 창업투자회사의 내
    실화를 위한 여건 마련
  ⑤ 정보망 확충 등으로 시장개척 및 해외투자 활성화를 뒷받침

⑵ 민간부문의 자율적 협력기반 구축
  ① 중소기업과 대기업간 협력기반 조성
    ㉠ 모기업의 수급기업체협의회 구성 확대 및 운영 활성화

---

31) 위의 책, pp.134~135.

ⓛ 대기업의 협력중소기업에 대한 자율적 자본참여, 연계보증, 기술협력 확대 유도
ⓒ 지정계열화 품목을 조정하고 계열화 예시제를 활성화하는 한편, 조립대기업과 중소부품업체간 공동기술개발 장려
② 중소기업간 공동협력사업을 촉진하고, 시설공동화, 공장집단화 등을 위한 협동화단지의 확대조성과 공동집배송센터 건립 추진
③ 공정한 수급거래풍토의 정착 및 수급거래 활성화 추진

(3) 지방중소기업의 발전
① 지역특성에 맞는 중소기업 육성계획을 자치단체 주관으로 수립
② 자치단체의 중소기업 행정전담조직을 마련하고 지방의 지원기관들을 집결시킨 '지방중소기업 종합지원센터' 설치 운영
③ 지방소재 금융기관 및 신용보증기관의 역할 증대
④ 小企業 育成施策을 특성화하고, 신용보증기관의 소액간이보증 활성화 등으로 안정적 경영기반을 조성하며, 重層的 系列化를 통해 부품생산 전문소기업의 성장을 촉진

(4) 지원체제의 개편
① 현행 8개의 중소기업 관련법률을 통합·정비하고 지원기관들의 기능을 전문화할 수 있도록 개편
② 중소기업 지원자금을 개편, 단순화하고 중소기업 의무대출비율제도는 신용대출 관행의 정착에 따라 단계적으로 완화
③ 유망중소기업제도 등 특성별 시책을 통합, 비교하여 지원의 효율성 제고
④ 고유업종제도 및 단체수의계약제도를 단계적으로 개선

3. 중소기업의 근대화, 구조고도화, 구조개선, 지식집약화

1) 구조고도화와 구조개선

중소기업근대화 정책은 중소기업의 구조고도화에서 구조개선으로, 다시 지식집약화로 전개되었으며 특히 일본의 경험이 그러하였다. 이것은 우리나라의 중소기업 근대화 정책을 이해하는 데 도움이 될 것이다.[32]

---

32) 우리나라 중소기업 정책의 기본적 법체계인 중소기업기본법도 일본과 유사한 점이 있다. 또 그 시행법인 〈중소기업근대화촉진법〉에 해당하는 〈중소기업진흥법〉을 제정할 때도 일본의 것을 토

중소기업의 근대화는 원래 이중구조의 해소, 즉 중소기업이 전근대성을 탈피하여 근대적인 부문으로 개발 전환하는 것을 말한다. 근대적인 대기업과 전근대적인 중소기업 사이에 있는 여러 격차문제를 없애도록 중소기업의 생산성을 높이고, 나아가 임금격차 등을 완화하는 것이 중소기업근대화의 중요한 목표였다.

그런데 중소기업근대화는 산업구조를 개편하고 국민경제의 고도성장을 지속하는 산업구조 정책의 틀 속에서 시행되면서 중소기업근대화 정책은 구조 정책으로의 성격을 지니게 되었다. 또한 고도성장, 산업구조 고도화와 자본축적을 위한 디딤돌 정책의 성격도 갖게 되었다. 즉 중소기업의 근대화는 전근대적 중소기업부문을 근대적 부문으로 개발하면서도, 국민경제의 구조개편과 그 성장에 맞추어 중소기업부문을 개편하는 것을 의미하게 되었다.

중소기업근대화는 먼저 중소기업의 구조고도화의 개념으로 시행되었는데, 그것의 내용은 다음과 같다.

첫째, 중소기업을 부가가치 생산성이 높은 방향으로 시정 발전시키는 것이다. 이를 위하여 기업규모의 적정화, 설비근대화, 자기자본의 충실 등을 통하여 기업간의 격차를 해소한다.

둘째, 산업구조의 고도화에 맞추어 중소기업을 발전 개편시키는 것이다. 산업구조는 흔히 중화학공업화에서 고가공도화, 나아가 탈공업화에 따라 지식집약화로 전개되는 것으로 본다. 여기에 적합한 중소기업으로의 개편·발전을 의미한다.

셋째, 국민경제가 개방체제 내지 국제화의 방향으로 전개되면서 중소기업도 이에 대응하여 발전되는 것이 필요하다. 수출공헌도가 높은 업종으로의 전환, 즉 수출산업화, 국제경쟁력 있는 기업으로의 발전, 나아가 중소기업의 해외진출 방향 등이 그것이다.

중소기업근대화 내지 구조고도화 정책은 다음과 같은 성격을 지니고 시행되었다.

먼저 중소기업의 구조고도화는 중소기업의 구성을 부가가치 생산성이 높은 방향으로 시정하는 것이며, 이것은 중소기업 근대화에 포함되는 개념이다. 이 시책은 개별기업의 근대화와 합리화를 추진하는 것이어서 개별기업에 중심을 두고 있다. 다만 이것을 보완하기 위하여 공동화, 협업화, 집단화 등을 추진하여 중소기업을 고도화하고 경쟁력을 높이려는 것이다. 개별기업에서 설비의 근대화와 기업규모의 적정화를 이루기 위하여 개별기업을 일정한 형태로 그룹화(집단화)하는 것이며, 어디까지나 개별기업을 신속하게 근대화하는 데 목적을 두고 있는 설비중심주의적 정책이다.

대로 작성되었다.(成光元, 《中小企業法槪說》, 재단법인 법령편찬보급회, 1986, pp.114~115)

중소기업의 구조개선은 풍부하고 저렴한 노동력을 존립기반으로 하였던 중소기업이 높은 능률, 높은 기술, 높은 경영능력을 지닌 선진형 중소기업이 되기 위한 과제에 대응하는 정책이다. 경제환경의 급격한 변화에 맞추어 중소기업의 경쟁력을 강화하고 국제적 수준의 기업집단을 육성하려면 개별기업의 근대화에 그쳐서는 미흡하다. 공통의 문제를 지닌 기업집단에 속한 기업이 합병, 기업활동의 공동화, 생산제품의 교환, 기업의 전업과 폐업 등 생산과 판매 면에서 협력하여, 기업집단의 구조를 변화시킴으로써 기업집단 전체를 근대화하려는 것이다. 따라서 생산뿐만 아니라 판매력·시장개척력·기술개발력을 포함하는 종합적인 것을 지향한다.

이러한 구조개선은 근대화의 대상을 개별기업으로부터 業界 전체로 확대하여 고도화 정책을 좀더 철저히 시행하려는 것이다. 협업화·공동화·합병·사업전환 등 집약화를 실현하고 새로운 설비의 도입과 낡은 설비의 폐기(scrap and build)를 업계 또는 産地 전체를 한 묶음으로 하는 기업구조의 개선인 것이다. 이를 통하여 국제적으로 경쟁력 있는 기업의 육성을 목적으로 한다.

그러나 이런 구조개선 정책에 대하여 다음과 같은 문제점이 제시되었다.

첫째, 物的 生産力 제일주의에 대한 반성이다. 구조개선 정책은 고도화 정책의 일환으로 생산력의 관점에 서 있지만, 점차 수요구조의 변화에 따른 선택적 소비시대의 전개, 생활우선, 환경보전 등의 과제가 제기된다.

둘째, 국제경쟁력의 강화와 그 의미가 국제간의 분업과 협업에 따른 공존공영의 체제로 전환되고 있다.

셋째, 규모의 이익과 계층분화의 의미이다. 생산의 합리성을 획일적으로 적용하는 것은 다종다양한 생산분야로 나뉘어 개성을 발휘하고 있는 중소기업분야에는 적합하지 않다. 기업활동의 집약화는 상위층에서 설비근대화 등의 의미를 지니지만, 하위층에 있는 소영세기업에게는 그에 맞는 근대화와 효율화가 필요하다.

이런 이유로 구조개선 정책은 질적 전환을 할 필요가 있게 되었다. 경제규모 확대, 생산성 향상, 자본장비율 충실 등으로 산업의 양적 발전을 추구하는 중화학공업적 구상에서 벗어날 필요가 있게 되었다. 중소기업의 다양성과 탈공업화 사회에 맞는 중소기업의 질적 발전방향이 구상되기에 이른 것이다. 이것을 반영한 것이 중소기업의 지식집약화이다.

〈제7차 5개년계획〉이나 〈신경제 5개년계획〉의 중소기업 정책 내용에서 이와 같은 특징을 뚜렷하게 발견할 수는 없다. 그러나 이 계획기간에 주목할 만한 법체계의 정리가 있었는데 그 내용은 [표 21-4]와 같다.

[표 21-4] 중소기업관련법 개편 내용

개편 전		개편 후	비고
중소기업기본법(1966년 제정)		중소기업기본법	전문개정
구조 조정 시책	중소기업창업지원법 (1986년 제정)	중소기업창업지원법	부분개정
	중소기업진흥법 (1978년 제정) 중소기업경영안정및구조조정촉진에 관한 특별조치법 (1989년 제정) 중소기업제품구매촉진법 (1981년 제정)	중소기업진흥및제품 구매촉진에관한 법률	제　정 (통폐합)
산업 조직 시책	중소기업사업조정법 (1961년 제정) 중소기업계열화촉진법 (1975년 제정)	중소기업의 사업영역 보호 및 기업간협력 증진에 관한 법률	제　정 (통 합)
	중소기업협동조합법 (1961년 제정)	중소기업협동조합법	1993년 개정
8 개 법		5 개 법	

　　종전에 중소기업관계법이 대부분 제정, 개정 된 이후 장기간 경과하여 급변하는 국내외 경제여건에 대처하기에 미흡하다고 보고, 특히 國際化와 開放化에 부흥할 수 있도록 '보호와 지원' 위주에서 '자율과 경쟁'을 촉진하는 방향으로 법체제를 전환하고자 한 것이 법령 개편의 목적이었다. 그 결과 1994년 12월 22일 및 1995년 1월 5일에 각각 공포하고, 1995년 7월 1일부터 제정 및 개편된 법률을 시행하였다.

　　여기에는 1966년에 제정된 〈중소기업기본법〉의 全文改正이 포함되었다. 이전의 전문 제35조의 법체계가 전문 제21조로 축소 개정되는 가운데 중요 시책 내용이 하위 법에 위양되고, 창업과 국제화 등의 내용이 적극적으로 규정되었다. 그리고 중소기업의 범위도 시행령에서 구체적으로 규정하도록 하였다.

　　그 외에 중소기업창업지원법 등 7개법을 5개법으로 통폐합하였는데, 그 체계는
① 중소기업시책의 기본 방향을 제시한 〈중소기업기본법〉을 정점으로 하여,
② 중소기업의 창업에 관한 〈중소기업창업지원법〉
③ 창업된 중소기업의 육성과 구조조정을 지원하는 〈중소기업진흥및제품구매촉진에관한법률〉
④ 육성된 중소기업의 사업영역을 보호하며 대기업과의 협력을 유도하는 〈중소기업의 사업영역 보호 및 기업간 협력증진에 관한 법률〉
⑤ 중소기업의 조직을 육성하는 〈중소기업협동조합법〉으로 구성되고 있다.[33]
　　한편, 중소기업의 근대화(구조고도화와 구조개선)의 시각에서 본 법체계 개편의

---

33) 通商産業部, 《1995年度 中小企業에 관한 年次報告書》, pp.194~195.

의미는 다음과 같다.

우리나라 중소기업 정책의 기본법은 〈중소기업기본법〉(1966)이다. 이것의 첫 번째 시행법으로 〈중소기업진흥법〉(1978)이 제정되어 중소기업구조 고도화의 기틀을 제공하였다. 그 뒤 〈중소기업구조조정법(중소기업의 경영안정 및 구조조정촉진에 관한 특별조치법)〉(1989)이 제정되어 물적 생산력뿐만 아니라 기술개발력·정보화·마케팅 등 질적 능력을 높이는 구조고도화를 추구하였다. 이 법은 1994년 12월 31일까지의 限時法이었다.

한편 〈중소기업진흥법〉의 限時性을 연장하고 법체계를 정리한다는 등의 이유로 〈중소기업진흥및제품구매촉진에관한법률〉(1994. 12. 22)이 제정되어 구조고도화를 촉진하였다. 자동화, 정보화, 기술개발, 異業種交流, 사업전환 등을 포함하는 법체계였다.

〈중소기업진흥법〉과 〈중소기업구조조정법〉 및 〈중소기업제품구매촉진법〉을 통합한 이 법은 중소기업 구조고도화 정책을 종합적으로 체계화한 법률이다.

그 뒤 〈중소기업의구조개선및경영안정지원을위한특별조치법〉(1995. 12. 29)이 제정되었다. 2006년 2월 28일까지 限時法인 이 법에서 '중소기업의 구조개선'이라는 규정이 제기되었지만, 구조고도화의 후행적 정책으로서 그것의 개념은 분명하지 않다.

2) 지식집약화와 벤처기업 육성

일본에서는 일찍이 1970년대 초에 지식집약화와 다양화시대에 대응하여 중소기업의 지식집약화를 중소기업 정책의 새로운 방향으로 제시한 바 있다.[34]

우리나라에서도 산업구조 또는 공업구조의 고도화의 방향으로 知識 및 情報産業開發이 〈제4차 5개년계획〉(1977~1981)의 공업화유형으로 제시되었다.[35] 당시 한국경제의 이중구조에 대한 지적과 함께 自力成長構造의 방향으로 기술 및 숙련노동 집약적 산업의 비교우위를 지적하였지만, 그것이 지식집약화의 논의로 전개되지는 못하였다. 더구나 중소기업의 지식집약화로는 그 정책방향이 이어지지 못하였다.

그런데 〈제5차 5개년계획〉(1982~1986) 이후 중소기업의 지식집약화와 관련된 단편적 정책이 나타났는데 그것은 다음과 같다.

① 〈제5차 5개년계획〉의 중소기업 정책에서, 技術集約的 小企業의 육성을 위하여 기술개발주식회사를 중심으로 한 企業化金融(venture capital)을 확충 정착시킨다

---

34) 日本 中小企業廳 編, 《70年代の中小企業像(中小企業政策審議會意見具申の內容と解說)》, 財團法人 通商産業調査會, 1972.
35) 경제기획원, 《경제백서》 1976년판, p.429.

는 것이다.

② 1985년도 〈중소기업에 관한 연차보고서〉에서는, 기술집약형 중소기업의 발굴육성으로 중소기업의 기술개발을 촉진하며, 동시에 '벤처 캐피탈'의 지원을 활성화한다는 정책이 제시되었다.

③ 〈제6차 5개년계획〉(1987~1991)에서는 1986년에 제정된 〈중소기업창업지원법〉을 바탕으로 중소기업의 창업지원을 본격적으로 추진하되, 중소기업창업투자회사를 적극 육성하고 冒險企業 株式去來制度의 도입을 규정하고 있다.[36]

중소기업의 지식집약화 정책을 의미하는 이와 같은 정책들이 제시되었지만, 그것은 명확한 이론적 분석과 그에 대한 개념에 기초한 것이 아니었으며, 또한 체계적이지도 못하였다. 일본에서는 1970년대 초에 중소기업의 지식집약화 정책이 도입되기에 앞서 충분한 실증적 실태분석과 개념규정(예컨대 1970년대 초 벤처 비즈니스의 연구 등)이 이루어졌던 것과는 대조적이다.

그러다가 정책적으로는 〈벤처기업育成에관한特別措置法〉(1997. 8. 28)을 제정하여 중소기업 지식집약화 정책을 체계화하고 그 개념적 혼동도 사라지게 되었다. 또한 이 법의 뒷받침을 받아 중소기업의 지식집약화도 본격적으로 전개될 수 있었다.

우리나라에서도 이미 1980년대 중반에 혁신형 중소기업의 등장을 검증하는 실증적 연구가 실시된 적이 있다.[37] 여기서 단초적으로 논의된 혁신형 중소기업은 산업구조의 고도화와 중화학공업의 성숙 그리고 탈공업화로 이어지는 산업구조 전환의 특성 속에서 점차 확산 전개되었고 이를 육성 발전시키기 위한 정책이 구체화된 것으로 볼 수 있다.

3) 지역진흥과 소기업 육성

한편 〈지역균형개발및지방중소기업육성에관한법률〉(1994. 1. 7)의 제정과 〈소기업지원을위한특별조치법〉(1997. 4. 10)의 제정도 1990년대 중소기업 정책의 큰 흐름을 반영하는 것이다.

전자는 지역진흥에 대한 관심을,

① 중앙집권에서 지방분권으로의 이전

② 기능집중으로부터의 분권을 의미하는데, 이때 분권은 경제력만이 아니라 문화적 기능의 분산도 중요시하며

---

36) 여기서 중소기업창업투자회사는 venture capital을, 冒險企業은 벤처 비즈니스 또는 벤처기업을 의미하는 것으로 보인다.

37) 중소기업은행 조사부, 《中小企業創業實態調査》, 1985.

③ 지역을 중요시하며 지역특성을 활용하는 것 등이다.

한편 지역진흥에 대한 정책적 관심이 높아지는 것은 그동안 전개된 중소기업 정책에 대한 다음과 같은 반성에서 비롯된 것이기도 하다.

① 설비근대화를 조성하여 제조업부문이 중소기업의 상층부를 성장 촉진시켰다.

② 규모이익의 장점을 추구하여 규모를 늘렸다.

③ 전국을 일률적으로 보는 획일화 정책이었다.

④ 기업성장 정책과 국민경제의 총량적 규모에 몰두하고 그것이 입지하는 지역경제와의 관련을 고려하지 않았다.

⑤ 기업의 성장이 당연히 지역경제를 발전시킬 것이라고 생각하였다.[38]

그 결과 경제성장과정에서 過疎와 過密현상이 국민경제에 고정화함으로써 지역적 불균형의 문제가 나왔다. 이에 따라 제기된 도시문제의 해소와 지역개발(지역간 격차해소)이 중소기업 정책의 과제로 등장하였는데 그것을 반영한 것이 이 법률의 체계라고 볼 수 있다.

이는 중앙집권적인 경제성장 지상주의를 비판하면서 지역경제를 부상시켜 지방화시대를 전개하려는 의도인 것이다. 지역을 토대로 하는 사회조직을 통하여 위로부터 그리고 밖으로부터의 지역개발에서 벗어나, 아래로부터 그리고 안으로부터의 개발로 그 흐름을 전환하려는 것이다.

대기업의 지방유치보다는 지역의 기업을 육성하고 지역의 풍토, 자원, 노동을 활용하여 지역진흥을 추구한다. 이때 중소기업이 큰 역할을 하게 되는데 그 핵심이 바로 소규모기업을 창출하는 것이다.[39] 즉 소규모기업대책은 지역개발 정책과 밀접한 관련을 갖는다.

① 소규모기업은 지역적으로 광범하게 전개되어 있는 生業的 기업이며, 여기에 종사하는 사람들에게는 생계를 의지하는 生活의 場이다.

② 여기에 의존하는 경영자, 종업원 및 그 가족은 지역사회의 중요한 구성요인이며, 이들의 생존과 번영은 복지 정책의 기본이 되기도 한다.

③ 따라서 경제적 합리성에 따라 합리적 기업행동의 능력을 갖도록 소기업을 육성할 필요가 있다.

④ 중소기업 가운데 소영세기업은 높은 비중을 차지하며 다분히 생업적 요소를 지니면서 경영기반은 취약하다. 중소기업의 活力있는 전개를 위해서도 소규모기업의 건전한 발전이 불가피하다.

---

38) 杉岡碩夫 編, 《中小企業と地域主義》, 日本評論社, 1973, p.8.

39) 中山金治, 《中小企業近代化の理論と政策》, 千倉書房, 1983, pp.111~112.

⑤ 따라서 중소기업 정책은 초기의 중소기업근대화 정책이 중견기업육성과 소영세
   층의 분화 및 집약화라고 하는 차별적 경향을 취하였던 것에서 벗어나야 한다.
⑥ 중소기업군을 기업발전을 지향하는 집단과 경제활동의 장이 바로 생활의 장인
   生業層(소영세기업군)으로 분화하는 정책으로 전환되어야 한다.

결국 중소기업 정책이 생업층을 중심으로 하여 주민의 다수를 구성하고 있는 소영세기업에 대한 적극적 평가의 방향으로 이행되어야 한다는 것이다. 소기업 정책에 대한 중요성은 이와 같으며, 그것은 지역개발 정책과 밀접한 관련이 있다.

우리나라에서는 1982년에 〈중소기업기본법〉을 개정하여 중기업과 소기업을 구분, 소기업의 범위를 별도로 규정한 바 있다. 양산체제와 규모의 경제를 지향하는 과정에서 중소기업 범위 안에서도 중기업과 소영세기업 사이에 구조적 격차가 생겨났다. 이는 중소기업 가운데서도 상대적으로 규모가 큰 범위에 정책의 지원효과가 집중되었기 때문이다.

이를 시정하기 위하여 중소기업 범위 안에 별도의 소기업범위를 도입, 이에 대한 분화적 지원 정책을 펴나갔다. 그 뒤 소기업 정책은 지속적으로 전개되었고 그것이 법체계로 구체화된 것이 〈소기업지원을위한특별조치법〉이다.

이 법은 지역개발 정책은 물론 중소기업의 知識集約政策과도 깊은 관련이 있다고 보아야 한다. 지식집약화는 중소기업 가운데서도 소영세기업에 적합한 분야를 크게 하기 때문이다.

4. '국민의 정부 경제청사진'의 중소기업 정책
: '活力 있는 多數', 중소·벤처기업 육성

1998년에 '문민정부'로부터 정권을 이어받은 '국민의 정부'는 그 경제청사진에서 "'활력 있는 다수'로 중소·벤처기업 육성"을 중소기업 정책의 기본으로 제시하고 있다. 대기업과 중소기업의 균형 있는 발전 등 이전의 정책을 지속하면서, 지역밀착적인 중소기업육성이나 벤처기업을 21세기 꽃으로 발전시키려는 정책내용 등으로 1990년대 중소기업 정책을 더욱 적극화하면서 21세기를 지향하고 있다.

특히 기술·지식 집약형의 산업구조로 전환을 촉진하고 고용문제를 해결하기 위하여 그 정책대상을 벤처기업 육성에서 찾고 있다. 지식·정보 집약화시대의 첨병으로 벤처기업을 들고 있다.

또한 '활력 있는 다수'(vital majority)의 개념을 중소기업 정책방향으로 적극 도입하고 있다. 이것은 이미 미국에서는 1970년 초에[40] 그리고 일본에서는 1980년대에 중

소기업 정책의 기본방향으로[41] 정한 바 있다. 우리나라에서는 1990년대 말, 나아가 2000년대의 중소기업 정책에 도입되고 있다.

민주주의와 시장경제의 병행발전을 추구하는 '국민의 정부'의 경제철학에 적합한 개념이기도 하다.[42] 시장경제의 활성화와 활력 있는 경제를 실현하기 위해서는 경쟁적 시장구조의 담당자이며 그 쇄신기능을 담당하는 중소기업의 활력(vitality)이 필수적 요소이기 때문이다. 〈국민의 정부 경제청사진〉에서 중소기업 정책은 다음과 같다.[43]

어느 나라를 막론하고 중소기업이 '활력 있는 다수'의 역할을 충실히 수행할 때에야 비로소 건전한 경제구조를 유지 발전시킬 수 있다. "미국의 의류패션은 1년에 여섯 번씩이나 바뀌고 있다"고 세계적인 미래학자 앨빈 토플러가 말한 데서도 쉽게 짐작할 수 있듯이 현대 소비자의 기호는 급변하고 있을 뿐만 아니라 더욱 다양해지고 있다.

게다가 정보통신 등의 기술은 비약적으로 발전하고 있으며 경제의 서비스화 또한 빠르게 이루어지고 있다. 세계화(globalization)와 더불어 지방화(localization)는 시대의 조류이며 경쟁의 단위는 국가에서 점차 지방으로 이전하고 있다. 이와 같이 변화된 환경에는 거대한 관료조직처럼 경직화된 대기업보다는 유연성 있는 중소기업이 더욱 강력한 경쟁력을 가진다고 할 수 있다.

'국민의 정부'는 21세기를 맞아 새롭게 전개될 경제환경에 중소기업이 효과적으로 적응하고 중소기업이 갖는 경쟁우위요인을 충분히 활용할 수 있도록 경영환경을 조성할 것이다. 이를 위해 중소기업의 만성적인 자금·인력·판매난을 해소토록 하는 한편 중소기업의 구조고도화를 적극적으로 지원할 계획이다. 또한 지방에서도 활발한 생산활동과 역동적인 고용기회 창출이 가능하도록 지역밀착적인 중소기업을 육성할 것이다. 아울러 앞으로 전개될 지식기반의 경제시대에 대비하는 차원에서 기술·지식 집약형 중소기업, 특히 벤처기업의 육성에 주력할 방침이다.

1) 중소기업의 자금·인력·판매난을 해소

'국민의 정부'는 중소기업들이 만성적인 자금난, 인력난, 판매난을 극복할 수 있도록 모든 노력을 다할 것이다.

우선 중소기업의 가장 큰 어려움인 자금난을 완화할 것이다. 중소기업의 자금난

---

40) Deane Carson(ed.), *The Vital Majority, Small Business in the American Economy*, Essays Marking the Twentieth Anniversary of the U. S. Small Business Administration, 1973.

41) 日本 中小企業廳, 《中小企業の再發見》(80年代 中小企業ビジョン), 財團法人 通商産業調査會, 1982.

42) 대한민국정부, 《국민과 함께 내일을 연다》('국민의 정부' 경제 청사진 DJnomies), 한가람출판사, 1998. 9, p.51.

43) 위의 책, pp.270~280.

은 과거 대기업 중심의 성장우선 정책의 결과로 심화되었지만 근본적으로는 중소기업의 구조적 특성인 경영규모의 영세성, 신용도의 취약성 등에 그 원인이 있다. 역대 정권은 금리를 인위적으로 묶어 놓은 채 신용할당으로 자금을 배분함으로써 만성적인 자금공급부족과 초과수요현상을 자초했다.

이 과정에서 중소기업의 특성은 송두리째 무시되었다. 이미 알 수 있듯이 중소기업은 부채비율이 대기업보다 훨씬 높을 뿐만 아니라 금융권에서 자금조달하기가 어려워 사채시장에 의존해 온 형편이다.

'국민의 정부'는 실질적인 금리자유화를 통해 금융기관이 중소기업에 대한 대출을 원활하게 할 수 있는 여건을 조성할 것이다. 이 경우 중소기업이 부담하는 금융비용은 증가하겠지만 자금가용성은 확대될 것이다.

중소기업이 시장의 수급원칙에 따라 자금을 공급받을 수 있도록 하는 한편 중소기업의 구조적 취약성도 보완할 것이다. 신용보증기관에 대한 정부의 출연을 확대하고 지역신용보증조합을 활성화해 신용보증 여력을 높일 것이다. 또한 중소기업이 상업어음을 원활하게 할인 받을 수 있도록 지원하는 한편, 중소기업의 연쇄도산을 방지하기 위해 어음보험기금도 확충할 계획이다. 어음발행의 남발과 지급기일의 장기화에 따른 중소기업의 어려움을 시정하기 위하여 어음제도 개선방안도 마련할 방침이다.

둘째, 중소기업의 만성적인 인력난을 완화할 것이다. 우리나라의 중소기업은 필요인력의 공급부족과 높은 이직률에 시달리고 있다. 정부는 기술인력의 공급확대를 위해서 실업계 및 이공계 인력공급의 장기적 목표에 맞추어 교육 정책을 수립할 계획이다. 인문계 고등학교를 실업계 고등학교로 전환하는 방안도 세워둔 상태이다. 또한 여성인력의 산업활동 참여를 보장하기 위해 시간제 고용을 확대하고, 탁아소 등 보육시설도 확충할 것이다.

셋째, 중소기업의 판매난을 개선할 것이다. 정부와 공공기관의 중소기업제품 구매를 확대하고, 중소기업의 판로지원기능을 담당할 종합유통센터를 건립할 방침이다. 동시에 내수 중소기업의 수출기업화를 위한 수출가이드 및 수출지원단을 운영하고, 수출중소기업의 해외마케팅을 지원할 계획이다. 또한 우수 중소기업제품의 홍보를 위해 인터넷 중소기업관에 수록되어 있는 수출업체를 확대하고, 중소기업의 해외시장 개척을 지원하기 위한 거점확보와 무역인프라 확충을 꾀할 것이다.

2) 경쟁력 있는 중소기업으로 탈바꿈

현재 우리 경제는 경제 전반에 걸친 구조조정과정에 있으며, 중소기업 부문도 예외일 수는 없다. 중소기업도 재무구조의 건전성을 높이고, 고유의 장점을 최대한 발휘

할 수 있도록 경영혁신을 꾀해야 한다. 또한 경쟁력이 취약한 저부가가치 노동 집약
적 산업에서 고부가가치 기술 집약적 산업으로 전환하고, 동일산업 내에서의 질적 고
도화를 추구해 나가야 한다.

정부는 중소기업의 구조고도화를 촉진하기 위해 구조개선사업을 지속적으로 추
진할 계획이다. 즉, 중소기업을 경제발전의 주역으로 육성하기 위해 채권발행 등으로
재원을 조성하여 향후 5년간(1998~2002년) 총 2만 5천여 중소기업의 생산 및 경영혁
신을 지원할 것이다. 또한 중소기업의 구조고도화를 위한 중장기 정책방향의 설정 및
업종별 부문별 추진방안 마련을 위해 중소기업구조개선 기본계획을 수립 시행할 것
이다.

중소기업의 기술력.향상을 위한 지원시책도 지속적으로 추진할 계획이다. 우리나
라 중소기업의 전반적인 기술수준은 선진국의 45~50퍼센트 수준에 그치고 있으며,
독자적인 기술개발능력을 갖춘 중소기업이 전체 중소기업의 2퍼센트에 불과하다. 중
소기업의 매출액 대비 연구개발투자비율은 대기업의 10분의 1에 지나지 않는다.

정부는 중소기업의 기술력 향상을 위해 향후 5년을 '중소기업 기술력제고 전략기
간'으로 설정하고, 중소기업 기술력제고 중장기계획의 수립·추진을 통해 중소기업의
기술력을 선진국 수준으로 올릴 계획이다. 또한 중소기업의 취약기술 조사, 개발자금
지원, 기술지도 및 기술력 평가 등을 통해 각 단계별로 일관성 있고 체계적인 기술지
원이 이루어지도록 하는 한편 산·학·연 기술협력체제도 강화할 것이다.

3) 지역밀착적인 중소기업을 육성

세계화를 바탕으로 한 지방화시대에는 지방을 중심으로 한 경제활성화가 국가 경
제발전의 원동력이 된다. 이제까지 대형사업, 대규모투자가 경제발전을 주도했다면
앞으로는 지역특성에 맞는 중소기업들이 지속적인 발전과 고용의 주체가 될 것이다.
'국민의 정부'는 지방자치를 실질적으로 정착시키기 위하여 중앙정부는 중소기업 정
책의 기본방향만을 수립하고, 지역 특성에 맞는 세부지원방안은 지방자치단체가 자율
적으로 마련하여 집행하도록 할 계획이다.

우선 어려운 경제여건에도 불구하고 지역균형개발 등을 위해 정부와 지방자치단
체가 공동으로 조성하고 있는 지방중소기업 육성자금을 확충할 것이다.

또한 2000년까지 지방중소기업에 대하여 체계적이며 종합적인 지원서비스를 제
공할 것이다. 중소기업 지원기관, 대기업, 연구소, 대학 등과의 유기적인 협조체제를
구축하여 해당지역 중소기업에게 경영정보를 제공하고, 기술 지원기능 등을 담당하는
중소기업종합지원센터를 전국 16개 시·도에 건립할 계획이다. 한편 현재 지방중소기

업청에 설치되어 있는 금융지원협의회와 지역협동기술지원센터 등의 기능도 활성화시킬 것이다.

아울러 지방자치단체가 지역특화산업의 전략산업화를 추진할 수 있도록 유도할 것이다. 시도별로 2~3개의 특화산업을 선정하여 5년 동안 총 40개의 지역특화산업을 육성토록 할 것이다. 특히 지역특화산업 활성화의 추진주체가 될 특화산업조합의 설립을 유도하여 신제품개발 등 공동사업비를 지원할 계획이다.

4) 벤처기업을 21세기의 꽃으로

세계 각국은 오래전부터 21세기를 대비한 구조개혁의 돌파구를 활발한 벤처기업의 생성과 발전에서 찾아왔다. 그 결과 고부가가치산업 중심으로의 산업구조 전환과 고용기회의 역동적 창출을 실현했다. 미국이 창의적인 벤처기업의 활력을 기반으로 일본에 뒤졌던 산업경쟁력을 다시 회복하고 있음은 물론, 지속적인 고용증가로 제2차 세계대전 이후 가장 낮은 실업률을 보이고 있는 것은 우리에게 시사하는 바가 크다.

[표 21-5] 벤처기업과 다른 기업의 비교(1996년)

	중 소 기 업		대 기 업
	벤처기업	일반기업	
평균고용인원	46	21	988
매 출 성 장 률	42.7	7.8	11.3
매 출 이 익 률	10.2	0.6	0.5
연구개발비율	12.5	0.3	3.1

자료 : 한국은행, 《기업경영분석》, 벤처기업협회

'국민의 정부'는 기술·지식·집약형 산업구조로의 전환을 촉진하고, 우리 경제의 최대 현안과제인 고용문제를 해소하기 위해 향후 5년 동안 2만 개의 벤처기업을 육성할 계획이다.

이를 위해 우선 벤처기업의 가장 큰 애로요인으로 지적되고 있는 벤처자금을 원활히 공급할 것이다. 벤처기업은 고위험-고수익이란 기업특성 때문에 일반금융기관으로부터 자금을 조달받기가 쉽지 않으므로 벤처기업을 전문적으로 지원하는 창업투자회사를 대형화하고 그 업무영역 또한 확대할 계획이다. 개인투자자(엔젤)를 통한 벤처자금의 획기적인 확충방안도 아울러 강구하고, 벤처기업의 직접금융 활성화를 위한 장외시장 발전방안도 마련할 것이다.

벤처기업의 육성을 위하여 정부는 벤처기업인들이 자유롭게 기업을 경영할 수 있는 여건을 중점적으로 조성할 계획이다. 젊고 유능한 기술인력이 벤처기업의 창업 및 기업활동에 쉽게 참여할 수 있도록 현행 병역특례 전문연구요원제도를 개선할 것이다. 또한 미국의 벤처기업 활성화에 가장 큰 유인이 되었던 소득옵션제를 활성화하는 방안도 검토할 계획이다. 아울러 기술력을 하나의 자산으로 평가·인정해줌으로써 벤처기업이 새로운 기술에 적극적으로 도전할 수 있도록 기술담보제도를 활성화할 것이다.

나아가 창업강좌를 벤처기업 중심의 전문강좌로 운영하며, 현재 44개뿐인 대학연구소 중심의 창업보육센터를 대폭 확대하고, 전국 주요도시에 벤처타운을 조성해 벤처기업에 일괄서비스를 제공할 계획이다.

5) 대기업과 중소기업이 함께 발전하는 관계로

과거에는 대기업 중심의 성장전략 때문에 대기업의 불공정거래가 산업발전이라는 명분 아래 용인된 측면이 있었다. 그러나 앞으로는 시장경제의 정착으로 대기업의 불공정거래가 축소되고 능력 있는 중소기업에게 더 많은 발전의 기회가 주어질 것이다.

정부는 경제여건의 변화에 따라 중소기업 고유업종제도, 단체수의계약제도 등 경쟁을 저해하고 있는 관련제도들을 점진적으로 개선 조정할 것이며, 이를 통해 우리 중소기업이 더욱 강한 체질을 가질 수 있는 여건을 조성할 것이다.

경제는 경쟁에 의해서만 발전하거나 효율성을 유지할 수 있는 것은 아니며 기업들의 협력이 경쟁력을 높이는 유력한 수단이 되기도 한다. 특히 글로벌화가 진전되는 21세기의 경제환경에서 우리 산업의 경쟁력이 유지되기 위해서는 대기업과 중소기업의 균형 있는 발전과 협력이 요구된다. 이러한 차원에서 정부는 중소기업과 대기업 사이의 하도급구조를 합리적으로 개선하여 둘의 동반자적 협력관계가 구축되도록 할 것이다. 이와 같이 대기업과 중소기업 사이에 협조적 관계가 유지되려면 공정한 거래질서가 정착되어야 한다. 특히 정부는 중소기업이 대기업으로부터 거래대금을 결제받는 과정에서 대기업의 불공정행위가 일어나지 않도록 공정거래위원회의 기능을 강화할 것이다.

제3절 중소기업의 지원체제·정책과 관련법 체계

1. 중소기업 전담행정체제의 보강·정비

중소기업전문행정기구는 1960년에 상공부안에 中小企業課가 설치되었고, 1968년에 그것이 中小企業局으로 확장된 이후 1990년대 중반에 이르기까지 그 체제를 유지하였다. 그동안 경제의 양적 성장과 질적 발전에 따라 중소기업행정이 담당해야 할 업무는 양적 질적으로 증가, 변화되었으나 전담행정기구는 그에 따르지 못하였다.

이것은 일본의 경우와는 대조적이다. 일본은 1948년에 이미 中小企業廳을 설립하여 중소영세기업 문제를 종합적으로 처리하고 중소기업 정책을 조직적으로 전개할 수 있는 행정·제도적 기반을 마련하였다. 전후 일본 중소기업 정책의 전개과정에서 하나의 획기적 전기를 마련하였다. 그 결과 일본경제의 고도성장과 산업구조 고도화 과정에서 중소기업의 역할을 높이는 중소기업 근대화 정책의 주체적 기능을 담당하였다.

이에 우리나라의 중소기업전문행정체제도 확대 강화될 필요성이 꾸준히 제기되었는데, 그 내용은 다음과 같다.

첫째, 중소기업행정업무가 多岐化되었음에도 불구하고 정책추진과 행정업무의 종합성·통일성·전문성·분화성·독립성과 지속성을 실현할 만한 행정체제가 갖추어지지 못하였다는 점이다.

둘째, 중소기업행정대상이 크게 확대되었다는 점이다. 경제개발 초기에 광공업에 치중되어 오던 중소기업 정책과 행정이 이제는 운수업·건설업·상업, 기타 서비스업 등으로까지 대상이 확대되었다. 이것은 산업구조가 고도화되면서 나타나는 당연한 추세이다. 또한 중소기업의 고용과 생산 외에 사업체 수 및 수출 등의 양적 증가로 기존의 행정기구로서 그 지원업무를 담당하기 어려운 한계를 보였다.

셋째, 중소기업행정업무의 내용이 다양화되었다는 점이다. 조사통계업무, 근대화정책, 소영세기업 문제, 지방화시대에 맞춘 지방중소기업개발문제, 창업지원문제, 기술진흥문제, 산업의 지식집약화에 따른 벤처기업육성문제 등, 1960년대 말에 설치되었던 행정기구(중소기업국)로서는 감당하기 힘들 만큼 지원행정 수요가 늘어났다.

넷째, 중소기업의 역할이 새로운 차원으로 인식되고 있는 점이다. 이제 중소기업은 탈공업화 사회와 지식기반사회를 지향하는 21세기 산업의 첨병으로 등장하고 있다. 국민경제에서 양적으로 높은 비중을 차지하고 있다거나 그것의 전근대성의 극복을 위한 구조고도화 등의 과제는 이제 소극적 의미를 지닐 뿐이다. 중소기업의 산업 활성화와 쇄신기능 또는 지식집약화시대에 활력과 창조성의 역할 등 새로운 산업사회를 개척하는 주체로서 중소기업의 적극적 역할이 기대되고 있다. 이에 대한 정책대응이 요구되고 있다.

이러한 요구에 대한 지원행정체제의 미흡이 중소기업의 발전과 나아가 국민경제의 발전을 억제하는 상태를 벗어나 적극적으로 중소기업발전을 촉진할 수 있도록 전담행정기구의 확충이 논의되어 왔는데 구체적으로 다음과 같다.

첫째, 중소기업국을 中小企業政策室로 확대 개편하는 것이 필요하다는 견해였다. 그 이유는 국무위원이 아닌 廳長의 신분으로는 중소기업지원시책을 강력하게 추진하기 어렵고, 특히 중소기업지원수단인 재정·금융·세제지원시책을 廳單位 행정조직으로는 수행할 수 없다는 현실적 문제가 있기 때문이라는 것이다.[44]

둘째, 이에 찬성하지 않는 견해도 있었다. 포괄적이고 방대한 상공 정책을 담당하는 국무위원과 상공부에 중소기업전담행정기구를 두는 경우, 중소기업 정책은 대기업 지원등 여타 현안이 되고 있는 상공 정책에 가려 매몰될 가능성이 있다는 현실적 문제가 있다는 것이다. 그리고 행정업무의 종합성·통일성·전문성·분화성·독립성과 지속성을 실현하여 중소기업 정책과 지원행정의 효율성을 높이기 위해서는 中小企業廳을 설치할 필요가 있다는 주장이다.

이런 점이 반영되어 우선 1996년에 중소기업청이 설립되었다. 그리고 1998년에는 中小企業特別委員會가 세워짐으로써 두 가지 견해는 다같이 반영되었다. 이로써 중소기업 전문행정체제는 정비되기에 이르렀다. 1960년 중소기업전담행정기구로서 중소기업과를 상공부에 설치한 뒤 전문전담행정체제를 확충 정비하기까지 40년 가까운 시간이 흘렀다.

---

44) 상공부, 《中小企業에 관한 年次報告書》, 1989, p.308.

2. 중소기업 정책의 내용[45)]

중소기업시책 체계도

---

45) 박용희, 김문겸 외 공저,《중소기업지원제도 총람》, 한국경제신문사, 1998, p.125.

3. 중소기업관련법 체계[46]

중소기업관련법 체계도

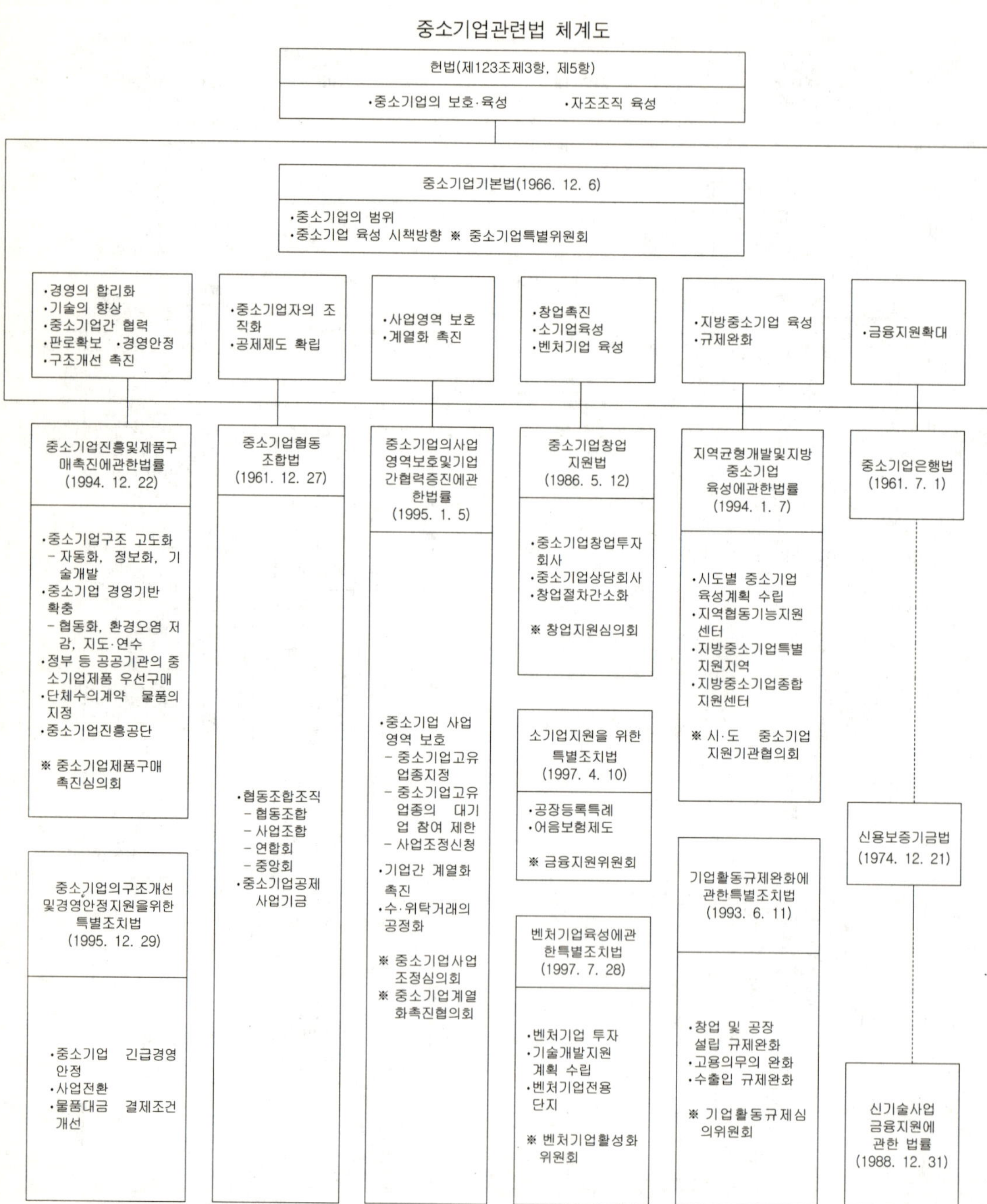

46) 위의 책, p.59.

참고·인용문헌

1. 국내문헌

1) 논문·기타

姜命圭, 〈캠브리지 學派 經濟學의 生成過程 — 마아샬 經濟學의 問題意識을 중심으로〉, 《經濟論集》 第Ⅷ卷 第1號, 1974. 3.

高承濟, 〈工業化로의 産業構造 改編〉, 全國經濟人聯合會 編, 《韓國經濟政策 三十年史》, 社會思想社, 1975.

金大中, 〈近代化와 中産層〉, 《朝鮮日報》 1966년 1월 27일자.

金大煥, 〈1950年代 韓國經濟의 硏究 — 工業을 중심으로〉, 陳德圭 外 共著, 《1950年代의 認識》, 한길사, 1981.

———, 〈국제환경의 변화와 중화학 공업의 전개〉, 박현채·정윤형·이경의·이대근 편, 《한국경제론》, 까치, 1987.

金成嬉, 〈近代化와 中産層〉, 《朝鮮日報》 1966년 1월 26일자.

金潤煥, 〈韓國經濟의 座標〉, 邊衡尹·金潤煥 編, 《韓國經濟論》, 유풍출판사, 1977.

梶村秀樹, 〈식민지에 있어서 민족자본과 예속자본〉, 藤瀨浩司 지음, 장시원 편역, 《식민지 반봉건 사회론》(한울총서 9), 한울, 1984.

朴贊一, 〈미국의 經濟援助의 性格과 그 經濟的 歸結〉, 金潤煥 外 共著, 《韓國經濟의 展開過程》, 돌베개, 1981.

朴玄埰, 〈中小企業 問題의 認識〉, 《創作과 批評》 1976년 여름호, 창작과비평사.

朴喜範, 〈近代化와 中産層〉, 《서울經濟新聞》 1966년 4월 15일부터 4월 25일까지.

———, 〈中産層育成論에 관한 再論〉(林鐘哲敎授 所論에 부친다), 《靑脈》 1966년 6월호.

배경일, 〈도급제도의 변천 — 기계공업을 중심으로 하여〉, 중소기업은행, 《기은조사월보》 1994년 9월호.

裵翰慶, 〈經濟發展 計劃과 自立經濟의 確立〉, 全國經濟人聯合會 編, 《經濟政策 三十年史》, 社會思想社, 1975.

邊衡尹, 〈韓國經濟의 診斷과 反省 - 自主的 近代化의 方向과 韓國經濟〉, 《新東亞》 1971년 11월호.

———, 〈産業構造와 轉換能力〉, 《經濟論集》 제16권 4호, 1977. 12.

632

愼鏞廈,〈韓國近代化와 中産層의 改編〉,《政經研究》1966년 4월호(통권 15호).

梁炫奉,〈主要國의 中小企業 範圍運用實態 및 示唆點〉,《기은조사》1998년 9, 10월호.

吳萬植,〈輸出産業 體質强化와 國際化(1967~1971)〉, 全國經濟人聯合會 編,《韓國經濟政策 三
    十年史》, 社會思想社, 1975.

윤진호,〈도시비공식부문〉, 李大根·鄭雲暎 編,《韓國資本主義論》(까치심포지엄 2), 까치, 1984.

李敬儀,〈企業合倂과 獨占〉, 서울經濟新聞,《經濟敎室》1970. 6. 29~7. 7.

───,〈中産層論爭과 중소기업 문제〉, 숙명여대,《경제경영논집》 제29장 1호, 1999.

李鍾燻,〈美軍政經濟의 歷史的 性格〉, 宋建鎬 外 共著,《解放前後史의 認識》, 한길사, 1980.

林鍾哲,〈官主道型 外延的 成長戰略의 成就와 限界〉,《政經文化》1981년 10월호.

───,〈近代化와 中産層〉(經濟學적 考察),《朝鮮日報》1966년 1월 29일자.

───,〈中産層의 沒落, 그 必然性〉,《政經研究》1996년 4월호(통권 15호).

鄭允炯,〈유신체제와 8.3 조치의 성격〉, 박현채·정윤형·이경의·이대근 편,《한국경제론》, 까치,
    1987.

───,〈經濟成長과 獨占資本〉, 金潤煥 外 10人 共著,《韓國經濟의 展開過程 — 解放以後에서
    70年代까지》, 돌베개, 1981.

중소기업은행 조사부,〈不公正去來行爲 規制의 意義〉,《調査月報》1976년 8월호.

洪性囿,〈韓國經濟의 資本蓄積過程과 財政金融政策〉(1953~1963),《經濟論集》第Ⅲ卷 3號, 서
    울대 상대, 1964.

2) 단행본·기타

경제기획원,《경제백서》1976년판.

高炳佑 譯/E. A. G. Robison,《産業構造論 — 企業의 最適規模決定方法》, 진명문화사, 1961.

金秀行 著,《政治經濟學原論》, 한길사, 1988.

─── 譯/K. Marx,《資本論》Ⅰ(上, 下), Ⅱ, Ⅲ(上, 下), 比峰出版社, 1989 및 1991.

金潤煥 外 共著,《韓國經濟의 展開過程》(해방 이후 70년대까지), 돌베개, 1981.

金在勳 옮김/北原 勇,《독점자본주의론》, 사계절, 1984.

김진수 옮김/V. I. Lenin,《러시아에 있어서 자본주의의 발전》Ⅰ·Ⅱ, 도서출판 태백, 1988.

김한원 지음,《중소기업론》, 학문사, 1998.

대한민국정부(경제기획원)《經濟開發 3個年計劃(案)》, 1959.

───,《第1次 經濟開發 5個年計劃》(1962~1966), 1962.

───,《第2次 經濟開發 5個年計劃》(1967~1971), 1966.

───,《第3次 經濟開發 5個年計劃》(1972~1976), 1971.

───,《第4次 經濟開發 5個年計劃》(1977~1981), 1976.

───,《第5次 經濟社會發展5個年 計劃》(1982~1986), 1981.

───,《第6次 經濟社會發展5個年 計劃》(1987~1991), 1986.

――――, 《第7次 經濟社會發展5個年 計劃》(1992~1996), 1992.

――――, 《新經濟 5個年計劃》(1993~1997), 1993.

――――, 《국민과 함께 내일을 연다》('국민의 정부' 경제청사진, Djnomics), 한가람출판사, 1998.

大韓商工會議所, 韓國經濟硏究센터, 《産業構造의 高級化와 小企業育成》(경제연구총서 196), 1989.

박광순·김희중 외 공저, 《경제사신론》, 유풍출판사, 1997.

朴基赫 著, 《經濟學史》(增補版), 法文社, 1999.

朴東燮, 《中小企業論》, 博英社, 1972.

박상범 지음, 《중소기업론》(제3판), 삼영사, 1998.

박세영 옮김 / V. I. Lenin, 《제국주의 : 자본주의 발전의 최고단계》, 과학과사상, 1998.

朴 昇 著, 《經濟發展論》(全訂版), 博英社, 1990.

박용희·김문겸 외 공저, 《중소기업지원제도편람》, 한국경제신문사, 1998.

朴贊一 譯 / P. Sraffa, 《商品에 의한 商品生産》, 비봉출판사, 1986.

朴玄埰 著, 《民族經濟論》(朴玄埰評論選), 한길사, 1978.

――――, 《민족경제론의 기초이론》, 돌베개, 1989.

박현채·정윤형·이경의·이대근 편, 《한국경제론》, 까치, 1987.

裵福石 譯 / W. J. Ashley, 《英國經濟史》, 法文社, 1960.

邊衝尹 著, 《韓國經濟의 診斷과 反省》, 지식산업사, 1980.

邊衝尹·金潤煥 編著, 《韓國經濟論》, 유풍출판사, 1977.

상공부(通商産業部), 《中小企業에 관한 年次 報告書》, 各年度(1972~1998).

成光元 著, 《中小企業法槪說》, 재단법인 법령편찬보급회, 1986.

孫世一 編, 《韓國論爭史 Ⅲ》, 청람문화사, 1976.

宋建鎬 外, 《解放前後史의 認識》, 한길사, 1980.

愼洪範·金鍾澈 共譯 / J. A. Hobson, 《帝國主義論》, 창작과비평사, 1992.

尹暢昕·李圭億 共著, 《産業組織論》(제2全訂版), 法文社, 1992.

李萬烈 著, 《韓國近代史學의 理解》, 文學과知性社, 1981.

李大根·鄭雲暎 編, 《韓國資本主義論》, 까치, 1984.

이훈·이재일 옮김, 윤석범 감수 / P. M. Sweezy, 《자본주의 발전이론》, 목화, 1986.

林陽澤 著, 《經濟學原論》, 博英社, 1991.

장시원 편역 / 藤瀨浩司, 《식민지반봉건사회론》, 한울, 1994..

全國經濟人聯合會 編, 《韓國 經濟政策 三十年史》, 社會思想社, 1975.

全哲煥 著, 《經濟學原論》, 지식산업사, 1993.

丁炳烋 譯 / J. M. Keynes, 《經濟學者의 生涯》(삼성문고 56), 삼성문화재단, 1974.

――――― / W. G. Shepherd, 《産業組織論》, 博英社, 1988.

鄭在源 譯 / E. F. Schumacher, 《人間回復의 經濟》, 물결, 1978.

趙觀行 著, 《現代中小企業論》(全訂版), 에코노미아, 1987.

趙璣濬 著, 《韓國資本主義成立史論》, 亞細亞問題研究所, 1973.

———, 《韓國經濟史新講》, 일신사, 1994.

趙容範 著, 《後進國經濟論》, 博英社, 1973.

中小企業銀行(調査部), 《海外各國의 中小企業關係法》, 1965.

———, 《中小企業銀行 五年史》, 1966.

———, 《중소기업논집》 제1장, 1970.

———, 《중소기업은행 10년사》, 1971.

———, 《企業規模 移動稠査》, 1972.

———, 《韓國의 中小企業》, 1977, 1981, 1982, 1984.

———, 《中小企業 創業實態調査》, 1985.

중소기업은행 조사부 역 / Bolton Reportl, 《영국의 중소기업》(상·하), 2001.

中小企業銀行(조사협력부), 《주요국의 중소기업 관련통계》, 2001.

中小企業聽, 《中小企業關聯法令集》, 남형문화사, 1998.

陳德圭 外, 《1950年代의 認識》, 한길사, 1981.

崔鍾軾 著, 《西洋經濟史論》, 瑞文社, 1978.

韓國産業銀行 編, 《經濟政策의 構想》, 1956.

한상진 지음, 《民衆의 사회과학적 認識》, 文學과知性社, 1987.

———, 《중민이론의 탐색》, 文學과知性社, 1991.

韓完相 著, 《民衆社會學》, 종로서적, 1984.

洪性囿 著, 《韓國經濟의 資本蓄積 過程》, 高麗大亞細亞問題研究所, 1965.

2. 일본문헌

1) 논문·기타

加藤誠一, 〈中小企業の定義と構造〉, 加藤誠一·水野 武·小林靖雄 編, 《經濟構造と中小企業》(現代中小企業基礎講座Ⅰ), 同友館, 1977.

江口英一, 〈零細企業とその人びと〉, 《經濟》 1966년 7월호.

宮澤建一, 〈構造變化の動因と産業機構〉, 篠原三代平·馬場正雄 編, 《現代企業論Ⅰ－産業構造》, 日本經濟新聞社, 1973.

———, 〈産業構造〉, 《經濟學大辭典》, 東洋經濟, 1980.

吉田敬三, 〈西ドイツの中小企業問題(Ⅱ)〉, 竹林庄太郎 編, 《現代中小企業論》, ミネルヴ書房, 1977.

大川一司, 〈過剩就業と傾斜構造〉, 《經濟の進步と安定》(中山尹知郎氏還曆紀念論文集), 1958. 9.

藤田敬三, 〈日本産業における企業系列〉, 大阪市立大學 商學部, 《經營研究》 第29號, 1957.

──────, 〈再び企業系列について〉, 大阪經濟大學, 《大阪經濟論集》 第21號, 1957. 7.

──────, 〈日本中小企業と下請制の本質〉, 藤田敬三·伊東垈吉 編, 《中小企業の本質》, 有斐閣, 1960.

瀧澤菊太郎, 〈スモ-ル·ビズネスに關する一硏究〉, 《經濟科學 V》, 名古屋大學校經濟學會, 1957.

──────, 〈スモ-ル·ビズネスに關する一硏究(その2) ― A. マ-シヤルから E. A. G. ロビンソンに 至るスモ-ルビズネス論の展開 ― 適正規模論の生成(上)〉, 《經濟科學 VI-2》, 名古屋大學 經濟學會, 1958.

──────, 〈スモ-ル·ビズネスに關する一硏究(その2) ― A. マ-シヤルかう E. A. G. ロビンソンに 至るスモ-ルビズネス論の展開 ― 適正規模論の生成(下)〉, 《經濟科學 VI-4》, 名古屋大 學經濟學會, 1959.

──────, 〈中小企業問題の國際的歷史的分析〉, 山中篤太郎, 《經濟成長と中小企業》, 春秋社, 1963.

──────, 〈中小企業問題と政策の國際比較〉, 加藤誠一·水野 武·小林靖雄 編集, 《經濟政策と中小 企業》, 同友館, 1977.

末松玄六, 〈市場經濟における中小企業の機能變化についてのドイシと日本の若干の比較〉, 加藤 誠一·小林靖雄·瀧澤菊太郎 編, 《先進國の中小企業 比較》, 有斐閣, 1970.

尾城太郎丸, 〈日本中小企業論史〉, 楫西光速·小林義雄·岩尾裕純·伊東垈吉 編, 《講座中小企業 Ⅰ》(歷史と本質), 有斐閣, 1969.

福島久一, 〈中小企業政策の現狀と課題〉, 市川弘勝·岩尾裕純 編, 《70年代の日本中小企業》, 新 評論, 1973.

北原 勇, 〈資本蓄積運動における中小企業〉, 楫西光速·岩尾裕純·小林義雄·伊東垈吉 編, 《講座 中小企業 2》(獨占資本と中小企業), 有斐閣, 1968.

──────, 〈資本の集積·集中と分列·分裂 ― 中小企業論序說〉, 《三田學會雜誌》 1957년 7월호.

北田芳治, 〈日本中小企業の特質〉, 楫西光速·岩尾裕純·小林義雄·伊東垈吉 編, 《講座中小企 業 Ⅰ》(歷史と本質), 有斐閣, 1969

山中篤太郎, 〈中小企業本質論の展開〉, 藤田敬三·伊東垈吉 編, 《中小企業の本質》, 有斐閣, 1960.

──────, 〈中小企業と經濟政策〉, 《一稿論叢》 第42號 第5卷.

小林良田, 〈日本經濟の二重構造について〉, 《經濟ヤミナ》 1960년 2월호.

篠原三代平, 〈日本經濟の二重構造〉, 篠原三代平·責任編集, 《産業構造》(新訂), 1966.

──────, 〈加工度からみた産業構造の一視點〉, 《經濟硏究》 1967년 4월.

──────, 〈高加工度産業化〉, 篠原三代郎·馬場正雄 編, 《現代産業論 Ⅰ》(産業構造), 日本經濟新聞 社, 1973.

巽 信晴, 〈西ドイツの下請と賃金隔差〉, 加藤誠一·小林靖雄·瀧澤菊太郎 編, 《先進國の中小企業 比較》, 有斐閣, 1970.

──────, 〈中小企業の存在形態と下請制〉, 加藤誠一·水野 武·小林靖雄 編, 《經濟構造と中小企 業》, 同友館, 1976.

松井辰之助, 〈中小企業の本質とその存在形態 ― 存在形態における領域的本質と歷史的本質と

636

　　　　の二重性を中心として〉, 藤田敬三·伊東垈吉 編,《中小工業の本質》, 有斐閣, 1960.

新野幸次郎,〈産業政策の課題と體系〉, 加藤 寬·中村秀一郎·新野幸次郎 編,《經濟政策》(3), 有
　　　　斐閣, 1975.

氏原正治郎·高梨昌,〈零細企業の存立要件〉,《國民金融公告調査月報》1966년 12월호 第57號.

安場保吉,〈二重構造〉, 嘉治元郎·村上太亮 編,《現代經濟學の展開》, 勁草書房, 1971.

越俊和典,〈規模の經濟性につにて〉, 越俊和典,《規模の經濟性》, 新評論社, 1969.

伊東光晴,〈二つの學說は經濟をとう見るか〉,《中央公論》1961년 8월호.

伊東垈吉,〈中小企業問題の本質〉, 藤田敬三·伊東垈吉 編,《中小工業の本質》, 有斐閣, 1969.

―――,〈日本中小企業硏究史〉,《日本にねける經濟學の100年》(下卷), 日本評論社, 1959.

―――,〈日本の中小企業構造と勞動問題の特質 ― 歐米との比較〉, 楫西光速·小林義雄·岩尾裕
　　　　純·伊東垈吉 編,《講座 中小企業 4》(勞動問題), 有斐閣, 1960.

長洲一二,〈二重構造の考 第1集え方〉, 川口 弘·篠原三代平·長洲一二·宮澤建一·伊東光晴,《日
　　　　本經濟の基礎構造》(日本經濟の現狀と課題), 春秋社, 1969.

―――,〈二重構造分析の方法論〉, 伊東光晴 執筆·編集,《日本經濟分析の再檢討》, 廣文社, 1966.

莊園 進,〈下請制度〉, 楫西光速·岩尾裕純·小林義雄·伊東垈吉 編,《講座中小企業 2》(獨占資本
　　　　と中小企業), 有斐閣, 1960.

赤松 要,〈わが國産業發展の雁行形態〉,《一橋論叢》第38卷 第5號, 1956년 11월.

前川恭一,〈西ドイツの中小企業問題(Ⅰ)〉, 竹林庄太郎 編,《現代中小企業論》, ミネルヴァ書房,
　　　　1977.

佐藤芳雄,〈寡占體制と中小企業－新たな二重構造への問題視點〉, 日本商工組合中央金庫,《商
　　　　工金融》第24卷 第7號, 1974.

竹内正己·奧村 榮,〈中小企業政策の展開と課題 ― 新しい中小企業政策の在り方を求めて〉, 藤
　　　　田敬三·竹内正己 編,《中小企業論》(新版), 有斐閣, 1977.

中村秀一郎,〈獨占資本主義の構造と中小企業問題〉, 楫西光速·岩尾裕純·小林義雄·伊東垈吉 編,
　　　　《講座中小企業 2》(獨占資本と中小企業), 有斐閣, 1960.

―――,〈システム産業論〉, 藤原三代平·馬場正雄 編,《現代産業論Ⅰ》(産業構造), 1973.

川口 弘,〈二つの日本經濟論〉, 川口弘·篠原三代平·長洲一二·宮澤健一·伊東光晴,《日本經濟の
　　　　基礎構造》, 春秋社, 1969.

淸成忠南,〈ベンチャービジネス論〉, 越俊和典 編,《産業組織論》, 有斐閣, 1973.

太田進一,〈イギリス資本主義の發展過程と中小企業〉, 渡邊 睦·前川恭一 編,《現代中小企業硏
　　　　究》(下卷), 大月書店, 1986.

坂本二郎,〈日本經濟の中進的 特質〉, 中山伊知郎 編,《日本經濟の構造分析》(上卷), 東洋經濟新
　　　　聞社, 1954.

2) 단행본·기타

加藤 寬·中村秀一郎·新野幸次郎 編,《經濟政策》(3), 有斐閣, 1975.

加藤誠一 著,《中小企業の國際比較》, 東洋經濟新報社, 1967.

――― 編,《中小企業問題入門》, 有斐閣, 1976.

加藤誠一·小林靖雄·瀧澤菊太郎 編,《先進國の中小企業 比較》, 有斐閣, 1970.

加藤誠一·水野 武·小林靖雄 編,《經濟構造と中小企業》, 現代中小企業基礎講座, 同友館, 1976.

―――,《經濟政策と中小企業》, 同友館, 1977.

―――,《組織問題と中小企業》, 同友館, 1977.

―――,《勞動問題と中小企業》, 同友館, 1977.

―――,《經營體質と中小企業》, 同友館, 1977.

嘉治之郎·村上泰亮 編,《現代經濟學の展開》, 勁草書房, 1971.

經濟審議會 中小企業·流通問題研究委員會 編,《70年代の中小企業·流通》, 大藏省印刷局, 1970.

國民金融金庫調査部,《日本の小零細企業》, 東洋經濟新聞社, 1968.

國民金融金庫總合硏究所,《都市型新規開發實態調査》, 1970.

宮澤建一 著,《産業の經濟學》, 東洋經濟新聞社, 1975.

――― 編,《産業機構》, 筑摩書房, 1971.

南 亮進 著,《日本經濟の轉換點》, 創文社, 1970.

內藤英憲 著,《日本經濟の經濟分析》, 多賀出版, 1980.

內藤英憲· 池田光男 著,《現代の中小企業 ― 本質論からベンチヤ-ヒジネス論まて》, 中小企業
　　　　リサ-チセンタ, 1994.

大來佐武郎,《所得倍增計劃の解說》, 日本經濟新聞社, 1960.

大川一司 著,《經濟發展と日本の經驗》, 大明堂, 1976.

―――, ヘンリ·ロソフスキ(R. H. Rosovsky) 著,《日本經濟の成長 ― 20世紀における趨勢加
　　　　速》.

大塚久雄 著,《大塚久雄著作集》, 第 4卷(資本主義社會の形式), 岩波書店, 1969.

――― 編,《後進資本主義の展開過程》, アジア經濟研究所, 1973.

大塚久雄·高橋幸次郎·松田智雄 編著,《西洋經濟史講座Ⅱ》, 岩波書店, 1970.

大澤 正 著,《中小企業政策史論》, 港出版社, 1972.

渡邊 睦·前川恭一 編,《現代中小企業研究》(上·下卷), 大月書店, 1986.

稻葉 襄 著,《中小企業經營論》, 森山書店, 1962.

―――,《中小企業の經濟理論》, 森山書店, 1969.

―――,《工業經營論序說》, 森山書店, 1973.

―――,《中小企業の經營形態論》, 森山書店, 1975.

渡會重彦 編,《日本の小零細企業》(上·下), 日本經濟評論社, 1977.

東洋經濟,《經濟學大辭典Ⅱ》, 1980.

藤田敬三 著,《日本産業構造と中小企業》, 岩波書林, 1965.

藤田敬三·藤井 茂,《發展途上國の工業化と中小企業》, 有斐閣, 1973.

―――,《經濟の國際化と中小企業》, 有斐閣, 1976.

藤田敬三·竹内正己 編,《中小企業論》(初版), 有斐閣, 1977.

―――, 《中小企業論》(第4版), 有斐閣, 1999.

藤田敬三·伊東岱吉 編, 《中小工業の本質》, 有斐閣, 1960.

瀧澤菊太郎, 《日本工業の構造分析》, 春秋社, 1965.

―――, 《高度成長と企業成長》, 東洋經濟新報社, 1973.

末岡俊二 著, 《中小企業の理論的分析－中小企業成長論批判》, 文眞堂, 1974.

末松玄六 著, 《獨立企業論》, タイヤモント社, 1967.

――― 編, 《海外の中小企業》, 有斐閣, 1960.

牟礼早苗 著, 《中小企業政策論》, 森山書店, 1982.

米田淸貴·加藤成一 譯 / J. Steindl, 《小企業と大企業 ― 企業規模の經濟的諸問題》, 嚴松堂, 1969.

北原 勇 著, 《獨立資本主義の展開》, 有斐閣, 1980.

北澤康男 著, 《中小企業成長論の研究》, 世界思想社, 1975.

北澤新次郎·末岡俊二 共著, 《獨占と中小企業の理論》, 同文書院, 1971.

山田文雄 著, 《工業經濟學》, 協同出版, 1967.

山中篤太郎, 《中小企業の本質と展開》, 有斐閣, 1958.

―――, 《經濟成長と中小企業》, 春秋社, 1963.

山中篤太郎·瀧澤菊太郎·外池正治 共著, 《産業高度化と中小企業》, 第三出版, 1968.

杉岡碩夫 編, 《中小企業と地域主義》, 日本評論社, 1973.

上林貞治郎 編, 《中小零細企業論》, 森山書店, 1977.

上田宗次郎, 《現代資本主義と中小企業經營》, 新評論, 1974.

石川通達·鈴木哲太郎·宮崎 勇 共譯, 都留重人 監譯 / J. K. Galbraith, 《新しぃ産業國家》(第2版), 河出書房新社, 1972.

小宮山琢二, 《日本中小企業研究》, 中央公論社, 1941.

小島慶三·酒井 懋 譯 / E. F. Schmacher, 《スモール イズ ビュ－テイフル－, 人間中心の經濟學》, 講談社, 1997(第19刷).

小島淸 著, 《日本貿易と經濟發展》, 國元書房, 1958.

小林義雄, 《企業系列の實態－獨占資本の相互提携と支配強化》, 東洋經濟新報社, 1958.

篠原三代平 著, 《日本經濟の成長と循環》, 創文社, 1961(初版), 1966.

―――, 《産業構造論》, 筑摩書房, 1970.

―――, 責任編集, 《産業構造》(新訂), 春秋社, 1966.

篠原三代平·馬場正雄 編, 《現代産業論Ⅱ》(産業構造), 日本經濟新聞社, 1975.

巽信 晴, 《獨占段階における中小企業の研究》, 三一書房, 1960.

巽信 晴·佐藤芳雄 編, 《新中小企業論を學ふ》(新版), 有斐閣, 2000.

水野 武 著, 《工業政策の展開と中小企業》, 有斐閣, 1979.

新野幸次郎, 《産業構造論》, 新評論, 1970.

市川弘勝 編著, 《現代日本の中小企業》, 新評論, 1969.

市川弘勝·岩尾裕純 編, 《70年代の日本中小企業》, 新評論, 1973.

安部一城·山本英太郎·小林好廣 譯(P. Sylos-Labini)《寡占と技術進步》(增訂版), 東洋經濟新報社, 1971.

岩尾裕純 著,《中小企業の近代化》, 有斐閣, 1972.

染谷孝太郎 著,《日本中小企業の理論》, 白桃書房, 1977.

外山廣司 譯 / J. R. Averitt,《中核企業－經濟發展の新しぃ主體》, タイヤモント社, 1969.

趙俊和典 編,《規模の經濟性》, 新評論, 1969.

─────,《産業組識論》, 有斐閣, 1973.

有田辰 著,《戰後日本の中小企業政策》, 日本評論社, 1994.

由井常彦,《中小企業政策の史的研究》, 東洋經濟新報社, 1967.

伊東垈吉 執筆·編集,《日本經濟分析の再檢討》, 廣文社, 1966.

伊東垈吉 著,《中小企業論》, 日本評論社, 1968.

日本經濟企劃廳,《昭和 32年度 經濟白書 ─ 速すぎた擴大とその反省》, 至誠堂, 1957.

日本中小企業廳 編,《70年代の中小企業像》(中小企業政策審議會意見具申の內容と解說), 通商産業調査會, 1972.

─────,《中小企業の再發見》, 通商産業調査會, 1980.

─────,《90年代の中小企業ビジョン》(創造の母體として中小企業), 1990.

─────,《中小企業白書》, 大藏省印刷局, 各年度.

─────,《中小企業基本法の再評價》, 日本經濟新聞社, 1966.

─────,《中小企業施策のあらまし》, 財團法人 中小企業調査會, 1973.

─────,《中小企業政策讀本》, ぎよセぃ, 1986.

─────,《中小企業政策の課題と今后の方向－構造變化に挑戰する創造的中小企業育成》, 通商資科調査會, 1993.

日本中小企業學會 編,《中小企業問題－現狀認識と視點》, 同友館, 1984.

自由國民社,《現代用語の基礎知識》(第五版), 1980.

長島俊男 著,《中小企業發展論》, 同友館, 1978.

前田正名,《所見》, 1892.

前川恭一·吉田敬一,《西ドイツの中小企業》, 新評論, 1980.

楫西光速·岩尾裕純·小林義雄·伊東垈吉 編,《講座中小企業 I 》(歷史と本質), 有斐閣, 1960(初版), 1969.

─────,《講座中小企業 2》(獨占資本と中小企業), 有斐閣, 1968.

─────,《講座中小企業 3》(經營問題), 有斐閣, 1968.

─────,《講座中小企業 4》(勞動問題), 有斐閣, 1969.

井手口一夫 編,《マーシャル, A. Marshall－經濟學者と現代》, 日本經濟新聞社, 1978.

政治經濟研究所 編,《轉換期の中小企業問題》, 新評論, 1977.

佐藤芳雄 著,《寡占體制と中小企業》, 有斐閣, 1976.

───── 編,《低成長期における外注·下請管理》, 中央經濟社, 1980.

――――, 《ワークグック中小企業論》, 有斐閣, 1981.

佐藤金三郎・高木秀玄 譯／S. Aaronovitch, 《獨占》, 理論社, 1955.

竹林庄太郎 編著, 《現代中小企業論》, ミネルヴァ書房, 1977.

中山金治 著, 《中小企業近代化の理論と政策》, 千倉書房, 1983.

中山伊知郎 編, 《日本經濟の構造分析》(上卷), 東洋經濟新聞社, 1954.

中山伊知郎氏還歷紀念論文集, 《經濟の進步と安定》, 1958.

中村 精, 《中小企業と大企業》(日本の産業發展と準垂直的統合), 東洋經濟新聞社, 1983.

中村秀一郎 著, 《日本の中小企業問題》, 合同出版社, 1961.

――――, 《中堅企業論》, 東洋經濟新聞社, 1968.

――――, 《大規模時代の終り》, タイヤモント社, 1974.

――――, 《大企業體制の革新》, タイヤモント社, 1977.

――――, 《新中堅企業論》, 東洋經濟新聞社, 1990.

中村秀一郎・淸成忠南・太田一郎　編著, 《中小企業の知識集約化戰略》(大企業に勝つ第三の經營
　　　　ビミョン), 日本經營出版會.

池田藤勝彦 著, 《經濟成長論》(産業組織と經濟成長), 中央經濟社, 1968.

――――, 《産業構造論》(企業行動と産業構造), 中央經濟社, 1975.

川口 弘・篠原三代平・長洲一二・宮澤建一・伊東光晴, 《日本經濟の基礎構造》, 春秋社, 1969.

泉 三義 著, 《中小企業構造變動の分析》, 中央經濟社, 1965.

靑山秀夫 譯／E. H. Chmberlin, 《獨占的競爭の理論－價値論の新しい方向》, 至誠堂, 1966.

淸成忠南 著, 《現代日本の小零細企業－發展と倒産のメカニスム》, 文鴉堂銀行硏究社, 1967.

――――, 《ベンチヤ－キャビタル》, 新時代社, 1972.

――――, 《日本中小企業の構造變動》, 新評論, 1972.

――――, 《現代中小企業の新展開》, 日本經濟新聞社, 1972.

――――, 《知識集約産業》(省資源時代の企業戰略), 日本經濟新聞社, 1974.

――――, 《ベンチヤ・中小企業優位の時代》, 東洋經濟新聞社, 1997.

――――, 《中小企業讀本》(第3版), 東洋經濟新聞社, 1997.

――――　譯／Renate Aengenendt-Papesch, 《中小企業の理論と政策》, 文雅堂銀行硏究社, 1971.

淸成忠南・中村秀一郎・平尾光司 著, 《ベンチヤ－ビジネス》(新版), 日本經濟新聞社, 1973.

淸成忠南・全中利見・港 徹雄 編, 《中小企業論》(市場經濟の活力と革新の擔い手を孝える), 有斐
　　　　閣, 1998.

淸成忠南・稻上毅・安部雍子・山本眞人, 《都市型中小企業の新展開》, 日本經濟新聞社, 1982.

土屋守章・三輪芳郎 編, 《日本の中小企業》, 東京大學出版會, 1993.

通商産業省, 《産業構造の長期ビジョン》(産業構造審議報告), 通商産業調査會, 1974.

平田喜久雄 著, 《現代中小企業論》, 中央經濟社, 1981.

黑松嚴 譯／E. A. G. Robinson, 《産業の規模と能率》, 有斐閣, 1969.

3. 구미문헌

1) 논문·기타

Baran, P. A., "On the Political Economy of Backwardness", *Selected Articles in Economic Development*, SNU, 1965.

Bell Daniel, "The Post Industrial Society", in E. Giusberg(ed.), *Technological and Social Change*, Columbia Univ. Press, 1964.

Blair, J. M., "The Relation between Size and Efficiency of Business", *The Review of Economic Statistics*, Vol. XXIV, 1942.

Bowley, A. L., "The Survival of Small Business", *Economia*, NO. 2, 1942.

Clapham, J. H., "Of Empty Boxes", *The Economic Journal*, Vol. XXXII, Sep. 1922.

————, "The Economic Boxes : A Rejoinder", *The Economic Journal*, Vol. XXXII, Dec. 1922.

Clark, J. H., "Toward Workable Compassion", *American Economic Review*, June 1940.

Clum, W. L., "Earning Power with Respect to the Size of Corporation", *Harvard Business Review*, Vol. XVII, No.1, Autumn, 1939.

Davis, R., "Informal Sector or Subordinate Mode of Production : A Model", ed. by R. Bromley and C. Gerry, *Casual Work and Poverty in Third World Cities* : John Wiley and Sons, 1979.

Donham, P., "Whither Small Business", *Harvard Business Review*, Vol. 35, No. 2, March·April 1957.

Fei, J. C. & Gustav Ranis, "Innovation, Capital Accumulation and Economic Development", *American Economic Review*, June 1963.

Hall, R. L. and C. J. Hitch, "Price Theory and Business Behavior", *Oxford Economic Papers*, May 1939.

Harrod, R. F., "Note on Supply", *The Economic Journal*, June 1939.

————, "The Law of Decreasing Cost", *The Economic Journal*, 1931 ; *Economic Essays*, Macmillan, 1953(1st ed.), 1972.

Healey, D. H., "Development Policy : New Thinking about an Interpretation", *Journal of Economic Literature*, Sep. 1972.

Higgins, B., "The Dualistic Theory of Under Developed Areas", *Economic Development and Cultural Change*, Vol. IV, June 1956.

Hosmer, W. A., "Small Manufacturing Enterprise", *Harvard Business Review*, Vol. 35, No. 6, Nov.~Dec. 1957.

Johnson, H. G., "Economic Development and International Trade", *Money, Trade and Economic Growth*, Harvard Univ. Press, 1967.

Jorgensn, D. W., "Surplus Agricultural Labor and Development of a Dual Economy", *Oxford Economic Papers*(New Series), Vol. 61, June 1961.

Lewis, W. A., "Economic Development with Unlimited Supply of Labor", *The Mancherter School*, May 1954.

Marshall, A., "The Present Position of Economics"(1885), ed. by A. C. Pigou., *Memorials of Alfred Marshall*, London : Macmillan, 1925.

———, "Mechanical and Biological Analogies in Economics"(1898), ed. by A. C. Pigou, ed. *Memorials of Alfred Marshall*.

———, "Social Possibilities of Economic Chivalry"(1907), ed. by A. C. Pigou, *Memorials of Alfred Marshall*.

Meier, G. M., "Conditions of Export‐Led Development", *Leading Issues in Economic Development*, 3rd ed., Oxford Univ. Press, 1976.

Myint, H., "Dualism and Internal integration of the Underdeveloped Economies", *Ecomic Theory and the Underdeveloped Countries*, Oxford Univ. Press, 1971.

Pigou, A. C., "Empty Economic Boxes : A Reply, *The Economic Journal*, Vol. XXXII, Dec. 1922.

Robertson, D. H., "Those Empty Boxes", *The Economic Journal*, Vol. XXXIV, March 1924.

Robbins, L., "The Representative Firm", *The Economic Journal*. Vol. XXXIV, Sep. 1928.

Robertson, E. A. G., "The Problem of Management of the Size of Firm", The *Economic Journal*, June 1934.

Ross, P. M., "The Small Business Ethics in America", *The Vital Majority*, ed. by Deane Carson, 1973.

Samuelson, P. A., "The Monopolistic Competition Revolution", *Monopolistic Competition Theory*, ed. by R. E. Kuenne, John Wiley & Sons, 1967.

Shove, G. F., "The Representative Firm and Increasing Returns", *The Economic Journal*, Vol. XI, March 1930.

Sraffa, P., "The Law of Returns under Competitive Conditions", *The Economic Journal*, Vol. XXXVI, Dec. 1926.

Summers, H. B., "A Comparison of Rates of Earning of Large‐Scale and Small‐Scale Industry", *Quaterly Journal of Economics*, May 1932.

Sunkel, O., "The Transnational Capitalism and National Disintegration in Latin America", *Social and Economic Studies*, Special Number, Vol. 22, March 1972.

Sweezy, P. M., "Demand under Conditions of Oligopoly", *Journal of Political Economy*, 47, Aug. 1939.

Vernm, R., "International Investment and International Trade in Product Cycle", *Quarterly Journal of Economics*, June 1966.

Viner, J., "Cost Curve and Supply Curve", *Readings in Price Theory*, ed. by G. L. Stigler and K. E. Boulding, London : George Allen and Unwin, 1970.

2) 단행본·기타

Aaronovitch, S., *Monopoly, A Study of British Monopoly Capitalism*, London : Lowrence Wishart. 1955.

Amin, Samir, *Unequal Development*, Harvard Univ. Press, 1976.

Ashley, W. J., *The Economic Organization of England*, 1914.

Averitt, T. R., *The Dual Economy, The Dynamics of American Industry Structure,* New York : Norton & Co. Inc., 1968.

Baran, P., *The Political Economy of Growth*, Modern-Reader Paperbacks, New York and London : Monthly Review Press, 1968.

Bain, J., *Industrial Organization*, John Wiley & Sons, 1967.

Beachhan, A., *Economics of Industrial Organization*, London, 1948.

Bernstein, E., *Die Vorausstzungen der Sozialismus und die Aufgabe der Sozialdemokratie*, 1899 ; *Evolutiolary Socialism*, Huebsch, 1909, Rep., New York : Schocken, 1961.

Boeke, J. E., *Economics and Economic Policy of Dual Societies*, New York, 1953.

Bolton, J. E., Small Firms, *Report of the Committee of Inquiry on Small Firms*, 1971. London : Her Majesty's Office.

Boulding, K. E., *Principles of Economic Policy*, Prentice-Hall, 1958.

Bromley, R. and C. Gerry(ed.), *Casual Work and Poverty in Third World Cities*, John Willy and Sons, 1979.

Bücher, C., *Die Entstehung der Volkswirtshaft*, Tubingen, 1893(1st ed.), 1922 ; *Industrial Evolution*, Trans. by S. Morley Wickett, New York : Heny Holt, 1901.

Bullock, C. J., *Introduction to the Study of Economics*, Boston, 1897.

Carson Deane (ed.) *The Vital Majority : Small Business in American Economy*, Essays Marking the Twentieth Anniversary of the U. S. Small Business Administration, 1973.

Caves, R., *American Industry : Structure, Conduct, Performance*, 3rd ed. Prentice-Hall. 1972.

Chamberlin, E. H., *Theory of Monopolistic Competition, A Re-orientation of the Theory of Value*, Harvard Univ. Press, 1936(1st ed.), 1962(8th ed.).

Clark, C., *The Conditions of Economic Progress*, 1940(1st ed.), 1957(3rd ed.).

Clay, H., *Economics*, 1916.

Dobb, M., *Studies in the Development of Capitalism*, Routledge & Kegan Poul, 1946(1st ed.) 1963(2nd ed.).

Eatwell, J., M. Milgate, P. Newman(ed.), *The New Palgrave —A Dictionary of Economics*, Vol. I , Macmillan, 1987.

644

Fei, J. C. & G. Ranis, *Development of the Labor Surplus Economy*, Yale Univ. Press, 1964.

Fetter, F. A., *Economic Principles*, New York, 1915.

Florence, P. S., *The Logic of Industrial Organization*, London : Kegan Paul, 1933.

———, *The Logic of British and American Industry*, London, 1958.

Ford, D., *Economics of Modern Industry, An Introduction for Business Studies*, London, 1930.

Galbraith, J. K., *The New Industrial State*, Boston : Houghton Mifflin, 1967.

Ginsberg, E., (ed.) *Technology and Social Change*, Columbia Univ. Press, 1964.

Haney, J. H., *Business Organization and Combination*, New York, 1913.

Harrod, R. F., *Economic Essays*, Macmillan, 1953(1st ed.), 1972.

Hirschman, A. O., *The Strategy of Economic Development*, Yale Univ. Press, 1958.

Hobson, J. A., *The Evolution of Modern Capitalism, A Study of Machine Production*, London, 1894.

———, *Imperialism, A Study*, 1902.

———, *The Industrial System, An Inquiry to Earned and Un earned Income*, London : Longmans, Green & Co, 1909 ; New and Revised Ed. 1910. Rep. of Economic Classics, Augustus M. Kelly, New York, 1969.

Hoffman, W. G., *Studien und Typen der Indudtrialisung*, 1931 ; 英譯版, *The Growth of Industrial Economies*, 1958.

Hollander, E. D. and Others, *The Future of Small Business*, New York : Frederick A. Prager, 1967.

I. L. O., *Employment, Income and Equality : A Study for Increasing Productive Employment in Kenya*, 1958.

Johnson, H. G., *Money, Trade and Economic Growth*, Harvard Univ. Press, 1967.

Johns, J. H., *The Economics of Private Enterprise*, London, 1926.

Kaplan, A. D. H., *Small Business : Its Place and Problems, Committee for Economic Development*, New York, McGraw-Hill, 1948.

Keynes, J. M., *The General Theory of Employment, Interest and Money*, Macmillan, 1936(1st ed.), Rep. 1967.

———, *Essays in Biography, The Collected Writings of J. M. Keynes*, Vol. 10, Macmillan, 1972.

Kimball, D. S., *Industrial Economics*, New York, 1929.

Kindleberger, C. P., *Foreign Trade and National Economy*, 1962.

Kindleberger, C. P. and B. Herrick, *Economic Development*, MacGraw-Hill(3rd ed.), 1977.

Knoop, D., *American Business Enterprise, A Study in Industrial Organization*, Manchester, 1907.

Kuenne, R. E.(ed.), *Monopolistic Competition Theory, Studies in Impact, Essays in Honor of E. H. Chamberlin*, John Wiley & Sons. 1967.

Lenin, V. I., *The Development of Capitalism in Russa*, 1899. The Institute of Marxiam-Lenism of the C.C., C.P.S.U.

───, *Imperialism, the Highest Stage of Capitalism*, 1917.

Levitt, T., *Marketing Mode*, 1969.

Machlup, F., *The Production and Distributiom of Knowledge in the United States*, Princeton Univ. Press, 1962.

Macmillan Committe, *Report of the Committee on Finance and Industry*, 1931.

Marshall, A., *Principles of Economics*, Macmillan, 1890(1st ed.), 8st ed. 1920, Rep. 1959.

───, *Industry and Trade, A Study of Industrial Technique and Business Organization, and Their Influence on the Conditions of Various Classes and Nations*, London : Macmillan, 1919(1st ed.), 1923(4th ed.).

Marx, K., *Capital, A Critique of Political Economy, The Process of Capitalistic Production*. Vol. I.II.III., ed. by F. Engels, Trans. by Samuel Moore and Edward Aveling (from 3rd German ed. *Das Kapital*), New York : International Publishes, 1967.

Meier, G. M., *Leading Issues in Economic Development*, Oxford Univ. Press, 1976(3rd ed.), 1984(4th ed.).

Myint, H., *Economic Theory and the Underdeveloped Countries*, Oxford Univ. Press, 1971.

Nicholsn, J. S., *Principles of Political Economy*, London, 1903

Nurkse, R., *Problems of Capital Formation in Underdeveloped Countries*, Oxford Univ. Press, 1953.

Phillips, J. D., *Little Business in the American Economy*, Urbana, 1958.

Pigou, A. C., *The Economics of Welfare*, London, Macmillan, 1920(1st ed.), Rep. 1952.

─── (ed.), *Memorials Alfred Macshall*, London, Macmillan, 1925.

Robertson, D. H., *The Control of Industry*, London, 1923.

Robinson, E. A. G., *The Structure of Competitive Industry*, London, James Nisbet, 1931(1st ed.), Rep. 1964.

Roinson, J., *The Economics of Imperfect Competition*, Macmillan, 1933(1st ed.), 1969(2nd ed.).

Seager, H. R., *Principles of Economics,* New York, 1913.

Schlaghecken, A., *Die Ökonomische Differenzierugsprozeß in Handwerk*, Duncker & Humbolt, 1969.

Schumacher, E. F., *Small is Beautiful, A Study of Economics as if People Mattered*, Bloud & White, 1973.

Schumper, J. A., *A Business Cyle, A Theoretical, Historical and Stutistical Analysis of Capitilist Process*, 1929.

───, *Capitalism, Socialism and Democracy*, London, Unwin Univ. Books, 1943, 1974(13th imp.).

———, *Ten Great Economist—From Marx to Keynes*, Oxford Univ. Press, 1951, Rep. 1969.

Smith, A., *The Theory of Moral Sentiment*, 1759, ed. by D. D. Rapall & A. L. Macfie, Clarendon Press, 1979.

———, *The Wealth of Naions* (*An Inquiry into the Nature and Causes of*), 1776, ed. by Edwin Canuon, New York : The Modern Library, 1965.

Staley, E. and R. Morse, *Modern Small Industry for Developing Counties*, New York, McGraw-Hill, 1965.

Steindl, J., *Small and Big Business—Economic Problems of the Size of Firms*, Oxford : Basil Blackwell, 1947.

Stigler, G. L. and K. E. Boulding(ed.), *Readings in Price Theory*, London, Geoge Allen & Unwin, 1970.

Sweezy, P. M., *The Theory of Capitalist Development, Principles of Marxian Political Economy*, New York : Monthly Review Press, 1950.

Sylos-Labini, P., *Oligopoly and Technical Progress*, Harvard Univ. Press, 1962.

Taussig, F, W., *Principles of Economics*, Vol, I, New York, 1911(1st ed.), 1919.

Tinbergen, J., *Economic Policy : Principles and Design*, 4th revised, Rand Macnally, 1967.

Vatter, H. G., *Small Business and Oligopoly—A Study of the Batter, Flour. Automobile and Glass Container Industry*, Oregon, 1955.

Wernet, W., J., *Handwerks und Industrie-geschichte*, Stuttgart, 1963.

찾아보기

650